U0661066

中国思想家评传丛书

匡亚明　主编

王念孙　王引之评传

薛正兴　著

南京大学中国思想家研究中心

南京大学出版社

中国思想家评传丛书

王念孙画像

（翻拍自《清代学者象传》）

王引之画像

（翻拍自《清代学者象传》）

高邮王氏父子塑像

廣雅疏證卷第一上

高郵王念孫學

釋詁

古昔先創方作造朔萌芽本根櫱鼃蘀昌孟鼻業始也

作者、魯頌駉篇思馬斯作、毛傳云、作、始也、作之言乍
也、乍亦始也、臯陶謨烝民乃粒、萬邦作乂、作與乃相
對成文、言烝民乃粒、萬邦始乂也、禹貢萊夷作牧、言
萊夷水退始放牧也、沱潛既道、雲夢土作乂、作與既
相對成文、言沱潛之水既道、雲夢之土始乂也、夏本
紀皆以爲字代之、於文義稍疏矣、造者、高誘注呂氏
春秋大樂篇云、造、始也、孟子萬章篇引伊訓云、天誅
造攻自牧宮、朔者、禮運云、皆從其初、皆從其朔、櫱與
萌芽同義、盤庚云、若顛木之有由櫱、芽米謂之櫱、災
始生謂之孽、義竝與櫱同、鼃蘀者、方言、鼃、律、始也、律
與蘀通、說文、肁、始開也、从戶聿、聿亦始也、聲與蘀近
而義同、凡事之始、卽爲事之法、故始謂之方、亦謂之

廣雅疏證 卷第一上 一

律、法謂之律、亦謂之方矣、昌、讀爲倡和之倡、王逸注
九章云、倡、始也、周官樂師教愷歌、遂倡之、鄭注云、故
書倡爲昌、是昌與倡通、鼻之言自也、說文、自、始也、讀
若鼻、今俗以始生子爲鼻子、是、方言、鼻、始也、嘼之初
生謂之鼻、人之初生謂之首、莊子天地篇、誰其比憂、
比、司馬彪本作鼻、云始也、漢書揚雄傳、或鼻祖於汾
隅、劉德注亦云、鼻、始也、業與基同義、故亦訓爲始、齊
語、擇其善者而業用之、韋昭注云、業、猶創也、史記太
史公自序云、項梁
業之、子羽接之、

乾官元首主上伯子男卿大夫令長龍嫡郎將日正君
也

乾者、說卦傳云、乾爲君、官、各本譌作宮、惟影宋本不
譌、官與長同義、故皆訓爲君、伯子男卿大夫者、爾雅、
王、公、侯、君也、公侯而下、則爲伯子男、及卿大夫之有
地者、喪服云、公士大夫之衆臣、爲其君、傳曰、君、謂有
地者也、令者、呂氏春秋去私篇、南陽有令、高誘注云、
令、君也、長者、周語、古之長民者、韋昭注云、長、猶君也、

王氏家刻本《广雅疏证》书影

其聲必與所歸之部同周官經述之語之體氏數之十年欲傳
而學益蓋必與所部分之書達于天下是以詩三百自商迄于
東周自天子達于田夫野婦其韻部無不同者秦失不復部
分之書也今據三百篇所同韻字立之部分以求其轉注假借
成六書音韵十七部謂漢人注經必與讀如與讀爲有當爲讀如主于說
音讀爲主于更字說文當爲主于糾正誤字凡者此方之辭爲者變
化之辭當爲者糾正之辭讀如不易其字故下文仍用經之本字讀
爲必易其字故下文仍用所易之字說文者說字之書故有讀如無
讀爲說經之書則必兼斯二者成周禮漢讀考又著毛詩小學
爲書讀異儀禮漢讀考漢書地理志音釋汲古閣說文訂文
集詩集藏于家以嘉慶二十年遘疾卒春秋八十有一娶于
氏縣學生某女子二驤國子監生騎縣學生女一適江
南　道龔　孫美中縣學生美度美製美[illegible]
美[illegible]君卒之明年君孫美[illegible]葬君于某原來請銘
○○與君爲同學義不敢辭銘曰
曲阿之英金山之靈一行作吏砥之窮經中歲解綬優游井
里孝友睦婣虛殘稟來上規漢氏部燼求書故其遺業
揚其[illegible]華以食其息二於古人以[illegible]以延之于大年飄風拔林
奪我修幹不於其三王言其遂露辰[illegible][illegible][illegible]拔墓門
我銘誌之引翼于[illegible]

右王懷祖手稿

王念孙手书《段玉裁墓志铭并序》

（手稿后“右王怀祖手稿”六字为陈垣先生手书）

大清敕授文林郎四川巫山縣知縣段君墓志銘 [illegible]

君諱　字若膺金壇人曾祖武祖文父世續君歸學舍以君貴贈文林郎君生穎異讀書已兼人之資年十三入學為附生有時名初治詞章受知于沈尚書德潛于時李侍郎因培督學江蘇尤加激賞乾隆二十五年舉江南鄉試尋充景山教習期滿

授貴州玉屏縣知縣旋議去官總督察君狀奏請開復得

旨發往四川以知縣用尋權富順再權南溪

王師申討金川儲偫輸輓不絕于道君盡力在公先是督其職大吏康君之來久于蜀東以真寔補巫山縣翁務在官引疾歸自是閉戶著書不復出君治聲音訓詁之學受業戴先生震日益進謂說文五百四十部次第以形相聯各部之中次第以義相屬每字之下兼說其義古形古音先說古義者訓釋是也次說古形者象某形從某某聲是也次說古音者某聲讀若某是也三者合而后一字乃全次根氏經傳以說古義者如虞書五于岱宗柴詩說燎于鞏此說字之本義也而尚書未之作段周書布重莫席此說假借字之義也而根氏經傳以說古形者如周易百穀草木麗于地說麗從草麗之義也次后說塞從心塞之意實窒如此之來如說去從倒子之意也庚三日說庸從庚之意是也次根氏經傳以說古音者如蟲讀若罶識之屬讀若予施嫩瑚崇之成說文解字注三十卷說韻之三

高邮文游台牌坊

扬州古邗沟遗址

天保辛丑翻刻

清 王引之 著

日本東條喆校點

經傳釋詞

合五卷

此編ハ皇清經解一千四百巻ノ中ヨリ表出ノ校點翻刻ヲナシ以テ世ニ便トス古經傳ノ助語辭ヲ悉ク蒐羅シ攷證シ其蘊奥ヲ發揮ス其說ノ彰徹直截ニシテ確據アル凡ソ古今助語ノ要解ヲナスモノ是ニ比スレハ太山ノ丘垤ノミ實ニ經學ノ必用スヘキ且詞藻ノ大資タル事觀者コレヲ識レ

千鍾房白

清代日本出版的《经传释词》

高邮王氏纪念馆门厅

《中国思想家评传丛书》序

匡 亚 明

伟大的中华民族在长达五千年连绵不断的曲折发展过程中，像滚滚东流的长江那样，以磅礴之势，冲破了重重险阻，奔腾向前，现在更以崭新面貌，雄姿英发，屹立于世界民族之林。这是人类历史上的一个奇迹。产生这一奇迹有诸多原因，其中十分重要的一点，就是我们勤劳、勇敢、智慧的各族人民，在长期的生产活动、社会活动、思维活动和对外交往以及抗击外来侵略过程中，逐渐创造、积累、发展了具有以生生不息的内在思想活力为核心的优秀传统思想文化。这是一种伟大、坚强的精神支柱，是我们民族凝聚力和生命力之所在，是历史留给我们所有海内外炎黄子孙引以自豪的无价之宝。

当然，和各国各种不同传统思想文化一样，在中华民族的思想文化传统中，也是既有精华，又有糟粕，因而全盘肯定或全盘否定，不对；一知半解、信口开河或裹足不前、漠然置之，也不对。郑重而严肃的态度应该是对它进行实事求是的科学的研究和分析，取其精华，弃其糟粕，继承和弘扬这份瑰宝，振兴中华，造福人类。人类历史发展的连续性，就是在不断去粗取精、继往开来和改革创新过程中实现的。继往是为了开来，开来不能离开继往。民族虚无主义和复古主义，都是违背历史发展的辩证规律的。

现在我们国家正处在一个新的继往开来迈向四化的关键时刻。继往就是继民族优秀传统之往，开来就是开社会主义现代化建设之来。对中国传统思想文化从广度和深度上进行系统研究，实现去粗取精的要求，正是继往开来必须完成的紧迫任务。我认为这是中国各族人民，首先是文化界、学术界、理论界义不容辞的光荣职责。但面对这一时间上长达五千年，内容上涉及人文科学、自然科学等各个领域的传统思想文化，将从何着手呢？毛泽东同志早在 1938 年就说过："从孔夫子到孙中山，我们应当给以总结，承继这一份珍贵的遗产。"①这是很有远见而又切合实际的英明建议。从孔子到孙中山这两千余年是中国历史上思想文化最丰富的时期，如果总结了这段历史，也就基本上总结了五千年传统思想文化的主要内容。当然，基本不等于全部。孔子以前和孙中山以后的情况，可以另行研究。因此，我认为首先最好是在时间上从孔子开始到孙中山为止，方法上采取《中国思想家评传丛书》的形式作为实现这一任务的开端。这就是从这段历史的各个时期、各个

① 毛泽东《中国共产党在民族战争中的地位》，《毛泽东选集》第 2 卷，人民出版社 1952 年版，第 522 页。

领域和各个学科(包括文、史、哲、经、教、农、工、医、政治等等)有杰出成就的人物中,遴选二百余人作为传主(一般为一人一传,少数为二人或二人以上合传),通过对每个传主的评述,从各个侧面展现那些在不同时期、不同领域中有代表性人物的思想活力和业绩,从而以微见著、由具体到一般地勾勒出这段历史中中国传统思想文化的总体面貌,揭示其积极因素和消极因素的主要内涵,以利于开门见山、引人入胜地批判继承、古为今用,也为进一步全面系统地总结中国传统思想文化打下基础。自从毛泽东同志提出上引建议后,半个多世纪以来,不少专家学者已从各个方面做了许多工作,但对全面完成这个任务来说还远远不够,还要在深度和广度上继续努力。作为"抛砖引玉",本《丛书》只是这个继续努力所应完成的工作的一部分。《丛书》凡二百部,约四千万言,自 1990 年开始陆续出版,争取十到十五年全部出齐。

《丛书》所以用"中国思想家评传"命名,主要是考虑到中国传统思想文化中的核心是生生不息的内在思想活力,而历史事实也反复证明,凡是在各个不同时代不同领域和学科中取得成就者,大多是那些在当时历史条件下自觉或不自觉地认识和掌握了该领域事物发展规律的具有敏锐思想的人。他们取得成就的大小,取决于思想上认识和反映这些规律的程度如何。思想并非先验之物,它所以能反映和掌握这些规律,主要是通过社会实践和对前人思想成果的借鉴和继承。思想一旦形成,反过来在一定程度上又对实践起决定性指导作用。

韩愈说的“行成于思，毁于随”[①]，列宁说的“没有革命的理论就不会有革命的运动”[②]，这些话，虽所处时代和所持立场不同，所要解决的问题的性质也不同，但就认识论中思与行、理论（思想的高度概括）与实践的关系而言，确有相通之处，即都强调思想对实践的指导意义和作用。因此我们以“中国思想家评传”命名，就是力图抓住问题的核心，高屋建瓴地从思想角度去评述历史人物，以便对每个传主在他所处时代的具体情况下，如何在他所从事的领域中，克服困难，施展才华，取得成功，做出贡献，从思想深处洞察其底蕴。历史上各个时代富有思想因而能在有关方面取得成就的人，直接阐述自己思想观点的论著虽亦不少，但大量的则是其思想既来自实践（包括对前人、他人实践经验的吸取）、又渗透在自己创造性实践之中，集中凝聚在他自己的业绩和事功上，而没有留下论著。另一些人却只留下著作而无其他功绩，对这些人来说，他那些有价值的著作就理所当然地是他的伟大业绩和事功。如果论述一个人的思想而不联系他的业绩（包括著作），必将流于空洞的抽象；同样，如果只讲一个人的具体业绩而不结合他的思想活动，又必将成为现象的罗列。评价思想和评价业绩，两者不应偏废。而不断在实践中丰富和深化的思想活力则是经常起主导作用的因素，强调这个因素，引起人们的正视和反思，正是我们的主旨和目的。当然，思想和思想家，思想家和实践家，都是既有区别又有联系的不同概念，忽视这一点是不对

① 韩愈《进学解》，中华书局《四部备要》东雅堂本《韩昌黎全集》卷十二，第3页。

② 列宁《怎么办》，《列宁选集》第1卷，人民出版社1976年版，第241页。

的。《丛书》的重点则是放在两者的联系和结合上。至于如何使两者很好联系和结合而又着意于剖析其思想活力，各占多少篇幅或以何种方式表达，则自当由作者根据传主的具体情况创造性地作出妥善安排。

自从人类历史上产生了马克思主义，不仅全人类解放和发展有了划时代的明确方向，学术研究也有了更严密的科学方法，即辩证唯物主义和历史唯物主义的世界观和方法论。根据这一科学方法，在研究和总结中国传统思想文化，特别是联系到《丛书》的撰著时，我认为下列几点应特别引起重视。

一、坚持实事求是的原则。实事求是是贯串在马克思实际活动和理论研究中的主线，离开了它也就离开了马克思主义。只有切实掌握了客观情况，才能得出正确的认识和判断。前者为"实事"，后者为"求是"，二者相结合，就叫实事求是。事不实则非夸即诬。为了弄清情况，就必须对情况的本质与现象、整体与局部、真与伪、精与粗，作出区别、梳理和取舍，这样才能掌握情况的实质，达到"实事"的要求；然后进一步加以分析研究，找出事物本身固有的真相而非主观臆测的假象，并验证其是否符合人民利益和人类历史前进方向，是否反映科学、技术、文化、艺术的发展规律，这样才能得出正确的认识和判断，达到"求是"的要求。实事求是是治学的基本功夫，是对每个传主的功、过、是、非作出公正评价的必要前提。不论古今中外，对历史人物过高或过低的不公正评价，大都由于未能认真坚持实事求是原则的缘故。

二、坚持批判继承的原则。马克思主义学说就是批判的学说，而批判是为了继承、发展和创新。这就需要我们在实事求是的基础上，既要继承发扬传主业绩和思想中的积极因素，又要批判清除其消极因素。凡传主业绩和思想中体现了诸如爱国主义、民主意识、科学见解、艺术创造和艰苦奋斗、克己奉公、追求真理的精神，即在符合历史前进要求的"立德"、"立功"、"立言"诸方面有显著成就等积极因素者，必须满腔热情地加以继承和弘扬，并紧密结合当前社会主义建设实际，使之深入人心，蔚然成风；凡反映有诸如封建迷信、专制独裁、愚昧落后、丧失民族尊严和违背科学进步等消极因素者，必须以历史唯物主义的观点加以批判，清除其一定程度上至今尚起作用的消极影响，而消极因素经过彻底批判后亦可转化为有益的教训；凡积极因素和消极因素相混者，更当加以认真清理和扬弃，既发扬其积极因素又摒弃其消极因素。我们力求一点一滴、切实认真地探索各个传主思想和业绩中珍贵的积极因素，使之成为全国各族人民正在从事的继往开来伟大历史工程的组成部分。

三、坚持"百花齐放"、"百家争鸣"的原则。"百花齐放"和"百家争鸣"，是发扬学术民主、促进学术繁荣的正确原则和巨大动力。前者强调一个"齐"字，后者强调一个"争"字，是表示学术上平等、民主和自由的两种不同状态；前者突出的是统一与和谐，后者突出的是区别与争论；两种状态又统一于不断地相互促进和相互补充、转化的持续发展提高过程之中。"百花齐放"、"百家争鸣"的原则体现在撰著评传时，应从"齐放"和"争鸣"出发，综合中外各个时期对有关传主的不同评价，吸取符合客观存在的对的东西，摒弃其违反客观存在的不实的东西，然后创造性地提出经过自己独立思考的、赶前人或超前人的一家之言。同时，对整个《丛书》而言，也有个共性、个性又统一又区别的问题。这就是一方面作者应把

"实事求是"、"批判继承"和"百花齐放"、"百家争鸣"这几点作为大家的共性(统一与共识);另一方面,对每部评传的立意、结构和行文(文体、文风和文采等),则主要是作者的创造性思维劳动和雅俗共赏的文字表达艺术的成果,是彼此的个性(区别),不宜也不应强求一律。评传作者都有充分自由去发扬这一个性,力求在对每一传主的评述中探索和展示其积极因素,使之和正在变革中国面貌的伟大社会主义建设实践融为一体,丰富其内容,促进其发展,而不是仅仅停留在对传主思想业绩的一般性诠释上。

我认为,以上三点大体上可以表达《丛书》所遵循的主要指导思想,但也不排除用其他思想和方法得出的有价值的研究成果。

感谢所有关心和支持《丛书》工作的单位和个人,特别感谢《丛书》的名誉顾问和学术顾问。他们的热情关心、支持和指教,使《丛书》工作得以顺利进行。更要感谢所有承担评传撰著任务的老中青学者,他们都以严谨的治学态度,作出了或正在作出对学术,对民族,对历史负责的研究成果。没有他们的积极合作,《丛书》工作的开展是不可能的。《丛书》副主编和中国思想家研究中心、南京大学出版社,在制定《丛书》规划,约请和联系国内外学者,审定书稿以及筹划编辑出版等方面,克服重重困难,做了大量工作,他们的辛勤劳动是《丛书》能按预定计划出版的必要前提。

现在《丛书》开始出版了,我作为年逾八旬的老人,看到自己迫于使命感而酝酿已久的设想终于在大家支持合作下实现,心情怡然感奋,好像回到了青年时代一样,体会到"不知老之将至"的愉悦,并以这种愉悦心情等待着《丛书》最后一部的问世；特别盼望看到它在继承中华民族传统思想文化的珍贵遗产方面，在激励人心、提高民族自尊心和爱国主义思想方面，在促进当前建设有中国特色的继往开来的社会主义现代化物质文明和精神文明的历史性伟大事业中，能起到应有的作用。我以一颗耄耋童心，默默地祝愿这一由一批老中青优秀学者经长年累月紧张思维劳动而作出的集体性学术成果能发出无私的光芒，紧紧伴照着全民族、全人类排除前进道路上的各种障碍，走向和平、发展、繁荣、幸福的明天！

热诚欢迎国内外同仁和各界人士不吝赐教，以匡不逮。是为序。

1990年10月7日

内容简介

王念孙、王引之父子是清代乾嘉学派的中坚，他们在中国文化学术史上，特别是在文献学和语言学方面，作出了重大贡献。高邮二王的著作，是中国古典校勘学走向近代化的指路标，是中国传统语言学走上科学道路的里程碑。高邮二王博极群书，观察敏锐，他们冲破了汉字字形的束缚，从有声语言本身观察、研究字词，从而他们就能解决古书中前人所未能解释的许多问题。本书在广泛搜辑高邮二王相关资料的基础上，记叙了他们修身、治学、为政等人生的主要历程，并从探索他们的学术思想及其方法论原则方面入手，重点评述了他们的学术成就。本书理论联系实际，结合当前的古文今注、古籍校勘、辞书编纂等学术研究中的实际问题，以此说明高邮王氏学具有历久弥新的学术生命力。

A Brief Introduction

As nucleuses of *Qianlong-Jiaqing* academic school in Qing dynasty, Wang Niansun and Wang Yinzhi made significant contributions in the history of Chinese culture and learning, especially in the study of ancient books and linguistics. The works of two Wangs from Gaoyou led the way of ancient Chinese textual criticism to modernization, are the milestone in traditional Chinese linguistics. As well-read and cute intellectuals, the two Wangs from Gaoyou broke through the shackles of the forms, observed and studied Chinese characters from sound language, thus solved many problems in ancient books unexplained by their predecessors. This book widely collects the historical data on the two Wangs, records their principle life courses, and begins with the exploration of their academic thoughts and methodological principles, comments emphatically their academic achievements. Through the combination of theory with practice, this book focuses on practical issues in current academic areas including annotation and collation of ancient books, compilation of dictionaries, etc. , and proves the permanent academic vitality of Wang's theories.

目　次

A CRITICAL BIOGRAPHY OF WANG NIANSUN, WANG YINZHI

Contents

第一章　高邮二王生平及著述

第一节　高邮的文化沃土

高邮二王，是指清代乾嘉时期的重要学者高邮王念孙（1744—1832）、王引之（1766—1834）父子，他们是清代著名的经学家、校勘学家、语言文字学家，是扬州学派的领袖人物。高邮王氏家族，明代初年由苏州迁居高邮，失其本宗，式微七世，至八世祖应祥，家乘始有记载。应祥—开运—式耜—曾禄，四世均以塾师为业，虽说是寒门素族，却已发展成为一户书香门第。念孙之父安国，承继家学，科第入仕，引导王氏家族走上读书为官之路。安国—念孙—引之—寿同，四世均进士及第，使高邮王氏成为当地的名门望族。高邮王氏故居坐落在高邮古城的西后街，经整修后，于 1983 年 10 月改建为

"高邮王氏纪念馆"。

高邮古城，坐落在京杭大运河淮扬段即古邗沟的东岸，南距府城扬州约有一百里。古邗沟由南往北，穿越高邮全境。古邗沟孕育和滋养了高邮，使之逐步发展成为运河商埠和苏北名区，拥有深厚的文化底蕴和丰富的历史文化遗存。

一、古邗沟

"邗沟烟柳"乃著名的秦邮八景之一。北宋高邮籍著名词人秦观(1049—1100)，字少游、太虚，号淮海居士，又号邗沟居士，他的《秋日三首》之一(《淮海集》卷十)诗云：

霜落邗沟积水清，寒星无数傍船明。
菰蒲深处疑无地，忽有人家笑语声。

这首诗写秋天船行邗沟的情景，极为真切有味，富有韵致。钱钟书《宋诗选注》[1]、普及本《宋诗一百首》[2]都入选此诗，可见其知名度极高。秦观的诗友苏辙有《高邮别秦观三首》(《栾城集》卷九)，其一云：

濛濛春雨湿邗沟，篷底安眠昼拥裘。
知有故人家在此，速将诗卷洗闲愁。

① 人民文学出版社 1989 年版第 77 页。

② 中华书局上海编辑所 1959 年版第 41 页。

这首诗情景交融，意味深长。春雨濛濛，邗沟柳湿，故人相会，吟诗留别，那离情别意与诗情画意交织在一起，像濛濛春雨一样滋润着挚友的心田。

邗沟是我国历史上第一条沟通长江和淮河的人工运河，距今已有二千四百九十年的历史了。《左传·哀公九年》："秋，吴城邗，沟通江淮。"晋杜预注："于邗江筑城穿沟，东北通射阳湖，西北至宋口入淮，通粮道也。今广陵韩江是。"当时的历史背景是，春秋后期，吴国崛起。周敬王十四年（公元前506年），吴王阖闾任用军事家伍员、孙武为将，大举攻楚，五战五胜，楚军溃败。吴军攻入楚国都城郢都（今湖北省荆州市荆州区纪南城），楚昭王仓皇出逃。吴楚之战，楚国元气大伤，被迫迁都于鄀城（今湖北省宜城市东南），无力东进与吴争雄。吴王阖闾痛恨越国在吴楚战争中从背后偷袭吴国，便起兵攻越，被越王勾践击败，阖闾伤将指，卒于败退途中。阖闾死后，子夫差即位，立志报仇。周敬王二十六年（公元前494年），夫差攻越大胜，越国求和，越王勾践入臣于吴，吴许越为属国。吴王夫差胜越后，认为已无后顾之忧，便掉转戈矛，北上伐齐，进军中原，与晋国争霸。其时吴国地处长江下游，河川纵横，湖泊密布，交通全靠水路，舟师是吴军的主力。而长江与淮河之间无相通的水道，要北上伐齐，需由长江出发入海，再绕道入淮，这样不仅航程很长，而且海上风浪险恶，给进军带来困难。这就使吴不得不设想以人工河沟通江淮。在此以前，吴国已有穿过天然湖泊和河流，开凿人工运河的成功经验。例如，由吴太伯开凿的无锡伯渎港，是我国江南最古老、也是世界历史上最早的人工运河；伍员（字子胥）设谋伐楚时所开的胥溪运河，成为太湖西通长江的重要航道，船只由苏州西行，经胥口，入太湖，由东向西，穿过太湖，抵西岸，沿荆溪，经宜兴、溧阳、高淳至芜湖入长江；又开胥浦运河，沟通太湖和东海。因此，吴国决定利用江淮之间天然的湖泊和河沟，因地制宜，分段开挖，把若干个湖泊连接起来，形成一条贯通江淮的水道。公元前 486 年，吴国在今扬州市北面的蜀冈筑邗城，在城下开挖深沟，引长江水向北，经广武湖、陆阳湖（旧高邮州南三十里）两湖之间，入樊良湖（旧高邮州西北五十里），转向东北入博芝湖（今宝应县东稍南七十里），又入射阳湖（今宝应县东六十里），又折向西，经白马湖（今宝应县西北二十五里）到宋口（今淮安市楚州区西）入淮河。从此，长江和淮河两大流域连通起来。这条人工运河临近邗城，便被称为邗沟，又称邗江（亦作韩江）。

东汉末年，作为南北通行水道的邗沟已部分湮塞，当时广陵太守陈登对邗沟进行了疏通与裁弯取直的改道工程，使邗沟不再由樊良湖转向东北入博芝湖，再往北入射阳湖，又折向西到白马湖，而是由今高邮直北径达淮安，大大削减了邗沟的弯度。这时邗沟的路线相当于今里运河一线，这无论在缩短交通距离或便利农田灌溉，都起到了显著的积极作用。

隋开皇七年（587），隋文帝杨坚准备征伐江南的陈朝，乃循邗沟故道，开山阳渎，自山阳（今江苏省淮安市楚州区）引淮水至扬子（今江苏省江都市南）入江，589 年灭陈。隋炀帝杨广即位后，为了沟通漕运，顺利进行南粮北调，同时也为了解决“关河悬远，兵不赴急”的问题，以方便军事运输，加强京城与洛阳的联系以及对河北、江南等地的控制，不仅开挖了关中的广通渠，而且开通了古今中外闻名的南北大运河。隋运河工程以洛阳为中心，分四段进行。大业元年（605），隋炀帝命尚书右丞皇甫议征发河南、淮北诸郡民工百余万开通济渠(御河),自洛阳西苑引谷水、洛水入黄河,再由板渚引黄河经荥泽入汴水,又自大梁(今河南省开封市)之东引泗水达于淮河。这样就沟通了黄河与淮河。同年,又征发淮南民工二十余万开拓邗沟。大业四年(608)调发河北各郡民工百余万开永济渠,在今河南省武涉县界引沁水入黄河,向北通海河,直至涿郡(今北京市)。大业六年(610)开江南河,从京口(今江苏省镇江市)引江水经由今常州、苏州、嘉兴,穿过太湖流域,直达钱塘江边的余杭(今浙江省杭州市)。南北大运河自南向北贯通钱塘江、长江、淮河、黄河和海河五大水系,全长2700公里,这是世界上最长的人工运河,为埃及苏伊士运河的10倍,中美洲巴拿马运河的20倍。在五六年时间里,完成如此规模宏大的工程,在当时的条件下,确是空前的创举。隋炀帝征发几百万民工开通南北大运河,繁重的赋税徭役压迫得老百姓透不过气来,十室九空,民生凋敝,民怨沸腾,严重地破坏了社会生产力。但是,隋运河的开通对以后社会经济的发展有着重要的积极意义,而且随着时间的推移,它对后世南北交通、物资流通起到了直接的促进作用。

唐代和北宋都十分重视漕运。唐代诗人皮日休曾写《汴河铭》(《皮子文薮》卷三)称赞运河:“北通涿郡之渔商,南运江都之转输,其为利也博哉!”至唐代后期,几乎“全倚江淮之粟”来维持帝国的局面。北宋建都汴京(今河南省开封市),运河作用更为明显,“食以漕运为本,漕运以河渠为主”,运河维系着京城的命脉,“乃是建国之本”。因此,唐宋两代都曾对邗沟一线的运河进行过疏浚和配套治理工程。南宋时期,由于南北对峙,战乱频仍,航运阻断,隋运河的有些段落日渐淤塞。

元世祖忽必烈定都大都(今北京市),为了解决南北通航,至元二十年(1283)以后,先后开凿了今山东济宁至安山的济州河,安山至临清的会通河,通县(今北京市通州区)至北京的通惠河,从此大运河不再绕道洛阳,成为一条偏在祖国东部纵贯南北的大运河,而且大大缩短了京杭之间的路程,由 2700 公里减为 1794 公里,这就是通常所说的京杭大运河。

明清时期,京杭大运河的淮扬段即古邗沟,亦称扬州运河。明清两代都设专门机构施行管理,曾多次进行挑挖和疏浚,保证航运畅通。明清时期大运河成为南北交通、商品流通的大动脉。在这一时期,由于海上运输遭到禁止,南北水运完全以大运河为主。在津浦铁路建成通车之前,每年行驶于大运河的粮船、盐船、官船、商船,桅樯林立,数以万计,是运河经济最为繁荣昌盛的时期。明清时期的长篇小说《金瓶梅》、《红楼梦》、《儒林外史》等,都与大运河结下了不解之缘。清代长篇小说《醒世姻缘传》,其中不少地方提及高邮州,在第八十八回写到高邮的盂城驿,其文云:“正月新年有来拜节的客人,多有不必留坐的,这李驿丞因要卖弄他的希奇肴品,狠了命款留。那高邮州的人物,生在一个今古繁华所在,又是河路码头,不知见过多少市面。”明清时期运河经济的繁盛,使沿岸许多河路码头发展成了商业城市。“今古繁华所在”的高邮州,既有河路码头,又有陆路驿站,地处水陆交通要冲,终于成为京杭大运河淮扬段即古邗沟旁的文化古城、苏北名区。清代著名学者朱筠(1729—1781)《送王怀祖诗》云:

燠寒几何时,我冬使节撤。
诸生送江边,忽与采石别。

子待我邗沟，蜀冈梅蕾裂。
覆盂城角船，载子朔风栰。
齐东窍正号，赵北冰已渴。
近腊税毂下，下榻子之媟。
扫涤椒花庭，除启碧桐阒。

这是记述乾隆三十八年（1773）冬天，朱筠辞安徽学政职，调任京官，乘船沿江东下，经扬州，入古邗沟，而作为朱筠幕友的王念孙，则在家乡高邮等候上船，随朱筠入都。这时的高邮，已成为京杭大运河淮扬段即古邗沟的重要的水路码头。

二、盂城驿

盂城驿在今高邮市南城门外的馆驿巷头，是一组有一百多间房屋的清代建筑群。高邮在秦代起就开始设立邮驿，至今已有二千二百多年历史了。公元前221年，秦始皇嬴政统一中国后，以京城咸阳（今陕西省西安市）为中心，辐射状式地往各郡邑筑驰道，设邮亭，建驿站，供传递文书之用。高邮的邮亭，建造在古邗沟东岸高出于平地的沙脊上，人们便称之为"高邮"。至汉武帝时在此设县，便命名为高邮县。因邮亭始设于秦代，故高邮又别名秦邮。高邮又别称覆盂城，省称盂城，这是源于宋代词人秦观《送孙诚之尉北海》诗（《淮海后集》卷二），其首四句云：

吾乡如覆盂，地据扬楚脊。
环以万顷湖，黏天四无壁。

诗中描述了高邮城的地理环境和地貌特征。所谓覆盂，就是指倒置的盂，比喻稳固、安定。高邮的邮驿，自秦汉以来，屡圮屡建，在宋代时称高沙馆，在元代时称秦邮驿。驿站所在地的馆驿巷，隔一条街与运河堤岸相垂直，驿站直通运河码头。元代诗人萨都拉《秦邮驿》(《雁门集》卷九)诗云：

二月好风吹渡淮，满湖春水绿如苔。
官船到岸人多识，楚馆题诗客又来。
近水人家杨柳暗，禁烟时节杏花开。
一官迢递三山远，海上星槎几日回。

全诗以欢快的笔调，描绘了当时高邮驿站到运河码头一带的风光秀丽和市井繁华的景象。人们可以想象到：运河中，船队往来，百舸争驶；码头上，货物堆积，装卸繁忙；馆舍里，客商聚会，生意兴隆。

据明代《隆庆高邮州志》卷一记载，盂城驿建于明太祖洪武八年(1375)。到嘉靖年间已经具有相当大的规模，计有厅房、库房、廊房、神祠、马房、前鼓楼等五十多间，照壁牌楼一座。靠近河堤的地方建有迎饯宾客的皇华厅，俗称接官厅，还有门厅，供传递公文的人员及来往的官员歇脚的皂厅、官厅、内厅等。驿北有驿丞宅，驿南有供上百匹驿马饮水的饮塘。驿站常备马夫、水夫、旱夫计二百多人，骡马一百多匹，还有专车专船，供传递公文的人员及过境官员使用，并负责安排食宿。驿丞是掌管驿站的主官，明清时设置，各府、州、县多寡有无不一。一般说来，在全省只有少数的府、州、县才有，或者说，只有重要的中心驿站才设置驿丞。《清史稿·职官志三》："驿丞，掌邮传迎送。凡舟车夫马，廪糗庖馔，视使客品秩为差，支直于府、州、县，籍其出入。"盂城驿设立在高邮州治所在地，并设置驿丞，正说明其所处水陆交通要冲的重要性。在高邮境内除盂城驿外，还有一座离城沿运河北上六十里建在运河东岸的界首驿（今高邮市界首镇）。明代嘉靖三十六年（1557），盂城驿遭到倭寇劫掠，地面建筑焚毁殆尽，仅存堂基。明穆宗隆庆三年（1569），高邮州在原地重建盂城驿。以后又经多次修葺，现存的房屋修建于清代道光年间。盂城驿旧址现存皂厅、东宅门厅、前厅、后厅、驿丞宅等房屋一百多间，是典型的清代中期建筑。驿前的饮塘，至今依然存在。高邮的盂城驿，在全国已发现的辽宁、河北、江苏、新疆等地的驿站遗迹中，是规模最大、保存较好的一座，具有很高的文物价值，为研究中国邮驿史、中国交通史提供了重要的实物依据。

三、神居山

高邮市境西南角有个天山镇，这里有座山名天山。天山位于高邮湖西，处于高邮市、仪征市和安徽省天长市三市交界的地方，占地面积八万平方米，最高处海拔四十四米。高邮的天山原名土山，一是因为远远地望去，山呈现"土"字形，二是在它石质的表面有一层土覆盖着，故名。在这一望无际的水乡平原上，有一山拔地而起，突兀矗立，确是引人注目。据地质工作者考察研究，高邮的天山本是一座火山，约在一千二百万年前的新生代，火山喷发，岩浆迸射。现在天山呈"土"字形，正是层状火山锥外形的遗存。圆圆的火山口至今依稀可辨。山石的石质为玄武岩，色深有气孔，即火山基性喷出岩的气孔构造。这土山又名神居山，山上有一种神奇的排牙石。宋代乐史《太平寰宇记》中记载："排牙石，在高邮之神居山，石齿如排牙，人数之，自始至终，其数必增，自终而始，其增愈甚，竟无能知其数之的者。"这所谓排牙石，正是指玄武岩的六方柱形柱状节理的横剖面，亦称斑状结构。它鳞次栉比，参差交错，排列有序，犹如蜂房，不论顺数倒数，都容易产生视觉上的差错，如果跳行，其数必增。用现代科学的道理来解释，这也就不足为奇了。

土山一带，东晋时曾经是抗击前秦苻坚南侵的前线之东翼，东晋宰相谢安和他的弟弟大将谢石、侄儿谢玄，在这里击败前秦苻坚的大将彭超，而后又取得了淝水之战的决定性胜利，保卫了偏安于建康的东晋朝廷。因此，土山一带至今还留有"操兵坝"等与当年打仗有关的地名。

谢安晚年，受到执掌朝政的会稽王司马道子的排挤，出任扬州刺史，很不得志。谢安想寄情山林，修道炼丹，但扬州广陵境内并无石山，就连有名的观音山也只是一座土冈。而高邮土山离扬州府城六十来里，不算太远，山上又以产药草一百多种而名声远扬，于是谢安来到土山静心养性，修道炼丹。然而，谢安在土山上最终并未炼成灵丹妙药而离去了，作为一代名流曾在此隐逸逗留，提高了高邮土山的知名度。

到了南齐，有位隐士亘公来到土山建庙，炼丹种药。据传，亘公炼成灵丹，修道成仙。他炼丹的石井、石臼以及跟人下棋的棋盘，至今还留存在土山上。石井的井水清澈见底，即使大旱之年也不干涸。从此，人们就又称土山为神居山。

神居山的山顶原有座悟空寺，计有房屋九十九间，为北宋时重建。寺旁有两古银杏树,树干粗可数人合抱,枝叶繁茂,浓荫遮地达数亩。名山古寺,神居福地,每年农历三月初三,神居山周围四县八乡的善男信女,朝山进香,连袂而至,顶礼膜拜,香火旺盛。待到八九月间,天高云淡,秋色宜人,登临神居山顶,游目骋怀,逸兴遄飞。天高地迥,放眼宇宙之无穷;山清水秀,深念风物之有情。令人心胸开阔,神气清爽。这是高邮八景之一,名叫"神山爽气"。悟空寺中有副楹联,为王念孙弟子、清代大学士阮元(1764—1849)撰书:

峭壁贯东南,石棋匝地,银杏参天,望盂城双塔悬空,古寺好修佛果;

长湖绕西北,松泉飞瀑,药臼含云,看甓社一帆稳渡,名山定有仙居。

此联可谓神山爽气一景的形象描述和概括。联语中的"盂城双塔",即指高邮城西的唐代镇国寺塔和东门外的明代净土寺塔;"甓社",即甓社湖,原为高邮西部古代三十六湖之一,后三十六湖汇合为高邮湖,后世亦以甓社湖代称高邮湖。作为大手笔的阮元,身临其境,深有体验,为神居山悟空寺留下了一副湖山并包、形神兼备、文墨俱佳的名联。

四、文游台

文游台在高邮城东北二里许泰山庙(亦名东岳庙)后的一座土山上,原台始建于北宋太平兴国元年(976)。《嘉庆重修扬州府志·古迹四》云:"文游台在军城东二里,旧传苏轼、王巩、孙觉、秦观诸公及李公麟尝同游,论文饮酒,因以‘文游’名之。公麟画为图,刻之石。”这是说,元丰七年(1084),北宋著名大文学家苏轼路经高邮,与寓贤王巩、本地文士孙觉、秦观会集于此,饮酒论文,挥斥方遒,当时的扬州太守因此题写了“文游台”三字,并由与会一起唱酬的著名画家李公麟画为图,刻于石。这次文游台雅集,传为文坛佳话,流芳千秋。

文游台是一座古建筑群。其主体建筑是雄踞于土山之巅的飞檐翘角、高大宏伟的一座歇山式二层楼台,也称“古文游台”。文游台下有一座古四贤祠,这是为了纪念苏轼、王巩、孙觉、秦观四贤聚会而建造的。古四贤祠西是映翠园与重光亭。映翠园中翠竹成荫,四季常绿,映衬得重光亭更加幽雅。古四贤祠后面是秦观读书台。据传,秦观在三十四岁入京应试之前,常在这里读书。出秦观读书台向东,经花坛拾级而上,就到了盍簪堂。这“盍簪”出自《周易·豫卦》:“勿疑,朋盍簪。”晋王弼注:“盍,合也;簪,疾也。”唐孔颖达疏:“群朋合聚而疾来也。”是众多朋友聚会而快来的意思,后常用来指友人的相聚。盍簪堂曾是苏轼、王巩、孙觉、秦观等四贤雅集之地,这堂名起得古老深奥,但一经了解了出处和解释后,更感到典雅和贴切了。盍簪堂四周嵌有六十余块碑刻,都是宋元以来名家诗人的墨迹,是为《秦邮帖》,乃弥足珍贵的书法摹刻的精品。清代钱泳《履园丛话·碑帖·家刻》云:“是年(嘉庆二十年)秋八月,为韩城师禹门太守刻《秦邮帖》四卷,皆取苏东坡、黄山谷、米元章、秦少游诸公书,而殿以松雪、华亭二家。时太守正摄篆秦邮。”这是说,《秦邮帖》的辑集摹刻,是由陕西韩城人师禹门在嘉庆二十年任高邮知州时主其事,并请能诗工书的金石学家钱泳摹刻。盍簪堂上除书法碑刻外,还有两幅图。一幅是《东坡居士闲适图》，苏东坡端坐在苍松之下，容颜丰腴，双目有神，眉宇间隐隐透露出豪放俊逸之气。另一幅是《苏轼生日祝寿图》，是湖南湘乡人左辉春在道光年间任高邮知州时，举行为苏轼生日祝寿的典礼后，请诗人、金石学家李啸北为苏轼画像并一齐镌刻的。

由盍簪堂向上登攀就到了古文游台。文游台共两层。下面一层安放着秦少游全身塑像。塑像呈古铜色，高达 2.55 米。秦少游衣冠潇洒，风流倜傥，一手持书卷于胸前，一手背后，头微仰起，直视前方，书生意气，奋发向上。这时他该是三十多岁了，常来文游台读书，正在积极准备进京应试，企盼着实现自己人生的梦想。登上文游台最高处，清代著名诗人、书法家王士祯题写的"古文游台"匾额横挂中间，正中板壁上悬挂着复制的李公麟所绘的《西园雅集图》，画中人物栩栩如生，尽显当年雅集情景。凭栏远眺，古城风光尽收眼底，西望白帆湖天，东览绿野无垠，南观双塔悬空。

自宋以来，文游台一直吸引着四方游客，特别是文人雅士，前来访古拜贤。清代乾隆帝南巡时也曾来此登台赋诗。据高邮市诗书画研究会搜集辑录，古今歌咏文游台的诗词有三百多首，并已编集成册。其中最负盛名、写得最传神的，当数南宋初年著名诗人曾幾的《文游台》(《嘉庆高邮州志·艺文志》)一诗：

忆昔坡仙此地游，一时人物尽风流。
香莼紫蟹供杯酌，彩笔银钩入唱酬。

清代诗人袁枚游览文游台后，在其《随园诗话》卷十二之二十八则写道:“余泊高邮,邑中诗人孙芳湖、沈少岑、吴螺峰招游文游台,是东坡、莘老、少游、定国四人遗迹。席间,沈自诵其《春草》云:‘山经烧后痕犹浅,雪到消时色已浓。’余甚赏之。屏上有王楼村诗云:‘落日倒悬双塔影,晚风吹散万家烟。’真台上风景。”登临怀古,感慨万千。

高邮王念孙二十四岁时,在家乡登临文游台,写下一首《文游台怀古》,诗云:

步出城东门,径造兹台颠。
春光回百草,四顾何芊芊。
东睇穷大海,西缅横长川。
群帆望不极,云雾相摩吞。
忆昔岷峨客,相逢淮海英。
英奇聚以类,复连王与孙。
谈笑怯神鬼,诗歌动地天。
风流足千古,与台常新鲜。
谁云丘垤小,竟作乔岳观。
今日览遗迹,祠屋蔓荒榛。
冉冉日已晚,浩叹情徒殷。
恨无双飞翼,凌风觌曩贤。

全诗描绘了登文游台四顾莽然的阔大之景,缅怀苏轼、秦观、王巩、孙觉四贤雅集的千古风流之事,而追慕先贤之情,更是溢于言表。王念孙次子王敬之(1778—1856)曾撰述《淮海先生年谱节要》一卷,附入其所刻《淮海集》中,以示对邑先贤秦少游的敬仰之情。

五、高邮湖

高邮城西，京杭大运河淮扬段即古邗沟贯穿高邮全境南北，运河大堤西边就是水天一色的高邮湖。高邮湖面积有一百二十万亩，是江苏省境内仅次于太湖、洪泽湖的第三大湖。

高邮地处苏北里下河地区，湖泊众多，水网密布。高邮城西古代共有三十六湖，即新开湖、甓社湖、平阿湖、三湖、五湖、珠湖、张良湖、石臼湖、姜里湖、七里湖、鹅儿白湖、塘下湖等等，而湖与湖之间都有河渠相通。到了明代末年，由于淮河入海河道频年淤塞，大量泥沙积淀，使内湖积水不得外泄，因此，"千流万派毕会于高邮，而高邮遂成巨浸矣"(《隆庆高邮州志》卷二)，终于形成了一片汪洋的高邮湖。

俗话说，靠山吃山，靠水吃水。高邮湖不仅带来航运、灌溉之利，更成为日进斗金的聚宝盆。这里气候温暖湿润，风调雨顺，水土丰茂，是名符其实的鱼米之乡。《高邮州乡土志》一书中的"物产"类，就记述了早熟稻 11 个品种、籼稻 19 个品种、中稻 13 个品种和晚稻 36 个品种的名称及其栽培、生产情况，还记述鱼类 28 种。高邮大米在历史上就很有名，近年又培育和加工成驰名品牌的"高邮珠光米"，连年畅销，供不应求。高邮水产极为丰富，品种繁多，且品质优良，其中银鱼、河鳗、螃蟹更为有名，每年都有一定数量出口。这里的水生植物也很丰富，有芦苇、蒲、荻、菰、芡实、慈菇、莲藕、菱角等，而最有名气和最有特色的是莼菜和蒌蒿。我们前引南宋诗人曾幾就有"香莼紫蟹供杯酌"的诗句。高邮在宋代时就培育出高邮麻鸭这一优良品种，高邮鸭与北京鸭、绍兴鸭并称为中国三大名鸭。高邮鸭蛋，驰名中外，那百里挑一的双黄蛋，更是蛋中的珍品了。清代著有《随园食单》的美食家、大诗人袁枚游览高邮，品尝过高邮鸭蛋，后来他向人介绍，咸蛋“以高邮为佳，颜色红而油多”，“席间先夹取以待客”。

北宋高邮籍词人秦少游，曾馈赠食品给他的良师益友苏东坡，并寄诗一首《寄莼姜法鱼糟蟹（寄子瞻）》（《淮海集》卷六），诗云：

鲜鲫经年渍醽醁，团脐紫蟹脂填腹。
后春莼茁滑于酥，先社姜芽肥胜肉。
凫卵累累何足道，饤饾盘飧亦时欲。
淮南风俗事瓶罂，方法相传为旨蓄。
鱼鳙蜃醢荐笾豆，山蔌溪毛例蒙录。
辄送行庖当击鲜，泽居备礼无麇鹿。

全诗富有情趣，犹似礼品单一样展示了一连串的高邮风味土特产。“香莼紫蟹”、“鱼鳙蜃醢”、“凫卵”（即鸭蛋）等，早已在九百多年前，就被秦少游选作高级礼品馈赠给大文豪苏东坡了。这正说明，高邮的名、特、优风味土产，历史悠久，名声远扬，传为佳话。

元代时，世界著名的旅行家、意大利人马可·波罗，曾在元朝廷中任职。1288年，马可·波罗被任命为扬州总督，乘船从元大都（今北京市）出发，沿途停靠，观光考察，到过高邮后，他记述道：“离开淮安府，顺着一条通往蛮子省的堤道，向东南方向行走一天的路程到达蛮子省。堤道两旁有无数宽阔的湖泊，水深可以航行。除了乘船由水路入省之外，没有其他道路可通。统率大汗军队的将领入侵这个省时，就是由水路进军的。走了一天路程，当夜幕降临时，来到一个名宝应州的大城镇。居民信奉佛教，对死者实行火葬，居民使用货币，都是大汗的百姓。他们靠工商业维持生活，丝产量很高，并且织成金线织物。生活必需品极为丰富。和宝应州相距一天路程的时间，往东南方向走，就是建筑很好、范围广大的高邮所在地。这里的工商业发达，盛产鱼类，可猎取的飞禽走兽也很丰富。特别是雉鸡出产极多，一个威尼斯银币，等于能买到三只大小像孔雀那样大的雉。"[①]当时的高邮，元代朝廷已经撤"军"改为"高邮路"，后又改置"高邮府"，下辖高邮、宝应、兴化等县，乃军事重镇，交通要冲，商贾云集，手工工艺亦很有特色。这里湖泊众多，"盛产鱼类"，物产丰富。元代进行货币改革后，铜钱改为纸币，便利了商品流通，促使"建筑很好、范围广大"的高邮古城更加繁华。

17 世纪 50 年代，著名旅行家、荷兰人约翰·尼霍夫跟随着由荷兰的两个高级商务官侯叶尔和凯塞尔率领的商队，共 16 个随员乘坐商船高德达号和贝鲁道尔号，前来中国进行贸易。作为商队的管事，尼霍夫负责记录旅行途中的地理风貌、民情风俗和奇闻异事。后来，这记录被整理成为一部访问记，公开出版后，在西欧被视为是"整个启蒙时代关于中国的奇特形象的起源之处"。尼霍夫在《荷使初访中国记》1656 年（清顺治十三年）5 月 26 日一则中写道："五月二十六日，我们驶经高邮州。该城距扬州一百二十里，位于运河的右岸，附近有

① 《马可波罗游记》第二卷第六十七章，福建科学技术出版社 1981 年版第 167 页。

一大湖,湖岸围有石堤。该城人口众多,几处郊区也人烟稠密,商业繁荣,景色优美。这里的土地非常广阔肥沃,适合种稻子。我们极目远眺,只见到处房舍叠栉邻比,连成一片,就犹如整片土地上只有一个大镇。运河的两岸到处是沼泽地,近岸之处长满芦苇。这些芦苇每年包售给居民,再由这些居民采集出售,当做火炭或柴草烧用。我们还看到这里有很多风车,用来引水,制作得相当精巧。”①商队到达高邮州,首先映入尼霍夫眼帘的是“附近有一大湖”,那就是高邮湖;“湖岸围有石堤”,那石堤就是著名的古平津堰。湖泊、石堤、运河、沼泽、芦苇、风车、水稻、鳞次栉比的房舍,呈现出一派景色优美的水乡风光,这给远涉重洋来此的荷兰客商们留下了深刻难忘的印象。特别是那众多的风车,使他们情不自禁地联想起远在万里外的故乡的风车,更加感到亲切。

高邮,因有高邮湖而景色优美,闻名于世。元代诗人萨都拉路经高邮,拂晓时登临高邮城头,写下一首《高邮城》(《雁门集》卷十三),诗云:

城上高楼城下湖,城头画角晓呜呜。
望中灯火明还灭,天际星河淡欲无。
隔水人家暗杨柳,带霜凫雁起菰蒲。
短衣匹马非吾事,拟向烟波觅钓徒。

这诗首句“城上高楼城下湖”,凸现了高邮城的景观特色。黎明,诗人伫立于高邮城西门城楼上,耳边响起声声晓角。向东

① 转引自朱延庆著《高邮》,江苏人民出版社 1991 年版第 175 页。

望去，城中灯火明灭，东方欲晓；天上星河淡出，天色渐明。向西望去，高邮湖烟波浩渺，层层叠叠的杨柳掩映着水边人家，披着秋霜的凫雁正从菰蒲丛中飞起。诗人感慨万千：城下为传递公文而奔忙的驿卒快马加鞭而过，非关吾事；我还是仔细地寻找湖边的钓鱼人吧！“吾非斯人之徒与而谁与”？诗人亦愿作一个高邮的烟波钓徒。

明代诗人江盈科途经高邮，写下一首《舟过高邮》（《雪涛阁集》卷三），诗云：

孤城独枕大湖边，湖上相看思茫然。
帆带顺风飞似鸟，水连夕照杳如天。
渔家历落青烟外，芦叶萧疏白露前。
景物浑于湘浦近，自疑身在武陵船。

这首诗用白描的手法来绘写秋日傍晚的高邮湖景色，顺风的白帆与水鸟齐飞，天边的夕照共湖面辉映，袅袅的炊烟外散落着渔人的家，湖边的芦苇一到白露时节就萧条稀疏。面对此湖此景，原籍湖广桃源（今湖南省桃源县）的诗人，思绪茫然，自疑乘坐着“武陵人捕鱼为业”的渔船，在武陵溪中行进。只因高邮湖景色优美，浑似湘浦，诗人拟将他乡认故乡了。

高邮湖，是一个美丽而又富饶的湖，是镶嵌在高邮大地上的一颗璀璨的明珠，它已成为远离故乡高邮的游子们思乡时的一个象征符号。王引之在《题阮梅叔珠湖垂钓图》诗之四中云：

我家旧住甓湖滨，卅载京华滞此身。

辜负莼鲈好风景，让君独作钓鱼人。

这诗题中的珠湖和诗句中的甓湖即甓社湖，原本是高邮西部古代三十六湖中的两个湖名，到明代末期，三十六湖汇合成为高邮湖。这里的珠湖、甓湖，已是高邮湖的别称，都是实指高邮湖。王引之离别故乡，走上仕途，寓居京师三十多年了，然而对于魂牵梦萦的高邮湖，对于生于斯长于斯的故家热土，依然一往情深。诗中刻意突出莼鲈，这既是写实，也是用典。高邮湖出产莼菜鲈鱼，这是不争的事实，而且在前人诗文中已有多处记述；同时，提起莼鲈，就使人自然而然地想到晋代张翰“莼鲈之思”的著名典故，为全诗平添许多思念故乡之情。

第二节　高邮二王家世

王念孙(1744—1832)，字怀祖，号石臞，又作石渠，江苏高邮人。先世居苏州，明代初年始迁高邮，失其本宗，式微七世。

八世祖应祥，字瑞圃，治《尚书》，有声州学。

高祖开运，字文弘，传家学，治《尚书》有声，为高邮州学生员，遭遇明代末年朝纲弛紊，隐居食贫，以所习经设教于乡。

曾祖式耜(1629—1699)，字圣野，号宇泰，早承家学，博通五经，康熙十七年戊午江南乡试副榜贡生，秉性方正，贫而好行其德，不乐仕进，以所学授弟子百人，终老于家。清代初期，学者承明季新说盛行之后，凡朱子学之片纸只字皆蒙诟詈，式耜初得濂洛关闽诸儒书籍，独默识心契，毅然破众咻而从之，著《四子书讲义》和《尚书讲义》，教授生徒，以身心体认为真知，以幽独不欺为实践，决意为己，不急人知。式耜的这种治学观点、方法和态度，被其文孙安国称之为："此寒家学问渊源也。"高邮王氏家学世代相传，求真知，重实践，身体力行，慎独不欺，终于造就了后世子孙好几代人都遵循的好学深思、致知穷理、实事求是的优良学风。

祖曾禄(1672—1743)，字西受，号古堂，为名诸生，试辄冠军，雍正元年癸卯高邮州学选拔贡生，理学湛深，气宇和粹，学者从游甚众。著有《评点朱子或问》、《朱子语类精华》，皆成集，又著有《诗义通解》一编，均未受梓。雍正二年纂修《雍正高邮州志》，延聘曾禄为参订。晚年著《王氏家训》，仅脱稿，病中犹改削修订。

父安国(1694—1757)，字书城，号春圃，生而端颖，七岁时父授经传，既能求训诂，每执卷依父膝下，问难不置，得解辄自喜。十岁能作文，耻雷同剿说，好为其难者。年十九，康熙五十一年壬辰补博士弟子员第一，嗣是乃潜心理学，不沾沾于帖括。康熙五十六年丁酉江南乡试举人。雍正二年甲辰会试第一名，殿试一甲第二名，特授翰林院编修。初谒座主、相国高安朱轼(1665—1736)，相国无别言，第诫曰："学人通籍后，惟留得本来面目为难。"安国竦然受教，终身佩诵，未尝暂忘。雍正三年，充《大清一统志》纂修官。雍正十年，充八旗志书纂修官，命典福建试。雍正十一年十一月，迁国子监司业。雍正十二年三月，充日讲起居官；四月，迁翰林院侍讲；九月，出任广东肇高学政，甫就道迁翰林院侍读学士，抵任迁都察院左佥都御史。其教国子，必以濂洛关闽之书，抑营兢，务实践。在粤严教官校士之法，辟院署西斋，简选子弟之优秀者，亲为讲授，为诸生批定《四子书大全》，折衷众说，多所论定。诸生有贫不能来学者，捐俸为膏火资，并赡其家，使一心向学。乾隆四年五月，任满复命，召对良久，遂晋都察院左副都御史；十一月，晋刑部右侍郎。乾隆五年三月，转刑部左侍郎；九月，晋都察院左都御史；十一月，奉谕旨以本官管广东巡抚事。先前，安国督学广东时，丰采峻厉，志行清洁，见诸有司，不少假辞色，今次及闻抚粤，诸素不廉者各自危，或早解组遁去，而穷乡僻壤之民，无不交相额手称庆。六年春抵任，乃与属下官吏约，宥往咎，予自新，除积弊，禁侵渔，杜馈遗，锄奸恶，释冤囚，劝农兴学，吏治一新。及计典察吏，不尚苛刻，每叹曰："人才实难，官数易则民不靖而吏滋奸，莫若频劝戒，使知所自励。"是以抚粤三载，岭表称治。乾隆八年，内召为兵部尚书；丁父艰，扶榇归里。乾隆十年夏，迁礼部尚书，未拜。乾隆十一年，服阕，乃入朝视礼部事。安国识高学正，不惑于鬼神之不可知，究心典制，每有正议辄人不能夺。时闽海侯官县有龙异，抚臣疏请立庙祀，又东粤请敕封雷神，悉建议辟之，其穷理持正，类皆如此。礼部旧有《通礼》一书，以吉嘉军宾凶五礼分类纂辑，书已竣，安国阅其中多未协者，乃面奏请加更定。乾隆十二年，奉命充大清会典馆正总裁。《会典》与《通礼》，二书相为表里，安国每进《会典》，即附以《通礼》，恭呈御览，其间修辑之劳，不辞寒暑，博综古今，斟酌体要，越十年而告成。《钦定大清会典》一百卷、《钦定大清通礼》五十卷，这两部大型政书后来均收入《四库全书》。安国学有经法，强立不惑，尤邃精于古礼、《周官》、《小戴礼记》诸书，故持论根据，遇事直陈，同官拱听，莫与之抗。乾隆十五年，加经筵讲官。乾隆二十年，迁吏部尚书，明年兼工部尚书事。时名节表暴，迨掌铨衡，吏胥悚惕，奸窦绝除。安国前后服官几三十载，勤慎不辞劳瘁，故有咯血病，至是增剧。上疏请告，诏曰："明年春，将南巡江淮，汝其从，曷少需以待？”安国不敢复请。比冬疾革，乃予告，于乾隆二十二年正月初八日终于邸第。讣闻，天子震悼，赐内库银治丧，遣官吊其孤，敕祭葬如制，谥曰文肃。

安国为官清正廉明，俭约自处。其妇车氏于雍正六年病故，家贫不能续娶，至雍正十二年已年过不惑遂再娶徐氏。抚粤时，在官下贫乏，至不能自存，因致书大臣，欲以从容闻上，求恩内徙，其书后为人所得，两广总督用以弹劾安国，上鉴书辞恳恻，语不及私，因置不问。乾隆八年冬，父曾禄卒于官署，资装不办，贫不能归，制府请于朝，公赙二千金，乃得扶榇归里。安国生平淡泊寡交，位至通显，门庭阒寂，萧然儒素，馈遗一无所受，燕会一无所预，请托不行，苞苴悉绝。起家寒素，自官巡抚至入为尚书，衣服器用不改于旧，中年失偶，不畜妾媵，家鲜僮仆，子念孙方幼，相依同寝起者十余年，起居皆携以自随，往往囊书挈之治事堂上，就案上以笔授句读，人见其辛苦以为难堪，安国则处之晏如，始终不渝。至于入官议事，虽至好，有不合则反复致辩，或义形于色，而事过则不存芥蒂；至接待寒畯，欢愉尽礼，谈笑竟日未尝有倦容。

安国所著书，自奉敕参修《钦定大清会典》一百卷、《钦定大清通礼》五十卷外，尝欲编辑《四子书大全》，曰：“朱子《集注》，章句约而精，无可议者。其余门弟子所汇《语类》、《文集》诸书，详矣而多未醇。有明以后，说书者愈繁而理愈晦。今欲兼综朱子师弟问答之语，裒其粹精，以附注后，更折取众说，一衷以朱子解经之意，严为去取，庶条绪不纷，义归一是，学者不至迷缪。此亦后学不从己之责也。”病中深以未竟其业为憾。

高邮王氏先世的创业维艰，先辈们的学问、人品，对高邮二王学术思想的形成和发展，打上了深深的烙印。

高邮王氏家族，自明初从苏州迁居高邮，七世式微，家乘无载。自八世祖应祥始，世代为州学生员，曾祖式耜、祖曾禄并为贡生，王氏家族终于发展成为高邮的书香门第。高邮王氏家学渊源有自，从八世祖应祥始，历三世"治《尚书》有声"，曾祖式耜并著《尚书讲义》教授生徒。后世更是博通五经，解《诗》说《礼》，学有所成，祖曾禄著《诗义通解》一编。念孙父安国，科第入仕，仍好学不倦，"学有经法，强立不惑，尤邃精于古礼、《周官》、《小戴礼记》诸书"，直至晚年，还计划着编纂《四子书大全》。作为书香门第的接班人，高邮王氏子孙从小就受到读书的熏陶，毕生刻苦力学，著述不辍。念孙一生博极群书，年臻耄耋，犹目览手记，孜孜不已，尝笑而言曰："人生各有所乐兮，余独著述以为常。"自顾平生读书最乐，其笃信好学而如此。引之于政事之暇，惟以著述为事。高邮王氏家学世代相传，求真知，重实学，身体力行，慎独不欺。求知尚真，就要致知穷理，要言之有据，不可信口雌黄；治学重实，就要下苦功夫，要言之有物，不可浮泛虚玄。沿着先辈求知治学之路，高邮二王养成了好学深思、实事求是的优良学风。

高邮王氏家族，自安国起，以科第世其家，四世皆进士及第。安国，雍正二年甲辰(1724)礼部会试第一，殿试一甲第二名，赐进士及第，时年三十一岁；念孙，乾隆四十年乙未(1775)试礼部中式，殿试赐二甲第七名进士，时年三十二岁；引之，嘉庆四年己未(1799)试礼部中式，廷对以一甲第三名进士及第，时年三十四岁；寿同，道光二十四年甲辰(1844)试礼部中式，覆试二等第三名，殿试二甲第二十一名，朝考三等第二名，赐进士出身，时年四十岁。在封建科举时代，高邮王氏世代为官，已成为声名远播的名门望族。龚自珍《己亥杂诗》中云：

一脉灵长四叶貂，谈经门祚郁岧峣。
儒林几见传苗裔，此福高邮冠本朝。

然而，高邮王氏自奉俭约，始终不忘先世“起家寒素”的艰辛。自应祥始，接连四世，都是设教授徒，以塾师为业，布衣蔬食，安贫乐道，习为固然，这就养成了王氏家族世代勤俭的家风。安国释褐拜见座主，朱轼相国云：“学人通籍后，惟留得本来面目为难。”安国铭记恩师教诲，终不忘本，由巡抚入为尚书，衣食器用不改于旧，公余则杜门读书，矻矻如诸生；中年丧偶，不畜妾媵；子念孙才三岁，相依同寝起者十余年。念孙性喜俭约，衣服饮食宫室器皿之属，但求给用而不求华丽；数十年皆块然独居，不畜妾媵；酒食游戏无所征逐，淡然安之不厌岑寂；厅事朴陋，寝室中惟古书数架而已；平居教育子弟，以敦品读书、谨身节用为要。引之身居高位，于声色纷华，淡然一无所好，服官数十年不畜妾媵，饮食衣服宫室器皿之属不求精美，寝室中古书数架，无玩好之设，“居恒以盛满为戒，故位登极品，清约如寒素”。古诗云：“历览前贤国与家，成由勤俭败由奢。”（唐李商隐《咏史》）高邮二王学问、人品堪称士林楷模，这正是高邮王氏家族世代自奉俭约的家风熏陶的必然结果。

高邮王氏家族，世代重视《四子书》和朱子《小学》，他们在学问、人品、政事三方面，都从宋儒朱熹那里吸收营养。念孙之曾祖式耜，“初得濂洛关闽诸儒书籍，独默识心契，毅然破众咻而从之”，并著《四子书讲义》。祖曾禄，著有《评点朱子或问》、《朱子语类精华》，皆成集。父安国，在广东为学政时，“进诸生讲濂洛关闽之学”，为诸生批定《四子书大全》，折衷众说，多所论定，并为王懋竑所著《朱子年谱》作序。念孙在其子引之年十岁时，即命手录朱熹《童蒙须知》置案头省览，并为讲解朱子《小学》及明吕坤《小儿语》。引之教育儿子，"甫有知识，即以朱子《小学》及《养正遗规》示之"。应该说，重视《四子书》，这是与最高统治者的大力提倡、科举考试指挥棒的指向直接有关；然而选择朱子《小学》为教本教育子弟，这虽说与当时社会教育时尚有关，但在望子成龙的期盼下，从娃娃抓起，这就反映出了家长自己的宗仰所向。

朱子《小学》，分内外篇，内篇有四，即《立教》、《明伦》、《敬身》、《稽古》；外篇有二，即《嘉言》、《善行》。《四库全书总目提要》云："朱子是书，成于淳熙丁未三月……是书所录，皆宋儒所谓养正之功，教之本也。"(卷九二，子部儒家类二)王念孙的同门学长段玉裁，对朱子《小学》评价甚高。段氏在《博陵尹师所赐朱子〈小学〉恭跋》中云："而朱子集旧闻，觉来裔，本之以立教，实之以明伦敬身，广之以嘉言善行，二千年圣贤之可法者，胥于是乎在。……朱子之教童蒙者，本末兼赅，未尝异孔子教弟子之法也。"(《经韵楼集》卷八)段氏的跋语，王氏的践行，作为乾嘉汉学大家的段、王，对宋儒"养正之功"赞扬备至，身体力行，这说明他们治学说经则崇尚汉儒，立身行事则服膺程朱。早在清初，黄宗羲就说过："教学者说经则宗汉儒，立身则宗宋学。"(见江藩《汉学师承记》卷八)乾隆初，惠士奇在其红豆山房书斋前手书楹帖："六经尊服郑，百行法程朱。"(见江藩《宋学渊源记》卷上)这些前辈汉学大师，其实也是汉宋兼采。而高邮王氏更进一层，王念孙认为"学问、人品、政事三者同条共贯"，密不可分。臧庸誉此"尤为至论"，"先生盖真能以实学、实心而行实政者”,“庸当终身佩之”(见臧庸《拜经堂文集》卷三《与王怀祖观察书》)。高邮二王不仅在立身行事方面服膺程朱,就是在治学上也能吸收宋学的合理部分。高邮二王崇尚汉学,大力倡导“实事求是”的治学风气,同时又反对“不论是非”而“株守汉学”,能够摒弃墨守之弊,不守门户之见,从而揭示了高邮王氏学“熟于汉学之门户而不囿于汉学之藩篱”(见王引之《经义述闻序》)之高见卓识。

参考有关文献记载,拟列高邮王氏世系表于下:

高邮王氏世系表(一)

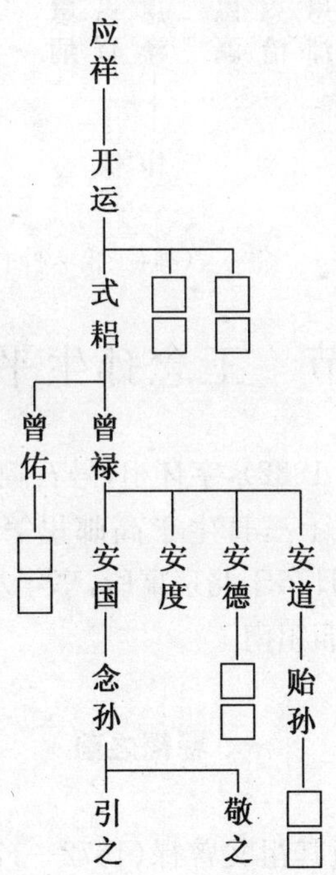

高邮王氏世系表(二)

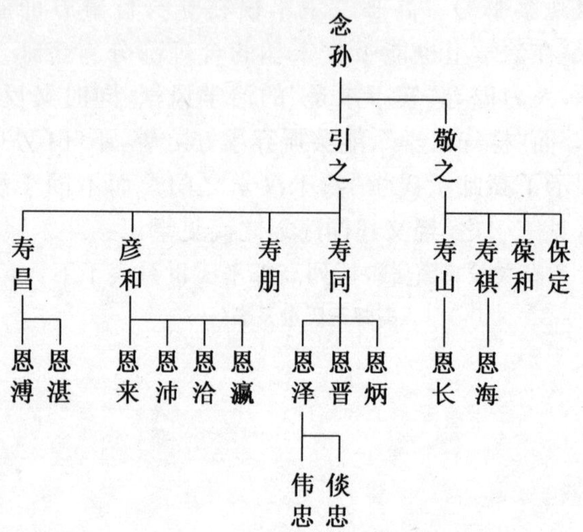

(据《王氏六叶传状碑志集》编列)

第三节　王念孙生平述略

王念孙(1744—1832),字怀祖,号石臞,又作石渠,乾隆九年甲子(1744)三月十三日生于高邮里第,道光十二年壬辰(1832)正月二十四日卒于北京寓所,享年八十九岁,归葬于邻县六合县北郊东岳庙镇南。

一、释褐之前

念孙之名,是由其祖父曾禄(1672—1743)生前预先起好的。念孙父安国(1694—1757),元配车太夫人、继配昆山钱太夫人,皆生子而殇,再继配钱塘徐太夫人,乃生念孙。先是,念孙之祖父年逾七旬,望孙甚切,预为之名曰念孙。祖父临终前,念孙母方怀孕,祖父慨叹云:“吾年七十余,未抱孙,幸生而男也,当以吾意命之。”及生,因名曰念孙,并字曰怀祖。后三年,念孙之四叔父安道生子,复名曰贻孙,字曰承祖。这都是为了纪念祖父,“体祖之心也”。

念孙号石臞。阮元《王念孙墓志铭》曰:“先生之貌,如石之臞。”念孙生而清羸,面庞瘦削,故自号石臞。又作石渠,石渠与石臞谐音。石渠,阁名,为西汉皇室藏书处,在长安未央宫殿北。《三辅黄图·阁》云:“石渠阁,萧何造。其下砻石为渠以导水,若今御沟,因为阁名。所藏入关所得秦之图籍。至于成帝,又于此藏秘书焉。”《汉书·儒林传·施雠》云:“甘露中,与五经诸儒,杂论同异于石渠阁。”《汉书·刘向传》云:“讲论五经于石渠。”石渠为西汉皇室藏弆秘书之处,又是诸儒讲论五经之所,念孙崇尚汉学,博通五经,因以石渠自号焉。

乾隆十一年丙寅(1746),念孙三岁。生母徐太夫人病故。时其父安国在籍服阕,补授礼部尚书之职,遂携念孙入都。念孙幼时聪敏过人,在襁褓中已识二十余字。四岁而能读《尚书》,不假思索,随口成诵。每次诵读,皆由慈父安国口授,大约有百数十行,用不了多长时间,就已熟记于心,被时人誉为神童。安国每日早朝,家不举火,携念孙同车前往,安国入内堂就餐,购饼饵数枚,供念孙在车中食用,聊以充饥而已,以后数年一直如此。七岁时,父安国奉命往陪都沈阳审决狱讼,考虑到在京邸无人照管,遂带着念孙一起乘车东行。当时同行出差之某公,夜作奏稿,援据经传,恐有错误,则询问念孙,念孙刚睡熟，应声诵之，一字无讹，乃相与惊叹，以为异才。八岁而能撰文章，学为制义（即八股文），操笔即作全篇。十岁时已读遍十三经，旁涉史籍，流观往事，感慨激昂。尝拟作《秦桧传》，断制森严，章法完密，父安国审阅后赞许有加。由此对念孙寄予厚望，期成大器，勖之以忠信，示之以勿欺，因此念孙一生之持身正直，得益于庭训者甚早。

乾隆二十一年丙子（1756），念孙十三岁。父安国兼管工部尚书事，延请休宁戴震馆于家，命念孙从之受经。戴震为当代硕儒，精于三礼、六书、九数、声音、训诂之学，念孙相从一年，为他日后从事的考据之学打下了坚实的基础。念孙曾问戴震，曰："请问先生，弟子将何学而可？"戴震沉思，久之曰："君之才，竟无所不可也。"段玉裁《戴震年谱》云："是时怀祖方受经，其后终能得先生传。"

乾隆二十二年丁丑（1757），念孙十四岁。正月八日慈父安国薨于京邸，享年六十有四，谥文肃。念孙哀毁过人，既而扶柩返还故里。在高邮，从同邑翰林院侍讲夏啸门受举业。念孙笃志为学，一无嗜好，童年而有老成之风。为文根柢深厚，理法精熟，老师宿儒不能过也。夏啸门尝于念孙所作文后评云："生子当如孙仲谋！"令人不胜叹羡，其器重如此。服阕，应童子试，州试第二，知州李公奇其才。府院试皆第一。府试题为念孙数年前曾模拟作过，出了考场，夏先生问："还能记得旧作吗？"念孙答："能记。"于是援笔默写原文及啸门先生所改，一字一句，无不吻合。夏啸门感到十分惊奇，逢人便称道不置。学使刘墉叹赏念孙之文，以为是轶群之俊彦，难得之人才。既而过扬州，刘墉见到都转卢见曾，乃知念孙家世，则大喜曰："文肃公有子矣。"

据李斗《扬州画舫录》卷三载："安定、梅花两书院，四方来肄业者甚多，故能文通艺之士萃于两院者极盛，自裴之仙至程赞普数十人。"列名其中，著名者有蒋宗海、秦恩复、任大椿、段玉裁、李惇、王念孙、宋绵初、汪中、刘台拱、杨伦、洪亮吉、孙星衍、顾九苞等等。其中专记王念孙的一小节云：

> 王念孙，字怀祖，一字石渠，高邮尚书之子，进士，官吏科给事中。深于声音训诂之学，海内宗之。其学不蹈于虚，不拘于实，能发戴、惠之所未及。著《广雅疏证》。子引之，字伯申，传父学。

《扬州画舫录》作者李斗（1750—1817），字艾塘，又字北有，江苏仪征人。他与当时著名文人阮元、焦循、汪中、凌廷堪、黄景仁等有所往还。李斗为王念孙同时人，他的《扬州画舫录自序》写于乾隆六十年（1795）十二月，而该书的自然盦初刻本也于同年刻印。书中记述王念孙"官吏科给事中"，据行状，王念孙于五十岁，即乾隆五十八年（1793）"擢吏科给事中"；李书又载"著《广雅疏证》"，据年谱，王念孙于乾隆六十年（1795）春成《广雅疏证》第七卷，秋冬间又成第八、第九两卷，其第十卷用其子伯申之稿，至是而《广雅疏证》历七年半遂全部告成。《扬州画舫录》对王念孙的记述，是真实可信的。然而，念孙自己的著述和书信中，以及后人关于王念孙的事略状、行状、墓志铭和年谱中，都未提及念孙肄业于梅花、安定两书院之事。

考念孙于十八岁，即乾隆二十六年辛巳（1761）到扬州参加府试。《扬州画舫录》卷三云："今之郡城校课士子书院，惟安定、梅花两院。"既然能担负起对士子的考试，则安定、梅花两书院便已具有官办府学的性质和资格，府试的考场即设在这两书院中。念孙参加府试，并取得第一名，就府试考场所在而言，说念孙肄业于安定、梅花两书院，也就顺理成章了。

乾隆二十六年辛巳(1761)，念孙十八岁。夏啸门先生云："子之年当室矣，子虽宦家而俭朴过于贫士，富贵家女谅非所宜。城北吴君，家教素谨，其次女可聘也。"念孙遵师命，遂下聘礼于吴氏。次年，娶吴恭人。

乾隆二十九年甲申(1764)，念孙二十一岁。此后数年，与同乡李惇、贾田祖晨夕过从，三人皆善饮，每酒酣，贾田祖辄钩析经疑，间以歌诗，往牒旧闻，泛演旁出，嘲噱风生，谑而不虐。又与江都汪中、宝应刘台拱、兴化任大椿、歙县程瑶田书札往还，讲求古学。诗宗汉魏六朝，摹拟逼真；经训则发明叔重、康成，究其阃奥。大兴翁方纲赠以楹帖云："识过铉锴两徐而上，学居后先二郑之间。"这里所说的"铉锴两徐"，是指徐铉、徐锴兄弟俩，他们都是五代宋初的文字学家，都致力于研究东汉许慎(叔重)《说文解字》。徐铉，人称"大徐"，与句正中、葛湍、王惟恭等校订《说文解字》，新增十九字于正文中，又增新附字计四百零二字于正文后，称为"大徐本"，为后世通行本。徐锴，人称"小徐"，著《说文解字系传》，称为"小徐本"，其书已注意到形声相生、音义相转之理。所谓"后先二郑"，是指郑玄、郑众，都是东汉著名经学家，毕生从事古代经书注解工作。"先郑"指郑众，少从父习《左氏春秋》，能传父学，知名于世；兼通《易》、《诗》，明《三统历》；著有古经注解多种，书皆佚失。"后郑"指郑玄，字康成，治学以古文经说为主，兼采今文经说，遍注群经，为汉代经学的集大成者；其主要著作《毛诗笺》、《周礼注》、《仪礼注》、《礼记注》，都收入《十三经注疏》。翁方纲赞许王念孙治文字、音韵、训诂之学，学识已超越二徐，经训成就紧随郑玄之后，其前途不可估量，此盖道其实也。

乾隆三十年乙酉(1765)，念孙二十二岁。乾隆帝巡幸江南，念孙以大臣子迎銮献颂册，诏赐举人。按《南巡盛典》七十一"褒赏门"载："乾隆三十年二月十七日奉上谕：原任吏部尚书王安国之子、生员王念孙著加恩赏给举人，一体会试。钦此。"

乾隆三十一年丙戌(1766)，念孙二十三岁。入都会试，不第。次年，偕任大椿由京师南归，过直隶河间、山左东阿，皆赋诗写志，又尝赴扬州、泰州、镇江及高邮西邻安徽天长等地漫游，登山临水，动多佳作，得二十首，合为《丁亥诗钞》一卷。在京得江永《古韵标准》书，始知顾炎武所分古韵十部，犹有罅漏，回高邮后，取《毛诗》三百零五篇反覆寻绎，并知江永书仍未尽善，于是以己意重加编次，分古音为二十一部。

按，刘盼遂《高邮王氏父子年谱》乾隆三十二年云："又曾赴江西、安徽各地及邻邑漫游。"此说不确。其一，据《丁亥诗钞》中的《天长道中晚晴》诗，只能说念孙到过高邮西邻的安徽天长，并未到安徽各地漫游。其二，念孙亦未到江西各地漫游。《年谱》说念孙到江西，这很可能是由于《丁亥诗钞》中有一首《晚泊湖口》诗，解者误以为"湖口"即是江西省鄱阳湖北端的湖口县。江西省湖口县，有石钟山二：一在县治南，曰上钟山；一在县治北，曰下钟山。各距县一里，皆高五六百尺，周十里许。《晚泊湖口》诗中，没有提到山的形迹。如若是在湖口县，就不可能对石钟山视而不见。再说，若是买舟西上到江西湖口县，中途必经皖江各地，但念孙并未有此类诗文，甚至连片言只语亦未提及。因此，说念孙到江西各地漫游，实属对其《晚泊湖口》诗的误解。究其实,《晚泊湖口》诗中所指的湖,即高邮湖,而非鄱阳湖;这湖口,是指高邮湖南端的出口,而非江西省的湖口县。明杨自惩有《高邮湖口》诗,张邦奇《高邮湖》诗有句云"秋风湖口放轻舟",皆可为证。

乾隆三十四年己丑(1769),念孙二十六岁。春,入都会试,不第。在京师时,常进谒学士朱筠之门,与谈六书精义。冬,与李文藻遇于京师,嘱托李为购求毛刻北宋本《说文解字》,刚好韦姓书贾有此书,乘机抬高书价,念孙当时会试下第,阮囊羞涩,借钱而买之,曰:"归而发明字学,欲作书四种,以配亭林顾氏《音学五书》也。"

乾隆三十七年壬辰(1772),念孙二十九岁。入都会试,不第。与刘台拱定交于京师。离家避祸天长,冬末赴安徽太平府,从朱筠于安徽学政任所。李威《朱先生从游记》云:"笥河先生在江南,广延知名士居幕下,四方学者争往归焉。高邮王怀祖,深明六书七音之旨,旁通训诂考据,一时贤士谈古学者,皆弗及也。避祸天长,闻先生能为人排难解纷,跋涉往见。先生敬礼之,时从问字质疑,未尝以前辈体貌自居。为飞书当路,护持其家尽力。"与汪中定交。杞县侯氏藏《汪容甫与刘端临书》真迹云:"高邮王怀祖,笃好经术,尤精于小学,为中去年所得之友,与足下而为七人。"此时,在安徽学政朱筠学署作幕宾的有汪中、洪亮吉、邵晋涵、章学诚、王念孙、黄仲则、高文照、吴兰庭等人。

乾隆三十八年癸巳(1773),念孙三十岁。正月,在安徽学政署,为朱筠校正小徐本《说文》,又代朱筠撰《重刻说文解字序》,刻印成书。洪亮吉《洪北江文集》中《书朱学士逸事》一则,记在安徽刻《说文》事云:"司校刊之役者为王念孙。"春,念孙归故里。夏，复来朱筠学署，为校唐《开元礼》。十一月，校《大戴礼记》中《曾子》十篇。汪中《大戴礼记正误》书内《曾子立事》等十篇，备载“念孙案”、“怀祖云”计十六条；《曾子天圆》篇末尾有题识云：“乾隆昭阳大荒落辜月大兴朱筠、高邮王念孙、江都汪中校于安徽学政署中。”秋，念孙归里。冬，朱筠罢任安徽学政，降调翰林院任编修。念孙在高邮乘朱筠进京官船，随之入都，下榻于朱氏书屋椒花吟舫。次年，以半载之力成《说文考异》二卷。

二、走上仕途

乾隆四十年乙未(1775)，念孙三十二岁。试礼部中式，殿试赐二甲第七名进士出身，改翰林院庶吉士。大兴朱筠学士，品隆望重，风格严峻，凡新科后进投刺者，皆不答拜，独于念孙往谒，躬自答之，曰：“是当代通儒正士，不可以后进视之也。”夏，念孙自朱宅移居西城香炉营。中冬，乞假旋里。

乾隆四十一年丙申(1776)，念孙三十三岁。自是以后四年，皆独居于高邮湖滨精舍，以著述为事，常谢绝人事，穷搜博采，写下音韵训诂书稿笔记盈箱。1922年，上虞罗振玉氏从江姓手中购得高邮王氏父子未刊丛稿一箱，其中的写定稿，经整理编次，于1925年排印出版，即《高邮王氏遗书》。念孙的音韵训诂书稿笔记，在《高邮王氏遗书》中已刊刻者有《方言疏证补》一卷、《释大》八篇、《毛诗群经楚辞古韵谱》二卷，而尚未刊刻者有《雅诂表》二十一卷、《雅诂表》一卷、《尔雅分韵》四卷、《方言广雅小尔雅分韵》一卷、《古音义杂记》不分卷、《雅诂纂》一卷、《叠韵转语》不分卷、《周秦韵谱》一卷、《两汉合韵谱》

十七卷、《谐声谱》二卷、《古音索隐》不分卷、《雅音释》一卷、《逸周书战国策合韵谱》一卷、《说文谐声谱》不分卷、《谐声表》二卷。此外,在此时或此前写就的还有《群经字类》、《六书正俗》、《说文考正》、《读说文札记》等书稿。在这几年中,念孙对先秦两汉群书音韵训诂,以韵部为纲,做了大规模的综合研究工作。一种是依据他自己所考定的古韵二十一部,编写了各种古韵谱;一种是古书训诂,依韵分类,汇而释之。念孙有着如许深厚学养积累为坚实基础,为日后校释群书、考正经义作好了学术研究上的充分准备,自能得心应手地做到“训诂声音明而小学明,小学明而经学明”。

乾隆四十五年庚子(1780),念孙三十七岁。入都,供职翰林院。赁居京邸,屏绝人事,键户日手一编,探赜索隐,温故知新,观其会通。次年,补行散馆,钦命赋题为《日处君而盈度赋》,同考者多不知所出,念孙依晋卫恒《四体书势》本旨为之,且以告于同考者。同考者归检《晋书》,乃信,都以是佩服念孙之广识多闻,且正直诚信。赋载两江制军蒋砺堂编《国朝同馆赋选》,辞义精确,读者称之。考列一等第五名。奉旨任工部都水司主事。都水司,河工估销总汇之所。念孙素精熟于《水经注》、《禹贡锥指》、《河防一览》诸书,至此更加讲明治水之道。为《导河议》上下篇,上篇导河北流,下篇建仓通运。奉旨纂《河源纪略》,念孙为纂修官,议者或误指河源所出之山,念孙力辨其误,议乃定。念孙别撰“辨讹”一门,凡六卷,今《河源纪略》卷二十至卷二十五即是。

乾隆四十七年壬寅(1782),念孙三十九岁。充四库全书馆纂隶校对官。次年冬,因《四库全书》校对事记过二次。又次年春,记过十二次;夏,记过十四次。

按，据近人王重民《编纂〈四库全书〉始末记》云：当时四库修书官员有记过至三千余次者，记过三四百次者为平常事。记过，在当时来说是算最轻的处罚了，这是对修书中“寻常疏忽”出现一般性的错别字的处置；如果发现有“违碍字句”、“悖谬之处”、“妄逞臆说”等政治性错误，那就得罚俸、革职、治罪，甚至死后籍没其家，等等。例如乾隆四十七年壬寅(1782)十月二十九日，乾隆帝颁谕，以毛奇龄《词话》一书内有“清师下浙”字样，处罚修书馆一应官员。据《高宗实录》卷一一六七乾隆四十七年十月壬辰条记：“谕……但此等书籍经纂修、校对等阅过，即应按照馆例，签改呈进。乃漫不经心，俱未看出，实非寻常疏忽可比。除将原书交馆改正，并查明此外有无似此等字样，一并签改外，所有书内列名之总纂官纪昀、陆锡熊，总校官陆费墀、王燕绪，分校官刘源溥，俱著交部分别议处。”

又乾隆五十二年丁未(1787)三月十九日，乾隆帝审查《四库全书》续缮三份，以李清《诸史同异录》“妄逞臆说”，下令销毁，并追究一应官员责任。据《高宗实录》卷一二二七乾隆五十二年三月丁亥条记：“谕：李清系明季职官，当明社沦亡，不能捐躯殉节，在本朝食毛践土，已阅多年，乃敢妄逞臆说，任意比拟。设其人尚在，必当立正刑诛，用彰宪典。今其身既幸逃显戮，其所著书籍悖谬之处，自应搜查销毁，以杜邪说而正人心。……所有办《四库全书》之皇子、大臣，及总纂纪昀、孙士毅、陆锡熊，总校陆费墀、恭泰、吴裕德，从前覆校许烺，俱著交部，分别严加议处。至议叙举人之监生朱文鼎，系专司校对之人，岂竟无睹，乃并未校出，其咎更重。朱文鼎本因校书特赐举人，著即斥革，以示惩儆。”

又乾隆五十二年丁未(1787)十月十五日，乾隆帝颁谕，以

《四库全书》错讹太多，处罚一应官员。据《高宗实录》卷一二九〇乾隆五十二年十月己酉条记："又谕……今文渊等阁所贮《四库全书》，偶经批阅，草率错讹比比皆是，因令诸皇子及在庭诸臣覆加详校，签出错误之处，累牍连篇，不可枚举。是办理此书者并未实心校阅，竟以稽古右文之举，为若辈邀恩牟利之捷径，大负朕意。此事发端于于敏中，承办于陆费墀，其条款章程俱系伊二人酌定。今所缮书籍荒谬至此，使于敏中尚在，必当重治其罪。因伊业经身故，是以从宽，止撤出贤良祠，不复追论，保全始终。陆费墀业已革职，亦不深究。所有业经议叙纂校各员，其已经升用，应行议罚廉俸，及未经升用，将议叙注销之处，著该部核议具奏。"

又《清史稿·陆锡熊传》："与昀（纪昀）同司总纂，旋并授翰林院侍读。五迁左副都御史。旋以书有讹谬，令重为校正，写官所费，责锡熊与昀分任。"

又《清史稿·陆费墀传》："充四库全书馆总校，用昀、锡熊例，擢侍读。累迁礼部侍郎。书有讹谬，上谓昀、锡熊、墀专司其事，而墀咎尤重。文澜、文汇、文宗三阁书面叶木匣，责墀出资装治。仍下吏议，夺职。旋卒。上命籍墀家，留千金赡其孥，余充三阁装治之用。"

从上引《高宗实录》三条上谕及《清史稿》二传，可以看到乾隆帝是用兴办文字狱的办法来严酷地管理监督《四库全书》的纂修工作，弄得修书馆的纂校人员人人自危，即使是总纂总校，也在劫难逃，未能幸免。而王念孙在三年中，仅仅累计记过二十八次，可见其校对差错率极低，甚至比当今新闻出版界规定达到合格标准的校对差错率不超过万分之一还要低十倍，这也正可谓靖共尔位、恪守其职了。

乾隆四十九年甲辰(1784),念孙四十一岁。补工部虞衡司主事。次年,擢工部营缮司员外郎,保送御史,奉旨记名。又明年,擢工部制造库郎中。

乾隆五十二年丁未(1787),念孙四十四岁。住京城粉坊琉璃街。夏秋间作《方言疏证补》一卷而中止。奉旨从工部侍郎德晓峰往勘浙江海塘工,道出高邮,与吴恭人相见,数语而去,不及家事,恭人壮之。八月,始作《广雅疏证》,期以十年为之。次年,补陕西道监察御史。又明年,转山西道监察御史,转京畿道监察御史;仲秋,与段玉裁晤于京师,快谈一切,恨相见之晚。段玉裁见《广雅疏证》,爱之不能释手,曰:"予见近代小学书多矣,动与古韵违异。此书所言声同、声近、通作、假借,揆之古韵,部居无不相合,可谓天下之至精也。"

乾隆五十七年壬子(1792),念孙四十九岁。四年俸满,自呈不胜外任,愿供京职,得旨允之。连年因寒暑中官差,卧病数次。《广雅疏证》因体例重有改订,至此成第四卷。三月,卢文弨来书请代刻《广雅疏证》前数卷。次年秋九月,擢吏科给事中。十一月初旬,派巡视东城。

乾隆六十年乙卯(1795),念孙五十二岁。春,《广雅疏证》成第七卷。四月,派巡视南城。秋冬间,成《广雅疏证》第八、第九两卷。其第十卷用长子伯申之稿,至是《广雅疏证》一书历七载又半,遂全部告成。段玉裁来书云:"读《疏证》如入武陵桃源,取径幽深,继则豁然开朗,土地平旷。"比喻贴切,盖知之深也。

嘉庆元年丙辰(1796),念孙五十三岁。正月作《广雅疏证序》。派巡视中城。次年,转吏科掌印给事中,派管理街道。又明年,迁居杨梅竹斜街,与宝应朱彬比邻,昕夕过从者二年。

三、弹劾和珅

嘉庆四年己未(1799),念孙五十六岁。正月初三日,乾隆帝驾崩。初五日,念孙密草奏疏,写了一份《敬陈剿贼事宜折》,其中第一条即弹劾大学士和珅黩货揽权,“疏语援据经义,大契圣心”,嘉庆帝览奏称善,即日下旨正法和珅。当时天下歙然称之,比之凤鸣朝阳,并传诵疏中要语,以为不愧名臣奏议。

按,念孙此时官职为吏科掌印给事中,属建言、进谏的闲职,职位并不显赫,而在《敬陈剿贼事宜折》中提出了“除内贼”、“择经略”、“扼险要”、“广召问”、“明赏罚”、“抚良民”等六条切合现实形势“以言天下大计”的建议。念孙提出“天下之患莫甚于壅蔽,人臣之罪莫大于诈欺”,因此,“怀饰非护过之心,无忧国奉公之意,名为粉饰太平,而实则自便其私”,揭露官场欺上瞒下,积弊丛生;同时提出“安民可与为善,而危民易与为非”,要求“选廉能之吏尽心安抚”,“洁己爱民”。而其中第一条“除内贼”即弹劾和珅,其文云:

> 一除内贼以肃朝宁也。大学士公和珅,受大行太上皇帝知遇之隆,位居台辅,爵列上公,不思鞠躬尽瘁,惟知纳赂营私,图一己之苞苴,忘国家之大计,金钱充于私室,铺面遍于畿辅。其家人刘秃子,本负贩小人,倚仗和珅之势,广招货贿,累万盈千。大臣不法,则小臣不廉。贪酷之吏习以成风,穷迫之民激而生变。犹不引身避位,上疏自责,鬻货揽权,恣睢

> 益盛。军营积弊，隐其事而不言；军报已来，迟之久而不奏。故封疆大吏躬为欺罔而不惧者，恃有和珅为之党援也；督兵将领侵冒国帑而不悛者，恃有和珅为之掩饰也。以至军情壅蔽，贼势浸淫。上累大行太上皇帝宵旰焦劳，精神渐减，而和珅恬不为意。臣窃以为和珅之罪不减于教匪。内贼不除，外贼不可得而灭也。臣闻帝尧之世亦有共驩，及至虞舜在位，咸就诛殛。由此言之，大行太上皇帝在天之灵，固有待于皇上之睿断也。

念孙奏疏首劾和珅不法状，嘉庆帝即以宣遗诏日传旨逮治和珅，命王大臣会鞫，俱得实，下诏宣布和珅二十条大罪状。念孙奏疏与嘉庆帝诏书，都揭示了权奸和珅祸国殃民的罪行。奏疏内容概括，说理深透，诏书数字具体，条理清晰，两者同条共贯，相得益彰。

据史籍记载，和珅(1750—1799)，字致斋，钮固禄氏，满洲正红旗人。少贫无藉，为文生员。乾隆三十四年(1769)，他二十岁，承袭其父常保三等轻车都尉。因其父祖辈为清朝开国功臣，他被朝廷起用，授予三等侍卫，为正五品。据传，有一次乾隆帝出巡，和珅随侍，他表现得机警聪敏，说话很得体，即博得了乾隆帝的赏识，回京后，就被提拔为乾清门侍卫，再擢升为御前侍卫，授予正蓝旗满洲副都统。乾隆四十一年(1776)，官至户部侍郎；不出三个月，被任命为军机大臣，再授内务府总管大臣；至年末，又出任国史馆副总裁，赏戴一品朝冠；总管内务府三旗官兵事务，赐紫禁城骑马。这年，和珅才二十七岁，竟然已身兼多种要职，既当上军机大臣，进入朝廷军政决策的核心，又得肥缺内务府总管。乾隆四十三年(1778)，又兼步军统领，充崇文门税务监督，总理行营事务。四十五年(1780)，擢升为户部尚书、议政大臣，授予御前大臣、镶蓝旗满洲都统，又授领侍卫内大臣，充四库全书馆正总裁；兼理藩院尚书事。四十六年(1781)，兼署兵部尚书，管理户部三库。四十七年(1782)，加太子太保，充经筵讲官。四十八年(1783)，赐双眼花翎，充国史馆正总裁、文渊阁提举阁事、清字经馆总裁。四十九年(1784)，调吏部尚书、协办大学士，管理户部如故。五十一年(1786)，晋文华殿大学士，仍兼吏部、户部事。五十三年(1788)，晋封三等忠襄伯，赐紫缰。五十五年(1790)，赐黄带、四开褉袍。五十六年(1791)，兼任石经正总裁。五十七年(1792)，兼任翰林院掌院学士。六十年(1795)，充殿试读卷官。嘉庆三年(1798)，晋公爵。从上列官职可见，和珅升官，正可谓直线上升，"宠任冠朝列矣"。尽管他的地位达到了极限，直到他破败前，他的官职和荣耀一直有增无减。从他所任官职看，凡朝中军、政、财、文、人事等各种权力及各项肥缺，几乎让他一人包揽了。清朝不设宰相，他却是真正的宰相，时称"和相"，正是一人之下，万人之上。不仅如此，他的儿子丰绅殷德被乾隆帝招为额驸即驸马。乾隆帝把最受宠爱的第十女固伦和孝公主下嫁丰绅殷德。和珅与当朝皇帝结为儿女亲家，成为皇亲国戚，这是何等荣耀之事！和珅位高权重，势倾朝野，这不仅在乾隆朝，就是在整个有清一代，恐怕也无人可与并比。

和珅凭什么竟获此无以复加的高位和殊荣呢？其实，说起来也很简单。和珅初入仕途，清朝康乾盛世已达到鼎盛，天下太平，国泰民安。而乾隆帝已步入老年，力主"持盈保泰"，一味追求维持现状,安享太平之福。乾隆帝年事已高,难免有些寂寞,很想有个体已的人陪侍左右,消遣解闷。和珅正适合乾隆帝的口味,他是满洲正红旗人,为人机灵,"善谑",很会说笑话,不失诙谐幽默,博得皇帝欢心。更重要的是,和珅凡事都必揣度皇帝心态,"善伺高宗意",投其所好,总能得到乾隆帝的赞许。这使乾隆帝觉得,满朝文武大臣,唯有和珅最能领会他的意图,因而更加宠信和珅。乾隆帝自以为治国功成,骄傲自满,自称"十全老人",喜听颂辞,况且高寿厚福,安享尊荣,凡说好听的话,他便"龙心大悦",如若揭示存在的问题,他就反感,甚至"龙颜大怒"。和珅深明此理,尤擅此道,一味逢迎,歌功颂德,报喜不报忧,尽报一些让乾隆帝高兴的事。于是,乾隆帝对和珅情有独钟,不断加官晋级,宠幸之至。和珅之所以能有恃无恐地"怙宠贪恣","弄窃作威福",就是倚靠着乾隆帝这把铁杆保护伞。

和珅凭借权势,擅作威福,顺之者昌,逆之者亡。只要谁不顺从,他必设法压制排挤,甚至置人于死地。事例之多,不胜枚举。《朝鲜李朝实录中的中国史料》一书中记载李氏朝鲜使臣在北京所见,文云:"阁老和珅,用事将二十年,威福由己,贪黩日甚。内而公卿,外而藩阃,皆出其门。纳赂谄附者,多得清要;中立不倚者,如非抵罪,亦必潦倒。"和珅贪污纳贿,其数量之巨,令人难以想象。仅据其被逮治后所定罪状,其中贪污的白银数逾千万两,夹墙藏黄金二万六千余两,私库藏黄金六千余两,地窖埋白银三百余万两;在通州、蓟州等地当铺、钱号的资本为十余万两;所藏珍珠手串计二百余,比皇宫内还多出数倍;大珠大于皇帝御用冠顶,宝石顶非所应用,乃有数十;整块大宝石不计其数,胜于皇宫;所藏衣服数逾千万。和珅作威作福，肆无忌惮，用楠木建筑房屋，僭侈逾制，仿照宁寿宫制度，园寓点缀竟与皇家圆明园蓬岛、瑶台无异；取出宫女子为次妻；在蓟州为自己预建坟墓，设享殿，置隧道，称“和陵”。和珅财产之多，不只是清代的头号大贪污犯，恐怕也是中国历史上数一数二的巨贪了。

和珅的家人奴仆也富得惊人，他们凭借和珅的权势，疯狂敛财。据统计，和珅的家奴多达一千二百余人，为他管理当铺、钱号、商店、馆舍、田庄，经营土地买卖、房屋出租等，服侍他日常起居生活，包括为他警卫。其家人刘全，人称刘秃子，就有家产二十余万两。刘全与另一马姓家奴共有房产一百八十二间，金银古玩价值三百六十八万六千两，至于器皿、洋货、衣服、皮裘、绸缎、人参等，总计值银一百五十五万两；另有供收取地租用的田亩六百余顷，当铺千处，资金达一百二十万两。和珅宅中太监呼什图，抄其家时，现金就达十余万两，抄出谷物一万一千零六十五石。奴仆暴富如此，和珅之富有，则可想而知。当和珅被逮治时，他与其奴仆的私产一律没收充公。难怪当时流行一句谚谣：“和珅跌倒，嘉庆吃饱。”

《清史稿·和珅传》云：“和珅柄政久，善伺高宗意，因以弄窃作威福，不附己者，伺隙激上怒陷之；纳贿者则为周旋，或故缓其事，以俟上怒之霁。大僚恃为奥援，剥削其下以供所欲。盐政、河工素利薮，以征求无厌日益敝。川楚匪乱，因激变而起，将帅多倚和珅，糜饷奢侈，久无功。”和珅贪黩无厌，公开勒索纳贿，致使“政以贿成”，贪风日炽，吏治腐败，官逼民反。清朝由盛转衰，和珅柄政二十年，直接起了推波助澜的作用。

由于有乾隆帝保护伞的掩蔽，和珅在朝二十余年，声势熏灼，未尝一受弹劾。不是无人弹劾，而是弹劾者反而受到了报复打击。例一,御史曹锡宝参劾和珅家人刘全奢僭,造屋逾制。乾隆帝察觉曹锡宝本意欲参劾和珅,只是不敢明言,故以家人为由,想以此打开缺口。便命王大臣会同都察院传问曹锡宝,使直陈和珅私弊,而终不能指实。和珅得党羽密报,在皇帝跟前预先做了铺垫,并预使刘全毁屋更造,致察勘不得直。因此,曹锡宝反被革职留用。例二,内阁学士尹壮图上疏论各省库藏空虚,帝为动色,和珅请即命尹壮图往勘各省仓库,而以自己党羽户部侍郎庆成监之。每至一省,庆成便事事制肘,先安排游宴数日,待挪移既足,然后发仓库校核,迄无亏缺。结果,尹壮图以"妄言"坐黜,"褫职治罪"。自此后,举朝无一人敢纠劾和珅。

嘉庆四年(1799)正月初三日,八十九岁的长寿太上皇乾隆帝病逝,和珅的保护伞终于倒了,这为弹劾和珅提供了有利时机。但是,和珅权势仍在,死党满朝,参劾和珅仍要冒一定的政治风险;再说,明知太上皇乾隆帝是和珅的保护伞,然而投鼠忌器,太上皇毕竟是今上亲爹,在揭露和珅时却必须"保护"乾隆帝。王念孙在正月初五日,即太上皇归天后二日,"首劾大学士和珅",这就显示出他的政治敏感性和政治勇气。而在奏折中揭示和珅罪责后,紧接着说:"上累大行太上皇帝宵旰焦劳,精神渐减,而和珅恬不为意。窃以为和珅之罪不减于教匪,内贼不除,外贼不可得而灭也。"这一下子就把和珅定性为匪,是危害太上皇的内贼,这就巧妙地"保护"了乾隆帝。而奏折第一条的总结语,则更是神来之笔:"臣闻帝尧之世亦有共驩,及至虞舜在位,咸就诛殛。由此言之,大行太上皇帝在天之灵,固有待于皇上之睿断也。"这是权威的引典。《尚书·舜典》云:"〔虞舜〕流共工于幽州,放驩兜于崇山,窜三苗于三危，殛鲧于羽山，四罪而天下咸服。”又是贴切的比喻。喻太上皇为帝尧，今上为虞舜，而和珅则是共工、驩兜一样的四凶。更是殷切的期盼。今上能除去内贼和珅，则正是继承了先帝遗志，告慰于大行太上皇帝在天之灵。如此巧妙措辞，正是煞费苦心，表现出了高度的政治智慧。解放后曾经存在的极左思潮倾向，影响到对乾嘉学派评价而形成极左成见，致使有些学者在论及乾嘉汉学家时，总把他们看作是不问政治，不懂政治，只会钻故纸堆，皓首穷经，是“无政治是非”的书生。事实岂其然乎？我们在此花费较多的笔墨，记述和分析王念孙首劾大学士和珅这件事，就是要实事求是地破除极左成见。

四、三任河道

嘉庆四年己未(1799)，念孙五十六岁。三月，奉命巡视淮安漕务，严绝馈遗，及至高邮，资用乏绝，乃借贷以继之。九月，又奉命巡视济宁漕务，于巡漕陋规，尽行裁汰，人皆服其廉洁。道路所经，凡吏治优劣，民间疾苦，无不悉心陈奏，仰荷朝廷听纳，次第施行。

十二月，特授直隶永定河道。次年抵任，备料稽工，皆核实经理，以除浮冒之弊；发放河兵饷银，则亲临办事厅堂，验明人员而直接发授，杜绝克扣拖欠之风。防汛工作到位极早，沿河巡察极勤，该年永定河水位高至一丈五尺，昼夜防护，平稳度汛。

嘉庆六年辛酉(1801)，念孙五十八岁。五月以后，淫雨连绵，昼夜不绝，永定河水位涨至二丈有余，卢沟桥东岸石堤决口四，西岸土堤决口十八，洪水越堤而过，两岸同时漫溢。遂于六月，奉旨革职逮问。寻奉上谕："永定河雨水过多，河流异涨，竟漫卢沟桥面，冲决石工，不但人力难施，亦非意想所到。王念孙、翟萼云、陈煜照寻常年分，只注意西岸土工，未能虑及冲决东岸石工，尚非有心玩误。王念孙、翟萼云等俱著加恩，发往永定河工次，交熊枚分派工段，令其自备斧资，上紧堵筑挑淤，认真出力办理，不但免其前罪，工竣尚可酌量加恩。钦此。"奉旨仍留督办河工。次年三月，派往河间高家口督办漫工。五月，因自发往工次效力，勤勉于事，施恩赏给六品顶戴。九月，复职，署永定河道。

嘉庆八年癸亥(1803)，念孙六十岁。四月，奉上谕："王念孙于水利情形，讲求有素，著加恩赏给主事衔，留于直隶，令其周历通省，遇有关涉水利事宜，悉心纪载，俟一二年后，交直隶总督彙奏办理。钦此。"念孙经调查研究，上直隶总督颜检书，列举畿辅水利章程，即《上颜制军论直隶河渠言》，其略曰：

直隶大川有五：曰南运河，曰北运河，曰永定河，曰大清河，曰滹沱河。大清河之下游谓之淀河，滹沱河之下游谓之子牙河。永定、大清、子牙三河，必先合南北两运而后入海河。每当伏秋之交，五河泛涨，毕注三岔一口，而海潮抵忤，洄漩不下，上游堤岸田庐咸受其害。欲治直隶之水，必先治南北两运河之减河。减河治则入海之路有所分，而海河之受水较少，受水较少则易于消纳，而永定、大清、子牙三河乃得畅然入海河而东注，此治水之所以必先下游也。……总之，南北运河之减河既经疏导，则入海之路宽，格淀堤既复，则清浊各不相干，而子牙、大清、永

> 定三河咸得畅流而入运。五河既治，则全省河道已得其大纲，其余众河，应由各道府厅州县逐一查明，分别奏办，虽一劳难言永逸，而除害即以兴利，实于河道民生大有裨益。

六月，直隶总督颜检据以入奏，奉旨著俟秋汛过后，再令王念孙带同本省熟谙河道之员，详悉踏勘，将如何次第兴工之处，据实奏闻。由此，念孙周行畿辅，实地勘察全省河道，筹划治水方略。

按，念孙之《上颜制军论直隶河渠言》，是经实地踏勘进行调查研究后提出的直隶全省治水方略，"欲治直隶之水，必先治南北两运河之减河"，使拥塞于海河一条入海河道变为分流于多条入海河道，"以畅尾闾"。并针对子牙、大清、永定三河的具体情况，因地制宜，提出对症下药的整治方案，例如，"将子牙故道挑挖深通"，"而于完固口建减水石坝二座，分水入减水河，以杀盛涨"；"大清河以东西两淀为停蓄宣泄之地"，对其下泄各河，"尤需挑浚宽深，使周通贯注，以资畅达"；对永定河，"惟有将两岸堤工增卑培薄，或添建埽工，以资捍御，再于上游各处，添建减水坝，以分盛涨之势，亦得为补偏救弊之方"；然而，治水"必先下游也"。念孙的治水方略，比较切实可行，受到后人的重视和采纳。例如，同治八年(1869)，直督曾国藩于南七工筑截水大坝，两旁修筑圈埝，并挑浚中洪，疏通下口，以免壅溃；光绪十九年(1893)，河督许振祎偕直督会勘筹办永定河事，提出"疏下游，保近险，浚中洪，建减坝，治上游"五项方案；光绪二十五年(1899)，直督裕禄"详勘全河形势"，"陈统筹疏筑之策七”，而其第一策即是“先治海河，俾畅尾闾”。其后历次关于直隶治水的基本政策，与念孙之方略皆大体上相吻合（参见《清史稿·河渠志三》）。解放后，在中国共产党和人民政府英明领导下，兴修水利，根除水患，在河北省和京津地区大力整治海河水系，为南北运河或新开或疏浚了多条减河（引河），例如永定新河、永金引河、淀南引河、新开河、独流减河、马厂减河、子牙新河、捷地减河、漳卫新河，等等，使南北太行山区西来之水，各安归其流，咸得畅然而东流注大海。在治水实践的大格局中，我们依然可以领略到并也证实了王念孙当年治水方略的科学性和可行性。

九月，随尚书费淳往山东临清一带查勘河道情形。十二月，因山东运河道员缺，著王念孙以主事衔署理。

嘉庆九年甲子(1804)，念孙六十一岁。三月，给予四品顶戴，实授山东运河道，驻济宁州城。严格管理治河工程。运河冬挑土方计算最容易弄虚作假，前任收工验算以铜尺测量，遇泥水无不深入，验得一尺，实才数寸。念孙改造梅花桩，以木制直角形三角尺测量，浅深立辨，属员不再可能虚报冒领。河员积习相沿，每于岁修之外，动称某处工程损坏，请拨款项兴修，藉此自肥，名曰“另案工程”。念孙到任后，严禁虚假浮夸，非实有损坏，不得报修，因此所谓“另案工程”始息。仅上举二项，在任六年就节省款项至数十万。

三月，吴恭人由次子敬之陪同，从家乡高邮由水道来署。去年吴恭人患疟疾几危，后虽愈而血气大衰。及至济宁，遂以水土不服得肿胀疾，日以益盛。时念孙督工张秋，未暇归，及归而吴恭人病已笃矣。七月二十九日，吴恭人卒于署，享年六十三岁。念孙室无姬媵，此后数十年即块然独居。是月，念孙撰《元配吴恭人行略》。

嘉庆十二年丁卯(1807),念孙六十四岁。二月,上奏《劾贪吏黄炳折》。济宁州知州黄炳加等索取陋规,以致商贾罢市,念孙出告示安抚,并为之揭报抚臣,直至上奏朝廷,遂罢黄炳之职,民困以苏。任山东运河道三年以来,挑浚牛头河,以广微山湖蓄水来源;禁止微山湖豪绅占种湖滩而阻挠挑河之举;增高临清闸内两岸为蓄汶之地,遇卫河盛涨即闭闸蓄水,使汶高于卫,然后开放刷沙,以除扪口之患。这些举措,皆利于当时,惠及后代。

嘉庆十三年戊辰(1808),念孙六十五岁。巡视东漕,侍御赵佩湘奏参前任巡漕贪纵各款,奉旨传问,念孙以为实据。先此,巡漕某以要挟的言辞和手段,恐吓威胁以敛财,官吏以钱财买太平而多应以求,念孙坚决饬令所属吏员严辞拒之。后馈送者皆获咎,而运河道属官独免,人们以此佩服念孙有先见之明。六月,奉旨偕侍御赵佩湘审理山东平原县"民告官"讼事。平原百姓状告县令某监毙无辜案,集两造研讯,悉得其情,民诉为实。

六月下旬,调任直隶永定河道。离任就道时,济宁商民出郊远饯,焚香酹酒,数十里中自发的送行队伍肩相错踵相接,受到民众的爱戴。

十一月,以运河道任内考绩卓异,受到嘉庆帝召见,垂询河务情形甚悉。刚回署,又逢东河督陈凤翔奏请启放苏家山闸引黄入湖以利漕运,而山东巡抚吉纶则奏请挑浚枣林闸以南滨湖运河,上以念孙曾任运河道,情形熟悉,乃召之入都,决其是非。念孙对两个方案权衡利弊,谨对曰:"若为运河久远之计,总以挑赵王河为正办";"欲为暂时权宜之计,舍开放苏家山闸别无办法”,“引黄入湖,不能不少淤,然暂行无害”。上以为“王念孙所言极是”,遂依陈凤翔疏权宜办理,并命挑浚赵王河为久远之计,而寝吉纶之议。

嘉庆十五年庚午(1810),念孙六十七岁。永定河洪水异涨,水位高至二丈有余,人力难施,南北岸同时漫溢。念孙立即具奏,自请治罪,得旨以六品休致。应赔河工堵筑漫口例银一万七千二百五十九两,念孙日以无力完缴为忧,终由长子引之向亲朋借贷,并扣除养廉,陆续完缴,凡十余年始完。

按,念孙三任河道,其中两任直隶永定河道,都栽了大跟斗。永定河,原名无定河,康熙三十七年(1698)始改名永定河,即桑干河下游。桑干河,源出山西省朔州,东北流,经山阴、大同,入河北省,仍东北流,经阳原、涿鹿、怀来,在官厅折向东南流,称永定河,经北京市西南郊之门头沟、石景山、卢沟桥,南流至河北省固安,又东南流,至天津市武清,汇入北运河,经海河入海。史籍载,永定河汇边外诸水,挟泥沙建瓴而下,重峦夹峙,故鲜溃决。至京西四十里石景山而南,经卢沟桥,地势陡而土性疏,纵横荡漾,迁徙弗常,为害颇巨。据《清史稿·河渠志三》明确记载,永定河在有清一代二百六十多年间曾决口、漫溢、改道而成灾有四十四次,平均六年就有一次。永定河每次发生水灾,就得处分一批治水官员,而永定河道首当其冲,甚至直隶总督也难辞其责。例如,“〔乾隆〕六年,凌汛漫溢,固、良、新、涿、雄、霸各境多淹”,时孙嘉淦为直督,“嘉淦方锐意引永定河归故道,河溢,傍河诸州县被水。六年正月,谕曰:‘朕闻永定河经理未善,……孙嘉淦不能辞其责也。’”(《清史稿·孙嘉淦传》)嘉庆六年(1801),永定河决口成灾,不仅永定河道王念孙革职逮问,发往永定河工次效力,时姜晟为直督,"六年,畿辅久雨,永定河决。坐奏报迟延,褫职逮问,发河工效力"(《清史稿·姜晟传》)。嘉庆十年(1805),颜检为直督,"会永定河坏,责随筑赔修"(《清史稿·颜检传》)。

永定河原是无定河,"水浑善淤,变迁无定",水灾频仍。念孙经历第一次任永定河道败绩后,于嘉庆八年(1803)《上颜制军论直隶河渠言》中提出:"欲治直隶之水,必先治南北两运河之减河。"后人也提出,治永定河,必"先治海河,俾畅尾闾"。然而,过不了多久,嘉庆十年,"永定河坏";嘉庆十五年,永定河洪水泛滥,念孙第二次任永定河道以"自请治罪"作罢。前事不忘,后事之师。现实是由历史发展而来,而历史却具有惰性,如果不认真加以总结检讨,或者虽然总结检讨了却并未付之实际行动,有些事情难免就会再次重演。永定河的不断泛滥成灾,就是一个实例。永定河道只管辖永定河河工,并不管辖永定河的尾闾海河以及南北两运河的减河河工。经历过嘉庆六年第一次任永定河道的失败后,念孙进行了认真的总结和检讨,嘉庆八年提出了《上颜制军论直隶河渠言》的治水方略,痛定思痛,应该说头脑是清醒的,思路是明晰的,方案具有一定的科学性和可行性。然而在现实社会中,方案的实施就极其艰难了,甚至根本无从实施。嘉庆十年,连直督颜检也因"会永定河坏",而被"责随筑赔修"。第二次任永定河道的王念孙,在嘉庆十五年大水成灾,再次摔倒,也就无可怪也矣。此时此地,即使是换上另一个人任永定河道,他的结局也不见得会跟王念孙不一样吧。道光五年(1825),皇帝召见王引之,询问其父念孙历官事甚详,当引之"对至永定河漫口事"时,"上有数奇之叹",连皇帝也认为是王念孙命运不济所致。其实,这哪里是所谓命运不济所致,而是由封建社会制度及其腐朽的官僚政治体制和落后的科学技术条件先天所决定了的。

五、安度晚年

嘉庆十五年庚午(1810),念孙六十七岁。罢职永定河道,奉旨以六品休致。长子引之方自河南学政差旋,乃迎养于京邸。念孙自顾生平读书最乐,乃以著述自娱,便取所校《淮南子内篇》重加校正,博考群书,以订讹误,由此校《战国策》、《史记》、《管子》、《晏子春秋》、《荀子》、《逸周书》,及旧所校《汉书》、《墨子》,附以《汉隶拾遗》,凡十种八十二卷,名曰《读书杂志》,陆续付梓。

嘉庆十八年癸酉(1813),念孙七十岁。三月十三日生辰,取唐窦中行诗句,易其中"巳"字为"酉"字,即成:"看春已过清明节,算老重经癸酉年。"书为楹联以自娱。

嘉庆十九年甲戌(1814),念孙七十一岁。长子引之任山东学政,乃侍养念孙于学署。济南山水,念孙顾而乐之,暇则讨论经籍,以怡悦心情。越二年,引之差旋回京,仍侍养念孙于京邸。念孙平日修学著书,忘忧忘食,一如既往。

道光三年癸未(1823),念孙八十岁。三月十三日为念孙八十寿辰。胡培翚贡寿序一首。陈奂贡寿联,句云:"代推小学有达人,天假大儒以长日。"念孙甚为欣喜,视为当意,曰:"吾且守藏箧中,而不与世俗富贵寿考作颂祷者同张悬矣。"

道光五年乙酉(1825),念孙八十二岁。此年乡试,距念孙蒙恩赐举人之年已周甲六十年,例当重与鹿鸣宴。八月,顺天府奏闻,奉上谕:"陆以庄等奏原任永定河道王念孙,系乾隆乙酉科钦赐举人,在京就养,请就近重赴鹿鸣筵宴一折,王念孙曾任道员，缘事降六级休致，伊系吏部侍郎王引之之父，年登耄耋，蕊榜重逢，洵属艺林嘉瑞，著加恩赏给四品职衔，准其重赴鹿鸣筵宴，以光盛典。钦此。”赏给四品职衔，重与顺天府鹿鸣筵宴，念孙恭诣午门外谢恩，并赋纪恩诗六章，以志铭感之忱。

道光七年丁亥(1827)，念孙八十四岁。长子引之奉旨校勘《康熙字典》，念孙曰：“钦定字典为信今传后、万世不刊之书，亟宜详校更正，以成善本。”乃先校数册，以为法式。以后引之撰成《字典考证》十二卷，亦经念孙覆阅乃定。

道光十年庚寅(1830)，念孙八十七岁。得顾广圻手录《荀子》吕、钱二本异同，乃择善而从，撰成《读荀子杂志补遗》一卷，于五月二十九日序之。

道光十一年辛卯(1831)，念孙八十八岁。秋，苗夔与王念孙父子往来，以所著《说文建首字读》求正，念孙叹曰：

> 此小学绝作也，六朝五代以来，读字讹误，皆坐不知此耳。汉宣帝召能通《仓颉》读者张敞、杜业、秦近、爰礼；孝平时征礼等百余人，令说文字未央廷中，以礼为小学元士。杨雄采以为《训纂篇》，不可见。得见此读，亦犹肸蠁闻声而知踊跃者矣。

冬，《读书杂志》刻成，手书《逸周书》以下卷帙次第。竟日端坐床上读《唐书》，为孙儿辈说书中故事。是冬，北地严寒，异于往岁，畏寒食减，延医调治，终以年高，医药无效。

道光十二年壬辰(1832)，念孙八十九岁。正月二十四日寅时，卒于北京寓所。次年十二月，归葬于邻县六合县北郊东岳庙镇南。徐士芬撰《原任直隶永定河道王公事略状》，阮元撰《皇清诰授中宪大夫直隶永定河道石臞王公墓志铭》。

第四节　王引之生平简介

王引之(1766—1834)，字曼卿，又字伯申，为王念孙长子，乾隆三十一年丙戌(1766)三月十一日生于高邮里第，道光十四年甲午(1834)十一月二十四日卒于北京寓所，享年六十九岁，谥文简，归葬于与高邮接壤的安徽省天长县谕兴集之东原。

一、科举入仕

母高邮吴太夫人孕八月而生引之，引之生而身小气弱，吴太夫人常以为忧。五岁开始从塾师读书，塾师也因为引之体弱，并不严加督责。引之自幼聪颖异常，即能笃志于学。塾师或有事他适，引之对书中意义未读通者，即记下来，等塾师回来后再一一请教，直到读通读懂为止。对五岁幼孩的这一举动，塾师感到大奇，深为赞许。曾读书于湖滨丙舍，有守祠老仆曾服侍过祖父文肃公，见引之年未成童，读书以外无他嗜欲，赞叹曰："好学如此，何其一如老主人也！"年十岁，父念孙命手录《童蒙须知》置于案头，时时省览，又为之讲解朱子《小学》及吕氏《小儿语》，引之于日用间，即仿而行之。童时学为制义，援据经籍，纷纶浩博，以古人为法。年十七，补博士弟子员。次年入都侍父，因入国子监。年二十一，应丙午顺天乡试，未售。次年归高邮，侍母吴太夫人于里中，因从事声音、文字、训诂之学，取《尔雅》、《说文》、《方言》、《音学五书》读之，日夕研求。

乾隆五十五年庚戌(1790)，引之二十五岁。入都，以从事文字、音韵、训诂之学所得质于父念孙，念孙喜曰："乃今可以传吾学矣。"由此父子授受一庭，无间寒暑，焚膏继晷，中夜不辍。曾夜分读书，有偷儿潜入书斋窃取什物以去，而引之却并未察觉，其专心致志如此。从德州相国卢南石学举业。常以文呈父审阅，念孙有所指示则退而修改，至鸡鸣不辍，促之归寝，必待修改完成以后才就枕。

引之沉潜古训，熟读文字、音韵、训诂之书，因许氏《说文》中，屡就古人名字相因之义发明古训，因作《春秋名字解诂》二卷计二百九十条，皆就古人名字音义之相比附，以观声音训诂之会通。

乾隆六十年乙卯(1795)，引之三十岁。应顺天乡试，成孝廉。诸城刘镮之为同考官，得引之试卷曰："理法精纯，根柢深厚，合观二三场，博通古今。"知为绩学之士，遂以官生举孝廉。初名述之，榜后易今名。是科策问五经小学、古韵部分异同，引之条对所及，常出发问者之意表。榜发知为王念孙之长子，皆赞叹援据详赅，断论精确，家学渊源，有自来也。

是年，父念孙著成《广雅疏证》，其中第十卷即用引之之稿。

嘉庆二年丁巳(1797)，引之三十二岁。三月，作《经义述闻叙》，《经义述闻》付梓。自庚戌入都侍父，讨论经义，凡有所得即笔于篇，过庭所闻亦备载之，凡所说《周易》、《尚书》、《毛诗》、《周官》、《仪礼》、《大戴礼记》、《礼记》、《春秋左传》、《国语》、《春秋公羊传》、《春秋谷梁传》、《尔雅》诸书，附以《通说》，共二十八卷。后于道光七年(1827)重刊时,增入《春秋名字解诂》二卷和《太岁考》二卷,共计三十二卷。

嘉庆三年戊午(1798),引之三十三岁。二月一日作《经传释词叙》,《经传释词》付梓。引之因小学之书皆释名物实义,若经传语词,小学书释之者所载无几。自汉以来,说经者或以助语而释以实义,或不知助语有二训三训而皆释以常解,语义未明而经义反因之而晦,即使以毛郑之精,犹未免此误。引之因博考九经三传及周秦西汉之书,发明助语古训,分字编次,为《经传释词》十卷,以补《尔雅》、《说文》、《方言》等书之缺。

嘉庆四年己未(1799),引之三十四岁。正月,父念孙密疏劾大学士和珅黩货揽权,嘉庆帝览奏称善,即日下旨正法和珅,当时歙然称之为朝阳鸣凤。是年,引之试礼部中式,及廷对,受嘉庆帝特达之知,钦定一甲第三名,赐进士及第,授翰林院编修。循例往谒大学士翁方纲,则相见甚欢,时同谒者甚夥,翁独与引之论学亹亹不倦。阳湖孙星衍观察于山东寄书引之,以"朴学受知"为贺,谓足以鼓舞向学之士。时人以高邮王氏安国、念孙、引之祖孙鼎甲,三代词林,传为科名佳话。

二、两任学政

嘉庆六年辛酉(1801),引之三十六岁。散馆后,简放贵州正考官。越二年,癸亥大考,钦命题拟潘岳《藉田赋》,引之为古赋以进,钦取一等第三名,擢侍讲。福建闽县陈寿祺寄书引之,谓是名儒分内事,不足为不朽千秋者异,特以是鼓舞天下之人,使不疑贾孔无文章,亦斯道之重任也。不久,命充日讲起居注官。

嘉庆九年甲子(1804),引之三十九岁。充词林典故馆总纂。六月,简放湖北乡试正考官,撤棘后,闻母吴太夫人在父念孙山东运河道官署仙逝,即星奔丧所。次年,奉母丧自山东济宁回归高邮故里,时未卜葬地,引之亲历山冈,凡数阅月,始卜地于安徽省天长县之南原,择吉营葬。

嘉庆十二年丁卯(1807),引之四十二岁。服阕入都,补原官。八月,简放河南学政。是年,考试试差,引之以未补官不与试,例不开列衔名,简放学政,可谓是特殊的礼遇了。赴任前请圣训,谕曰:"尔往河南,严密防范,认真去取,如闻地方官声名平常,密折具奏。"引之到任后,访有某某不法事,遵旨密奏,命新任河南巡抚按治,皆得实。河南省民风淳厚,学问稍乏根柢,引之谋于中丞阮元,捐廉购《十三经注疏》一百多部,分置全省各属学宫,供诸生抄读。数十年后,中州人士犹曰:"士子知务实学,皆由王宗师所教导。"中州字音近古,为韵语往往不协律,引之手订《诗韵》一册,令诸生携归勤习,三年后豫中士子少有不熟谙韵律者。引之考课士子,必公服莅厅堂,披阅试卷,竟日无惰容,待诸生散尽而退,三阅寒暑无少间。次年五月,转右春坊左庶子;十二月,晋侍讲学士。又明年,转侍读学士。

嘉庆十五年庚午(1810),引之四十五岁。河南学政秩满还京。适逢父念孙以河溢罢永定河道任,时年已六十七岁,引之遂迎养于京邸。堵筑永定河漫口,例应赔河工款项十之四,父念孙当分赔一万七千二百五十九两,整日以无力完缴为忧。引之谓:"国家经费有常,岂容悬宕?吾家世受国恩,不敢仿效流俗所为,意存观望,拖延缴纳。"于是向亲朋借贷,逐年缴库,阅十余载。直至道光元年(1821),已缴一万有奇,奉恩诏准予豁免。

嘉庆十六年辛未(1811),引之四十六岁。随驾出巡木兰;留驻热河,敬编避暑山庄所藏乾隆帝宸翰。自乾隆六年驾幸避暑山庄,至嘉庆三年,凡五十八年宸翰三千余轴,逐一编次既竣。次年,授通政司副使。引之以通政司专管各省题本,吏兵二部奸胥舞弊,每受贿赂使压搁,到任数日,查得某省一本,时日皆逾,即严肃追究处治,以绝压搁延误之风。又明年八月,授太仆寺卿。十月,转大理寺卿。时畿辅岁歉,穷民乏食,而京城米禁甚严。引之曰:“米之例禁出城也,原以防京兵之乏食,及杜回漕之弊,非禁民食也。我虽无地方之责,而事关民瘼,不敢不言。”于是具疏以请,奏折留中。后万载辛筠谷更有是请,米禁遂宽。

嘉庆十九年甲戌(1814),引之四十九岁。简放山东学政,请圣训,上命速行,谕以整饬士习,并谕东省大吏某声名平常,前往密查具奏。引之到任,即察其事以闻,复奉命查实再奏,遵旨覆入,上遣使往按得实。以此,上知引之忠实而可委以大任。山东州县不能和其生监,生监亦屡屡干涉公事,前使者或袒护生监,或包庇州县,因此弊端丛生,争讼不断。引之曰:“庇州县则吏不畏法,袒生监则士不立品,吾平其曲直。吾治吾士,亹吏治其吏。”于是士习端而官方亦肃。撰《阐训化愚论》以教士,撰《见利思害说》以教民,皆奉旨刊布。

嘉庆二十一年丙子(1816),引之五十一岁。撰《太岁考》。因钱大昕所释太岁,分太岁、太阴为二,义有不安,考明《汉志》太岁“在子”为“在寅”之讹,因于试士之暇,为说二十八篇以考正,名曰《太岁考》。冬,任满还京,迁都察院左副都御史。引之遇外省京控案,详酌轻重,以定奏咨。每遇奏案,反复推求,必将实情切要处指明陈奏，京畿道所拟不当者，常亲手修改，或于召对时陈述奏明，嘉庆帝因此深许引之办事干练，明敏有为。

三、平反冤狱

嘉庆二十二年丁丑(1817)，引之五十二岁。奉命往福建治李赓芸被诬自经之狱，悉得平反。

按，李赓芸(1754—1817)，字生甫，号许斋，江苏嘉定(今上海市嘉定区)人。事继母孝，敦品节，砥廉隅，为时所称。少学于同县钱大昕，通六书、苍雅、三礼。善属文，以礼经史志为根柢，在文家别开一径。因慕东汉许叔重之学，故自号许斋。乾隆五十五年(1790)进士，授浙江孝丰知县。调德清，再调平湖。下车即谒名臣陆陇其祠，以陆曾宰嘉定，而己以嘉定人宰平湖，奉陆陇其为法，尽心抚字，训士除奸，邑人称神明。嘉庆三年(1798)，九卿中有人密荐李赓芸，诏询巡抚阮元，元奏："赓芸守洁才优，久协舆论，为浙中第一良吏。"引见，以同知升用。嘉庆五年(1800)，金华、处州两郡水灾，金华苦无钱，处州苦无米，赓芸奉檄，于恩赈外领银二万两，便宜为之。以银之半易钱，运金华加赈，人百钱而钱价平。又以银之半运米至处州，减价粜，辘轳转运，而米亦贱。升处州府同知，调嘉庆海防同知，署台州府。寻擢嘉兴知府，正己率属，无敢以苞苴进者。治漕，持官、民、军三者之平，上官每采用其言。嘉庆十年(1805)，水灾，减粜有实惠，赈民以粥，全活者众。以丁继母忧去官。

服阕，赓芸补福建汀州府，调漳州府。漳州俗悍，多械斗，号难治。召里保廉察其情，严辞警告，谕以祸福。已而有斗者，赓芸立调兵捕治，严惩不贷，悉如其言，民大惧。偶犯之，召所当治者，立为平判曲直，即案前书狱词，无一钱费，民大悦，终任遂无斗者。漳属九龙岭多盗，下所属严加缉捕，擒其盗魁十数，商旅往来平安。按例，获盗当甄叙，赓芸悉以归属吏。寻擢汀漳龙道。嘉庆二十年(1815)，擢福建按察使，署布政使，逾年实授。赓芸性严正，敝衣蔬食，率以为常，洊历监司，自奉乃不异寒素，所在多惠泽，民感其诚，久而益笃。

赓芸守漳州时，龙溪县有械斗，县令懦弱而不治。署和平令朱履中内狡而外朴，赓芸误信任之，请以移任龙溪。久之，事不办，始知其诈。及署布政使，调整官员，改朱履中任教职。朱亏盐课，恐获罪，具揭于总督汪志伊、巡抚王绍兰，谓亏欠款项由于道府婪索。督抚密以闻，解赓芸职质讯。赓芸离任漳州时，监造战船尚未完工，留仆人黄元监督管理，黄元向朱履中借贷洋银三百圆，伪言以垫用船工告之。赓芸如数支付，仆人黄元隐匿而不偿还。福州知府涂以辀审讯此案，为讨好总督意，夸大其词，增加其数为一千六百圆，逼令自承，辞色俱厉，赓芸终不肯诬服。

先此，汪志伊也很看重赓芸，曾荐举之。及擢布政使，赓芸乘新舆上谒，汪志伊讽以戒奢，赓芸曰："不肖为大员，不欲效布被脱粟之欺罔。"正是说者无意，听者有心。汪志伊平素虚张声势，乔装廉洁，认为这是李赓芸有意语带讥刺，因此衔恨于心。赓芸又常遇事抗执，尝廷争，因此屡与之忤，遂嫌隙益深。及狱起，汪不察，即逮问。久之，狱不具，汪必欲实其事，穷诘之，吏迎风旨，屡加摧辱。赓芸本儒者，骨鲠狷急，性刚烈，重名节，位尊而见凌，愤激，遂自经。

事闻，上命引之偕侍郎熙昌往按其狱。引之未入境，即廉知赓芸清直有声，至则悉心推鞫，尽得其情，狱乃白。上以赓芸操守清廉，众所共知，其死乃由汪志伊固执苛求，而成于涂以轲勒供凌逼。为此，褫汪志伊职，永不叙用；涂以轲、朱履中俱遣戍黑龙江，王绍兰亦以附和革职。赓芸家不名一钱，殁无以殓，盐法道孙尔准与之善，为经纪其丧。引之等治狱刚抵闽，士民林光天等上书为赓芸讼冤，感泣祭奠，踵接于门，呈请捐资为建遗爱祠。案既定，引之因据情入告，上以士民追思惠政，捐资立祠，此则斯民直道之公，得旨允行。

四、十年郎官

嘉庆二十二年丁丑(1817)，引之五十二岁。奉命往福建治李赓芸被诬自经之狱，悉得平反。秋，返京，晋礼部右侍郎。次年，转礼部左侍郎，简选浙江乡试正考官。为礼部左侍郎时，有议为生祖母承重丁忧三年者，引之力持不可。会奉使去，持议者遽奏行之。引之自浙江还，疏陈庶祖母非祖敌体，不得以承重论。缘情，即终身持服，不足以报罔极；制礼，则承重之义，不能加于支庶。请复治丧一年旧例，遂更正，奉旨允行。

嘉庆二十四年己卯(1819)，引之五十四岁。春，充会试总裁。自嘉庆十三年(1808)以后，科目文字竞尚奢华，士子转相仿效，以俪青配白、堆砌词藻为工。此科，引之与同事诸总裁督率房官，别裁伪体，一以清真雅正为宗，此后文体遂为之一变。试竣，命兼兵部左侍郎，教习庶吉士。秋，派充武会试监射大臣。武试贵能挽强，武举于应试时多强增弓力见长，及覆试不符，每致停科。引之监射，令所注弓力必以持满为度，故中选之士，覆试无不符者。寻以庆节前遇忌辰，不请旨照常素服，未合例，左迁通政使。十一月，复授吏部右侍郎。次年，充朝考阅卷大臣。秋七月，嘉庆帝驾崩。冬，充仁宗实录总裁官，阅四载而书成。

道光元年辛巳(1821)，引之五十六岁。道光帝登基，特颁恩诏，凡应缴官项由子孙代赔者，查予豁免。时引之代缴其父念孙河工赔款已完至一万有奇，其余蒙恩豁免。引之归告，念孙感激流涕，而引之亦自此负累始轻。夏，直隶、山东发生蝗灾，进《请设厂收买蝗蝻折》，其略曰：捕蝗一事，胥吏一经奉票，即按亩派夫及率人捕扑，则又故践禾苗，即无蝗地亩亦复肆行蹂躏，藉端索费，是为民除害之事，转至贻害于民。恭读《钦定康济录》第四卷有《捕蝗必览》一册，所载"捕蝗十宜"，以设厂收买为最要之策，其法或钱或米，捕蝗一斗，给以若干，使百姓捕蝗而得赏，则不假胥吏之催促，而趋之若鹜，非惟收效甚速，且免作践骚扰之患。请饬武英殿将《钦定康济录》颁示直隶、山东大员，令其相度机宜，仿照捕扑。疏入，上以设厂收买立法简易，遂如所请以行。秋，简放浙江恩科乡试正考官。八月，充国史馆副总裁。十二月，充经筵讲官。

道光二年壬午(1822)，引之五十七岁。三月，转吏部左侍郎；八月，署刑部左侍郎。次年春，充会试总裁；冬，又派武会试正总裁。又明年春，充经筵直讲大臣；十一月，署户部左侍郎。

道光五年乙酉(1825)，引之六十岁。是年，父念孙距赐举人之年已周甲，例当重宴鹿鸣，京兆尹以闻，上谕曰："原任永定河道王念孙，系吏部左侍郎王引之之父，年登耄耋，蕊榜重逢，洵属艺林嘉瑞，著加恩赏给四品职衔，重宴鹿鸣，以光盛典。钦此。”引之诣阙谢恩，蒙召询父念孙历官事甚详，引之答至永定河漫口事，上有数奇之叹。念孙与宴之日，引之恭奉杖履以侍侧，一时传为佳话，以为人子能养志者莫引之若也。平日侍父念孙以孝，凡来进谒者，引之必丁宁曰：“老人好论书，论书眠不得也。慎勿久坐。”

五、三任尚书

道光七年丁亥(1827)，引之六十二岁。春，擢工部尚书。凡侍郎升尚书，皆由总宪升转，引之以忠清亮直，上结主知，由侍郎直升尚书，一时惊为殊遇。谢恩召对，上谕之曰：“朕之径擢汝尚书者，为汝人好，非只为汝学问好及俸深也。”引之祖安国曾任工部尚书，父念孙历官水部诸曹，引之禀承两世清规，任冬官数年，钩稽必严，察核必至，素精算术，在署治事，尝取奏销册亲行覆核，所用款项大凡数十百万，引之执管以计，日不移晷而毕，僚属皆惊异。又河工工程名目，岁修之外，又有另案工程，即原计划外之追加工程，厅员大率藉此自肥，而所修新工，敷衍了事，往往成豆腐渣工程，反逊旧工坚固。父念孙官河道六年，所属不报一另案，引之随侍任所，习知其弊，故官工部，有请旨严东南两河另案工程之奏，奉旨允行。七月，充武英殿正总裁。武英殿总司图籍，因《康熙字典》内列圣庙讳，皇上御名未曾缺笔，有旨修刊。引之于召对时奏曰：“圣祖仁皇帝钦定字典一书，搜罗繁富，为字学之渊薮，惟卷帙浩繁，当年成书较速，纂辑诸臣迫于期限，于援据间有未及详校者，应考据更正。”上然之。引之遵旨，八月起校《康熙字典》。秋，继室范夫人卒。引之不蓄妾媵，此后即独居。十二月，重刊《经义述闻》于西江米巷寿藤书屋，增为三十二卷。

道光八年戊子(1828)，引之六十三岁。署吏部尚书，充朝考阅卷大臣。

道光十年庚寅(1830)，引之六十五岁。夏秋间数病，惟未至大困。《经义述闻》三十二卷全部刻成。冬，校订《康熙字典》毕，共更正二千五百八十一条，辑为《字典考证》计十二卷，分条注明，各附案语，恭缮进呈钦定。十二月，调礼部尚书。引之谢恩归，谕子弟曰："昔我祖文肃公任大宗伯十年，清操亮节，炳耀人寰，吾今复居此职，其何以绍前徽而为报称地也!"到任后，见署中有先祖文肃公楹联云："松筠存质直，日月照心清。"引之缅怀先德，亦撰联语云："夙夜惟寅承祖德，靖共尔位答君恩。"拟悬于先文肃公联右，后以忧去官，未果。

道光十一年辛卯(1831)，引之六十六岁。复署工部尚书。是冬，北地严寒，异于往岁，父念孙年届九旬，畏寒，食减，引之延医调治，终以年高，服药无效。引之侍疾，昼夜不懈。

道光十二年壬辰(1832)，引之六十七岁。正月二十四日，父念孙卒。引之居忧，童真孺慕，无一日或释诸怀。五月既望，撰《石渠府君行状》。夏，辑先父著作之未梓者为《读书杂志馀编》二卷，附于全书后刻之。奉先父柩归高邮故里。次年，遂卜葬于邻邑六合县北郊东岳庙镇南。

道光十四年甲午(1834)，引之六十九岁。夏，服阕入都。十一月十二日，复署工部尚书。十一月廿四日辰刻卒于寓所。遗疏入，上心轸悼，奉上谕："工部尚书王引之品行端谨，学问素优，由翰林洊跻卿贰，擢任尚书，方资倚畀，兹闻溘逝，殊为轸惜。著加恩照尚书例赐恤，所有应得处分，悉予开复，应得恤典，该部照例具奏。钦此。”赐祭一坛，遣礼部尚书汪守和致祭于私第，颁祭文一篇，赏全葬银五百两，予谥文简，颁墓碑文一通，赐墓碑银三百五十两。以明年十二月初七日归葬于与高邮接壤的安徽省天长县谕兴集之东原。汪喜孙撰《光禄大夫工部尚书王文简公行状》，汤金钊撰《光禄大夫经筵讲官工部尚书加二级谥文简伯申王公墓志铭》，龚自珍撰《工部尚书高邮王文简公墓表铭》。

第五节 高邮二王所处的时代

高邮二王所处的时代，正值清代中期，包括乾隆、嘉庆及道光朝的前二十年。以道光二十年(1840)的鸦片战争为界，在这之前为清代的前、中期，乃古代封建社会；在这之后为清代的晚期，乃近代半殖民地半封建社会。清代中期，乾隆朝上承前期顺治、康熙、雍正三朝上升发展之势，是“康乾盛世”鼎盛之时，统一的多民族国家得到进一步巩固和发展，清王朝的封建统治在政治上空前稳定，社会经济有了充足的发展，并为文化的繁荣昌盛创造了有利条件。乾隆朝的后二十年，直至道光二十年(1840)，这是清朝由盛转衰的过渡时期。这时清王朝在政治上逐渐腐败，百弊丛生；阶级矛盾日益尖锐，官逼民反；西方列强正虎视眈眈准备入侵中国。乾隆朝的后二十年，也正是权奸巨贪和珅柄政之时，在乾隆盛世的掩盖下，积累了严重的社会矛盾。这些矛盾必将转成社会危机，到嘉庆朝更加深重。到道光朝，清王朝已陷入内外交困，到了大厦将倾的危险境地。

一、清中期社会政治经济概貌

有清入主中原，经过激烈的民族斗争和阶级斗争，至顺治十八年(1661)，俘获了南明小朝廷永历帝即桂王朱由榔，彻底摧毁了象征前明王朝的残余势力。接着，又于康熙二十年(1681)平定吴三桂等三藩叛乱。康熙二十二年(1683)，派福建水师提督施琅率军统一了台湾。继而，历经康、雍、乾三朝，清政府抵制了沙俄在东北边境的侵扰，平定了准噶尔部在西北边境的叛乱，统一了新疆、喀尔喀蒙古和西藏。在这些边远地区有效地建立了隶属于中央王朝的行政机构，使统一的多民族国家在政治体制上得到确立和巩固。"康乾盛世"的鼎盛时期，辽阔广大的中国疆域，东起大海，西达葱岭，南至南海曾母暗沙，北跨外兴安岭，西北直至巴尔喀什湖，东北包括库页岛，总面积约一千三百万平方公里。在统一的多民族国家内，以满族贵族为主体的清统治者，为缓和民族矛盾特别是汉族士子的民族对抗情绪，在康熙执政后，逐步修正并终于废止了民族歧视政策。"圣祖在位六十年，政事务为宽大。"(《清史稿·食货志二》)例如，荐举山林隐逸，开博学鸿儒科，网罗天下人才，吸收汉族传统的儒家文化，选拔汉族士子参加统治机构，使阶级矛盾和民族矛盾都有所缓和。雍正、乾隆沿袭康熙之治，取得了清王朝在政治上近百年相对稳定的局面。政治上的安定统一，必然为社会经济的繁荣，为文化学术的发展，创造适宜的环境和条件。

清代初年，由于王朝交替，战乱不息，社会经济遭到严重破坏，人口锐减，田亩荒废，银粮短缺。康、雍、乾等朝，在求得国家政治上安定统一的同时，也采取了一系列恢复和发展生产的政策和措施。例如，取消三饷加派，蠲免赋税，停止圈占土地，奖励垦荒，重视农田水利建设，修治黄河、淮河、运河，发展漕运，等等。康熙五十年(1711)后，实行“盛世滋生人丁，永不加赋”。雍正时实行“摊丁入亩”，即推行丁银摊入地亩，这项赋役制度的重大改革，从法律上取消了人头税，减轻了贫穷无地者的负担。同时，颁布废除贱籍、“改籍为良”和“除其匠籍”的政策。贱籍就是指不属于士、农、工、商“四民”之列的贱民，他们身份世代相传，不得改变。他们不能与“四民”平起平坐，不能读书科举，更不能做官。从南到北，这样的贱民有广东的蜑户，浙江绍兴的惰民、江山的船户，江苏苏州的丐户，安徽徽州的伴当、宁国的世仆，北京的乐户，山西、陕西的乐籍，还有全国各地的匠户，等等。实行废除贱籍，在全国范围内，将束缚在土地上的农奴、打入贱民阶层的籍民，还有军队和官衙中的工匠，给予一定程度的自由，有利于解放生产力，促进社会经济特别是农业和手工业的发展。

在稳定社会、恢复和发展生产的基础上，从清初到康乾时期，全国耕地面积和人口迅速增长，“逮康乾之世，国富民殷”。据《清实录》记载，顺治十八年(1661)耕地面积还只有二百九十多万顷，而到康熙六十年(1721)已上升至八百五十多万顷。据《清史稿·食货志一》记载：“盖清承明季丧乱，户口凋残。经累朝休养生息，故户口之数，岁有加增。”顺治十八年(1661)全国人口为一千九百多万，到乾隆六十年(1795)人口已剧增为二亿多。法式善《陶庐杂录》卷一云：“国朝天下民数一千六十三万，迄今一百四十余年以来，已增至二万七八千万，几至二十倍之多。承平日久，休养生息，户口日益繁滋。”又云：“乾隆六十年，各省通共大小男妇二万九千六百九十六万八千九百六十八名口。”即是296,968,968人。人口的剧增和耕地面积的不断扩大，正反映了农业生产的迅速发展。同时，手工业和商业也相应地得到蓬勃发展，纺织、陶瓷、矿冶、工艺等各行各业产销两旺，漕运、盐运、丝织、茶叶、皮货、药材等生意兴隆，促进了全国商品流通和运输业的发展。

社会经济的繁荣昌盛，使清政府财政收入增加，国库充盈。据《清实录》康熙四十一年(1702)记载：“今户部库币有四千五百万两，每年并无靡费，国帑大有赢余。”而《清史稿·食货志二》记载：“当乾隆之季，天下承平，庶务充阜，部库帑项，积至七千余万。”法式善《陶庐杂录》卷一云：“乾隆三十六年(1771)实在银七千八百九十四万一两。”时隔七十年，国库增加三千三百九十四万两。由于国库充盈而有赢余，康、雍、乾时曾屡屡蠲免各省钱粮。据王先谦《东华录》康熙卷七六云：“查自康熙元年以来，所免钱粮数目共九千万有奇。”据史籍统计，乾隆十年(1745)、三十五年(1770)、四十三年(1778)、五十五年(1790)和六十年(1795)，先后五次普免全国一年的钱粮，三次免除江南漕银，累计蠲免赋银二万万两，约相当于五年全国财赋的总收入。乾隆蠲免全国钱粮，其次数之多，地域之广，数量之大，效果之好，在封建王朝中，可谓前无古人，后无来者。蠲免钱粮，直接减轻了人民的负担，理所当然地会受到老百姓的欢迎和拥护，这是清廷国力强盛、藏富于民的具体体现。由于社会稳定，经济发达，人民生活也相对安定和富庶。昭梿《啸亭续录》卷二“本朝富民之多”条云：“本朝轻薄徭税，休养生息百有余年，故海内殷富，素封之家，比户相望，实有胜于前代。”《清史稿·食货志二》亦云：“国初以来，承平日久，海内殷富,为旷古所未有。"正是由于清王朝中期在政治上的安定统一,经济上的发展繁荣,为文化学术的兴盛,创造了适宜的环境和条件。乾嘉学派的兴起和发展,正是康乾盛世的必然产物。

二、乾隆朝编书刻书盛况

满族是中国东北地区的少数民族,原来的经济文化都远远地落后于汉族和中原地区。满族入关以前,原有本民族的语言文字,"自我朝一统以来,始学汉文"。从清兵入关开始,清朝统治者就下令全体八旗官兵学习汉族文化及其汉语汉字。顺治、康熙、雍正从维护统治地位出发,身体力行,坚持不懈,比较自觉地倡导"稽古右文"、"崇儒重道",重视发展传统的汉族封建文化。顺治时,刊印敕编《易经通注》九卷、《御注孝经》一卷、《御注道德经》二卷、《赋役全书》一百卷等。康熙时,政治形势稍加安定,康熙十六年(1677)就提出:"四方渐定,正宜振兴文教。"十七年(1678),诏曰:"一代之兴,必有博学鸿儒振起文运,阐发经史,以备顾问。朕万幾余暇,思得博通之士,用资典学。其有学行兼优、文词卓越之士,勿论已仕未仕,中外臣工各举所知,朕将亲试焉。"于是开博学鸿儒科,网罗天下人才,选拔汉族士子参加统治机构。康熙礼贤下士,求贤若渴,著名学者胡渭、阎若璩和梅文鼎等都曾受到尊崇的礼遇。康熙又广为搜集各类图书。并在举荐名士、搜访图书的基础上,钦定编纂了《古今图书集成》一万卷、《康熙字典》四十二卷、《全唐诗》九百卷等,总计六十种书,二万多卷。雍正朝虽然仅只十三年,却也刊印了敕撰《日讲春秋讲义》六十四卷、《御纂孝经集注》一卷、《钦定翻译孝经》一卷、《大清会典》二百五十卷、《八旗通志初集》二百五十卷等。

乾隆继康、雍之后，是中国历史上著名的“稽古右文”的皇帝。他仿照乃祖康熙开博学鸿儒科之法，曾于元年(1736)和三十六年(1771)两次开博学鸿词科。他不仅热爱源远流长博大精深的中国传统文化，更在于他把弘扬传统文化视为加强思想统治的重要手段，因而十分重视古书的搜集和编纂整理工作。乾隆三十七年(1772)正月上谕：“朕稽古右文，聿资治理，幾馀典学，日有孜孜。……是以御极之初，即诏中外搜访遗书，并命儒臣校勘十三经、二十一史，遍布黉宫，嘉惠后学。复开馆纂修《纲目三编》、《通鉴辑览》及‘三通’诸书，凡艺林承学之士所当户诵家弦者，即已荟萃略备。第在读书固在得其要领，而多识前言往行以畜其德，惟搜罗益广，则研讨愈精。……其历代流传旧书，内有阐明性学治法、关系世道人心者，自当首先购觅。至若发挥传注、考核典章、旁暨九流百家之言有俾实用者，亦应备为甄择。”(《四库全书总目提要》卷首)盛世修典，文运昌隆。从康熙到乾隆，朝廷设立专门的图书纂修馆或组织饱学之士编纂整理各类图书。在这时期，官方几乎对所有儒家经典都进行了疏解，并刊刻成书。例如：《易经通注》九卷、《日讲易经讲义》十八卷、《御纂周易折中》二十二卷、《御纂周易述义》十卷、《日讲书经讲义》十三卷、《钦定书经传说汇纂》二十四卷、《钦定诗经传说汇纂》二十卷序二卷、《钦定诗义折中》二十卷、《钦定周官义疏》四十八卷、《钦定仪礼义疏》四十八卷、《钦定礼记义疏》八十二卷、《日讲礼记讲义》六十四卷、《钦定春秋传说汇纂》三十八卷、《日讲春秋讲义》六十四卷、《御纂春秋直解》十五卷、《御注孝经》一卷、《御纂孝经集注》一卷、《日讲四书解义》二十六卷、《御定律吕正义》五卷、《御制律吕正义后编》一百二十卷、《钦定翻译五经》五十八卷、《钦定翻译孝经》一卷、《钦定翻译四书集注》二十九卷,等等。这就为后来的乾嘉学者大规模地校勘、注释、考证、讲解儒家经典,起到了示范带头作用。

这期间,同时还编纂刊印了史部、子部、集部书籍以及各种丛书、类书和工具书,所编各种书籍之多,门类之广,规模之大,实属历史上所罕见。例如:《古今图书集成》一万卷、《四库全书》七万九千零七十卷、《明史》二百三十六卷、《御批通鉴纲目三编》四十卷、《御批通鉴辑览》一百十六卷附录三卷、《钦定续文献通考》二百五十二卷、《钦定皇朝文献通考》二百六十六卷、《钦定续通典》一百四十四卷、《钦定皇朝通典》一百卷、《钦定续通志》五百二十七卷、《钦定皇朝通志》二百卷、《钦定大清会典》一百卷、《钦定大清会典则例》一百八十卷、《钦定大清通礼》五十卷、《大清一统志》五百卷、《钦定八旗通志》三百五十四卷、《钦定热河志》八十卷、《钦定日下旧闻考》一百二十卷、《钦定盛京通志》一百二十卷、《钦定河源纪略》三十六卷、《钦定历代纪事年表》一百卷、《钦定历代职官表》六十三卷、《皇清职贡图》九卷、《御定孝经衍义》一百卷、《御注道德经》二卷、《御纂朱子全书》六十六卷、《御定月令辑要》二十四卷《图说》一卷、《钦定授时通考》七十八卷、《钦定广群芳谱》一百卷、《钦定康济录》六卷、《御定医宗金鉴》九十卷、《钦定西清古鉴》四十卷、《钦定西清续鉴》二十卷附录一卷、《御定佩文斋书画谱》一百卷、《钦定校正淳化阁帖释文》十卷、《钦定天禄琳琅书目》十卷、《钦定四库全书总目提要》二百卷、《御定佩文韵府》四百四十三卷、《御定韵府拾遗》一百十二卷、《御定全唐诗》九百卷、《御定历代赋汇》一百八十四卷、《御定历代诗馀》一百二十卷、《康熙字典》四十二卷、《御定渊鉴类函》四百五十卷、《御定骈字类编》二百四十卷、《钦定音韵阐微》十八卷、《钦定音韵述微》三十卷、《钦定叶韵汇辑》五十八卷，等等，不下二百余种。以上林林总总的官刻图书，其中有些是在康、雍年间开编或刊刻，但有百分之九十以上是在乾隆时编刻的。

在上述编书活动中，其中规模最大、参与编校人员最多的一次是乾隆朝《四库全书》的编纂，朝廷特设四库全书馆，“以皇子永瑢、大学士于敏中等为总裁，纪昀、陆锡熊等为总纂，与其事者三百余人，皆极一时之选，历二十年始告成。全书三万六千册，缮写七部，分藏大内文渊阁，圆明园文源阁，盛京文溯阁，热河文津阁，扬州文汇阁，镇江文宗阁，杭州文澜阁。命纪昀等撰《全书总目》，著录三千四百五十八种，存目六千七百八十八种，都一万二百四十六种”(《清史稿·艺文志一》)。《四库全书》编录了中国古代各种全本完整的重要典籍，分编为经、史、子、集四部，包罗万象，汗牛充栋，可谓中国古代文化遗产的总汇。当时，集中了大批名流学者参与是书的编校，如纪昀、戴震、邵晋涵、庄存与、任大椿、王念孙、姚鼐、翁方纲、朱筠、程晋芳、陈昌齐、周永年、孙希旦等，他们中不少人就是乾嘉学派著名的汉学家。

在上述编书活动中，高邮王氏家族曾先后参与了其中一些典籍的编纂工作。王念孙之父王安国，于雍正三年(1725)充《大清一统志》纂修官；雍正十年(1732)充《八旗通志》纂修官；乾隆十二年(1747)充大清会典馆正总裁，领衔编纂审定《大清会典》、《大清会典则例》、《大清通礼》等典籍。王念孙于乾隆四十六年(1781)充《河源纪略》纂修官，别撰《辨讹》一门凡六卷，即《河源纪略》卷二十至二十五；于乾隆四十七年(1782)起，充四库全书馆纂隶校对官。王引之其生也晚，未赶上乾隆年间的编书活动，却于嘉、道年间参与了其中某些典籍的后续校勘、增订工作，于嘉庆九年(1804)充词林典故馆总纂，于道光七年(1827)充武英殿修书处正总裁，奉旨校勘《康熙字典》，后撰成《字典考证》十二卷，共更正二千五百八十一条。

通过大量的各类典籍的编纂校刻工作，出书出人出经验，既培养造就了大批学有专长的学者，也为后来更多的文人学士提供了读书治学的资料、工具书等便利条件，更提供了宝贵的治学经验，这都有利于文化学术的繁荣和发展。“经籍既盛，学术斯昌，文治之隆，汉唐以来所未逮也。”(《清史稿·艺文志一》)这正是对乾隆朝编书刻书盛况的真实写照。

在清廷稽古右文、盛世修典的倡导下，“外省督抚，礼聘儒雅，广修方志，郡邑典章，粲然大备”(《清史稿·艺文志一》)。康雍乾嘉时期的一些中枢要员和封疆大吏，他们原本就是科举入仕的学人，一身而二任焉，也都热心于兴办文教，提倡学术，例如徐乾学、毕沅、朱筠、阮元等，均曾在幕府聘用了大批学人，他们创办学堂精舍，主持编刻书籍，为文治教化推波助澜。徐乾学主持编刻《通志堂经解》一千八百六十卷。毕沅主持编纂《续资治通鉴》二百二十卷。朱筠任学政，四海好学能文者，俱慕从其游，著名学者戴震、邵晋涵、洪亮吉、黄景仁、章学诚、王念孙、汪中、吴兰庭、高文照等未遇时，均曾在其幕府，皆为一时之俊。阮元于嘉庆六年(1801)在杭州立诂经精舍，主持编纂《经籍籑诂》一百零六卷；嘉庆二十一年(1816)，在江西编刻《十三经注疏》附校勘记四百十六卷；嘉庆二十五年

(1820)在广州立学海堂，主持编刻《皇清经解》一千四百十二卷。这时期，搜访遗书，编纂丛书，校勘群书，注释古书，辑录佚书，考辨伪书，官私刻书，典藏图书，一时成为社会风尚，人文荟萃，海内从风。而私家亦辑刻日多，丛书之富，超越往代，其间硕学名儒，著书立说，故鸿篇巨制，不可胜纪。辑佚类的代表著述有：严可均《全上古三代两汉三国两晋六朝文》七百四十六卷，马国翰《玉函山房辑佚书》七百六十八卷(内缺五十一卷)，任大椿《小学钩沈》二十卷、《字林考逸》八卷等。辨伪类的代表著述有：姚际恒《古今伪书考》一卷，考辨伪书计九十一种；崔述《考信录》三十六卷等。在朝廷和地方官府上下热心提倡文化学术的流风影响下，甚至于一些穷奢极欲的淮扬盐商，也附庸风雅，礼聘名士，竞相编书、刻书、藏书，或出资赞助学院文教事业。正因为有这样的条件和土壤，才使得乾嘉学派兴盛发展起来。

三、乾隆朝大兴文字狱

清王朝是由偏于中国东北关外的少数民族入主中原，满族人口远远地少于汉族，原有的经济文化更是大大地落后于汉族和中原地区。清统治者深感不安，猜疑心甚重，生怕汉人造反，必然要竭力加强对汉人的思想控制和镇压。因此，用以恐吓、威慑、镇压持有异见甚或不够驯顺的官员与士子的文字狱，比起已往任何王朝，就更为频繁，更为残酷，也更无道理。清代前期，康熙时的庄廷珑《明史》案和戴名世《南山集》案两大文字狱，都是针对书中怀念明朝的民族意识而发生，以致几百人被杀戮、充军、籍没。雍正朝虽然仅有十三年，但文字狱比康熙时还多，其中最大的是曾静、张熙、吕留良案，屠杀了一大批人。

清代中期，乾隆帝挟“大清全盛之势”，自诩“天下第一完人”，更是容不下臣民的不恭，更加专制。据《高宗实录》和《清代文字狱档》(原北平故宫博物院文献馆编)记载，乾隆朝制造的文字狱比康熙、雍正朝更多，更加扩大了文字狱的范围，更是借搜书献书之名，行查禁销毁之实，反清者杀，讽上者诛，连歌功颂德不得法者也被加上欺君之罪，就是一般诗文，也常因官府望文生义捕风捉影而被定成逆书叛案，引来杀身之祸。下面，我们就举一些乾隆朝大兴文字狱的典型案例。

乾隆十八年(1753)，刘震宇《治平新策》案。十一月十二日，江西生员刘震宇因著《治平新策》，议及“更易衣服制度”，被乾隆帝斥为“狂诞”，“妄訾国家定制，居心实为悖逆”，下旨“即行处斩，其书板查明销毁”。

乾隆二十年(1755)，胡中藻、鄂昌案。胡中藻，江西新建人，乾隆元年进士，曾任广西学政，著有《坚摩生诗钞》。乾隆帝读过其诗，认为胡是“出身科目，名列清华，而鬼蜮为心，于语言吟咏之间，肆其悖逆，诋讪怨望”。三月十三日，乾隆帝召见大学士、九卿、翰林、詹事、科道等众官，对胡中藻之事下达专谕，严厉斥责其“丧心病狂”，“悖逆讥讪”，“种种悖逆，不可悉数”。他在谕中举了一些例子进行反驳。一是集内所云“一世无日月”，“又降一世夏秋冬”。乾隆反驳云：我朝定鼎以来，承平熙宁，远逾汉唐宋明，乃曰“又降一世”，是尚有人心者乎？二是集内所云“一把心肠论浊清”。乾隆批驳云：加“浊”字于国号之上，是何肺腑？三是集内所云“老佛如今无疾病，朝门闻说不开门”。乾隆批驳云：朕每日听政，召见臣工，为何会有

“朝门不开”之语？并在谕旨中着重指出，胡中藻之所以如此目无王法，欺君悖逆，是因为其系大学士鄂尔泰之党羽。（鄂尔泰为清满洲镶蓝旗人，西林觉罗氏。）故胡诗中乃有“记出西林第一门”之句，攀援门户，恬不知耻。甘肃巡抚鄂昌系鄂尔泰之侄，身为满洲世仆，见此悖逆之作，不仅不知愤恨，却反而与之唱和，引为同调，“其罪实不容诛”。著将胡中藻、鄂昌拿解进京问罪。不久，审查定案，四月十一日乾隆帝上谕：胡中藻即行处斩；鄂昌负恩党逆，勒令自尽。鄂尔泰生前赞赏胡中藻，其侄鄂昌又与胡“援引世谊，亲加标榜”，形成朋党，“使鄂尔泰此时尚在，必将伊革职，重治其罪，为大官植党者戒”，著将鄂尔泰撤出贤良祠。

乾隆三十二年(1767)，蔡显《闲闲录》案。蔡显，号闲闲，江苏华亭人，雍正举人，先后自费刻印己作《宵行杂识》、《红蕉诗话》、《闲闲录》等书。因为他在著作中对当地官绅的劣迹有所揭露，官绅们遂摘取书中一些句子，对蔡显进行陷害，指为讪谤朝廷。蔡显被迫携其著作向当地官府自首，希望官府秉公断事、代为剖白，而当地官员竟以此将其问罪，拟凌迟处死。乾隆帝审阅蔡显著作后，又发现了一些问题，六月五日颁谕旨云：“及细检未签各处，如称‘戴名世以《南山集》弃市’，‘钱名世以年案得罪’；又‘风雨从所好，南北杳难分’，及《题友袈裟照》有‘莫教行化乌场国，风雨龙王欲怒嗔’等句，则系有心隐跃其词，甘与恶逆之人为伍，实为该犯罪案所系。”书中又抄录前人所作《紫牡丹》诗句：“夺朱非正色，异种尽称王。”更被认为是丧心病狂地为明朝招魂，攻击清廷。命将蔡显立即斩首，其子蔡必照处以监斩候，所刻书籍一律销毁。为书作序之闻人倓、书内列名协助校勘之刘朝栋等二十四人遣戍边地，“即书贾吴姓，业为刷印流传，岂无知传播者可比，亦应治以应得之罪”。

乾隆三十二年(1767)，齐周华案。齐周华，浙江天台人，秀才，对时事和学术问题好发议论，敢陈已见。在雍正帝向天下生员征求对处理曾静、吕留良案的意见时，齐周华竟到京师刑部，要求释放吕留良的子孙，被押解回原籍，严加锁锢。在家乡期间，齐周华写了《名山藏初集》等十余种著作，刊刻于世。乾隆三十二年十月，齐周华求序于浙江巡抚熊学鹏，熊派人对其书籍进行审查，发现其中有《狱中祭吕留良》一文，高度推崇吕留良，比之为夷、齐、孟子，并且对清廷庙讳御名，公然不避。乾隆帝颁谕旨，将齐周华凌迟处死，并严令追查为其作序的一些学者。受此牵连，李绂、谢济世、沈德潜等，或是本人，或是亲属，受到提讯。原任礼部侍郎齐召南，因与齐周华是堂兄弟，曾为齐周华《天台山游记》写过跋文，被逮至京师问罪，革职，押解回籍，查抄家产，忧惧而死。

乾隆四十二年(1777)，王锡侯《字贯》案。王锡侯，江西新昌人，举人，屡考进士不中，乃致力于编纂《字贯》一书。后有人告发《字贯》一书删改《康熙字典》，“实为狂妄不法”。江西巡抚海成审理此案，认为王锡侯在书中指责《康熙字典》收字太多，“难以穿贯”，这就构成攻讦御纂书籍之罪。海成即上报请将王锡侯革去举人，并把《字贯》全书四十本呈交朝廷。《字贯》是一部按字型将汉字分编为若干类的字典，该书凡例中，把康、雍、乾三朝皇帝的名字按原字写出，然后再讲解避讳字该怎么写，这本来是一件很正常的事，但乾隆帝却称“此实大逆不法，为从来未有之事，罪不容诛”，犹嫌海成审讯不力，定罪太轻，下令将王锡侯押解来京严审，并下令将海成“交部严加议处”。海成得知自己获罪的消息后，竭力争取主动，欲将功折罪，亲自到新昌王锡侯家中搜查，又查出王锡侯纂辑书十种。海成很善于吸取教训，便宁左勿右，夸大其词，说这十种书“俱有悖谬不法之处”。海成还报告，《四库全书》副总裁李友棠为《字贯》赞美，《王氏家谱》内有大学士史贻直作序，加尚书衔钱陈群为《经史镜》和《唐人试帖详解》二书作序，企图扩大查办禁毁书籍成绩，保护自己。十一月十二日乾隆谕旨宣布：王锡侯以大逆罪从重处死；江西巡抚海成革职，交刑部治罪；工部右侍郎李友棠革职；署江西布政使、赣南道周克开和江西按察使冯廷丞，因未能发现《字贯》问题俱著革职，交刑部治罪；两江总督高晋，以失察罪降级留任。已故大学士史贻直、尚书钱陈群之家属亦受牵连。

乾隆四十三年(1778)，徐述夔《一柱楼诗》案。徐述夔，江苏东台人，举人，著有诗文多种，死后，其子徐怀祖将其遗作刊印。四十三年八月被仇家告发，江苏布政使陶易认为罪名不能成立，未予定罪。江苏学政刘墉获悉后上报朝廷。乾隆帝审阅原书，发现了许多反清罪证，如《咏正德杯》诗中有：“大明天子重相见，且把壶儿搁半边。”乾隆帝认为“壶儿”谐音“胡儿”，这是“系怀胜国，暗怀诋讥，谬妄悖逆，实为罪大恶极”。《一柱楼诗》集中有：“明朝重振翮，一举去清都。”乾隆帝把这诗句解释为：“借朝夕之朝，作朝代之朝，且不言到清都，而云‘去清都’，显有欲兴明朝去本朝之意。”定此案为大逆罪，下令严加追查。九月二十一日，徐述夔诗案蔓延，乾隆帝下谕旨：“徐述夔……罪大恶极，虽其人已伏冥诛，亦当按律严办，以伸国法而快人心。至阅伊同校书之徐首发、沈成濯二名，更堪骇异。二犯一以‘首发’为名，一以‘成濯’为名，四字合看，明是取义《孟子》'牛山之木,若彼濯濯',诋毁本朝薙发之制,其为逆党显然,实为可恶。"二人之名,"四字合看","更堪骇异",便成罪证,正是欲加之罪,何患无辞!此案处理结果是:徐述夔与其子徐怀祖虽然早已去世,仍开棺戮尸斩决。徐述夔的孙子徐食田、徐食书及名列《一柱楼诗》集校对的徐首发、沈成濯等人全被处死。江苏布政使陶易及其幕宾陆炎、东台知县徐跃龙,因办理该案不力且包庇逆犯,皆处死。扬州知府谢启昆,因查办不力而革职。沈德潜为徐述夔作传,乾隆帝指斥沈"卑污无耻",追夺其生前所有的官爵封典,包括死后谥号,命扑倒墓碑,并撤出乡贤祠。

乾隆四十四年(1779),石卓槐《芥圃诗钞》案。石卓槐,湖北黄梅人,监生,自刻《芥圃诗钞》集,四十四年江南宿松县监生徐光济告发其诗内容悖逆不法。湖北巡抚郑大进审理此案,发现书内有沈德潜所作序文,蒋业晋等七十人列名校订。而石卓槐供称,因作诗九百余首,自费刊刻,为提高名望而使士人重视此书,便托名沈德潜而实自编序文,校订等七十人亦系随意列名,他们本人概无所知。该书共印三十四部,因上年徐述夔《一柱楼诗》案发后,自己怕出事,把赠送给亲属的十六部以及存于家中的八部一起烧毁,唯送给徐光济十部未收回。奉命查阅该书的地方官员,怕落下查办不力罪名,宁左勿右,审定结论是:"虽具有颂扬圣德之词,不敢显施诋斥,但有心讪谤,肆其狂吠悖逆之处不一而足。"他们举出书中"大道日以没,谁与相维持"诗句,硬说这是攻击朝廷日暮途穷,失道寡助,无人维系纲纪,影射今上是孤家寡人。乾隆帝闻报,立即批准将石卓槐依大逆罪凌迟处死,其子石老六、妻石汪氏、妾石夏氏照连坐律籍没为奴。

乾隆四十四年(1779),祝庭诤《续三字书》案。据江西德兴县祝平章揭发,族弟祝浃之亡祖祝庭诤所著《续三字书》,褒奖前朝,恐有违碍。官府逮祝浃审讯,据供称,年幼时,祖父祝庭诤手抄自编《续三字书》,教之诵读识字。乾隆十五年(1750),祖父亡故,书亦失传。后来教儿子识字,想这《续三字书》都是讲前代之事,是不禁的,所以凭记忆默写出来,手抄自用,并未借人阅看。祝平章是在祝浃桌子上见到私自拿走,因跟祝浃兄弟打官司才告发此事。其实,《续三字书》不过是模仿《三字经》的自编自用的启蒙读物,又是家内使用,并无任何社会影响。江西巡抚郝硕却认为祝庭诤素性乖妄,心怀悖逆,竟敢评论历代帝王;书中有"发披左,衣冠更,难华夏,遍地僧"之句,是攻讦清朝下薙发令,使中国人全成了和尚。上报朝廷批准,将已故祝庭诤照大逆凌迟罪开棺戮尸,祝浃照知情隐匿罪斩立决,祝庭诤之孙祝況、祝涓、祝洄、祝汜等人虽从未见过《续三字书》,也按正犯十六岁以上子孙连坐律一律处死,祝氏家产籍没入官。

乾隆四十五年(1780),戴移孝《碧落后人诗集》案。戴移孝,安徽和州人,生当明末清初,因其诗集内有"长明宁易得","短发支长恨","且去从人卜太平"等句,被安徽巡抚闵鹗元定为"悖逆遗书"。上报朝廷,乾隆帝谕旨严查。闵鹗元会同两江总督萨载上奏,拟将戴移孝之曾孙戴世道按知情隐匿罪处以斩立决,其余戴用霖等子、孙、曾孙按连坐律一律处死,家属发配为奴,家产籍没入官。乾隆帝降旨,戴世道著即处斩,其缘坐之戴用霖等改为斩监候,秋后处决,余依议。

乾隆四十六年(1781),李驎《虬峰集》案。李驎,清初江苏兴化人。所著《虬峰集》中有"杞人忆转初,翘首待重明"句,被视为怀念前朝,盼望明朝复辟。又有“瞻拜墓前颜不愧,布袍宽袖浩然巾”句,被解释为不满当朝服饰制度,胆敢巾服宽袖终身,实属大逆不道。四十六年初,《虬峰集》被发现后,两江总督萨载穷追不舍,严加审讯。据李驎族人李东献交代,李驎清初生活穷困,迁至扬州教书度日,不知道《虬峰集》在何时写成刻印,也不知道其书板在何时被送入兴化李氏宗祠。乾隆十六年(1751),李赓万在宗祠内看守香火,把书板劈成柴烧,族人李汉碧见之夺下,仅剩一块书板。因官府下令搜书,遂将书板卖给收旧书板的徐京国,又由徐卖给县书办。李驎当年穷困未娶,于今也无近亲。虽然发现的仅仅是七十多年前的一块书板,而萨载上报朝廷奏准,按大清律定案:“将李驎照大逆凌迟罪,锉碎其尸,枭首示众,以彰国法。”

乾隆四十六年(1781),卓长龄《忆鸣诗集》案。卓长龄(1658—1710),浙江仁和人,监生,生于顺治十五年(1658),卒于康熙四十九年(1710),著有《高樟阁诗集》十卷,其子捐纳州同卓征、生员卓敏、卓慎亦各有著作。四十六年底,浙江巡抚陈辉祖向乾隆帝报告此案经过:仁和知县杨先仪收到卓汝谐揭发信,说本县生员卓天柱家藏有《忆鸣诗集》,属违禁书。杨先仪即派人搜查,在卓家共查获书十五本,为卓家先人所著。经审讯,据卓天柱供称,其祖父卓长龄于康熙四十九年亡故,自己本人两眼青盲,根本无法阅看这些书本,故未向书局呈交。浙江巡抚陈辉祖和浙江学政王杰,查出这些书籍中有违碍悖逆之处甚多,例如《先庚集》中“今夕正圆明未缺”句;《高樟阁诗集》中有“明朝何处更分题”,“七千关塞近胡天”,“明妆得备始欣然”等句;更有“可知草莽偷垂泪,尽是诗书未死心。楚袪乃知原尚左,剃头轻卸一层毡”,“发短何堪簪,厌此头上帻”等句。乾隆帝接报后，大骂：“卓长龄等生于本朝，食毛践土，乃敢肆其狂吠，将本朝制度作诗指斥，不法已极!”谕旨从严治罪。奏准定案：卓长龄及其子卓征、卓敏、卓慎和族人卓轶群五人，照大逆凌迟律开棺戮尸，枭首示众；其孙卓天柱、卓天馥、卓连之等依大逆正犯之子孙年十六以上皆斩律处以斩立决，家眷解刑部给功臣之家为奴，家产籍没入官。由于最终并未查获《忆鸣诗集》，揭发人卓汝谐处以诬告罪，遣配乌鲁木齐充当苦役。

据《清代文字狱档》记载，从乾隆六年(1741)至乾隆五十三年(1788)，前后四十八年之间，共有六十三起，差不多每年都有文字狱发生，焚书杀人，成为常事。乾隆朝实行这种文化专制主义的高压政策，带来了严重的恶果，窒息了人们的思想，人为地设立了许多禁区，破坏了文化学术思想的独立思考和自由探讨的优良传统，扼杀了创新精神，使许多文士提心吊胆，人人自危，不敢总结前朝得失，不敢议论当朝时政，逼使他们自觉或不自觉地避开明清二朝史事，避开现实问题，以避开那些牵涉“满汉之别”、“明清之争”、“夷夏之辨”而会带来麻烦的课题范围。清代进步思想家龚自珍在《咏史》诗中就曾揭露说：“避席畏闻文字狱，著书都为稻粱谋。”这就一针见血地道出了那时文化学术界的尴尬和无奈。

清代中期，乾隆与康熙、雍正时一样，对文人继续施行笼络与高压并重的政策，软硬兼施，迫使就范。乾隆朝笼络文士的手段也超过清代前期。乾隆元年(1736)，仿照康熙的办法，开博学鸿词科，自雍正十一年(1733)颁谕，诏举博学鸿词，至乾隆元年秋，被荐举者凡二百六十一人，参加殿试者一百七十六人。乾隆三十六年(1771)，再开博学鸿词科，被荐举者凡二百六十七人，参加殿试者二百二十人。乾隆三十八年(1773)，开四库全书馆，征求天下遗书，网罗了大批著名士人入馆，使普天下文士都感到英雄将大有用武之地。然而，又同时实行高压政策，比清代前期有过之而无不及。乾隆朝频繁地大兴文字狱，杀鸡儆猴，借以恐吓、威慑和镇压持不同政见者；更是借搜书缴书之名，行查禁销毁之实，乘机兴起文字狱。通过《四库全书》的编纂，大规模地查禁和销毁一切具有反清意识的以及一些反抗外族入侵、反对封建专制压迫的历史文献和其他书籍，企图消灭汉族人民的反清思想和反封建精神，结果遭销毁和删改的图书不计其数。即使在被喻为汉学家的大本营的四库全书馆，乾隆帝也以兴办文字狱的方式方法对之进行严酷的管理和监督，那些编校官员由于对"违碍字句"、"悖谬言论"删改处理不当，同样也受到记过、斥责、降级、革职，甚而死后撤出贤良祠、家产籍没入官等惩处。

处在清王朝实施笼络与高压并重政策下的乾嘉文士，他们避凶趋吉，并结合当时学术变迁的趋势，以汉学研究为中心，开展文化学术活动。他们在学术研究方向和选题范围方面，避开明清二朝史事，避开现实问题，就是"避席畏闻文字狱"，以避时忌，这是不争的事实。正是在笼络与高压并重的软硬兼施下，迫使更多的文士埋头于对经书的训诂和疏解。学者们继承了清初顾炎武等人开创的强调读经，重视实证，由文字音韵以通经的治学方法，更加崇尚汉代的古文经学。"乾隆以后，许、郑之学大明，治宋学者已鲜。说经皆主实证，不空谈义理。是为专门汉学。"①这就形成了乾嘉学派。乾嘉学派

① 皮锡瑞《经学历史》，中华书局1981年版第341页。

以宗奉汉代古文经学为治学宗旨，在治学范围上，以经学为核心，并旁及文字、音韵、训诂、校勘、辑佚、辨伪、史地、典制、天算、律历等等；在研究方法上，重视实证，故又称实学，强调"实事求是"，"无征不信"，且"不以孤证自足，必取之甚博"；在研究选题上，往往选取狭小题目或局部问题，进行"窄而深"的研究。一时间，出现了"家家许、郑，人人贾、马，东汉学烂然如日中天"的盛况。对此，有些研究学术思想史的评论家，一再批评乾嘉学派"逃避现实"，"厚古薄今"，"不问政治"，"埋首于故纸堆"，"烦琐考证"，等等。这确有大量的事实为依据，不能说这种批评没有道理。但是，造成这种局面的真正的深层的动因，却并不在于乾嘉学派本身，而是在于清王朝特别是乾隆时所实行的笼络与高压并重的文化政策，一方面倡导稽古右文，崇儒重道，盛世修典，另一方面又强化思想专制，大兴文字狱，焚书杀人。社会存在决定社会意识。"一定的文化是一定社会的政治和经济在观念形态上的反映。"（毛泽东《新民主主义论》十一）我们不能脱离清代中期的社会历史现实条件，去要求乾嘉学者该怎么做又不该怎么做。我们不能苛求古人。民主主义革命家章太炎论及乾嘉学派时说："多忌，故歌诗文史楛；愚民，故经世先王之志衰。家有智慧，大凑于说经，亦以纾死，而其术近工眇踔然矣。"[①]清史专家孟森说："自《字贯》之狱兴，清一代无敢复言《字书》者。桂、段诸家，以治经不能不识字，则尽力于许书，以避时忌。清中叶聪明特达之士，恒舍史而谈经，皆是此意。于是二百年中，承学之士无不是古非

① 章太炎《訄书·清儒》，见徐复《訄书详注》，上海古籍出版社 2000 年版第 139 页。

今，以应用之学术文字为市井浅俗之所为，通人不屑道之矣。”[①]这就都明确地指出了，清代中期特别是乾隆朝大兴文字狱，对乾嘉学派的学术活动，对清代学术思想的发展，都产生了严重的消极作用。

第六节　高邮二王学术交游

俗话说：“十年树木，百年树人。”大凡人才的成长，离不开时运际会，需要适宜的主客观条件。无疑，时代社会的需求，是首要条件；而通过人际交往来体现的学术传承和交流，则是重要条件之一。学术的传承和交流，后先相继，吸纳百川，犹如大江东去之源源不绝，在中国几千年学术的历史长河中，前辈们的未竟之业，往往成为后辈们继续为之攻坚的方向，一代一代，薪火相传。

高邮二王学有师承，戴震授经于念孙，念孙稽古之学遂基于此矣，念孙又传之于引之。高邮二王与他们的前辈和同辈学者交游，介于师友之间，讨论经术，切磋学问，使学术研究互有促进。念孙中进士前，得到前辈学者朱筠等人的关怀和提携。程瑶田、陈昌齐、汪中、刘台拱等，王氏著述中屡引其说。翁方纲赠念孙楹帖云：“识过铉锴两徐而上，学居后先二郑之间。”盖道其实也。刘墉赠引之楹帖云：“好学深思，心知其意；聪颖特达，文而又儒。”论者谓非引之不能当之。念孙校《荀子》，先后得后学陈奂、顾广圻手录宋本异同及龚自珍提供善本之助；校《晏子春秋》、《淮南子》，又得顾广圻以善本及所订

① 孟森《明清史论集刊》，中华书局 2005 年版下册第 581 页。

诸条录示。江晋三治古音学，高邮二王皆服其精，书札往还，情溢纸墨。念孙、引之对来之问学者，循循善诱，毫无保留，奖掖后进，热情有加，如接待臧庸、陈奂、汪喜孙等，皆欢如家人。王萱龄受业于引之，引之在《经义述闻》中，则时引其说。

念孙性方正，善善恶恶，悉本至诚，喜怒必形于色，是非曲直，持论无所依违。与人交游，见人有一善可录，一长可取，则称道之不置。又最宽恕，有过夕改者则与之友善。一话一言，不作世故周旋之语，而休戚相关，哀乐过人。朋友知识有所患苦，则忧不能释，如己身际其厄者，然如能周恤帮助，必竭力为之。生平学问之交，皆始终不渝，久而弥笃。同志之士以著述请教者，念孙皆逐一签商，直言无隐。友人遗书未及整理者，必为之去其小疵使成大醇。引之承父志，赋性直朴，一言一语无不表里如一，与人交不设城府，要于忠信，遇事谦和，未尝有所阿比，亦未始以清节凌人，“而善气迎人，事君以诚，持己以正，待人以恕，接下以谦”。因此，乾嘉时期之贤士大夫，皆乐与高邮王氏父子游。观高邮二王所与交游者，我们既可以观察到当时学术界特别是乾嘉学派学术活动的大致面貌，同时也可以从中探究念孙、引之父子学术思想形成与发展的历程。

戴震(1723—1777)，字东原，一字慎修。安徽休宁人。乾隆二十七年(1762)举人。三十八年(1773)开四库馆，经总裁荐举充《四库全书》纂修官。四十年(1775)赐同进士出身，改庶吉士。少与同郡程瑶田、金榜受学于江永(1681—1762)，经学、小学皆能得其传。与名儒惠栋、沈彤为忘年交。至京师，获交钱大昕，大昕称之为天下奇才，一时学人，如纪昀、王鸣盛、王昶、朱筠等名流，皆与之定交。乾隆二十一年(1756)，受礼部尚书王安国延请于家，授经于念孙，念孙稽古之学遂基于此矣。戴震为清代唯物主义思想家,朴学皖派创始人。其哲学思想,反对宋明理学,否定“理在事先”,认为“必就事物剖析至微,而后理得”(《孟子字义疏证》)。其社会政治理念,主张改革,认为天理存于人欲之中,当政者要“体民之情,遂民之欲”,批判理学“以理杀人”。其治学方法,力主专精,主张由声音文字以求训诂,由训诂以寻义理,不主一家,实事求是,“不以人蔽己,不以己自蔽”,“传其信,不传其疑”。戴震学问博大精深,弟子皆知名于世。其小学,则高邮王念孙、金坛段玉裁传之;测算之学,则曲阜孔广森传之;典章制度之学,则兴化任大椿传之。著有《尚书义考》、《毛郑诗考正》、《方言疏证》、《屈原赋注》、《孟子字义疏证》、《戴东原集》等。

夏廷芝(约1702—1764),字茹紫,号啸门。江苏高邮人。雍正四年(1726)举人;十一年(1733)进士,入庶常,侍值武英殿,充《大清一统志》纂修官,授编修。乾隆七年(1742)充会试同考官;九年(1744)擢侍讲,督学山西;十一年(1746)移湖北学政,后降级归里。少攻苦力学,从学王曾禄(念孙之祖父),多才博学,馆阁中疑多赖剖正。王安国卒,子念孙仅十四岁,廷芝令受业于门,勤心训迪,俾底有成。时人谓其有古风。卒年六十三岁。著有《周易纂注》、《河图精蕴》。

贾田祖(1714—1777),字稻孙,号礼耕。江苏高邮人。廪生,好学博涉,工诗,尤精《左氏春秋》。与李惇、王念孙、汪中、洪亮吉友善,矜立名节,切磋学问。著有《春秋左氏通解》、《礼耕存稿》、《稻孙诗集》、《容瓠轩诗钞》等。卒后,汪中作墓铭,盛称其力学笃行,其中云:“与同里李惇、王念孙友,三人皆善饮。酒酣,君辄钩析经疑,间以歌诗,往牒旧闻,泛演旁出,嘲噱风生,戏而不虐。”(汪中《大清故高邮州学生贾君之铭》)

卢文弨(1717—1795)，字绍弓，一作召弓，号抱经，又号檠斋、矶渔。浙江余姚人。乾隆十七年(1752)进士，选庶吉士，授编修，上书房行走。历官左中允、侍读学士、湖南学政。以事降级，乞养归，遂不复出。主讲江浙各书院二十余年，以经学导士。潜心汉学，与戴震、段玉裁、王念孙等友善。为清代著名校勘家、藏书家。所校《逸周书》、《荀子》、《吕氏春秋》、《韩诗外传》、《春秋繁露》、《方言》、《白虎通》、《经典释文》诸本，汇刻为《抱经堂丛书》。自著有《群书拾补》(合经史子集三十八种)、《仪礼注疏详校》、《钟山札记》、《龙城札记》、《广雅释天以下注》、《抱经堂文集》等。乾隆四十五年(1780)，卢文弨有《与王怀祖念孙庶常论校正大戴记书》。四十六年(1781)上元日，卢文弨与翁方纲、程晋芳、周永年、丁杰、陈竹庵、王念孙、刘台拱等雅集于诗境轩，同观桂馥新著《续三十五举》。五十七年(1792)，卢文弨致信念孙，请代刻《广雅疏证》前数卷。

程晋芳(1718—1784)，初名廷璜，字鱼门，号蕺园。江苏江都人，祖籍安徽歙县。乾隆七年(1742)召试，授内阁中书；十七年(1752)成进士，补吏部主事，迁员外郎，充《四库全书》纂修官，擢编修。家本殷富盐商，却能好学不倦，问经义于从父程廷祚，学古文于刘大櫆，晚与戴震、朱筠游，乃治经。独好儒学，购书五万卷招四方名士，由是学日进而家日替。官京师贫甚，乞假往西安，欲与巡抚毕沅商归老计，抵关中卒。著有《诗毛郑异同考》、《周易知旨编》、《春秋左传翼疏》、《诸经答问》、《群书题跋》、《勉行堂集》等。乾隆四十六年(1781)上元日，程晋芳与翁方纲、卢文弨、周永年、丁杰、陈竹庵、王念孙、刘台拱等雅集于诗境轩，同观桂馥新著《续三十五举》。

纪昀(1724—1805)，字晓岚，一字春帆，晚年自号石云，卒谥文达。直隶献县(今属河北省)人。少颖悟,读书过目不忘。乾隆丁卯(1747)解元,甲戌(1754)进士。历官学政、侍读学士、侍郎、左都御史、尚书、协办大学士等职。学识渊博,贯彻群经,旁通百家,尤精古音,其学重在辨汉宋学术之是非,析诗文流派之正讹。曾任四库全书馆总纂,校订群籍,恪尽职守。主编《四库全书总目提要》,详核精审,识力超拔,殚十年之精力,成一代之巨著,时人称誉为“大手笔”。又能诗善骈文。自著有《沈氏四声考》、《审定风雅遗音》、《四库全书表文笺释》、《纪文达公文集》、《阅微草堂笔记》等书,均传于世。与休宁戴震极友善,来往二十余年。乾隆五十八年(1793)秋,在戴震逝世十六年后,纪昀怀念戴震,赋七绝二首,录示戴氏弟子王念孙,题曰《偶怀故友戴东原成二绝句,录示王怀祖给事。给事,东原高足也》(《纪晓岚文集·诗集》卷十一),诗云:

其一

披肝露胆两无猜,情话分明忆旧事。
宦海浮沉头欲白,更无人似此公痴。

其二

六经训诂倩谁明,偶展遗书百感生。
挥麈清谈王辅嗣,似闻颇薄郑康成。

纪昀任四库馆总纂,戴震、王念孙曾先后分任纂修和篆隶校对,皆友情甚笃。纪昀缅怀故友,一往情深,又录诗以示念孙,寄予厚望焉。

王昶(1724—1806),字德甫,又字述庵,号兰泉。江苏青浦(今属上海)人。乾隆十九年(1754)进士。乾隆帝南巡召试,授内阁中书,充军机章京,三迁刑部郎中。以事夺职。佐阿桂、温福幕府,从征缅甸、金川,叙劳授吏部主事,再迁郎中,擢鸿胪寺卿,三迁左副都御史,历任江西、直隶、陕西按察使,云南、江西布政使,刑部侍郎,以老乞归。昶文章尔雅,而述造甚富,可资以考证经史及文献掌故者为多,所撰惠栋、江永、戴震三君墓志铭,尤详实,可补正史传。搜采金石,编为《金石萃编》。选乾隆间诗,续沈德潜《国朝诗别裁集》,编为《湖海诗传》。选明清词,编为《明词综》、《国朝词综》。早从沈德潜游,与王鸣盛、钱大昕等号"吴中七子"。在京师,与朱筠互主诗坛,有"南王北朱"之目。著有《春融堂集》六十八卷传于世。

王昶《四士谈》云:"近过广陵,复见汪君中,通经邃史,笃于学,志于古,为予所不如。盖予与淮海之交有四士焉:训导宝应刘台拱,有曾闵之孝;给事中王念孙及其子国子监生引之,有苍雅之学;君既有扬马之文,时谓之四士三美,宜矣。"(《春融堂集》卷三五)

程瑶田(1725—1814),初名易,字瑶田,以字行;后更字易畴,又字易田,号让堂。安徽歙县人。乾隆三十五年(1770)举人,选授嘉定教谕。以身率教,廉洁自持。告归之日,嘉定学者王鸣盛、钱大昕皆赠诗推重,至与平湖陆陇其并称。嘉庆元年(1796)举孝廉方正。尝与戴震、金榜俱学于江永。治学精谨,好深沉之思,尤善言名物礼制。平生于许郑之书,诵习极熟,旁通群经诸子,而详究其异同。每考一物,说一字,融会钩稽,而能推明其所以然。与高邮王念孙为学问交,平时书札往还,讲求古学。著有《通艺录》,嘉庆八年(1803)初刻本收书二十一种,民国二十二年(1933)《安徽丛书》出增补本,共收书二十四种。乾隆四十五年(1780)九月,瑶田疾作于京寓,将就吉安裴鹤峰医师诊视而不易得，次日，念孙过程寓，谓之曰："信哉，裴君良医也，今日当过余，何不就见之？"瑶田遂同念孙回王寓，由裴君察脉，诊视而愈。道光十年（1830），念孙八十七岁高龄，撰《程易畴〈果蠃转语〉跋》，怀念亡友之人品学问，推崇备至，一往情深。

钱大昕（1728—1804），字晓徵，号辛楣，又号竹汀居士、潜研老人。江苏嘉定（今属上海）人。乾隆十九年（1754）进士，选庶吉士，授编修。擢右赞善、侍讲学士，官至少詹事，典山东、湖南、浙江、河南乡试，提督广东学政。四十年（1775），丁艰归，不复出，历主钟山、娄东、紫阳三书院垂三十年，讲学著述，名播远近。为清代著名朴学大师，于经学、史学、文字、音韵、训诂、天算、舆地、氏族、官制、典章、金石之学无不精通，兼善中西历法，尤长于考据，"论者推其考史之功，为有清第一"。工诗文，少与王昶、王鸣盛等有"吴中七子"之目。著述甚多，有《二十二史考异》、《元史艺文志》、《疑年录》、《四史朔闰考》、《唐石经考异》、《经典文字考异》、《声类》、《十驾斋养新录》、《潜研堂集》等。乾隆五十五年（1790）六月，钱大昕进京，参加乾隆帝八十寿辰庆典，王引之前往旅邸问候并请益。嘉庆七年（1802），钱大昕七十七岁时，还致书王念孙论《广雅疏证》。钱大昕卒后，王引之撰《詹事府少詹事钱先生神道碑铭》。

朱筠（1729—1781），字竹君，又字美叔，号笥河。直隶大兴（今属北京）人，祖籍浙江萧山。乾隆十九年（1754）进士，选庶吉士，授编修。由赞善擢侍读学士，先后提督安徽、福建学政，历充福建乡试正考官、顺天乡试同考官以及多年会试同考官，任《四库全书》纂修官。任学政时，四海好学能文者，俱慕从其游，著名学者戴震、邵晋涵、洪亮吉、黄景仁、章学诚、王念孙、汪中、吴兰庭、高文照等未遇时，均曾在其幕府，皆为一时之俊。筠生平博闻宏览，于学无所不通，聚书至数万卷，碑版文字千卷，说经宗汉儒，尤好金石小学。曾奏请将《永乐大典》中罕见之书悉为抄录，并广求天下遗书。工诗文。诗宗韩愈、李贺，出入唐宋，五言力追汉魏，造句古朴拗折，奇警不凡，袁枚《随园诗话》尝举其《登湖楼》诗称之。古文亦深厚奥博。著有《十三经文字同异》、《笥河集》等。乾隆三十四年(1769)，王念孙在都应试，常进谒朱筠之门，与谈六书精义。三十七年(1772)冬，王念孙赴安徽太平府，从朱筠于安徽学政署，为之校正《说文》小徐本刻之，又代撰《重刻说文解字序》。次年冬，念孙随朱筠入都，下榻于朱氏书屋椒花吟舫，以半载之力成《说文考异》二卷。乾隆四十年(1775)，念孙试礼部中式，殿试赐二甲七名进士出身，朱筠独于念孙往诣答拜，谓之曰："是当代通儒正士，不可以后进视之也。"朱筠《笥河诗集》中有《送王怀祖》诗等赠念孙诗多首。

李文藻(1730—1778)，字素伯，一字茝畹，晚号南涧、贷园。山东益都(今青州)人。乾隆二十六年(1761)进士，选恩平知县，到任后，奉檄署新安县，又调潮阳县。擢桂林府同知，卒于官。为官多惠政。出钱大昕之门，致力经术，又治金石学。生平乐表人善，与周永年访张尔岐、惠栋、江永等人遗书，汇刻为《贷园丛书》。文藻平生撰述，生前多未付梓，没后遗稿散失。传世有《南涧文集》、《诸城金石略》、《岭南诗集》；主撰《诸城县志》，又与周永年合撰《历城县志》。乾隆三十四年(1769)冬，与王念孙遇于京师，念孙嘱为购毛刻北宋本《说文解字》。适书贾老韦有之，而高其值，念孙时下第，阮囊羞涩，称贷而买之，曰："归而发明字学，欲作书四

种，以配亭林顾氏《音学五书》也。”（见《南涧文集》卷上《送冯鱼山〈说文〉记》）

吴兰庭（1730—1801），字胥石，又字虚若，号镇南，又号千一叟。浙江归安（今湖州）人。乾隆三十九年（1774）举人。长于史地之学，尤精五代史，为钱大昕、章学诚所推重。同邑丁杰深于经，兰庭熟于史，故一时有“丁经吴史”之称。少以文名吴越间，壮游燕赵之地。年六十余，流寓京师，与吴长元齐名，号称“二吴”。嘉庆元年（1796），赴千叟宴，获御赐，荣耀一时。著有《五代史记考异》、《五代史记纂误补》、《读通鉴笔记》、《南雪草堂集》等。乾隆三十七年（1772），王念孙赴安徽太平府，从朱筠于安徽学政署，与吴兰庭、邵晋涵、洪亮吉、章学诚、高文照、黄景仁、汪中等为幕友。

周永年（1730—1791），字书昌，号林汲山人。山东历城（今济南）人。乾隆三十六年（1771）进士，选庶吉士，授编修。四十四年（1779）充文渊阁校理，任贵州乡试主考官。居京师时，学士大夫闻声争欲纳交，投刺者踵相接，而深相知者，程晋芳、丁杰、邵晋涵、王念孙等数人而已。经四库馆总裁荐充《四库全书》纂修官，子部书提要多出其手。平居于衣服饮食声色玩好皆不问，但喜聚书。久之，积储近十万卷。四库开馆时，以家藏数十种进献。尝约桂馥买地筑借书园，祀汉经师伏生诸人，藏书其中，招致来学，苦力屈不就。有感于藏书家聚书易散，因提倡集合儒书为“儒藏”。著有《儒藏说》、《先正读书诀》等。乾隆四十六年（1781）上元日，周永年与翁方纲、卢文弨、程晋芳、丁杰、陈竹庵、王念孙、刘台拱等雅集于诗境轩，同观桂馥新著《续三十五举》。

朱珪（1731—1806），字石君，号南厓，晚号盘陀老人。直隶大兴(今属北京)人,祖籍浙江萧山。朱筠弟。乾隆十三年(1748)进士,选庶吉士,授编修。累迁侍读学士,出为福建粮驿道、按察使,丁父忧归。服阕,起补湖北按察使,调山西,迁布政使。任《四库全书》总阅官。历侍讲学士、礼部侍郎,安徽、广东巡抚,左都御史、兵部尚书、两广总督、户部尚书、协办大学士、翰林院掌院学士,官至体仁阁大学士。为嘉庆帝师。珪文章奥博,取士重经策,锐意求才。嘉庆四年(1799)典会试,阮元佐之,一时名流搜拔殆尽,为士林宗仰者数十年。卒后,谥文正。著有《知足斋集》。

王引之于嘉庆四年(1799)试礼部中式,廷对以一甲三名进士及第,朱珪为座师。师生咏诗唱和,一时誉为盛事。朱珪诗云:

其一

两典春闱阅十年,文灯明似九枝然。
南宫叨预门墙列,东观重添翰墨缘。
二酉琅函传古义,三山银阙领群仙。
应知道与甘盘并,旧说原居傅说先。

其二

銮坡三世庆登龙,更喜追随大雅宗。
一代文章拜韩愈,硕儒讲授奉丁恭。
登山路幸窥兜率,得举年才在著雍。
所冀殷勤培弱植,樗材许似手栽松。

王引之和诗云:

其一

山斗争推自昔年，儒宗事业日巍然。
金兰旧契追前哲[①]，针芥新知认宿缘。
班列琼林承厚泽，境依冰署睹群仙。
簪毫侍从惭孤陋，善诱多方导路先[②]。

其二

榜逢甲乙再攀龙[③]，七十年来说旧宗。
幸逢师言知继述[④]，敢忘家范弛虔恭？
廉隅砥砺思前辈，冠佩趋跄等上雍。
樗栎散材承教育，喜分清荫托乔松。

受业王引之谨和。

翁方纲(1733—1818)，字正三，号覃溪，晚年号苏斋。直隶大兴(今属北京)人。乾隆十七年(1752)进士，选庶吉士，授编修。擢国子监司业，迁内阁学士，历广东、江西、山东学政，典江西、湖北、顺天乡试。任《四库全书》纂修官。精研经术，尚考订训诂，衷于义理，尤精金石之学。工书法，仿效欧阳询、虞世南，谨守法度，与同时刘墉、梁同书、王文治齐名。于文，能贯串其学。诗则提倡“肌理说”，以学问考据为诗。著有《经义考补正》、《两汉金石记》、《礼经目次》、《复初斋文集》、《诗集》、《石洲诗话》、《苏诗补注》等。乾隆二十九年(1764)，翁方

① 原注：笥河先生与家大人至好。

② 原注：先生奉命教习庶吉士。

③ 原注：先祖雍正甲辰会元、榜眼；父乾隆乙未殿试前十本进呈。

④ 原注：及第后见先生，蒙示以读书敦品为要，所重不在科名，因举祖父居官相勖。

纲赠王念孙楹帖云："识过铉锴两徐而上，学居后先二郑之间。"盖道其实也。四十六年(1781)上元日，翁方纲与卢文弨、程晋芳、周永年、丁杰、陈竹庵、王念孙、刘台拱等，同观桂馥新著《续三十五举》于诗境轩，而翁氏题记于卷尾。嘉庆四年(1799)，王引之试礼部中式，廷对以一甲三名进士及第，授翰林院编修，循例往谒翁方纲，则相见甚欢，同谒者甚夥，翁独与引之论学，娓娓不倦。引之后作《翁覃溪阁学手札跋》，中云："若是其可不研综遗文，勤求古义，以副先生当日之期望乎?"以是自勉。

桂馥(1733—1802)，字冬卉，号未谷。山东曲阜人。乾隆五十五年(1790)进士，选永平知县，卒于官。少承家学，又先后交翁方纲、周永年，互相切磋经术。于许慎《说文》尤为精通，为清代治《说文》四大家之一。孔宪彝称其"涵茹古今，羽翼经传。其论经史诸作，皆有阐明。《诗疏》、《尔雅》、《广韵》诸篇，驳正尤见精核。《惜才》一论，则自道学力，诱掖后进。传志诸作，则气体古茂，克见典则，非浸淫于三代两汉未易臻此也"(《〈晚学集〉后序》)。著有《说文解字义证》、《札朴》、《晚学集》、《未谷诗集》等。乾隆四十六年(1781)上元日，翁方纲、卢文弨、程晋芳、周永年、丁杰、陈竹庵、王念孙、刘台拱等雅聚于诗境轩，同观桂馥新著《续三十五举》。王念孙有《与桂未谷论慎愤二字说书》，并撰《桂未谷〈说文〉统系图跋》。

李惇(1734—1784)，字成裕，一字孝臣。江苏高邮人。乾隆四十五年(1780)进士。治经通敏，尤深于《诗》及《春秋》三传之学，晚年专治历算。与同郡王念孙、汪中、刘台拱、顾九苞、任大椿等为友，力倡古学，极一时之盛。主江阴暨阳书院，以朴学励诸生。著有《群经识小》、《春秋解义》、《左传通释》、

《历代官制考》、《考工车制考》、《说文引书字异考》、《浑天图说》、《杜氏长历补》、《淀湖漫稿》、《李氏诗文集》等。

李惇卒后，汪中撰《大清故候选知县李君墓志铭》，其中云："是时，古学大兴，元和惠氏、休宁戴氏，咸为学者所宗。自江以北，则王念孙为之唱，而君和之，中及台拱继之，并才力所诣，各成其学。虽有讲席，不相依附。君于年为长，三人者兄事焉。"

王念孙于道光六年(1826)，时年八十三岁，为亡友李惇遗著撰序，即《群经识小序》，称其"好学深思，必求其是，不惑于晚近之说，而亦不株守前人"，盖道其实也。

段玉裁(1735—1815)，字若膺，号懋堂。江苏金坛人。乾隆二十五年(1760)举人。少补诸生，学使尹会一授以小学，遂究心文字、音韵、训诂。至京师，见戴震而好其学，因师事之。以教习得官玉屏知县，旋调署富顺、南溪县事，又办理化林坪站务，公余则挑灯著述不辍。后引疾归，居苏州枫桥。通经学，尤长于研治《说文》，积数十年精力著《说文解字注》，世称精详，与桂馥、王筠、朱骏声并称清代治《说文》四大家。另著有《古文尚书撰异》、《毛诗小学》、《周礼汉读考》、《仪礼汉读考》、《六书音均表》、《经韵楼集》等。段玉裁与王念孙，同为戴震弟子，直至乾隆五十四年(1789)仲秋晤于京师，快谈一切，恨相见之晚。玉裁见《广雅疏证》，爱之不能释手。五十六年(1791)，玉裁撰《广雅疏证序》。念孙于嘉庆十三年(1808)撰《段若膺〈说文解字读〉序》。嘉庆二十年(1815)八月，玉裁卒于苏州，念孙闻耗，哭谓长洲陈奂曰："若膺死，天下遂无读书人矣!"次年，应段骧、段骓之请，念孙作《大清敕授文林郎四川巫山县知县段君墓志铭》。

任大椿(1738—1789),字幼植,又字子田。江苏兴化人。乾隆三十四年(1769)进士,授礼部仪制司主事,荐举为《四库全书》纂修官。历官员外郎、郎中,迁陕西道监察御史,未莅任而病卒。久官京师,不近权贵,唯闭门读书。少年治《文选》,学诗文,所拟古乐府,幽深崛奇,长于辞赋。既而覃精经术,尤熟于《尔雅》、《说文》、《广韵》诸书。著有《吴越备史注》、《小学钩沈》、《字林考逸》、《子田诗集》等。任大椿与王念孙,同为戴震弟子,乾隆三十一年(1766)曾同时入都应试,一起南旋。王念孙《丁亥诗钞》中有《偕任子田游东阿山中》诗。大椿卒后,念孙、引之父子共嘱武进臧庸校勘《小学钩沈》稿本,念孙又撰《任子田〈小学钩沈〉序》。

章学诚(1738—1802),原名文敩,字实斋,号少岩。浙江会稽(今绍兴)人。乾隆四十三年(1778)进士,官国子监典籍。后入湖广总督毕沅幕,主讲定武、莲池、文正等书院。性好读史籍,不甘为章句之学。游朱筠之门,纵览其藏书,日与名流讨论,学益进。又与戴震、汪中等客冯廷丞署,而论学互不相下。唯与邵晋涵、王念孙等数人相契,尤深诋袁枚。常就南北各地方志馆之聘,主修和州、永清、亳州、天门等志,论者谓非兼才、学、识之长者不能当。尝仿朱彝尊《经籍考》之例,编撰《史籍考》,未成书而卒。所著《文史通义》,今人以之与唐刘知幾《史通》并称,为史学理论名著,倡"六经皆史"、"道不离器"之说,责乾嘉经学家专事考据而不能贯通。论诗文则反对拟古,注重内容,对桐城派、性灵派均有所批判。另著有《校雠通义》、《实斋文集》、《乙卯札记》、《丙辰札记》、《知非日记》等,后人合辑为《章氏遗书》。

丁杰(1738—1807),原名锦鸿,字升衢,号小雅,一作小疋，又号小山。浙江归安（今湖州）人。乾隆四十六年（1781）进士，官宁波府学教授。生平肆力经史，旁及六书音韵，尤长于校雠。得一书必审定句读，博稽诸本同异，反复勘校。入都，时方开四库全书馆，任事者多延之佐校，小学一门往往出其手。与朱筠、戴震、卢文弨诸先生相互讲习，学益富。聚书至数千卷，题书室名为小西山房。著有《大戴礼记绎》、《周易郑注后定》、《小西山房文集》等。为人校定刊印之书有《毛诗草木虫鱼鸟兽疏》、《方言注》、《汉隶字原》、《复古编》、《困学纪闻补笺》、《苏诗补注》等。乾隆四十六年（1781）上元日，丁杰与翁方纲、卢文弨、周永年、程晋芳、陈竹庵、王念孙、刘台拱等雅聚于诗境轩，同观桂馥新著《续三十五举》。

邵晋涵（1743—1796），字二云，又字与桐，号南江。浙江余姚人。乾隆三十六年（1771）进士，选庶吉士，授编修，入四库全书馆任编校；充江西乡试正考官，迁左中允，擢讲学士，充文渊阁直阁事、日讲起居注。长于经史小学，与名学者钱大昕、朱筠、程晋芳、章学诚、王念孙等交流，于修史、训诂、辑佚等方面均有成就。著述较多，有《尔雅正义》，《旧五代史笺注》、《考异》，《南江诗文钞》、《札记》等。邵晋涵与王念孙，乾隆三十七年（1772）曾同在朱筠安徽学政幕，后又同在四库全书馆任分校官。王念孙有《与邵二云书》，讨论《广雅》事。

陈昌齐（1743—1802），字宾臣，号观楼，自号啖荔居士。广东海康人。乾隆三十六年（1771）进士，选庶吉士，授编修，累迁中允。曾任《四库全书》纂修兼分校官。在京师日，与王念孙交最密，见念孙所校《大戴礼记》、《淮南子》，叹为卓识精思，超越流辈。嘉庆九年（1804），出为浙江温处道，在任五年，以鞫狱迟延，部议降级。归里，主雷阳、粤秀诸书院讲席，纂修通志，考据详核，著书终老。尝著《经典释文附录》、《历代音韵源流考》二书，皆因邻舍失火被毁。著述刊印者有《吕氏春秋正误》、《淮南子正误》、《新论正误》、《楚辞音义》、《临池琐语》、《赐书堂集钞》等。嘉庆二十四年(1819)十一月，王念孙撰《陈观楼先生文集序》，推崇昌齐为粤东硕儒，博极群书，精详考证，皆有以发前人所未发，正讹纠谬，每发一论，皆得古人之意义，而动合自然。念孙推服之至于如此，故其所著《广雅疏证》、《淮南内篇杂志》，辄引昌齐之说以为楷式。

汪中(1744—1794)，字容甫。江苏江都人。乾隆四十二年(1777)贡生，以母老不赴朝考，遂绝仕进。幼孤家贫，力不能外学，母授以《四书》。及长，依书贾为佣，得博览典籍，遂为通人。年三十客游于外，冯廷丞、沈业富、朱筠皆尝招至幕中，礼为上宾，王昶、钱大昕、卢文弨等并为延誉，又往依湖广总督毕沅。后以往校杭州文澜阁《四库全书》，病卒于西湖僧舍。性耿直，愤世嫉俗，人目为狂，为时所忌，但并世学人如王念孙、刘台拱等咸推服其学识。博通经术，尤精研诸子学，为乾嘉朴学名儒，才学识三者皆有以过人。以骈文驰名，王念孙称其所作“合汉魏晋宋作者而铸成一家之言，渊雅醇茂，无意摩放而神与之合，盖宋以后无此作手矣”(《汪容甫〈述学〉序》)。其《哀盐船文》，杭世骏序以为“采遗制于《大招》，激哀音于变徵，可谓惊心动魄，一字千金”。另《自序》、《广陵对》、《汉上琴台之铭》、《黄鹤楼铭》、《经旧苑吊马守真文》、《吊黄祖文》、《狐父之盗颂》等，亦为传世名篇。著有《述学》、《春秋后传》、《广陵通典》、《容甫先生遗诗》等。卒后，王引之作《汪容甫先生行状》、卢文弨作《祭汪容甫文》、凌廷堪作《汪容甫墓志铭》、顾广圻作《汪容甫哀词》，等等。王念孙为汪中遗著撰序，即《汪容甫〈述学〉序》。其子汪喜孙(1786—1840),少孤,年十八岁,即受学于王念孙。

洪亮吉(1745—1809),初名礼吉,字君直,一字稚存,号北江。江苏阳湖(今常州)人。早年入朱筠安徽学政幕,与邵晋涵、高文照、吴兰庭、章学诚、王念孙、黄景仁等友善。乾隆五十五年(1790)进士,授编修。分校顺天乡试,督贵州学政。嘉庆初,上书军机大臣言事,指斥时政,谪戍伊犁。不久赦还,自号更生居士。其经学成果,有《春秋左传诂》、《春秋十论》;史学成果,有《四史发覆》、《补三国疆域志》、《十六国疆域志》;方志学成果,有《乾隆府厅州县志》、《登封县志》等。著有《洪北江全集》。

夏味堂(1746—1825),字鼎和,号澹人,又号遂园叟。江苏高邮人。乾隆四十二年(1777)举人,七上公车不售,乃潜心治学,力任桑梓公事,两次与修《高邮州志》。年八十卒。著有《拾雅》、《三百篇原声》、《诗疑笔记》、《读左笔记》、《遂园文钞》、《诗钞》等。所著均自手订,嘉道年间陆续刊印。其中《拾雅》,则拾《尔雅》、《方言》、《广雅》、《小尔雅》之所遗也,是《尔雅》、《广雅》众多续编著作中较为重要的一部,经味堂弟纪堂偕味堂子齐林、云林为之注,成《拾雅注》二十卷刊印。王引之有《与夏遂园书》,答允为《三百篇原声》一书作序。

庄述祖(1750—1816),字葆琛。江苏武进人。乾隆四十五年(1780)进士,选昌乐知县,调潍县知县。以卓异引见,檄授桃源同知,才一月以乞养归。治学原本家学,研求精密,于世儒所忽略者,覃思精微,洞见本末。亦兼说心性义理,乾嘉期间以沟通汉宋学为尚者,述祖亦其一。治学外,亦工诗古文。著有《尚书今古文考证》、《毛诗考证》、《毛诗周颂口义》、

《五经小学述》、《夏小正经传考释》、《汉铙歌句解》、《弟子职集解》、《历代载籍足征录》、《珍艺宧诗钞》、《文钞》等。王念孙曾委托庄述祖代撰《任子田〈小学钩沈〉序》。王念孙著《广雅疏证》，亦采庄述祖之说。

刘台拱(1751—1805)，字端临，一字江龄，号子阶。江苏宝应人。乾隆三十五年(1770)举人。时四库馆开，台拱在都，与朱筠、程晋芳、戴震、邵晋涵及同郡任大椿、王念孙等游，时相讨论学术。后官丹徒训导，教授有方。双亲殁，以哀毁卒。生平治学严谨，于汉宋诸儒之说无门户之见。精音韵训诂，而于《论语》及礼学用力尤深。与王念孙、段玉裁、汪中交最善，其人品学问为当世所推重。著有《论语骈枝》、《仪礼传注》、《经传小记》、《国语补校》、《荀子补注》、《方言补校》、《汉学拾遗》等。乾隆四十六年(1781)上元日，刘台拱与翁方纲、卢文弨、程晋芳、周永年、丁杰、陈竹庵、王念孙等雅集于诗境轩，同观桂馥新著《续三十五举》。嘉庆二十一年(1816)，王念孙撰《刘端临遗书序》。道光十一年(1831)，王引之上《题请刘世谟刘台拱两世入祀乡贤祠折》。

宋绵初(约1751—1816)，字守端，号瓞园。江苏高邮人。乾隆四十二年(1777)拔贡生，选五河、清河二县儒学训导。与凌廷堪为学友，深研经籍，说经贯穿古义，尤长于《诗》。著有《韩诗内传证》、《古韩诗说证》、《瓞园经说》、《释服》、《形声指误一隅编》、《困知录》、《是亦山房文集》、《瓞园诗存》等，并刊印于世。宋绵初与王念孙为同里学友，其子宋保即为念孙弟子。

孔广森(1752—1786)，字众仲，又字㧑约，号顨轩。山东曲阜人，孔子第六十八世孙。乾隆三十六年(1771)进士，改庶吉士，授检讨。以高门子弟而少年得官，一时人争与之交，然性淡泊自守，耽于著述，不登显贵之门。以养亲告归，遂不复出。居祖母与父丧，哀毁竟卒。尝从戴震受经学。经史小学无不通，尤精研礼学与《春秋公羊传》，于算法、音韵，皆卓有发明。擅骈文，论者以为兼有汉魏六朝初唐骈文之胜，汪中读之叹为绝手。著有《春秋公羊传通义》、《大戴礼记补注》、《诗声类》、《礼学卮言》、《经学卮言》、《少广正负术内外篇》、《仪郑堂骈俪文》等。孔广森与王念孙，同为戴震弟子。乾隆三十六年(1781)，孔广森与王念孙通书，讨论《诗经》用韵事。

孙星衍(1753—1818)，字渊如，又字伯渊，号季逑，又号芳茂山人。江苏阳湖(今常州)人。少与同郡杨芳灿、洪亮吉、黄景仁以文学齐名，袁枚评其诗为“天下奇才”，与订忘年交。乾隆五十二年(1787)进士，授编修，改刑部主事。出为山东兖沂曹济道，兼署黄河兵备道、山东督粮道，权山东按察使，居官清廉，有政绩。去官后，主讲扬州安定书院、绍兴戢山书院。一生绩学无怠，好藏书，勤于著述，精于校勘。著有《尚书今古文注疏》、《周易集解》、《问字堂集》、《岱南阁集》、《平津馆文稿》、《芳茂山人文集》、《诗录》等，编有《续古文苑》。乾隆五十二年(1787)，孙星衍致书王念孙，送还借阅之《一切经音义》。六十年(1795)，孙星衍《〈尚书逸文〉自序》云：“予校订《尚书》马、郑注，又质疑于王侍御念孙。”嘉庆四年(1799)，王引之廷对以一甲三名进士及第，授翰林院编修，孙星衍从山东道署致信王引之，以“朴学受知”为贺，谓足以鼓舞向学之士。孙星衍见王念孙所校《管子》，叹其精确，以为他人百思所不能到。

陈鳣(1753—1817)，字仲鱼，号简庄，又号河庄。浙江海宁人。嘉庆元年(1796)举孝廉方正，三年(1798)中举。尝人都，从钱大昕、翁方纲、段玉裁、王念孙等游；又客吴门，与黄丕烈定交。博学好古，学宗许郑，生平尤专心训诂、校勘之学。曾继父志，取《说文》九千余字，以声为经，以形为纬，竭数十年心力，成《说文声系》十五卷、《说文解字正义》二十卷。著有《论语古训》、《石经说》、《经籍跋文》、《恒言广证》、《诗人考》、《简庄文钞》等。乾隆五十四年(1789)，陈鳣初入都，与王念孙往还甚殷。嘉庆四年(1799)，再入都，念孙持赠以《广雅疏证》初印本，陈鳣撰跋推尊，并记相关故实(见《简庄文钞》卷三《广雅疏证跋》)。

朱彬(1753—1834)，字武曹，号郁甫。江苏宝应人。乾隆六十年(1795)举人，大挑二等，改授国子监学录衔，以老病归卒。生平自少至老，好学不厌。承其乡王懋竑经法，与外兄刘台拱互相切磋，同治小学。又与李惇、汪中结交，讨论经史。每有所得，则以书札往来辩难，必求其是而后已。于文字、声音、训诂用力尤深。曾客居京师，足不踏贵人门，唯与王念孙、邵晋涵、王引之等以文章相爱重。著有《经传考证》、《礼记训纂》、《游道堂集》等。乾隆六十年(1795)，朱彬入都，与念孙相聚，念孙称其博闻强识而有卓见。嘉庆四年(1799)，念孙居京城杨梅竹斜街，与朱彬比邻，昕夕过从者二年。道光二年(1822)，念孙为朱彬作《经传考证序》。

马宗梿(？—1802)，一作宗琏，字器之，号鲁陈。安徽桐城人。初从舅父姚鼐学诗古文，所作多见沉博绝丽。后从邵晋涵、任大椿、王念孙游，遂精通古训及地理之学。曾佐阮元纂修《经籍纂诂》，手订凡例。由举人官东流县教谕，嘉庆六年(1801)始成进士。生平敦实，寡嗜好，惟以著述为乐。尝著《春秋左传补正》，博征汉魏诸儒之说，不苟同立异。所著别有

《毛郑诗诂训考证》、《周礼郑注疏证》、《公羊补注》、《谷梁传疏证》、《说文字义广证》等。子马瑞辰(1782—1853),传父学,著《毛诗传笺通释》。

李赓芸(1754—1817),字生甫,号许斋。江苏嘉定(今属上海)人。乾隆五十五年(1790)进士,授浙江孝丰知县,历知德清、平湖。嘉庆三年(1798),九卿中有密荐之者,诏询巡抚阮元,元奏:"赓芸守洁才优,久协舆论,为浙中第一良吏。"引见,以同知升用。升处州同知,调嘉兴海防同知,署台州府,寻擢嘉兴知府。后调福建汀州、漳州知府,擢汀漳龙道。二十年(1815)擢福建按察使,署布政使,逾年实授。在官近三十年,操守清廉,治绩有声,坐事被诬,自经死。少从同里钱大昕学,通六书、苍雅、三礼。所著《炳烛编》四卷,乃其一生读书心得总汇。卷一为经义,发疑正读,贯穿群经;卷二为字学,专论古字通假,举例以证古;卷三论音韵,对段玉裁音学颇有订正之处;卷四考订群书及官制,而以辨证《汉书·地理志》者为最精。另著有《稻香吟馆诗文集》。曾与王念孙书信往还,讨论古韵,念孙有《与李许斋方伯论古韵书》。

王宗炎(1755—1826),字以除,号穀塍,又号晚闻居士。浙江萧山人。乾隆四十五年(1780)进士。登第后即杜门不出,筑十万卷楼,以文史自娱,尤喜奖掖后进,著述教授,以终其身。一生好聚书,精熟目录、版本、校勘。读书论世,其说甚精,尝言文以有济实用为贵,作一文必有所以作之故。其所为古文辞,根柢经史,能言所欲言,王引之尝称其文辞质而义醇。著有《晚闻居士遗集》。王引之为之作《萧山王晚闻先生文集序》。

凌廷堪(1757—1809),字次仲,又字仲子。安徽歙县人。

乾隆五十五年(1790)进士,选宁国府学教授。年十二岁学贾,于友人家见诗词书,借读即能学作。后经人介绍至盐运使所设词曲馆校雠戏曲。年二十五岁始为举子业,入国子监师从翁方纲,遂究心经史之学。任教授后奉母至官,潜心著述。曾主讲敬亭、紫阳书院。母丧去官后,阮元曾延聘教子,后病卒于家乡。博通经术,尤精三礼,复擅词章,又深研燕乐,为朴学名儒。著有《礼经释例》、《校礼堂集》、《燕乐考原》、《梅边吹笛词》等。《校礼堂诗集》卷四有《程彝斋招同王石臞工部小集》诗一首。王引之中举前,曾问业于凌廷堪。

郝懿行(1757—1825),字恂九,号兰皋。山东栖霞人。嘉庆四年(1799)进士,授户部主事。为人谦退,自守廉介,不轻与人晋接,而好谈论经义,则喋喋忘倦。深于名物训诂之学,于《尔雅》用力最久,著有《尔雅义疏》十九卷,稿凡数易,垂殁而后成,所造颇深。王念孙为之点阅,通订全书,寄阮元刊印。还著有《易说》、《书说》、《春秋说略》、《春秋比》、《山海经笺疏》、《晋宋书故》、《晒书堂文集》等。

王照圆(1763—?),字瑞玉,号婉佺。山东福山人。郝懿行妻。聪慧过人,通经学古,博涉众史,著有《列女传补注》、《列仙传校正》、《葩经小记》诸书。念孙、引之曾为其《列女传补注》校正十数条。陈奂称当时著书家有"高邮王父子,栖霞郝夫妇"之目。

卢荫溥(1760—1839),字南石。山东德州人。祖见曾,康熙六十年进士,官至两淮盐运使。乾隆三十三年(1768),盐运支销冒滥案发,祖见曾已去官,仍逮问论绞,死于狱中,籍没家产,子孙连坐,荫溥父谦谪戍军台。荫溥甫九岁,家贫困,随母归依妇翁,读书长山。越三年,大学士刘统勋为卢见曾剖雪,卢谦得赦归，授广平府同知。荫溥刻苦力学，至此始得应科举。乾隆四十六年(1781)进士，选庶吉士，授编修。五十四年(1789)，王引之二次入都，从之学举业，引之撰成《春秋名字解诂》二卷。五十六年(1791)后，荫溥累司文柄，典山西乡试，督河南学政。嘉庆五年(1800)充军机章京，三年后擢光禄寺少卿，历通政司副使、光禄寺卿、内阁学士。二十二年(1817)后历任礼、兵、户、刑、吏、工六部尚书。道光元年(1821)兼管顺天府尹。七年(1827)任协办大学士，十年(1830)拜体仁阁大学士。十三年(1833)，以疾乞休，加太子太保。十九年(1839)，重宴鹿鸣，晋太子太傅。寻卒，年八十，赠太子太师，谥文肃。

王绍兰(1760—1835)，字畹馨，号南陔，晚年自号思惟居士。浙江萧山人。乾隆五十八年(1793)进士，授福建南屏知县，调闽县，擢泉州知府，迁兴泉永道，历官福建按察使、布政使、巡抚。后以藩司李赓芸冤死事，坐免官。归后杜门谢客，专心著述。学宗许郑，题其斋曰"许郑学庐"，于《说文》、《仪礼》致力尤深。其论著广博，凡二十余种，惜多未刊。今所见者，惟《周人经说》、《说文段注订补》、《汉书地理志校注》、《管子地员篇补注》、《许郑学庐存稿》等。

王引之作《王南陔中丞〈困学说文图〉跋》，所引述王绍兰语，诚为以声音通训诂之精义，评价甚高。又为王绍兰父纶宣先生作神道碑。王绍兰任福建巡抚，以藩司李赓芸被诬自经事，为王引之所劾革职，而其后王绍兰与王引之商量实学，往复讨论，所存旧札，情意殷切，双方不念旧嫌，嗜学服善，老而弥笃，其意度弘远，自非庸常所能及也，此可谓学界之佳话。

焦循(1763—1820)，字理堂，一作里堂。江苏甘泉(今扬州)人。嘉庆六年(1810)举人。乾隆四十五年(1780)就学于扬州安定书院。六十年(1795)至嘉庆元年(1796),先后馆于阮元山东、浙江巡抚官署中。中举后以母病未应礼部试,闭户读书著述,葺老屋曰半九书塾,复构雕菰楼,足不入城市十余年。深于经史之学,尤精《周易》,学术与阮元齐名,为扬州学派中坚。工诗文,又精戏曲学。著有《孟子正义》、《易学三书》、《尚书孔氏传补疏》、《毛诗郑氏笺补疏》、《礼记郑氏注补疏》、《春秋左传杜氏集解补疏》、《论语何氏集解补疏》、《雕菰楼集》、《雕菰楼词》、《雕菰楼诗话》、《剧说》、《花部农谭》等。

焦循对王念孙、引之父子的学问十分推崇,其《雕菰楼集》卷六《读书三十二赞》,赞《广雅疏证》、《经义述闻》二书云:

> 训诂声音,经之门户。
> 不通声音,不知训诂。
> 训诂不知,大道乃沮。
> 字异声同,义通形假。
> 或转或因,比例互著。
> 高邮王氏,郑许之亚。
> 借张揖书,示人大路。
> 经义述闻,以子翼父。

循所著《易学三书》,突破二千年传注重围,自创新法,直从六十四卦参伍错综之际,而求得其通例,为自来言《易》者所不及,王引之谓其"说《易》诸条,凿破混沌,扫除云雾,可谓精锐之兵矣。一一推求,皆至精至实,要其法则'比例'二字尽之。所谓'比例'者,固不在它书而在本书也"(《王文简公文集》卷四《与焦理堂先生书》)。王氏所言如此,盖公论矣。

阮元(1764—1849),字伯元,号芸台,一作云台。江苏仪征人。乾隆五十一年(1786)入都,先后拜谒王念孙、任大椿、邵晋涵问学,多获教益。五十四年(1789)进士,选庶吉士,授编修;超擢少詹事,入直南书房;迁詹事,提督山东、浙江学政、擢内阁学士,迁兵部、礼部、户部侍郎。嘉庆中又先后任浙江、江西、河南巡抚,湖广、两广、云贵总督。道光时,入朝为协办大学士,迁大学士,加太子太保,进太傅,谥文达。平生提倡朴学,在杭州创诂经精舍,在广州立学海堂,培植生员,并罗致学者编刻书籍。主编《经籍籑诂》,校刻《十三经注疏》并撰校勘记,编刻《皇清经解》。又研究金石、历算、地理等学,著述颇丰。精《文选》学,工诗文。著有《揅经室集》、《畴人传》、《两浙金石志》等,编有《广陵诗事》、《淮海英灵集》、《两浙辅轩录》、《积古斋钟鼎彝器款识》等。嘉庆四年(1799),王引之为阮元主编《经籍籑诂》作序。二十二年(1817),阮元为《经义述闻》作序;二十四年(1819),又为《经传释词》作序。王念孙卒后,阮元作《皇清诰授中宪大夫直隶永定河道石臞王公墓志铭》。

洪颐煊(1765—1833),字旌贤,号筠轩。浙江临海人。少时自力于学,与兄坤煊、弟震煊读书僧寮,夜就佛灯讲诵不辍。嘉庆六年(1801),充选拔贡生,入资为州判,权知新兴县事。后入阮元幕府,相与讨论经史。生平苦志力学,精考证,于诸经皆有研究。曾馆于孙星衍之平津馆,与之商撰《尚书今古文注疏》。好蓄书,家藏善本三万余卷,碑版二千余,因著《倦舫书目》十卷。著有《礼经宫室答问》、《孔子三朝记》、《管子义证》、《汉志水道疏证》、《读书丛录》、《台州札记》、《筠轩诗文集》等。洪颐煊《管子义证自序》云:"己巳岁(即嘉庆十四年,

1809年),在德州会王怀祖观察暨子伯申学士,又以校本见遗。”

顾广圻(1766—1835),字千里,后以字行,号涧薲,或作涧蘋、涧宾,又号遁翁、无闷子;一云散人、思适居士等。江苏元和(今苏州)人。少好读书,不事科举,从江声治经学,长以目录、校勘之学驰名。孙星衍、张敦仁、黄丕烈、胡克家等延校宋本《说文解字》、《仪礼》、《礼记》、《国语》、《战国策》、《文选》、《资治通鉴》诸书,皆为之札记,考定文字。所作书序跋文,李慈铭以为一时绝学。著有《思适斋集》。

顾千里究心汉学,尝谓近代通儒,程徵君经学,钱少詹史学,汪明经文章,王观察父子小学,天下五人而已。嘉庆二十五年(1820),顾千里寓书顾莼,属代索王念孙《读书杂志》,王引之先诒以《淮南内篇杂志》一种,而求其详识宋本与道藏本不同之字,及平日校订是书之讹而为《淮南内篇杂志》所无者。数月,顾书来,尽录宋本佳处及其所订诸条。次年,王引之据顾千里所录,补刊《淮南内篇杂志补》一卷,包括《顾校淮南子各条》、《淮南子宋本未误者各条》、《淮南子宋本之异者各条》三部分,并为之作序以记其事。道光三年(1823),顾千里以所校《晏子春秋》元刻景钞本赠王念孙,念孙即以此为底本,复合诸本及《群书治要》诸书所引,详为校正,撰《晏子春秋杂志》二卷。道光十年(1830),顾千里以手录《荀子》吕、钱二本异同寄王念孙,念孙即以顾氏所录而前次未见者,补刻为《荀子杂志补遗》一卷,并为之序以记其事。

宋世荦(1766—1821),字卣勋,号确山。浙江临海人。乾隆五十三年(1788)举人,以教习任陕西扶风知县,为官正直,后罢归。研求经训,熟于谐声、假借之例,著有《周礼故书疏证》、《仪礼古今文疏证》。王引之《与宋卣勋书》，即刊于《仪礼古今文疏证》卷首，盛称宋著"勤求古义以释古经，触类引伸，四通六辟，中如'袂'当为'秩'，'酌'当为'酌'，尤见卓识精思，非熟于谐声、假借之例不能有此"。

臧庸(1767—1811)，初名镛堂，字拜经，一字西城，又字在东。江苏武进人。与弟礼堂俱师事卢文弨，并从钱大昕、段玉裁等讨论学术。为人沉默朴厚，治学根据经传，剖析精微。曾助阮元纂修《经籍籑诂》、校刻《十三经注疏》及校勘记。精于校雠，卢文弨称其"校书天下第一"。曾依乃祖臧琳《经义杂记》例，著《拜经日记》，专为诠释古书疑义，校勘误字音读，王念孙为之作《拜经日记序》，赞扬有加。受王念孙委托，校订任大椿遗稿《小学钩沈》书，二人书札往复，讨论精审。嘉庆六年(1804)臧庸入都，即寓王引之住所月余。后臧庸寓所与二王居所相去数步，晨夕过从，欢如家人。

宋保，字竹亭，一字质夫。江苏高邮人。篆刻家，刊有《积古山房印谱》。禀承家学，以许慎《说文》为宗，识其精义，旁及秦汉以来金石碑版彝器款识，以广其所见。考订之暇，寄情铁笔，奏刀运腕，绰有慧业，同里王念孙、夏澹人皆推崇之。乾隆五十九年(1794)，王念孙为之作《宋质夫印谱序》。

瞿中溶(1769—1842)，字苌生，号木夫。因早年丧偶，晚年更号空空子。江苏嘉定(今属上海)人。钱大昕之婿。官湖南布政司理问。生平博综群籍，长于音韵训诂，尤精邃于金石之学。著有《孔庙从祀弟子辨证》、《汉魏蜀石经考异辨正》、《说文地名考异》、《古官印考证》、《古泉山馆彝器图录》、《钱志补正集》、《百镜轩古镜图录》、《续汉金石文编》等，凡二十余种。嘉庆十二年(1807)，自苏州抵京，往访王引之，引之以新刻《广雅疏证》、《经义述闻》、《经传释词》各书赠之，中溶为引之镌刻名印作答。

丁履恒(1770—1832)，字道久，号若士，晚年自号东心，一作冬心。江苏武进人。嘉庆六年(1801)拔贡，充文颖馆誊录官。道光七年(1827)选授肥城知县。师从卢文弨，好学深思，治经无门户之见。在京师，又从王念孙考论训诂声音之学，而所业益精。所著《说文谐声类篇》三卷、《馀论》一卷，分古韵为十九部，除"至、盍"二部被合并外，其他都与王念孙分部同。以此质之念孙，念孙为签正三十五事，而称其书"论韵诸篇，精心研综，纤悉靡遗，本韵合韵，条理秩然，不胜佩服之至"(《王石臞文集补编·与丁大令若士书》)。另著有《春秋公羊例》、《左氏通义》、《毛诗名物志》、《望云听雨山房札记》等。

陈寿祺(1771—1834)，字恭甫，一字苇仁，号左海，又号梅珍，晚年自号隐屏山人。福建闽县(今闽侯)人。嘉庆四年(1799)进士，选庶吉士，授编修。告归，家贫无食，父命再入都。充广东、河南乡试副考官及会试同考官，以御史记名。年四十岁，弃官养母。母丧，遂不出。阮元聘入诂经精舍授徒，后主讲清源、鳌峰书院二十余年。专为汉学，至以会试出阮元之门，得所师承，又与同年生张惠言、王引之、郝懿行、许宗彦、姚文田以学问相切磋；及见钱大昕、段玉裁、程瑶田、王念孙诸老辈，从而质疑请益，往复讨论，故学益精博。与张惠言、吴鼒、王引之齐名。工诗能文。著有《尚书大传笺》、《五经异义疏证》、《左海文集》、《左海骈体文》、《绛跗草堂诗集》等。

宋保，字定之，一字小城。江苏高邮人。宋绵初之子。廪膳生，尝入都肄业国子监，问学于王念孙。精于声音训诂之学，不囿于汉宋门户。历任砀山、句容、江浦、安东各县学训导、教谕，淮安、徐州两府学教授，学使多器重之。工诗能文。著有《谐声补逸》十四卷，嘉庆十六年(1811)，王念孙评之曰："《谐声补逸》分别精审，攻究确当，洵为叔重功臣。"(《王石臞先生遗文》卷四《致宋小城书》之二)所著还有《尔雅集注》、《治河纪略》、《京华杂记》等。

汤金钊(1772—1856)，字敦甫，一字勖之。浙江萧山人。嘉庆四年(1799)进士，选庶吉士，授编修。历官内阁学士，礼、吏、工、户四部尚书，协办大学士，降调光禄寺卿，旋以老病致仕。咸丰四年(1854)重宴鹿鸣，加太子太保，卒谥文端。居高位数十年，常不改布衣，为政廉明，负一时清望。所学以治经为务，立敬为本，不沾沾于词章。著有《寸心知室存稿》、《轺车日记》、《隙光随笔》等。

道光十一年(1831)，汤金钊作《题王石臞年伯校书松菊园图》诗(《寸心知室存稿》卷四)云：

> 一代儒宗著述传，游思竹素得天全。
> 卫公好学忘年耄，韦氏明经教子贤。
> 台省文章开济在，丹铅事业折衷先。
> 后凋松与延龄菊，老圃怡情鹤算绵。

画意诗情，韵味隽永，颂扬了王念孙的人品学问，祝愿一代儒宗健康长寿，表达了后学对前辈的敬仰之情。汤金钊与王引之为同榜进士，引之卒后，汤金钊作《光禄大夫经筵讲官工部尚书加二级谥文简伯申王公墓志铭》。

江有诰(1773—1851)，字晋三，号古愚。安徽歙县人。年二十二为学官弟子，无意举业，有志古学，杜门著述。精通音韵学，兼考古、审音二者，深造自得，更精于等韵学。得顾炎武《音学五书》、江永《古韵标准》，冥心推究，至忘寝食。谓江氏书能补顾氏所未及，而分部仍多罅漏，乃析江氏十三部为二十一部，与戴震、孔广森多暗合。段玉裁见其书，深加爱重。著有《诗经韵读》、《群经韵读》、《楚辞韵读》、《先秦韵读》、《汉魏韵读》、《唐韵四声正》、《广韵谐声表》、《广韵入声表》、《二十一部韵谱》、《四声韵谱》等，总名《江氏音学十书》，为古音学重要著作。王念孙、引之父子皆服其精，书札往还，反覆讨论，学术精进，情溢纸墨。另著有《说文六书录》、《说文分韵谱》、《说文更定部分》、《经典正字》、《隶书纠谬》等文字音韵书多种，道光二十六年(1846)因家中失火被毁。

胡承珙(1776—1832)，字景孟，号墨庄。安徽泾县人。嘉庆十年(1805)进士，改庶吉士，授编修。充广东乡试副考官，迁御史，转刑科给事中。二十四年(1819)，授福建延津邵道，寻调补台湾兵备道，兼学政加按察使。在台三年，四十九岁时乞假归里。少以诗赋鸣，后潜心经学。专精《毛诗》，与陈奂反复讨论，剖析精微。著《毛诗后笺》，四易其稿，未成病卒，遗嘱友人陈奂足成之。亦长于小学，熟《尔雅》、《说文》。著有《毛诗后笺》、《小尔雅义证》、《尔雅古义》、《仪礼古今文疏义》、《求是堂诗文集》等。

张澍(1781—1847)，字时霖，一字伯瀹，号介侯，又号介白。甘肃武威人。嘉庆四年(1799)进士，选庶吉士，历官玉屏、兴文、永新知县，署临江通判，以事罢官，起补泸溪知县，复丁忧归。性亢直，居官有政声。博览经史，多有著述，复留心关陇文献，并搜辑刊印之。好远游，踪迹半天下，诗文益富。后人评曰："介侯文章巨丽，为时所称，阮文达以为南方学者未能或先也。其诗凌纸勃发，不拘格律，故恒有音韵失调之处，而光气固不可掩。”（徐世昌编《晚晴簃诗汇》）著有《五凉旧闻》、《续黔书》、《秦音》、《蜀典》、《姓氏五书》、《养素堂文集》、《诗集》等，凡四十二种。张澍与王引之为同年进士，嘉庆六年（1801），王引之放贵州乡试正考官，归途至龙冈，遇张澍方赴职玉屏县令，澍作长诗相赠。十六年（1811），张澍随文远皋赴泰州襄试，有《留别编修王伯申》诗。二诗俱见《养素堂诗集》。

胡培翚（1782—1849），字载屏，一字竹村。安徽绩溪人。嘉庆二十四年（1819）进士，官内阁中书，转户部广东司主事。旋罢官归里，创东山书院。主钟山、惜阴、泾川诸书院讲席，以经术为人师，而益研精于实事求是之学。少师事汪莱、凌廷堪，会试复出王引之之门，得其指授。居京师时，与郝懿行、胡承珙、陈奂、汪喜孙为学问交。重友谊，友人郝懿行、胡承珙之遗著，皆赖其刊刻方始传世。胡氏世传经学，初治《毛诗》，后治三礼，初著《燕寝考》三卷，王引之见而喜之。尤尽力于《仪礼》，积四十余年，成《仪礼正义》四十卷，论者叹为“二千余年绝学，得此复彰”。还著有《禘祫问答》、《研六室文钞》、《研六室杂著》等。王引之曾应胡培翚请，为其祖父胡匡衷之遗书《仪礼释官》作序，即《胡朴斋〈仪礼释官〉序》。道光三年（1823），王念孙八十岁，胡培翚贡《王石臞先生八十寿序》（见《研六室文钞》卷六）。十年（1830），胡培翚作《经传释词书后》（见《文钞》卷七）。

苗夔（1783—1857），字仙麓，一字先路。河北肃宁人。道光十一年（1831）优贡生。精通文字、音韵、训诂之学，曾订正《说文》声读讹误者八百余字，为《说文声订》二卷。又以顾炎武《古音表》十部太密，合并定为七部，檃括群经之韵，字以声从，韵以部分，为《说文声读表》七卷。治《毛诗》，尤精于谐声系统，曾以齐、鲁、韩三家证毛，而又以《说文》之声读参错其间，并采他书而为《毛诗韵订》十卷。另著有《说文系传校勘记》、《歌麻古韵考》等。道光八年(1828)，经顾子明介绍往见王念孙父子，苗夔以《毛诗韵订》求正，念孙见之大惊曰："先得我心。"因以《经义述闻》相赠。十一年(1831)，又以所著《说文建首字读》求正，念孙叹曰："此小学绝作也。六朝五代以来读字讹误，皆坐不知此耳。今扬雄《训纂篇》不可见，得见此读，并犹肸蠁闻声而知踊跃者矣。"高邮王氏父子礼先于夔，由是声望日隆。

阮亨(1783—1859)，字仲嘉，号梅叔。江苏仪征人。阮元从弟。嘉庆二十三年(1818)副榜贡生。品学端方，诗文精敏。幼随宦京师，作《蕉花曲》，传诵辇下，人称"阮蕉花"。尝随阮元幕于浙，杭人能诗者争相与之唱和。壮年诗学益精。咸丰元年(1851)举孝廉方正，不就。所撰诗文、诗话、随笔、杂记、传奇等十一种三十六卷，汇为《春草堂丛书》刊印。所辑考、校录有《七经孟子考文》并补遗、《广陵名胜图》、《皋亭唱和集》、《淮海英灵续集》、《广陵诗事补》等。汇刻阮元编纂的《文选楼丛书》三十四种四百七十八卷。王引之有《题阮梅叔珠湖垂钓图》诗四首。

汪喜孙(1786—1840)，一名喜荀，字孟慈。江苏江都人。汪中子。少孤，年十八岁，即受学于王念孙。嘉庆十二年(1807)举人，官内阁中书，迁户部员外郎，补怀庆知府，卒于官，有循声。少读父书，搜辑遗篇，以广其传。能继承家学，于文字、音韵、训诂，多所究心。与钮树玉、龚自珍、黄爵滋、潘德舆、丁晏、鲁一同、王萱龄等交。著有《大戴礼记补》、《丧服答问纪实》、《国朝名臣言行录》、《经师言行录》、《尚友记》、《且住庵文稿》等。嘉庆二十二年(1817),王念孙以段玉裁著《说文解字注》刊本赠汪喜孙,并云:“是为宝剑赠于烈士。”

陈奂(1786—1863),字硕甫,号师竹,晚号南园老人。江苏长洲(今苏州)人。咸丰元年(1851)举孝廉方正。少从江沅治小学,段玉裁见之,称其学识出唐代经学家孔颖达、贾公彦之上,遂受学于段玉裁。嘉庆二十三年(1818)游京师,谒王念孙,念孙久以老病谢客,见陈奂名刺,欣然令童仆扶掖出晤,订忘年交,引之亦加敬礼,欢如家人。时陈奂治《毛诗》语助发声之例,引之授以《经传释词》、《经义述闻》等书,有疑义,常常问责,相与讨论,喋喋忘倦。引之尝谓奂曰:“我与若学术既同,闭造出合,德不孤矣。”经引之引见,并获交郝懿行、胡承珙、胡培翚、金鹗等,以经学相切磋。晚年家居,授徒以终。专攻《毛诗》,为清代研治《诗经》最有成就的学者之一,殚精竭虑,著成《诗毛氏传疏》。另著有《毛诗音》、《郑氏笺考微》、《诗语助义》及《三百堂文集》等。

道光三年(1823)春三月,王念孙八十寿辰,陈奂贡寿联,句云:“代推小学有达人,天假大儒以长年。”念孙视为当意,喜曰:“吾且守藏箧中,而不与世俗富贵寿考作颂祷者同张悬矣。”咸丰七年(1857),王念孙之曾孙恩沛、恩泰裒集遗文,订为六卷,编入《高邮王氏家集》,授之梓氏,陈奂为之作《王石臞先生遗文编次序》。

朱士端(1786—1872),字诠甫。江苏宝应人。嘉庆二十五年(1820)举人,充右翼宗学教习,选广德州训导,不久告归。

曾受业王念孙之门，得文字、音韵、训诂之传。生平笃志坟典，勤治小学，于《说文》用力尤深。著有《说文校定本》、《说文形声疏证》、《强识编》、《宜乐堂金石记》、《尔雅考略》、《齐鲁韩三家诗释》等。同治中，其后人辑其所著六种二十九卷为《春雨楼丛书》刊印。所著《强识编》四卷，其卷三专论《说文》，其中记录了王念孙、刘台拱之说，诚为可贵。

李钧衡，字赞平，号菘圃。江苏高邮人。道光四年(1824)岁贡生，注选训导。醇勤力学，能以文誉继其先人。父李弼，字梦岩，号复园，廪生，少健于文，援笔立就，见者惊为宿才；岁科十余试，皆列前茅，每试艺出，远近传抄；彭元瑞学使亟称之。李钧衡虑父李复园遗文散佚，竭力搜辑付梓。王引之曾为李钧衡刊印其父李弼《复园文稿》撰序，即《王文简公文集》卷三之《李复园文序》。

王萱龄，字北堂。河北昌平人。道光元年(1821)副榜贡生，旋举孝廉方正，官新安、柏乡两县教谕。嗜汉学，精训诂，受业于王引之，《经义述闻》中屡引其说。见王引之《春秋名字解诂》末附阙疑者三十二条，遂博采经传，为之疏通证明，成《春秋名字解诂补》一卷，能究声音之假借，察训诂之会通，有益于经学。汪喜孙在整理其父汪中《旧学蓄疑》一书时，其中直接引述王萱龄案语十八条。

龚自珍(1792—1841)，字璱人，号定庵，一名易简，字伯定，号羽琌山民，更名巩祚。浙江仁和(今杭州)人。早年从外祖段玉裁治《说文》，后又从刘逢禄治《公羊》学，通西北史地及东南海事，兼能读蒙古、西域、印度字书，佛学精天台宗。与魏源齐名，世称“龚魏”，讲求经世致用。嘉庆二十三年(1818)举人，官内阁中书。道光九年(1829)成进士，仍归原班，后充礼部主事。十九年(1839)乞归，二十一年(1841)卒于丹阳。其政治倾向，要求改革；其学术，出入于九经七纬诸子百家；其文，“独造深峻，为一代雄”，对近代思想家有启蒙作用；其诗，能开拓新宇，追求理想，批判现实，呼唤风雷，气势磅礴，色彩瑰丽，别开新面，对晚清“诗界革命”诸家和南社诗人有较大影响。著作颇丰，约二十余种，今人辑为《龚自珍全集》。

嘉兴二十三年(1818)，王引之放浙江乡试正考官，龚自珍中举。二十四年(1819)龚自珍进京，拜谒王念孙。有《杂诗己卯自春至夏在京师作得十四首》，中云：

> 庞眉名与段公齐，一脉东原高第题。
> 回首外家书帙散，大儒门祚古难跻。

原注：谒高邮王先生，座主伯申侍郎之父也，八旬健在，夙与外王父段先生著述齐名。

道光九年(1829)，王念孙校《荀子》，龚自珍提供所得龚士离本。王引之卒后，龚自珍作《工部尚书高邮王文简公墓志铭》。

丁晏(1794—1875)，字柘堂，又字俭卿，号石亭居士、颐志老人。江苏山阳(今淮安)人。道光元年(1821)举人。有经世才，尝在籍办堤工，司赈务，修府城，浚市河，有功乡里。太平军起，两江总督檄行府县积谷练兵，以丁晏主其事，为人所劾，捐资得免罪。复以荐委用，由侍读衔内阁中书加三品衔。性嗜典籍，熟谙经史，尤笃好汉儒郑玄之学，所著博综众说，颇有见地，卓然为一代经师。所著书有四十七种，已刊者有《颐志斋丛书》。嘉庆二十五年(1820),丁晏进京,往见王引之,出所撰《论语孔注正讹》求正,引之为之序,谓足绍乡先生阎潜邱之学。道光十四年(1834)夏,引之服阕,自乡返京,过山阳时,以《读书杂志》赠丁晏。

许瀚(1797—1866),字印林。山东日照人。道光十五年(1835)举人,官峄县教谕。早年受学于王引之,得亲炙高邮王氏之学,博综经史及金石文字,训诂尤深。至校勘宋、元、明本书籍,精深不减黄丕烈、顾千里。晚年校勘桂馥《说文解字义证》并作补正,甫成而板毁于兵火。著有《韩诗外传勘误》、《别雅订》、《攀古小庐文》、《许印林遗著》等。

第七节　高邮二王著述叙录

王念孙云:"人生各有所乐兮,吾独著述以为常。"王引之云:"吾著书不喜放其辞,每一事就本事说之,栗然止,不溢一辞。"高邮二王平生以读书为乐事,治学严谨,著述精纯。他们在训诂学和校勘学方面,代表着清代乾嘉学派的最高成就,为当时学者所推重。高邮二王的治学范围,念孙云:"余自壮年有志于许郑之学,考文字,辨声音。"引之云:"吾之学于百家未窥,独治经;吾治经于大道不敢承,独好小学。"他们的著述,即以经学和小学而展开,"经义之外,兼核诸古子史"。高邮二王继承了清初顾炎武等人开创的强调读经,重视实证,由文字声音以通经的治学方法,也即是引之所云:"用小学说经,用小学校经。"高邮二王著述颇丰,其中以《广雅疏证》、《读书杂志》、《经义述闻》、《经传释词》四种为主要著作,也即人们所乐道之"高邮王氏四种"。

一、高邮王氏四种

《广雅疏证》十卷　王念孙撰

嘉庆元年高邮王氏家刻本。卷首有王念孙嘉庆元年自叙、段玉裁乾隆五十六年序、魏张揖《上广雅表》。正文后附刻王念孙校正隋曹宪《博雅音》十卷。

《皇清经解》本。

淮南书局本。

《畿辅丛书》本。以上三种版本均据高邮王氏家刻本重刊。

《四部备要》本。据高邮王氏家刻本排印。

《丛书集成初编》本。据《畿辅丛书》本影印。

上海古籍出版社 1983 年 1 月影印本。是本据上海图书馆藏嘉庆元年高邮王氏家刻本影印，后附王念孙《广雅疏证补正》(罗振玉辑《殷礼在斯堂丛书》本)。

中华书局 1983 年 5 月影印本。钟宇讯点校。是本据嘉庆元年高邮王氏家刻本影印，参酌淮南书局本和《畿辅丛书》本进行点校。后附王念孙《广雅疏证补正》(罗振玉辑《殷礼在斯堂丛书》本)。

江苏古籍出版社 1984 年 4 月影印本。是本为中国训诂学研究会主编的《高邮王氏四种》之一，以高邮王氏家刻本为底本影印，由时任中国训诂学研究会副会长徐复先生整理并撰《弁言》。卷首增刻《王念孙传》和《王引之传》，即录自《清儒学案》卷一百之《石臞学案上》和卷一百一之《石臞学案下》。正文后，增入影印王念孙《广雅疏证补正》(罗振玉辑《殷礼在斯堂丛书》本）。最后，附有《〈广雅疏证〉词目索引》，便于读者查检。

《读书杂志》八十二卷《馀编》二卷　王念孙撰

道光十二年高邮王氏家刻本。王念孙《读书杂志》十种，自嘉庆十七年(1812)以后陆续付梓，至道光十一年(1831)仲冬甫毕。念孙卒后，引之又检得遗稿，十种而外，犹有手订二百六十余条，次年(1832)编刻为《馀编》二卷，以附于全书之后。

金陵书局重刊本。同治九年，据高邮王氏家刻本重刊。

鸿文书局《王氏四种》本。据高邮王氏家刻本排印。

江苏古籍出版社1985年7月影印本。是本为中国训诂学研究会主编的《高邮王氏四种》之二，以光绪年间杭州爱日轩翻刻本为底本影印，由时任中国训诂学研究会副会长赵振铎先生整理并撰《弁言》。书后附有《〈读书杂志〉目录索引》，便于读者查检。

《经义述闻》三十二卷　王引之撰

嘉庆二年高邮王氏初刻本。凡所说《周易》、《尚书》、《毛诗》、《周官》、《仪礼》、《大戴礼记》、《礼记》、《春秋左传》、《国语》、《春秋公羊传》、《春秋谷梁传》、《尔雅》诸书，附以《通说》，共十五卷，而其内容却相当于以后刻本的二十八卷。无《春秋名字解诂》二卷和《太岁考》二卷。卷首有王引之自序。王引之《经义述闻序》：

> 引之学识黯浅，无能研综，旦夕趋庭，闻大人讲授经义，退则录之，终然成帙，命曰《经义述闻》。述闻者，述所闻于父也。其或往复绪言，触类而长，梼

昧之见，闻疑载疑，辄附篇中，以俟明哲，比物醜类，胥出义方之教，故不复自为书云。嘉庆二年三月望日，高邮王引之序。

这篇自序不同于道光七年高邮王氏重刻本之自序，读者一般不注意到，特引录于此。

嘉庆二十二年江西南昌卢宣旬刊本。卷首有阮元嘉庆二十二年序、王引之嘉庆二年自序。阮元序云："嘉庆二十年，南昌卢宣旬读其书而慕之，既而伯申又从京师以手订全帙付余，余授之卢氏，卢氏于刻《十三经注疏》之暇，付之刻工。"

道光七年高邮王氏重刻本。是本为足本，合《春秋名字解诂》二卷和《太岁考》二卷，凡三十二卷。刻于京师西江米巷寿藤书屋。卷首有阮元嘉庆二十二年序、王引之自序。该自序与嘉庆二年初刻本自序，不是同一篇文，不能混淆。该自序所署撰写日期为"嘉庆二年三月二日"，而初刻本自序所署撰写日期为"嘉庆二年三月望日"，该自序与初刻本自序撰写在同年同月，而比初刻本自序还提前十三天写成，这就不能不令人生疑。该自序，即第二篇自序，当是应江西南昌卢宣旬刊本而撰。原书在嘉庆二年始刻后，时隔十八年，将获再次刊印，乘此机会，撰写一篇重刊自序，自在情理之中。阮元序云："嘉庆二十年，南昌卢宣旬读其书而慕之，既而伯申又从京师以手订全帙付余，余授之卢氏，卢氏于刻《十三经注疏》之暇，付之刻工。"阮序所言"手订全帙"，当包括这篇重刊自序在内。同时，阮序也界定了自序的撰写时限，其上限不会早于嘉庆二十年，其下限不会晚于引之从京师将手订全帙付给阮元之时。笔者据此推测，该自序，即第二篇自序，当撰写于嘉庆二十年三月二日，因脱漏“十”字而误作“嘉庆二年三月二日”。这一脱漏之误，当在江西南昌卢宣旬刊本即已发生，道光七年本则是沿袭其误而已。

《皇清经解》本。据道光七年高邮王氏重刻本重刊，仅二十八卷，未收《太岁考》二卷和《通说》二卷。

《四部备要》本。据道光七年高邮王氏重刻本排印。

江苏古籍出版社 1985 年 7 月影印本。是本为中国训诂学研究会主编的《高邮王氏四种》之三，以道光七年高邮王氏重刻本为底本影印，由时任中国训诂学研究会秘书长许嘉璐先生整理并撰《弁言》。书后附有《〈经义述闻〉目录索引》，便于读者查检。

《经传释词》十卷 王引之撰

嘉庆三年高邮王氏家刻本。卷首有王引之嘉庆三年自叙。徐复先生云：“王引之始撰《经传释词》十卷，始刻于嘉庆三年，前有自序一首。至嘉庆二十四年再版，其师阮伯元序其书，备致赞语。”（江苏古籍出版社 1985 年《经传释词》影印本《弁言》）

《皇清经解》本。据高邮王氏家刻本重刻。卷首有阮元嘉庆二十四年序、王引之嘉庆三年自序。

《守山阁丛书》本。据《皇清经解》本重刻，道光年间钱熙祚校刊，书后有钱熙祚道光二十一年跋。

同治七年成都书局本。据《守山阁丛书》本重刻。同时附载惠安孙经世《经传释词补》、《经传释词再补》，合刊为一册。

《江氏聚珍版丛书》本。民国十三年(1924)苏州文学山房据《守山阁丛书》本排印。

商务印书馆 1931 年标点本。以高邮王氏家刻本为底本加以标点。

《丛书集成初编》本。民国二十六年(1937)上海商务印书馆据《守山阁丛书》本排印。

中华书局 1956 年 3 月排印本。据成都书局本排印。将《经传释词》、《经传释词补》、《经传释词再补》三书汇印为一册,并一律加以新式标点,改变目录,注明正文页数,并作了校记。书后有三种附录:一、《语词误解以实义》(录自王引之《经义述闻》卷三十二);二、《王伯申新定助词辩》(录自章太炎《太炎文录续编》卷一);三、《经传释词正误》(录自裴学海《古书虚字集释》附)。

岳麓书社 1984 年 1 月排印本。是本以中华书局 1956 年本为底本,由湖南师范学院中文系古汉语研究室校点,书后有李维琦先生撰《后记》。是本与中华书局 1956 年本不同处,不再附载孙经世《经传释词补》和《经传释词再补》;附录中不再收录裴学海《经传释词正误》;在正文天头上刊布了黄季刚先生批语、杨树达先生案语合计共三百七十余条。

江苏古籍出版社 1985 年 7 月影印本。是本为中国训诂学研究会主编的《高邮王氏四种》之四,以高邮王氏家刻本为底本影印,由时任中国训诂学研究会会长徐复先生整理并撰《弁言》。是本卷首载阮元序、王引之自序,正文后载钱熙祚跋。书后有四种附录:一、王引之《语词误解以实义》;二、章炳麟《王伯申新定助词辩》;三、黄侃《经传释词笺识》;四、裴学海《经传释词正误》。书后还附刊影印王引之《石臞府君行状》,王寿昌、彦和、寿同《伯申府君行状》(二行状录自罗振玉辑《高邮王氏遗书·王氏六叶传状碑志集》);刘盼遂《高邮王氏父子年谱》(录自刘盼遂《段王学五种》)。最后,附有《〈经传释词〉词目索引》，便于读者查检。

王念孙撰《广雅疏证》、《读书杂志》，王引之撰《经义述闻》、《经传释词》，世称“高邮王氏四种”。这四部书，《广雅疏证》是探讨古代汉语的语义，《读书杂志》是对于诸古子史的正误与析疑，《经义述闻》是破析群经中的疑义，《经传释词》是解释经传中的虚词。我们从内容取材和编写体例上看，这四部书互相不同，各有分工，但是从治学理念和治学方法上看，却又互相联系，浑然一体，反映出高邮二王一整套比较完整的学术思想体系及其所取得的巨大成就。

《广雅疏证》是王念孙的代表作。这部书从乾隆五十二年(1787)八月开始写作，到六十年(1795)冬全书撰成，其间“又以体例中更，重加改订”，数易其稿，多加磨勘，前后差不多用了十年时间。该书第十卷全部采用了他儿子引之的稿子。嘉庆元年(1796)正月，念孙撰《广雅疏证序》，对撰写这部书进行了总结。就在这篇序文中，念孙提出了他的训诂学原则：“诂训之旨，本于声音。”“今则就古音以求古义，引伸触类，不限形体。”所谓“本于声音”，即是“就古音以求古义”，这个声音是指假借字的声音。抛开借字之音，就无从得本字之义。不明古音声转，假借字成为形、义之间的障碍；明乎古音声转，假借字反为音、义之间的桥梁。语言是声义结合的统一体，文字只是记录语言的代用品。“不限形体”，即不受文字形体的限制和束缚，而由声音以明假借，由假借以通语言，其作用的实质是直接从语音求语义。因声求义，以声音通训诂，这正是高邮王氏训诂学的灵魂。念孙的训诂成就之所以能超越前人，就在于他首先是一位古音学家，能运用古音学的成就来批判旧注，发明新训，探索雅书；在理论研究和训释实践中，更能做到从语音上以类相从，打破文字形体的束缚而窥见语义的联系，总结音义通转的法则，直接从语言的角度研究词义发展变化的规律，使训诂学走向科学语言学的发展道路。《广雅疏证》一书的特点也正在于此。

阮元在《王石臞先生墓志铭》中曾经谈到《广雅疏证》这部书的写作原委。《广雅》一书，出于曹魏张揖之手，远不如《尔雅》、《说文》、《方言》之精。念孙最初也有意从事于三书，所以曾对它们都做了一些研究的准备工作。后来得知三书已经有人在研究，而且有的已写成了专著，例如段玉裁正在撰写《说文解字读》，戴震早已刊布《方言疏证》，邵晋涵《尔雅正义》已成书即将付梓，于是决然放弃研究三书的念头，别启新途，把研究课题转向《广雅》、《集韵》二书，便将所收集的研究资料全部用于《广雅疏证》。书成，年事已高，《集韵》之业，未能如愿。《广雅疏证》在当时学者中极负盛名，受到好评。念孙在撰写《广雅疏证》时，卢文弨也正在从事《广雅注释》。卢氏看到王书后，甚为钦佩，便中止了自己的注释工作，并致信念孙，请刻《疏证》已经定稿的前数卷。乾隆五十四年(1789)，段玉裁与王念孙晤于京师，相见恨晚，玉裁见《广雅疏证》，爱之不能释手。五十六年(1791)，玉裁撰《广雅疏证序》，概括地论述了念孙的治学道路与"假《广雅》以证其所得"的写作动机。全书成后，"学者比诸郦元之注《水经》，注优于经"，意思是说《疏证》比《广雅》原书更有价值。玉裁曾致信念孙云："读《广雅疏证》如入武陵桃源，取径幽深，而其中旷朗。"玉裁深刻理解念孙的成就，可谓妙喻。焦循《读书三十二赞》云："高邮王氏，郑许之亚。借张揖书，示人大路。"(《雕菰楼集》卷六)以《广雅疏证》一书"示人大路"之功力，将高邮王氏与许慎、郑玄并比，并不过分，究其实，有过之而无不及。王引之《石臞府君行状》中云："《疏证》校订甚详，援引甚确，断制甚明，尤善以古音求古义，而旁推交通，辟先儒之阃奥，作后学之津梁，为自来训诂家所未有。"子评父业，恰如其分，毫无溢美之词，客观地反映了《疏证》所取得的成就。念孙自己对这部书也很自负。他从四十四岁到五十二岁，正当学术研究的最佳年龄，"治事之馀，必注释《广雅》，日以三字为率，寒暑无间，十年而成"(《行状》)，"殚精极虑，十年于兹"(《自序》)，倾注了他一生中最旺盛的精力和最深厚的学识，是他最有心得、富有创见、多所发明的一部力作。嘉庆二十三年(1818)，念孙已七十五岁，他对登门拜访的后学陈奂说："余之欲理董《集韵》久矣，《广雅疏证》成，日月已迈。段先生亦常思修之，《说文注》刊印，而终获寿考。"(陈奂《王石臞先生遗文编次序》)念孙对自己一生著述，在此只提《广雅疏证》，且与段玉裁《说文注》并提，可谓知人知己，也说明他本人确是把《疏证》这部书作为自己代表作的。《广雅疏证》和《说文解字注》，标志着清代训诂学已推进到了崭新的一个历史阶段，它们是中国语言学史上的划时代的里程碑。

《读书杂志》是王念孙的又一部重要著作，是关于校勘兼训诂的读书札记汇编。这是在《广雅疏证》写成后的三十年中，校读古代诸子、史书的札记结集。其中，校读的古籍有《逸周书》、《战国策》、《史记》、《汉书》、《管子》、《晏子春秋》、《墨子》、《荀子》、《淮南子》等，附以《汉隶拾遗》，共十种。念孙卒后，引之又检得遗稿，其中有校读《后汉书》、《老子》、《庄子》、《吕氏春秋》、《韩非子》、《法言》、《楚辞》、《文选》等札记手稿二百六十余条，刻为《读书杂志馀编》，附于全书之后。一般人总认为《读书杂志》是一部校勘书，把它看作是校勘记一类的读物。如此说，也不无道理。不过，这种看法还是片面的。其实，书中既有校勘条目，也有训诂条目，更有着校勘、训诂并用的条目。诚然，书中为数更多的是校勘条目，但是就在这些条目中，高邮二王也往往是寓训释于校勘之中，这也就是王引之所述："其大归曰：用小学说经，用小学校经而已矣。"训诂学家的校勘，不轻视版本根据，不轻视对校法和他校法，但更注重本校法和理校法；不轻视外证，但更注重内证，认为内证是更重要更有说服力的实证。这就是首先从语言出发，运用小学知识即文字、音韵、训诂知识，依据本书语言的内在联系，把握内证，发现问题，订正讹误，求得确解。当然，如再辅以外证，内外结合，那就更实更精。例如《战国策·赵策四》吴师道本作"左师触詟愿见太后"句，念孙考辨云："今本'龙言'二字误合为'詟'耳。"1973 年长沙马王堆出土帛书正作"左师触龙言愿见太后"，与念孙所言若合符节。再如念孙订正《老子》"夫佳兵者不祥之器"的"佳兵"二字当为"唯兵"之讹，更发前人所未发。郭沫若称誉王念孙《读书杂志》为"考证学中之白眉，博洽精审，至今尚无人能出其右者"(《管子集校·叙录》)。《读书杂志》中，"用小学校经"的例子为数不少，至于"用小学说经"，驳正旧注，发明新训，全书例子甚夥。说经和校经，其目的皆为通经。书中校勘和训释，并行不悖，交相为用，相得益彰。训诂是为了解释古代语言，而校勘的立足点也是语言。高邮二王把两者结合起来，融为一体，使校勘和训诂都为读懂古书的总目的服务，这是有所贡献的。为此我们说，《读书杂志》不仅是一部校勘书，而且也是一部训诂书，这正是从全书内容及其在学术史上的贡献来说的。

《经义述闻》,王引之撰,是一部校读经传的札记结集,兼及训诂、校勘。“述闻者,述所闻于父也。”顾名思义,这部书是记述所闻于其父念孙关于经义的意见。其实,书中既有念孙意见,也有引之自己意见,有的条目还同时记述了父子两人的意见。书中凡是念孙意见,则称“家大人曰”;凡是引之自己意见,则称“引之谨案”。全书内容,校读的经传有《周易》、《尚书》、《毛诗》、《周礼》、《仪礼》、《大戴礼记》、《礼记》、《左传》、《国语》、《公羊传》、《谷梁传》、《尔雅》等十二种书共二十六卷;还收有专门解说古人名与字意义联系的《春秋名字解诂》二卷,专门辨证星历的《太岁考》二卷,以及论述训诂、校勘通例的《通说》二卷。《经义述闻》与《读书杂志》两书仅内容取材不同,至于其编写体例、学术观点、校释方法等,都完全相同。应该特别提出的是,《述闻》最后二卷《通说》,包括若干条语词通释、古韵二十一部表和十二篇单篇论文,类皆精核,尤足启迪。这是高邮二王多年从事校勘、训诂实践的经验总结,从中归纳出校勘、训诂的法则和条例,提炼出校勘学和训诂学的科学理论,使校勘、训诂的方法走向科学化。这是研究高邮二王学术思想及其方法论的重要资料。《经义述闻》一经问世,就受到同时学者的重视和好评。阮元序云:

> 《经义述闻》一书,凡古儒所误解者,无不旁征曲喻,而得其本义之所在。使古圣贤见之,必解颐曰:吾言固如是,数千年误解之,今得明矣。

周中孚《郑堂读书记》云:

> 《经义述闻》三十二卷，国朝王引之撰。伯申之父怀祖著有《广雅疏证》一书，于声音文字训诂，一以贯之；而其治经也，诸说并列，则求其是；字有假借，则改其读；其所为说，俱见于《广雅疏证》中。伯申即本《疏证》所诠，及平日所闻于其父者，旁征曲喻，证明其说，日积月累，遂成此帙，故曰《经义述闻》。然其为书，有《九经古义》之精核，而更加详明；有《经义杂记》之详明，而更加精核；当与《潜研堂文集》《答问》数卷方轨并驾，未知其孰先孰后矣。

周中孚认为，王引之《述闻》即本其父念孙《疏证》之诠，其成就已超越惠栋《九经古义》、臧琳《经义杂记》，当与钱大昕《潜研堂文集》《答问》数卷并比，这样的评价不可谓不高矣。即使是桐城派之方东树，一生以排诋汉学为能事，然而对高邮王氏，却仍称许备至。方氏《汉学商兑》卷中之下，论述通声训、明假借时，中云：

> 按以此义，求之近人说经，无过高邮王氏。《经义述闻》，实足令郑、朱俯首，自汉唐以来，未有其比也。然王氏所以援据众说，得真得正，确不可易者，不专恃《说文》一书也。

这就道出了高邮二王明声训、通假借，不以《说文》本字而改书传假借之字，也不以《说文》引经假借之字而改经之本字之真谛。

《经传释词》，王引之撰，专门解释古籍中的虚词，书中往往引述其父念孙之说。全书搜集九经三传及周、秦、西汉古书中虚词一百六十个，分字标目，对各字先解释用法，后援引书证，追溯其原始，归纳其条理，明辨其发展，论断多精确。虚词和词序是古代汉语中两种主要的表达手段，因此训释虚词的词义和用法，无疑也是探讨语法的过程。在某种意义上来说，《经传释词》不仅是一部训释古代虚词的训诂书，同时也是一部古汉语语法书。引之在本书自序中披露了研究的方法是“比例而知，触类长之”，钱熙祚在跋文里更总结了王氏“释词之法”有六条。这六条“释词之法”，就今天来看，仍不失为科学的方法。这些内容，对于研究高邮二王的语法学思想和训释方法论，都有着重要的参考价值。王引之《经传释词》，开辟虚词研究之途径，已具有近代语法观念，沿其辙迹，孙经世撰《经传释词补》、《经传释词再补》；吴昌莹撰《经传释词广义》，后改名为《经词衍释》。今世语言学家杨树达先生撰《词诠》，吕叔湘先生撰《文言虚字》，裴学海先生撰《古书虚字集释》，他们在自序或跋文中，都认为自己在这方面的工作是王引之《经传释词》一书的继续。这也可见《经传释词》一书影响之深远，直至今天仍有着坚强的学术生命力，“于今治古学者，殆无不家置一编以供检核矣”（徐复《弁言》）。

“高邮王氏四种”，是训诂学著作的典范，也是校勘学著作的典范。杨树达先生说：

> 清儒善说经者，首推高邮王氏。其所著书，如《广雅疏证》，征实之事也；《经传释词》，捣虚之事也。

> 其《读书杂志》、《经义述闻》，则交会虚实而成者也。呜乎！虚实交会，此王氏之所以卓绝一时，而独开百年来治学之风气者也！（《词诠·序例》）

这就中肯地道出了“高邮王氏四种”的特色及其学术价值。所谓“征实之事”，是指训释实词的意义；“捣虚之事”，是指解释虚词而明语法。这二者在古代都属于训诂学的范围。而从编写体例上来说，《广雅疏证》是一部训释实词词义的古汉语词典，《经传释词》是一部古汉语虚词词典，而《读书杂志》、《经义述闻》则是以札记形式编写的校阅九经三传、古诸子史的校记兼注释。因此，这“高邮王氏四种”，是今日治古学者所必不可不精读之书也。

高邮王氏训诂学，是理论与实践相结合的典范。训诂学的实践工作，主要的有两类，即编写辞书和注释古籍。人们分别称这两门学问为辞书学和注释学。而训诂学，则是这两门学问在理论上、方法上的总结和概括。因此可以说，凡是研究前人注疏、古时辞书，加以分析归纳，以明白其源流，辨析其要旨，更进而揭示其方法，演绎其体系，以此作出理论上的阐释，并运用到实践中去，使人们能根据文字的形体与声音而明确其意义，这样的学问就是训诂学。从“高邮王氏四种”来看，高邮王氏的训诂实践比较全面，既有编写辞书的经验，又有校释古籍的体会，对辞书学和注释学都有精深的研究，因此能左右逢源，运用自如。我们在高邮王氏著述中，往往能看到以《尔雅》、《广雅》证明古训，又以古训疏通《尔雅》、《广雅》，二者交互为用，相得益彰。理论本身来源于实践，反过来又指导实践。这也正是高邮王氏训诂学能够获得巨大成就的奥秘。

校勘学与训诂学，是关系最为密切的两种学术研究工作。王念孙撰《广雅疏证》，除诠释训诂外，还做了一番仔细的校勘工作。其自序云：

> 盖是书之讹脱久矣，今据耳目所及，旁考诸书，以校此本。凡字之讹者五百八十，脱者四百九十，衍者三十九，先后错乱者百二十三，正文误入音内者十九，音内字误入正文者五十七，辄复随条补正，详举所由。

于是《广雅》一书，才渐渐接近恢复原始面貌。王念孙《读书杂志》中《读淮南杂志序》一篇，分析他所校正的《淮南子》九百多处文字致误的原因，归纳为由于不明文字假借、不通声韵、不辨各种书体的差别、正文和注文掺杂、妄加、妄删、脱字、衍文、破句、错简等六十二条通例。王引之在《经义述闻》卷三十二《通说下》，将群经中的衍文、形讹、上下相因而误、后人改注疏释文等各种情况作了综合性的归类，并且又进一步将衍文细分为至唐开成石经始衍者、自唐初作疏时已衍者、自汉儒作注时已衍者、有旁记之字误入正文者等四种；将形讹细分为一般字形相似而讹、古文相似而讹、隶书相似而讹、篆书相似而讹、或体相似而讹、草书相似而讹、偏旁相似而讹等七种，正是条分缕析，细致入微。高邮二王通过对大量校勘实例的归纳和整理，探讨其中带有规律性的问题，这就标志着乾嘉时期校勘学的发展，已从一般性的原则和方法深入到具体的法则和条例的探索，并进行理论上的总结和提高，使校勘学走向科学化的道路。

二、高邮二王其他著述

《博雅音》十卷　隋曹宪撰　王念孙校

附刻于王念孙撰《广雅疏证》后。

《广雅疏证补正》一卷　王念孙撰

《广仓学宭丛书》本。姬佛陀辑，民国五年(1916)上海仓圣明智大学排印，收在该丛书之甲类第二集。

《殷礼在斯堂丛书》本。罗振玉辑，民国十七年(1928)东方学会石印。

《广雅疏证》刊成后，王念孙复加校勘补充，所言或细书于刊本上，或别签夹入书中。手校补本《广雅疏证》先由清河汪汲收藏，缺卷八、卷九两卷，后入扬州书贾夏炳泉手，复由淮安黄海长购得，经罗振玉鉴定确认为高邮二王手书。黄海长乃将"补正"抄出，成《广雅疏证补正》一卷，并作跋语，刊印二十部，时在光绪二十六年(1900)。民国六年(1917)，王国维从罗振玉处借黄氏本，刊入杂志中，并为之跋。民国十一年(1922)，罗振玉在天津从江姓手中购得高邮王氏父子手稿及杂书一箱，中有《广雅疏证》初印本，已佚数册，而卷八、卷九两卷独存，中夹墨签，适足补曩本之缺。民国十七年(1928)，罗氏因据原书全本重加校录，共得五百有一则，视黄氏所录增数十则，其中有新补的书证，有对原引文讹误的纠正，有对原释文的改写。罗氏作跋语，说明了搜辑整理《广雅疏证补正》的经过。上世纪八十年代中华书局、上海古籍出版社、江苏古籍出版社各自出版的《广雅疏证》影印本，均附刊《补正》于后。

《方言疏证补》一卷　王念孙撰

《高邮王氏遗书》本。罗振玉辑，民国十四年(1925)上虞罗氏排印。

民国十一年(1922)，罗振玉在天津从江姓手中购得高邮王氏父子手稿及杂书一箱，其中王念孙遗著可整理缮写者得三种，即《方言疏证补》一卷、《释大》八篇、《毛诗群经楚辞古韵谱》二卷；复编录高邮王氏家状志传为六卷；安国、念孙、引之祖孙三代遗文，取咸丰七年(1857)王氏家刻本《高邮王氏家集》校勘，则互有出入，因重为厘定，汇印为《高邮王氏遗书》。

江苏古籍出版社 2000 年 9 月《高邮王氏遗书》影印本。是本据上虞罗振玉辑本为底本影印，由江苏古籍出版社社长兼总编辑薛正兴主持整理并撰弁言。书后增收今人刘盼遂《段王学五种》中所辑《王石臞文集补编》、《王伯申文集补编》以及刘盼遂撰《高邮王氏父子年谱》三种为附录，为于今治高邮王氏学者提供更多有用的资料。

《方言疏证补》仅成稿一卷，体例悉依戴震《方言疏证》，后附念孙案语。所补虽仅二十条，然循声求义，见解精到，确为大家手笔。这二十条补证内容，俱散见于后出之《广雅疏证》各卷有关条目内。念孙《与刘端临书》(乾隆五十三年)云："去年夏秋间欲作《方言疏证补》，已而中止……自去年八月始作《广雅疏证》一书。"可见原本准备用于编撰《方言疏证补》的材料，后来均全部转用于编撰《广雅疏证》一书了。

《释大》八篇　王念孙撰

《高邮王氏遗书》本。

《释大》八篇，专释字之有"大"义者，故名《释大》。字之有"大"义者，《尔雅》收三十九字，《小尔雅》收六字，《广雅》

收五十八字,《毛诗传义类》收五十字,《拾雅》收九十字,可谓备矣,而《释大》搜辑一百七十六字,依所隶之字母汇而释之。是书运用因声求义方法,以"大"义为例,展转孳乳,探索语义发展之规律。据念孙自注,当有二十三篇,现在只存见、溪、群、疑、影、喻、晓、匣八篇。前七篇是罗振玉所得王氏手稿,有王氏自注;后一篇是王国维从王氏杂稿中清理出来的草稿,没有自注。王国维《高邮王怀祖先生训诂音韵书稿叙录》云:

> 又观先生遗稿,似尚欲为《释始》、《释君》诸篇而未就者,殊不无俄空之憾,然雅诂之繁,固不能一一为之疏释,先生盖特取《尔雅》首数目释之,以示声义相通之理,使学者推而用之而已。然则此书苟完,《释始》、《释君》诸篇苟存,亦不过示后人以治诂训之矩矱。而此残篇足以为后人矩矱者,固亦与完书无以异。盖大家之书,足以启迪来学者,固不以完阙异也。[①]

《释大》之作,是以义类为经,声类为纬,在因声求义而贯穿证发时,先把属于同一字母的字根排列在一起,但主要是着眼于语根,即是说,从发音的声上,取其相同的为一类,旁通互证,不但可以求得声同义近的证据,而且声与义之间递转的关系和演化的脉络也就十分清楚了。例如,《释大》第四篇上"岸敖咢垠"四个字根,同属疑母,而其繁衍之字,声音意义虽有递变

---

① 王国维《观堂集林》卷八,中华书局 1959 年版第 2 册第 398—399 页。

分属的现象，但仍是一脉相牵，彰然可考。如：厓岸圻堮并声之转，故边谓厓，亦谓之岸，亦谓之圻，亦谓之堮。嚣为喧，嗷为众口愁，咢为哗讼，龂为争辩貌，足以证明声同义近。而㦸为戟锋，锷为刀剑刃；又獒为大狗，鹗为大雕，豻为大貙，骜为骏马，鳌为海大龟，鳄为海大鱼，齗为大篪，等等，这就把声义相通的关系，说得既明白，又有条不紊。胡朴安云：

> 王氏之《释大》，搜辑冈、公、康、廣、劼、萿、眼、吴、澗、䰠、昜、匚、王、亢、宏等一百七十六字，展转孳乳……则一百七十六字之孳乳，使牙喉八母之字，得以大备，并由此可知牙喉八母之字，皆有大之义。亦言语学上可以研究之一事也。①

从《释大》一书的编撰，我们可以想见念孙平日研究训诂学功力之深厚，那样纵横交错地将古书旧义有条不紊地组织起来，用声音贯穿文字，从而发现声义相通之故，进而探索语义发展之规律，这种方法，应该说是接近于科学的方法了。

《毛诗群经楚辞古韵谱》二卷　王念孙撰

《高邮王氏遗书》本。

《音韵学丛书》本。民国二十二年(1933)渭南严氏成都刊印。

此韵谱，按王念孙自定古韵二十一部，将《毛诗》、群经(包括《周易》、《尚书》、《周礼》、《仪礼》、《礼记》、《大戴礼记》、《左传》、《公羊传》、《谷梁传》、《国语》、《尔雅》、《论语》、《孟子》

---

① 胡朴安《中国训诂学史》，商务印书馆 1937 年版第 145 页。

等)、《楚辞》中押韵之字,分别部居,表而出之,并注明篇章,以便检核。王国维《高邮王怀祖先生训诂音韵书稿叙录》云:

> 国朝治古韵者,始于昆山顾君,至婺源江君、休宁戴君、金坛段君而剖析益精,至先生与曲阜孔君出,而此学乃大备。先生分古音为无入、有入二大类,与戴、孔二君同,而不用其异平同入及阴阳对转之说;其分支、脂、之为三,尤、侯为二,真、谆为二,与段君同;又以尤之入声之半属侯,与孔君同;而增至、祭二部,则又为段、孔二君之所未及。此六家之于古韵,虽先后疏密不同,其说亦不能强合,然其为百世不祧之宗则一也。顾五家之书先后行世,独先生说,学者仅从《经义述闻》卷三十一所载古音二十一部表窥其崖略,今遗稿粲然,出于百年之后,亦可谓学者之幸矣。①

《群经字类》二卷　王念孙撰

《嘉草轩丛书》本。罗振玉辑,民国七年(1918)上虞罗氏据稿本影印。仅存上下平声二卷。内容为辑录古书经传中体现形义关系或音义关系特殊性的各种用字之例。

《说文解字校勘记残稿》一卷　王念孙撰　桂馥录

《晨风阁丛书》本。沈宗畸辑,宣统元年(1909)番禺沈氏刊本。

《说文段注签记》一卷　王念孙撰

---

① 王国维《观堂集林》卷八,中华书局1959年版第2册第400—401页。

《稷香馆丛书》本。吴瓯辑，民国二十四年(1935)辽阳吴氏据稿本影印。

《王氏读说文记》一卷　王念孙撰

《许学丛刻》本。许颂鼎、许溎祥辑，光绪十三年(1887)海宁许氏古均阁刊印。

以上三书分别称名"校勘记"、"签记"、"读记"，实为一事，即王念孙校读《说文》之笔札残稿而已。其中《晨风阁丛书》本较另二刊本内容为多。《说文解字校勘记残稿》仅有一百十九条，其中有不少条目与段玉裁《说文订》相合，其他与段氏微异。桂馥得残稿而辑录，许瀚写为清本。宣统元年(1909)刊入《晨风阁丛书》。

《尔雅郝注刊误》一卷　王念孙撰

《殷礼在斯堂丛书》本。罗振玉辑，民国十七年(1928)东方学会石印。

是书系王念孙刊削郝懿行《尔雅义疏》，乃于刊削之外，复有纠谬匡失之语。罗振玉有跋文。

《小学钩沈》十九卷　任大椿辑　王念孙校

高邮王氏刊本。嘉庆二十二年(1817)山阳汪廷珍据高邮王氏刊本续刊。

光绪十年(1884)龙氏刊本。

《小学类编》本。李祖望辑，光绪十年(1884)江都李氏半亩园刊印。

《翠琅玕馆丛书》本。冯兆年辑，光绪十一年(1885)羊城冯氏刊印。

崇文书局本。光绪中湖北崇文书局刊印。

《芋园丛书》本。黄肇沂辑，民国二十四年(1935)南海黄氏据旧版刊印。

《仓颉篇》二卷附《仓颉训诂》《仓颉解诂》

《三仓》二卷附《三仓训诂》《三仓解诂》

《凡将篇》 汉司马相如撰

《古文官书》附《古文奇字》《郭训古文奇字》 汉卫宏撰附□□□撰

《劝学篇》 汉蔡邕撰

《圣皇篇》 汉蔡邕撰 以上合一卷

《通俗文》二卷 汉服虔撰

《埤仓》二卷 魏张揖撰

《古今字诂》 魏张揖撰

《杂字》 魏张揖撰 以上合一卷

《声类》一卷 魏李登撰

《辨释名》 吴韦昭撰

《韵集》 晋吕静撰 以上合一卷

《杂字解诂》 魏周成撰

《周成难字》 魏周成撰

《小学篇》 晋王义撰

《字苑》 晋葛洪撰

《字指》 晋李彤撰

《音谱》 刘宋李概撰 以上合一卷

《纂文》一卷 刘宋何承天撰

《纂要》 梁元帝撰

《文字集略》 梁阮孝绪撰

《字略》 后魏宋世良撰

《广苍》 魏樊恭撰 以上合一卷

《字统》　后魏杨承庆撰

《韵略》　北齐阳休之撰

《证俗音》　北齐颜之推撰

《文字指归》　隋曹宪撰

《切韵》　隋陆法言撰　以上合一卷

《字书》二卷

《字体》

《异字苑》

《字类》

《字谟》

《古今字音》

《声谱》

《证俗文》

《异字音》　以上合一卷

附《三苍考逸补正》一卷　任兆麟辑

《小学钩沈》十九卷，任大椿辑，业未及终而病，以其稿嘱托王念孙。大椿卒后，王念孙主其事，嘱臧庸校勘遗稿，二人书札往复，讨论精审。王念孙撰《任子田〈小学钩沈〉序》。

《河源纪略·辨讹门》六卷　王念孙撰

四库全书本。

乾隆四十六年(1781)，念孙任工部都水司主事，奉旨纂《河源纪略》，念孙为纂修官。议者或误指河源所出之山，念孙力辨其误，议乃定。《四库提要》云："次曰辨讹，凡旧说之纰缪，亦条列原文，各为纠驳，以祛惑释疑。"念孙别撰"辨讹"一门，凡六卷，即《河源纪略》卷二十至卷二十五。

《嘉庆高邮州志》十二卷又首一卷　冯馨增修　王念孙

增纂

《嘉庆高邮州志》有两种，一为嘉庆十八年(1813)刻本，一为嘉庆二十年(1815)刻本，内容不尽相同，而主持增修者均为知州冯馨，因此后之治方志学者往往混淆，不可不辨。冯馨，浙江嘉兴人，吏员，嘉庆十三年(1808)任高邮知州，十六年(1811)离任，二十年(1815)回任。嘉庆十六年春，冯馨以引见入京，行前嘱署任设局修志，延夏味堂等十一人分纂，嘉庆十八年完成并刻印。嘉庆二十年冯馨回任后，与邑中父老暨诸荐绅，访故实，采遗文，又成嘉庆二十年州志刊行。《中国地方志联合目录》中，将嘉庆二十年州志误认为是嘉庆十八年州志的另一种版本，实非一事。嘉庆二十年州志与十八年州志，在体例门目上，都一遵《乾隆高邮州志》之例，但两部嘉庆州志相异之处颇多。第一，纂修者署名不同。十八年志“增修姓氏”列冯馨主修，夏味堂等增纂；二十年志“增修姓氏”列冯馨主修，王念孙总纂。第二，十八年志前列乾隆州志内容原文，后列新增内容，即续增乾隆四十八年(1783)至嘉庆十八年(1813)凡三十年间之事。新增各条内容，或分入原卷各门，或统入该卷卷末，新增内容前一律冠以“新增”二字以区别之。二十年志唯汇列增纂内容，单独梓行。第三，卷首所列序言内容次序不同。十八年志序言有冯馨《序》、高邮州志《原序》、《重修高邮州志序》；二十年志序言有冯馨《增修高邮州志序》、《重修高邮州志序》、高邮州志《原序》。第四，卷首序言后所收录内容次序不同。十八年志序言后收列旧志凡例、增修凡例、总目、增修姓氏四项；二十年志序言后收列重修姓氏、增修姓氏、总目、旧志凡例、增修凡例五项。第五，二志内容增补不尽相同。二十年志增补内容尚有十八年志所不及之处，如卷首

《恩纶》中，新增乾隆四十六年、嘉庆十五年至二十年的上谕；《舆图》中新增四图，十八年志有“州署图”，二十年志更为“州署新图”，等等。嘉庆二十年州志后出，增补内容转多转新，可补充十八年州志的不及之处。

乾嘉时期，名儒大家主纂或参撰方志者甚夥，例如戴震、杭世骏、王昶、钱大昕、陈昌齐、周永年、李文藻、段玉裁、洪亮吉、孙星衍、章学诚、姚鼐、武亿、钱坫、谢启昆、阮元、张澍、焦循、李兆洛，等等。近年新发现嘉庆二十年(1815)刻本《嘉庆高邮州志》，王念孙为增修总纂，则王念孙亦将列名于纂修方志的一长串名儒大家的名单之中，也说明王念孙虽寓居京师，而仍关心乡邦文献，并实与纂修之事。

《王光禄遗文集》六卷　王念孙撰

《高邮王氏家集》本。王恩沛、王恩泰辑，咸丰七年(1857)高邮王氏刊印。恩沛、恩泰均为王念孙之曾孙。

《春圃府君行状》一卷　王念孙撰

《高邮王氏遗书》本。

《王石臞先生遗文》四卷　王念孙撰

《高邮王氏遗书》本。

《丁亥诗钞》一卷　王念孙撰

《雪堂丛刻》本。罗振玉辑，民国四年(1915)上虞罗氏排印。

《高邮王氏遗书》本。

《王石臞文集补编》　王念孙撰

《段王学五种》本。刘盼遂辑，民国二十五年(1936)北平来薰阁书店排印。

《王文简公遗文集》八卷　王引之撰

《高邮王氏家集》本。王恩沛、王恩泰辑，咸丰七年(1857)高邮王氏刊印。恩沛、恩泰均为王引之之孙。

《石臞府君行状》一卷　王引之撰

《高邮王氏遗书》本。

《王文简公文集》四卷附录一卷　王引之撰

《高邮王氏遗书》本。

《王伯申文集补编》二卷　王引之撰

《段王学五种》本。

高邮二王之遗文，其中最富学术价值者，当推序跋和论学书札，它们直接反映了王氏父子的学术思想和治学方法。高邮二王非常强调淹博与专精的统一。例如王念孙《陈观楼先生文集序》云：

> 陈观楼先生，粤东硕儒也。生平于书无所不读，自经史子集以及乾象坤舆之奥，六书四声九赋五刑之属，星算医卜百家众技之流，靡不贯穿于胸中。故所著书如《经典释文附录》、《天学胜说》、《测天约术》及《大戴礼记》、《老子》、《荀子》、《楚词》、《吕览》、《淮南》诸书考证，皆有以发前人所未发。先生为余词馆先辈，后又同值谏垣，公事之暇，屡以古义相告语。其学旁推交通之中，加以正讹纠谬，每发一论，皆得古人之意义，而动合自然。故余所著《广雅疏证》、《淮南内篇杂志》，辄引先生之说以为楷式。盖余宦游数十年，所见缀学之士既精且博如先生者，不数人也。(《王石臞先生遗文》卷二)

这里由评述陈昌齐之学而知高邮王氏淹博与专精统一的学术主张，而高邮二王的学术特点也正是如此。高邮二王反对凿空之谈、株守之见，主张“不专一家，唯是之求”。王念孙《刘端临遗书序》云：

> 盖端临邃于古学，自天文律吕至于声音文字，靡不该贯。其于汉宋诸儒之说，不专一家，而唯是之求。精思所到，如与古作者晤言一室，而知其意指所在。比之征君阎百诗、先师戴庶常、亡友程易畴，学识盖相伯仲，以视凿空之谈、株守之见，犹黄鹄之与壤虫也。（《王石臞先生遗文》卷二）

高邮二王不仅鄙弃心学的凿空，也不取以惠栋为代表的汉学的株守。王引之《与焦理堂先生书》云：

> 惠定宇先生考古虽勤而识不高，心不细，见异于今者则从之，大都不论是非。如说《周礼》邱封之度，颠倒甚矣，它人无此谬也。来书言之，足使株守汉学而不求是者爽然自失。（《王文简公文集》卷四）

从上引序言和书札中，我们可以看到王氏父子大力倡导“实事求是”的治学风气，反对“不论是非”而“株守汉学”，指出了惠栋墨守之弊，这从而揭示了高邮王氏学“熟于汉学之门户而不囿于汉学之藩篱”（王引之《经义述闻序》语）之高见卓识。

在治学方法上，高邮王氏遵循戴震提出的以声音文字通训诂，以训诂寻义理的朴学门径。王念孙《段若膺〈说文解字读〉序》云：

> 吾友段氏若膺，于古音之条理察之精，剖之密，尝为《六书音均表》，立十七部以综核之，因是为《说文解字读》一书，形声读若，一以十七部之远近分合求之，而声音之道大明。于许氏之说正义借义，知其典要，观其会通，而引经与今本异者，不以本字废借字，不以借字易本字，揆诸经义，例以本书，有相合无相害也，而训诂之道大明。训诂声音明而小学明，小学明而经学明。盖千七百年来无此作矣，则若膺之书之为功也大矣。(《王石臞先生遗文》卷二)

这里虽是对段玉裁学术思想和治学方法的评述，其实也是王念孙之夫子自道，更何况段、王出自同门呢。段、王各自在编撰《说文解字注》、《广雅疏证》之前，都曾经对群书训诂做过大规模的综合研究工作。一种是以古音学研究为基础，以韵部为纲，依据他们各自考定的古韵部，将古书韵字列表分类，如段氏为《六书音均表》，立十七部以综核之，而念孙分古韵二十一部，编撰《毛诗群经楚辞古韵谱》等，分别部居，以明声转之理。再一种是古书训诂，汇而释之，如段氏有《古文尚书撰异》、《毛诗小学》、《周礼汉读考》、《仪礼汉读考》等，而念孙则有《释大》、《雅诂表》、《群经字类》、《读说文记》等。段、王有着如许深厚学养为坚实基础，他们自能得心应手地做到"训诂声音明而小学明，小学明而经学明"。王引之《王南陔中丞〈困学说文图〉跋》云：

> 南陔语引之曰:小学之要在训诂,训诂之要在声音。知字而不知声,训诂或几乎隐矣。此无他,声之中有意也。善学《说文》者,观字之谐声而得其意。引之曰:谨受教矣。(《王文简公文集》卷三)

王绍兰所言:"训诂之要在声音","声之中有意也",道出了训诂的真谛,王引之深加激赏,正可谓同声相应,同气相求。王念孙《广雅疏证序》云:

> 诂训之旨,本于声音,故有声同字异、声近义同,虽或类聚群分,实亦同条共贯。(《王石臞先生遗文》卷二)

王引之《经义述闻序》云:

> 诂训之指,存乎声音,字之声同声近者,经传往往假借,学者以声求义,破其假借之字而读以本字,则涣然冰释。(《王文简公文集》卷三)

"以声求义",以声音通训诂,这正是高邮王氏训诂学之灵魂,也是他们"用小学说经,用小学校经"的不二法门。

《字典考证》十二卷 王引之撰

中华书局1958年《康熙字典》影印本。据同文书局石印本影印。《康熙字典》书后附印《字典考证》。

道光七年(1827),王引之奉旨校勘《康熙字典》,至道光十年(1830)冬校毕,共更正二千五百八十一条,按原书十二集辑为《字典考证》十二卷，分条注明，各附案语，恭缮进呈钦定。其实，《康熙字典》的错误，远远不止这些。黄季刚先生《论〈康熙字典〉之非》有云："书经钦定，臣工勘审，岂能尽情纠弹？亦惟徒有校正之名而已。"

三、王念孙未刊著述

民国十一年(1922)，罗振玉在天津从江姓手中购得高邮王氏父子手稿及杂书一箱，其中王念孙遗著，可整理缮写者得三种，即《方言疏证补》一卷、《释大》八篇、《毛诗群经楚辞古韵谱》二卷，刊入《高邮王氏遗书》中，于民国十四年(1925)排印行世。其余未定手稿，以韵书为最多，王国维曾为之检点清理。今据王国维《观堂集林》卷八《高邮王怀祖先生训诂音韵书稿叙录》所载，录存其目如下：

《雅诂表》二十一册

取《尔雅》、《方言》、《广雅》、《小尔雅》四书训诂，以古韵二十一部分列为表，以识声音相通之故。

《雅诂表》一册

以《尔雅》建首字(即每条的训释字)为次列表，乃前书之初稿。

《尔雅分韵》四册

《方言广雅小尔雅分韵》一册

以上二种，系《雅诂表》之长编。

《古音义杂记》三十一页，散片

杂记古书中文字音义异同。

《雅诂杂纂》一册

杂纂雅诂中同义同母之字而疏释之，系以字母分类，存见母四十一条，匣母一条，精母一条。

《叠韵转语》散片

杂记联绵字，以字母二字为纲，如具区二字入见、溪部，扶疏、扶须、扶苏、扶胥诸字入并、心部。所记寥寥，亦无解说。

《周秦韵谱》一册

《西汉韵谱》十七册

《周秦合韵谱》三册

《西汉合韵谱》十七册

《谐声谱》二册

《古音义索隐》散片

以上诸韵谱，但摘经典中韵字书之，而于同韵、合韵之字，旁加记识，与金坛段氏《六书音均表》例同，多完具可缮写。惟《周秦合韵谱》中采《穆天子传》、《逸周书》、《战国策》诸书，《西汉合韵谱》中采《尚书大传》、《韩诗外传》、《春秋繁露》诸书，而正韵谱中无之，盖尚缺一二册也。《谐声谱》者，以二十一部谱《说文》字，当时已有成书，今惟成残稿，录《说文》第一篇字，以下未录。《古音义索隐》多论合韵，与三种合韵谱相表里。草书丛杂，尚待编理。

第二章　高邮王氏训诂学

第一节　清代训诂学概况

清代是中国语言学发展的隆盛时期，其中训诂学也达到了前所未有的水平。清代训诂学上追汉唐，全面系统地总结了历史经验，阐发了部分训诂原理、训诂条例和训诂方法论，并以众多高水准的训诂学著作，使各种专门之学得以成立。在清代古音学发展的基础上，训诂学随之进入了一个新的历史阶段，开辟了语义研究、语源研究的新境界，为训诂学走向近代科学化道路，为近代语言学革命准备了条件。

一、清代训诂学的复兴

清代考据之学十分兴盛。清代乾嘉学派，就其学术思想及其方法论而言，实际上就是一个考据学派。乾嘉学派的形成和发展，正值清代中期。我们在第一章第五节“高邮二王所处的时代”中，已经论述了从清代前期康熙朝起，及至清代中期，随着清朝统治地位的巩固，政治稳定和经济发展，清统治者大力提倡稽古右文，盛世修典，热衷于编书刻书，颁布了一系列奖掖文化学术发展的政策，同时乾隆朝又大兴文字狱，强化思想控制，实行文化上的笼络与专制高压并重的政策措施，致使这时的学者吸取并继承了明末清初顾炎武等强调的通经服古、重视实证的治学方法，却丢掉了其积极的经世致用的思想内容，他们所从事的学术研究基本上都是厚古薄今，远离现实，日益走向由文字、音韵、训诂入手研治古代经书的考据学一途。训诂学正是随着乾嘉学派的形成和发展，获得了新的发展，人们也称之为训诂学在清代的复兴。

先师洪诚先生说：

> 训诂学的新发展，是在古音学基础奠定之后。宋时古音学还在蒙昧时期。直到十八世纪清代中叶，经过了陈第（1541—1617）、顾炎武（1613—1682）、江永（1681—1762）、段玉裁（1735—1815）等人相继研究，古音学取得卓越的成就，训诂学因而也进入了新的阶段。[①]

这是因为训诂是要解释古代书面语言的意义，而记录古代书面语言的文字原本只是语言的代用品，语音才是语言的物质外壳，只有通过文字，了解古音，才能解释古义。从乾嘉到晚

① 洪诚《训诂学》，江苏古籍出版社1984年版第18页。

清,这个时期,著名的训诂学家有戴震、钱大昕、段玉裁、王念孙、王引之、郝懿行、俞樾、孙诒让、章太炎等。他们掌握了古音,认清了文字的性质,能从文字通于语言,不使语言蔽于文字;他们重视旧注,而又不墨守旧注,勇于创获,陵越汉唐。戴震首先提出了训诂的原理和方法,《六书音均表序》云:

许叔重之论假借曰:"本无其字,依声托事。"夫六经字多假借,音声失而假借之意何以得?故训音声,相为表里。故训明,六经乃可明。

《转语二十章序》云:

凡同位则同声,同声则可以通乎其义。位同则声变而同,声变而同则其义亦可以比之而通。

俾疑于义者以声求之,疑于声者以义正之。

戴震的学生段玉裁、王念孙等,在编撰辞书、校释群籍的训诂实践中,进一步发展了戴震的学说。

王念孙《广雅疏证序》云:

窃以诂训之旨,本于声音。故有声同字异,声近义同;虽或类聚群分,实亦同条共贯。譬如振裘必提其领,举网必挈其纲。故曰"本立而道生","知天下之至啧而不可乱也"。此之不寤,则有字别为音,音别为义,或望文虚造而违古义,或墨守成训而鲜会通,易简之理既失,而大道多歧矣。今则就古音以求古义，引伸触类，不限形体。

王念孙《段若膺〈说文解字注〉序》云：

吾友段氏若膺，于古音之条理察之精，剖之密。尝为《六书音均表》，立十七部以综核之，因是为《说文注》，形声读若，一以十七部之远近分合求之，而声音之道大明。于许氏之说正义借义，知其典要，观其会通，而引经与今本异者，不以本字废借字，不以借字易本字，揆诸经义，例以本书，若合符节，而训诂之道大明。训诂声音明而小学明，小学明而经学明，盖千七百年来无此作矣！若夫辨点画之正俗，察篆隶之繁省，沾沾自谓得之，而于转注假借之通例，茫乎未之有闻，是知有文字而不知有声音训诂也。其视若膺之学，浅深相去为何如邪？

段玉裁《广雅疏证序》云：

小学有形有音有义，三者互相求，举一可得其二；有古形有今形，有古音有今音，有古义有今义，六者互相求，举一可得其五。古今者，不定之名也。三代为古，则汉为今；汉魏晋为古，则唐宋以下为今。圣人之制字，有义而后有音，有音而后有形。学者之考字，因形以得其音，因音以得其义。治经莫重于得义，得义莫切于得音。

王力先生说：

> 文字本来只是语言的代用品。文字如果脱离了有声语言的关系，那就失去了文字的性质。但是，古代的文字学家们并不懂得这个道理，仿佛文字是直接表示概念的：同一个概念必须有固定的写法。意符似乎是很重要的东西；一个字如果不具备某种意符，仿佛就不能代表某种概念。这种重形不重音的观点，控制着一千七百年的中国文字学（从许慎时代到段玉裁、王念孙的时代）。直到段玉裁、王念孙，才冲破了这个藩篱。文字既是代表有声语言的，同音的字就有同义的可能：不但同声符、不同意符的字可以同义；甚至意符、声符都不同，只要音同或音近，也还可能是同义的。这样，古代经史子集中许多难懂的字都能讲清楚了。这是训诂学上的革命，段、王等人把训诂学推进到崭新的一个历史阶段，他们的贡献是很大的。
>
> 最鲜明地表现这种革命精神的，是段玉裁的《广雅疏证序》、王念孙的《广雅疏证自序》和《说文解字注序》。①
>
> "治经莫重于得义，得义莫切于得音"，这是清代训诂学的宣言。清儒就是根据这一个原则来进行训诂工作的。②

---

① 王力《中国语言学史》，山西人民出版社1985年版第156—157页。

② 王力《中国语言学史》，山西人民出版社1985年版第159页。

综上所述,清代训诂学的复兴有着它必然的原因:一是清代社会的政治、经济、文化因素所起的作用,特别是乾嘉学派的形成和发展,这属于语言学外部的原因;一是清代古音学取得卓越的成就,促使训诂学自觉地运用"因声求义"、"就古音以求古义"的科学方法,这属于语言学内部的原因。而"因声求义",以声音通训诂,这正是高邮王氏训诂学的灵魂。

清代训诂学以高邮二王为最精,王念孙作《广雅疏证》(其中第十卷为引之所作),发明前训,驳正张揖误失,校补讹脱。王引之撰《经义述闻》,驳正汉唐旧注一千六百七十一条,有时连《尔雅》的释义也加以破斥(如释《毛诗·召南·羔羊》"素丝五绒"句的"绒"字)。他在《尔雅述闻》中发明《尔雅》、《广雅》有"二义不嫌同条"、"声近而有二名"之例。著《语词通说》、《经传释词》,对虚词作专门研究。《语词通说》附刊于《经义述闻》卷三十一,驳正旧注误解虚词为实词。《经传释词》解释了一百六十个虚词,并分析每一虚词的多种用法,其研究的方法是"比例而知,触类长之"。高邮二王训诂在当时之所以能比别人更为精审,其主要原因在于能综合用例,分析句法,语法观念较强。清代训诂学比唐宋进步的原因,在于古音学发达。高邮二王的成绩超过他们同时各家的原因,正是由于他们大胆提出了"以古音求古义,引伸触类,不限形体"的训诂原则,同时又在于他们熟习语言,能知类通达,用大量的材料或强有力的证据以证成其说。

俞樾(1821—1906)尝受业于长洲陈奂。陈奂为段玉裁晚年之弟子,段先生卒,乃游京师,又问学于高邮二王。俞樾治经以高邮二王为宗。谓治经之道，大要在正句读，审字义，通古文假借，三者之中，通假借为尤要。生平著述甚富，其与训诂有关的著作有《群经平议》、《诸子平议》、《古书疑义举例》等。其《群经平议》略仿《经义述闻》，《诸子平议》略仿《读书杂志》，二书中既有校勘考证，也有字义疏证。俞樾又从高邮二王著述中抽出条例，综合顾炎武、阎若璩、钱大昕、段玉裁等各家之长，加以补充，撰成《古书疑义举例》，共八十八例，对后人阅读先秦古书有很大帮助。陈奂和俞樾，在学术上他们上承段、王，下启章、黄，是段王学派传递至章黄学派这一学术链中不可或缺的重要环节。

章太炎(1868—1936)著《文始》、《新方言》、《王伯申新定助词辩》等训诂书。《文始》是以《说文》为依据，寻求文字语言的发展条理。它取《说文》中的独体字和半独体字，称之为初文与准初文，共得五百一十个字，并以此为纲，统摄其余五六千字。以语音为枢纽，联系字形字义，分析文字的变易与孳乳的发展关系。他认为初文就是语源。章太炎对文字滋生发展作系统的研究，实际上是应用了高邮王氏“以声求义，不限形体”的原则来做一种新的尝试，这是从语言的角度研究文字的发展条理，不是研究文字形体的演变，不同于文字学研究，而在原则上已是词源的研究或词族的研究。尽管这种研究还只是一种初浅的尝试，但是这在当时中国是独创，实开风气之先。《新方言》据声韵通转的规律，以古语证今语，以今语通古语，从时、地两方面出发进行纵向、横向的比较研究，音义结合，相互照应，以说明某些方言词语的错综变化。《王伯申新定助词辩》乃是引故训驳正《经传释词》。章氏既反对以晚唐以来属文之法强傅古人(见《检论五 · 正名杂义》)，也反对以英法语格支配汉文(见《太炎文录》二《癸卯再与刘光汉书》,1903年),他很早就已经认识到语言有时代的特点,有民族的特点,这对建设具有中国特色的中国语言文字学有着积极的指导意义。

二、丰富多样的训诂学著作

清代学者所作的古籍注释和训诂专书,其范围之广,门类之众,数量之多,质量之精,都是超越旧注,前无古人,现在分类择要举例如下:

1. 经部注释书

《周易》有惠栋《周易述》、《易汉学》,张惠言《周易郑氏义》、《周易虞氏义》,焦循《易章句》、《易通释》,姚配中《周易姚氏学》;

《尚书》有阎若璩《古文尚书疏证》,江声《尚书集注音疏》,惠栋《古文尚书考》,王鸣盛《尚书后案》,段玉裁《古文尚书撰异》,孙星衍《尚书今古文注疏》,简朝亮《尚书集注述疏》,王先谦《尚书孔传参正》;

《诗经》有陈启源《毛诗稽古编》,戴震《毛郑诗考正》,段玉裁《诗经小学》,陈奂《诗毛氏传疏》,胡承珙《毛诗后笺》,马瑞辰《毛诗传笺通释》,冯登府《三家诗异文疏证》、《三家诗异义遗说》,陈乔枞《三家诗遗说考》、《四家诗异文考》,王先谦《诗三家义集疏》;

《周礼》有江永《周礼疑义举例》,段玉裁《周礼汉读考》,庄存与《周官记》、《周官说》,王聘珍《周礼学》,孙诒让《周礼正义》;

《仪礼》有张尔岐《仪礼郑注句读》，段玉裁《仪礼汉读考》，凌廷堪《礼经释例》，张惠言《仪礼图》，胡承珙《仪礼今古文疏义》，胡培翚《仪礼正义》，邵懿辰《礼经通论》；

《礼记》有杭世骏《续礼记集说》，郭嵩焘《礼记质疑》，朱彬《礼记训纂》，孙希旦《礼记集解》；

《大戴礼记》有孔广森《大戴礼记补注》，汪照《大戴礼记补注》，王聘珍《大戴礼记解诂》；

《左传》有顾炎武《左传杜解补正》，惠栋《春秋左传补注》，沈钦韩《春秋左传补注》，洪亮吉《春秋左传诂》，梁履绳《左通补释》，李贻德《春秋贾服注辑述》，丁晏《左传杜解集正》，刘文淇《春秋左氏传旧注疏证》(未完成，至襄公五年止)；

《公羊传》有庄存与《春秋正辞》，孔广森《公羊通义》，刘逢禄《公羊何氏解诂笺》，陈立《春秋公羊传义疏》；

《谷梁传》有柳兴恩《谷梁春秋大义述》，侯康《谷梁礼证》，钟文烝《谷梁补注》，柯劭忞《春秋谷梁传补注》；

《论语》有刘台拱《论语骈枝》，俞樾《续论语骈枝》，焦循《论语通释》，刘宝楠《论语正义》，简朝亮《论语集注补正述疏》；

《孝经》有阮福《孝经义疏补》，丁晏《孝经述注》，皮锡瑞《孝经郑注疏》；

《孟子》有戴震《孟子字义疏证》，焦循《孟子正义》，宋翔凤《孟子赵注补正》。

2. 史子集部注释书

史部：钱大昕《二十二史考异》，王鸣盛《十七史商榷》，赵翼《二十二史札记》；

《史记》有方苞《史记注补正》，梁玉绳《史记志疑》，钱坫

《史记补注》，郭嵩焘《史记札记》；

《汉书》有钱大昭《汉书辨疑》，沈钦韩《汉书疏证》，周寿昌《汉书注校补》，吴翌凤《汉书考证》，方世举《汉书辩注》，王先谦《汉书补注》；

《后汉书》有惠栋《后汉书补注》，钱大昭《后汉书辨疑》、《续汉书辨疑》，沈钦韩《后汉书疏证》，周寿昌《后汉书注校正》，王先谦《后汉书集解》、《续汉书志集解》；

《三国志》有杭世骏《三国志补注》，赵一清《三国志注补》，潘眉《三国志考证》，梁章鉅《三国志旁证》，沈钦韩《三国志注补》、《训故》、《释地理》，周寿昌《三国志注证遗》；

《逸周书》有陈逢衡《逸周书补注》，丁宗洛《逸周书管笺》，朱右曾《逸周书集训校释》；

《国语》有汪远孙《国语校注本三种》，董增龄《国语正义》，洪亮吉《国语注疏》；

《战国策》有顾千里《战国策札记》，程恩泽《国策地名考》，张琦《战国策释地》，林春溥《战国纪年》；

《竹书纪年》有徐文靖《竹书纪年统笺》，雷学淇《考订竹书纪年》，洪颐煊《校正竹书纪年》，武亿《竹书纪年补注》，郝懿行《竹书纪年校正》，陈逢衡《竹书纪年笺证》，林春溥《竹书纪年补证》；

《山海经》有毕沅《山海经新校正》，郝懿行《山海经笺疏》；

《列女传》有王照圆《列女传补注》，梁端《列女传校注》；

《孔子家语》有孙志祖《家语疏证》，陈士珂《孔子家语疏证》；

重要的史部注释书还有：杨守敬、熊会贞《水经注疏》，吴若准《洛阳伽蓝记集证》，浦起龙《史通通释》。

子部：

《荀子》有汪中《荀卿子通论》、《年表》，王先谦《荀子集解》；

《墨子》有毕沅《墨子注》，孙诒让《墨子间诂》；

《管子》有洪颐煊《管子义证》，戴望《管子校正》；

《老子》有毕沅《老子道德经考异》；

《庄子》有王先谦《庄子集解》，郭庆藩《庄子集释》，马其昶《庄子故》；

《晏子春秋》有毕沅《晏子春秋音义》；

《韩非子》有王先慎《韩非子集解》；

重要的子部注释书还有：苏舆《春秋繁露义证》，汪继培《潜夫论笺》，陈立《白虎通疏证》，陈寿祺《五经异义疏证》，赵曦明《颜氏家训注》，翁元圻《困学纪闻注》。

集部：

《楚辞》有王夫之《楚辞通释》，蒋骥《山带阁楚辞注》，戴震《屈原赋注》，屈复《楚辞新注》；

《文选》有汪师韩《文选理学权舆》，孙志祖《文选理学权舆补》、《文选李注补正》，朱珔《文选集释》，胡绍煐《文选笺证》，梁章鉅《文选旁证》，张云璈《选学胶言》；

杜甫诗有仇兆鳌《杜少陵集详注》，浦起龙《读杜心解》，杨伦《杜诗镜铨》；

韩愈诗有顾嗣立《昌黎先生诗集注》，方世举《韩昌黎诗集编年笺注》；

苏轼诗有汪师韩《苏诗选评笺释》，查慎行《补注东坡编年诗》，沈钦韩《苏诗查注补正》，翁方纲《苏诗补注》，冯应榴《苏诗合注》，王文诰《苏诗编注集成》；

重要的集部注释书还有：丁晏《曹集铨评》，陶澍《陶靖节先生集注》，钱振伦《鲍照集注》，倪璠《庾子山集注》，吴兆宜《徐孝穆集笺注》、《玉台新咏注》，黄叔琳《文心雕龙辑注》，陈熙晋《骆临海集注》，蒋清翊《王子安集注》，王琦《李太白集注》、《李长吉歌诗汇解》，赵殿成《王右丞集注》，孙之騄《玉川子诗注》、《樊绍述集注》，冯浩《玉谿生诗集笺注》、《樊南文集详注》，冯集梧《樊川诗集注》，沈钦韩《王荆公文集注》，施国祁《元遗山诗集笺注》，金檀《高青邱诗集注》。

3. 训诂札记

清代学者的训诂研究成果，往往记载在读书札记中。读书札记内容广泛丛杂，并非训诂专书，但其中不乏精义，为后人提供了不少可资利用的训诂资料。这类重要著作有：顾炎武《日知录》，阎若璩《潜邱札记》，臧琳《经义杂记》，钱大昕《十驾斋养新录》，卢文弨《钟山札记》、《龙城札记》，孙志祖《读书脞录》，王鸣盛《蛾术编》，赵翼《陔馀丛考》，洪亮吉《晓读书斋杂录》，桂馥《札朴》，梁玉绳《瞥记》，洪颐煊《读书丛录》，臧庸《拜经日记》，何焯《义门读书记》，俞正燮《癸巳类稿》、《癸巳存稿》，孙诒让《札迻》，宋翔凤《过庭录》，陈澧《东塾读书记》，朱一新《无邪堂答问》等。

4. 训诂专书

清代的训诂专书数量远远超越前代，体式也较前代完备。

有注释前代训诂专书的，如：

《尔雅》有邵晋涵《尔雅正义》，郝懿行《尔雅义疏》；

《小尔雅》有胡承珙《小尔雅义证》，宋翔凤《小尔雅训纂》，王煦《小尔雅疏》，葛其仁《小尔雅疏证》；

《方言》有戴震《方言疏证》，钱绎《方言笺疏》；

《说文》有段玉裁《说文解字注》，桂馥《说文解字义证》，王筠《说文句读》、《说文释例》，朱骏声《说文通训定声》，王绍兰《说文段注订补》，冯桂芬《说文解字段注考正》，徐灏《说文解字注笺》；

《释名》有毕沅《释名疏证》，成蓉镜《释名补证》，王先谦《释名疏证补》；

《广雅》有王念孙《广雅疏证》，钱大昭《广雅义疏》；

《埤雅》有董桂薪《埤雅物异记言》；

《骈雅》有魏茂林《骈雅训纂》，田宝臣《小学骈支》。

有仿照前代训诂专书而编撰续广之作的，如：

仿《尔雅》而编撰的有吴玉搢《别雅》，洪亮吉《比雅》，夏味堂《拾雅》，陈奂《毛雅》(《毛诗传义类》)，史梦兰《叠雅》，朱骏声《说雅》，程先甲《选雅》，刘灿《支雅》。

仿《方言》而编撰的有杭世骏《续方言》，戴震《续方言》，程际盛《续方言补正》，徐乃昌《续方言又补》，沈龄《续方言疏证》，程先甲《广续方言》，张慎仪《续方言新校补》、《方言别录》，章太炎《新方言》；又有毛奇龄《越语肯綮录》，胡文英《吴下方言考》，刘家谋《操风琐录》，张慎仪《蜀方言》；还有专释俚言俗语的训诂著作，如翟灏《通俗编》，钱大昕《恒言录》，陈鳣《恒言广录》，郝懿行《证俗文》，梁同书《直语补证》，钱大昭《迩言》，顾张思《土风录》，唐训方《里语征实》，郑志鸿《常语寻源》。

仿《释名》而编撰的有毕沅《续释名》、《释名补遗》，张金吾《广释名》。

有考订群书，积累训诂材料，归纳古书文例的，如王念孙《读书杂志》，王引之《经义述闻》，俞樾《群经平议》、《诸子平议》、《古书疑义举例》。

有贯通音义，探寻语源的，如戴震《转语》，程瑶田《果蠃转语记》，王念孙《释大》。

有专释虚词，研究语法的，如袁仁林《虚字说》，刘淇《助字辨略》，王引之《经传释词》，孙经世《经传释词补》、《经传释词再补》，吴昌莹《经词衍释》。

有辑集古代传注而成训诂汇编的，如阮元《经籍籑诂》。

有清代康熙年间编撰的三部"官修"的字典辞书，即《康熙字典》、《佩文韵府》和《骈字类编》。

三、清代训诂学的特点

1. 具有朴素的历史观念

清代训诂学家普遍具有了语言文字的历史观。清初顾炎武继承明代陈第"时有古今，地有南北，字有更改，音有转移"的历史观，知音有古今之变，"考文自知音始"，欲考古文，求古义，就必先明古音，由此推动古音学的研究。乾嘉时期的学者继承这一传统，知道语言文字是发展变化的，它们随着时间的不同而不同。段玉裁云："有古形，有今形，有古音，有今音，有古义，有今义。"王念孙云："今则就古音以求古义。"他们深知形、音、义有古今之变。学者考文审音，如果不察时变，好以今度古，势必每多不合。因此，他们不再是静止地孤立地考察字义，而是历史地系统地研究词义、词汇，也就是对语言文字进行动态式的比较研究，并揭示出其中各要素的内在联系及其发展变化的规律。正是由于他们具有发展变化的历史观，才使清代训诂学取得了超越前人的成就。

2. 突破字形,由音求义

清代以前学者,考求古训,常常为字形所蔽,望文生训;虽然也知因声求义,但是他们对音义关系的原理缺乏本质的认识,对声训从未作过理论上的说明;他们不了解古音体系,执今音以求古义,窒碍不通。清代的一些训诂学家深研古音,成就卓著。“自昆山顾氏而婺源江氏,而休宁戴氏,而金坛段氏,而曲阜孔氏,而高邮王氏,而歙县江氏,作者不过七人,然古音二十二部之目,遂令后世无可增损。”[①]由于古音体系研究的成功,清代训诂学家开始揭示音义关系的原理。戴震云:“故训音声,相为表里。”“俾疑于义者以声求之,疑于声者以义正之。”王念孙云:“诂训之旨,本于声音。”“今则就古音以求古义,引伸触类,不限形体。”段玉裁云:“学者之考字,因形以得其音,因音以得其义。治经莫重于得义,得义莫切于得音。”这都是由音求义原理的确切的说明。由于重视了古音,改变了长期以来重形不重音的观点,由此认识到文字不过是语言的代用品,是记录语言的符号,语言是有声语言,它的本质是以声载义,因此训诂之旨在声音不在文字。于是突破了文字形体的束缚,直接从声音上求本字本义。语言的观点一旦代替了文字的观点,训诂研究将产生一次飞跃,由此开辟了语义研究、语源研究的新境界,训诂学随之进入了一个新的历史阶段。按王力说法,“这是训诂学上的革命”。

---

① 王国维《观堂集林》卷八《周代金石文韵读序》,中华书局 1959 年版第 2 册第 394 页。

3. 采用“比例而知，触类长之”的综合比较方法

王引之《经传释词序》云：

> 盖古今异语，别国方言，类多助语之文。凡其散见于经传者，皆可比例而知，触类长之，斯善式古训者也。

所谓“比例而知，触类长之”，就是排比一个词的众多相同用例，而求知它的词义，再用这已求知所得的词义，去解释这一个词的同类型的具体用例。这就是归纳与演绎相结合的方法。这不仅是讲训释虚词的方法，同时也可推而广之，对散见于经传百家的许多语言资料，要综合分析，比较研究，排比归纳，得出正确结论，然后再指导具体的个案研究。不过，运用这一训释方法，训诂学者一定要熟习语言，知类通达，详尽地占有资料，可供排比归纳的用例越多，证据就越充分，训释结论的可靠性就越大。

4. 有实事求是的精神

清代训诂学家，发扬“汉学师承”的优良传统，治学有宗主，传家法，崇尚实学，朴实无华，学风正派，无门户之见。他们不墨守旧说，也不妄立新说。破旧说也好，立新说也好，都强调有充分的证据。梁启超在《清代学术概论》第十三节中曾概括乾嘉学派学风有十大特色：

> 一、凡立一义，必凭证据。无证据而以臆度者，在所必摈。
>
> 二、选择证据，以古为尚。以汉唐证据难宋明，

不以宋明证据难汉唐。据汉魏可以难唐，据汉可以难魏晋，据先秦西汉可以难东汉。以经证经，可以难一切传记。

三、孤证不为定说。其无反证者姑存之，得有续证则渐信之，遇有力之反证则弃之。

四、隐匿证据或曲解证据，皆认为不德。

五、最喜罗列事项之同类者，为比较的研究，而求得其公则。

六、凡采用旧说，必明引之，剿说认为大不德。

七、所见不合，则相辩诘，虽弟子驳难本师，亦所不避，受之者从不以为忤。

八、辩诘以本问题为范围，词旨务笃实温厚。虽不肯枉自己意见，同时仍尊重别人意见。有盛气凌轹，或支离牵涉，或影射讥笑者，认为不德。

九、喜专治一业，为"窄而深"的研究。

十、文体贵朴实简洁，最忌"言有枝叶"。

这十点也包括反映清代训诂学的学风，而前五点都是讲重证据的事，这正体现了乾嘉实学重实证的实事求是精神。

四、清代训诂学的缺点

清代训诂学也存在着很大的缺点：

1. 训诂学为经学的附庸

清代训诂学家尽力做注释疏证，有了许多创造，但是终于为框子所限制，他们把精思所得的见解变成凡例，分散在经书注释中，没有写成系统的理论专著，最终未能摆脱“经学附庸”的地位。

2. 滥用古音通转

“训诂之旨在声音不在文字”是正确的训诂原理，依声破字是合理的训诂方法，但是滥用通转，附会穿凿，是高邮王氏以后训诂的通病。语言有社会性，文字也有它的社会性。用词用字有一时或一地之通例，也有一书之通例。破字必须依用字之例为依据。否则，声转多途，可以任意取舍，就有虚构语义的危险。文字使用的社会约定性消除，训诂通转就变成拈字游戏。

3. 轻视唐以后的新词俗语，不去作系统研究

清代的训诂学家懂得语义有古今之变，具有历史发展的观点，但是由于厚古薄今，学术研究范围基本局限在先秦两汉上古时期，他们轻视唐以后的新词俗语，不去作系统研究，虽有不少人积累了资料，但作为语言史的研究是没有的。

高邮二王是清代的训诂大家，高邮王氏训诂学是清代训诂学的重要组成部分。我们评述清代训诂学的复兴，它所取得的卓越成就以及存在着的很大缺点，这对我们理解高邮二王在清学史以至在中国语言学史上的地位和影响，将会有所帮助。

第二节　王念孙的古音学研究

王念孙在古音学研究方面，编撰有《古韵二十一部》，见王引之《经义述闻》卷三十一《通说上》（又以《古韵二十一部通表》为题，由罗振玉辑入《高邮王氏遗书》）；编撰有《毛诗群经

楚辞古韵谱》，已辑入《高邮王氏遗书》；又有《韵谱》与《合韵谱》多种未刊稿，可参看王国维《高邮王怀祖先生训诂音韵书稿叙录》①，陆宗达先生《王石臞先生韵谱合韵谱遗稿跋》②、《王石臞先生韵谱合韵谱稿后记》③。此外，王念孙论述古音学的文章、序跋、书札还有：《书钱氏答问说地字音后》、《六书音均表书后》、《答江晋三论韵学书》、《与江晋三书》、《与李许斋方伯论古韵书》，见于罗振玉所辑《高邮王氏遗书》中的《王石臞先生遗文》卷四；《平入分配说》、《与江晋三论韵书》、《与丁大令若士书》，见于刘盼遂所编《段王学五种》书中《王石臞文集补编》。

一、王念孙的古韵二十一部

王念孙《答江晋三论韵学书》中云：

> 念孙少时服膺顾氏书，年二十三入都会试，得江氏《古韵标准》，始知顾氏所分十部，犹有罅漏；旋里后，取三百五篇反覆寻绎，始知江氏之书仍未尽善；辄以己意重加编次，分古音为二十一部，未敢出以示人。及服官后，始得亡友段君若膺所撰《六书音均表》，见其分支脂之为三，真谆为二，尤侯为二，皆与鄙见若合符节，唯入声之分合及分配平上去，与念孙

① 王国维《观堂集林》，中华书局1959年版第2册第395—404页。

② 载《国学季刊》三卷一期，1932年。

③ 载《国学季刊》五卷二期，1935年。

多有不合。嗣值官务殷繁，久荒旧业，又以侵谈二部分析未能明审，是以书虽成而未敢付梓。己酉仲秋，段君以事入都，始获把晤，商订古音，告以侯部自有入声，月曷以下非脂之入，当别为一部，质亦非真之入，又质月二部皆有去而无平上，缉盍二部则无平上而并无去。段君从者二(谓侯部有入声及分术月为二部)，不从者三。自段君而外，则意多不合，难望钟期之赏，而鄙书亦终未付梓。

王念孙在信中，将自己研治古音始末，分古韵为二十一部，与段玉裁《六书音均表》十七部之同异，都交代得非常清楚。

王引之《经义述闻》卷三十一"古韵二十一部"条，专门记述王念孙古韵分二十一部之说，其内容即是王念孙《与李许斋方伯论古韵书》及所附《古韵二十一部表》；表中第十二部至部和第十四部祭部二部的去声、入声栏中，以及第十九部侯部的入声栏中，都列有《说文》的谐声字，这是王念孙特意列出证据，说明"侯部自有入声"，"又质月二部皆有去而无平上"，以证成其说。

王念孙《与李许斋方伯论古韵书》中云：

某尝留心古韵，特以顾氏五书已得其十之六七，所未备者，江氏《古韵标准》、段氏《六书音均表》皆已补正之，唯入声与某所考者小异，故不复更有撰述。

接着，提出他与顾、江、段三家不同之处，所考不合有四条：(一) 缉不宜承侵，乏不宜承凡；(二) 至部宜从脂部分出，自成一部；（三）祭泰夬废亦宜从脂部分出，自成一部；（四）屋沃觉烛四部中，凡从屋、从谷、从木、从卜、从族、从鹿……等字，皆宜认为侯部之入声。于是，最后提出：

> 立二十一部之目而为之表，分为二类：自东至歌之十部为一类，皆有平上去而无入；自支至宵之十一部为一类，或四声皆备，或有去入而无平上，或有入而无平上去；而入声则十一部皆有之，正与前十类之无入者相反。此皆以九经、《楚辞》用韵之文为准，而不从《切韵》之例。

今将《古韵二十一部表》逐录于下，原表至祭二部及侯部的入声栏中列有《说文》谐声字，今则省去不列。

王念孙古韵二十一部表

四声 古韵部次	平声	上声	去声	入声
东第一	平	上	去	
蒸第二	平	上	去	
侵第三	平	上	去	
谈第四	平	上	去	
阳第五	平	上	去	
耕第六	平	上	去	
真第七	平	上	去	
谆第八	平	上	去	

续　表

古韵部次＼四声	平声	上声	去声	入声
元第九	平	上	去	
歌第十	平	上	去	
支第十一	平	上	去	入
至第十二			去	入
脂第十三	平	上	去	入
祭第十四			去	入
盍第十五				入
缉第十六				入
之第十七	平	上	去	入
鱼第十八	平	上	去	入
侯第十九	平	上	去	入
幽第二十	平	上	去	入
宵第二十一	平	上	去	入

以上二十一部，自第一部东部至第十部歌部十部为一类，皆有平上去而无入声；自第十一部支部至第二十一部宵部十一部为一类，皆有入声。这是在比较顾炎武、江永两家的异同，又经过反复推求验证的基础上得出的。王念孙在考定二十一部之后，他又见到了段玉裁的《六书音均表》。王念孙把江永第二部分为支脂之三部，把江永第四部分为真谆二部，把江永第十一部分为侯幽二部，都与段玉裁不谋而合。从这里也反映出他们取材、方法都比较科学，所以所分就不约而同。

王念孙在写给李赓芸(字许斋)信中,对顾炎武、江永、段玉裁的古韵分部,评论其得失,如他评价顾炎武云:

> 顾氏一以九经、《楚辞》所用之韵为韵,而不用《切韵》以屋承东,以德承登之例,可称卓识;独于二十六缉至三十四乏仍从《切韵》以缉承侵,以乏承凡,此两歧之见也。

信中批评段玉裁云:

> 《切韵》以质承真,以术承谆,以月承元;《音均表》以术月二部为脂部之入声,则谆元二部无入声矣,而又以质为真之入声,是自乱其例也。

又对《六书音均表》中,祭泰夬废四韵与至未等韵合为一类,入声之月曷等韵亦与术物等韵合为一类,提出了不同意见。

王念孙古音学的最大贡献,就是至部、祭部、盍部、缉部四部的独立,这也正是王念孙二十一部比段玉裁十七部所多出的四部。其具体分合如下:(一) 至部。王念孙将质栉屑等韵(段氏第十二部真部的入声及职黠薛等韵的部分字)与至霁韵中的部分字(段氏第十五部脂部中的部分去声字)合为至部(即质部);(二) 祭部。王念孙将祭泰夬废(段氏第十五部脂部中的部分去声韵)与月曷末黠辖薛韵(段氏第十五部脂部中的部分入声韵)合为祭部(即月部);(三) 盍部。王念孙将合盍洽狎业乏韵(相当于段氏第八部谈部中的入声韵)独立为盍部;(四) 缉部。王念孙将缉叶帖韵(相当于段氏第七部侵部的入声韵)独立为缉部。今将王念孙与段玉裁的韵部分合情况列表对比如下：

王念孙段玉裁古韵部分合异同表

<table>
<tr><th>段玉裁分部</th><th>《广韵》韵目</th><th>王念孙分部</th></tr>
<tr><td>第十二部(真)之入声</td><td>质栉屑</td><td rowspan="2">第十二至(质)</td></tr>
<tr><td rowspan="2">第十五部(脂)之去声</td><td>至霁(部分字)</td></tr>
<tr><td>祭泰夬废</td><td rowspan="2">第十四祭(月)</td></tr>
<tr><td>第十五部(脂)之入声</td><td>月曷末黠辖薛</td></tr>
<tr><td>第八部(谈)之入声</td><td>合盍洽狎业乏</td><td>第十五盍</td></tr>
<tr><td>第七部(侵)之入声</td><td>缉叶帖</td><td>第十六缉</td></tr>
</table>

前面已说过,王氏把支脂之分为三部,真谆分为二部,侯幽分为二部,都与段氏不约而同。此外,王氏使至(质)祭(月)二部独立,给侯部配上入声,段氏起先也不认可,但是,段氏晚年改变了意见,改从王说(详见段玉裁《江氏音学序》、王念孙《答江晋三论韵学书》)。

王念孙晚年从孔广森之说,从东部分出冬部,共成二十二部。

二、王念孙的古音二十三纽

在汉语音韵学中,人们对上古声母系统的研究,没有对上古韵母系统的研究那么充分,主要原因在于材料比较缺乏。中国的音韵学家对上古声母的研究,总不外是拿传统的守温三十六字母与先秦古声纽作比较研究。研究的结果,他们认为先秦的古声纽比较中古时期三十六字母的系统要简单一些。例如成书于南宋前期的《韵镜》,其古声类即分为二十三类,就是将轻唇音、重唇音合并为唇音,舌头音、舌上音合并为舌音,齿头音、正齿音合并为齿音。这样的分类,看似简单,其实却是极有见地,对后世开展上古声母系统的研究有着深远的意义。关于《韵镜》一书,大约在南宋末年传至日本,而在中国本土却长期失传,以至现存的中国古代目录书上都未有著录。乾嘉时期学者未见此书。直到清光绪初年,中国学者杨守敬、黎庶昌在日本发现此书,刻入《古逸丛书》,于是方始回归祖国。《韵镜》从此受到学者重视,被视为研究汉语音韵学的重要资料。

乾嘉时期古音学家钱大昕,是首先进行上古声母研究工作的。经过钱氏考证,认为在守温三十六字母中,上古没有非敷奉微和知彻澄娘八个声纽,非敷奉微的字本来属于帮滂並明,知彻澄娘的字本来属于端透定泥。这就是"古无轻唇音"、"古无舌上音"的著名论断。这两项发现论据充分,已得到学界公认。除此以外,钱氏还认为"古人多舌音","古影喻晓匣双声"。所谓"古人多舌音",是指中古的章昌船书禅这组音在上古也读作舌头音端透定;所谓"古影喻晓匣双声",是指中古的这组牙音四母在上古大体相同,古人不甚区别,而互为双声。钱氏未见《韵镜》,发现古无舌上轻唇,与此书合。清代研究古声类学者当首推钱氏,次有邹汉勋,近代有章太炎、黄侃、曾运乾。

王念孙对上古声母的研究,未见有专论。王国维根据王念孙遗稿《释大》的编次及自注,推断出王念孙所拟上古声母为二十三组。王国维《高邮王怀祖先生训诂音韵书稿叙录》云:

> 《释大》七篇,二册。正书清稿,取字之有"大"义

> 者，依所隶之字母汇而释之，并自为之注。存见溪群疑影喻晓七母，凡七篇，篇分上下。余从杂稿中搜得匣母一篇，草书初稿，录附卷末，并为八篇。据第四篇"岸"字注云："说见第十八篇'洒'字下。"又第三篇"著"字注云："物之大者皆以牛马称之，说见第二十三篇。"是先生此书略已竣事，惜遗稿中已不可见矣。案唐宋以来相传字母凡三十有六，古音则舌头、舌上，邪齿、正齿，轻唇、重唇，并无差别，故得二十三母。先生此书亦当有二十三篇，其前八篇为牙、喉八母；而"洒"字在第十八篇，"马"字在第二十三篇，则此书自十五篇至第十九篇当释齿音精清从心邪五母之字；自二十篇至二十三篇当释唇音帮滂並明四母之字；然则第九至第十四六篇，其释来日端透定泥六母字无疑也。[①]

王念孙分上古声母为二十三纽，就是将守温三十六字母中的知彻澄娘四母合并于端透定泥，照穿床审禅五母合并于精清从心邪，非敷奉微四母合并于帮滂並明。

王念孙上古声母二十三纽表

牙音：	1 见	2 溪	3 群	4 疑		
喉音：	5 影	6 喻	7 晓	8 匣		
舌音：	9 端	10 透	11 定	12 泥	13 来	14 日
齿音：	15 精	16 清	17 从	18 心	19 邪	
唇音：	20 帮	21 滂	22 並	23 明		

① 《观堂集林》卷八，中华书局 1959 年版第 2 册第 397—398 页。

后来，王引之撰《经传释词》一书，其编次法也遵循《释大》依上古声母为序而列字的方法。即卷一、卷二为影喻二母，卷三、卷四为影喻晓匣四母，这前四卷是喉音字；卷五为见溪群疑四母，是牙音字；卷六为端透定泥四母，卷七为来日二母，这两卷是舌音字；卷八、卷九为精清从心邪五母，是齿音字；卷十为帮滂並明四母，是唇音字。《经传释词》依上古声母列字的编次法，是王念孙分上古声母为二十三组的再一次具体体现。

依上古声母为序而列字的编次法，不自高邮王氏始。戴震《转语二十章序》云："分别为二十章，各从乎声，以原其义。"这是说，二十章的编次是据上古声母二十类排序。然而《转语》原书不传，已无法得其详。或云今传世之戴氏《声类表》即《转语》。《声类表》分上古声母为二十类，将其与《转语二十章序》相对照，可发现二十类上古声母次序正好是二十章上古声母次序。戴氏将上古声母二十类作为《转语》二十章的编排次序，这就等于间接公布了他分上古声母为二十类的研究结论。王念孙踵步乃师，将上古声母二十三组作为《释大》二十三篇的编排次序，也就等于间接公布了他分上古声母为二十三组的研究结论。

作为乾嘉学者，王念孙未见《韵镜》，而他分上古声母为二十三组，与同时代的古音学家钱大昕的古无舌上轻唇的结论互相一致，并与《韵镜》分古声类为二十三类完全吻合。这就可见王念孙深察音理之精微，呈现智慧之广大。

三、古音学发展推动训诂学研究

我们在上一节"清代训诂学概况"中说过，清代古音学研究取得了卓越的成就，这些研究成果很快就用到训诂学上，那就是确立了因声求义，以声音通训诂的原则及其方法，并广泛地得到了运用。

作为清代杰出的古音学家之一，王念孙在《广雅疏证序》中即提出："诂训之旨，本于声音。""就古音以求古义，引伸触类，不限形体。"其子引之《春秋名字解诂序》云："夫诂训之要在声音不在文字，声之相同相近者，义每不甚相远。""究声音之通贯，察训诂之会通。"因声求义，以声音通训诂，这正是高邮王氏训诂学之灵魂，他们将这一原则和条例提高到新的理性认识，实行理论与实践相结合，并加以大力宣扬和应用，这就为训诂实践和训诂研究指明了正确途径和重要方法。因此，王力先生在《略论清儒的语言研究》一文中说：

> 重视有声语言与概念的直接关系。王念孙提出了"就古音以求古义，引申触类，不限形体"的合理主张。这样就不再为字形所束缚，实际上是纠正了文字直接表示概念的错误观点。这是训诂学的精华所在，对后代产生很大的影响。①

乾嘉以来，以高邮二王为代表的训诂学家们，利用古音学取得的成果，透过文字形体，看到文字后面所代表的语音，将训诂学推进到一个新的历史阶段，取得了空前的成绩，一些古书上的疑难问题由此得到解决。

---

① 王力《龙虫并雕斋文集》第三册，中华书局 1982 年版第 356—357 页。

1. 通假借

以声音通训诂的原则，首先最普遍地用在通假借方面。王念孙通过大量训诂实践，提出了通假借字的基本原则：

> 诂训之指，存乎声音。字之声同声近者，经传往往假借。学者以声求义，破其假借之字而读以本字，则涣然冰释；如其假借之字而强为之解，则诘籀为病矣。故毛公《诗传》，多易假借之字而训以本字，已开改读之先。至康成笺《诗》注《礼》，娄云某读为某，而假借之例大明。后人或病康成破字者，不知古字之多假借也。（《经义述闻序》）

王引之在《经义术闻》卷三十二“经文假借”条云：

> 许氏《说文》论六书假借曰：“本无其字，依声托事，令长是也。”盖无本字而后假借他字，此谓造作文字之始也。至于经典古字，声近而通，则有不限于无字之假借者，往往本字见存，而古本则不用本字而用同声之字。学者改本字读之，则怡然理顺；依借字解之，则以文害辞。是以汉世经师作注，有“读为”之例，有“当作”之条，皆由声同声近者，以意逆之而得其本字，所谓好学深思，心知其意也。

这里提到了两类假借现象：一类是“本无其字，依声托事”，这就是《说文》所说的假借，即造字假借；另一类是本字见存而不用，却临时借用音同或音近的字，这也可称为临时借用的用字假借。训诂学中所说的通假借，主要就是解决这后一类用字假借问题。

高邮王氏父子在大量的训诂实践中，反复提出通假借的认知过程，王念孙云：

> 凡假借之字，依声托事，本无定体，古今异读，未可执一。(《广雅疏证》卷六上“都凡也”条)
>
> 借字本无一定，何必“荷”之是而“倚”之非乎？(《读书杂志·汉书十五》“荷锸”条)
>
> 故凡字之相通，皆由于声之相近，不求诸声而求诸字，则窒矣。(《经义述闻》卷三“嗣”字条)

王引之亦云：

> 夫古字通用，存乎声音。今之学者，不求诸声而但求诸形，固宜其说之多谬也。(《经义述闻》卷三“平章百姓”条)
>
> 说经者不察古人假借之例，故其说迂曲而难通矣。(《经义述闻》卷七“幅陨既长”条)
>
> 故名字相沿，不必皆其本字，其所假借，今韵复多异音，画字体以为说，执今音以测义，斯于古训多所未达，不明其要故也。今之所说，多取古音相近之字以为解，虽今亡其训，犹将罕譬而喻，依声托义焉。(《经义述闻》卷二十三《春秋名字解诂序》)
>
> 大抵假借之字，不以本字读之，则义失其真；径改为本字，则文非其旧。存其假借之“易”，而读以本

义之"隻",斯两得之矣。(《经义述闻》卷二十四"一本又作易轮"条)

古人字多假借,必执本字以求之,则迂曲而难通矣。(《经义述闻》卷二十四"潞子之为善也躬"条)

文字是有声语言的代用品,欲求其义,关键只能从语音入手。高邮二王反复强调要用因声求义的方法通假借字,就是提醒人们在辨认字义的过程中,要从"求诸形"转到"求诸声"上,也就是说,要把注意力从文字的形体转移到它所代表的声音上,把文字转化成语词,让语词的声音在我们的第二信号系统中显现出来,以排除由于从文字形体特征获得直感印象而产生的错误的"望文生义"。只有这样,通假借的认知过程才能符合客观实际。

2. 明连语

连语,即联绵词。解释联绵词,是以声音通训诂的又一作用。清代古音学的发展,促使学者们对联绵词有了进一步的认识。

在清代学者中,对联绵词研究得最透辟的是王念孙。他不仅揭示了大量联绵词的音转现象,而且他看到双声叠韵式的联绵词多由单音节词音转孳生而来,所以他反复强调联绵词的意义构造在于"上下两字同义"。在《读书杂志·汉书十六》"连语"条,以整卷的篇幅专从古音上入手分析研究《汉书》中出现的众多联绵词:

凡连语之字,皆上下同义,不可分训。说者望文生义,往往穿凿而失其本指。如训"流䬇",则曰:"无有差次,不得流行。""奔踶",则曰:"乘之即奔,立则踶人。""陵夷",则曰:"若邱陵之渐平。""囹圄",则曰:"囹,狱也;圄,守也。""狼戾",则曰:"狼心贪戾。""惊鄂",则曰:"鄂者,阻碍不依顺。"凡若此者,皆取同义之字而强为区别,求之愈深,失之愈远,所谓大道以多岐亡羊者也。

王念孙所说的连语,是指双声、叠韵式的联绵词,并不包括非双声非叠韵式的联绵词。目前语言学界普遍认为联绵词是"旧称由两个音节联缀而成的单纯词"①,说得更简单一些,"旧时指双音的单纯词"②,并认为"由两个音节联缀成义而不能分割"③,两个音节分开来就没有意义,只有合在一起作为一个单纯词才表示一个完整的意义。这种观点,施之于非双声非叠韵式的联绵词,似乎更适合些;而跟王念孙所言"凡连语之字,皆上下同义",却是并不完全一致。王念孙首先从语音入手,认为双声、叠韵之字的两个音节都代表同一种意义,并非分开来就没有意义;不过,不能就文字形体去穿凿求义,而应该因声求义。究其实,王念孙将双声、叠韵式的联绵词,并不认为是现代语言学意义上的不可分割的单纯词,而是将它们认作"皆上下同义,不可分训"的衍声词。

王念孙在大量的训诂实践中,反复提出以声音明连语的原则和方法:

---

① 《汉语大词典》,汉语大词典出版社 1991 年版第 8 卷第 706 页。
② 《现代汉语词典》,商务印书馆 1996 年版第 785 页。
③ 《辞海·语言学分册》,上海辞书出版社 1987 年版第 99 页。

凡叠韵之字，其意即存乎声，求诸其声则得，求诸其文则惑矣。(《读书杂志·荀子二》"离纵而跂訾"条)

凡双声叠韵之字，皆上下同义。(《读书杂志·馀编下》"心絓结而不解兮"条)

凡叠韵之字，皆上下同义，不宜分训。(《读书杂志·馀编下》"律魁放乎山间"条)

冯，亦陵也。"冯陵"叠韵，不得分为二义。(《经义述闻》卷十八"冯陵我城郭"条)

"无虑"、"勿虑"、"摹略"、"莫络"、"孟浪"，皆一声之转。大氐双声叠韵之字，其义即存乎声，求诸其声则得，求诸其文则惑矣。(《经义述闻》卷三十一"无虑"条)

"犹豫"，双声字也，字或作"犹与"。分言之则曰"犹"、曰"豫"，合言之则曰"犹豫"，转之则曰"夷犹"、曰"容与"。夫双声之字，本因声以见义，不求诸声而求诸字，固宜其说之多凿也。(《经义述闻》卷三十一"犹豫"条)

"饕餮"一声之转，不得分"贪财为饕，贪食为餮"也。盖"饕餮"本贪食之名，故其字从食，因谓贪欲无厌者为饕餮也。(《广雅疏证》卷二上"贪也"条)

"诡随"叠韵字，不得分训"诡人之善，随人之恶"。"诡随"即无良之人，亦无大恶小恶之分。诡随谓谲诈谩欺之人也。(《广雅疏证》卷六上"诡随小恶也"条)

此叠韵之相近者也，侈言之则曰"盘姗"，约言之

则曰"蹁跹",皆行不正之貌也。(《广雅疏证》卷六上"蹁跹盘姗也"条)

王念孙利用古音学的成果,用因声求义的方法分析研究双声、叠韵式的联绵词,纠正前人望文生训的错误,使解释联绵词的工作进入一个新阶段。

3. 求语源

古音学的发展,使语源的研究得以在比较科学的基础上进行。东汉末年刘熙《释名》用声训探索了事物得名的由来,宋代王圣美首倡右文说,从汉字的谐声偏旁入手考察了词的原始意义。清代学者利用古音学的成果,能够突破文字形体的束缚,看到文字背后的语音,在研究语源方面比《释名》声训更有说服力,比右文说更为科学。这就是王念孙所说:"今则就古音以求古义,引伸触类,不限形体。"这种因声求义,以声音通训诂的方法的运用,使语源研究又前进了一大步。

《广雅·释器》:"不借,履也。"〔疏证〕《方言》:"扉、屦,粗履也。丝作之者谓之履,麻作之者谓之不借。"《丧服传》:"绳屦者,绳菲也。"郑注云:"绳菲,今时不借也。"《盐铁论·散不足篇》云:"綦下不借,鞔鞮革舄。"《急就篇》云:"裳韦不借为牧人。"《释名》云:"不借,言贱易有,宜各自蓄之,不假借于人也。齐人云搏腊,搏腊犹把鲊,粗貌也。"案《释名》以搏腊为粗貌,是也。搏腊,叠韵字,转之则为不借,非不假借于人之谓也。《说文》"綥"字注云:"一曰不借綥。"《周官·弁师》注作"薄借綦"。薄借,即搏腊也。《齐

民要术》引《四民月令》云:"十月作白履不惜。"不惜,即不借也。(《广雅疏证》卷七下)

按:汉朝人把用麻编制的草鞋叫做"不借",这种草鞋质地粗糙,为平民百姓所用。《释名·释衣服》认为这种草鞋价格便宜易得,大家都买得起,人们各自购置备用,不必假借于人,所以就叫不借。刘熙对"不借",从字面上穿凿求之,自然不得要领。尽管他也提到"齐人云搏腊,搏腊犹把鲊,粗貌也",却仅是以此作为"不借,言贱易有"的佐证,并未根据语音循此线索,追索下去。王念孙的高明之处,就在于循此线索,从语音入手,考证不借亦可作薄借、不惜,是叠韵字搏腊的音转,认为不借的语源是搏腊,不借得名于粗貌,这样说符合实情,令人信服。《辞源》修订本云:"〔不借〕草鞋。丝制者称履,麻制者称不借。以贱而易敝,不借之于人,故名。"《辞源》的释义,像刘熙一样,只是在字面上打主意,不求诸声而求诸字,固宜其说之多凿也。

《广雅·释诂》:"偈,健也。"〔疏证〕偈者,《玉篇》音近烈切,武貌,引《卫风·伯兮篇》:"伯兮偈兮。"今《诗》作朅,毛传云:"朅,武貌。"又《硕人篇》:"庶士有朅。"毛传云:"朅,武壮貌。"释文:"朅,《韩诗》作桀,云健也。"《太元·阙》次八:"其人晖且偈。"释文云:"偈,武也。"偈朅桀并通。《诗·伯兮》传云:"桀,特立也。"特立即健之义。故人之特立者谓之傑,木之特立者谓之楬,石之特立者谓之碣,义并同也。(《广雅疏证》卷二上)

按：王念孙从“偈，健也”引伸开发，揭示出偈蝎桀三字并通，榻碣傑三字义并同。这里就列出了两组谐声偏旁字，一组为偈蝎榻碣，另一组为桀傑，这些字古音相同相近，意义和健有关。这就突破了宋代王圣美只以一组谐声偏旁字为证的右文说，真正做到了“今则就古音以求古义，引伸触类，不限形体”，在右文说的基础上又有了新的发展。

一组同源词，可以有单音的，也可以有双音的，例如：

> 《广雅·释诂》：“侏儒、黜，短也。”〔疏证〕黜与侏儒，语之转也。故短谓之侏儒，又谓之黜；梁上短柱谓之棳，又谓之侏儒，又谓之棳儒；蜘蛛谓之蝃，又谓之蝃蝥，又谓之侏儒。盖凡物形之短者，其命名即相似，故屡变其物而不易其名也。（《广雅疏证》卷二下）

这里提及的词虽然有单音和双音的不同，但是这一系列词古音相同相近，而且有音转的关系；再从意义上看，它们都含有短义。这里已从具体的一个个词的语源探索，进入到对一组同源词的综合研究。王念孙因声求义，以声音通训诂的原则的运用，从训诂原理和训诂方法上，开辟了求语源的新境界。

第三节　高邮王氏训诂学思想的来源

高邮二王是清代训诂学的代表人物，他们在训诂理论和训诂实践方面取得了卓越成就，这与他们善于批判地继承传统语言学的宝贵遗产密不可分。

我国传统语言学源远流长。早在公元前四、五世纪的文献中，就有西周和春秋时人解释语言文字的记载（见《国语·周语》）；当时，国家已设立翻译方言、外语的专门官吏，从事于推广文字教学工作的常设机构（见《周礼·春官·外史》、又《秋官·大行人》）；也有专人对当时的文字、词汇进行整理工作（例如太史籀的《史籀篇》），为当时的语言文字规范树立了标准。先秦时期，诸子蜂起，百家争鸣，他们在辩难哲学问题的同时，探讨了语言理论中的一些重大问题，例如关于对语言本质的认识，关于语言与思维的关系的探索，关于文字起源的解释，关于名实关系的讨论等等，为后来的语言研究创立了理论基础。秦汉以后，随着经学和文字教学工作的发展，小学研究的各个方面都得到了长足的发展，并逐步形成了适应汉语特点的语言研究体系。同时，在漫长的历史发展进程中，积累了极为丰富的文献著作。其中，除了像《尔雅》、《方言》、《说文》、《释名》等最早的词汇学、方言学、文字学、词源学著作之外，后世又出现了以《广韵》为代表的为数众多的音韵学著作，以及数以百计的文字学、训诂学专书。据《四库全书总目提要》经部小学类书目统计，“以《尔雅》以下编为训诂，《说文》以下编为字书，《广韵》以下编为韵书”，计得训诂之属十二部（不包括经传注疏书），字书之属三十六部，韵书之属三十三部，附存目训诂之属八部，字书之属六十八部，韵书之属六十一部，共计二百十八部。这些著作，卷帙浩繁，内容丰富，组成了一部中国语言学的发展史。从中我们不难发现，随着历史的进展，语言的研究工作不断提高，研究领域不断扩充，研究成果不断涌现，研究方法不断创新。由于这多方面的不断积累和汇合，必将导致语言研究随着近代化的进程，产生一次飞跃。

我国传统的语言研究，从来就是以解决实际问题为中心来进行的。因此，在积累下来的文献中，很少有语言理论和方法论方面的专门著作。但是，这种情况并不等于可以说传统语言学没有自己的理论和方法论体系。传统语言学的理论和方法论原则，总是与解题和释文紧密相结合，并表现在实际应用中，重点往往在语言学家著作的凡例或序言中提出，有时古人著作甚至不言凡例，而凡例自散见于全书之中。事实上，我国古代学者不仅对语言理论问题有过非常精辟的论述，同时他们在研究语言的具体过程中，也一贯遵循着一定的方法论原则。前人关于语言理论问题的论述和方法论原则的运用，对高邮王氏训诂学思想体系的形成，无疑有着重要的积极意义。换言之，正是高邮二王善于批判地继承传统语言学的宝贵遗产，并加以充实发展，才能建立起一个自具特色的训诂学体系。下面，我们以清代高邮王氏《广雅疏证》、《经传释词》成书以前为时间断限，就传统语言学研究对于高邮二王影响较大的几个方面，也就是高邮王氏训诂学思想来源的主要方面，作一初步探讨。

一、语言的社会约定性

古代学者早就认识到语言的社会性以及与它所反映的客观事物之间联系的约定性，由此产生必须密切联系语言所依存的社会和客观事物来研究语言的原则。古代学者认为语言是社会的产物，事物的名称产生于事物之后。《墨子·经上》云："言，出举也。"《经说上》云："故言也者，诸口能之出民(名)

者也。民(名)若画俿(虎)也。言也〔者〕,谓言犹(由)石(名)致也。”又《经上》云:“举,拟实也。”《经说上》云:“举,告以文名,举彼实也。”(引文据孙诒让《墨子间诂》)这是说,语言是用口(有声的)表达事物概念的有组织的词语。梁启超《墨经校释》卷十云:“此条论语言之起原,最为精到。亦即论理学之根本观念。”

由此进一步认识到,名称与它所反映的事物存在着客观的联系,并且反映着事物的概念和本质,人们可以通过它来认识事物。《墨子·经说上》云:“若实也者,必以是名也。”“是名也,止于是实也。声出口,俱有名,若姓字。”“所以谓,名也;所谓,实也。名实耦,合也。志行,为也。”毕沅注云:“此释《经上》‘名实合为’。”《公孙龙子·名实论》云:“夫名,实谓也。”《庄子·逍遥游》云:“名者,实之宾也。”这是说,名称是对事物的称呼;名称必须依附于实际意义,它不能离开实际意义而独立存在;一定的名称总是与一定的事物相联系着。《管子·九守》云:“循名而督实,按实而定名。”按照事物的本质特征确定它的名称,反过来,依靠名称也就可以认识事物,做到“循名责实”(《邓析子》),“明名章实”(《管子·幼官》),使之“名实合为”(《墨子·经上》),名副其实。

同时,古代学者更深刻地认识到,名称和事物的联系并不是天生的,而是由社会约定俗成的。《荀子·正名》云:“名无固宜,约之以命,约定俗成谓之宜,异于约则谓之不宜。名无固实,约之以命实,约定俗成谓之实名。名无固善,径易而不拂谓之善名。”这是说,名称与其所反映事物之间的联系取决于社会的约定性,而名称与名称之间的联系存在着名称系统的内部整体性(各个名称之间必须“径易而不拂”)。对名实关系的这种理解，其实就是对语言本质的理解，十分强调语言的社会性，直到今天，仍然闪耀着唯物主义思想的光辉。古代学者在认识到语言的社会性的前提下，非常注意语言对社会的依存关系，认为名依实存，约定俗成，“名之于实，各有义类”（刘熙《释名序》）。因此，他们也就将语言研究经常与社会人事、文化典章、名物制度等等密切联系起来，“审其名实，慎其所谓”（《公孙龙子·名实论》），按照语言的社会性即“正名”的原则，来“正音读，通训诂，考制度，释名物”（朱熹《论孟集义序》，《朱子大全》卷七十五），认为只有“治其名，详其实，庶可以正讹文交错谬说因循矣”（戴震《辨诗礼注轨轨轵轵四字》）。因此，他们对语言的解释，总是从语言的社会性出发，经常旁征博引，有极为丰富的客观事实为根据，结论就往往比较可信。

高邮二王继承了这一研究原则，他们在解释词语时，总是首先考虑语言的社会约定性，往往归纳许多同类的语言现象，“比例而知，触类长之”，再断以己意，做到无征不信。在解释草木鸟兽虫鱼的名称时，他们再三提出：“凡同类者并得同名。”“凡物之异类而同名者，其命名之意皆相近。”“盖凡物形之短者，其命名即相似，故屡变其物而不易其名也。”（引文分别见《广雅疏证》卷十上“茈綦蕨也”条，卷七下“𦥑谓之皃”条，卷二下“短也”条）这些见解，正是他们认识到语言的社会约定性、名称系统的内部整体性的反映。

二、语言为音义统一物

古代学者从朴素的唯物主义出发，认识到语言是声音和意义有机结合的统一体，由此产生把语言的音、义密切联系起来，并且以声音为线索来研究语言的原则。《墨子·经上》云："循所闻而得意，心之察也。""执所言而意得见，心之辩也。"这是说，根据有声语言，可以知道它所表达的意义。《说文》司部云："词，意内而言外也。"段玉裁注云："意者文字之义也，言者文字之声也。"这是说，语言可分析为意义和声音两个部分，意义是语言的内核，而声音是它的外壳。意义依附于声音而存在，声音因有意义而成为语音。《文心雕龙·练字》云："心既托声于言，言亦寄形于字。"这是说意义借有声语言来表达，而语言则借文字形体来表达。这种观点是完全符合现代语言学的基本原理的。语言是语音和语义有机结合的统一体，文字是有声语言的代用品。文字有形、音、义三个组成部分，因此小学又分为文字学、音韵学、训诂学三个方面。这三个方面的研究虽然各有侧重，但是亦并非"各自为政"，而是"因文字而得古音，因古音而得古训，此以一贯三之道，亦推一合十之道也"（钱大昕《小学考序》），这就必须注意文字的形、音、义之间的联系。训诂学是一门综合性的学问，如果从现代语言学的角度看，它主要是研究古代书面语的语义，训诂方法尽管很多，但不外乎是通过文字的形、音、义三个方面来实现对于词义语义的探讨。义本于音而寓于形，把文字的形、音、义三个方面结合起来进行研究，对于真实地了解语言，无疑是一种极为重要的根本方法。

古代学者不仅认识到单个汉字的形、音、义之间的联系，而且已能初步做到在语音上以类相从，能打破字形的界限而窥见语义的联系，这就是声训、转语、右文说的出现。不过，清以前的学者也仅只有少数人注意到这种现象，而且也还只是直观的、零碎的、粗疏的叙述，并没有上升成为有系统的理论和方法论原则，而且其中也还或多或少地带有唯心主义的成分。只有到了清代，小学得到全面发展，特别是古音学研究取得了决定性的突破，清儒对语言的本质，对文字形、音、义的关系有了更深刻的科学的理解。戴震云："故训音声，相为表里"(《六书音均表序》)；"故训音声，未始相离"(《与是仲明论学书》)；"字书主于训诂，韵书主于音声，然二者恒相因。音声有不随故训变者，则一音或数义；音声有随故训而变者，则一字或数音……凡故训之失传者，于此亦可因声而知义矣"(《论韵书中字义答秦尚书蕙田》)。这就明确指出音义之间的密切关系，因此在语言研究中，"俾疑于义者，以声求之；疑于声者，以义正之"(《转语二十章序》)；"由文字以通乎语言，由语言以通乎古圣贤之心志，譬之适堂坛之必循其阶，而不可以躐等。是故凿空之弊有二：其一，缘词生训也；其一，守讹传谬也。缘词生训者，所释之义非其本义；守讹传谬者，所据之经并非其本经"(《古经解钩沈序》)。戴氏这种观点，已经从文字学的范围进入到语言学的领域，把文字当作词的音节符号看待。他由这种观点产生了两种训诂学的方法论原则：其一是形、音、义三结合，并从语音上以类相从的原则；其二是校勘与训诂相结合的原则。这两种原则，又统一于"古人属词之法"的原则。像戴震这一类的训诂学原则，在扬雄、郭璞以后确是罕见的。

作为戴震的学术传人，高邮二王的《广雅疏证》、《读书杂志》、《经传释词》、《经义述闻》，可以说完全是戴氏训诂学原则和方法的精密运用的成果。高邮二王继承和发展了戴震的治学原则，深刻认识到声音对于训诂学研究，具有第一性的重要作用。因此，他们在训诂实践中，大量地运用了改造过的声训、转语、右文说的理论和方法。王念孙《广雅疏证序》中总结了这一原则："诂训之旨，本于声音，故有声同字异，声近义同，虽或类聚群分，实亦同条共贯。今则就古音以求古义，引伸触类，不限形体。"这里，明确地提出了研究语言的根本方法应从语音入手，这样既可避免单纯从意义出发的主观唯心主义的错误，又可不受文字形体的限制。王念孙是清代卓越的古音学家之一，他把古音学研究的成就运用到训诂实践中，能做到从语音上以类相从，越过文字形体的障碍而窥见音义的联系，直接用语言驾御文字，总结了许多声音通转的规律，提出了因声求义，以声音通训诂的原则，促使古老的训诂学走向科学语言学的道路。这也正是高邮王氏训诂学中类皆精核富有创获的精华。对此，黄季刚先生曾高度评价说："小学必形、声、义三者同时相依，不可分离，举其一必有其二。清代小学家以声音、训诂打成一片，自王念孙始"；"以声音贯串训诂，而不拘执于形体……若王念孙则不谓之哲人不可也"①。

三、语言的历史发展观

古代学者从语言的社会性出发，认识到语言的历史演变，由此产生了历史主义的研究原则。语言具有稳固性，同时又是不断发展的。《荀子·正名》云："若有王者起，必将有循于旧名，有作于新名。"杨倞注云："名之善者循之，不善者作之。"所谓"循于旧名"，反映了语言的稳固性；而"作于新名"，则顺

① 黄侃述、黄焯编《文字声韵训诂笔记》，"形声义三者不可分离"条，上海古籍出版社 1983 年版第 48—49 页。

应了语言的发展演变。因此,学者们正确地指出了“古语与今殊别”,“古今言语,时俗不同”(《颜氏家训·音辞篇》);“今人之音不同乎古”(顾炎武《答李子德书》);认识到“天下无不可迁之事。声音之出于喉吻,宜若无古今之殊;而风会迁流,潜移默转,有莫知其然而然者,楚骚之音异于风雅,汉魏之音异于屈宋”(潘耒《类音》卷一《古今音论》)。因此在小学研究中,十分注意古今语言之变化。

在承认语言历史演变的必然性的前提下,古代学者在具体的小学研究中,便运用历史发展的观点来对待具体问题,形成了朴素的历史主义的原则。杨慎云:“凡观一代书,须晓一代语;观一方书,须通一方之言。不尔,不得也。”(《升庵全集》卷十七“阿堵”条)陈第云:“盖时有古今,地有南北,字有更改,音有转移,亦势所必至。”(《毛诗古音考自序》)为此,他们力求找出古今语言的异同,以今语来解释古语,以求古今语言之间辗转相通。例如《尔雅》的训诂原则就是“释雅以俗,释古以今”①;扬雄《方言》也以“古今语”来解释各地古今方言;汉人注经,不独以汉制说古制,亦以今语释古语。戴震云:“古人以其语言立为名类,通以今人语言,犹曰互训云尔。转相为注,互相为训,古今语也。”(《答江慎修先生论小学书》)古代学者还认识到,研究特定时代的语言,就必须了解特定时代的语言习惯。例如孔颖达指出“古人之语多倒”(见《毛诗正义》中《汝坟》、《崧高》等篇孔疏),认识到古今词序的不同。顾炎武以“古今世殊,南北俗异,言语声音,有不得尽合者”,引陆德明语

① 王国维《尔雅草木虫鱼鸟兽名释例上》,载《观堂集林》卷五,中华书局1959年版第1册第219页。

指出“古人韵缓，不烦改字”及“古诗无叶音”（《音论》卷中），认为上古音的韵部与后世不同。古代学者不仅注意古今语言的异同，还尝试探索语言本身历史发展的源流。顾炎武论音学时云：“先之以《音论》何也？曰审音学之原流也”（《音学五书后序》）；他试图辨析出“古今音之变，而究其所以不同”（《音学五书序》）。这种能从纵向的历史联系上来考察语言的发展演变源流，是难能可贵的。上述语言研究的历史主义原则，尽管还不够完善，不够系统，但是对于解决具体的实际问题，仍然起了很大的积极作用。

高邮二王在训诂实践中，认识到语言的历史发展观，注意语言的时代性，继承了前人语言研究中的历史主义原则，提出了“就古音以求古义”的训诂学原则。因为语音是随时代而变化的，原先相同或相近的，后来可能变得不同不近；而原先不同不近的，后来也可能变得相同或相近。这就是语音变化中的同源异流和异源同流的现象。如果根据后来已经变化了的今音去考求古义，那就难免郢书燕说。要避免这种危险，那就必须正确认识语言的历史发展观，注意到语言的时代性。“就古音以求古义”这一原则，正是高邮王氏从多年训诂实践中总结出来的宝贵经验。

四、语言环境决定字义说

古代学者认识到语言的最小单位是字（在古代语言中，绝大部分的单个汉字就是一个单音节词），由此产生了从具体的语言环境中研究语言的原则。《论衡·正说篇》云：“夫经之有篇也，犹有章句也，有章句犹有文字也。文字有意以立句，句有数以连章，章有体以成篇，篇则章句之大者也，谓篇有所法，是谓章句复有所法也。”《文心雕龙·章句篇》云：“夫人之立言，因字而生句，积句而成章，积章而成篇。”这是说，人们的语言就是由文字按照一定的法则组织成的句子和篇章，字是语言中的最小单位。因此，我国古代的语言研究，大多从一个个的文字出发，“由字以通其词，由词以通其道，必有渐”（戴震《与是仲明论学书》）。而字这一最小的语言单位，总是存在于具体的语言环境中，即句子、段落、篇章里面。因此，古代学者总是联系具体的语言环境来研究字义。汉代学者就已用一字异读来辨别字义（如何休《公羊传注》“伐”字注）。宋代学者根据具体的语言环境，辨析多义字，提出“一字之义，音诂殊别者众，当为辨析”（贾昌朝《群经音辨序》）；并根据同一个字在不同的语言环境中的性能和作用，把它们分析为实字、虚字或者动字、静字（见宋人黄震《黄氏日钞》、沈义父《乐府指迷》。杨树达《高等国文法·总论》说“朱氏（骏声）创立动字静字之名”，杨说不确），这实际上是根据字（词）在具体语言环境中的性能和作用，对它们进行语法意义上的定性和分类。

一字多义是汉语中的普遍现象。所谓一字多义，这是指字在字典中的价值说的；到了具体的语言环境中，一个字只能有一个明确的独一无二的意义。在这种情况下，我们可以说，字义是由上下文确定的，也就是说语言环境决定字义。袁仁林《虚字说》在辨析“实字虚用，死字活用”时云：“然其虚用活用，必亦由上下文知之，若单字独出，则无从见矣。”这就是说，确定字的意义和价值的是上下文；如果脱离了具体的语言环境，就不能求得一个字的确切的意义和用法。这种把单个汉字作为最小的语言单位来研究的观点，是完全符合于中国传统语言学的实际，同时也完全符合于现代语言学的语义场理论。

高邮二王在训诂实践中，具体运用了这种由语言环境决定字义的理论和研究原则，在《广雅疏证》、《经传释词》中解释字义时，引用大量书证，把一个个单字用还原法放入具体的语言环境中去考察，因此能多处驳正旧注，发明新义。特别是高邮王氏发现《尔雅》、《广雅》中有二义或三义同条的训释现象，这也是通过把同条中的被训释字一一放入具体语言环境中审核后所取得的结论，高邮王氏发现这条义例，是科学方法的运用，结论是无可怀疑的。

五、重视方言口语的搜集整理

古代学者注意到不同社会中语言的不同，注意到方言的分歧，并对这种存在不同方言的状况作了科学的解释，同时还提出了语言文字规范化的问题。由此，促使古代学者重视活语言——方言口语的搜集整理。

中国地域广大，人口众多，自古至今一直存在着方言的差别。许慎云："〔战国时〕分为七国，田畴异亩，车涂异轨，律令异法，衣冠异制，言语异声，文字异形。"(《说文解字叙》)颜之推云："夫九州之人，言语不同，生民以来，固常然矣。"(《颜氏家训·音辞篇》)陆德明云："方言差别，固自不同，河北江南，最为巨异。或失在浮清，或滞于重浊。"(《经典释文·叙录》)陈第云："盖时有古今，地有南北，字有更改，音有转移，亦势所必至。"(《毛诗古音考自序》)从上引论述可见，古代学者早就注意到各地方言的差别，并进一步说明了产生方言分歧的原因，是由于社会的分化（“分为七国”）和地域的不同（“地有南北”），这无疑是符合于现代语言学关于方言成因的科学解释。据记载，中国历史上很早就注意方言调查工作，“周秦常以岁八月遣輶轩之使采异代方言，还奏籍之，藏于秘室”（应劭《风俗通序》）。到了西汉，扬雄根据前人积累的方言资料，加上他自己实际调查所得，写下了中国语言学史上第一部方言学著作《方言》，被誉作“是悬诸日月不刊之书也”（扬雄《答刘歆书》）。魏晋以后，学者们注意到方言的存在与语言发展的联系，《颜氏家训·音辞篇》云：“南方水土和柔，其音清举而切诣，失在浮浅，其辞多鄙俗；北方山川深厚，其音沉浊而鈋钝，得其质直，其辞多古语。”这就认识到方言的存在是语言历史发展的结果，各地方言中或多或少地保留着古代语言的成分，因此非常重视对当时当地活语言的搜集整理，并在训释方法上常以方言口语来解释古语。这种引用方言口语训释古代书面语，具有极强的说服力，确是一种行之有效的训诂方法，同时还提供了研究语言史的资料。

高邮二王继承了前代学者以活语言——方言俗语解释古语的传统。王念孙云：“知绝代异国方言，无非一声之转，则触类旁通，而天下之能事毕矣。”（《程易畴果臝转语跋》）王引之云：“方俗所传，尤为可据。”（《广雅疏证》卷十下“鸭鸠、鸡鹃，子鸠也”条）因此在训诂实践中，他们经常引用“今俗语”、“方俗语”、“古之遗言”，甚至用他们家乡扬州高邮一带土语来训释词义，这是很有见地的。不过，高邮二王像清代众多学者一样，虽然重视搜集方言俗语，也仅是为了“证古”；他们都厚古薄今，轻视唐以后的新词俗语，不去作系统研究；虽有不少人积累了方言俗语资料，但作为语言史的研究是没有的。

综上所述，在我国传统语言学发展的漫长历史中，古代学者根据进步的语言理论和研究原则（当然不限于上述五个方面），对汉语作了系统的研究，建立了具有民族特色的语言研究体系，并在各个方面都取得了显著成绩。高邮二王善于批判地继承和发展传统语言学的宝贵遗产，特别是朴学皖派创始人戴震的学说，以具有理性主义的语言理论和研究原则为指导，通过大量的训诂实践及其理论创新，建立起了一个比较完整的训诂学体系。

从训诂学的发展历史看，它萌芽于先秦，初兴于两汉，至元明已沉寂衰微矣。在清代以前出现了大量的经传注疏和训诂专书，但是，那些注疏还只是依附于经学的随文释义，训诂专书也还只是训诂资料的汇编，或是偏重分析字形的字书，或是偏重审音正读的韵书，还没有提出训诂学的法则条例，没有从理论上进行概括和提高，还仅仅停留在“释古今之异言，通方俗之殊语”的地步。只是到了清代，乾嘉朴学的兴起，训诂学在古音学研究的推动下，才有了重大的突破，被称为清代训诂学的复兴，其主要的标志就是建立起了一个比较完整的训诂学体系。以戴震为创始人的朴学皖派，提出了新的训诂学原则，对训诂学的发展作出了重大贡献。高邮二王是戴震的学术传人，作为清代训诂学的杰出代表人物，他们一方面研究汉唐旧注，从大量的古书注释中归纳出训诂原理和训诂条例；另一方面，他们又研究《尔雅》、《方言》、《说文》等古辞书，撰写出具有新的训诂理念的《广雅疏证》、《经传释词》等典范著作，从训诂专书研究和大量的训诂实践中，提炼出训诂学的理论和方法论原则，在他们以及同时代学者的努力下，使训诂学终于发展成为一门具有自己的理论和专著、有着明确的研究范围和方向的独立的语言科学，使训诂学研究走向科学语言学的道路。

第四节　高邮王氏训诂学的学术史地位

清代是中国传统语言学研究的全盛时期，也是训诂学全面复兴之时。高邮二王是清代训诂学的代表人物，高邮王氏训诂学在中国训诂学史以至在中国文化学术史上，都占有重要地位。

乾嘉时期，儒宗硕师，由此辈出。而由王念孙的老师戴震所创始的朴学皖派，治学严谨，勇于创获，成绩卓著，陵越汉唐。章太炎在评述这一学派时说：

> 震生休宁，受学婺源江永，治小学、礼经、算术、舆地，皆深通。其乡里同学有金榜、程瑶田，后有凌廷堪、三胡——三胡者，匡衷、承珙、培翚也——皆善治《礼》；而瑶田兼通水地、声律、工艺、谷食之学。震又教于京师，任大椿、卢文弨、孔广森皆从问业。弟子最知名者，金坛段玉裁、高邮王念孙。玉裁为《六书音均表》以解《说文》，《说文》明。念孙疏《广雅》，以经传诸子转相证明，诸古书文义诘诎者皆理解。授子引之，为《经传释词》，明三古辞气，汉儒所不能理绎。其小学训诂，自魏以来未尝有也。近世德清俞樾、瑞安孙诒让，皆承念孙之学。樾为《古书疑义举例》，辨古人称名抵忤者，各从条例，使人无所疑眩，尤微至。世多以段王俞孙为经儒，卒最精者乃在小学，往往近名家者流，非汉世《凡将》、《急就》之侪

也。凡戴学数家,分析条理,皆参密严瑮,上溯古义,而断以己之律令,与苏州诸学殊矣。[①]

这是清末民初最后古文经学大师的总结性评述,可谓定论。从中,我们可以看到高邮王氏在这一学派中的地位和影响。念孙与他的老师戴震、同门段玉裁、儿子引之,并称戴段二王。戴震是该学派的创始人,即开宗立派的学术带头人,为小学研究制定了原则和方法,开拓了新的途径。段玉裁和王念孙,是该学派中的两员主将,他们精通文字、音韵、训诂之学,博大精深,才识过人,他们各自的代表作《说文解字注》和《广雅疏证》,是传统语言学宝库中的光辉典籍,代表着当时小学研究的最高成就,世称"段王之学"。引之承继家学,创通大例,引而申之,发扬光大。如果说,段氏的主要成就在文字学研究领域,那末王氏的最大业绩则在训诂学研究方面。清代训诂学以高邮二王为最精。高邮王氏对训诂学研究作出了巨大贡献,他们的同时代人以及后人曾给予很高的评价。段玉裁推崇王念孙"尤能以古音得经义,盖天下一人而已矣"(《广雅疏证序》);阮元称誉高邮王氏"家学特为精博,又过于惠戴二家"(《经义述闻序》);焦循作诗赞颂说:"高邮王氏,郑许之亚。借张揖书,示人大路。《经义述闻》,以子翼父。"(《雕菰楼集》卷六《读书三十二赞》)俞樾说:"高邮王氏父子发明古训,是正文字,至为精审。"(《群经平议序》)孙诒让说:"乾嘉大师,唯王氏父子郅为精博,凡举一谊,皆确凿不刊。"(《札迻序》)章

① 章太炎《訄书·清儒》,见徐复《訄书详注》,上海古籍出版社 2000 年版第 144—145 页。

太炎说："高邮王氏，以其绝学释姬汉古书，冰解壤分，无所凝滞，信哉千五百年来未有其人也。"(《訄书·订文附正名杂义》)梁启超说："吾侪今日读王氏父子之书，只觉其条条皆犁然有当于吾心，前此之误解，乃一旦涣然冰释也。"(《清代学术概论》十二)黄季刚先生说："清代小学家以声音、训诂打成一片，自王念孙始"，"若王念孙则不谓之哲人不可也"①。就是专以排诋汉学为己任的桐城方东树，也曾由衷地说："按以此义，求之近人说经，无过高邮王氏。《经义述闻》，实足令郑朱俯首，自汉唐以来，未有其比也。然王氏所以援据众说，得真得正，确不可易者，不专恃《说文》一书也。"(《汉学商兑》卷中之下)可见学界自有公论，伟业不可磨灭。

然而前人对高邮二王的评论，大多还是从经学、考据学或语文学的角度出发，至今还很少有人用现代语言学的科学观点对高邮王氏训诂学进行全面、系统而深入的论述。我们认为，高邮王氏训诂学的特色及其卓越成就，不仅在于王氏父子能够"究其微恉，通其大例，精研博考，不参成见"(孙诒让《札迻序》)，对经传和古诸子史作了全面细密的校勘整理，更在于他们通过对汉唐旧注的匡谬正误，特别是撰著了《广雅疏证》、《读书杂志》、《经传释词》、《经义述闻》等典范著作，条分缕析，发凡起例，提出并初步解决了一系列有关汉语音韵学、文字学、词汇学、语法学和训诂学的重大问题，已能初步运用历史主义的发展观点和一些比较科学的方法来研究语言现象，并建立起一个比较完整的训诂学体系。这也就是说，高邮二王使训诂学研究

① 黄侃述、黄焯编《文字声韵训诂笔记》，"形音义三者不可分离"条，上海古籍出版社 1983 年版第 48—49 页。

从随文释义的笺注学和章句学，以及偏重于分析字形的字书和偏重于审音正读的韵书中解放出来，注重形、音、义三者之间的有机联系，特别提出因声求义，以声音通训诂的原则，从中力图找出一些规律性的东西，促进古老的训诂学走向科学语言学的道路。

训诂学是一门综合性的学问，涉及面广，实践性强。高邮王氏博极群书，学养深厚，既全面地钻研汉唐旧注，又系统地疏证古代辞书，致使他们识断精到，富于创获。高邮王氏在词的音义关系、词义系统、词义的发展变化、训诂原理和训诂方法等方面的研究成果，不但在当时的小学研究中达到了高超水平，就是对今天的汉语史和古汉语研究，对整理古籍、注释古书、编纂语文工具书，实现语言文字规范化等工作，仍然有着重要的借鉴作用。

高邮王氏训诂学，是我国传统语言文字学宝库中的精品，是宝贵的文化学术遗产，在中国语言学史上将永放光辉。高邮王氏发明的科学方法，直到今天还是通用的。王念孙《广雅疏证序》中云："窃以诂训之旨，本于声音。故有声同字异，声近义同，虽或类聚群分，实亦同条共贯。"又云："今则就古音以求古义，引伸触类，不限形体。"对此，王力先生说："这是训诂学上的革命"①，"这是千古不刊之论"②。古为今用，推陈出新。高邮王氏训诂学，将为我们建设和发展具有中国特色的现代语言科学，提供极为有用的思想利器和丰富的文献资料。

---

① 王力《中国语言学史》第十五节，山西人民出版社 1985 年版第 157 页。

② 王力《积极发展中国的语言学》，载《龙虫并雕斋文集》第三册，中华书局 1982 年版第 494 页。

第三章　高邮王氏训诂学训释方法分类述评

训诂学的训释方法，就是从语义方面研究语言的方法，简单地说，也就是用语言来解释语言的方法。方法是规律的运用。训释方法，就是运用训诂理论和训诂原则来解释具体语言现象的手段。训释方法只有在反映语言中语义系统本身的客观规律时，才会得出正确的、科学的结论。因此，只有通晓语言的内部规律以及语言与社会、文化等各方面的外部联系，才能正确地对待语言现象，并加以研究，从而获得客观的、科学的训释方法。在不同的历史时期，这种或那种训释方法可能在训诂实践中占据优势地位，这与当时社会文化学术发展的总体条件有关，特别是取决于训诂学本身的发展水平。

语言属于历史的范畴，经过长期的演变发展，不但它的内部要素词汇、语音、语法发生了很大的变化，而且语言所反映的外部事物（例如自然环境、社会人事、文物制度、风俗习惯等）也发生了很大的变化。记录语言的文字，也随着古今异时而在变换着体式。古代语言作品，即使不用过时的文字体式，而用当代通行的文字（例如简化字）来记载，可是文字载体的背后是有声语言，与语音、词义、古代事物有着密切的联系，历史的烙印并不因之消退。这样，在常见的文字上也会产生隔阂，往往识其字而不知其义。因此，训释古代书面语，就必须从文字、音韵、词义三者的古今关系方面去相互推求，才能解决实际问题。高邮王氏认识并掌握了语言文字本身内部的这种错综复杂的关系，在训诂实践中，具体问题作具体分析，运用多种不同的训释方法，验证旧注，发明新训，因此在训诂学上取得了度越前人的成就。段玉裁《广雅疏证序》说：

> 小学有形有音有义，三者互相求，举一可得其二；有古形有今形，有古音有今音，有古义有今义，六者互相求，举一可得其五。古今者，不定之名也。三代为古，则汉为今；汉魏晋为古，则唐宋以下为今。圣人之制字，有义而后有音，有音而后有形。学者之考字，因形以得其音，因音以得其义。治经莫重于得义，得义莫切于得音。……怀祖氏能以三者互求，以六者互求，尤能以古音得经义，盖天下一人而已矣！

段玉裁的评论，既说明高邮王氏训诂学训释方法的科学性，更道出了高邮王氏训诂学的主要特点是以声音通训诂，“尤能以古音得经义”。王氏父子在以音义为纲、形音义互求的过程中，“比例而知，触类而长之”，调动一切积极因素，熟练地运用了各种训释方法，有时甚至在一条训释中使用好几种训释方法,旁征博引,反复论证,力求做到令人确信不疑。今就高邮王氏训诂学训释方法举例述评如下。

第一节　以声音通训诂(上)

王念孙《广雅疏证序》云:

> 窃以诂训之旨,本于声音。故有声同字异,声近义同;虽或类聚群分,实亦同条共贯……今则就古音以求古义,引伸触类,不限形体。

“诂训之旨,本于声音”,这是高邮王氏训诂学的宣言,它冲破了控制着一千七百多年文字学重形不重音观念的藩篱,直接从有声语言的本身研究词义的发展变化。掌握声义相通的原理,因声求义,不限形体,以声音通训诂,这是高邮王氏父子的法宝,使古代典籍中许多难懂的字词能讲清楚了。这是清代训诂学的进步,将促使古老的训诂学近代化,并逐步走向科学语言学的道路。

一、注音辨义

今人注释古籍,给其中一些生僻字、难认的字注音,是为了帮助读者对这些字能读能记。而古人注释中往往给常见字注音,表面看是注音,实际上也是为了释义。这些必须注音的常见字,实际上是个多音多义字,为其注音,目的就是从其众多的音项中选取其一,以求得正确的字义。陈第云:“音有相通，不妨其字之异也；义有可解，不妨其音之殊也……盖不改其字而音是更，不变其章而读互转，亦变通之权宜也。"(《读诗拙言》)戴震云："音声有不随故训变者，则一音或数义；音声有随故训而变者，则一字或数音。"(《论韵书中字义答秦尚书蕙田》)钱大昕云："古人音随义转，故字或数音。"(《十驾斋养新录》卷一《毛传多转音》)所谓"不改其字而音是更"，就是"一字或数音"，这也就是"音随义转"现象。文字是记录词语的符号，词义起了变化，字音也要跟随着变化。先师洪诚先生说："我们知道有一字多音多义、声随义转的情况，我们就会由义取音，由音审义。"[①]懂得了音随义转，一字数音，我们就能因声求义，前人给常见的字注音，其真正用意就是注音辨义。

《荀子·非十二子》："饰非而好。"杨注曰："好饰非也。"念孙案："饰非而好"，言其饰之工也。好字当读上声，不当读去声。杨说非。(《读书杂志》荀子二)

按：据宋贾昌朝《群经音辨》、元刘鉴《经史动静字音》辨析，好字有两个音项，字义亦随之不同：

好　呼皓切，上声。善也。《诗·郑风·女曰鸡鸣》："琴瑟在御，莫不静好。"
　　呼到切，去声。向所善谓之好。《论语·子路》："不如乡人之善者好之。"

① 洪诚《训诂学》，江苏古籍出版社1984年版第56页。

如果用现代词典学编纂法来诠释，那就正如《辞源》修订本第1册第734页所示：

> [好]1. hǎo　呼晧切，上，晧韵，晓。
> ㊀ 美，善。《诗·郑风·叔于田》："不如叔也，洵美且好。"（下略）
> 2. hào　呼到切，去，号韵，晓。
> ㊅ 喜爱，亲善。《诗·小雅·彤弓》："我有嘉宾，中心好之。"（下略）

《辞源》修订本将好字分别立为两个音项，跟王念孙对好字注音辨义的理念是一致的。《荀子》"饰非而好"，是说掩饰之巧妙，好字为形容词，善、巧之义，当读上声。而杨倞注曰："好饰非也。"注中的好字为动词，爱好、喜爱之义，读去声。两个好字，由于读音声调不同，因此词性不同，字义也不同，这是不能不辨的。

> 《史记·燕召公世家》："燕北迫蛮貉，内措齐晋。"念孙案：北当为外，字之误也。隶书外字或作外（见《汉司隶校尉鲁峻碑》），形与北相近，因误为北。外迫内措，相对为文。蛮貉，故言外；齐晋为中国诸侯，故言内。若云北迫，则与下句不对矣。又索隐曰："措，交杂也，又作错。刘氏云：争陌反。"（各本"争陌反"，讹作"争错也"，今据索隐单行本订正。）案刘音是也。措者，迫也，字本作笮，（《说文》："笮，

迫也。"《小雅·雨无正》笺曰:"甚急笮且危。")或作筰,(《周官·典同》:"侈声筰。"郑注曰:"声迫筰。")又作迮。(《文选·叹逝赋》注引《声类》曰:"迮,迫也。"《释名》曰:"笮,迮也,编竹相连迫迮也。")《史记》、《汉书》通作措。《汉书·梁孝王传》:"李太后与争门措指。"(《史记》同。)晋灼曰:"措置字,借以为笮耳。"师古曰:"谓为门扇所笮。"《王莽传》:"迫措青徐盗贼。"师古曰:"措,读与笮同。"皆其证也。"外迫蛮貉,内措齐晋",措,亦迫也。小司马读为交错之错,失之。《风俗通义·皇霸篇》曰:"燕外迫蛮貊,内笮齐晋。"即用《史记》之文。(《读书杂志·史记三》)

按:措[cuò《广韵》仓故切,去暮,清]如字读,常义为措置,同音通假为错,即交错、交杂义,司马贞索隐即如此处理,但皆与《史记》文义不合。刘氏注音作争陌反,即同音通假为笮。笮[zé《广韵》侧伯切,入陌,庄],措[zé《集韵》侧格切,入陌,庄],争陌反与侧伯切、侧格切,实为同一音。王念孙肯定刘氏注音,又举出《史记》、《汉书》借措为笮的数例书证,再辅以"外迫内措,相对为文"的对文同义例,《风俗通》引《史记》改措为笮的异文同义例,证据充分,求得确解。而整条训释,其中肯定刘氏注音则为关键。

《广雅·释诂》:"饼、饵、餧,食也。"〔疏证〕此条食字,读如"上农夫食九人"之食,字本作飤;与卷二内"啖、噬、飡、餔、啜,食也",读如饮食之食者不同。《众经音义》卷二、卷四、卷十三,并引《广雅》:"餧,飤也。”是其证。案,饼与饭同,读如饭牛之饭,谓飤之也。饵亦谓飤之也。《秦策》云:“伍子胥无以饵其口。”《中山策》云:“臣有父尝饿且死,君下壶飡饵之。”餧者,《说文》:“萎,飤牛也。”昭二十五年《公羊传》:“且夫牛马维娄,委已者也而柔焉。”何休注云:“委,食已者。”《楚辞·九辩》云:“凤不贪餧而妄食。”餧萎委并通。(《广雅疏证》卷三下)

按:王念孙对《广雅·释诂》中两条“食也”条的食字,分别用“读如‘上农夫食九人’之食”、“读如饮食之食”进行注音,以区别字义。如果用现代词典学编纂法来解释,那就正如《辞源》修订本第4册第3420页所示:

[食] 1. shí 乘力切,入,职韵,神。
㊀ 食物。(例略)
㊁ 吃。《论语·学而》:“君子食无求饱,居无求安。”(下略)
2. sì 《集韵》祥吏切,去,志韵,邪。
㊆ 以食与人。亦作“飤”、“饲”。《诗·小雅·緜蛮》:“饮之食之,教之诲之。”《史记》九二《淮阴侯传》:“汉王遇我甚厚,载我以其车,衣我以其衣,食我以其食。”

按,王念孙所言“读如饮食之食”,今音shí,自动词,义同吃。今浙江义乌方言吃饭说“食饭”,保留了食字的这一古义。“读如‘上农夫食九人’之食”,今音sì,使动词,犹言以食与人,就是使食之意，等于说“给吃”。《说文》把使动的“食”写成“飤”，段玉裁注云：“按以食食人物，其字本作食，俗作飤，或作饲。”《广韵》去声志韵“祥吏切”只收“飤”（注云：食也。）和“饲”（同飤），不收“食”。但是，经典中常见的只有“食”，没有“飤”。至于“饲”字也不能完全代替“食”字，“饲”字一般只用于饲养禽畜鸟兽。由自动词转为使动词，读音也随着变化，为食字这样的常见字注音，就是为了辨别字义。

按，以上都是注音辨义的事例。不懂得注音辨义，就不懂得前人在常见的字下注音的用意，就必然不能对所注的词义有正确的理解。读书要细心，读音也要细心。注意音读，才能正确地理解语言。

二、就古音以求古义

解决文字通假和音义关系的问题，关键在于字音。所谓音义相通的音，应该按作品写作时代的字音来考察。因为语音是随时代而变化的，原先相同或相近的，后来可能变得不同不近；而原先不同不近的，后来也可能变得相同或相近。这就是语音变化规则中的同源异流和异源同流的现象。如果根据后来已经变化了的今音去考求古义，那就难免郢书燕说。古书中有些疑难字义，按照通常解释都无法说通，而通过考索古音，就能迎刃而解，体现了“就古音以求古义”这一训诂原则的科学性。

《庄子·知北游篇》：“大马之捶钩者，年八十矣，而不失豪芒。大马曰：‘子巧与？有道与？’曰：‘臣有守也。'"念孙案：守即道字也。《达生篇》："仲尼曰：'子巧乎？有道邪？'曰：'我有道也。'"是其明证矣。道字古读若守，故与守通。（凡九经中用韵之文，道字皆读若守，《楚辞》及老、庄诸子并同。秦会稽刻石文"追道高明"，《史记·秦始皇纪》道作首。首与守同音。《说文》："道，从辵，首声。"今本无声字者，二徐不晓古音而削之也。）（《读书杂志·馀编上》）

按：这一条考释训诂，非通古音者则不能解。王念孙以守为道之假借字，完全是从古音上求得。道字从辵，首声，古音即读为首；首守同音，道亦与守同音相通。王念孙在考释注文中，列出"道字古读若守"（首与守同音）三条证据，又辅以《庄子》同一书中《达生篇》的类例，以此证明守为道之假借字，理据充分，确不可易。

《史记·田敬仲完世家》："攫之深，醳之愉者，政令也。"集解："徐广曰：一作舒。"索隐曰："醳，音释，（《史记》释字多作醳。）与下文舍字并同。愉，音舒。"念孙案：徐云一作舒者，谓醳一作舒，非谓愉一作舒也。"醳之愉"，下文作"舍之愉"，而舍字古读若舒。（《说文》："舒，从予，舍声。"《小雅·何人斯篇》"亦不遑舍"，与车、盱为韵。《左氏春秋》哀六年："齐陈乞弑其君荼。"释文音舒，《公羊》荼作舍。《史记·律书》："舍者，日月所舍。舍者，舒气也。"《聘礼记》："发气焉盈容。"郑注："发气，舍气也。"舍气，即舒气。）醳通作舍，故又通作舒。若愉字古音在侯部，舒字古音在鱼部，两字绝不相通，故书传中愉字无通作舒者，而字书韵书愉字亦无舒音。索隐之愉音舒，当作愉音俞。(《淮南·本经篇》注曰："愉，和也。""擭之深，释之愉"，喻政令之宽猛相济。)今作音舒者，即因集解内舒字而误。(《读书杂志·史记三》)

按：这一条考释训诂，关键在于徐广云"一作舒"之舒字，究竟是何字之异文。司马贞索隐谓"愉音舒"，认为二字同音通用。王念孙据古音学规则，彻底否定愉字和舒字同音相通。那就只能是醳一作舒。司马贞索隐认定醳音释，同舍，这是正确的，但是他到此就停步不前，没有进一步去考虑舍与舒的联系，反而说"愉音舒"，因失察古音而致误。王念孙的高明之处在于从古音上考索，求得舍字古读若舒，并在考释注文中补充四条证据，认定醳通作舍，故又通作舒。我们列出这几个字的音读关系：

醳[shì《集韵》施隻切，入昔，书]
释[shì《广韵》施隻切，入昔，书]
舍[shì《集韵》施隻切，入昔，书]
醳释舍字同音，上古音属书母铎部。
舒[shū《广韵》伤鱼切，平鱼，书]舒字上古音属书母鱼部。

舒字与醳释舍字，上古音为书母双声，鱼铎对转，属一声之转，例得通用。王念孙从古音上考求醳舒通用，以此纠正司马贞索隐之误。而《汉语大词典》第7卷第665页："〔愉[1]〕③ 谓声音舒缓。《史记·田敬仲完世家》:‘攫之深,醉之愉者,政令也。’司马贞索隐:‘愉,音舒也。’”按,愉字这一义项的整条释文,包括立项在内,都是沿袭司马贞索隐之误而误。

> 《汉书·地理志》:“曲成阳邱山,治水所出,南至沂入海。”念孙案:沂非县名,不得言南至沂。若沂水,则去此甚远,东莱一郡之水,皆不得至沂也。至沂,当为至计斤。(计斤县属琅邪。)因脱去计字,后人遂于斤旁加水耳。《说文》:“治水出东莱曲成阳邱山,南入海。”《玉篇》除之切。治水,即古之尤水,今之小沽河也,出莱州府掖县之马鞍山,(即阳邱山,在掖县东南三十里。)南流至平度州东南,与大沽河合,又南径即墨县西,至胶州之麻湾口入海。大沽河,即古之姑水也。昭二十年《左传》:“姑尤以西。”杜注曰:“姑水尤水,皆在城阳郡东,(句。)南入海。”《齐乘》曰:“姑即大沽河,尤即小沽河。曲成故城在今掖县东北,计斤故城在今胶州西南,二沽入海之处即汉计斤县地。”则沂为计斤之误明矣。尤字古读若饴,(说见《唐韵正》。)声与治相近,故治字亦有饴音。(下文“雁门郡阴馆”有治水,师古曰:治音弋之反。)《左传》作尤,《汉志》作治,古今字异耳。而全氏谢山乃谓《汉志》、《说文》皆误以沽水为治水,是未晓古音而轻议前人也。(《读书杂志·汉书六》)

按:这条考释训诂,原为校正“沂”字为“计斤”二字之误,因涉及治水的古今地名沿革,就不得不从古音上加以考释。

治水，即古之尤水，今之小沽河。王念孙据顾炎武《唐韵正》说，尤字古读若饴；而作为地名用字之治字，与饴同音，此非通晓古音者莫能明。《说文》水部："治，治水，出东莱曲城阳丘山，南入海。"段玉裁注："《一统志》曰：《左传》昭二十年：'姑尤以西。'杜注：'姑水尤水，皆在城阳郡东，南入海。'《齐乘》：'姑即大沽河，尤即小沽河。'玉裁谓尤古音读如贻，与治同在第一部。《齐乘》之言可信也。"段氏所言，与王念孙同。春秋时作尤水，两汉时作治水，虽古今字异，而读音相近而通。全祖望以小沽河、大沽河之沽字，与姑水之姑字同音，沽字又与治字形近，便认为《汉志》、《说文》中的治水皆为沽水之误，此实不通古音而强以字形皮傅为言。

三、假借

假借在古书中极为普遍，而训释假借字是训诂学和汉语词义学研究中的重要内容。训诂学所要研究的假借，一般不是指造字假借，也不是指久借不归的用字假借，而是指某些词有常用的正字而不用，却临时借用音同或音近的字这种语言现象，也可称作为临时借用的用字假借。前两种假借，已经成为借用意义的通行字，经过长期使用，社会约定俗成，已公认为正字，仅文字学家从本字本义的视角看则认作是假借字，而训诂学家用音义统一的观点看则不认为是假借字。阅读古书时产生困难和误解的，多在后一种临时假借。说穿了，这种假借就是古人临时写别字。别字和假借是一对孪生姊妹，在实际处理它们时，也就是校勘和训诂相互为用。王念孙通过大量训诂实践，提出了训释假借字的基本原则——

> 诂训之指，存乎声音。字之声同声近者，经传往往假借，学者以声求义，破其假借之字而读以本字，则涣然冰释；如其假借之字而强为之解，则诘𫍲为病矣。故毛公《诗传》，多易假借之字而训以本字，已开改读之先。至康成笺《诗》注《礼》，娄云某读为某，而假借之例大明。后人或病康成破字者，不知古字之多假借也。（见王引之《经义述闻序》引）

古音通假说的广泛应用，开始于高邮王氏父子。王引之说：

> 许氏《说文》论六书假借曰："本无其字，依声托事，令长是也。"盖无本字而后假借他字，此谓造作文字之始也。至于经典古字，声近而通，则有不限于无字之假借者，往往本字见存，而古本则不用本字而用同声之字。学者改本字读之，则怡然理顺；依借字解之，则以文害辞。是以汉世经师作注，有"读为"之例，有"当作"之条，皆由声同声近者，以意逆之而得其本字，所谓好学深思，心知其意也。然亦有改之不尽者，迄今考之文义，参之古音，犹得更而正之，以求一心之安，而补前人之阙。（《经义述闻》卷三十二"经文假借"条）

高邮王氏的这一学说，标志着中国语言学发展的一个新阶段，它摆脱了文字形体的束缚，把语音跟词义直接联系起来。这样做，实际上是纠正了前人把文字看成是直接表示概念的唯心主义观点。高邮王氏对训诂学的贡献是巨大的。高邮王氏治学严谨,他们通假借,并不是简单地把两个声同或声近的字摆在一起,就硬说它们相通,而是举出不少证据,引述不少用例。这样就合乎语言的社会性原则,而不是主观臆断的。以声音通训诂,“字有假借,则改其读”,就迎刃而解;如拘泥字形,强为之解,则必然望文生义。

> 《史记·越世家》:“镇抚国家。”念孙案:镇本作填,古多以填为镇抚字。(《小雅·采菽篇》:“殿天子之邦。”毛传:“殿,镇也。”释文:“镇,本作填。”《史记·高祖纪》:“镇国家,抚百姓。”《汉书》作填。《孝文纪》:“填抚诸侯。”《天官书》:“填星岁填一宿。”《齐悼惠王世家赞》:“大封同姓,以填万民之心。”《萧相国世家》:“填抚谕告,使给军食。”《平津侯传》:“宜佐明主,填抚国家。”《太史公自序》:“萧何填抚山西。”字并与镇同。)索隐本出“填抚”二字,注曰“镇音”,今改填为镇,而删去其音,妄矣。(《读书杂志·史记三》)

按:镇填,《广韵》去声震韵“陟刃切”,上古属端母真部。填与镇,二字同音,例得通假。《荀子·君道》:“其德音足以填抚百姓,其知虑足以应待万变,然后可。”王先谦集解引卢文弨曰:“填即镇字。元刻作镇。”《史记·吴王濞列传》:“上患吴、会稽轻悍,无壮王以填之。”司马贞索隐:“填,音镇。”《汉书·高帝纪下》:“填国家,抚百姓,给饷馈,不绝粮道,吾不如萧何。”颜师古注:“填与镇同。”可证。填是假借字,镇是本字。《史记》旧刻本改填为镇,径改借字为本字,妄改古书,实不足取。古书多以填为镇之借字,若以填如字而释之,则往往产生误解。例如,土星古名镇星,又写作填星。《广韵》去声震韵:"填,定也,亦星名。陟刃切。"填星即镇星。《史记·天官书》、《汉书·天文志》、马王堆汉墓帛书《五星气象杂占》等作填星,《文子·精诚》、《淮南子·天文训》、《广雅·释天》等作镇星。《史记·天官书》云:"岁填一宿,其所主国吉。"可见土星之所以取名填星,实取镇守之义。填即镇之假借字。《资治通鉴·汉武帝元封元年》:"望气王朔言:'候独见填星出如瓜,食顷,复入。'"胡三省注:"填星,土星也。填,读曰镇。"又《后周太祖广顺三年》:"镇星行至角亢。"胡三省注:"镇星,土星也。"镇星、填星,是一个名称的两种写法,读音全同,不是两个名称。王力《古代汉语》第 783 页(修订本第 827 页)《古代文化常识(一)》:"土星古名镇星或填星。"不言填与镇同,认作两个名称,不达假借之旨,误。又,北京大学中文系文学史教研室选注《先秦文学史参考资料》(中华书局)第 326 页《庄辛说楚襄王》"填黾塞之内"注:"填,指充满军队。"王力《古代汉语》第 105 页《庄辛说楚襄王》"填黾塞之内"注:"填,指填满军队。"修订本第 115 页改为:"填,指布满军队。"新注直接承袭了《战国策·楚四·庄辛谓楚襄王》"填黾塞之内"鲍彪注:"填,兵满也。"朱祖延《古汉语修辞例话》(湖北人民出版社 1979 年版)第 165 页,把这一句译作"要用兵堵塞黾塞要隘"。旧注、新注和译文,均为迂曲之说。此填字亦为镇之假借字,即镇守的意思。

《汉书·食货志下》:"见郡国多不便县官作盐铁,器苦恶,贾贵。"如淳曰:"苦或作盬。盬,不攻严也。"臣瓒曰:"谓作铁器,民患苦其不好也。"师古曰:"二说非也。盐既味苦,器又脆恶,故总云苦恶也。"念孙案:如说是也。苦读与盬同。《唐风·鸨羽》传云:"盬,不攻致也。"言铁器既盬恶,而盐铁之价又贵也。《史记·平准书》作:"见郡国多不便县官作盐铁,铁器苦恶,贾贵。"《盐铁论·水旱篇》云:"今县官作铁器多苦恶。"皆其证。师古读苦为甘苦之苦,而以"盐铁器苦恶"连读,斯文不成义矣。《高惠高后文功臣表》云:"道桥苦恶。"《息夫躬传》云:"器用盬恶。"《匈奴传》云:"不备善而苦恶。"《管子·度地篇》云:"取完坚,补弊久,去苦恶。"书传言苦恶者多矣。若读甘苦之苦,则其义皆不可通。(《读书杂志·汉书四》)

按:盬,《广韵》上声姥韵:"《诗传》云:'盬,不固也。'公户切。"上古属见母鱼部;苦,《广韵》上声姥韵:"粗也。康杜切。"上古属溪母鱼部。盬与苦,鱼部叠韵,见溪旁纽双声,例得通假。《周礼·天官·盐人》:"祭祀,共其苦盐、散盐。"郑玄注:"杜子春读苦为盬,谓出盐直用不湅治。"贾公彦疏:"苦当为盬,盬谓出于盐池,今之颗盐是也。"《周礼·天官·典妇功》:"凡授嫔妇功,及秋献功,辨其良苦,比其小大而贾之。"郑玄注:"郑司农苦读为盬,谓分别其缣帛与布纻之粗细,皆比方其大小书其贾数而著其物,若今时题署物。"《吕氏春秋·诬徒》:"不能学者,从师苦而欲学之功也,从师浅而欲学之深也。"高诱注:"苦,读如盬會(按,會字疑为盬之坏字)之盬。苦,不精至也。"《史记·五帝本纪》:"〔舜〕陶河滨,河滨器皆不苦窳。"

张守节正义："苦，读如盬，音古。盬，粗也。"可证。盬，质粗劣，不坚致。苦，读如盬，是盬的假借字。若以苦如字读之，则必然酿成谬误。中国人民大学语文系文学史教研室《历代文选》（中国青年出版社 1978 年版）上册第 109 页《矛楯》（《韩非子·难一》）："东夷之陶者器苦窳，舜往陶焉，期年而器牢。"注："器苦窳（yǔ 雨）：制出的陶器苦于不结实。"选注者不知苦为盬之假借字，径直如字读为甘苦之苦，将并列复合词"苦窳"解释为"苦于不结实"，既不达假借之旨，又犯了增字解经之忌，则词不达意矣。

《礼记·檀弓下》："夫子曰：'何为不去也？'曰：'无苛政。'夫子曰：'小子识之，苛政猛于虎也。'"郑注不释政字，释文亦不作音。引之谨案：政读曰征，谓赋税及徭役也，诛求无已则曰苛征。《荀子·富国篇》："厚刀布之敛以夺之财，重田野之税以夺之食，苛关市之征以难其事。"杨注曰："苛，暴也；征，亦税也。"是也。古字政与征通。（互见下文）《王制》："五十不从力政。""八十者，一子不从政。九十者，其家不从政。废疾非人不养者，一人不从政。父母之丧，三年不从政。齐衰大功之丧，三月不从政。将徙于诸侯，三月不从政。自诸侯来徙家，期不从政。"《杂记》："三年之丧，祥而从政。期之丧，卒哭而从政。九月之丧，既葬而从政。小功缌之丧，既殡而从政。"皆借政为征也。而《新序·杂事篇》载此事，乃云："其政平，其吏不苛。"则已误以为政事之政矣。郑注《杂记》云："从政，从为政者教令，谓给徭役。"既训为

“给徭役”，则是读政为征；而又云“从为政者教令”，非也。“从为政者教令”六字，盖后人所增。

《乐记》：“庶民弛政，庶士倍禄。”郑注曰：“弛政，去其纣时苛政也。”释文：“苛政，本又作苛役。”《史记·乐书》集解引此注作“苛役”。引之谨案：作“苛役”者是也。弛政之政，当读为征，谓徭役也。《地官·均人》：“均人民牛马车辇之力政。”郑注曰：“政读为征。力征，人民则治城郭涂巷沟渠，牛马车辇则转委积之属。”《大司徒》：“以荒政十有二聚万民，四曰弛力。”郑司农曰：“弛力，息徭役也。”《小司徒》：“辨其贵贱老幼废疾，凡征役之施舍。”郑注曰：“施当为弛。”谓弛力役之征也。盖纣时之苛役，武王为庶民去之，故曰“庶民弛征”。王肃《家语·辩乐篇》“庶民弛政”注曰：“解其力役之事。”即本于郑注也。赋税亦谓之征。《天官·小宰》：“听政役以比居。”郑注曰：“政，谓赋也，凡其字或作政，或作正，或作征。”《管子·大匡篇》：“桓公乃轻税，弛关市之征，为赋禄之制。”犹此言“庶民弛征，庶士倍禄”也。武王之弛征，或兼赋税言之矣，乃释文不为政字作音，正义以政为“纣虐政”，皆不知政为征之借字而误以为政事也。《吕氏春秋·慎大篇》：“庶士施政去赋。”施政与弛政同，谓免其征役，去其赋税，所以优待庶士也。若汉高帝诏：“非七大夫已下，皆复其身及户勿事矣。”(见《汉书·高帝纪》，颜师古曰：“复其身及一户之内，皆不徭赋也。”)高诱失其读，乃云“施之于政事”，亦非也。(《经义述闻》卷十四)

按：王引之谓政读曰征，即以政为征之假借字，并举出政通作征计十五例，又举出征训税一例，政训赋一例，政训役一例，政训力役一例，政训给徭役一例，以此证明，征谓赋税及徭役也，诛求无已则曰苛征。苛政即苛征，指烦苛的赋税，与成语“苛捐杂税”同义。据记载，春秋时鲁宣公十五年（公元前594年），鲁国实行“初税亩”（见《左传》宣公十五年），推行田亩征税制度，但在偏僻的边远地区例如“泰山侧”等地，不一定能认真实施。孔子反对厚敛的征税制，主张“敛从其薄”（见《左传》哀公十一年）。《礼记·檀弓下》记录“苛政猛于虎”这一故事，正反映出孔子反对当时的征税制这一史实。由此可证，苛政的政，不是指一般的政治，而是指具体的征税。旧版《辞源》第1256页（申集第8页）：“〔苛政〕谓烦苛之政令也。《礼》苛政猛于虎也。”不达假借之旨，释义误。1979年版《辞海》第1300页：“〔苛政猛于虎〕意思是说烦苛的政令或繁重的赋税比老虎还要凶暴可怕。见《礼记·檀弓下》。”《汉语大词典》第9卷第326页：“〔苛政〕残酷地压迫和剥削人民的政治。指繁重的赋税、苛刻的法令。”同页：“〔苛政猛于虎〕谓繁重的赋税、苛刻的法令，比猛虎还要凶残。”以上三条释义，均并列二说，模棱两可，貌似平允全面，实为骑墙之见，注疏家甚所不取。

王力《古代汉语》第192页（修订本第208页）《苛政猛于虎》（《礼记·檀弓下》）“无苛政”注：“苛政，暴政。”新注无视王引之之训释，不以政为征之借字。或辩云：“‘暴政’本身也包括了‘横征暴敛’，二者并不矛盾，何必定要改字读之？”我们认为，“暴政”和“横征暴敛”虽有联系，但是政治和赋税毕竟是分属两个不同的范畴，“暴政”并不能包括或代替“横征暴敛”。柳宗元《捕蛇者说》：“孔子曰：‘苛政猛于虎也。’吾尝疑乎是。今以蒋氏观之，犹信。呜呼！孰知赋敛之毒，有甚是蛇者乎！”苛政猛于虎，赋敛之毒甚于蛇，喻意相同。在此，“苛政”不是指暴虐的政治，而是指“赋敛之毒”，当无疑义。

四、声训

声训就是用音同或音近的字来训释字义，并推求语源。声训萌芽于先秦，盛行于两汉。汉代经学家解经，《尔雅》、《说文》、《释名》等辞书的释义，都经常使用声训。特别是刘熙《释名》，为了推求一切事物命名的由来，便因声求义，从语音上去探索语源，因此全书训释几乎都用声训。语言的意义和声音之间，本来没有必然的联系，但是在一个已约定俗成的语言系统中，一定的意义与一定的语音往往发生联系，并在制定新词的时候，由于联想的作用以及名称系统内部的整体性，意义相同或相近的词语，它们的语音就有可能相同、相近或相转。这就是声训的理论基础。声训可以说明一部分语言现象，但是如果把声训绝对化了，滥用声训，就容易穿凿附会，把本来无必然联系的语音与语义硬说成都有必然联系，这就会陷入唯心主义的泥坑。刘熙《释名》的有些失误就在于此。王念孙提倡因声求义的声训方法，主张“就古音以求古义”，但又不滥用声训。他在使用声训时，总是要引用较多的文献语言的例证，结合音义联系的具体情况去推求，以免流于主观臆断。

《广雅·释宫》：“栏、槛、桊、梐，牢也。”〔疏证〕

《说文》:“牢,闲养牛马圈也。”《周官·充人》:“祀五帝之牲牷系于牢。”是也。《释名》云:“狱谓之牢,言所在坚牢也。”《史记·天官书》:“贵人之牢”,“贱人之牢”。是也。

栏之言遮阑也。《晏子春秋·谏篇》云:“牛马老于栏牢。”《盐铁论·后刑篇》云:“是犹开其阑牢,发以毒矢也。”《汉书·王莽传》云:“与牛马同兰。”并字异而义同。

槛之言监制也。《说文》:“槛,栊也。一曰圈也。”《庄子·天地篇》云:“虎豹在于囊槛。”《史记·张耳陈馀传》云:“乃槛车胶致,与王诣长安。”《释名》云:“槛车,上施栏槛以格猛兽,亦囚禁罪人之车也。”

桊之言牢笼也。字本作栊。《说文》:“栊,槛也。”《众经音义》卷一引《三仓》云:“栊,所以盛禽兽槛栏也。”

梐之言比密也。字本作陛,又作狴。《说文》:“陛,牢也。”《易林·比之否》云:“失意怀忧,如幽狴牢。”(《广雅疏证》卷七上)

按:这一例中,“栏之言遮阑也”,“槛之言监制也”,“桊之言牢笼也”,“梐之言比密也”,都用声训来释义。而每条声训都举出两个以上书证,有的甚至达四个书证,有了具体的文献语言作例证,这样声训就比较可信,避免了凿空之谈。

《广雅·释诂》:“辖、轨、轿,轫也。”〔疏证〕轨者,《玉篇》:“轨,轨轫也。”轿者,《汉书·严助传》:“舆轿而隃领。"薛瓒注云:"今竹舆车也,江表作竹舆以行是也。"𨐈者,《集韵》引《字林》云:"𨐈,轿也。"《广韵》:"𨍉,音魂,又音轩。"𨍉之言轩,𨎥之言亢,轿之言乔,𨐈之言卬,皆上举之意也。(《广雅疏证》卷三下)

按:这一例中,"𨍉之言轩,𨎥之言亢,轿之言乔,𨐈之言卬",都用声训来释义。而训释字轩、亢、乔、卬(仰),"皆上举之意也",为同义字,则被训释字𨍉、𨎥、轿、𨐈亦为同义字,以此说明𨍉、𨎥、轿、𨐈为同一类舆车的别名,这样既训释了字义,又推求了语源。

《广雅·释器》:"其紟谓之綦。"〔疏证〕紟之言禁也。屦系谓之紟,衣系谓之紟,佩系谓之紟,其义一也。紟綦一声之转。綦之言戒也,戒亦禁也。屦系谓之綦,车下紩谓之綦,其义一也。《说文》"绷"字注云:"一曰不借绷。"《周官·弁师》注作"薄借綦"。《士丧礼》:"组綦繫于踵。"注云:"綦,屦係也,所以拘止屦也。綦,读如马绊綦之綦。"《内则》云:"屦著綦。"(《广雅疏证》卷七下)

按:这一例中,"紟之言禁也","綦之言戒也",都用声训来释义。而训释字禁、戒为同源字,声转义同,都有拘止、约束义;则被训释字紟、綦亦同义,"紟綦一声之转",紟綦亦为同源字,因此屦系谓之紟,亦谓之綦。这样,既训释了字义,又推求了语源,同时还说明了同物异名之间的音义联系。

五、转语

转语就是指同一个词，在不同的方言或古今语言中，随着时地的变化或其他原因，语音发生了转变。有音转而义不变的，例如《方言》第三："庸谓之倯，转语也。"庸、倯同义，叠韵相转。又如《方言》第十："煤，火也，楚转语也；犹齐言焜，火也。"煤、焜、火所指同一，双声相转。有音转义变而分化为不同的词的，这些词又成为一组近义词，例如《尔雅·释水》："水注川曰溪，注溪曰谷，注谷曰沟，注沟曰浍。"郭璞注："此皆道水转相灌注所入之处名。"溪、谷、沟、浍，是一组近义词，它们共同的基本理性意义是指水道，在语音上是双声相转。又如《尔雅·释水》："大波为澜，小波为沦。"《玉篇》水部："浪，波浪也。"《广韵》平声仙韵："涟，涟漪，风动水貌。"澜、沦、浪、涟，是一组近义词，它们共同的基本理性意义是指波浪，在语音上是双声相转。扬雄著《方言》，郭璞注《尔雅》、《方言》，都注意到转语这一语言现象，但在以后很长一段时期内就很少有人提起。到清朝，戴震研究了转语的规律，写下《转语二十章》，阐发了转语理论。王念孙在他老师转语理论的指导下，在训诂实践中，大量地运用"转语"、"转声"、"语转"、"声转"、"语之转"、"一声之转"等这一类训释方法来解决实际问题。

《广雅·释训》："悾悾、慤慤、悬悬、叩叩，诚也。"〔疏证〕《论语·泰伯篇》："悾悾而不信。"包咸注云："悾悾，慤也。"《大戴礼·王言篇》云："大夫忠而士信，民敦，工璞，商慤，女憧，妇空空。"空与悾通。《论语·子罕篇》:“有鄙夫问于我,空空如也。”亦谓鄙夫以诚心来问也,故释文云:“空空,郑或作悾悾。”皇侃疏以空空为无识,失之。嗀嗀,曹宪音苦角反。各本讹作慗慗,今订正。卷一云:“悃,信也。”悃与恳同,重言之则曰恳恳。《汉书·司马迁传》:“意气勤勤悃悃。”《文选》作“勤勤恳恳”。《刘向传》云:“故悃悃数奸死亡之诛。”并字异而义同。《楚辞·九叹》:“行叩诚而不阿兮。”叩亦诚也。王逸注训叩为击,失之。重言之则曰叩叩,繁钦《定情诗》云:“何以致叩叩,香囊悬肘后。”是也。悾悾、嗀嗀、恳恳、叩叩,皆一声之转,或转为款款,犹叩门之转为款门也。(《广雅疏证》卷六上)

按:悾、嗀、恳、叩、款,不论单言或重言,在古代汉语中是一组同义词。从语音上说:悾,《广韵》平声东韵“苦红切”;嗀,入声觉韵“苦角切”;恳,上声很韵“康很切”;叩,上声厚韵“苦后切”;款,上声缓韵“苦管切”。上述五字虽不同韵,但都属上古音溪母,所以说“皆一声之转”。清人所谓一声之转,是说几个字在声纽同一的前提下语音发生了转变,声纽同一没有转,只是转变了韵。

《广雅·释诂》:“刲、刳,屠也。”〔疏证〕刲者,《说文》:“刲,刺也。”《归妹》上六:“士刲羊。”马融注与《说文》同。刳者,《方言》:“刳,娄也。”《说文》:“刳,判也。”《众经音义》卷九引《仓颉篇》云:“刳,屠也。”《系辞传》:“刳木为舟。”九家本作挎,注云:“挎,除也。"《周官·掌戮》:"杀王之亲者辜之。"郑注云:"辜之言枯也,谓磔之。"《荀子·正论篇》云:"斩断枯磔。"义并相近。刲刳一声之转,皆空中之意也。故以手抠物谓之搼,亦谓之挎。《玉篇》:"搼,苦携切,中钩也。"《乡饮酒礼》:"挎越。"释文:"挎,口孤反。"疏云:"瑟下有孔,越,以指深入谓之挎。"此即《玉篇》所谓"中钩"也。两股间谓之奎,亦谓之胯。《说文》:"奎,两髀之间也。"《庄子·徐无鬼篇》:"奎蹄曲隈。"向秀注云:"股间也。"《广雅·释言》:"胯,奎也。"《玉篇》音口故切。是凡与刲刳二字声相近者,皆空中之意也。(《广雅疏证》卷三上)

按:刲奎搼,《广韵》平声齐韵"苦圭切",上古属溪母支部;刳挎枯,《广韵》平声模韵"苦胡切",上古属溪母鱼部;胯,《广韵》去声祃韵"苦化切",上古属溪母鱼部;辜,《广韵》平声模韵"古胡切",上古属见母鱼部。刲刳同属溪母为双声,支鱼旁转。胯,古音同刳。辜刳同属鱼部为叠韵,见溪为旁纽双声。所以说,刲(奎搼)刳(挎枯胯辜)一声之转,皆空中之意也。

《广雅·释诂》:"里、闾,居也。"〔疏证〕里者,《周官·遂人》:"五家为邻,五邻为里。"《广韵》引《风俗通义》云:"里者,止也,共居止也。"《尔雅》:"里,邑也。"《郑风·将仲子篇》传云:"里,居也。"《汉书·食货志》云:"在野曰庐,在邑曰里。"居,《方言》、《说文》、《广雅》作凥,经传皆作居,古字假借耳。闾者,《周官·大司徒》:"五家为比,五比为闾。"《说文》:

"闾，侣也，二十五家相群侣也。"又云："闾，里门也。"案，闾里一声之转，乡谓之闾，遂谓之里，其义一也。二十五家谓之闾，故其门亦谓之闾也。(《广雅疏证》卷二上)

按：里，《广韵》上声止韵"良士切"，上古属来母之部；闾，《广韵》平声鱼韵"力居切"，上古属来母鱼部。里闾同属来母为双声，之鱼旁转，故云里闾一声之转。又引述八条文献训诂资料，证明里闾意义相通，"其义一也。"《说文》："闾，里门也。"这属训诂中的通训，闾、里音近义通。《广雅》："里、闾，居也。"这属训诂中的同训，在此同训同义。所引《周礼·地官·遂人》和《大司徒》两条资料，表明里、闾同为辖有二十五家的户籍编制单位，两者理性意义实同。里闾一声之转，意义相同，为同源字。

此外，我们还可以补充里、闾互训的例证。《广雅·释宫》："闾，里也。"《吕氏春秋·期贤》："魏文侯过段干木之闾而轼之。"高诱注："闾，里也。"《楚辞·刘向〈九叹·思古〉》："违郢都之旧闾兮，回湘沅而远迁。"王逸注："闾，里也。"又《吕氏春秋·怀宠》："以里听者，禄之以里。"高诱注："里，闾也。"《文选·应璩〈与广川长岑文瑜书〉》："泥人鹤立于阙里。"吕延济注："里，闾里也。"在此，里、闾互训同义。

《广雅·释草》："蘴、蕘，芜菁也。"〔疏证〕蘴与葑同。《尔雅》云："须，葑苁。"《齐民要术》引旧注云："江东呼为芜菁，或为菘。菘、须音相近。"《方言》云："蘴、蕘，芜菁也。陈楚之郊谓之蘴，鲁齐之郊谓之荛，关之东西谓之芜菁，赵魏之郊谓之大芥，其小者谓之辛芥，或谓之幽芥。”郭璞注云：“蘴，旧音蜂。今江东音嵩，字作菘也。”案，菘者，须之转声；芜者，蘴之转声也；芜之声又转而为蔓。《邶风·谷风篇》：“采葑采菲，无以下体。”传云：“葑，须也。菲，芴也。下体，根茎也。”笺云：“此二菜者，蔓菁与葍之类也，皆上下可食；然而其根有美时、有恶时，采之者不可以根恶时并弃其叶。”释文云：“葑，字书作蘴。《草木疏》云：‘蔓菁也。’郭璞云：‘今菘菜也。’案江南有菘，江北有蔓菁，相似而异。”引之案：古草木之名，同类者皆得通称。《吕氏春秋·本味篇》：“菜之美者，具区之菁 。”高诱注云：“具区，泽名，在吴越之间。菁，菜名。”是则江南之菘亦得称菁，郭氏所说不误也。陆玑《诗疏》云：“葑，芜菁也，幽州人谓之芥。”则呼芥者不独赵魏之郊也。郑注《坊记》云：“葑，蔓菁也，陈宋之间谓之葑。”则呼蘴者不独陈楚之郊也。蘴又为芜菁之苗，《齐民要术》引《字林》云：“蘴，芜菁苗。”此犹药即白芷，而云白芷叶谓之药；菰即彫胡，而云菰米谓之彫胡也。或为大名，或为专称，盖古今方俗语有异耳。陶宏景注《名医别录》云：“芜菁，细于温菘而叶似菘，好食。”唐本注云：“北人又名蔓菁。”《本草拾遗》云：“今并汾河朔间烧食其根，呼为芜根，犹是芜菁之号。芜菁，南北之通称也。”芜菁可以为菹。《周官·醢人》：“朝事之豆，其实菁菹。”后郑注云：“菁，蔓菁也。”徐邈蔓音蛮，声转而为蕿。郑注《公食大夫礼》“菁菹”云：“菁，蕿菁菹也。”又转而为门；又转而为葑。《北户录》云:"芜菁,《凡将篇》谓为门菁,《证俗音》曰冥菁,《小学篇》曰葑菁。"《急就篇》:"老菁蘘荷冬日藏。"颜师古注云:"菁,蔓菁也,一曰冥菁,又曰葑菁。"是也。老菁,冬日所藏,故《南都赋》云:"秋韭冬菁。"《齐民要术》引《四民月令》亦云:"芜菁,十月可收矣。"《要术》又引《广志》云:"芜菁有紫花者、白花者。"案,今蔓菁菜乃是黄花,惟萝卜花有紫白二种,然则《广志》之芜菁,即指萝卜言之。《方言》云:"芜菁紫华者谓之芦菔。"则芦菔之白华者即芜菁矣。《名医别录》以芜菁与芦菔同条,意亦同也。乃《齐民要术》注深疑《方言》之说,以为芦菔非芜菁;苏恭《本草注》亦谓芜菁、芦菔全别,与《别录》相违。其意皆专以今之蔓菁菜为芜菁,不知芦菔之白华者,古亦名芜菁,《方言》、《别录》皆不误也。菁,曹宪音精。各本脱去菁字,音内精字又误入正文,今订正。(《广雅疏证》卷十上)

按:芜,《广韵》平声虞韵"武夫切",上古音属明母鱼部;蘴,《广韵》平声钟韵"敷容切",上古音属滂母东部;蔓,《广韵》平声桓韵"母官切",上古音属明母元部。芜蘴分属明滂为旁纽双声,鱼东旁对转;芜蔓同属明母为双声,鱼元通转,故云:"芜者,蘴之转声也;芜之声又转而为蔓。"王引之在疏证中引述二十条文献训诂资料,既考证蘴(葑)、芜菁、蔓菁为同物异名,即今之大头菜;又考证萝卜别名芜菁,则与蔓菁菜为异物同名,此因二者之肉质块根皆可食也。通过音义两方面的训释,论证了蘴、芜、蔓的音义关系,理清了芜菁与蘴(葑)、蔓菁为同物异名，又与萝卜同称芜菁为异物同名的复杂关系。

诚如前述，在中国传统语言学中，转语理论有一个发展过程，至清代乾嘉时期，学者们用"一声之转"来论述汉语的音义关系，这是以声音通训诂的一个锐利武器，至今仍有着它的实践意义。然而，美国康奈尔大学梅祖麟教授在《有中国特色的汉语历史音韵学》[①]一文中，对王念孙《广雅疏证》及"一声之转"，提出了尖刻的语带讥讽的评论和质疑。其文云：

> 王念孙说"今则就古音以求古义，引伸触类，不限形体"。乍一看，像是个非常合乎现代语言学的想法。也就是说，王念孙能跳出方块字的限制，完全从字音的关系远近来寻求语词之间的关连。在乾嘉时代，这是一种意义重大的新方向。
>
> 但是一旦这种想法付诸实现，就创立了"一声之转"的同源词研究。这种论证方法可以算是王念孙发明的一种模式(paradiqm)。它的特征是：
>
> 一、没有论证，就认定 A 字和 B 字有同源关系。
>
> 二、A 字和 B 字如果声母不同，或者韵母不同，或者声母、韵母都不同，《广雅疏证》把这差别叫做"声之转"、"一声之转"。
>
> 下面引征《广雅疏证》中的两个例。页数是指 1984 年江苏古籍出版社的《广雅疏证》，用嘉庆王氏

---

① 《中国语言学报》，商务印书馆 2002 年；JOURNAL OF CHINESE LINGUISTICS Vol. 30 No. 2：211—239.。

家刻本影印。

(1) 间,里一声之转,乡谓之间,遂谓之里,其义一也。(《释诂》"里……间……凥也"条下,卷第二上,十五)

(2)《方言》云:"蘴,荛,〔芜〕菁也。陈楚之郊谓之蘴,鲁齐之郊谓之荛,关之东西谓之芜菁。"……芜者,蘴之转声也,芜之声又转而为蔓。(《释草》,卷第十上,七十二)(按,梅氏引征脱漏"芜"字,今补上。)

例(1)中,"间"属来母鱼部(∗rjag),"里"属来母之部(∗rjəg)。例(2)中,"蘴"属滂母中部(∗phjəgw),"芜"属明母鱼部(∗mjag),"蔓"属明母元部(∗man)。

读了《广雅疏证》,我们不知道为什么"间""里"是同源词,为什么"蘴"、"芜"、"蔓"是同源词。更不知道∗phjəngw>∗mjag>∗man这种"一声之转"是神话还是语文学。

《广雅疏证》一书"一声之转"的例字最为多见,共138例,其次是"语之转",共76例。(陈雄根1989:120,注11)。这两种加起来已经有214例。《广雅疏证》可以算是"一声之转"的大全。

梅教授从《广雅疏证》中所摘引的两条,我们在前面已全文征引,并作了分析述评,读者自可比较,看看是谁在断章取义。

梅教授认为是王念孙"创立了'一声之转'的同源词研究",并说"这种论证方法可以算是王念孙发明的一种模式"。

这种说法不符合中国语言研究史，因而是错误的。众所周知，在王念孙著《广雅疏证》之前，他的老师戴震在《方言疏证》中，已大量地运用“一声之转”的训释方法来论证音义相通，当然还用了“转语”、“语之转”、“声之转”、“语之变转”、“声之变转”等相关术语。王念孙同门师兄段玉裁在《说文解字注》、《周礼汉读考》中，也用“一声之转”、“语之转”等来论证音义关系。梅教授却廉价地将“创立”、“发明”的桂冠赏赐给了王念孙。试问：王念孙如果地下有知，他会接受这一恩赐吗？

梅教授说王念孙“一声之转”模式的特征是：“一、没有论证，就认定A字和B字有同源关系。”这是梅教授视而不见的批评方式。王念孙、引之父子在疏证中引述了众多文献训诂资料，论证里、间同义，论述蘴、芜菁、蔓菁为同物异名；又按照古音变转通例，指出里、间为一声之转，指出芜为蘴之转声，芜之声又转为蔓。这就从音义两个方面，论证了上引二例中提到的词不但声音相通，而且意义也相通，即贯彻了以声音通训诂的原则。《广雅疏证》白纸黑字，原书具在，怎么能说成是“没有论证”呢？同时应该指出，王念孙并没有说这些词是同源词，因为当时还没有这样一个术语，同源词是后起的概念，我们不能无中生有地将它强加给两百年前的王念孙。王念孙论证这些词为声音相通的近义词或同义词。可以这样说，高邮王氏父子以声音通训诂的训释实践已包括了后代的求证同源词，并孕育着后代的同源词研究。

梅教授又指责这种模式的特征是：“二、A字和B字如果声母不同，或者韵母不同，或者声母、韵母都不同，《广雅疏证》把这差别叫做‘声之转’、‘一声之转’。”梅教授这种含糊其词的笼统说法，很能迷惑人，如果不是他自己没有真正理解“一声之转”的含义，那就是他有意识地歪曲“一声之转”，以此来嘲讽王念孙及其《广雅疏证》。什么是“一声之转”？王力先生说：

> 一声之转，实际上就是双声。①

洪诚先生说：

> 清人所谓一声之转，是说几个字在声纽同一的前提下语音发生转变。例如“狐疑”原是“嫌疑”，由“嫌”转成“狐”是一声之转，“嫌”（户兼切，匣纽添韵）变“狐”（户吴切，匣纽模韵），声纽同一没有转，只转了韵。②

周祖谟先生说：

> 〔一声之转〕训诂书中解说两个词声音相同，语义相通，往往称之为“一声之转”。换言之，就是有双声相转的关系。例如王念孙《广雅疏证》解释《释诂一上》“捞、略，取也”这一条时说：“捞，通作劳。《齐语》‘牺牲不略，则牛羊遂’，《管子·小匡》篇作‘牺牲不劳，则牛羊育’。劳、略一声之转，皆谓夺取也。”又

① 王力《中国语言学史》第三章第十四节，山西人民出版社1981年版第155页。

② 洪诚《训诂学》第三章第六节，江苏古籍出版社1984年版第125页。

《释诂四下》"蔫、菸、矮，葱也"一条，《疏证》说："皆一声之转也。蔫者，《说文》：'蔫，菸也。'……菸者，《说文》：'菸，矮也。'……矮者，《说文》：'矮，病也。'《小雅·谷风》篇云：'无木不萎。'萎与矮亦同。《众经音义》卷十云：'今关西言菸，山东言蔫，江南言矮。'葱者，《玉篇》云：'败也，萎葱也。'"捞略二字为来母双声字，蔫、菸、矮、葱等字为影母双声字，所以《疏证》都分别说明是一声之转。由双声说明词义之相通，这是训诂学上很有用的一种方法，在郝懿行《尔雅义疏》中更为常见。但是单纯用"一声之转"来说明语义相同或相近，那还是很不够的，最要紧的是要有书面上的佐证。佐证有两种，一是见于字书、训诂书，一是见于前人的文章内有明确的用例。如果不如此，随意立论，往往陷于错误。①

三位前辈语言学家尽管所述有详有略，但都揭示了"一声之转"实质上就是双声关系。他们所说的"声纽同一"，"双声相转的关系"，就是指声母的相同相近。声母相同者即指双声；声母相近者即指准双声、旁纽、准旁纽、邻纽，其作用相当于双声。根据汉语语音变转通例，它们都有着严整的规律可循。梅教授却说"如果A字和B字声母不同……《广雅疏证》把这差别叫做'声之转'、'一声之转'"。我们不禁要问，难道作为古音学家的王念孙，真的会犯像梅教授所说那样的低级错误

① 《中国大百科全书·语言文字卷》，中国大百科全书出版社1988年版第446页。

吗？今据华学诚教授等《就王念孙的同源词研究与梅祖麟教授商榷》[①]一文中的统计材料，《广雅疏证》中的"一声之转"计有 135 条(重复者不再计)，其中声母相同者(即双声)93 条，声母相近者(即准双声、旁纽、准旁纽、邻纽等)42 条；"声之转"计有 39 条，其中声母相同者 24 条，声母相近者 15 条。这样说来，《广雅疏证》中的"一声之转"、"声之转"，都是指声母相同或相近者，而且其中声母相同者即双声平均占到约六成五。面对如此事实，不知梅教授又将如何解释。当然，声母相近者也是"声母不同"，但是笼统地讲"声母不同"，对研究汉语语音分化和方言差异，是远远不够的，这就需要具体问题作具体分析。"声母不同"，程度有大有小，关系有远有近。有些不同的声母，也就是声母相近者，它们相异程度很小，关系十分接近，甚至相同的成分大于不同的成分，是大同而小异。例如帮、滂"声母不同"，但它们同属唇音，发音部位相同，它们就构成了旁纽关系，其作用相当于双声关系。其余的准双声、准旁纽、邻纽关系也作如是观。由此可见，梅教授诬称"A 字和 B 字如果声母不同，或者韵母不同，或者声母、韵母都不同，《广雅疏证》把这差别叫做'声之转'、'一声之转'"，是完全弃事实于不顾的虚妄之言。

梅教授根据自己的逻辑，指责《广雅疏证》"没有论证"，"A 字和 B 字如果声母不同……《广雅疏证》把这差别叫做'声之转'、'一声之转'"，这些指责却都与《广雅疏证》原书实际记载不符。这就令人产生怀疑，梅教授到底有没有认真读过《广雅疏证》原著？要不他为何会作出与众完全不同的评论

① 《古汉语研究》2003 年第 1 期。

呢？梅教授在他文章的〔注一〕中说："写作期间，郭必之给我讲解《广雅疏证》。"应该说，写作期间听人讲解《广雅疏证》，这对于加深理解书中的一些基本内容，对写作能起到促进作用，也是好事。不过，如果没有认真通读《广雅疏证》，或者没有读通读懂原著（例如有人将"一声之转"的"一声"误解为"一个声音"；有人将"闾里一声之转，乡谓之闾，遂谓之里"的"遂"字误解为虚词，等等），只是书到用时方恨少，临时抱佛脚，靠听别人的讲解来救急，且又心怀成见，竟不顾《广雅疏证》原书实际记载，任意歪曲，将虚妄之言、不实之词强加于王念孙及其《广雅疏证》，那末，如此所要弄的一套就决不是诚实的态度，平实的论证，朴实的学风！

六、右文说

北宋王圣美首倡右文说，认为汉字字义寄于右旁之声符，综合一组形声字的相同的谐声偏旁，概括出一个共同的基本的理性意义。这种方法，早在东汉许慎《说文》中已露端倪。《说文》部首，以形为纲，一般将形旁建为部首，但也有例外，把声旁建为部首的。例如句部，收句、拘、笱、鉤四字。按通例，应该拘入手部，笱入竹部，鉤入金部，然而许氏却专建句部，因为所属三字同从句声，同有曲意。这样的编排，就透露出一组形声字中相同的声旁有着相同的意义这一信息。再如《说文》丩部收丩、纠、茻三字，劦部收劦、協、恊、勰四字，道理是一样的。（《说文》按声旁建部约二十部。句部的收字也未能贯彻始终如一的原则，例如《说文》羽部："翑，羽曲也。从羽，句声。"疒部："痀，曲脊也。从疒，句声。"车部："軥，軶下曲者。

从车,句声。”还有足部“踋”、肉部“朐”,都有曲义,都未能收入句部。)右文说,这种综合一组形声字的相同的声旁,概括出一个共同的基本的理性意义,不脱离语音,反映音义同源,能说明一部分语言现象,有助于训诂。但是,我们不能把右文说绝对化,如果认为凡是声旁相同的一组形声字必然同义,那是十分错误的。

《广雅·释诂》:“幾,微也。”〔疏证〕幾之言幾希也。《系辞传》云:“幾者动之微。”《皋陶谟》云:“惟幾惟康。”《说文》:“僟,精详也。”“嘰,小食也。”司马相如《大人赋》云:“咀噍芝英兮嘰琼华。”《众经音义》卷九引《字林》云:“璣,小珠也。”《玉篇》:“鐖,钩逆铓也。”《淮南子·说林训》云:“无鐖之钩不可以得鱼。”《方言》云:“钩,自关而西或谓之鑯。”郭璞音微。是凡言幾者,皆微之义也。(《广雅疏证》卷四下)

按:归纳形声字声旁从幾的僟、嘰、璣、鐖四字,都有微小之义,说明它们是一组同源字;并都列出书证,做到确有依据。

《广雅·释诂》:“懱,小也。”〔疏证〕《方言》:“江淮陈楚之内,谓木细枝为蔑。”蔑与懱同。郭璞注云:“蔑,小貌也。”《法言·学行篇》云:“视日月而知众星之蔑也,仰圣人而知众说之小也。”又《君奭》:“兹迪彝教文王蔑德。”郑注云:“蔑,小也。”正义云:“小,谓精微也。”《逸周书·祭公解》:“追学于文武之蔑。”孔晁注云:“言追学文武之微德也。”《说文》:“懱,轻易也。”轻易，亦小也。今人犹谓轻视人为蔑视。《周语》：“郑未失周典，王而蔑之，是不明贤也。”韦昭注云：“蔑，小也。”蔑与懱同。又《广韵》：“纥，莫结切。”引《仓颉篇》云：“纥，细也。”《玉篇》：“䁾，面小也。”《说文》：“䉼，麸也。”《众经音义》卷十引《埤仓》云：“篾，析竹肤也。”字通作蔑。《顾命》：“敷重蔑席。”郑注云：“蔑，析竹之次青者。”《玉篇》：“䳮，䳮雀也。”字亦通作懱。《方言》：“桑飞，自关而西或谓之懱爵。”注云：“即鷦鷯也。懱言懱截也。”《广韵》：“䁾尐，小也。”䁾尐与懱截同。《尔雅》：“蠓，蠛蠓。”李善注《甘泉赋》引孙炎注云：“虫小于蚊。”是凡言蔑者，皆小之义也。（《广雅疏证》卷二上）

按：归纳形声字声旁从蔑的懱、䁾、䉼、篾、䳮、蠛六字，都有微小之义，说明它们是一组同源字；并都列出书证，做到持之有故。（纥蔑，《广韵》入声屑韵“莫结切”，二字声旁同音，纥蔑都有细义，亦为同源字。）

《释大》一上：“乔，高也。故矜谓之骄，马六尺谓之骄，长尾雉谓之鷮，禾长谓之穚，莠长谓之骄，大管谓之䈾。”（《高邮王氏遗书·释大》，夹注及例证从略）

按：归纳形声字声旁从乔的骄、鷮、穚、䈾四字，都有长大之义，说明它们是一组同源字。

《广雅·释器》:“轪、铙,辖也。”〔疏证〕《说文》:“軎,车轴端也。”或作辖。《邓析子·无厚篇》云:“夫木击折辖,水戾破舟。”辖之言锐也。昭十六年《左传》注云:“锐,细小也。”轴两端出毂外细小也。小声谓之嘒,小鼎谓之鏏,小棺谓之槥,小星貌谓之暳,蜀细布谓之缕,鸟翮末谓之翽,车轴两端谓之辖,义并同也。(《广雅疏证》卷七下)

按:归纳形声字声旁从彗的嘒、鏏、槥、暳、缕、翽、辖七字,都有小义,说明它们是一组同源字。其中因训释辖字,特引了书证外,其余六字为连类而及,故省去书证。为验证字义,今补引书证如下。

嘒　《说文》口部:“嘒,小声也。”

鏏　《淮南子·说林训》:“水火相憎,鏏在其间,五味以和。”高诱注:“鏏,小鼎。”《广韵》去声祭韵:“鏏,小鼎。”

槥　《广韵》去声祭韵:“槥,小棺。”

暳　《广韵》去声霁韵:“暳,小星。”

缕　《说文》糸部:“缕,蜀细布也。”

翽　《淮南子·人间训》:“及至其筋骨之已就,而羽翮之既成也,则奋翼挥翽,凌乎浮云。”高诱注:“翽,六翮之末也。”

杨树达《形声字声中有义略证》说:“自清儒王怀祖、郝兰皋诸人盛倡声近则义近之说,于是近世黄承吉、刘师培后先发挥形声字义实寓于声，其说亦既圆满不漏矣。盖文字根于言语，言语托于声音，言语在文字之先，文字第是语音之徽号。以我国文字言之，形声字居全字数十分之九，谓形声字义但寓于形而不在声，是直谓中国文字离语言而独立也。其理论之不可通，固灼灼明矣。”[①]从王念孙到杨树达论文字音义的关系，比王子韶的右文说已经有了很大的发展。杨氏用语言学理论加以说明，道理更清楚。

七、方俗语

“方言口语忠实地保存了古词的音义。”[②]利用方俗语训释字义，注意到古今语言的纵向方面的联系和变化，这符合于历史唯物主义的发展观点。开发现代汉语方言中的语言宝藏，使之为训诂服务，这是一条很好的语言研究途径，值得语言工作者去努力开拓。王念孙在训诂实践中就常用“方俗语”、“今俗语”训释古词的音义。

《广雅·释诂》：“蜕、毻，解也。”〔疏证〕蜕之言脱也。《说文》：“蜕，蛇蝉所解皮也。”《庄子·寓言篇》云：“予蜩甲也，蛇蜕也。”今俗语犹谓虫解皮为蜕皮矣。毻，亦蜕也。《方言》：“毻，易也。”郭璞注云：“谓解毻也。”《广韵》：“毻，鸟易毛也。”郭璞《江赋》：“产毻积羽。”李善注云：“字书曰：‘毤，落毛也。’毤与毻

① 《积微居小学金石论丛》卷一，中华书局 1983 年版第 38 页。
② 袁家骅《汉语方言概要》，文字改革出版社 1983 年版第 11 页。

同。"《管子·轻重篇》云:"请文皮毻服而以为币。"今俗语犹谓鸟兽解毛为毻毛。毻毻蜕并同义。(《广雅疏证》卷一下)

按:脱与蜕为同源字[①],退与蜕同音,故蜕亦作脱,又作退。《庄子·至乐》:"胡蝶,胥也,化而为虫,生于灶下,其状若脱。"陆德明释文:"脱,它括反。"成玄英疏:"胥得热气,故作此虫,状如新脱皮毛,形容雅净也。"王先谦集解:"脱,同蜕。"唐李山甫《酬刘书记见赠》:"石涧新蝉脱,茅檐旧燕窝。"蝉脱即蝉蜕。明李时珍《本草纲目·鳞二·蛇蜕》〔集解〕引苏颂曰:"南中木石上及人家墙屋间多有之。蛇蜕无时,但着不净即蜕,或大饱亦脱。"上言蜕,下作脱,脱蜕同。明李时珍《本草纲目·虫一·蚕》"蚕蜕〔释名〕:马明退、佛退。"又《鳞二·蛇蜕》〔释名〕:"蛇皮、蛇壳、龙退、龙子衣、龙子皮……蜕音脱,又音退,退脱之义也。"民间敬称蚕神为马明王、马明菩萨,故称蚕蜕为马明退。又民间禁忌,称蛇为小龙、龙子,故称蛇蜕为龙退。退与蜕同。(《汉语大词典》已收立"佛退"、"龙退"条,未收"马明退"条,宜增补。)"蜕皮"亦作"脱皮"、"退皮"。《文选·孙楚〈为石仲容与孙皓书〉》:"又南中吕兴,深睹天命,蝉蜕内向,愿为臣妾。"唐张铣注:"背乱向理,如蝉之蜕皮也。"(《汉语大词典》第8卷第909页:"〔蜕皮〕①许多节肢动物和爬行动物,生长期间脱去旧表皮长出新表皮的过程。"无任何书证。此例可补入。)汉王充《论衡·道虚》:"夫蝉之去复育,龟之解甲,蛇之脱皮,鹿之堕角,壳皮之物解壳皮持骨肉去,可

---

① 王力《同源字典》,商务印书馆1982年版第489页。

谓尸解矣。”(《汉语大词典》未收“脱皮”条,似宜补。)《说郛》卷二四引宋赵叔向《肯綮录》:“蛇退皮曰蜕。”清蒲松龄《农桑经·补蚕经·饲养》:“无论至老不齐,且眠蚕被桑久盖,以渐不能退皮,大眠后必多游走。”现代汉语中犹称蛇、蝉等虫脱皮为蜕皮[①]。毻与蜕同音,(蜕毻,《广韵》去声泰韵“他外切”,又去声过韵“汤卧切”。)毻与脱亦为同源字,退亦与毻为同音字。因此,“毻毛”亦作“蜕毛”、“脱毛”、“退毛”。北周庾信《至老子庙应诏》诗:“毻毛新鹄小,盘根古树低。”明李时珍《本草纲目·禽四·姑获鸟》〔集解〕引陈藏器曰:“《玄中记》云:姑获鸟,鬼神类也,衣毛为飞鸟,脱毛为女人。”宋陆佃《埤雅·释兽》:“〔驼〕遇夏常退毛至尽,乃能避热。”明李时珍《本草纲目·兽一·驼》:“其性耐寒恶热,故夏至退毛至尽。”现代汉语中犹称鸟兽解毛为毻毛,但字已作脱毛[②]。蜕毻,现代汉语普通话音 tuì;在吴方言中亦音 tuì,又音 tuò。民国《嘉定县续志·方言》云:“俗谓鸟兽易毛及蛇蝉之属解皮俱曰毻,或谓之蜕。”这与上举《广韵》两个反切相合,亦可谓古之遗语矣。

《广雅·释诂》:“滗、笮,盝也。”〔疏证〕滗之言逼,谓逼取其汁也。《玉篇》:“滗,笮去汁也。”《众经音义》卷五引《通俗文》云:“去汁曰滗。”又云:“江南言逼,义同也。”今俗语犹云滗米汤矣。笮者,压笮出其汁也。《玉篇》音“仄乍切”,云:“笮酒也。”《广韵》云:“醡,压酒具也。”“榨,打油具也。”并出《证俗文》。

---

① 见《现代汉语词典》,商务印书馆 1996 年版第 1283 页“蜕”和“蜕皮”条。

② 见《现代汉语词典》,商务印书馆 1996 年版第 1287 页“脱毛”条。

《后汉书·耿恭传》:"笮马粪汁而饮之。"李贤注云:"笮,谓压笮也。"嵇康《声无哀乐论》云:"犹蓰酒之囊漉,虽笮具不同而酒味不变也。"笮、醡、榨并同义。今俗语犹云笮酒、笮油矣。(《广雅疏证》卷二下)

按:现代汉语口语中犹云滗米汤。《现代汉语词典》第 71 页:"〔滗〕bì 挡住渣滓或泡着的东西,把液体倒出:～汤药|把汤～出来。"例孔厥、袁静《新儿女英雄传》第七回:"大水看药吊子里熬剩半罐儿了,就滗出来,满满一小碗。"字亦写作逼。民国颐琐《黄绣球》第七回:"〔黄通理〕命他孩子们捧一个西瓜出来,交与黄绣球,逼些瓜汁来饮。"闵家骥等《简明吴方言词典》(上海辞书出版社 1986 年版)、吴连生等《吴方言词典》(汉语大词典出版社 1995 年版)都收立"滗"字条,但所引书证均为古代字书、辞书、韵书等,未引诗文用例;也都未收立"用同滗"的"逼"字条,似宜补。

现代汉语口语中犹言榨酒、榨油,但字已作"榨"而不作"笮",榨笮字异而义同。《现代汉语词典》第 1579 页:"〔榨〕zhà① 压出物体里的汁液:～油|～甘蔗。② 压出物体里汁液的器具:油～|酒～。"在古代著作中,笮亦作醡、榨、迮、搾,例宋欧阳修《秋晚凝翠亭》诗:"嘉客日可携,寒醅美新醡。"清许光治《小梁州》曲:"月光淡醡鹅儿酒,转花阴移上高楼。"宋周邦彦《汴都赋》:"坤灵因赑屃而踊踏,土怪畏榨压而妥贴。"明李时珍《本草纲目·禽三·伯劳》〔附录〕引罗愿曰:"〔鹁鸠〕即祝鸠也……五更辄鸣,曰'架架格格',至曙乃止。故滇人呼为榨油郎,亦曰铁鹦鹉。"北魏贾思勰《齐民要术·五谷果蓏菜茹非中国物产者》引汉杨孚《异物志》:"交趾所产甘蔗特醇

好……斩而食之，既甘，迮取如饴糖。”《初学记》卷二七引晋王嘉《拾遗记》：“有紫实之麻，粒如粟，色紫，迮为油，则汁如清水。”宋庄季裕《鸡肋编》卷上：“〔胡麻〕炒焦压搾才得生油。”笮、醡、榨、迮、搾并同义。在现代汉字中，压榨义以“榨”字为通用字。

> 《方言》第一：“虔、儇，慧也。自关而东，赵魏之间谓之黠，或谓之鬼。”王念孙谨案：卷十二云：“儇、虔，谩也。”注：“谓惠黠也。”惠与慧通。……今高邮人犹谓黠为鬼，是古之遗语也。(《高邮王氏遗书·方言疏证补》)

按：慧惠，《广韵》去声霁韵“胡桂切”，上古属匣母质部；黠，《广韵》入声黠韵“胡八切”，上古属匣母质部；鬼，《广韵》上声尾韵“居伟切”，上古属见母微部。慧惠反切同，音同义通。慧黠，匣母双声，质部叠韵，为同源字。鬼慧，见匣旁纽双声，微质旁对转，鬼为慧之语转耳。在文言雅语中，一般曰慧曰黠，而在俚言俗语中则多曰鬼，其义同也。例同义复词慧黠，《北史·后妃传下·齐后主冯淑妃》：“冯淑妃名小怜……慧黠能弹琵琶，工歌舞。”唐裴铏《传奇·孙恪》：“此猿是贫道为沙弥时所养，开元中，有天使高力士经过此，怜其慧黠，以束帛易之。”亦作惠黠，《方言》第十二：“儇、虔，谩也。”晋郭璞注：“谓惠黠也。”唐沈既济《任氏传》：“崟（韦崟）乃悉假帷帐榻席之具，使家僮之惠黠者随以觇之。”宋王明清《挥麈三录》卷二：“有监酒使臣张者，小女甫六七岁，甚为惠黠。”惠与慧通。倒言之则曰黠慧，晋张华《博物志》卷十：“颜色悦怿，颇更黠慧胜故。"《清史稿·王杲传》:"〔王杲〕生而黠慧,通番、汉语言文字,尤精日者术。"亦作黠惠,唐崔颢《邯郸宫人怨》诗:"七岁丰茸好颜色,八岁黠惠能言语。"又作鬼黠,晋常璩《华阳国志·蜀志》:"星应舆鬼,故君子精敏,小人鬼黠。"《文选·潘岳〈射雉赋〉》:"靡闻而惊,无见自鹭。"南朝宋徐爰注:"言雉性惊鬼黠。"《玉篇》人部:"偭,偭傀,鬼黠也。"鬼黠与慧黠义同。现代汉语俗语中犹谓慧黠为鬼。《现代汉语词典》第 476 页:"〔鬼〕guǐ⑥ 机灵(多指小孩儿或动物):这孩子～得很!"

王念孙利用活着的方言口语,循声求义,去对证和训释古词音义,求得确解,这正是他的开通高明之处。

八、合声与反语

合声与反语,本是传统的两种注音方法,训诂学家则借用来训释词义。《四库全书总目提要·经部小学类·音韵阐微》:"国书十二字头,用合声相切,缓读则为二字,急读则合一音,悉本乎人声之自然。证以《左传》之丁宁为钲、句渎为谷,《国语》之勃鞮为披,《战国策》之勃苏为胥,于三代古法亦复相协。"黄季刚先生《声韵略说·论反切未行以前之证音法二》说:"合声者,两字相合,共成一声;此即反切之理所从出也。"[①]在中国古老的音韵学中,用两个字急读拼合成另一个字的音,叫反切,这是传统的一种注音方法。反切上字与所切之字声母相同,反切下字与所切之字的韵母和声调相同,即上字取声,下字取韵和调。由反切上下字急读拼成的所切之字

① 《黄侃论学杂著》,上海古籍出版社 1980 年版第 114 页。

的音，就叫做反切上下字的合声；而反切上下字，就是所切之字的反语。合声，在语音上合二字为一字，在训诂上即以此二字释此一字；反语，在语音上析一字为二字，在训诂上即以此一字释此二字。

《广雅·释器》："袚，蔽膝也。韨谓之绋。"〔疏证〕《方言》："蔽膝，江淮之间谓之袆，或谓之袚，自关东西谓之蔽膝。"《释名》云："韠，蔽也，所以蔽膝前也。妇人蔽膝亦如之。"《尔雅》："衣蔽前谓之襜。"《小雅·采绿篇》："不盈一襜。"毛传与《尔雅》同，正义引李巡《尔雅注》云："衣蔽前，衣蔽膝也。"《汉书·东方朔传》："馆陶公主自执宰敝膝。"敝膝与蔽膝同。袚韨一字也。绋本作韠，即蔽膝之合声。蔽韠韨又一声之转。(《广雅疏证》卷七下)

按：韠字为蔽膝之合声，衣物类的韠即蔽膝之别名。韠韨一声之转，则韨与韠同义，韨亦蔽膝之别名。从语音上分析：

蔽[bì《广韵》必袂切，去祭，帮]上古音属帮母月部；

膝[xī《广韵》息七切，入质，心]上古音属心母质部；

韠[bì《广韵》卑吉切，入质，帮]上古音属帮母质部；

韨[fú《广韵》分勿切，入物，非]上古音属帮母物部。

合声字韠与反切上字蔽，上古音同属帮母为双声；又与反切下字膝，上古音同属质部为叠韵。韠即蔽膝之别名。《诗·桧风·素冠》："庶见素韠兮。"朱熹集传："韠，蔽膝也，以韦为之。冕服谓之韍，其余曰韠。"韍与韠上古音同属帮母为双声，韵部分属物质为旁转。蔽韠韍皆一声之转，故韠为蔽膝，韍亦为蔽膝。《礼记·玉藻》："一命缊韍幽衡，再命赤韍幽衡，三命赤韍葱衡。"郑玄注："此玄冕爵弁服之韠，尊祭服，异其名声。韍之言亦蔽也。"孔颖达疏："他服称韠，祭服称韍。"又《明堂位》："有虞氏服韍。"郑玄注："韍，冕服之韠也。"《汉书·王莽传上》："于是莽稽首再拜，受绿韍衮冕衣裳。"颜师古注："此韍谓蔽膝也。"

> 《广雅·释诂》："否、弗、倗、粃，不也。"〔疏证〕皆一声之转也。倗者，《广韵》："倗，不肯也。"粃者，《方言》："粃，不知也。"郭璞注云："今淮楚间语。呼声如非也。"曹宪云："彼比俱得。"方语有轻重耳。倗即不肯之合声，粃即不知之合声。《说文》："秕，不成粟也。"义亦与粃同。（《广雅疏证》卷四上）

按：倗即不肯之合声，义亦谓不肯；粃即不知之合声，义亦谓不知。在现代方言中，也有否定副词与单音节词结合，二音急读而成一音的，例如不用为甭[béng]，勿曾为𫠘(朆)[fēn]，勿用为䨻[fèng]，勿要为嫑[fiào]，只要为𠯤[jiào]，以上字例俱见《现代汉语词典》。

《广雅·释诂》:"飙,风也。"〔疏证〕飙者,扶摇之合声也。《尔雅》:"扶摇谓之猋。"李巡注云:"扶摇,暴风从下升上,故曰猋。猋,上也。"《月令》云:"猋风暴雨摠至。"《吴子·论将篇》云:"风飙数至。"飙与猋通。(《广雅疏证》卷四下)

按:飙即扶摇之合声,扶摇即飙之别名,这就揭示了飙与扶摇二词音义通转的联系。《庄子·逍遥游》:"鹏之徙于南冥也,水击三千里,抟扶摇而上者九万里。"成玄英疏:"扶摇,旋风也。"《汉书·扬雄传上》:"风发飙拂,神腾鬼趡。"颜师古注:"飙,回风也。"旋风回风,其义相同,即指螺旋状运动而上升的暴风,其风力极强大者亦称龙卷风。

《广雅·释草》:"益母,充蔚也。"〔疏证〕《尔雅》云:"萑,蓷。"郭注云:"今茺蔚也。"蓷者,充蔚之合声;充蔚者,臭秽之转声。《韩诗》云:"蓷,茺蔚也。"案《本草》云:"益母,茺蔚也。"故刘歆云:"蓷,臭秽。"臭秽,即茺蔚也。案今益母草气恶近臭,故有臭秽之称。曹植《籍田说》云:"藜蓬臭蔚,弃之乎远疆。"臭蔚,犹臭秽也。古音蔚如郁。前《释器》云:"郁,臭也。"故茺蔚之草,一名郁臭。陈藏器《本草拾遗》云:"茺蔚,田野间人呼为郁臭草。"是也。(《广雅疏证》卷十上)

按:蓷即茺蔚之合声,茺蔚即蓷之别名,这就揭示了蓷与茺蔚二词音义通转的联系。茺蔚,又是臭秽之转声。益母草名蓷名茺蔚,其语源出自臭秽,验之今益母草气恶近臭,甚是。而《本草纲目·草四·茺蔚》云:“此草及子皆充盛密蔚,故名茺蔚。”李时珍为造诣极深的中草药专家,而非古音学家,他在探求茺蔚语源时,不求之于声而求之于字,固宜其说之多凿也。

反语,在语音上析一字为二字,即指合声字的反切上下字,在训诂上用合声字训释反切上下字组成的双音节词。

> 《广雅·释诂》:“濩、辱,污也。”〔疏证〕濩者,下文云:“获,辱也。”获与濩义相近。《楚辞·渔父》:“又安能以皓皓之白而蒙世之温蠖乎?”蠖与濩义亦相近。陈氏观楼云:“温蠖,即污之反语也。”(《广雅疏证》卷三上)

按:温蠖即污之反语,其义亦即污,污秽之污。王念孙引陈氏说,见陈昌齐(字观楼)《楚辞音义》。《楚辞·渔父》“温蠖”作“尘埃”,作“温蠖”者,为《史记·屈原贾生列传》引《楚辞·渔父》文。今从语音上分析:

> 温[wēn《广韵》乌浑切,平魂,影]上古音属影母文部;
>
> 蠖[huò《广韵》乌郭切,入铎,影]上古音属影母铎部;
>
> 污[wū《广韵》乌路切,去暮,影]上古音属影母鱼部。

按，合声字污与反切上字温，上古音同属影母为双声；又与反切下字蠖，上古韵部为鱼铎对转。陈昌齐云："温蠖，即污之反语也。"这不仅符合音切规律；而且在原句中，"温蠖"的污秽义正好与"皓皓之白"的清白义相对；而又与《楚辞·渔父》的异文"尘埃"义相应。这就做到了"揆之本文而协，验之他卷而通，虽旧说所无，可以心知其意者也"（王引之《经传释词序》）。陈昌齐著作精粹而流传不广，后世之说《楚辞》者不能征引其说，惜哉！

《广雅·释器》："柊楑，椎也。"〔疏证〕《说文》："椎，击也，齐谓之终葵。"终葵，与柊楑同，即椎之反语也。《考工记·玉人》："大圭长三尺，杼上，终葵首。"郑注云："终葵，椎也。"马融《广成颂》云："翚终葵，扬关斧。"（《广雅疏证》卷八上）

按：柊楑（终葵）即椎之反语，亦即椎之别名，这就揭示了柊楑与椎二词音义通转的联系。

合声与反语，又称为疾言与徐言，急言与缓言，单言与重言，等等。

《广雅·释草》："石发，石衣也。"〔疏证〕《周官·醢人》："箈菹。"郑众注云："箈，水中鱼衣也。"箈与苔亦同。释文云："沈云：箈，北人音丈之反。"又《尔雅》释文云："落，或音丈之反。"是落与治古同音。故疾言之则为落，徐言之则为陟厘，陟厘正切落字。

《名医别录》云:"陟厘生江南池泽。唐本注云:'此物乃水中苔,今取以为纸,名苔纸,青黄色,体涩。'《小品方》云:'水中粗苔也。'范东阳方云:'水中石上生,如毛,绿色者。'《药对》云:'河中侧梨。'"侧黎陟厘,声相近也。王子年《拾遗记》云:"张华撰《博物志》,上晋武帝。武帝嫌繁,命削之,赐华侧理纸万张。子年云:陟厘,纸也。此纸以水苔为之,溪人语讹,谓之侧理也。"案《御览》"苔"下引《拾遗记》与此略同,其"纸"下所引则又云:"南人以海苔为纸,其理纵横邪侧,因以为名。"与今本《拾遗记》合,纵横邪侧之说,未免穿凿,不若语讹之说为善矣。(《广雅疏证》卷十上)

按:疾言之则为落,徐言之则为陟厘,陟厘正切落字,陟厘为落之别名,亦即苔之别名(落与苔同)。侧黎、侧理,均为陟厘语音之变转而近,则侧黎、侧理亦为苔之别名。所谓陟厘纸、侧理纸,即苔纸,以苔为之。今本《拾遗记》谓侧理纸"以海苔为纸,其理纵横邪侧,因以为名",释"侧理"为"其理纵横邪侧",不求诸声而求诸字,显系望文生训之曲说。

《广雅·释亲》:"项颅谓之髑髅。"〔疏证〕此叠韵之转也。急言之则曰头,徐言之则曰髑髅,转之则曰项颅。《说文》:"项颅,首骨也。"或但谓之颅。《秦策》云:"头颅僵仆,相望于境。"船头谓之舻,义亦同也。《说文》:"髑髅,顶也。"《庄子·至乐篇》云:"见空髑髅,髐然有形。"(《广雅疏证》卷六下)

按：急言之则曰头，徐言之则曰髑髅，髑髅即头之别称，因字从骨，特指死人之头。顸颅为髑髅之声转，故义亦相同。《说文》页部："颅，顸颅，首骨也。"可证。

《广雅·释亲》："壻谓之倩。"〔疏证〕《方言》："东齐之间壻谓之倩。"郭注云："言可借倩也，今俗呼女壻为卒便是也。"案，壻、倩，皆有才知之称也。壻之言胥也，郑注《周官》云："胥，有才知之称也。"倩之言婧也，《说文》："婧，有才也。"颜师古注《汉书·朱邑传》云："倩，士之美称。"义与壻谓之倩相近。《史记·仓公传》云："黄氏诸倩。"倩者，壻声之转，缓言之则为卒便矣。(《广雅疏证》卷六下)

按：急言之则为倩，缓言之则为卒便，卒便即倩之别称。倩为壻声之转，为壻之别称，其缓言卒便亦为壻之俗称。

《春秋名字解诂下》：[楚鬥穀於菟字子文]宣四年《左传》："若敖娶于䢵，生鬥伯比。若敖卒，从其母畜于䢵，淫于䢵子之女，生子文焉。䢵夫人使弃诸梦中，虎乳之。䢵子田，见之，惧而归。夫人以告，遂使收之。楚人谓乳穀，谓虎於菟，故命之曰鬥穀於菟。"案，於菟，虎文貌。《说文》："𤚴，黄牛虎文。读若涂。"菟𤚴声义并同，虎有文谓之於菟，故牛有虎文谓之𤚴。於菟云者，言其文之於菟然也。《说文》："虍，虎文也。"於菟与虍，声近而义同。单言之谓之虍，重

言之谓之於菟。(《经义述闻》卷二十三)

按:单言指单音节词,一个字;重言指双音节词,两个字。这里的单言,与合声、急言、疾言相同;重言,与反语、徐言、缓言相同。单言之谓之虍,重言之谓之於菟,虍与於菟,声近义同,这就揭示了单言与重言的音义联系。

第二节　以声音通训诂(下)

九、连语

连语就是联绵词。王念孙说:"凡连语之字,皆上下同义,不可分训,说者望文生义,往往穿凿而失其本旨。"(《读书杂志·汉书十六》"连语"条)又说:"大氐双声、叠韵之字,其义即存乎声,求诸其声则得,求诸其文则惑。"(《广雅疏证》卷六上"都凡"条)这就是说,连语是个双音节词,上下二字平列,它表达一个意义,因此在训释连语时,只能从语音上去考虑,而不能拘泥于逐字的分训。古代有些训诂家不从双声、叠韵上去考虑,往往错认连语为合成词组,强生区别,曲为之解,造成谬误。王念孙贯彻"就古音以求古义"的观点研究词义,因此他对于连语的理论见解及实际处理,就能符合于语言本身的客观规律。王念孙在训释连语时,或指出其各种变体,或纠正前人误说,或发挥音义相统一的理论,颇多精到之处。

《广雅·释训》:"委蛇,窊衺也。"〔疏证〕委蛇、窊衺皆叠韵。委，曹宪音於悲反。各本窊衺作逶衺，於悲反之音在逶字下。案，逶与委同音，不应复见；且窊衺为叠韵，逶衺则非叠韵，遍考诸书，亦无以逶衺二字连用者；此因委字下之於悲反，误入窊字下，校书者又改窊为逶以合於悲之音，遂致斯谬。考《众经音义》卷三、卷九、卷十并云："《广雅》：委佗，窊邪也。"又云窊音乌瓜反，今据以订正。《说文》："迆，衺行也。"又云："逶迤，衺去之貌。或作蝺。"凡衺与曲同义，故衺貌谓之委蛇，曲貌亦谓之委蛇。《召南·羔羊篇》："委蛇委蛇。"传云："委蛇，行可从迹也。"笺云："委曲自得之貌。"释文作委虵，《韩诗》作逶迤。《庄子·应帝王篇》："吾与之虚而委蛇。"《列子·黄帝篇》作猗移。《楚辞·离骚》："载云旗之委蛇。"一作委移，一作逶迤。《远游》云："形蟉虬而逶蛇。"《九叹》云："遵江曲之逶移兮。"又云："带隐虹之逶虵。"张衡《西京赋》："声清畅而蜲蛇。"薛综注云："蜲蛇，声余诘曲也。"又《说文》："委，委随也。"汉《唐扶颂》："在朝逶随。"《刘熊碑》："卷舒委随。"《衡方碑》："祎隋在公。"并字异而义同。(《广雅疏证》卷六上)

按：王念孙从连语的双声、叠韵的语音变转出发，他据《诗经》、《楚辞》、《庄子》、《列子》、《文选》、《说文》、汉碑等书证，一连举出了委蛇这一连语的十三种变体，即委佗、委虵、委移、委随、逶迆、逶迤、逶蛇、逶虵、逶移、逶随、蜲蛇、猗移、祎隋，等等，并得出"并字异而义同"的重要结论。

《广雅·释训》:“踽躇,犹豫也。”〔疏证〕此双声之相近者也。踽犹、躇豫为叠韵,踽躇、犹豫为双声。《说文》:“箸,箸箸也。”《楚辞·九辩》:“蹇淹留而踌躇。”《七谏》注云:“踌躇,不行貌。”并与踽躇同。犹豫,字或作犹与,单言之则曰犹、曰豫。《楚辞·九章》:“壹心而不豫兮。”王注云:“豫,犹豫也。”《老子》云:“与兮若冬涉川,犹兮若畏四邻。”《淮南子·兵略训》云:“击其犹犹,陵其与与。”合言之则曰犹豫,转之则曰夷犹、曰容与。《楚辞·九歌》:“君不行兮夷犹。”王注云:“夷犹,犹豫也。”《九章》云:“然容与而狐疑。”容与,亦犹豫也。案《曲礼》云:“卜筮者,先圣王之所以使民决嫌疑、定犹与也。”《离骚》云:“心犹豫而狐疑兮。”《史记·淮阴侯传》云:“猛虎之犹豫,不若蜂虿之致螫;骐骥之蹢躅,不如驽马之安步;孟贲之狐疑,不如庸夫之必至也。”嫌疑、狐疑、犹豫、蹢躅,皆双声字。狐疑与嫌疑,一声之转耳。后人误读狐疑二字,以为狐性多疑,故曰狐疑;又因《离骚》犹豫、狐疑相对成文,而谓犹是犬名,犬随人行,每豫在前,待人不得,又来迎候,故曰犹豫;或又谓犹是兽名,每闻人声,即豫上树,久之复下,故曰犹豫;或又以豫字从象,以为犹、豫俱是多疑之兽。以上诸说,具见于《水经注》、《颜氏家训》、《礼记正义》及《汉书注》、《文选注》、《史记索隐》等书。夫双声之字,本因声以见义,不求诸声而求诸字,固宜其说之多凿也。(《广雅疏证》卷六上)

《汉书·高后纪》:“计犹豫未有所决。”师古曰:

"犹,兽名也。《尔雅》曰:'犹,如鹿,善登木。'此兽性多疑虑,常居山中,忽闻有声,即恐有人且来害之,每豫上树,久之无人,然后敢下,须臾又上,如此非一,故不决者称犹豫焉。一曰:陇西俗谓犬子为犹,犬随人行,每豫在前,待人不得,又来迎候,故云犹豫也。"念孙案:犹豫,双声字,犹《楚辞》之言夷犹耳,非谓兽畏人而豫上树,亦非谓犬子豫在人前,师古之说,皆袭《颜氏家训》而误。说见《广雅》。(《读书杂志·汉书一》)

按:犹豫这一常见语词,历来的注疏家并未认识到这是一个双声连语,只是从文字形体上打主意,所以不能得其正解。最早的如颜之推《颜氏家训》,谓犹是犬名,一说又谓犹是兽名;孔颖达《礼记正义》,以为犹、豫俱是多疑之兽;段成式《酉阳杂俎》卷十二以犹豫为鼬预,言"狐疑鼬预"即狐性多疑,鼬性多预。尔后李善《文选注》、颜师古《汉书注》、司马贞《史记索隐》、李贤《后汉书注》、孙奭《孟子疏》、洪兴祖《楚辞补注》、朱熹《楚辞集注》、王楙《野客丛书》、叶梦得《岩下放言》,以至玄应《一切经音义》、慧苑《华严经音义》、丁度《集韵》等字书、韵书,都承袭着颜之推之旧误。狐疑这一常见连语,也一直未获正解,自郦道元《水经注》、颜之推《颜氏家训》释为"狐之为兽,又多猜疑",后世注疏家即多以狐性多疑为说,沿误千年。王念孙以声音通训诂,用音义相统一的观点,以此驳正前人"不求诸声而求诸字"之穿凿附会之说。由于古音学的发展,清代学者一般均能从语音上去正确认识双声叠韵的连语,如黄生《义府》、王鸣盛《蛾术编》、段玉裁《说文解字注》、郝懿行《尔雅义疏》、邓廷桢《双砚斋笔记》等，对犹豫、狐疑这两个连语亦均有确诂。

然而，由于旧注沿误千年以上，重形不重音的旧传统根深蒂固，一些新注仍然会作出误释。例如：

《楚辞·离骚》："心犹豫而狐疑兮，欲自适而不可。"马茂元注："犹"，小犬。"豫"，同豫，敏感也，这里涵有主张不定的意思。人带着犬走路，犬总是预先走在人的前面。当它跑了一段路以后，又觉得不放心，跑回来找它的主人。如此时前时后，来回不息地走着。因此，说人的行动没有决断叫做"犹豫"。狐性多疑而听觉灵敏，冬天河上刚结冰，狐一定要伏在冰上听听，如果下面听不到水声，它知道冰结得很厚，才敢过河。这是狐的多疑具体表现之一。所以说人的多疑叫做"狐疑"。"犹豫""狐疑"相对成文，"犹"和"狐"都是以名词作为形容词。一说，"犹"是鹿一类的兽，善登木。听到人声就豫(预)先爬上树，听不见人声又爬下来，如此上下不息，所以叫做"犹豫"。和前说内容不同，而意义无别。一说，"犹"和"豫"都是兽名，"犹豫"在这里作动词用，就是不定的意思。说虽可通，但和"狐疑"对举，在句法结构上是不妥当的。①

《赤壁之战》(《资治通鉴》)："今以实校之，彼所将中国人不过十五、六万，且以久疲；所得表众亦极

---

① 马茂元选注《楚辞选》，人民文学出版社1958年版第37—38页。

七八万耳，尚怀狐疑。”〔注释〕狐疑：指疑惧心理，狐性多疑，所以说狐疑。[①]

〔狐疑〕俗传狐性多疑，因以指多疑无决断。《楚辞》屈原《离骚》：“心犹豫而狐疑兮，欲自适而不可。”《史记·文帝纪》元年诏：“方大臣之诛诸吕迎朕，朕狐疑，皆止朕。”参阅北齐颜之推《颜氏家训·书证》。[②]

按，马茂元解释犹豫的前二说，均照抄颜之推《颜氏家训》旧说，其第三说沿袭孔颖达《礼记正义》旧注，皆误。上引解释狐疑的三例，亦均沿袭旧注而误。对犹豫、狐疑二词，马茂元曾试图从词法构造上作出新的解释，他说：“‘犹’和‘狐’都是以名词作为形容词”，然而，既然将犹和狐坐实作为兽名，那就仍然不脱前人窠臼，重形不重音，认识不到这是两个双声联绵词，不求诸声而求诸字，固宜其说之多凿也。

〔连语〕凡连语之字，皆上下同义，不可分训，说者望文生义，往往穿凿而失其本指。如训狼戾，则曰狼性贪戾。（《严助传》：“今闽越王狼戾不仁。”师古曰：“狼性贪戾。凡言狼戾者，谓贪而戾。”念孙案：师古以狼为豺狼之狼，非也。狼亦戾也。戾，字或作盭。《广雅》曰：“狼、戾，很也。”又曰：“狼、很，盭也。”是狼与戾同义。《燕策》曰：“赵王狼戾无亲。”

① 朱星主编《古代汉语》，天津人民出版社 1980 年版第 316 页。

② 《辞源》修订本第 3 册第 1999 页。

《淮南·要略》曰:“秦国之俗贪狼。”狼戾、贪狼,皆两字平列,非谓如狼之戾、如狼之贪也。《文选·洞箫赋》:“贪饕者听之而廉隅,狼戾者闻之而不怼。”《长笛赋》:“气喷勃以布覆,乍跱跖以狼戾。”贪饕、布覆、狼戾,亦皆两字平列。惟《吴都赋》曰:“料其虓勇,则雕悍狼戾。”狼戾与雕悍相对,则始误以狼为豺狼之狼矣。不知狼戾乃双声之字,不可分为二义,若必谓如狼之戾,则“乐岁粒米狼戾”,又将何说乎?)凡若此者,皆取同义之字而强为区别,求之愈深,失之愈远,所谓大道以多岐亡羊者也。(《读书杂志·汉书十六》)

按:王念孙云:“狼戾、贪狼,皆两字平列,非谓如狼之戾、如狼之贪也。”这是突破文字形体束缚,贯彻以声音通训诂的原则求得的正解。狼戾古音同属来母,为双声联绵字。据《广雅·释诂》,狼与戾同义,则狼非豺狼之狼,明矣。贪狼之狼,亦非豺狼之狼。狼戾一声之转,故贪狼犹言贪戾,贪戾亦与狼戾同义。贪狼、贪戾,又均来源于贪婪。贪婪古音同属侵部,为叠韵字。婪亦贪也。婪,字或作惏。《说文》女部:“婪,贪也。”又心部:“惏,河内之北谓贪曰惏。”《左传》僖公二十四年:“狄固贪惏。”释文、正义并引《方言》云:“杀人而取其财曰惏。”杨伯峻新注云:“惏,同婪,贪也。”《楚辞·离骚》:“众皆竞进以贪婪兮。”王逸注云:“爱财曰贪,爱食曰婪。”马茂元新注:“‘贪婪’(婪音蓝),贪也。”按,贪婪为叠韵联绵字,上下二字平列同义,亦爱财爱食之通称,不宜分训也,杨伯峻、马茂元新注明快,甚确。贪婪叠韵字,语音变转则为贪狼、贪戾矣,婪狼戾古音同属来母，均为一声之转。由此可证，贪狼之狼，实非豺狼之狼。而《辞源》修订本第 3 册第 2001 页：“〔狼戾〕㊀ 以狼性喻人之贪暴凶残。（下略）”又第 4 册第 2953 页：“〔贪狼〕贪狠如狼。（例略）”释义中均将狼字解释为豺狼，沿袭旧注而误。

王念孙以声音通训诂，从双声、叠韵的语音联系上训释连语，以此驳正前人“不求诸声而求诸字”之穿凿附会之说；又从双声、叠韵的语音变转出发，指出某一连语可能产生多种变体，例如，他据《诗经》、《楚辞》、《庄子》、《列子》、《文选》、《说文》、汉碑等书证，一连举出了“委蛇”这一连语的十三种变体，“并字异而义同”（见《广雅疏证》卷六上“委蛇，窊衺也”条）。王念孙说：“凡连语之字，皆上下同义，不可分训。”可以说，这已成为汉语词汇学研究中的一条定律。对此，王筠说：“故泥字则义不伦，审声则会心非远。”（《毛诗双声叠韵说》）邓廷桢说：“泥于其形则岨峿不安，通乎其声则明辨以晰。”（《双砚斋笔记》卷三）俞樾说：“古书中叠韵之字，当合两字为一义，不当以一字为一义。”（《广雅释诂疏证拾遗》）王国维说：“联绵字合二字而成一语，其实犹一字也。”（《古文学中联绵字之研究》）只有“因声以见义”，才能在字形纷异的情况下，透过双声、叠韵语音变转的现象，抓住词义的本质，而求得连语之确解。

十、声近义同

声近义同，亦称声近义通，这是说由于词音相近，则词义有可能相同或相通。语言音义结合的关系是偶然的，某一种意义该用什么音去表示，并没有客观合理与不合理的必然关系，完全由社会中人们共同约定俗成。从语言发生学的观点说,音义的结合关系是偶然的;而就词汇发展史的过程看,后出的词与原先的词之间,在音义上总有着这样那样的割不断的联系,音义的结合有很多就不是偶然的。因为一定的事物之间有联系,有共同点;一定的意义之间也有联系,也有共同点;而语音单位与语音单位之间也有联系,也有共同点。人们既然用某种语音来称呼某种事物,表示某种意义,因而对与此相近的事物和相近的意义,也用与此相近的语音来称呼它和表达它。在一定的限度之内,用几种相近似的语音,来称呼几种相近似的事物,表示几种相近似的意义;在一定的发展过程中,音义相因而转变,古汉语词汇发展史中确实有着这种情况。声近义同、声近义通,实际上是由于义同、义通而声近。这种现象的产生,是由于事物与事物之间、意义与意义之间、语音与语音之间,各有其自成体系的联系性,而事物、意义、语音三者之间又相因而转变,且有着一定的规律性。前人所谓声近义同、声近义通的道理正在于此。训诂学家则通过语音的互相近似以探求词义。

> 《广雅·释诂》:“铺、痡、班、赋,布也。”〔疏证〕痡,与上铺字同。《汉书·中山靖王传》:“尘埃痡覆。”颜师古注云:“痡亦布散也。”赋者,《尔雅》:“班,赋也。”《尧典》正义引孙炎注云:“谓布与也。”《大雅·烝民篇》:“明命使赋。”毛传云:“赋,布也。”《周官·大师》注云:“赋之言铺,直铺陈今之政教善恶。”《释名》云:“敷布其义谓之赋。”赋、布、敷、铺,并声近而义同。(《广雅疏证》卷三下)

按：赋、布、敷、铺是一组同源字，它们以铺陈、布散的意义为中心，而以语音的细微差别（或同音），表示相近或相关的（或相同的）词义。从语音上分析：

赋[fù《广韵》方遇切，去遇，非]上古音属帮母鱼部；

布[bù《广韵》博故切，去暮，帮]上古音属帮母鱼部；

敷[fū《广韵》芳无切，平虞，敷]上古音属滂母鱼部；

铺[pū《广韵》普胡切，平模，滂。又芳无切，平虞，敷]上古音属滂母鱼部。

赋布皆上古属帮母鱼部，二字同音；敷铺皆上古属滂母鱼部，二字同音。赋布与敷铺，皆上古属鱼部，为叠韵；赋布上古属帮母，敷铺上古属滂母，帮滂旁纽。赋、布、敷、铺作为一组同源字，声义同源，故声近而义同。

《广雅·释诂》："摇、疗，治也。"〔疏证〕摇、疗者，《方言》："愮、疗，治也。江湘郊会谓医治之曰愮，或曰疗。"注云："俗云厌愮病。"愮与摇通。《说文》："𤻲，治也。"《陈风·衡门篇》："可以乐饥。"郑笺乐作𤻲，《韩诗外传》作疗，并字异而义同。《说文》："药，治病草也。"《大雅·板篇》云："不可救药。"襄二十六年《左传》云："不可救疗。"疗摇药并同义。摇疗之同训为治，犹遥辽之同训为远，燿燎之同训为照，声相

近,故义相同也。(《广雅疏证》卷三下)

按:摇愮与疗同训为治,摇愮为江湘郊会楚方言字,但记音耳,其本字当为药。

摇[yáo《广韵》馀昭切,平宵,以]上古音属余母宵部;

药[yào《广韵》以灼切,入药,以]上古音属余母药部。

摇药上古音同属余母为双声,韵部宵药对转,例得通用。王氏疏证已举《诗经》与《左传》之药疗异文同义例,今再补充申述。《孔子家语·正论》:"防怨犹防水也,大决所犯,伤人必多,吾不克救也,不如小决使导之,不如吾所谓而药之。"王肃注:"药,治疗也。"《荀子·富国》:"彼得之不足以药伤补败。"杨倞注:"药,犹医也。"荀悦《申鉴·俗嫌》:"药者,疗也,所以治病也。"疗摇药并同义。

今对王氏疏证中所述三组声近义同字与相关的字作语音分析:

摇[yáo《广韵》馀昭切,平宵,以]上古音属余母宵部;

疗[liáo《广韵》力照切,去笑,来]上古音属来母宵部;

药[yào《广韵》以灼切,入药,以]上古音属余母药部。

按，摇疗同属宵部为叠韵，余来准双声，上古音十分近似。药摇同属余母为双声，药宵对转，上古音亦十分近似。摇疗药并同义。摇疗为同源字，其语源很可能就是药；或者，摇疗药为一组同源字。

遥[yáo《广韵》馀昭切，平宵，以]上古音属余母宵部；

辽[liáo《广韵》落萧切，平萧，来]上古音属来母宵部；

迢[tiáo《广韵》徒聊切，平萧，定]上古音属定母宵部。

按，遥辽同属宵部为叠韵，余来准双声，上古音十分近似。迢遥同属宵部为叠韵，定余准旁纽，上古音十分近似。迢辽同属宵部为叠韵，定来旁纽，上古音十分近似。《广雅·释诂》："辽、遥、超，远也。"王念孙疏证云："超之言迢也。"《慧琳音义》卷十六引《玄应音义》"迢迢"注引《考声》云："迢，远也。"辽遥迢并同义。辽遥迢为一组同源字。

燿[yào《广韵》弋照切，去笑，以]上古音属余母宵部；

燎[liào《广韵》力照切，去笑，来]上古音属来母宵部；

照[zhào《广韵》之少切，去笑，章]上古音属照母宵部。

按，燿燎同属宵部为叠韵，余来准双声，上古音十分近似。照燿同属宵部为叠韵，照余旁纽，上古音十分近似。照燎同属宵部为叠韵，照来准旁纽，上古音十分近似。《广雅·释诂》："燿，照也。""炤、燿，明也。"《广韵·上笑》："燎，照也。"《诗·陈风·月出》："月出照兮，佼人燎兮。"朱熹集传："燎，明也。"燿燎照并同义。燿燎为同源字，其语源很可能就是照；或者，燿燎照为一组同源字。

王念孙疏证，因声近义同，故摇疗同训为治，遥辽同训为远，燿燎同训为照，以此我们可以推阐求证，媱嫽同训为好，瑶璙同训为好。

媱瑶[yáo《广韵》馀昭切，平宵，以]上古音属余母宵部；

嫽璙[liáo《广韵》力小切，上小，来]上古音属来母宵部；

姚[yáo《广韵》馀昭切，平宵，以]上古音属余母宵部。

按，媱嫽同属宵部为叠韵，余来准双声，上古音十分近似。瑶音同媱，璙音同嫽，姚与媱瑶同音。媱者，《广韵·平宵》："媱，美好。"《慧琳音义》卷二十五"天诸瑶女"注引《切韵》："媱，长好貌也。"姚瑶与媱，声同义通。《广雅·释诂》："姚，好也。"王念孙疏证云："姚者，《方言》：'姚，好也。'《荀子·非相篇》：'莫不美丽姚冶。'杨倞注引《说文》云：'姚，美好貌。'《礼论篇》：'故其立文饰也，不至于窕冶。'窕与姚通。《说文》：'瑶，石之美者。'亦与姚同义。故《大雅·公刘篇》:'维玉及瑶。'毛传云:'瑶,言有美德也。'"嫽者,《方言》卷二:"嫽,好也,青徐海岱之间或谓之嫽。"《古文苑·宋玉〈舞赋〉》:"貌嫽妙以妖冶。"章樵注:"嫽,好也。"《诗·陈风·月出》"佼人僚兮"毛传:"僚,好貌。"陆德明释文:"僚,本亦作嫽。"《文选·傅毅〈舞赋〉》:"貌嫽妙以妖蛊兮。"李善注引毛苌《诗传》曰:"嫽,好貌。"璙与嫽音同,《广韵·上小》:"璙,好貌。"媱瑶嫽璙并同义。这是一组同源字,媱嫽同训为好,瑶璙亦同训为好。

> 《广雅·释诂》:"谡、诇,求也。"〔疏证〕谡诇者,《说文》:"谡,流言也。"《广韵》云:"流言有所求也。"《说文》:"敻,营求也。"敻与谡同义。《说文》:"诇,知处告言之也。"《史记·淮南王安传》:"为中诇长安。"徐广注云:"诇,伺候采察之名也。"《急就篇》云:"乏兴猥逮诇谡求。"诇谡声相近,诇与谡之同训为求,犹迥与敻之同训为远也。(《广雅疏证》卷三下)

按:敻迥同训为远,《广雅·释诂》:"敻,远也。"王念孙疏证:"敻之言迥也,曹大家注《幽通赋》云:'敻,远邈也。'字或通作洵,《邶风·击鼓篇》:'于嗟洵兮。'毛传云:'洵,远也。'释文:'洵,呼县反,《韩诗》作敻。'文十四年《谷梁传》:'敻入千乘之国。'范宁注云:'敻犹远也。'"今将敻迥与音义相关字坰作语音分析:

> 敻[xiòng《广韵》休正切,去劲,晓]上古音属晓母耕部;

迥[jiǒng《广韵》户顶切,上迥,匣]上古音属匣母耕部;

坰[jiōng《广韵》古萤切,平清,见]上古音属见母耕部。

按,敻迥与坰,均属耕部,为叠韵;分属晓匣见母,互为旁纽,三字上古音十分近似。敻之言迥也,上文已引王念孙疏证例,又《汉书·叙传上》:"敻冥默而不周。"颜师古注引刘德曰:"敻,远也。"《后汉书·窦宪传》:"敻其邈兮地界。"李贤注:"敻、邈,皆远也。"《文选·谢朓〈京路夜发〉诗》:"故乡邈已敻。"吕延济注:"敻,远也。"迥者,《说文》辵部:"迥,远也。"《汉书·司马相如传下》:"迥阔泳末。"颜师古注引孟康曰:"迥,远也。"《后汉书·班固传》:"慝亡迥而不泯。"李贤注:"迥,远也。"《文选·左思〈吴都赋〉》:"旷瞻迢递,迥眺冥蒙。"张铣注:"迥眺,远望也。"坰者,《说文》冂部:"冂,邑外谓之郊,郊外谓之野,野外谓之林,林外谓之冂,象远界也。冋,古文冂,从口,象国邑。坰,冋或从土。"《尔雅·释地》:"邑外谓之郊,郊外谓之牧,牧外谓之野,野外谓之林,林外谓之坰。"《诗·鲁颂·駉》:"駉駉牡马,在坰之野。"毛传:"坰,远野也。邑外曰郊,郊外曰野,野外曰林,林外曰坰。"《诗·鲁颂·駉序》:"牧于坰野。"陆德明释文:"坰,远也。"敻迥坰并同义。敻迥为同源字,其语源很可能就是坰;或者,敻迥坰为一组同源字。

諓询同训为求,敻与諓同义,今作语音分析:

敻諓[xuàn《广韵》许县切,去霰,晓]上古音属晓母元部;

诇[xiòng《广韵》休正切，去劲，晓]上古音属晓母耕部。

按，夐讂与诇同属晓母，为双声；元耕通转，上古音比较近似。夐讂诇为一组同源字，故讂诇同训为求。

声近义同说属于以声音通训诂类型中的一种训释方法，它与同类型中的其他训释方法，在训诂原理上相同，在解释同义现象的目的性上也一样，而在具体的训释过程中，在训释的切入点、阐发的方式和手段，却有所不同。

声近义同说与假借不同。一字假借为另一字的先决条件是声同(或声近)，从两字原有字义观察，就有本字与借字之别；而声近义同的一组字(两字或更多)，它们的先决条件也是声近(或声同)，但从各字原有字义观察，却无本字与借字之别，它们只是有着共同的语源。

声近义同说与声训不同。声训是用一个声同(或声近)的字解释另一个字，进行推因求源；而声近义同说是要对一组字，说明它们声义同源。

声近义同说与转语说不同。转语是指同一字在不同的方言或古今语言中，随着时地的变化或其他原因，语音发生了转变。有音转字异而义不变的，也有音转字异义变而分化成一组同源字的。而声近义同说是要对一组字，说明它们声义同源，原本就是一组同源字。

声近义同说与右文说不同。右文说只是综合一组形声字的相同的谐声偏旁，以概括出一个共同的基本的中心意义，它虽然不脱离语音(声旁)，但始终着眼于字形(相同的声旁)，它是从文字学的角度切入训释的。而声近义同说则是从语言学的角度切入训释，认为文字就是代表有声语言的，同音的字就有同义的可能：不但同声符、不同意符的字可以同源（此即右文说之主张）；甚至意符、声符都不同，只要音同或音近，也还可能是同义的。这种重音不重形，以声音通训诂的方法，王力称之为“这是训诂学上的革命”。

此外，声近义同说与确定同义字也不同。确定同义字，是从文字学角度切入训释，其中心点是要求字义相同，而不问字音的同异；而声近义同说则从语言学角度切入训释，说明一组字声近（或声同）义同为同源字。我们通常说同源字必然是同义字（或意义相关的字），而同义字却不一定就是同源字，其道理也就在此。

十一、异物同名

先师洪诚先生说：

> 凡事物之特征相似，命名可以相同；凡事物之异类同名者，其命名之意亦相近。这就是汉语词汇声通义近的原理。这个原理，表现在物名上尤为突出。①

异物同名，是社会生活中极普通而又普遍的现象，常人遇之，习焉不察，而训诂学家从这类现象中观察并体会到汉语词语声近义同的原理，并以此作为名物训诂的一种训释方法。

① 洪诚《训诂学》，江苏古籍出版社1984年版第75页。

《广雅·释诂》："㧜、扛、𣞤、舆、轝、舁，举也。"〔疏证〕㧜者，《汉书·王莽传》："㧜茵舆行。"颜师古注云："谓坐茵褥之上，而令四人对举茵之四角，舆而行也。"扛者，《说文》："扛，横关对举也。"《吴子·料敌篇》云："力轻扛鼎。"今俗语犹呼对举物为扛。《说文》："舩，举角也。"义亦与扛同。𣞤者，《说文》："𣞤，举食者。"徐锴传云："如食床，两头有柄，二人对举之。"《周语》："倚而畚梮。"注云："梮，舁土之器。"《史记·夏纪》："山行乘檋。"《汉书·沟洫志》作"山行则梮"，韦昭注云："梮，木器，如今舆床，人举以行也。"义并与𣞤通。舆与下轝舁二字同。《众经音义》引《仓颉篇》云："轝，举也，对举曰轝。"《说文》："舉，对举也。""舁，共举也。"并字异而义同。又案，㧜者，对举也，故所以举棺者谓之辁轴。《士丧礼下篇》："迁于祖，用轴。"郑注云："轴，辁轴也。辁状如长床，穿桯，前后著金而关轴焉。"是也。扛者，横关对举也，故床前横木谓之杠。《说文》："杠，床前横木也。"徐锴传云："今人谓之床桯。"是也。𣞤者，亦对举也，故舆床谓之梮。舆者，共举也，故车所以举物者谓之舆。《释名》云："自古制器立象，名之于实，各有义类。"斯之谓矣。(《广雅疏证》卷一下)

按：王念孙引述《释名序》所云"名之于实，各有义类"，这义类，即指名物的比义推类，也就是指事物命名之意的法则和规律。王念孙举出了辁、杠、𣞤、梮、舆等名词的产生和确立过程，揭示出了其命名之意，也突显出了“名之与实，各有义类”的理念。不同的事物可以有相同的名称，但是这些相同的名称，它们各自所指向的却是不同类、不同质的不同的事物。为什么不同的事物可以有着相同的名称呢？这是由于它们的命名之意相同，也就是这些不同的事物在某个方面有着相同的特征而以此命名。把异物同名现象看作是语言中声近义同规律的一种反映，这是到了清代乾嘉年间古音学发展后，学者们才有的一种自觉认识。王念孙的挚友程瑶田曾云：

> 双声叠韵之不可为典要，而唯变所适也。声随形命，字依声立，屡变其物而不易其名，屡易其文而弗离其声。物不相类也，而名或不得不类；形不相似，而天下之人皆得以是声形之，亦遂靡或弗似也。（《果蠃转语记》）
>
> 诸物称名相同，或以形似，或以气同，相因而呼。大率不可为典要，而其势有不得不相借者。（《释草小记》）

所谓“诸物称名相同，或以形似，或以气同，相因而呼”，这是说，各种不同的事物，因为有着某种同样的特征，并以此取名相同，这就是异物同名现象。所谓“屡变其物而不易其名，屡易其文而弗离其声”，这是说，某事物因具有某特征而取某名，后来出现的不同事物只因为也具有同样的某特征，便也取同样的某名。这也反映了新物名必定是在旧物名的基础上产生，物名与物名之间相互依存，相互制约。至于说“物不相类，而名或不得不类”，“诸物称名相同……而其势有不得不相借者”，这是强调存在着一种看不见的强大势力，迫使着产生异物同名现象。这一种看不见的强大势力，其实正是“名之于实，各有义类”之义类，指异物同名现象的命名之意的法则和规律。

> 《广雅·释器》：“罦谓之䍐。”〔疏证〕罦之言钩也，拘也。卷一云：“罦、䍐、牵，引也。”罦，曹宪音衢，字或作絇。《尔雅》：“絇谓之救。”郭注云：“救丝以为絇。或曰：亦罥名。”罥名之说，与上下文相合，说见上文“罪、罕、罠、罭，率也”下。救与拘声亦相近，絇谓之救，犹云絇谓之拘。郑注《周官·屦人》云：“絇谓之救，著于舄屦之头以为行戒。”释文：“救，刘音拘。”疏云：“言拘，取自拘持。”是也。絇谓之拘，犹云絇之言拘。郑注《士冠礼》云：“絇之言拘，以为行戒。”是也。《尔雅》之絇，本是罥名，而郑以释屦头饰者，絇所以拘持屦头，罦所以拘持鸟兽，二者不同而同为拘持之义，故其训同也。凡物之异类而同名者，其命名之意皆相近。《尔雅》：“斛谓之疀。”谓田器也。而郑注《少牢下篇》以此释挑匕，云：“挑谓之歃，有浅斗，状如饭橾。”盖挑匕所以插取食，斛所以插取土。二者不同，而同为插取之义，故其训亦同也。（《广雅疏证》卷七下）

按：絇与罦音同，鞋头装饰物的絇与拘持鸟兽的网罟罦（字或作絇），因为功用近似，其命名之意相近，故异物而同名。挑与斛音同，食具挑匕与农具斛（即今时之锹），因为功用近似，其命名之意相近，故异物而同名。

> 《广雅·释器》："其紟谓之綦。"〔疏证〕紟之言禁也。屦系谓之紟，衣系谓之紟，佩系谓之紟，其义一也。紟綦一声之转。綦之言戒也，戒亦禁也。屦系谓之綦，车下紩谓之綦，其义一也。(《广雅疏证》卷七下)

按：鞋带叫做紟，衣带叫做紟，佩系饰物的带子也叫做紟，其形制近似，功用相同，都是用以结紧而不使松脱，其命名之意相同，故异物而同名。

> 《广雅·释训》："𧡨𩏩、籧篨、侏儒、僬侥、瘂瘖、僮昏、聋聩、矇瞍，八疾也。"〔疏证〕《晋语》："籧篨不可使俛，戚施不可使仰，僬侥不可使举，侏儒不可使援，矇瞍不可使视，嚚瘖不可使言，聋聩不可使听，僮昏不可使谋。"韦昭注云："籧篨，偃人。戚施，偻人。僬侥，长三尺，不能举重。侏儒，短者，不能抗援。有眸子而无见曰矇，无眸子曰瞍。口不道忠信之言为嚚；瘖，不能言者。耳不别五声之和为聋，生而聋曰聩。僮，无知；昏，暗乱也。"戚施，与𧡨𩏩同。凡事理之相近者，其名即相同。籧篨、戚施、侏儒，皆疾也。故人之不肖者，亦曰籧篨、戚施、侏儒。《邶风·新台篇》云："燕婉之求，籧篨不鲜。"又云："燕婉之求，得此戚施。"《郑语》云："侏儒戚施，寔御在侧，近顽童也。"皆谓不肖之人也。《淮南子·修务训》注云："籧篨偃，戚施偻，皆丑貌也。"故物之粗丑者，亦曰籧篨、

戚施。《方言》云："簟之粗者，自关而西谓之籧篨。"《太平御览》引薛君《韩诗章句》云："戚施，蟾蜍，喻丑恶。"是也。侏儒，短人也，故梁上短柱亦谓之侏儒。《淮南子·主术训》云："修者以为榈榱，短者以为朱儒、枅栌。"是也。不能言为之瘖，故不言亦谓之瘖。《晏子春秋·谏篇》云："近臣嘿，远臣瘖。"是也。不能言谓之嚚，不能听谓之聋，故口不道忠信之言亦谓之嚚，耳不听五声之和亦谓之聋，《左传》僖二十四年富辰所云是也。(《广雅疏证》卷六上)

按：八疾名目，原指疾病而言，《晋语》及韦注已有明说。这些名目，即用来称呼患有该种疾病的病人，这是修辞上的借代用法；也用来称呼不肖之人，尽管不肖之人不一定患有这类疾病，但是他们的形貌和品性却有着与之相近的特征，这是修辞上的比况用法；又用来指称具有相似形貌或状态特征的事物，这是修辞上的比拟用法。这些不同类、不同质的不同事物，由于事理之相近，其命名之意亦相近，故异物而同名。一些词语的借代义、比喻义的生成，与相关的异物同名现象有着不解之缘，其道理即在于此。

《广雅·释诂》："侏儒、黜，短也。"〔疏证〕黜者，《方言》："黜，短也。"注云："蹶黜，短小貌也。"《玉篇》音知劣切，云："吴人呼短物也。"又云："炪，短也。"《庄子·秋水篇》："遥而不闷，掇而不跂。"郭象注云："遥，长也；掇，犹短也。"《淮南子·人间训》："圣人之思修，愚人之思叕。"高诱注云："叕，短也。"并字异而义同。《说文》:“窶,短面也。”《广韵》:“頦,头短也。”《众经音义》卷四引《声类》云:“惙,短气貌。”义亦与𪏽同。今俗语谓短见为拙见,义亦同也。𪏽与侏儒,语之转也。故短谓之侏儒,又谓之𪏽;梁上短柱为之棳,又谓之侏儒,又谓之棳儒。蜘蛛为之蝃,又谓之蝃蝥,又谓之侏儒。《尔雅》:“梁上楹谓之棳。”释文:“棳,本或作棁。”《杂记》:“山节而藻棁。”郑注云:“棁,侏儒柱也。”《释名》云:“棳儒,梁上短柱也。”棳儒,犹侏儒,短,故以名之也。《方言》云:“蜘蛛,蛛蝥也。自关而西秦晋之间,谓之蛛蝥;自关而东赵魏之郊,谓之蜘蛛,或谓之蠾蝓。蠾蝓者,侏儒语之转也。”注云:“今江东呼蝃蝥。音棳。”《玉篇》云:“蝃,蜘蛛也。”盖凡物形之短者,其命名即相似,故屡变其物而不易其名也。(《广雅疏证》卷二下)

按:屡变其物而不易“侏儒”其名,或指身材异常矮小之人,或指蜘蛛,或指梁上短柱,尽管其物各不相同,其命名之意则相同,“短,故以名之也。”同名则同音,同音则同义,同义则同训,因此,𪏽与炪、掇、叕、窶、頦、惙、拙、棳、蝃同音,义亦同也,换言之,并字异而义同。𪏽与侏儒,为语之转;蝃与蜘蛛,亦语之转;侏儒与棳儒、蜘蛛、蝃蝥、蛛蝥、蠾蝓,并语之转。异物同名,声近义同,这正如程瑶田所云:“声随形名,字依声立,屡变其物而不易其名,屡易其文而弗离其声。”王念孙则云:“盖凡物形之短者,其命名即相似,故屡变其物而不易其名也。”二人所言,声气如一。

《广雅·释草》:“菈蘧,芦葩也。”〔疏证〕《尔雅》所释,或虫与鸟同名,“密肌,系英”,“翰,天鸡”,是也;或木与虫同名,“诸虑,山櫐”,“诸虑,奚相”,是也;或草与虫同名,“莪萝”之与“蛾罗”,“蚍衃”之与“蚍蜉”,“果蠃”之与“果蠃”,“芦葩”之与“蚟蠪”,是也。凡此者,或同声同字,或字小异而声不异,盖即一物之名而他物互相假借者往往而有。(《广雅疏证》卷十上)

按:“一物之名而他物互相假借者往往而有”,这正是指异物同名现象。先师洪诚先生说:“异类同名,实际跟声义通转的关系很密切。”[①]王力先生说:“事物得名之始,固然是任意的;但到了一个词演变成几个词的时候,就不再是任意的,而是在语音上发生关系的了。”[②]异物同名,“声随形名,字依声立,屡变其物而不易其名,屡易其文而弗离其声”(程瑶田语);“凡此者,或同声同字,或字小异而声不异”(王念孙语)。异物同名现象,既反映了其命名之意相同的法则和规律,也揭示了汉语词语声近义同的原理和条例,训诂学家正是循此线索,沿波讨源,正名百物,追溯其义,以此求得名物训诂之确解。

十二、字异而义同

高邮王氏书中屡言字异而义同,以众多同义的字比较互

① 洪诚《训诂学》,江苏古籍出版社 1984 年版第 104 页。

② 王力《中国语言学史》,山西人民出版社 1981 年版第 51—52 页。

证来探求被训释字的意义。这众多同义的字，它们与被训释字之间以及相互之间的关系，实为异体字、假借字、同源字、古今字，这就揭示了字异而义同的真正原因，实为音同而义同。异体字、古今字均为音同义同而形体不同，假借字则同音通假而义同，同源字则声同（或声近）并义同。这众多的异体字、假借字、同源字、古今字，都是用来解释被训释字，引以作证，就已完成了这同一层面的训释任务。至于它们为什么是异体字、假借字、同源字、古今字，那就属于另一层面的训释任务，已不在字异而义同的训释范围之内了。

> 《广雅·释诂》："堙，塞也。"〔疏证〕堙者，《说文》："垔，塞也。"引《洪范》"鲧垔洪水"，今本作陻。《周官·掌蜃》作闉，襄二十五年《左传》作堙，昭二十九年传作湮，并字异而义同。（《广雅疏证》卷三上）

按：堙、垔、陻、闉、湮，并字异而义同。堙垔陻闉湮［yīn《广韵》於真切，平真，影］上古音属影母文部。五字同音。

垔者，《说文》土部："垔，塞也。《商书》曰：'鲧垔洪水。'陻，垔或从阜。"段玉裁注："按此字古书多作堙，作陻，真字乃废矣。"据此，垔为堙陻之古字。《史记·秦始皇本纪》："堑山垔谷。"《宋书·邓琬传》："推此义锐，沧海可垔。"

堙者，《广韵·平真》："堙，同垔。"《左传》襄公二十五年："当陈隧者，井堙木刊。"杜预注："堙，塞也。"《国语·周语下》："〔共工〕欲壅防百川，堕高堙庳，以害天下。"韦昭注："堙，塞也。"《后汉书·张俭传》："然俭以区区一掌，而欲独堙江河。"李贤注："堙，塞也。"按，垔堙为古今字。

陻者,《广韵·平真》:“陻,同垔。”《书·洪范》:“我闻在昔,鲧陻洪水。”孔传:“陻,塞。”《汉书·万石君传》:“间者河水滔陆,泛滥十余郡,隄防勤劳,弗能陻塞。”颜师古注:“陻,填也。”按,垔陻为古今字,堙陻为异体字。据 1955 年 12 月 22 日公布的《第一批异体字整理表》,堙为规范字,即正体字;而陻则作为淘汰的异体字。

湮者,《左传》昭公二十九年:“若泯弃之,物乃坻伏,郁湮不育。”杜预注:“湮,塞也。”《逸周书·大明武》:“城高难平,湮之以土。”孔晁注:“此湮字与下湮溪,皆填塞之义。”《庄子·天下》:“昔禹之湮洪水,决江河,而通四夷九州也。”成玄英疏:“湮,塞也。”按,水塞为湮,土塞为堙,湮堙为同源字。

闉者,《周礼·地官·掌蜃》:“掌敛互物蜃物,以共闉圹之蜃。”郑玄注:“闉,犹塞也。”《墨子·备城门》:“救闉池者,以火与争鼓橐。”孙诒让间诂:“闉,堙,声同字通。”《淮南子·兵略训》:“猎者逐禽,车驰人趍,各尽其力,无刑罚之威,而相为斥闉要遮者,同所利也。”高诱注:“闉,塞也。”《说文》门部:“闉,城内重门也。从门,垔声。”朱骏声通训定声:“闉,假借为垔。”按,闉与堙声同字通,则闉为堙之假借字。

综上所述,被训释字堙与垔陻湮闉,并字异而义同,其真正的原因实为音同而义同。垔堙为古今字,陻与堙为异体字(后以堙为正体字,陻为堙的异体字),湮堙为同源字,闉为堙的假借字。因此,“在塞的意义上,‘垔、陻、堙、湮、闉’实同一词”①。

① 王力《同源字典》,商务印书馆 1982 年版第 480 页。

《战国策·赵策四》:“而恐太后玉体之有所郤也,故愿望见太后。”鲍注曰:“恐太后不能前。”念孙案:鲍未解郤字之义。郤字本作𠲜,读如烦勮之勮,谓疲羸也。言恐太后玉体之疲羸,故愿望见也。《广雅》:“困、疲、羸、券(《考工记·辀人》注曰:“券,今倦字也。”)、𠲜,极也。”皆谓困极也。《汉书·司马相如传》《子虚赋》:“徼谻受诎。”苏林曰:“谻音倦谻之谻。”郭璞曰:“谻,疲极也。”又《上林赋》:“与其穷极倦谻。”郭璞曰:“穷极倦谻,疲惫也。”《方言》曰:“㒛,㑳也。”(㑳,亦与倦同。)《说文》曰:“𠲜,徼𠲜受屈也。”𠲜㒛谻郤,并字异而义同。《赵世家》作“恐太后体之有所苦也”,苦与郤同义,则郤为倦𠲜之𠲜明矣。(《读书杂志·战国策二》)

按:王念孙以字异而义同的训释方法,求证《赵策四》“有所郤”的郤字,与𠲜㒛谻声义并同。郤字本作𠲜,谓疲倦也。被训释字郤,是𠲜的假借字;㒛是𠲜的异体字,谻亦是𠲜的假借字。《说文》人部:“𠲜,徼𠲜受屈也。”段玉裁注:“《子虚赋》曰:‘徼谻受诎。’按长卿用假借字作谻,许用正字作𠲜。《方言》曰:‘𠲜,㑳也。’㒛同𠲜,㑳同倦。”《方言》卷十二:“㒛,㑳也。”钱绎笺疏:“𠲜㔣谻,字异声义并同。《广雅》:‘𠲜,极也。’通作郤,《赵策》云:‘恐太后玉体之有所郤也。’《史记·赵世家》郤作苦,苦郤声之转。”王念孙、段玉裁、钱绎都用字异而义同的训释方法认定郤是𠲜的假借字,而《赵策四》“有所郤”之郤,即疲倦义。出土文献马王堆汉墓帛书《战国纵横家书》第十八章《触龙见赵太后章》,这一句作:“舆(與)恐玉膿(體)之有所谿(郄)也。"整理小组注释:"谿字不见字书,《赵策》作郄,是郤(按,字当作卻)的别体。谿与卻都和㑗㕁等字通,当劳累、倦乏讲。"新注同王念孙说。"有所卻"之卻,鲍彪本作郄,注云:"郄,卻同。"[①]吴曾祺补注云:"郄训隙,犹言不坚固。"王力主编《古代汉语》修订本第216页注:"'郄'(xì),不舒适。"按,吴曾祺补注,隙犹言不坚固,这一训释,独此一例,不可信。王力主编《古代汉语》从鲍本作郄(xì),释为不舒适,明显是发挥吴曾祺补注之说,亦不可信。(卻训疲倦,可引申释为不舒适,但字音 què,不音 xì。)不论是郄(xì),还是郄通隙,从其固有的字义中,都无从引申出不坚固、不舒适之义。

　　《淮南子·泰族训》:"趣行踳驰。"念孙案:踳与舛同,《说文》云杨雄作舛字如此。《庄子·天下篇》:"其道舛驳。"《文选·魏都赋》注引作"踳驳",又引司马彪注曰:"踳与舛同。"踳驰,谓相背而驰也。《俶真篇》曰:"二者代谢舛驰。"《说山篇》曰:"分流舛驰。"《玉篇》引作"僢驰"。《氾论篇》曰:"见闻舛驰于外。"《法言叙》曰:"诸子各以其知舛驰。"舛踳僢,字异而义同。道藏本作踳,各本皆误为"跼蹐"之蹐,而庄本从之,斯为谬矣。又下文"知能踳驰",各本亦误作蹐。(《读书杂志·淮南内篇二十》)

按:王念孙以字异而义同的训释方法,证明舛踳僢字异而声义并同,踳是舛的异体字,僢是舛的假借字。《说文》舛

① 《战国策》,上海古籍出版社1985年版中册第769页。

部:“舛,对卧也,从夂中相背。踳,杨雄说舛从足春。”段玉裁注:“舛,其字亦作僢。”《玉篇》人部:“僢,尺兖切,《淮南》:‘分流僢驰。’僢,相背也,与舛同。”按,今本《淮南子·说山训》作“舛驰”。因此,舛驰亦作踳驰、僢驰,舛驳亦作踳驳、僢驳。由于在训诂上对“踳与舛同”认识不深,《淮南子·泰族训》中“踳驰”词,除道藏本外,各本皆误为“蹐驰”。踳误为蹐,在其他古书中亦屡有发生,如中华书局1986年用世界书局原版重印的《诸子集成》,其中郭庆藩《庄子集释·天下篇》“其道舛驳”(第476页)下之集释,在郭庆藩案语中,“踳驳”误作“蹐驳”二例,“踳驰”误作“蹐驰”一例,又“踳”字误作“蹐”字二例,同一条解释语中竟五次将“踳”字误印为“蹐”字。《汉语大词典》中有与“踳”字相关的三条词条出现了差错:

〔踳驰〕犹言背道而驰。《淮南子·泰族训》:“趋于踳驰,不归善者不为君子。”刘文典集解引司马彪曰:“踳与舛同,踳驰,谓相背而驰也。”①

按,刘文典《淮南鸿烈集解》一书中,从未有直接引用司马彪之语者。《泰族训》“趋行蹐驰”下,刘文典引用了王念孙《读书杂志·淮南内篇二十》之“踳驰”条训释(见上引文),其“踳驰,谓相背而驰也”句,正是王念孙的解释语,而非司马彪的《庄子注》文。《庄子·天下篇》“其道踳驳”,司马彪只对“踳驳”作注,亦不可能去解释“踳驰”。而王念孙的训释,一开头就说“踳与舛同”,引了例证后,又对被训释词“踳驰”作了解释。这

① 《汉语大词典》,汉语大词典出版社1992年版第10卷第515页。

就是说，刘文典集解所引述的内容，说成“司马彪曰”，那是以偏概全，张冠李戴，如果说是“王念孙云”，正合实际。因此，释文“刘文典集解引司马彪曰”，当改作“刘文典集解引王念孙云”。

《汉语大词典》第10卷第532页〔踳驰〕、〔踳驳〕二条，词目与书证中的所有“踳”字皆为“踌”字之讹。“踳驰”、“踳驳”皆不成词，不能立目；其书证又以未经校正的误本为之，不足为训。该二词条不能成立，当删。

> 《广雅·释诂》：“睥、睨，视也。”〔疏证〕睥睨者，《史记·信陵君传》：“俾倪。”《灌夫传》：“辟倪两宫间。”索隐引《埤仓》云：“睥睨，邪视也。”并字异而义同。卷二云：“頼倪，衺也。”义亦与睥睨同。（《广雅疏证》卷一下）
>
> 《广雅·释诂》：“頼倪，衺也。”〔疏证〕頼倪者，《众经音义》卷二云：“俾倪，《三仓》作頼倪。”《玉篇》匹米、吾礼二切，《集韵》又匹计、研计二切。《史记·灌夫传》：“辟倪两宫间。”索隐引《埤仓》云：“睥睨，邪视也。”《释名》云：“城上垣曰睥睨，言于其孔中睥睨非常也。”《古今注》云：“汉谓曲盖为䡅輗盖。”是凡言頼倪者，皆衺之义也。邪斜并与衺同。（《广雅疏证》卷二下）

按：古代汉语中，字异而义同的双音节词大量存在，而且往往是一些双声、叠韵的联绵词或名物词，尽管代表这一双音节词的字形相异，但词音词义并相同。古代汉语中的字异而义同的双音节词，与现代汉语中的异形词，二者情况极其相似。所谓异形词，是指现代汉语普通话书面语中并存并用的同音同义而字形不同的词语。不论是字异而义同的双音节词，还是异形词，它们之所以能同义，其真正的原因实为音同而义同。今对睥睨及其字异而义同的一组词，进行语音分析：

睥[pì《广韵》匹诣切，去霁，滂]上古音属滂母支部；

俾[pì《集韵》匹计切，去霁，滂]上古音属滂母支部；

辟[pì《广韵》芳辟切，入昔，滂]上古音属滂母锡部；

頩[pì《广韵》匹米切，上荠，滂]上古音属滂母脂部；

鞞音切同俾。

睨[nì《广韵》五计切，去霁，疑]上古音属疑母支部；

倪[nì《集韵》研计切，去霁，疑]上古音属疑母支部；

輗音切同倪。

按，睥与俾鞞，上古音声母韵部都相同，为同音。睥与辟，上古音同属滂母为双声，韵部支锡对转，亦为同音。睥与頩，上古音同属滂母为双声，韵部支脂通转，亦为同音。睨与倪輗，上古音声母韵部都相同，为同音。睥睨及其变体俾倪、辟倪、頩倪、鞞輗，上古音相同（今音都读 pì nì），因此义同，它们都有斜义。对于字异而义同的双音节词，所谓义同是指双音节词的词义而言，并不是指词中相对应的单音节字的字义相同(尽管部分存在着这种现象)，这是在训诂中应该认真注意的地方。

第三节　据语境求语义(上)

语境，亦称语言环境，这里专指一个语言成素出现的上下文。字词在使用过程中，就使它处于上下文的特定位置，并且与别的字词发生了意义搭配、语法组合、文意照应等多方面的关系，从而上下文确定了字词的意义和价值。训诂学家则以此为线索，利用字词在上下文中所处的特定位置和各种关系，来归纳文例，审辨词气，分析结构，说明用法，以此准确地寻求语义。

十三、异文

同一文句出现在不同种的古书中，或同一种古书的不同版本中，或同一古书的不同篇章中，由于流传既久，常产生异文，这种相异之字往往同义。罗列各种本子，比勘文字异同，本是校勘学的一种基本方法。利用异文来训释字义，可以说是校勘方法在训诂学中的推广应用，当然这是一种经过改造的借用。利用异文来训释词义的方法，亦称校读法。这种校读法，最早见于东汉郑玄《周礼注》、《毛诗笺》；宋代考异之学盛行，校勘家的校勘演变成训诂家的校读；清代继续发展，校读法成为训诂学中一种较有说服力的训释方法。王念孙父子都善于运用此法。王引之更是广泛搜集九经三传周秦西汉古书异文,成功地分析了一百六十个文言虚字,撰成《经传释词》一书,为训诂学研究作出了重大贡献。

> 於,犹为也。(此为字读平声。)
>
> 於与为同义,故姚本《东周策》:“夫秦之为无道也。”《秦策》:“楚亦何以轸为忠乎?”鲍本为并作於。《史记·张仪传》:“韩、梁称为东藩之臣。”《赵策》为作於。
>
> 於,犹为也。(此为字读去声。)
>
> 《老子》曰:“故贵以身为天下,若可寄天下;爱以身为天下,若可托天下。”《庄子·在宥篇》作:“故贵以身於天下,则可以托天下;爱以身於天下,则可以寄天下。”於天下,即为天下也。(今本作“故贵以身於为天下”,“爱以身於为天下”,此后人依《老子》旁记为字,而写者因误合之也。《老子》释文:“为,于伪反。”而《庄子》释文无“为”字,以是明之。此家大人说。)(《经传释词》卷一“於”)

按:《战国策》姚宏本作为,鲍彪本为作於,这属版本异文。《战国策·赵策》作於,《史记·张仪传》於作为;《老子》作为,《庄子·在宥篇》为作於,这均属称引异文。

> 于,犹为也。(此为字读平声。)
>
> 《诗·定之方中》曰:“定之方中,作于楚宫。揆之以日,作于楚室。”正义曰:“作为楚邱之宫”,“作为

楚邱之室”。张载注《魏都赋》引《诗》作“作为楚宫”，“作为楚室”。(《经传释词》卷一“于”)

按:《诗·鄘风·定之方中》作于,《文选·左思〈魏都赋〉》张载注引《诗》于作为,这是一例典型的称引异文。

家大人曰:为,犹於也。

庄二十二年《左传》曰:“并于正卿。”释文曰:“于,本或作为。”(于於古字通。)《西周策》曰:“君不如令弊邑阴合为秦。”(鲍本如是,姚本为字依《史记》作於。)《史记·孟尝君传》为作於。(《经传释词》卷二“为”)

按:上述《左传》例属版本异文。《战国策·西周策》鲍彪本作为,姚宏本为作於,《史记·孟尝君传》为作於,这就既有同一书的版本异文,又有不同书的称引异文。王引之《经传释词》一书,大量地运用异文同义的例证,再结合其他训释方法来解释虚字,就极有说服力。

《左传》桓公十三年:“见莫敖而告诸天之不假易也。”杜注曰:“言天不借贷慢易之人。”家大人曰:假易,犹宽纵也。天不假易,谓天道之不相宽纵也。僖三十三年《传》曰:“敌不可纵。”《史记·春申君传》“敌不可假”,《秦策》作“敌不可易”,是假、易皆谓宽纵之意也。(《贾子·道术篇》曰:“包众容易之谓裕。”是易与宽、容同义。)《广雅》曰:“假,贳也。”贳与

易古字通。(《经义述闻》卷十七)

按:这一条以《左传》"敌不可纵"、《史记》"敌不可假"、《秦策》"敌不可易"之三书异文,用校读法证明假、易、纵三字同义。假易,二字同义连文,即宽纵的意思。再辅以《广雅》故训,就更说明问题。

《国语·越语》:"上帝不考,时反是守。"韦注曰:"考,成也。言天未成越,当守天时,天时反,乃可以动。"家大人曰:韦注文义不明。考当读为巧。反犹变也。言上帝不尚机巧,惟当守时变也。《汉书·司马迁传》:"圣人不巧(《大史公自序》巧误为朽),时变是守。"颜师古注曰:"无机巧之心,但顺时也。"是也。古字考与巧通,故《金縢》"予仁若考",《史记·鲁周公世家》作"旦巧"。(《经义述闻》卷二十一)

按:这一条以《国语》"上帝不考,时反是守",与《汉书》"圣人不巧,时变是守"比较,考、巧二字为古音相同通假,反、变二字为异文同义(反、变二字双声),由此驳正韦昭旧注之误。

《广雅·释诂》:"命,道也。"〔疏证〕命,各本讹作今,下文"命,名也",命字讹作今,正与此同。《广韵》:"命,道也。"《周颂·维天之命》笺云:"命犹道也。"今据以订正。《临》彖传云:"大亨以正,天之道也。"《无妄》彖传云:"大亨以正,天之命也。"昭二十六年《左传》云:"天道不谄。"二十七年《传》云:"天命

不慆。”是命即道也。(《广雅疏证》卷三上)

按:《临》彖传作道,《无妄》彖传道作命,这是《周易》的篇章异文;昭公二十六年作道,二十七年道作命,这是《左传》的篇章异文。这一条正是以此二例篇章异文,证明命、道二字同义。

十四、对文

对文亦称对言、相对成文。古文相同句式中,特别是上下对偶句中,相对成文之字,其义往往相同、相对或相类,这是受上下文中句与句之间的制约关系而决定的。上下相对成文的两个句子,句式相同,句子的语法结构也相同,因此两句中处在相同位置上互相对应的字(词)往往词性相同,而在意义上也有联系,或同义,或反义,或意义范畴相类。

《广雅·释诂》:“作,始也。”〔疏证〕作者,《鲁颂·駉篇》:“思马斯作。”毛传云:“作,始也。”作之言乍也,乍亦始也。《皋陶谟》:“烝民乃粒,万邦作乂。”作与乃相对成文,言烝民乃粒,万邦始乂也。《禹贡》:“莱夷作牧。”言莱夷水退始放牧也。“沱潜既道,云梦土作乂。”作与既相对成文,言沱潜之水既道,云梦之土始乂也。《夏本纪》皆以为字代之,于文义稍疏矣。(《广雅疏证》卷一上)

按:这是一种前后承接关系的对文。主句的“作”与从句的"乃"(或"既")在因果复句中彼此呼应,前后承接。因果复句中的因果关系总是相对而成,而且是先因后果,因此决定了这种对文的前后承接关系。"……乃(既)……作……"这一复句,大致相当于现代汉语中的"……已(已经)……才……"或"……既(既然)……就……"句式。

《广雅·释诂》:"宊,贫也。"〔疏证〕宊者,《说文》:"宊,贫病也。"引《周颂·闵予小子篇》:"茕茕在宊。"今本作疚。释文:"疚,本又作宊。"《大雅·召旻篇》:"维昔之富,不如时;维今之疚,不如兹。"释文:"疚,字或作宊。"宊与富对言,是宊为贫也。(《广雅疏证》卷四下)

按:这是一种并列对比关系的对文。上下两句,在修辞上是对偶句,在语法结构上组成一个并列复句,在意义上是相反而对比。"维昔之富"与"维今之疚"处于相对的位置,互相对比。上句言昔言富,下句言今言疚,今与昔对言而义相反,疚与富亦对言而义相反;富的反义是贫,则疚当为宊的假借字,义训为贫。宋朱熹《诗集传》云:"时,是;疚,病也。○言昔之富未尝若是之疚也,而今之疚又未有若此之甚也。"朱熹对这两句似亦按并列对比关系的对文来处理,但并未遵循对文而义相反的训诂条例,又不达假借之旨,虽说诗无达诂,总觉得隔了一层。

《文选·王褒〈四子讲德论〉》:"是以空柯无刃,公输不能以斫;但悬曼矰,蒲苴不能以射。"李善曰:

"薛君《韩诗章句》曰：曼，长也。"张铣曰："蒲苴子，善弋射者也，与曼矰不与其弓，则不能发射也。"念孙案：李、张皆未解悬字曼字之义。悬，谓缴也；缴，绳也。矰，弋射矢也。弋者以缴系矢而射，故曰悬。悬，系也。《淮南·说山篇》："好弋者先具缴与矰。"高注曰："缴，大纶；矰，短矢。缴所以系矰。"是也。曼者，无也，言但有缴而无矰，则虽蒲苴不能以射也。《广雅》："曼，无也。"(《小尔雅》同。)《法言·寡见篇》曰："曼是为也。"《五百篇》曰："行有之也，病曼之也。"皆谓无为曼。"但悬曼矰"，与"空柯无刃"相对为文，但亦空也，曼亦无也。无曼一声之转，无之转为曼，犹芜菁之转为蔓菁矣。(《读书杂志·馀编下·文选》)

按：这也是并列对比关系的对文。上下两句为对偶句，在语法结构上组成一个并列复句，在意义上是相同而对比。上句言徒有斧柄而无斧刃，公输般不能用来斫木；下句言但有丝绳而无短箭，蒲苴子不能用来射鸟。"但悬曼矰"与"空柯无刃"为对文，处于相对的位置，互相对比。但与空对言而义同，但亦空也。曼与无对言而义同，曼亦无也。李善注引薛君《韩诗章句》训曼为长，则不达对文同义之旨。悬与柯对言，柯是名词，则悬亦应是名词，或者用如名词，悬字就不能再作为动词训释，故王念孙云："悬，谓缴也；缴，绳也。"这就按对文同义的训诂条例，准确地解释了疑难字字义及其全句文义。

《广雅·释训》："从容，举动也。"〔疏证〕《楚辞·

九章·怀沙篇》:"重华不可遌兮,孰知余之从容?"王逸注云:"从容,举动也。言谁得知我举动欲行忠信。"案,从容有二义,一训为舒缓,一训为举动。其训为举动者,字书、韵书皆不载其义,今详引诸书以证明之。《九章·抽思篇》云:"理弱而媒不通兮,尚不知余之从容。"《哀时命》云:"世嫉妒而蔽贤兮,孰知余之从容?"此皆谓己之举动,非世俗所能知,与《怀沙》同意。……《韩诗外传》云:"动作中道,从容得礼。"《汉书·董仲舒传》云:"动作应礼,从容中道。"王褒《四子讲德论》云:"动作有应,从容得度。"此皆以从容、动作相对成文。……《缁衣》云:"长民者,衣服不贰,从容有常。"引《都人士》之诗云:"彼都人士,狐裘黄黄,其容不改,出言有章。"从容与衣服相对成文。狐裘黄黄,衣服不贰也;其容不改,从容有常也。正义以从容为举动,得之。《大戴礼·文王官人篇》:"言行亟变,从容谬易,好恶无常,行身不类。"从容与言行相对成文。从容谬易,谓举动反覆也。卢辩注云:"安然反覆。"失之。《墨子·非乐篇》云:"食饮不美,面目颜色不足视也;衣服不美,身体从容不足观也。"《庄子·田子方篇》云:"进退一成规,一成矩;从容一若龙,一若虎。"……此皆昔人谓举动为从容之证。(《广雅疏证》卷六上)

按:这是一种并列类举关系的对文。上下两句,在修辞上是对偶句,在语法结构上组成一个并列复句,在意义上是连类而同举。王念孙根据大量相对成文的书证,指出"从容"或与

“动作”，或与“衣服”，或与“言行”，或与“颜色”（指面色容颜，《墨子·非乐》），或与“进退”（《庄子·田子方》）为对文，而这些都属古人日常生活礼仪中的礼容、礼节等具体事项，“从容”与之对文，是连类而同举，从而得出了“昔人谓举动为从容”的义训。在这种对文中，上下两句中处于相对位置的有关词语，它们在意义上或同属某一义类，或近义，或同义，也就是常说的对文而义相同或意义范畴相类这一训诂条例。

十五、排比句

排比，原为修辞学上辞格之一，用三句或三句以上字数相等、结构相似、内容相关的平行句子构成。这种排比句，即数句平列的句子，它们字数相等，句式相同，句子的语法结构也相同，因此各句中处在相同位置上而相互对应的字词，往往词性相同，而且在意义上也相同或相类。王引之云：“经文数句平列，义多相类。如其类以解之，则较若画一，否则上下参差而失其本指矣。”（《经义述闻》卷三十二《通说下》“经文数句平列上下不当歧异”条）排比句可以看作是对偶句在句子数量上的增多，因此从排比句探求字词同义，这与对文同义的训释方法，在训诂原理上自然是同质的。

《尚书·洪范》：“恭作肃，从作乂，明作哲，聪作谋，睿作圣。”马注曰：“上聪，则下进其谋。”（见《史记·宋世家》集解。郑注义与马同。）某氏传曰：“所谋必成当。”《春秋繁露·五行五事篇》曰：“聪作谋。谋者，谋事也。王者聪，则闻事能辨下谋，故事无失谋矣。"《汉书·五行志》:"传曰:'听之不聪,是谓不谋。'言上偏听不聪,下情隔塞,则不能谋虑利害。"郑注《书大传》曰:"君听不聪,则是不能谋其事也。"引之谨案:恭与肃,从与乂,明与哲,睿与圣,义并相近。若以谋为谋事,则与聪字义不相近,斯为不类矣。今案谋与敏同,敏古读若每,谋古读若媒,(并见《唐韵正》。)谋敏声相近,故字相通。《中庸》:"人道敏政,地道敏树。"郑注曰:"敏,或为谋。"是其证也。《晋语》:"知羊舌职之聪敏肃给也。"聪与敏义相近,(《广韵》:"敏,聪也,达也。")而云"聪敏肃给";犹睿与圣义相近,而云"睿圣武公"也。(《易林·井之噬嗑》:"延陵聪敏,听乐大史。"《汉书·叙传》:"宣之四子,淮阳聪敏。")《小雅·小旻篇》:"国虽靡止,或圣或否;民虽靡朊,或哲或谋,或肃或艾。"毛传曰:"人有通圣者,有不能者,亦有明哲者,有聪谋者,有恭肃者,有治理者。"传以聪谋连文,犹《晋语》以聪敏连文。曰通圣,曰明哲,曰聪谋,曰恭肃,曰治理,上字与下字义并相近。若以谋为谋事,则与聪字义不相属矣。聪则敏,不聪则不敏,故《五行志》曰:"听之不聪,是谓不谋。"不谋,即不敏,若以为不能谋事,则谋上须加能字而其义始明。是毛公之解"或哲或谋",伏生之解"聪作谋",皆以谋为敏,正与经指相合。而董、刘、马、郑诸儒以谋为谋事,胥失之也。何晏《景福殿赋》曰:"克明克哲,克聪克敏。"义即本于《洪范》。然则《洪范》旧说,固有以谋为敏者矣。(《经义述闻》卷三)

按：王引之将“聪作谋”之谋字，与整个排比句的另四句中位置相同而相互对应的字作类比，肃、乂、哲、圣都是形容词，谋字应当与之词性一致，也是形容词，而不是动词，谋字就不当训为谋事。又发现另四句中，恭与肃，从与乂，明与哲，睿与圣，义并相近，则聪与谋，亦当义相近。因声近义通，谋为敏之假借字。又以《诗·小雅·小旻》毛传云：“人有通圣者，有不能者，亦有明哲者，有聪谋者，有恭肃者，有治理者。”王引之认为通圣、明哲、聪谋、恭肃、治理，上字与下字义并相近，以证聪谋即聪敏。在王引之之前，朱熹从排比句的角度也认识到谋与圣哲肃乂字义相类，《诗·小雅·小旻》朱熹集传云：“圣哲谋肃乂，即《洪范》五事之德。”朱熹没有如马、郑一样，将谋训为谋事，这是他的高明处，但是他也没有求得谋字的正解。高亨《诗经今注》第290页，《小雅·小旻》“或哲或谋”句注云：“谋，有计谋。”[①]虽说诗无达诂，总觉得新注犹隔一层。

> 《左传》昭公七年：“六物不同，民心不壹，事序不类，官职不则，同始异终，何可常也？”杜解“官职不则”曰：“治官居职不一法。”引之谨案：则，犹等也，均也。《说文》：“则，等画物也。”是则与等同义。《管子·七法篇》曰：“物虽不甚多，皆均有焉而未尝变也，谓之则。”《吕氏春秋·功名篇》曰：“取则行钧。”（均钧古字通。）是则与均亦同义。官职不则，谓贤否不同也。六物不同，民心不壹，事序不类，官职不则：

---

① 高亨《诗经今注》，上海古籍出版社1980年版第290页。

同也,壹也,类也,则也,皆谓同也;不同,不壹,不类,不则,皆谓异也。故曰同始异终也。杜训则为法,而又云不一法,以牵合上三句之义,其失也迂矣。(《经义述闻》卷十九)

按:在排比句中,则字与各句中处在相同位置并相互对应的同、壹、类字,应当词性一致,字义相类,因此王引之认为则与同、壹、类同义。而杜预注训则为法,辄与相互对应的同、壹、类三字不仅词性不一,而且字义亦不相类。

《史记·十二诸侯年表》:"晋阻三河,齐负东海,楚介江淮。"索隐曰:"介,音界,言楚以江淮为界。一云:介者,夹也。"念孙案:二说皆非也。介者,恃也,言恃江淮之险也。襄二十四年《左传》:"以陈国之介恃大国而陵虐于敝邑。"介亦恃也。《汉书·五行志》:"虢介夏阳之厄,怙虞国之助。"介、怙,皆恃也。(颜师古曰:"介,隔也。"失之。)《南粤传》:"欲介使者权。"颜师古曰:"介,恃也。"阻负介三字同义。(隐四年《左传》:"夫州吁阻兵而安忍。"杜注训阻为恃。《说文》:"负,恃也。")(《读书杂志·史记二》)

按:介字字义系统中确实有着界、夹、隔等义项,但用在此排比句则不合适。在排比句中,一个字词的意义,必定与各句中位置相同并相互对应的字词有着紧密联系,它们词性相同,意义相似,或意义范畴相类。换言之,在排比句中,在各句中所处位置相同并相互对应的字词,它们在意义和用法上也相互联系，相互依存，相互制约。在此排比句中，要准确地训释介字字义，就必须同时考虑与之相互对应的阻、负字字义。正由于此，王念孙否定了训介为界、夹、隔的误说，确定“阻负介三字同义”。

十六、互文

在互相对待的语句中，上句与下句意义互相兼容，而两句中处于相对位置上的字或词语，就往往互文见义。《礼记·丧大记》：“复者朝服，君以卷，夫人以屈狄。”汉郑玄注：“君以卷，谓上公也，夫人以屈狄，互言尔。”唐孔颖达正义：“男子举上公，妇人举子男之妻，男子举上以见下，妇人举下以见上，是互言尔。”唐贾公彦云：“凡言互文者，是两物各举一边而省文，故云互文。”（见《仪礼·既夕礼》“四笾枣糗栗脯”疏）可见，互文就是意义互相兼容的二句，上句探下省，下句蒙上省，使语言更精炼、经济。互文可看作是对文与省文的综合运用。互文又称互言、互辞、互体。互文以见义，是训诂学中常用的训释方法之一。

《管子·国蓄篇》：“然而人事不及、用不足者，何也？利有所并藏也。”念孙案：“利有所并藏也”，藏字涉上文“谷有所藏”而衍。并与屏同，屏即藏也。上言“谷有所藏”，此言“利有所并”，互文耳。《汉书·食货志》引此正作“利有所并也”。《轻重甲篇》云：“有饿馁于衢间者，何也？谷有所藏也。”又云：“民有卖子者，何也？财有所并也。”（《盐铁论·错币篇》亦

云:“交币通施,民事不及,物有所并也。计本量委,民有饥者,谷有所藏也。”)(《读书杂志·管子十》)

按:并(屏)藏同义。上句言“谷有所藏”,举谷也兼包利;下句言“利有所并”,举利也兼容谷,所以说这二句是互文。

《周礼·天官·职币》:“掌式法以敛官府都鄙与凡用邦财者之币,振掌事者之余财。”郑注曰:“振,犹抍也,检也。先言敛币,后言振财,互之。”家大人曰:经言敛言振,注言抍言检,皆谓收取之也。《中庸》:“振河海而不泄。”郑注曰:“振,犹收也。”(张揖注《上林赋》同。)《孟子·万章篇》曰:“金声而玉振之也。”《广雅》曰:“收、敛、抍,取也。”又曰:“抍,收也。”《孟子·梁惠王篇》:“狗彘食人食而不知检。”赵岐注曰:“检,敛也。”《汉书·食货志赞》引《孟子》作“不知敛”,敛,亦收也。振抍检敛四字同义,故云“振,犹抍也,检也”。上言敛币而不言振财,下言振财而不言敛币者,言币则兼财,言财则兼币,互文耳,故云“先言敛币,后言振财,互之”。贾公彦不晓振字之义,又不晓抍字、检字之义,乃云:“以财与之谓之抍,(此误以抍为抍济之抍。)知其足剩谓之检。(此误以检为检察之检。)”又云:“凡用国家财物,皆先振而后敛。(此误以振为振济之振。)今于上文直言敛,不言振,亦振之;下言振,财有余亦敛之可知。故言互之也。”此不得其解而强为之辞。(《经义述闻》卷八)

按：唐贾公彦不晓振拚检敛四字同义，皆训收取，而误释振、拚为赈济之赈的通假字，又误以检为检察之检，则将本应释为敛财的“振财”，却误释为义谓以财物救济的赈财，聚敛与放赈，一进一出，刚好相反。如贾公彦所释，“敛币”与“振财”，二者在意义上并不互相兼容，也不互补，那就不能说是互文了。这就是贾公彦不得其解而强为之辞的后果。贾疏之误，历经千年之后，终为王氏驳正。而《汉语大词典》第 6 卷第 374 页：“〔拚〕同‘拯’。②赈济。《周礼·天官·职币》‘振掌事者之余财’汉郑玄注：‘振，犹拚也。’贾公彦疏：‘以财与之谓之拚。’（下略）”按，〔拚〕字第②义项，所引《周礼》书证与释义“赈济”不合，亦即义例不符，致误之由具见上引王念孙语。

> 《周易·豫》象传：“先王以作乐崇德，殷荐之上帝，以配祖考。”郑注曰：“祀天地以配祖考者，使与天同飨其功也，故《孝经》云：‘郊祀后稷以配天，宗祀文王于明堂以配上帝是。’”（见集解。）正义曰：“以配祖考者，谓以祖考配上帝，若周夏正郊天祀灵威仰，以祖后稷配；祀明堂五方之帝，以考文王配也。”引之谨案：此与《孝经》之文绝不相同。《孝经》谓祖考配天与帝，故云以配天、以配上帝；此谓先王之德配于祖考，故云以配祖考。不得据彼以说此也。《大雅·下武篇》：“三后在天，王配于京。”笺曰：“此三后既没登假，精气在天矣，武王又能配行其道于京。”此正所谓配祖考也。《尔雅》曰：“妃，对也。”释文：“妃，音配。”

《周颂·清庙篇》:“对越在天,骏奔走在庙。”笺曰:“对,配也。”正义曰:“文王既有是德,多士今犹行之,是与之相配也。”以配祖考,亦谓先王之德与祖考相配也。上以字,用也;下以字,而也。(见《释词》。)先王用是作乐崇德,殷荐其乐于上帝而又德配祖考也。上帝言荐,祖考言配,互文耳。上帝亦以德配,《君奭》曰:“殷礼陟配天。”《大雅·文王》曰:“克配上帝。”是也。祖考亦以乐荐,《周官·大司乐》曰:“以享先妣”,“以享先祖”;又曰:“于宗庙之中奏之。”是也。言荐之上帝,则祖考之荐可知;言以配祖考,则上帝之配可知。犹《涣》之象传曰:“先王以享于帝,立庙。”言享于帝,则祖考之享可知;言立庙,则泰坛、明堂之立可知。亦互文以见义也。古人之文,多有即此见彼者,非若后世之文繁词复也。(《经义述闻》卷二)

按:王引之解释“殷荐之上帝,以配祖考”二句为互文。上帝言荐,则祖考之荐可知;祖考言配,则上帝之配可知。并举证了上帝亦以德配、祖考亦以乐荐的许多例子。因互文,上句探下省,下句蒙上省,如补足省略成分,原文当是:先王以作乐崇德,殷荐之〔以配〕上帝,〔殷荐之〕以配祖考。也就是说:先王用此作乐崇德,殷荐其乐于上帝〔而又德配上帝〕,〔殷荐其乐于祖考〕而又德配祖考。王引之认为,互文见义,也就是“即此见彼”,在互相对待的二句中,彼此之间意义互相兼容。然而,互文见义这种修辞现象,仅从字面上观察,并不能一下子就看出来。只有具有一定的语文素养和广博的文史知识，才有可能发现和认识它。在本例中，王引之熟悉和了解上帝亦以德配、祖考亦以乐荐这种礼俗制度，因而明确指出："上帝言荐，祖考言配，互文耳。"并补出彼此省略的部分，作出准确的解释，令人心服。

十七、变文

在古文相邻的几个句子中，特别是在古韵文不同章而位置相同的句子中，句义往往相同，只是为了协和音韵，避免词语单调重复，便换用不同的字，其实字异而义同。这种语言现象，训诂学中叫变文，又叫上下文字异义同。

> 《广雅·释诂》："暱，曝也。"〔疏证〕暱者，《玉篇》："暱，邱立切，欲干也。"《众经音义》卷二十二引《通俗文》云："欲燥曰暱。"引之云：《王风·中谷有蓷篇》："中谷有蓷，暵其干矣。""中谷有蓷，暵其脩矣。""中谷有蓷，暵其湿矣。"传云："脩，且干也。鵻遇水则湿。"笺云："鵻之伤于水，始则湿，中而脩，久而干。"案：湿，当读为暱。暱，亦且干也。暱与湿声近故通。"暵其干矣"，"暵其脩矣"，"暵其湿矣"，三章同义。（《广雅疏证》卷二上）

按："暵其湿矣"一句，历来未有确解，毛传、郑笺、孔疏、朱熹集传都如字释之，误以为水湿之湿，至王氏父子才廓清迷雾。他们用"三章同义"，比例而知的办法，亦即变文同义的训释方法，求得湿与干、脩同义，湿当为暱，假借字也，其义训干。

所谓“三章同义”，就是指上下文字异而义同。而金启华《诗经全译》[①]《王风·中谷有蓷》三章“暵其湿矣”句，今译为“干了终于又湿了”，对“湿”字如字解之，既不晓变文同义之训诂条例，又不达假借之旨，承袭旧注而误。

《尚书·皋陶谟》：“股肱喜哉，元首起哉，百工熙哉。”传曰：“股肱之臣，喜乐尽忠，君之治功乃起，百官之业乃广。”家大人曰：喜也，起也，熙也，皆兴也。故下文皋陶曰“率作兴事”也。《尧典》：“庶绩咸熙。”《史记·五帝纪》作“众功皆兴”，扬雄《剧秦美新》、《胶东令王君碑》并作“庶绩咸喜”。《学记》：“不兴其艺，不能乐学。”郑注曰：“兴之言喜也，歆也。”正义引《尔雅》：“歆、喜，兴也。”今《尔雅》作：“廞、熙，兴也。”是喜与熙皆有兴起之义。（《经义述闻》卷三）

按：上例中的三句组成了一组排比句，喜起熙三字变文同义。如果只有两句，组成对偶句，就是对文同义。因此，变文同义这一训释方法，似亦可视为对文同义的扩展与延伸。

王念孙在解释古诗时，就经常运用变文同义来训释字义，例如——

《桧风·隰有苌楚篇》：“乐子之无知。”郑笺曰：“知，匹也。”首章言“无知”，二章、三章言“无家”、“无

① 金启华《诗经全译》，江苏古籍出版社 1984 年版第 157 页。

室”，其义一也。引而申之，触类而长之，而依声托事之义，了如指掌矣。(《经义述闻》卷十五“物至知知”条)

夫歌之为言也，长言之也。长言之，则一倡三叹而不病其复。此三章(笔者按，指《小雅·庭燎》)皆言早朝之事，文虽异而义则同。……凡三章同义者，诗中往往有之。《缁衣》云：“敝予又改为兮”，“敝予又改造兮”，“敝予又改作兮”。《尔雅》云：“作、造，为也。”《蒹葭》云：“蒹葭苍苍”，“蒹葭萋萋”，“蒹葭采采”。传云：“萋萋，犹苍苍也。”“采采，犹萋萋也。”若斯之类，不可枚举。知类通达，是所望于后之君子焉。(《经义述闻》卷六“夜未央”条)

按：变文同义这一训诂条例，是从大量的训诂实践中概括而抽取出来的，特别是古诗中的“三章同义”提供了很多实证，既验证于传注训诂，如《秦风·蒹葭》，又验证于辞书训诂，如《郑风·缁衣》之于《尔雅》。故王引之在《通说下》中总结说：“经文数句并列，义多相类，如其类以解之，则较若画一，否则上下参差，而失其本指矣。”(《经义述闻》卷三十二“经文数句平列上下不当歧异”条)

十八、倒文

倒文，亦称倒字、倒言、倒语、倒句、倒读、倒装等，这是为了达到某种修辞目的，而把句子成分的正常次序颠倒过来。例如，为了强调谓语，即把它提到主语之前；为了强调宾语，即把它提到动词之前;为了强调补语,即把它提到动词之前。在古代韵文中,为了押韵,倒装的现象就更普遍,也更复杂。俞樾云:“古人多有以倒句成文者,顺读之则失其解矣。”“诗人之词必用韵,故倒句尤多。”(《古书疑义举例》卷一)因此在训释中必须指出倒文现象,以免误解。

> 《左传》昭公十九年:“其一二父兄惧队宗主,私族于谋而立长亲。”杜注曰:“于私族之谋,宜立亲之长者。”引之谨案:传言“私族于谋”,不言“于私族之谋”,杜说非也。“私族于谋而立长亲”者,私谋于族而立长亲也,倒言之,则曰“私族于谋”矣。十一年传:“王贪而无信,唯蔡于感。”言唯憾于蔡也。本年传:“谚所谓‘室于怒,市于色’者。”言怒于室,色于市也。文义并与此相似。(《经义述闻》卷十九)

按:“私族于谋”,为突出“族”而倒文,顺言之当言“私谋于族”。“唯蔡于感”,为突出“蔡”而倒文,顺言之当言“唯感于蔡”。“室于怒,市于色”,为突出“室”(谓范围小而私密)和“市”(谓范围大而公开)而倒文,顺言之当言“怒于室,色于市”。杨树达说:“按此例昔人多以为‘怒于室色于市’之倒文,其说非也。此第是‘于室怒于色市’之倒耳。”[①]杨氏所称“昔人”即指王引之。然而,《战国策·韩策二》云:“语曰:‘怒于室者色于市。’”这就足证王说为是,杨说为非。

---

① 杨树达《高等国文法》,商务印书馆1984年版第298页。

《大戴礼记·用兵篇》:“古之戎兵,何世安起?”家大人曰:安,犹于也。此倒句也,“何世于起”,犹言“起于何世”。(安焉古字通。宣六年《公羊传》注曰:“焉者,于也。”《墨子·非命篇》:“何书焉存?”文义与此同。)《魏策》曰:“君其自为计,且安死乎?安生乎?安穷乎?安贵乎?”言于死、于生、于穷、于贵也。(鲍彪注:“问所安。”失之。)安于一声之转,故于字或通作安。(《经义述闻》卷十三)

按:“何世安起”,顺言之当言“起于何世”,为了强调表时间的“何世”,即把作补语用的介宾词组“于何世”提到动词“起”之前,又把介宾词组中的宾语“何世”提到介词“于”之前。因此,王念孙云“此倒句也”。

《荀子·成相》:“舜授禹,以天下。”杨注曰:“舜所以授禹,亦以天下之故也。”念孙案:此不言舜以天下授禹,而言舜授禹以天下者,倒文以合韵耳,(禹下为韵。)非有深意也,杨反以过求而失之。(《读书杂志·荀子八》)

《逸周书·周祝篇》:“故恶姑幽,恶姑明,恶姑阴阳,恶姑短长,恶姑刚柔。”念孙案:刚柔,当为柔刚,此倒文以协韵也。正文用韵,故言柔刚;注文不用韵,故言刚柔。而后人遂以注文改正文矣。不知《说卦》传之“迭用柔刚”,《西山经》之“五色发作,以和柔刚”,皆倒文协韵也。(《读书杂志·逸

周书四》)

按:在古代汉语中,倒文协韵属常见现象,非有深意,在训释时应当加以说明,但不能以过求而失之原意,更不能以常例而去擅改原文。

十九、省文

王引之《通说下》云:"古人之文,有下文因上而省者,亦有上文因下而省者。"(见《经义述闻》卷三十二"上文因下而省"条)人们为了使语言精炼、经济,在一定的条件下,特别是口语中,造句省略某些成分,是常有的事。古代汉语中,省文的句子多,是古书难读难懂的一个重要原因。在训释古书时,应该指明省文之处,并按照后世通行的造句法最少的需要把省文补足。如果不补足,句子就不清晰,读者就不理解。

> 《仪礼·觐礼》:"同姓大国则曰伯父,其异姓则曰伯舅;同姓小邦则曰叔父,其异姓小邦则曰叔舅。"家大人曰:异姓大国曰伯舅,不言"大国"者,蒙上而省也。然则异姓小邦曰叔舅,"小邦"亦当蒙上而省。今本有"小邦"二字者,即涉上句而衍。《周官·大宰》疏引此有"小邦"二字,则贾所见本已然,不始于唐石经矣。《康王之诰》正义、《文侯之命》正义、《小雅·伐木》正义、隐五年《左传》正义,引此皆作"其异姓则曰叔舅",则孔所见本无"小邦"二字,于义为长。(《经义述闻》卷十)

按:上引例,既有训释,又有校勘。按照语意,补足省文进行训释,明确易解。按照省文通例进行校勘,删衍返正。这是省略句子成分例,还有省略一个分句的现象。省略分句,是由于说者语急不及尽言,而记事者据其本真以记录,或者是由于记事者因避繁复而省去。

《国语·晋语》:"秦穆公曰:杀其内主,背其外赂,彼塞我施,若无天乎,云若有天,吾必胜之。"家大人曰:穆公之意,以为若无天,则胜负尚未可知;若有天,则吾必胜之也。"若无天乎"之下,不更赘一语者,下文明言"若云有天,吾必胜之",义见于下,故文省于上也。《晋语》记申生之言曰:"伯氏不出,奈吾君何?伯氏苟出而图吾君,申生受赐以死,虽死何悔?"《檀弓》记其言则曰:"伯氏不出而图吾君,伯氏苟出而图吾君,申生受赐而死。""伯氏不出而图吾君"之下,不更赘一语,亦是义见于下而文省于上也。(《经义述闻》卷二十一)

按:上引《国语·晋语》例,"若无天乎"之下,省略了"胜负未可知"一个分句。《檀弓》例,"伯氏不出而图吾君"之下,省略了"奈吾君何"一个分句。

《史记·张仪列传》:"虽无出甲,席卷常山之险,必折天下之脊。"念孙案:虽读曰唯,唯与雖古字通。此承上文,言秦兵之强如是,是唯无出甲,出甲,则席卷常山而折天下之脊也。不更言“出甲”者，蒙上而省也。《留侯世家》曰：“楚唯无强，六国立者，复桡而从之。”（集解引《汉书音义》曰：“唯当使楚无强，强则六国弱而从之。”）《庄子·人间世篇》曰：“若唯无诏，王公必将乘人而斗其捷。”（郭象注：“汝唯有寂然不言耳，言则王公必乘人而角其捷辩，以距谏饰非也。”）语意并与此同。（《读书杂志·史记四》）

按：发现古文有省句例，这对训释古书有很大的帮助，是训诂学上的一个重大突破，也是语法观念强的表现。特别是“唯无……”这种句式，紧接着省一分句，可以说是古书中的省文定例。但是，很可惜，王念孙在解释《墨子》、《管子》等古书中同类句式时，未能始终坚持省句说，却认“唯无（毋）”的“无（毋）”字为语词（见《读书杂志·墨子一》“毋无”条），被近人杨树达驳正。杨树达《省句例》云——

《管子·立政九败解》云：“人君唯毋听寝兵，则群臣宾客莫敢言兵。”上下二句，文义不贯，王氏念孙乃谓“毋为语词，本无意义”。树达按：王说非也。此本当云：“人君唯毋听寝兵，听寝兵，则群臣宾客莫敢言兵。”下文“人君唯毋”云云诸句，并同。毋，不也。《管子》言人君不听寝兵，则亦已耳；若听寝兵，则群臣宾客莫敢言兵矣。乃《管子》原文以语急而省去一句，即善读书如王氏者，亦不得其解。果如王说，则不唯“毋”字无义，即“唯”字亦为赘文矣。（《古书疑义举例续补》卷二）

按：王念孙训释“唯无（毋）……”句，前后立说矛盾，中道改辙，误入歧途。杨树达根据王氏前说而驳正王氏后说，诚是；但是，不能由此而抹煞王氏前说对后人的启发作用，更不能说“省句例”是杨氏所发现。

二十、连文

在古文中，经常连用之字往往义亦相同或相因。这是因为在一个句子中，连用的字刚好处于句子结构的同一位置上，它们在句中充当着同样的成分，发挥着同样的作用，所以它们的字义往往相同或相因。这种语用现象，训诂学中称为连文、连言或复语。我们在训释时，不能将连文同义人为地分为二义。王引之《通说下》云：“古人训诂，不避重复，往往有平列二字上下同义者，解者分为二义，反失其指。”（《经义述闻》卷三十二“经传并列二字上下同义”条）

> 《荀子·宥坐篇》：“百仞之山，任负车登焉。”杨注曰：“负，重也。任负车，任重之车也。”念孙案：古无训负为重者。余谓负亦任也。《鲁语》注曰：“任，负荷也。”《楚辞·九章》注曰：“任，负也。”连言“任负”者，古人自有复语耳。倒言之则曰“负任”，《齐语》“负任担荷”是也。（《读书杂志·荀子八》）

按：任训负，则负亦可训任，任与负同义，连言曰“任负”，倒言之则曰“负任”。杨倞训负为重，既缺乏故训依据，也违反了连文同义的训诂条例,终为王念孙所驳正。

> 《史记·张仪列传》:"大王之威行于山东,敝邑恐居慑处,不敢动摇,唯大王有意督过之也。"索隐曰:"督者,正其事而责之。督过,是深责其过也。"念孙案:督、过,皆责也。《晏子春秋·杂篇》曰:"古之贤君,臣有受厚赐而不顾其国族,则过之;临时守职不胜其任,则过之。"《楚辞·九章》曰:"信谗谀之溷浊兮,盛气志而过之。"《吕氏春秋·适威篇》曰:"烦为教而过不识,数为令而非不从。"高诱注曰:"过,责也。"(《广雅》同。)是督、过皆责也。若以过为过失之过,则当言"督过",不当言"督过之"矣。(《读书杂志·史记四》)

按:王念孙指出,督、过皆训责,督过连文同义。督过是同义动词连用,因此可带宾语代词之;如司马贞索隐以过为名词过失之过,则文中当言"督过",不当言"督过之",因为名词过不能带宾语。司马贞训释督过是深责其过,这既违反了连文同义的训诂条例,又不合语法,酿成谬误。《史记·项羽本纪》:"项王曰:'沛公安在?'良曰:'闻大王有意督过之,脱身独去,已至军矣。'"王伯祥《史记选》[①]第45页注:"督过,责罪。有意督过之,存心找他的岔子。"中国人民大学语文系文学史教研室《历代文选》[②]上册第169页注:"督过:责罪。有意督

① 人民文学出版社1982年第2版。

② 中国青年出版社1978年版。

过之：即存心要找岔子。”四川师范大学中国古代文学研究所《中国历代文选》[①]上册第 253 页注：“督过：责罪，指挑毛病，找岔子。”新注训过为罪，释“督过之”为找岔子，辗转照抄，其误与司马贞索隐之误如出一辙。

> 《诗·小雅·节南山》：“忧心如惔，不敢戏谈。”笺曰：“又畏女之威，不敢相戏而言语。”引之谨案：谈，亦戏也。《玉篇》、《广韵》并云：“谈，戏调也。”（《广雅》：“啁，调也。”《众经音义》卷十二：“古文谢，今作嘲，又作啁。”）《孟子·告子篇》：“越人关弓而射之，则己谈笑而道之。”谈笑者，调笑也。调谈一声之转耳。戏而嘲之为之调，亦谓之谈，故以戏谈连文。戏谈，犹戏谑也。嘲谑所以为乐，祸将及己，忧心如焚，则不敢为乐矣。故曰：“忧心如惔，不敢戏谈。”（《经义述闻》卷六）

按：组成连文的字，它们在句中所处的位置相同，在句子结构中充当的成分相同，在句子中的意义和价值亦相同。这一些字，它们在字义上相互联系，相互依存，相互制约，相互趋同。正由于两字（或三字、四字）在意义上的趋同性，才使它们能组合在一起成为连文。戏谈连文，谈字之义向戏字之义靠拢，反之亦然。谈字之言谈、谈话义，与戏字字义相距甚远；而谈字之戏调、谈笑义，与戏字字义相近。因此戏谈之谈，即戏调、谈笑义。戏谈，犹戏谑也。作为连文，顺

---

① 人民文学出版社 1998 年版。

言之为戏谈，倒言之则为谈戏，例如《三国志·魏志·王肃传》“明帝时大司农弘农董遇等”南朝宋裴松之注：“〔贾洪〕善能谈戏。”《晋书·陶侃传》：“诸参佐或以谈戏废事者，乃命取其酒器、蒱博之具，悉投之于江。”唐张彦远《法书要录·后汉赵壹非草书》：“虽处众坐，不遑谈戏。”《汉语大词典》第11卷第319页：“〔谈〕① 谈话；谈论。《诗·小雅·节南山》：‘忧心如惔，不敢戏谈。’(下略)”按，该词条采用《节南山》为书证，则文例不符。《节南山》之戏谈为连文，在字义上谈字已受到戏字的制约和影响，而大词典仍以谈字之本义释之，不确。王力主编《古代汉语》修订本第二册第497页注：“戏谈，戏笑谈论。”跟上例一样，也属可商。汉桓宽《盐铁论·散不足》：“《诗》云：‘忧心如惔，不敢戏谈。’”马非百简注：“戏，儿戏，开玩笑。这是说……不敢开玩笑地讲些不负责任的话。”[①]这跟上述二例一样，也将戏谈之谈以本义释之，如此解释，则戏谈就不成其为并列式的连文了，而是成了戏字修饰谈字的偏正式结构了。这样来解释连文戏谈，那就成了两股道上跑的车，越走越远了。

连文同义现象，也有三字或四字连文同义的。三字连文同义例，又可分为三种类型：一是其上三字并列，而下一字总承之；二是上一字总领之，而下三字并列；三是三个同义字之间插入一个虚字。

三字连文同义的第一种类型，即其上三字并列，而下一字总承之：

---

① 马非百《〈盐铁论〉简注》，中华书局1984年版第219页。

> 其上三字并列，而下一字总承之者，内外传中亦往往有之。桓六年传云："嘉栗旨酒。"（正义曰："所祭之酒栗善味美。"）文十六年传云："赋敛积实。"（注："实，财也。"）《齐语》云："论比协材。"《晋语》云："假贷居贿。"《楚语》云："蓄聚积实。"（注："实，财也。"）（《经义述闻》卷十八"缮完葺墙"条）

按，王氏还举出《左传》文公十八年"聚敛积实"（见《经义述闻》卷十六"好实"条）、襄公三十一年"缮完葺墙"（见《经义述闻》卷十八"缮完葺墙"条），皆三字并列，亦属此类型。

三字连文同义的第二种类型，即上一字总领之，而下三字平列：

> 《法言·先知篇》："敢问先知，曰：不知，知其道者，其如视忽眇绵作昞。"念孙案：忽、眇、绵，皆微也。《一切经音义》五引《三苍》云："昞，著明也。"视忽眇绵作昞者，见微而知著也。（《读书杂志·馀编上·法言》）
>
> 《汉巴郡大守樊敏碑》曰："持满亿盈。"是亿盈皆满也。（《经义述闻》卷十八"不可亿逞"条）
>
> 段氏若膺曰：古三字重叠者时有，安可以后人文法绳之？下文"无观台榭"，岂非三字重叠邪？（《经义述闻》卷十八"缮完葺墙"条）

三字连文同义的第三种类型，即三个同义字之间插入一个虚字：

《汉书·杨雄传》："平原唐其坛曼兮。"邓展曰："唐，道也。"师古曰："言平原之道，坛曼然广大。"念孙案：训唐为道，虽本《尔雅》，然平原道其坛曼，殊为不词。今案，唐者，广大之貌；唐其者，形容之词。既言唐而又言坛曼者，言重词复以形容之，若上文言"漓乎幓缅"矣。(《读书杂志·汉书十三》)

《荀子·仲尼》："主信爱之，则谨慎而嗛。"杨注曰："嗛与歉同。"引之曰：嗛与谦同。《周易》释文曰："谦，子夏作嗛。"故与谨慎连文。(《读书杂志·荀子二》)

《执金吾丞武荣碑》，弟二行："藐然高厉。"藐然，高貌也，字亦作邈。《楚辞·离骚》："神高驰之邈邈。"是也。厉亦高也。《吕氏春秋·季冬篇》注云："厉，高也。"(《广雅》同。)《皋陶谟》"庶明厉翼"，《史记·夏本纪》作"众明高翼"。刘歆《遂初赋》云："天烈烈以厉高兮。"是厉与高同义。故曰藐然高厉。(《读书杂志·汉隶拾遗·执金吾丞武荣碑》)

《司隶校尉鲁峻碑》，弟十七行："映矣旳旳。"洪云："旳字易火以日。"案，《说文》："旳，明也，从日，勺声。"《小雅·宾之初筵》云："发彼有旳，(俗作的。)以祈尔爵。"然则旳字古读若勺，故与较烁绰逴虐邈榷悼乐为韵。旳训为明，故曰映矣旳旳。(《读书杂志·汉隶拾遗·司隶校尉鲁峻碑》)

《文选·张衡〈西京赋〉》："何工巧之瑰玮，交绮豁以疏寮。”李善曰：“交结绮文，豁然穿以为寮也。《苍颉篇》曰：‘寮，小窗也。’”念孙案：交绮豁以疏窗，殊为不词。今案，交绮即窗也。《广雅》曰：“豁、寮，空也。”《一切经音义》一引《苍颉篇》曰：“寮，小空也。”《说文》曰：“疏，通也。”豁以疏寮，皆空虚之貌。既言豁而又言疏寮者，文重词复以申明其意，若《大人赋》言“丽以林离”、“丛以茏茸”、“瘆以陆离”矣。(《读书杂志·馀编下·文选》)

《汉书·五行志中之上》：“鸜鹆之巢，远哉摇摇。”师古曰：“摇摇，不安之貌。”念孙案：以摇摇为不安貌，则与远字义不相属，师古说非也。摇摇即远貌，远哉摇摇，犹言“殆哉岌岌”耳。《汉书考异》曰：“《春秋传》作遥遥。”《说文》无遥字，当从《汉志》。(《读书杂志·汉书五》)

《左传》襄公二十九年：“广哉熙熙乎。”杜注曰：“熙熙，和乐声。”家大人曰：训熙熙为和乐声，则与广字义不相属。予谓熙熙即广也。《周语》云：“熙，广也。”(《周颂·昊天有成命》传同。)重言之则曰熙熙，谓其广熙熙然也。广哉熙熙，犹言“远哉遥遥”、“殆哉岌岌”矣。(《经义述闻》卷十八“熙熙乎”条)

《诗·齐风·猗嗟》：“舞则选兮，射则贯兮。”毛传曰：“选，齐；贯，(古乱反。)中也。”笺曰：“选者，谓于伦等最上。贯，(古患反。)习也。”正义曰：“选之为齐，其训未闻，当谓其善舞齐于乐节也。笺以美其善舞，当谓舞能胜人，故易传以为伦等中之上选也。”家大人曰：毛说是也。《史记·平准书》曰：“吏道益杂不选。”谓杂出不齐也。《仲尼弟子传》:“任不齐,字选。”是选与齐同义。字亦作撰,《贾子·等齐篇》曰:“撰然齐等。”是也。(《经义述闻》卷五“舞则选兮射则贯兮”条)

按,王氏还举出《荀子·富国》“速乎急疾”(见《读书杂志·荀子三》“速乎急疾”条)、《大戴礼记·易本命篇》“勇敢而悍”(见《广雅疏证》卷二下“勇也”条),皆三字并列,亦属此类型。插入虚字是为了凑音节。

四字连文同义例:

《史记·屈原贾生列传》:“濯淖汙泥之中。”索隐曰:“濯,音浊。汙,音乌故反。泥,音奴计反。”念孙案:上言洗濯,下言淖,则文不相属。濯字当读直教反。(濯淖,叠韵字。)濯淖汙泥,四字同义。《说文》曰:“潘,淅米汁也。”又曰:“周谓潘曰泔。”又曰:“滫,久泔也。”《广雅》曰:“濯,滫也。”曹宪音直皃反。《士丧礼》:“渜濯弃于坎。”郑注曰:“沐浴馀潘水。”释文:“濯,直孝反。”《丧大记》:“濡濯弃于坎。”皇侃疏曰:“濯谓不净之汁也。”《广雅》曰:“淖,浊也。”是濯淖皆汙浊之名。(《读书杂志·史记五》)

按,王念孙从文义和字义入手,求证濯淖汙泥四字连文同义。人民教育出版社《古代散文选》1980年版上册第219页注:“〔濯淖(nào)汙泥之中〕意思是,虽在汙泥之中,却能洗净身上的汙泥。淖,也是泥。汙,同‘污’。”新注仍训濯为洗，其误正如王念孙所云："上言洗濯，下言淖，则文不相属。"

《说文》："悼，惧也。陈楚谓惧曰悼。"《庄子·山木篇》曰："振动悼慄。"《吕氏春秋·论威篇》曰："敌人悼惧惮恐。"是悼亦惧也。故曰："恐惧从处曰悼。"（《读书杂志·逸周书三》"从处"条）

按，《吕氏春秋·论威篇》"悼惧惮恐"，四字连文同义。

《荀子·议兵》："暴悍勇力之属为之化而愿，旁辟曲私之属为之化而公，矜纠收缭之属为之化而调。"杨注曰："矜，谓夸汏；纠，谓好发摘人过者也；收，谓掠美者也；缭，谓缭绕，言委曲也。四者皆鄙陋之人，今被化则调和也。"念孙案：《广雅》曰："矜，急也。"《一切经音义》卷二十三引《广雅》曰："纠，急也。"《齐语》注曰："纠，收也。"（纠收并从丩声，而义亦相同。《说文》："纠，绳三合也。"今人犹谓纠绳为收绳。）《楚辞·九章》注曰："纠，戾也。"缭，谓缭戾也。《乡饮酒礼》注曰："缭，犹紾也。"《孟子·告子篇》注曰："紾，戾也。"矜纠收缭，皆急戾之意，故与调和相反。（暴悍勇力与愿相反，旁辟曲私与公相反，矜纠收缭与调相反。）杨说皆失之。（《读书杂志·荀子五》"矜纠收缭"条）

《上林赋》："与其穷极倦谻。"郭注云："穷极倦谻，疲惫者也。"穷极倦谻，一声之转也。（《广雅疏

证》卷一上“极也”条）

《荀子·荣辱篇》云：“陶诞突盗，惕悍㤭暴，以偷生反侧于乱世之间。”陶诞突盗，皆谓诈欺也。（《广雅疏证》卷二下“欺也”条）

《尚书·盘庚中》：“暂遇奸宄。”传曰：“暂遇人而劫夺之，为奸于外，为宄于内。”引之谨案：经言暂遇，不言劫夺，传说非也。（蔡沈谓“暂时所遇，为奸为宄”，其说尤谬。暂遇字，自遇此奸宄者言之，则上与“乃有不吉不迪”，下与“我乃劓殄灭之”，文义皆不贯矣。）经凡言“寇贼奸宄”、（《尧典》。）“草窃奸宄”、（《微子》。传曰：“草野窃盗。”谓有草野之性，为窃盗之行。）“寇攘奸宄”、（《康诰》。）“鸱义奸宄”、（《吕刑》。鸱，轻也；义，邪也。说见《立政篇》“三宅无义民”下。）及《盘庚上篇》之“败祸奸宄”，皆四字平列。（《牧誓》：“俾暴虐于百姓，以奸宄于商邑。”暴虐奸宄，亦平列字。）此“暂遇奸宄”亦然。暂，读曰渐。渐，诈欺也。《庄子·胠箧篇》：“知诈渐毒。”（李颐注谓“渐渍之毒”，失之。）《荀子·不苟篇》：“小人知则攫盗而渐。”（杨倞注训渐为进，失之。）《议兵篇》：“招近募选，隆势诈，尚功利，是渐之也。”《正论篇》：“上幽险，则下渐诈矣。”（杨注训渐为进，又训为浸，皆失之。）是诈谓之渐。《吕刑》曰：“民兴胥渐。”渐，亦诈也，言小民方兴，相为诈欺，故下文曰：“罔中于信以覆诅盟也。”彼传训为渐化，亦失之矣。遇读“隅差智故”之隅，字或作偶。《淮南·原道篇》曰：“偶𥇖智故，曲巧伪诈。”皆奸邪之称也。《本经篇》曰：“衣无隅差之削。”高诱注曰：“隅，角也；差，邪也。全幅为衣裳，无有邪角。”衣邪谓之隅差，人邪谓之偶睦，声义皆相近矣。《吕氏春秋·勿躬篇》曰：“人主知能不能之可以君民也，则幽诡愚险之言，无不戢矣。”愚，亦即“暂遇奸宄”之遇。（遇愚古字通。《晏子春秋·外篇》：“盛为声乐以淫愚民。”《墨子·非儒篇》愚作遇。《庄子·则阳篇》：“匿为物而愚不识。”释文：“愚，一本作遇。”《秦策》：“今愚惑与罪人同心。”姚本作遇或。）故以“幽诡愚险”连文。《荀子》曰：“上幽险，则下渐诈。”是也。暂遇之义，唯《庄子》、《荀子》、《吕览》、《淮南》，可考而知；而说经者皆不寻省，望文生义，错迕滋多，盖古训之失传久矣。（《经义述闻》卷三“暂遇奸宄、民兴胥渐”条）

按，王引之在这条考释训诂中，举出了十组四字连文同义例。此外，王念孙还举出《孟子·公孙丑上》“袒裼裸裎”（见《广雅疏证》卷四上“袒也”条）、《荀子·不苟》“刚强猛毅”（见《读书杂志·淮南内篇十三》“卑弱柔、本矜”条）、《淮南子·主术训》“辩慧懁给”（见《广雅疏证》卷一下“慧也”条）、《汉书·枚乘传》：“磨砻底厉”（见《广雅疏证》卷三上“磨也”条），都是四字连文同义例。

连文同义现象，不仅有单音节的字连文同义，还有双音节的联绵词连文同义，例如——

枚乘《七发》：“寂漻薵蓼，蔓草芳苓。”李善曰：“言水清净之处，生薵、蓼二草也。字书曰：薵，藸

> 草也。毛苌《诗传》曰：蓼，水草也。”念孙案：李说非也。寂漻莠蓼，四字皆叠韵，谓草貌也。既言寂漻而又言莠蓼者，文重词复以形容之。若《风赋》之“被丽披离”，《子虚赋》之“罢池陂陀”，《上林赋》之“崴磈嵔瘣”、“偨池茈虒”矣。（《读书杂志·馀编下·文选》）

按，王念孙指出“寂漻莠蓼”四字皆叠韵，则“寂漻”、“莠蓼”为联绵词，“莠蓼”是“寂漻”之语转，二词连文同义，并为形容词，故云“文重词复，以形容之”。李善注泥于字形，如字作释，分训莠、蓼为二水草名，违反了联绵词上下二字不宜分训的训诂条例，其说不确。中国人民大学语文系文学史教研室《历代文选》上册第 128 页注：“莠（chóu 仇）蓼：藸草。蓼（liǎo）：水草。”上海古籍出版社《中华活叶文选》合订本（1979 年新 2 版）第 1 册第 23 页注：“莠（仇 chóu）——藸草。蓼（了 liǎo）——水蓼。”朱东润主编《中国历代文学作品选》[①]上编第一册第 304 页注，四川师范大学中国古代文学研究所《中国历代文选》[②]上册第 195 页注，与前二例同。新注均承李善注而误。

> 《广雅·释训》：“蹁跹，盘姗也。”〔疏证〕见《众经音义》卷十一。此叠韵之相近者也，侈言之则曰盘姗，约言之则曰蹁跹，皆行不正之貌也。《司马相如

① 上海古籍出版社 1997 年版。
② 人民文学出版社 1998 年版。

传》："媻珊勃窣上金隄。"《汉书》珊作姗，韦昭注云："媻姗勃窣，匍匐上也。"并与盘姗同。又《玉篇》："蹒跚，旋行貌。"《广韵》云："蹁跹，旋行貌。"张衡《南都赋》说舞貌云："蹴蹐蹁跹。"亦行不正之貌也。（《广雅疏证》卷六上）

按，《司马相如传》"媻珊勃窣"，《南都赋》"蹴蹐蹁跹"，都是两个联绵词连文同义。凡是两个联绵词连文同义，这两个联绵词也往往声同声近。凡此者，或声同字异，或字小异而声不异，变易其字而弗离其声，实为一词之变转耳。

二十一、骈词

所谓"骈词"，是指作为单音节的两个同义词，后来往往结合成为一个双音节词。两个同义词作为词素并列组成合成词，都经过同义字临时组合的阶段，与"连文同义"、"复语"有类似之处。合成词在最初出现时，只是两个同义词的并列，还没有凝结成为一个整体，不是一个双音节词，它可以分言、合言，也可以倒言，还没有固定的形式；即使合言，它仍然是个临时性的词组，或称短语，所以称其为"复语"或"连文同义"。骈词已是词，是个双音节的词素意义相同的并列合成词。王念孙在训释骈词时，不仅指出它在形成过程中的各种临时组合形式，而更重要的是认为两个同义词素表示同一概念，把它们合起来作为一个词对待，这就初步触摸到构词法的范畴了。

《荀子·不苟篇》："物至而应，事起而辨。"杨注曰:“物有至则能应之,事有疑则能辨之。”念孙案:辨者,治也,谓事起而能治之,非谓事有疑而能辨之也。《说文》:“辩,治也。”昭元年《左传》:“主齐盟者,谁能辩焉?”杜注与《说文》同。《王霸篇》:“儒者为之,必将曲辩。”杨注曰:“辩,治也。”字或作“辨”。《议兵篇》:“城郭不辨。”注曰:“辨,治也。”合言之则曰“治辩”。《儒效篇》曰:“分不乱于上,能不穷于下,治辩之极也。”《王霸篇》曰:“有加治辩强固之道焉。”又曰:“天下莫不平均,莫不治辩。”《议兵篇》曰:“礼者治辩之极也。”或作“治辨”。《荣辱篇》曰:“君子修正治辨。”《正论篇》曰:“上宣明则下治辨矣。”《礼论篇》曰:“君者治辨之主也。”以上凡言“治辩”者,皆两字同义。倒言之则曰“辩治”。《小雅·采菽》传曰:“平平,辩治也。”《荀子·君道篇》:“君者,善班治人者也。”“班”亦与“辩”同。《韩诗外传》作“辩治”。《成相篇》:“辩治上下。”(《读书杂志·荀子一》)

按:王念孙根据故训材料,指出辩(辨)、治同义,合言之为“治辩”、“治辨”,倒言之则为“辩治”、“辨治”、“班治”。王念孙据《荀子》书证,举出“治辩”4例、“治辨”3例、“辩治”1例,“班治”1例。在训释中,已把“治辩”作为一个同义复词对待,而“治辨”为“治辩”的异形词。《汉语大词典》据所搜集的材料,“治辨”、“治辩”均立目,并以〔治辨〕为正条,〔治辩〕为副条[①],这也可证“治辩”、“治辨”是骈词。

① 见第5卷第1128、1129页。

《广雅·释诂》:“恬、倓、憺、怕、募、寂,静也。”〔疏证〕恬者,《方言》:“恬,静也。”倓,与下憺字通,字或作澹,又作淡。泊,与怕通。合言之则曰“恬倓”,曰“憺怕”。《老子》云:“恬澹为上。”《庄子·胠箧篇》云:“恬惔无为。”扬雄《长杨赋》云:“人君以澹泊为德。”《说文》:“募,寂也。”合言之则曰“寂募”。《说文》:“嗼,啾嗼也。”“募,死寂募也。”《文选·西征赋》注引薛君《韩诗章句》云:“寂,无声之貌也。寞,静也。”《庄子·天道篇》云:“寂漠无为。”《楚辞·九辩》云:“蝉寂漠而无声。”《淮南子·俶真训》云:“虚无寂寞。”并字异而义同。(《广雅疏证》卷四下)

按:上例为一组形容词性的同义词,在长期使用过程中,按照汉语搭配习惯,它们互相结合成若干个骈词。而这些骈词,由于它们所构成的词素同义,因此这些骈词在意义上仍然相同、相近或相通。对于上述骈词,《汉语大词典》据所搜集材料,基本上都已收词立目,例如收“恬淡”为主条,“恬倓”、“恬惔”为其副条(见第 7 卷第 521、522 页);“恬澹”为主条,“恬憺”为其副条(见第 7 卷第 523 页);收“淡泊”条(见第 5 卷第 1415 页),“澹泊”条(见第 7 卷第 176 页),“憺怕”条(见第 6 卷第 763 页:“〔憺怕〕(—bó)澹泊;恬静。”);收“寂寞”为主条,“寂漠”为其副条(见第 3 卷第 1516 页)。这些骈词,在形成过程中出现一个或多个“字异而义同”的异形词,带来读写的不便。在现代汉语中,大力推行语言文字规范化,异形词便大量消失。在《现代汉语词典》1996 年版中,就只收“恬淡”条(第 1249 页),“寂寞”条

(第601页),它们的异形词一概都不立目;收"淡泊"为主条(第247页),"澹泊"为其副条(第249页),但《第一批异形词整理表》[①]规定,"澹泊"为应淘汰的异形词。引述以上材料,是试图说明骈词与复语的区别。复语是两个同义的字(词)临时组合,没有一个固定的形式,在语法上是词组而不是词。骈词是两个同义的词素构成的并列合成词,它在某一时段内总有一个主要的固定形式(也可能有异形词),在语法上是词而不是词组。从意义的层面上来说,复语的意义是两个同义字字义之和;而在骈词中,字义已经转化为词素的意义。王念孙能把骈词作为一个词来对待,已属难能可贵。

《诗·大雅·荡篇》:"曾是彊禦。"毛传曰:"彊禦,彊梁禦善也。"正义曰:"禦善者,见善事而抗禦之。"家大人曰:禦,亦彊也。"曾是彊禦,曾是掊克",彊禦与掊克相对;"不侮矜寡,不畏彊禦",彊禦与矜寡相对。皆二字平列,其义相同。《史记·周本纪》集解引《牧誓》郑注曰:"彊禦,谓彊暴也。"字或作彊圉,(《汉书·王莽传》曰:"不畏彊圉。")又作强圉,《楚辞·离骚》:"浇身被服强圉兮。"王逸注曰:"强圉,多力也。"《淮南·天文篇》:"巳在丁曰强圉。"高诱注曰:"在丁,言万物刚盛,故曰强圉也。"《逸周书·谥法篇》曰:"威德刚武曰圉。"《春秋繁露·必仁且知篇》曰:"其强足以覆过,其禦足以犯诈。"是禦与彊同义。下文曰:"彊禦多怼。"昭元年《左传》曰:"彊

① 语文出版社2002年版。

禦已甚。”十二年传曰:“吾军帅彊禦。”皆二字同义,非彊梁禦善之谓也。(《经义述闻》卷七)

按:彊禦,亦作彊圉,因强彊字相通,后又作强禦、强圉。强、禦二字连用,在字义上,禦字受强字的制约和影响,禦字的强暴、暴虐义,正与强字义相属。亦作强圉,圉是禦的同音通假。强圉,在《诗经》、《左传》、《国语》、《竹书纪年》、《楚辞》等古籍中出现次数甚多。这里有两点值得注意。一是“强圉”作为被训释词,训诂学家们不再将它视作两个字进行分字解释,而是作为一个词来对待,例如《牧誓》郑玄注:“彊禦,谓彊暴也。”《离骚》王逸注:“强圉,多力也。”《淮南子·天文训》高诱注曰:“在丁,言万物刚盛,故曰强圉也。”二是将“强圉”作为训释词去解释别的词,例如《史记·周本纪》集解引郑玄曰:“禦,彊禦,谓彊暴也。”《国语·晋语一》:“吾闻申生甚好仁而彊。”韦昭注:“彊,彊禦也。”又《晋语二》:“吾闻之,申生甚好信而彊。”韦昭注:“彊,彊禦也。”这里耐人寻味的是,文章中的强和禦字,反要用强禦来作解释,强禦的词义似乎比单音节的强和禦更为人易晓而被接受。这是否可以说,训诂学家心知其意,已将强圉看作为一个骈词了呢?

第四节 据语境求语义(下)

二十二、词序

词序是汉语的一种重要的语法手段。所谓词序,就是指词在句子结构中所排列的先后次序。由于词序的颠倒，往往会歪曲文章原意，甚至文不成义。因此，辨明词序是训诂的内容之一。

> 《尚书·召诰》："其惟王位在德元，小民乃惟刑用于天下。"传曰："王在德元，则小民乃惟用法于天下。"家大人曰：经言"刑用于天下"，不言"用法于天下"也。余谓《尔雅》："刑，常也。"言王在德元，则小民常用王德于天下也。引之谨案：《多方》曰："慎阙丽乃劝，厥民刑用劝。"刑，亦常也。言汤慎其所施之政教，（传训丽为施。）然后劝勉其民，而民遂常用劝勉也。传以"乃劝"为民劝，以刑为刑罚，皆失之。刑为久常之常，又为典常之常，说见《尔雅》"则、刑、职，常也"下。（《经义述闻》卷四）

按：王氏父子各举一例，《尚书》正文作"刑用"，刑训久常之常，即常用，而某氏传在串讲句意时，颠倒词序为"用刑"，将刑训为法，训为刑罚，就成了"用法"、"用刑罚"，完全改变了正文原义。

> 《荀子·性恶》："然而前必有衔辔之制，后有鞭策之威，加之以造父之驭，然后一日而致千里也。"念孙案："前必有"本作"必前有"，"前有"、"后有"皆承必字而言。若作"前必有"，则与下句不贯矣。《群书治要》及《初学记·人部中》、《太平御览·人事部四十五》，并引作"必前有"。（《读书杂志·荀子七》）

按：作“必前有”，必字贯穿全句，“前有”、“后有”都在其照应之下；若作“前必有”，则必字只能管“前”不管“后”了。方孝博《荀子选》（人民文学出版社 1985 年版）第 114 页正文作“然而前必有衔辔之制”，未作校勘，沿袭旧本而误。

《汉书·韩信传》：“愿君留意臣之计，必不为二子所禽矣。”念孙案：“必不为二子所禽矣”，本作：“不，（句。）必为二子所禽矣。”不，与否同。言若不用臣之计，则必为二子所禽也。《史记》作：“否，必为二子所禽矣。”是其证。后人不知“不”字自为一句，而以“不必”二字连读，遂不得其解，而改“不必”为“必不”，以为陈馀用李左车之计，则必不为二子所禽。不知上文明言“两将之头可致戏下”，岂特不为所禽而已乎？弗思甚矣。（《通典·兵十三》作：“不然，必为所禽矣。”《通鉴·汉纪二》作：“否则必为二子所禽矣。”）（《读书杂志·汉书八》）

按：不字在必字前，作独字句。不，与否同，即不然、否则义。李左车为说服陈馀，强调了战争结果的正反两个方面：若从其计，则“两将之头可致戏下”；若不从其计，则“必为二子所禽”。正反两种情况，作出鲜明对比。如今本作“必不为二子所禽”，说的也是正面情况，但是跟“两将之头可致戏下”的情况相比，显然语意、气势都大大减弱了，而且前言后语之间显得逻辑混乱。据《史记·淮阴侯列传》原本作“否”字句，《通典》、《通鉴》又分别称引作“不然”、“否则”，足证今本《汉书》颠倒词序之误。中华书局校点整理本《汉书》(1983 年版)第 7 册第 34 卷第 1867 页作“必不为二子所禽矣”,未作校勘,沿袭旧本而误。

二十三、虚词

虚词在汉语中占有重要地位,它是汉语语法的主要表现手段之一。尽管虚词的词汇意义比较抽象,但是它活跃的语法功能却使之能组织实词,联系句子结构。每一个虚词都有它一定的用法和意义。在一个句子中,如果对虚词的训释错了,那么对全句语义的理解必然会出现偏差,有时甚至会影响到对整个段落或篇章的理解。因此,训释虚词是训诂实践中的一个重要内容。王引之云:“自汉以来,说经者宗尚雅训,凡实义所在,既明著之矣,而语词之例,则略而不究;或即以实义释之,遂使其文扞格,而意亦不明。”(《经传释词序》)因此,阮元云:“经传中实字易训,虚词难释。”(阮元《经传释词序》)这是深有体会的经验之谈。

高邮王氏父子在训诂实践中,注重于准确地训释虚词。特别是王引之《经传释词》一书,专门考释虚词。“自九经、三传及周秦西汉之书,凡助语之文,遍为搜讨,分字编次,以为《经传释词》十卷,凡百六十字”。该书体例是先说明所释虚词的用法,然后从群书中征引例证,追溯其原始,明示其演变,有时对所引例证也加以解释。所引材料众多,内容相当丰富。王引之在该书序言中云:“比例而知,触类而长之。”这是一条解释虚词的总原则,包括了三种方法:一是类比见义,即综合结构相同的句子,观察其虚词在这些结构中的共同作用,确定其意义；二是上下相因见义，即从上下文呼应的关系中观察一个虚词的作用；三是互文见义，即可以互相替换的虚词必定同义。上述方法，总的原则是从句子结构中研究虚词的意义。《经传释词》是一部用传统训诂学方法研究虚词的著作，但是它对句子结构在语法上的重要意义，已有充分的认识，书中已具有一定的从语法角度训释词义的思想，而且也已达到了一定的高度。因此可以说，《经传释词》是一部优秀的训诂书，也是一部重要的语法书。

〔祇　多〕《诗·我行其野》曰："成不以富，亦祇以异。"毛传曰："祇，适也。"常语也。字或作多。襄二十九年《左传》："祇见疏也。"正义祇作多，云："'多见疏'，犹《论语》云'多见其不知量也'。服虔本作'祇见疏'，解云：'祇，适也。'晋宋杜本皆作多。古人多、祇同音。"家大人曰：襄十四年《左传》，荀偃曰："吾令实过，悔之何及？多遗秦禽。"多读为祇。祇，适也。言若不班师，则适为秦所禽获而已。杜注曰："恐多为秦所禽获。"非也。又昭二十五年《公羊传》，子家驹曰："季氏得民众久矣，君无多辱焉。"多，亦读为祇，言君无适自取辱也。昭二十九年《左传》曰："君祇辱也。"是也。释文多字无音，盖不知为祇之借字。引之谨案：定十五年《左传》："存亡有命，事楚何为？多取费焉。"多，亦读为祇。言事楚，则适自取贡献之费也。昭十三年传曰："祇取辱焉。"二十六年传曰："祇取诬焉。"定四年传曰："祇取勤也。"哀十四年传曰："祇取死焉。"文义正相合也。哀八年传："不足以害吴，而多杀国士，不如已也。”多，亦读为祇。言不足以害吴人，而适伤鲁之国士也。僖十五年传曰：“晋未可灭而杀其君，祇以成恶。”哀十三年传曰：“无损于鲁，而祇为名。”文义正相合也。释文多字无音，皆失之。(《经传释词》卷九“祇、多”)

按：古人多、祇同音，故多字假借为祇。祇，适也，即恰好、正好义。而杜预注《左传》“多遗秦禽”云：“恐多为秦所禽获。”仍以实词多少之多释之。这就不达假借之旨，虚词以实义解之，则扞格难通。

《战国策·赵策四》：“臣谓奉阳君曰：天下事秦，秦坚三晋之交攻齐，国破财屈，而兵东分于齐，秦按兵攻魏，取安邑。”念孙案：秦按兵攻魏，兵字后人所加也。秦按攻魏者，按，语词，犹言于是也。言秦使三晋攻齐，国破财屈而兵分，秦于是攻魏取安邑，则三晋不能救也。下文曰：“秦行是计也，君按救魏，是以攻齐之已弊，与秦争战也。”又曰：“天下事秦，秦按为义，存亡继绝，固危扶弱。”秦按攻魏，君按救魏，秦按为义，三按字义并同也。

按，字或作案，又作安，又作焉。《荀子·劝学篇》：“上不能好其人，下不能隆礼，安特将学杂识志顺诗书而已耳。”杨倞曰：“安，语助，或作安，或作案，《荀子》多用此字。《礼记·三年问》作焉。《战国策》：‘谓赵王曰：秦与韩为上交，秦祸案移于梁矣。秦与梁为上交，秦祸案攘于赵矣。’(见《赵策》。)《吕氏春秋》：

‘吴起谓商文曰：今日置质为臣，其主安重；释玺辞官，其主安轻。’（见《执一篇》。）盖当时人通以安为语助。”念孙案：字之作案者，《战国策》、《荀子》而外，又见于《逸周书》。（《武寤篇》曰：“约期于牧，案用师旅，商不足灭，分祷上下。”）其作安者，《战国策》、《荀子》、《吕氏春秋》而外，又见于《国语》、（《吴语》曰：“王安挺志，一日惕，一日留，以安步王志。”又曰：“王安厚取名而去之。”）《管子》、（《大匡篇》曰：“必足三年之食，安以其馀修兵革。”《地员篇》曰：“其阴则生之查梨，其阳安树之五麻。”又曰：“群木安逐，条长数大。”又曰：“群药安生，姜与桔梗，小辛大蒙。”）《墨子》。（《非乐篇》曰：“然即当为之撞巨钟，击鸣鼓，弹琴瑟，吹竽笙而扬干戚，民衣食之财将安可得而具乎？即我以为未必然也。”又曰：“然即当为之撞巨钟，击鸣鼓，弹琴瑟，吹竽笙而扬干戚，天下之乱将安可得而治与？即我以为未必然也。”）其作焉者，则《礼记·三年问》而外，见于经史诸子者甚多。（见《释词》。）后人不知按为语词，而于按下加兵字，按兵与攻魏连文，而其义遂不可通矣。（《读书杂志·战国策二》）

按：王念孙对训为于是的连词按、安、案、焉，举例进行解释，又对它们在古书中的分布情况作了说明。这对后人阅读古书，防止将连词按、安、案、焉误释为实词，起到了提示作用。

《汉书·陆贾传》：“使我居中国，何遽不若汉？”师古曰：“言有何迫促而不如汉也。”念孙案：师古以遽为迫促，非也。遽，亦何也，连言何遽者，古人自有复语耳。遽，字或作讵、距、鉅、巨，又作渠。《墨子·公孟篇》曰："虽子不得福，吾言何遽不善？而鬼神何遽不明？"《淮南·人间篇》曰："此何遽不能为福乎？"《韩子·难篇》曰："卫奚距然哉？"《秦策》曰："君其试焉，奚遽叱也？"（《史记·甘茂传》作"何遽叱乎"。）《荀子·王制篇》曰："岂渠得免夫累乎？"《正论篇》曰："是岂鉅知见侮之为不辱哉？"《吕氏春秋·具备篇》曰："岂遽必哉？"《庄子·齐物论篇》曰："庸讵知吾所谓知之非不知邪？庸讵知吾所谓不知之非知邪？"（释文曰："讵，徐本作巨。李云：讵，何也。"）《淮南·齐俗篇》曰："庸遽知世之所自窥我者乎？"《史记·张仪传》曰："且苏君在，仪宁渠能乎？"（索隐曰："渠，音讵，古字少，假借耳。"）或言何遽，或言奚遽，或言岂遽，或言庸遽，或言宁渠，其义一也。何遽不若汉，《史记》作"何渠不若汉"，则遽为语词而非急遽之遽明矣。（《读书杂志·汉书九》）

按：王念孙征引群书，举出与何遽同义的复音疑问词十个，其中遽字或作讵、距、鉅、巨、渠，例如何遽——何渠；奚遽——奚距；岂遽——岂鉅，岂渠；庸遽——庸讵，庸巨；还有宁渠。遽训何，同为疑问词，连言之则为何遽。与之同义的其他十个复音疑问词，亦作如是解。而颜师古注《汉书》"何遽"，以为急遽之遽，训为迫促，误解虚词而以实义解之，扞格难通，终非原文之意。

二十四、句读分析

句读分析就是指断句，这是读通古书的第一步。“凡读古书，必先画句读，正文字，辨述作，而后义理可寻。”（明师道《洪范衍义后序》）“说经必先审句读。”（托名清江藩《经解入门》卷四）“句读不明，则句可移缀上下，往往宾主易位，东西乖方。”（清吴廷华《仪礼章句序》）“然章句不明，亦所以害义理。”（宋沈括《梦溪笔谈·补笔谈一》）这就讲明了断句与训诂的关系。句读之事，视之若浅，而实则颇难。鲁迅先生曾说：“标点古文，确是一种小小的难事，往往无从下笔……”（《马上支日记》）又说：“标点古文真是一种试金石，只消几圈几点，就把真颜色显出来了。”（《点句的难》）告诫学人要重视句读，认真做好断句工作。人们总以为句读是浅易之事，所以清儒刻书往往不施句读，而高邮王氏自刻之书，如高邮王氏四种，都自加标点，以惠后学，这是值得称道的。高邮二王在训诂实践中，认真分析句读，纠正前人误读，从而正确解释古书。

《周礼·地官·大司徒》：“凡万民之不服教而有狱讼者，与有地治者，听而断之。”郑注曰：“有地治者，谓乡州及治都鄙者也。”郑司农云：“与其地部界所属吏共听断之。”家大人曰：两司农皆以“与有地治者”下属为句，谓与治乡州都鄙者共听断之，殆非也。《小司徒》：“凡民讼，以地比正之；地讼，以图正之。”不言与治乡州都鄙者共听断之也。予谓“有狱讼者，与有地治者”二句连读。（凡言与某事者，皆连上句为义。《宰夫》曰:"书其能者,与其良者。"《乡师》曰:"辨其可任者,与其施舍者。"《媒氏》曰:"禁迁葬者,与嫁殇者。"《司虣》曰:"禁其斗嚣者,与其虣乱者。"《司稽》曰:"察其犯禁者,与其不物者。"《迹人》曰:"禁麛卵者,与其毒矢射者。"《士师》曰:"禁逆军旅者,与犯师禁者。"《司厉》曰:"凡有爵者,与七十者,与未龀者。"《夷隶》曰:"其守王宫者,与其守厉禁者。"《修闾氏》曰:"禁径逾者,与以兵革趋行者,与驰骋于国中者。"皆其证。)治与讼义相近。有狱讼者,有地治者,皆指讼者言之,非指听讼者言之;下文"听而断之",乃谓听讼者耳。《小司徒》:"地讼,以图正之。"郑彼注云:"地讼,争疆界者。"即此所谓"有地治者"也。《讶士》曰:"凡四方之有治于士者造焉。"亦谓讼于士者也。古谓讼理为治讼,或曰辞讼。《小宰》曰:"听其治讼。"《小司徒》曰:"听其辞讼。"《司市》曰:"听大治大讼,小治小讼。"《胥师》曰:"听其小治小讼而断之。"僖二十八年《公羊传》:"叔武为践土之会,治反卫侯。"何注曰:"叔武讼治于晋文公,令白王者,反卫侯使还国也。"成十六年传:"公子喜时外治诸京师而免之。"注曰:"讼治于京师,解免使来归。"皆与此治字同义。(《经义述闻》卷八)

按:与字为并列连词,连接前后并列的词、词组或句子。王念孙举《周礼》书中十个例子,总结说:"凡言与某事者,皆连上句为义。"本例中,"有狱讼者"与"有地治者"为两个并列词组(王念孙从句读上认作为二句),中间用连词与连接,当一气连读。二郑误解“地治”为地方官吏，故将“与有地治者”与下句“听而断之”连读，造成断句错误。

《史记·儒林列传》：“孔氏有古文《尚书》，而以今文读之，因以起其家。《逸书》得十余篇。”索隐出“起其家逸书”五字，解曰：“起者，谓起发以出也。”引之曰：当读“因以起其家”为句，“逸书”二字连下读。起，兴起也。家，家法也。（《后汉书·顺帝纪》曰：“先能通经者，各令随家法。”《儒林传》曰：“立五经博士，各以家法教授。”《徐防传》曰：“汉立博士十有四家。”）汉世《尚书》多用今文，自孔氏治古文经，读之说之，传以教人，其后遂有古文家。（《论衡·感类篇》说《金縢》曰：“古文家以周公奔楚，故天雷雨以悟成王。”）是古文家法，自孔氏兴起也，故曰“因以起其家”。《汉书·艺文志》曰：“凡《书》九家。”谓孔氏古文，伏生大传，欧阳、大小夏侯说，及刘向《五行传》，许商《五行传记》，《逸周书》，石渠《议奏》也。《刘歆传》曰：“数家之事，皆先帝所亲论，今上所考视。”谓《逸礼》、古文《尚书》、《春秋左氏》也。是古文《尚书》自为一家之证。《书序》正义引刘向《别录》曰：“武帝末，民间有得《泰誓》者献之，与博士，使读说之，数月皆起。”《后汉书·桓郁传》注引华峤书曰：“明帝问郁曰：‘子几人能传学？’郁曰：‘臣子皆未能传学，孤兄子一人学方起。’上曰：‘努力教之，有起者，即白之。’”是起谓其学兴起，非谓发书以出也。《逸书》已自壁中出，何又言起发以出邪？（《读书杂志·史记六》）

按：本例中，如索隐将“逸书”二字属上，即断句为“因以起其家《逸书》”，并势必训起为“起发以出”。然而《逸书》就是指古文《尚书》，如此断句，则上下文义矛盾，逻辑混乱。孔安国早已在阅读古文《尚书》，怎么又要说起发以出其家宅的《逸书》呢？可见索隐断句之误。王引之将“因以起其家”作一句读，训起为兴起，家为家法，遂文义豁然，尽得正解。

《汉书·货殖传》：“人争取贱贾，任氏独取贵善，富者数世。”师古断“任氏独取贵”为句，注云：“言其居买之物，不计贵贱，唯在良美也。贾，读曰价。”又断“善富者数世”为句，注云：“折节力田，务于本业，先公后私，率道闾里，故云善富。”念孙案：师古读贾为价，又以善富二字连读，皆非也。此当以“任氏独取贵善”为句，“富者数世”为句。“人争取贱贾”者，贾读为盬，谓物之粗恶者也。《唐风·鸨羽》传曰：“盬，不攻致也。”《小雅·四牡》传曰：“盬，不坚固也。”《汉书·息夫躬传》：“器用盬恶。”邓展曰：“盬，不坚牢也。”其字或作楱楛之楛，（杨倞注《荀子·劝学篇》曰：“凡器物坚好者谓之功，滥恶者谓之楛。”《议兵篇》曰：“械用兵革窳楛不便利。”）或作甘苦之苦，（《周官·典妇功》：“辨其苦良。”郑司农读苦为盬，“谓分别其缣帛与布纻之粗细”。《齐语》：“辨其功苦。”韦注曰：“功，牢也；苦，脆也。”《淮南·时则篇》：“工事苦慢。”高注曰：“苦，恶也。”《史记·平准书》曰：“铁器苦恶”。）或作沽酒之沽，（《丧服传》：“冠者，沽功也。"郑注曰："沽，犹粗也。"《士丧礼记》曰："弓矢之新，沽功。"释文："沽，并音古。"）或作荣枯之枯，（《荀子·天论篇》："楛耕伤稼。"杨倞曰："楛耕谓粗恶不精也。"《韩诗外传》楛作枯。）或作古今之古，（《士丧礼记》"沽功"，今文沽作古。）此传则作商贾之贾，（《史记》同。）皆以声相近而字相通。贱贾犹言贱恶，（争取贱贾，谓争取贱恶之物，非谓争取贱价也。）谓人之买物皆争取其贱而恶者，任氏独取其贵而善者。贵善与贱恶，正相对也。若以"任氏独取贵"为句，则与上句不对；以"善富者数世"为句，则文不成义矣。（师古以"先公后私，率道闾里"为善，所谓曲说者也。此但言其所居之物必取贵善，故富及数世耳。下文云："然任公家约，公事不毕则不得饮酒食肉，以此为闾里率。"方叙及其"先公后私，率道闾里"之事，若此处先称其善，则下文皆成赘语矣。）《史记》索隐曰："谓买物必取贵而善者，不争贱价。"断"任氏独取贵善"为句是也，唯读贾为价，亦与师古同误。（索隐引晋灼曰："争取贱贾金玉也。"则晋灼已误读贾为价矣。）（《读书杂志·汉书十四》）

按：本例中，善字的上下归属是关键。因"贱贾"与"贵善"在文中为反义对文，则善字属上为句，"贵善"连读。"贱贾"既与"贵善"为对文反义，"贵善"为形容词并列，则"贱贾"亦当为形容词并列。贱与贵为反义，则"贾"亦当与善为反义，王念孙循此举例求证贾为盬之借字。如颜注读贾为价，"贱价"就成为偏正式的名词性结构，与"贵善"不相对矣。"贱盬"

与“贵善”对文反义，二者是在相对意义上的互相比较而言。所谓贱盬，是指器物价低质差，反之，贵善就是价高质优。这样说，符合物价与货物的质量高低为正比的一般规律。王念孙对句读的分析环环紧扣，具有很强的说服力，又以贾为盬之借字，更具慧眼卓识。而有些新编词典，对此仍照抄旧注，造成失误。例如《汉语大词典》第10卷第251页：

〔贱贾〕(—jià)见“贱价”。

〔贱价〕亦作“贱贾”。犹低价。《史记·货殖列传》：“田畜人争取贱贾，任氏独取贵善。”司马贞索隐：“谓买物必取贵而善者，不争贱价也。”(下略)

按，王念孙已指出：《史记》索隐读贾为价，释义亦与颜师古注同误。〔贱价〕条以此为书证，则义例不符。又《辞源》修订本第1册第530页：

〔善富〕㈠ 善于处富。《汉书》九一《货殖传·宣曲任氏》：“富人奢侈，而任氏折节为力田畜。人争取贱贾，任氏独取贵，善富者数世。”注：“折节力田，务于本业，先公后私，率道闾里，故云善富。”

按，颜师古断“善富者数世”为句，已为王念孙所驳正：此当以“任氏独取贵善”为句，“富者数世”为句。据此，“善富”二字应分属上下二句，不是一个词，也不是一个词组，则不宜立目(此〔善富〕条义项㈡成立，可立目)，在本词条中即义项㈠不成立。

二十五、句法分析

先师徐复先生说:“夫讲训诂而不通语法,则不能融会全文,而多扞格。”[①]通语法而分析句子结构,是训诂的重要手段之一。因为一个词或词组的意义,必须通过上下文即在句子中的位置及其各种联系才能确定下来。只有认真地分析句子结构,才能准确地理解词义和句意。高邮二王在训诂实践中,就纯熟地运用句法分析这一训释方法。杨树达说:“清朝儒者精研小学训诂,虽不能创造文法学,然能心知其意者,则高邮王氏念孙引之父子二人是也。惟其如此,故彼校订古书,能怡然理顺涣然冰释。”[②]

《诗·小雅·大东》:“纠纠葛屦,可以履霜。佻佻公子,行彼周行。既往既来,使我心疚。”毛传曰:“佻佻,独行貌。”释文:“佻佻,《韩诗》作嬥嬥,往来貌。”家大人曰:佻佻,当从《韩诗》作嬥嬥。嬥嬥,直好貌也,非独行貌,亦非往来貌。《诗》言“纠纠葛屦,可以履霜。嬥嬥公子,行彼周行”,纠纠是葛屦之貌,非履霜之貌;则嬥嬥亦是公子之貌,非独行、往来之貌。犹之“纠纠葛屦,可以履霜。掺掺女手,可以缝裳”,掺掺是女手之貌,非缝裳之貌也。《说文》:“嬥,

① 徐复《〈训诂学〉序》,载《徐复语言文字学丛稿》,江苏古籍出版社 1990 年版第 376 页。

② 杨树达《高等国文法》,商务印书馆 1984 年版第 17 页。

直好貌。"《玉篇》音徒了、徒聊二切。《广雅》曰："嬥嬥，好也。"嬥嬥犹言苕苕，张衡《西京赋》曰："状亭亭以苕苕。"是也。故《楚辞·九叹》注引《诗》作"苕苕公子，行彼周行"。《大东》释文曰："佻佻，本或作窕窕。"《方言》曰："美状为窕。"窕，亦好貌也。此句但言其直好，下三句乃伤其困乏，言此嬥嬥然直好之公子，驰驱周道，往来不息，是使我心伤病耳。《广雅》训嬥嬥为好，当在齐鲁《诗》说，若《毛诗》因"行彼周行"而训为独行，《韩诗》因"既往既来"而训为往来，皆缘词生训，非诗人本意也。(《经义述闻》卷六)

按：王念孙分析"佻佻公子"这句的结构，认为佻佻是公子之貌，则佻佻作公子的定语，从而纠正了《毛诗》、《韩诗》之误说，准确地解释了佻佻的词义。毛传曰："佻佻，独行貌。"则以佻佻为"行彼周行"的状语。《韩诗》曰："嬥嬥，往来貌。"则以嬥嬥为"既往既来"的状语。《毛诗》、《韩诗》皆割裂"佻佻公子"这一句，缘词生训，皆误。

《史记·太史公自序》："惠之早霣，诸吕不台；崇强禄产，诸侯谋之；杀隐幽友，大臣洞疑。"念孙案："诸侯谋之"，本作"诸侯之谋"。之，是也。(若《诗》言"先君之思"，"嬿婉之求"，"维子之好"之类。)言吕氏崇强禄、产而谋刘氏，故下文即云"杀隐幽友"也。后人以谋与台、疑韵不相协，故改"之谋"为"谋之"，而不知谋字古读若媒，(详见《唐韵正》。)正与台、疑为韵。且吕后称制之时，诸侯未敢谋之也。(《读书

杂志·史记六》)

按："诸侯谋之"与"诸侯之谋"，由于两句词序不同，因而句子结构也不同。"诸侯谋之"，诸侯是主语，谋是动词谓语，之是代词宾语。"诸侯之谋"，诸侯是宾语，置于动词前，起强调作用；谋是动词谓语；之，同是，结构助词，作为宾语前置的标志。"诸侯之谋"义同"谋诸侯"，而不同于"诸侯谋之"。证之文义、韵例、事理，王念孙校改"谋之"为"之谋"，是正确的。

《战国策·齐策二》："张仪以秦、梁之齐合横亲，犀首欲败。"念孙案："欲败"下当有"之"字。《秦策》曰："楼啎约秦魏，纷强欲败之。"《赵策》曰："楚王令昭应奉太子以委和于薛公，主父欲败之。"《魏策》曰："楚许魏六城与之伐齐而存燕，张仪欲败之。"皆其证也。若无"之"字，则文不成义。(《读书杂志·战国策一》)

按："败"字是不及物动词，如果带宾语，一般是表示使动。"犀首欲败"，"败"字不带宾语，是说犀首自将败，显然不合文章原意。韦昭注云："欲败张仪合横亲之事也。"是说欲使张仪合横亲之事失败，因此念孙云："欲败"下当有"之"字。"欲败之"，即欲使之败，表示使动，"之"字代张仪合横亲之事。据句法分析，念孙校补"之"字，甚是。

《史记·鲁仲连邹阳列传》："彼即肆然而为帝，过而为政于天下，则连有蹈东海而死耳，吾不忍为之民也。”索隐解“过而为政于天下”云:“谓以过恶而为政也。”正义读至“过”字绝句,解云:“言秦得肆志为帝,恐有烹醢纳管,遍行天下之礼。过,失也。”徐孚远曰:“此解非也。言秦未能并灭六国,若尊之太过,使得称帝,则为政于天下矣。”念孙案:司马与张固失之,而徐亦未为得也。“过而为政于天下”,指秦言之,非谓尊之太过也。案,高诱注《吕氏春秋·知士篇》曰:“过,犹甚也。”言秦若肆然而为帝,甚而遂为政于天下,则吾有死而已,不忍为之民也。过与大义亦相通。《秦策》曰:“弊邑之王所甚说者,无大大王;唯仪之所甚愿为臣者,亦无大大王。”言无过大王也。《魏策》曰:“吾所贤者,无过尧舜;吾所大者,无大天地。”大,亦过也。《韩策》曰:“夫羞社稷而为天下笑,无过此者矣。”《苏秦传》过作大。然则“过而为政于天下”,犹言“大而为政于天下”耳。《吕氏春秋》注训过为甚,甚与大义亦相通,故赵岐注《孟子·梁惠王篇》曰:“甚,大也。”(《读书杂志·史记四》)

按:本例中,“过而为政于天下”句的过字,是训释的关键。索隐训过为过恶;正义读至“过”字绝句,训过为失,即过失义;徐孚远训过谓对秦尊之太过,皆不确。过,副词,过分,过甚。今成语有“过为已甚”、“过甚其词”。过而,就是甚而,甚至。过为副词,作动词性词组“为政”的状语。过,犹甚也;甚,大也;大,亦过也。因此,王念孙谓“过而为政于天下”,就是“甚而遂为政于天下”,犹言“大而为政于天下”。王说甚确。今补一例,《墨子·尚贤下》:“今惟毋以尚贤为政其国家百姓,使国为善者劝，为暴者沮；大以为政于天下，使天下之为善者劝，为暴者沮。”“大以为政于天下”就是“过而为政于天下”。

《史记》这段文，《战国策·赵策三》作：“彼则肆然而为帝，过而遂正于天下，则连有赴东海而死耳，吾不忍为之民也。”王力主编《古代汉语》修订本第一册第118页注：“这句话不好懂，疑有误字。《史记》作‘过而为政于天下’。司马贞《索隐》：‘谓以过恶而为政也。’以备参考。”按，新注引《史记》异文作参考，这对促进读者联系思考，有所帮助；又引索隐为解，就不妥了，这是不知索隐解释错误所致。由此看来，《古代汉语》编注者没有注意到王念孙这条考释训诂。其实，这句无误字，也并非不好懂。过字训释，尽如上述。遂，副词，于是，就。正，政之借字，在这句中用作动词，同《论语·为政》之“为政”，亦即《史记》所作“为政”。王念孙在本条考释训诂中，谓“过而为政于天下”就是“甚而遂为政于天下”，犹言“大而为政于天下”。这样，等于顺带解释了《赵策三》“过而遂正于天下”句（试比较王念孙串讲句意时所言“甚而遂为政于天下”句）。

《诗·卫风·芄兰篇》一章：“虽则佩觿，能不我知。”毛传曰：“不自谓无知以骄慢人也。”笺曰：“此幼稚之君虽佩觿与，其才能实不如我众臣之所知为也。惠公自谓有才能而骄慢，所以见刺。”二章：“虽则佩韘，能不我甲。”传曰：“甲，狎也。”笺曰：“此君虽佩韘与，其才能实不如我众臣之所狎习。”引之谨案：《诗》凡言“宁不我顾”，“既不我嘉”，“子不我思”，皆谓不顾我，不嘉我，不思我也。此“不我知”，“不我甲”，亦当谓不知我，不狎我，非谓不如我所知，不如我所狎也。能乃语词之转，亦非才能之能也。能，当读为而。言童子虽则佩觿而实不与我相知，虽则佩韘而实不与我相狎。(《郑风·狡童篇》:"彼狡童兮，不与我言兮。彼狡童兮，不与我食兮。"与此同意。)盖刺其骄而无礼，疏远大臣也。"虽则"之文，正与"而"字相应。"虽则佩觿，而不我知"，"虽则佩韘，而不我甲"，犹《民劳》曰"戎虽小子，而式宏大"也。(《陈风·宛丘篇》:"洵有情兮，而无望兮。"亦于句首用而字。)古字多借能为而。(《经义述闻》卷五)

按：这一例中，王引之在训释时，对两种语法结构有着深刻的理解。其一，"《诗》凡言'宁不我顾'，'既不我嘉'，'子不我思'，皆谓不顾我，不嘉我，不思我也。"既言"凡"，说明王引之已认识到这是一种通例。在先秦古汉语中，用否定词"不"的否定句中，宾语如果是一个代词，一般总是放在动词前。这是古代汉语的一条语法规律，而王引之已能运用这条规律去训释词义句义。其二，"'虽则'之文，正与'而'字相应。"让步连词"虽则"，与转折连词"而"往往组合使用，成为汉语偏正复句的一种句法格式，前一分句用"虽则"，后一分句用"而"，前后呼应，表示承认甲事物为事实，但乙事物并不因为甲事物而不成立。王引之对此格式把握深透，并用此格式去分析解释"虽则佩觿，能不我知"，训能为而，求得确解。

高邮二王博极群书，精研小学训诂，有着较强的语法观念，他们虽不能对语法进行理论上的阐释，然而好学深思，心知其意，往往在校释古书时显露出对某些语法现象的深刻理解，从以上几个实例中，可见一斑。

二十六、词性辨析

一些词在长期使用过程中,词性也随之变化,这在古汉语中是常见现象。但是由于古代训诂学家缺少语法观念,对此往往发生误解。王念孙遇到这种语言现象,能明确指出词性的转变和不同,从而纠正前人误解,这表明了他具有语言发展观点和较强的语法观念。

《逸周书·度训篇》:“力争则力政,力政则无让。”念孙案:政与征同。(古字多以政为征,不可枚举。)力征,谓以力相征伐。《吴语》曰:“以力征一二兄弟之国。”《大戴记·用兵篇》曰:“诸侯力政,不朝于天子。”皆是也。又《大武篇》:“武有七制:政、攻、侵、伐、陈、战、斗。”政亦与征同,故与攻、侵、伐、陈、战、斗并列而为七。而孔注云:“政者,征伐之政。”则误读为政事之政矣。(《读书杂志·逸周书一》)

按:政事之“政”为名词,假借为征伐之征的“政”为动词,二者字形相同,但音义有别,词性不同。如果用现代词典学编纂法来诠释,那就正如《汉语大词典》第 5 卷第 422、423 页所示——

政[1][zhèng 《广韵》之盛切,去劲,章。]① 政治;政事。(下略)

政[2][zhēng 《集韵》诸盈切,平清,章。]通

“征”。① 征伐;征讨。(下略)

按,《汉语大词典》将政字分别立为两个条目,跟王念孙辨析政字词性的理念是一致的。

《淮南子·主术训》:“权势之柄,其以移风易俗矣。”念孙案:“其以移风易俗矣”,文义未足。下文曰:“摄权势之柄,其于化民易矣。”则此亦当曰:“权势之柄,其以移风易俗易矣。”盖上易为变易之易,下易为难易之易。《汉书·礼乐志》:“其感人深,其移风易俗易。”(今《乐记》脱下易字,辩见《经义述闻》。)颜师古曰:“易,音弋豉反。”是其证也。今本无下易字者,后人误以为复而删之耳。(《读书杂志·淮南内篇九》)

按:变易之易为动词,难易之易为形容词。在古代汉语中,二者字形相同,但音义有别,词性不同;在现代汉语中,二者形音相同,但意义有别,词性不同。在现代编纂的词典、字典中则编排为——

易[1]　[yì 《广韵》羊益切,入昔,以。]③ 改变;更改。(下略)

易[2]　[yì 《广韵》以豉切,去寘,以。]① 容易。(下略)

——上见《汉语大词典》第5卷第632页。

易[1]　yì　①［动］更改；替代（下略）

易[2]　yì　①［形］容易，不费力（跟“难”相对）（下略）

——上见《现代汉语规范字典》第616页。

《易》凡言“出自穴”，“告自邑”，“纳约自牖”，“有陨自天”，下一字皆实指其地。（《经义述闻》卷一“复自道”条）

家大人曰：凡《易》言“同人于野”，“同人于门”，“同人于宗”，“伏戎于莽”，“同人于郊”，“拂经于邱”，“遇主于巷”，末一字皆实指其地。（《经义述闻》卷一“丧羊于易、丧牛于易”条）

按：这是为整组词定性辨类。在介词“自”或“于”后充当宾语，即是被介出的处所，因此这类词都是表处所的名词。

今案《诗》之常例，凡言“有蕡其实”，“有莺其羽”，“有略其耜”，“有捄其角”，末一字皆实指其物。（《经义述闻》卷六“有实其猗、有实其积”条）

按：在这一类型的句子中，“有×”都是形容词，“其”为指示代词，它们所修饰、限制的是指称实物的名词。

《诗·小雅·车攻篇》：“赤芾金舄，会同有绎。”

毛传曰:"绎,陈也。"家大人曰:训绎为陈,虽本《尔雅》,然"会同有陈",于文义似有未安。绎,盖盛貌也。此承上"赤芾金舄"而言,言诸侯来会,其服章之盛绎绎然也。《商颂·那篇》:"庸鼓有斁。"毛彼传曰:"斁斁然,盛也。"《广雅》曰:"驿驿,盛也。"《文选·甘泉赋》注引《韩诗章句》曰:"绎绎,盛貌。"绎、斁、驿并通。凡言有者,皆形容之词,故知绎为盛貌。(《经义述闻》卷六)

按:古汉语中,单音节形容词前可加语助词"有",使之成为双音节,以此可用来识别形容词。故王念孙云:"凡言有者,皆形容之词。"王引之亦云:"有,状物之词也。"(见《经传释词》卷三)如果把"有"字看作是词头,以此来辨识形容词,那么可以说王氏父子已注意到形容词的构词形态了。

二十七、连类而及

阎若璩《古文尚书疏证》卷六云:"古人之文,多连类而及之,因其一并及其一,《禹贡》亦然。'江汉朝宗于海',汉入江,江方入海,因江入海,汉亦同之;'伊洛瀍涧既入于河',伊瀍涧悉入洛,洛方入河,因洛入河并及伊瀍涧,皆连类之文。"所谓连类而及,顾名思义,就是连缀同类事物,正如《韩非子·说难》所云:"多言繁称,连类比物。"古人著文,因词单而义不显,便多有因此及彼,连类而及。这是一种修辞现象,目的是为了增强语言的感染力。高邮二王同时代学者也多注意及此。卢文弨云:"'润之以风雨',因雨兼风。'禹稷耕稼而有天下',因禹兼稷。”(按，杨树达《汉文文言修辞学》第十四章：“《论语·宪问编》云：‘禹稷躬稼而有天下。’树达按：躬稼本稷事而亦称禹。”[①])严元照云：“《大戴礼》‘见才色修声不视’，声亦可言见言视，亦此类也。”桂馥云：“‘禹稷当平世，三过其门而不入’，因禹兼稷。”(以上引文见顾广圻《示儿编校补》)对于连类之文，读者心知其意，即为得之，若事事必欲坐实，考证索隐，那就可怜无补费精神，反为穿凿而失其本旨矣。因此，训诂学家对于古书中连类之文，有必要训释明白，以免误解。

> 《周易·鼎卦》彖传：“巽而耳目聪明。”虞注曰：“谓三也，三在巽上，动成坎离，有两坎两离象，乃称聪明，日月相推而明生焉，故巽而耳目聪明。”引之谨案：如虞说，则是坎而耳目聪明矣，岂巽之谓乎？三动则成未济，未济之象，火在水上，亦与以木巽火之象不合，其误甚矣。仲翔必欲为此说者，盖以外卦离为目为明，而无耳聪之象，故云三动成坎以迁就之。不知古人之文，多有连类而及者，离固为目为明，而但云巽而目明，则文单而义不显，故必以耳聪并称，而明目达聪之义始著，非谓卦中有耳聪象也。《乐记》曰：“乐行而伦清，耳目聪明，血气和平。”乐以听为主，当云耳聪，而记并称目明，亦是连类而及也。
>
> 遍考彖传之文，若是者多矣。
>
> 《谦》之为象，“地中有山”，而彖则曰：“天道下济而光明，地道卑而上行。天道亏盈而益谦，地道变盈

---

① 杨树达《汉文文言修辞学》，中华书局1980年版第163页。

而流谦。”非谓卦有天象也。

《遘》之为象，“天下有风”，而彖则曰：“天地相遇，品物咸章也。”非谓卦有地象也。

《离》之为象，日也，而彖则曰：“日月丽乎天。”非谓卦有月象也。

《坎》之为象，川也，而彖则曰：“地险，山川邱陵也。”非谓卦有山与邱陵象也。

《家人》之象，男女正位，但言夫妇可矣，而彖则曰：“父父子子，兄兄弟弟，夫夫妇妇，而家道正。”非谓卦有父子兄弟象也。

《睽》之为象，二女不同行也，而彖则曰：“男女睽而其志通也。”非谓卦有男象也。

《艮》之为象，止也，而彖则曰：“时止则止，时行则行。”非谓卦有行象也。

比物连类，多有因此及彼者，读者心知其意，斯为得之，必欲事事合于卦象，则穿凿而失其本指矣。(《经义述闻》卷二“巽而耳目聪明”条)

王引之《春秋名字解诂序》云：“爰考义类，定以五体……三曰连类，括字子容、侧字子反之属是也。”例如：

卫卜商，字子夏。或曰：商，殷商也；夏，夏后氏也。

楚屈巫，字子灵。《楚语》云：“在男曰觋，在女曰巫。”故巫字子灵也，《说文》：“灵，或从巫。”《楚辞·九歌》：“灵连蜷兮既留。”王注云：“灵，巫也。楚人名巫为灵子。”

齐杞殖，字梁。殖读为植，立者谓之植，横者谓之梁。《众经音义》卷七引《三仓》云："户旁柱曰植。"《淮南·本经篇》："绵联房植。"高注曰："植，户植也。"是立者谓之植也。《尔雅》："楣谓之梁。""宲廇谓之梁。"是横者谓之梁也。

齐公子固，字子城。《夏官·掌固》："掌修城郭沟池树渠之固。"襄十年《左传》："城小而固。"是其义也。

按：古人之名与字，其所用名物连类而及，训诂上有联系。名与字连类而及，都实有其义；而《周易》象词的连类而及者，并非实有其象。这是两种连类而及现象的同中有异之处，必须区别对待。

二十八、通例

古人著书，行文用字，遣词造句，每每自有其通例，贯穿全书。这些通例，既反映了语言发展的时代性，同时也表达了某部古书用词造句的个性（例如学术传承、地域方言、避讳情况等）。先师洪诚先生说："解释古汉语，要注意那部书用词造句的通例，就不会被字面组织形式所蒙蔽，按照句子结构的本质，如实地表达出来；否则，原文照抄，校对无误，有时竟会出现使人难于避免的误解。"又说："掌握文例，可以执简驭繁，对于校释古书，功用很大。"①高邮王氏父子能取得超越前人的成就，其中一个重要原因，就是他们在博极群书的基础上，善

① 洪诚《训诂杂议》，载《中国语文》1979 年第 5 期。

于发现并总结古书通例。古人属文，有章可循，故王念孙云："揆诸经义，例以本书，若合符节，而训诂之道大明。"(《说文解字注序》)引之亦云："经之有说，触类旁通，不通全书，不能说一句；不通诸经，亦不能说一经。"(《中州试牍序》，载《高邮王氏遗书·王文简公文集卷三》)可见他们十分重视古书通例，并对此有着深刻的理解。

高邮二王总结和阐述的一些通例中，有些已上升为训诂条例(例如异文同义、连文同义、对文同义或反义、互文同义、声近义同、连语上下二字同义不宜分训、古人名与字义相因，等等)，在本章中有专节论述，因此不在此条讨论之列。本条作为一种训释方法，专门讨论高邮王氏认识并运用古书中行文用字、遣词造句、词语搭配、习惯用法等字例文例，为训诂实践服务的实例。

《汉书·贾谊传》："终不知反廉愧之节、仁义之厚。"念孙案：古无以"廉愧"二字连文者，愧当为醜，字之误也。廉醜即廉耻，语之转耳，故《贾子·时变篇》作廉耻。又下文："弃礼谊，捐廉耻"，"礼义廉耻，是谓四维"。《贾子·俗激篇》并作廉醜。凡《贾子》书，耻字多作醜，《逸周书》亦然。(《吕氏春秋·不侵篇》："秦昭王欲醜之以辞。"高注："醜或作耻。"《庄子·让王篇》："君子之无耻也若此乎！"《吕氏春秋·慎人篇》耻作醜。《韩子·说难篇》："在知饰所说之所矜而灭其所耻。"《史记·韩非传》耻作醜。《燕策》："雪先王之耻。"《新序·杂事篇》耻作醜。《淮南·修务篇》："南荣畴耻圣道之独亡于己。"《贾子·劝学

篇》耻作醜。）故知此廉愧为廉醜之误。（《读书杂志·汉书九》）

按：《汉书·贾谊传》有些素材来自贾谊所著《贾子》（即贾谊《新书》）。而《贾子》书的用字通例是，凡耻字多作醜。《贾谊传》中出现"廉愧之节"一语，令人费解，且古代无以"廉愧"二字连文的用法，愧当为醜，字形相似而误，按之通例，廉愧当为廉醜之误。

《淮南子·人间训》："城中力已尽，粮食匮乏，大夫病。"念孙案："粮食匮乏"，《太平御览》引此无乏字，是也。今本乏字，盖高注之误入正文者耳。"大夫病"，《御览》引作"武夫病"，案此本作"武大夫病"。《淮南》一书，通谓士为武。《韩子》作"士大夫羸"，《赵策》作"士大夫病"，此作"武大夫病"，一也。下文"中行穆伯攻鼓，馈闻伦曰：请无罢武大夫，而鼓可得也"，是其明证矣。《御览》作"武夫病"者，不解"武大夫"之语而删去大字也；今本作"大夫病"者，亦不解"武大夫"之语而删去武字也。士大夫皆病而但言大夫，则偏而不举矣。（《读书杂志·淮南内篇十八》）

《淮南子·人间训》："汤教祝网者，而四十国朝；文王葬死人之骸，而九夷归之；武王荫暍人于樾下，左拥而右扇之，而天下怀其德；越王句践一决狱不辜，援龙渊而切其股，血流至足，以自罚也，而战武士必其死。"《太平御览·疾病部四》引此，"九夷归之"作"九夷顺"，无之字；"天下怀"下无"其德"二字。又

《疾病部四》、《刑法部五》引此，“战武士必其死”，并作“战士毕死”，下有“感于恩也”四字。《初学记·帝王部》引此云：“武王荫暍人于樾下，而天下怀之，感于恩也。”念孙案：“九夷归”、“天下怀”与“四十国朝”相对为文，则归下本无之字，怀下亦无“其德”二字，“战武士必其死”下当有“感于恩也”四字。此四字乃总承上文言之，不专指越王，故《初学记》引武王事下亦有此四字也。陈氏观楼曰：“战武士必其死”，士字、其字皆后人所加。《淮南》一书，皆谓士为武。战武，即战士也。故《御览》引作“战士毕死”，毕必古字通。(《读书杂志·淮南内篇十八》)

《文选·王褒〈洞箫赋〉》：“状若捷武，超腾逾曳，迅漂巧兮；又似流波，泡溲泛捷，趋巇道兮。”念孙案：“状若捷武”，武者，士也。言状如趫捷之士超腾逾曳也。《淮南·览冥篇》：“勇武一人，为三军雄。”高注曰：“武，士也。江淮间谓士曰武。”《齐俗篇》：“颜阖为天下显武。”《修务篇》：“勇武攘捲一捧。”高注并曰：“楚人谓士为武。”《汉书·伍被传》：“即使辩士随而说之。”《史记·淮南厉王传》士作武。捷武与流波相对为文，是武为士也。而李善云：“捷武，言捷巧。”(如李注，则“状若捷武”之下，必加“之人”二字而其义始明。)盖谓士为武，唐人已不知有此训矣。《七发》云：“毅武孔猛，袒裼身薄。”毅武，亦谓果毅之士也。(《读书杂志·馀编下·文选》)

按：王念孙据《淮南子》一书“皆谓士为武”之字例，再证之以源头书《韩非子》、《战国策》异文，校正上述第一例为“武大夫皆病”；又证之以类书《初学记》、《太平御览》的寄生材料，校正第二例为“战武必死”；更据《淮南子》这一字例，因高诱注而适应范围有所扩大，“江淮间谓士曰武”，“楚人谓士为武”，从而正确地解释第三例的《洞箫赋》“捷武”（矫捷之士）和《七发》“毅武”（果毅之士）二词，其说可信。而《汉语大词典》第6卷第1508页：“〔毅武〕刚强勇武。汉枚乘《七发》：‘毅武孔猛，袒裼身薄。’（下略）”《七发》作者枚乘，西汉淮阴（今江苏省淮安市楚州区）人，与“江淮间谓士曰武”之例正合。词典编纂者不知此字例，仍以武字常义释之，则使《七发》此句成了无主句，与全段文意不符。

《汉书·陈汤传》：“昔齐桓前有尊周之功，后有灭项之罪，君子以功覆过而为之讳。（句。）行事：贰师将军李广利”云云。（“行事”二字，统下文而言。）师古曰：“行事，谓灭项之事。”刘敞曰：“讳行事，非辞也。讳以上为句。行事者，言已行之事，旧例成法也。汉世人作文，言行事、成事者，意皆同。”钱氏考异曰：“小颜解行事为灭项之事，是也。刘欲以行事属下句，浅陋可笑。”念孙案：“行事”二字，乃总目下文之词。刘属下读，是也。行者，往也。（见《秦风·无衣》传及《广雅》。）往事，即下文所称李广利、常惠、郑吉三人之事。《汉纪》改“行事”为“近事”，近事亦往事也。（《儒林传》：“谷永疏曰：‘近事：大司空朱邑、右扶风翁归德茂天年，孝宣皇帝愍册厚赐。’”“近事”二字，亦总目下文之词。）然则“行事”为总目下文之词明矣。若以“行事”上属为句，则大为不词。(《通典·边防十一》载此疏，亦以“行事”属上读，而改其文云：“君子以功覆过而为之讳其行”，亦为颜注所惑。)钱以颜说为是，刘说为浅陋，失之矣。《春秋繁露·俞序篇》云：“仲尼之作《春秋》也，引史记，理往事。”又引孔子曰：“吾因其行事而加乎王心焉。”行事，即往事，谓《春秋》二百四十年之事也。《史记·自序》云：“子曰：我欲载之空言，不如见之于行事之深切著明也。”本书《艺文志》云：“仲尼与左邱明观鲁史记，据行事。”《刘向传》云：“采传记行事，著《新序》、《说苑》凡五十篇。”《司马迁传》云：“考之行事，稽其成败兴坏之理。”《李寻传》云：“案行事，考变易，讹言之效未尝不至。”《王尊传》云：“府问诏书行事，尊无不对。”《翟方进传》云：“时庆有章劾，自道行事以赎论。”(师古彼注亦误解“行事”二字，刘敞云：“汉时人言行事、成事，皆谓已行已成事也。王充书亦有之。”案，刘说是也。《论衡》一书言行事者甚多，皆谓往事也。其《问孔篇》云：“行事：雷击杀人，水火烧溺人，墙屋压杀人。”“行事”二字，乃总目下文之词，与《陈汤传》之“行事”同。又云：“成事：季康子患盗，孔子对曰：‘苟子之不欲，虽赏之不窃。’”“成事”二字，亦是总目下文，故刘云“汉人言行事、成事者，意皆同”也。)《儒林传》云：“因鲁《春秋》举十二公行事。”《货殖传序》云：“故列其行事以传世变云。”《匈奴传赞》云：“察仲舒之论，考诸行事，乃知其未合于当时而有阙于后世也。”又云：“若乃征伐之功，秦汉行事，严尤论之当矣。"《王莽传》云："近观行事，高祖之约，非刘氏不王。"《叙传》："《王命论》云：'历古今之得失，验行事之成败。'"又《艺文志》天文家有《汉五星彗客行事占验》八卷，《汉日旁气行事占验》三卷，《汉流星行事占验》八卷，《汉日旁气行事占验》十三卷，(今本脱"事"字。)《汉日食月晕杂变行事占验》十三卷，(行事占验，皆谓吉凶已然之效，即李寻所云"案行事，考变易"也。)皆谓往事为行事也。又《魏相传》云："相以为方今务在奉行故事而已，数条汉兴以来国家便宜行事，奏请施行。"是所谓行事者，即故事也。又云："故事：(句。)诸上书者皆为二封，署其一曰副，领尚书者先发副封，所言不善，屏去不奏。""故事"二字，亦是总目下文，(凡《汉书》中"故事"二字绝句者，皆总目下文之词。)与"行事"文同一例。(《读书杂志·汉书十二》)

按：王念孙受宋人刘敞启发，认为"行事"属下读，为总目下文之词，总结为一条行文通例。杨树达《古书疑义举例续补》卷二，采王念孙这条考释训诂为主要例证，据以发凡起例，并称之为"起下之词例"。

高邮二王在校释古书时，比类合谊，发凡起例，发现和总结了很多用字用词的通例，今择要分类引述如下。

(一) 古书学术传承例

凡史公述《尚书》、《春秋传》，多以诂训之字相

代。(《读书杂志·史记三》"娠大叔"条)

凡《禹贡》"厥"字,史公皆以"其"字代之。(同上《史记一》"厥田斥卤"条)

《汉书》所引皆今文。(同上《汉书四》"寿何以不若高宗"条)

《汉书》皆用今文;《史记》虽多用古文,然用今文者亦不少。(同上《史记一》"逆河"条)

《汉书》及《五行传》、《春秋繁露》、《说苑》皆本今文,故与古文不同。(同上《汉书五》"五曰思"条)

《大戴》与今文同。(《经义述闻》卷十二"敷土"条)

纬书皆用今文,故"文思"作"文塞"。汉碑亦多用今文,故与纬书同也。(《汉隶拾遗·卫尉卿衡方碑》)

凡古文《尚书》言"达于某水"者,今文《尚书》皆作通。《汉书》皆用今文,故亦作通。《史记》亦作通。(《读书杂志·汉书六》"达于沛"条)

凡古文作献者,今文多作仪。(《汉隶拾遗·泰山都尉孔宙碑》)

按,汉代经学有今古文之分,总结并掌握这方面的通例,对于"辨章学术,考镜源流"大有裨益。

(二)字例

凡同义之字,皆可互训。(《经义述闻》卷三十一《通说上》"易"字条)

凡经传又字多作有。(《读书杂志·史记三》“有”字条)

古书多以抟为专。(同上《荀子二》“博若一人”条)

古书待字多作时。(同上《晏子春秋二》“不待时而入见”条)

《墨子》书以术为杀。(同上《墨子三》“亲亲有术”条)

《墨子》书其字多作亓。(同上“亦”字条)

《墨子》书通以也为他。(同上《墨子四》“举也物而以明之也”条)

凡《墨子》书中诚情通用者,不可枚举。(同上《墨子一》“情”字条)

《墨子》书通以请为情,不烦改字。(同上《墨子三》“请品先”条)

《墨子》书情请二字并与诚通。(同上《墨子二》“请、谓”条)

《荀子》书皆谓两为衢。(同上《荀子一》“衢道”条)

凡《史记》有无字多作毋。(同上《史记三》“崔杼归”条)

凡《汉书》无字皆作亡。(同上《汉书五》“无冰”条)

凡《礼记》馨芗字多作羶。(《经义述闻》卷十五“羶芗”条)

凡书传中从喿从参之字多相乱。(《读书杂志·

墨子三》"蚤絫"条)

凡书传中从喿之字多变而从參。(同上"缪"字条)

按,掌握了某些古书的用字通例,就可以使我们避免那些看似合理的其实是想当然的文字误解。

(三) 词语搭配例

经传皆言"侧阶",无言"侧陛"者。(《读书杂志·晏子春秋一》"坐堂侧陛"条)

《墨子》书言"麻丝"者多矣,未有作"麻统"者。(同上《墨子三》"麻统"条)

古无以"敛然"二字连文者。(同上《荀子二》"敛然"条)

《荀子》书皆言"志意修",无言"心意修"者。(同上《荀子五》"心意"条)

古书无以"意欲"二字连用者。(同上《淮南内篇十二》"意欲"条)

古书无以"尊重"二字连用者。(《战国策》、《史记》、《汉书》及诸子书皆但言"重",无言"尊重"者。)(同上"尊重"条)

诸书有言"还反"者,无言"反还"者。(同上《淮南内篇十八》"反还"条)

古书无以"身貌"二字连文者,身当为体。(同上《史记三》"身貌"条)

自汉以前,无以"诗语"二字连文者。诗语,当为

"诗譌",字之误也。(同上《汉书四》"诗语"条)

古无以"洽平"二字连文者。洽平,当为"治平",字之误也。(同上《汉书十二》"洽平"条)

古书言"游猎"者多矣,未有言"放猎"者。(同上《汉书十一》"放猎"条)

经传皆言"大路",无言"大路车"者。(《经义述闻》卷十一"大路车"条)

古人多以"乃始"二字连文。(同上卷十四"雷始收声"条)

古书多以"诚必"连文。(《读书杂志·淮南内篇十五》"诚必"条)

按,"搭配"是一种结构关系或组合关系,也就是一个字词在同一句子或同一古书中跟其他字词的意义关系。这也是一种相互预期关系或习惯联想的关系,一个字词在某个语境中的出现导致另一个字词的出现可能性大。这并非不可捉摸,而是有章可循。古人云:"说有易,说无难。"高邮二王博极群书,在大量调查研究的基础上,将那些不可能存在的胡乱搭配的现象,一一辨明,加以排除,这就破解了古书中很多难懂的词句。

(四) 行文方式例

凡经传中言坐于某处者,于字皆不可省。(《读书杂志·晏子春秋一》"坐堂侧陛"条)

古人之文,不嫌于复,凡经传中同一字而上下异形者,不可枚举,即用韵之文亦有之。(同上《荀子

八》“皆继”条）

凡言“此所谓”者，皆复举上文之词，不当有异。（同上《淮南内篇十八》“不害于事、不可用”条）

凡注内“故曰云云”，皆指正文而言。（同上《淮南内篇一》“脱四字”条）

凡叠上文者不省，上下文皆然。（《经义述闻》卷十二“致爱”条）

传凡言“何以谓之”者，皆于“之”字绝句。何以谓之，犹曰“何以言之”耳。（同上卷十一“何以谓之为居”条）

凡《墨子》书用“则此语”三字者，“语”下皆无“也”字。（《读书杂志·墨子一》“也”字条）

《外传》每章之末必引《诗》为证，若《战国策》则无此例也。（同上《战国策二》“诗曰上天甚神无自瘵也”条）

传凡目鲁皆曰我，或曰内，无言已者。（《经义述闻》卷二十五“其不地于纪也”条）

凡彖传，必先释卦名而后及卦辞。凡传释卦辞，必列卦名于其上。（同上卷二“比吉也”条）

象传无连三句不用“也”字者，且入韵之字，其下皆有“也”字。（同上“不速之客来敬终吉”条）

凡《汉书》注中所引汉魏人音，皆曰“某音某”，或曰“音某某之某”，未有曰“音某某反”者。（《读书杂志·汉书八》“鄳侯”条）

《文选》注所引诸书，凡与本书字异而声义同者，多改从本书以便省览。（《广雅疏证》卷三下

"误也"条）

《广雅》之文，无言"亦曰"者。（同上卷十上"乌芋也"条）

检《月令篇》中，凡言"萍始生"，"王瓜生"，"半夏生"，"芸始生"，草名二字者则但言"生"，一字者则言"始生"，以足其文。（《经义述闻》卷十四"荔挺出"条）

此书称星名，皆言"曰某"，无言"名曰某"者。（《读书杂志·史记二》"名曰三能"条）

〔《扁鹊仓公列传》〕凡篇内称病得之于某事者，皆不言其病名，以病名已见于上文也。凡篇内称所以知某之病者，皆不言其致病之由，亦以致病之由已见上文也。（同上《史记五》"病蛲，寒薄吾"条）

〔《匈奴列传》〕其马色之一字者，则加马字以成文，两字者则省马字以协句。（同上《史记六》"青駹马、乌骊马"条）

〔《汉书·地理志》〕凡上言"某山"，则下言"某水所出"，《班志》皆然。若《续汉书·郡国志》，则但言"某水出"而不言其所入，故例不用"所"字也。（同上《汉书六》"伊水出、汝水出"条）

凡言"某水至某县入某水"者，皆无"在"字。（同上"在"字条）

按，掌握了某些古书行文方式的通例，可以执简驭繁，促进加深理解文义，也有助于校释古书。

（五）习惯用法例

凡《墨子》书言“正天下”、“正诸侯”者，非训为长即训为君，皆非征伐之谓。（《读书杂志·墨子一》“正天下”条）

《汉书》凡称高祖庙者，皆曰“高庙”。（同上《汉书四》“高祖庙”条）

《战国策》、《史记》、《汉书》皆谓相毁为恶。（同上《汉书九》“谗恶”条）

凡“肺附”字作肺腑者皆误。古书“藏府”字亦无作腑者。（同上《汉书八》“肺附”条）

凡言“虫蝗”者，非独蝗为灾也，他虫亦有焉。（同上《汉书四》“蝗虫”条）

经凡言“田无禽”，“田获三狐”，“田获三品”，皆以田猎言之。（《经义述闻》卷一“田有禽利执言”条）

《易》爻凡言“田有禽”，“田无禽”，“失前禽”，皆指兽言之。（同上“旧井无禽”条）

凡《易》言君子、小人者，其事皆相反。（同上卷二“终不可用也”条）

凡经传言“与其”者，皆谓“如其”也。（《广雅疏证》卷五上“如也”条）

凡言“不亦”者，皆以“亦”为语助。凡言“盍亦”者，亦以“亦”为语助。（《经传释词》卷三“亦”字条）

按，掌握了某些古书习惯用法的通例，就可以使我们避免那些看似合理其实却不合这些古书的误解。

（六）古人名字例

传凡言“命之曰某”者，皆名也，未有连姓言之者。（《经义述闻》卷十八“鬥穀於菟”条）

凡言“某”者，皆所以代名也。（《广雅疏证》卷三下“名也”条）

古人无以伯仲叔季为名者，惟杜预注《左传》谓祭仲足名仲，字仲足，他人无此谬也。（《读书杂志·史记四》“冉季字子产”条）

古人多以“触龙”为名，未有名“触讋”者。（同上《战国策二》“触讋”条）

古无名“右车”者，作左者是也。（同上《汉书二》“单右车”条）

文十一年《左传》正义曰：古人连言名字者，皆先字后名。案传中有姓名与字并称者，若百里孟明视、苑羊牧之、梁馀子养之类，皆先字而后名。（《春秋名字解诂上》“晋梁养字馀子”条）

之，语助也。《礼记·射义》“公罔之裘”，郑注曰：“之，发声也。”僖二十四年《左传》“介之推”，杜注曰：“之，语助。”凡《春秋》人名中有“之”字者，皆放此。（《经传释词》卷九“之”字条）

淮南王避父讳，故不言长而言修。（《读书杂志·淮南内篇十四》“贵其所有”条）

按，掌握了古书中关于古人名字的通例，有助于阅读古文和校释古书。

第五节　辨析字形求义

汉字的性质是表意的，即因形见义。训诂学家便利用汉字表意文字的这一特点，通过辨析汉字的字形，探求造字本义，本义明而后引申义、比喻义、假借义亦明，这就是许慎《说文解字》的训释方法。

汉字用来记录汉语词汇，然而字和词并不是一对一的关系。其一，有时候是有词无字，即语言中有相应的词，却没有相应的字，只能借用已有的音同或音近的字来代替，这就是通常所说的"造字假借"。有些词后世为它造出了所谓的"后起本字"，而还有些词却从来就没有为它造过专用的字。其二，有时候是一词多字，即同一个汉语的单音节词，却可以用几个不同的汉字来记录，这就是王念孙所说的"字异而义同"现象。这几个不同的汉字，它们之间的关系，或为假借字，或为异体字，或为古今字，或为同源字。关于字异而义同、假借字、同源字的情况，在本章第一、第二节中已经有所论述。其三，有时候是一字多词，即同一个汉字却记录了不同的单音节词，这就是王引之所说的"字虽同而音义则异"的现象（见《经义述闻》卷十九"迁求枉反"条），这样的字被称为同形字。同形字跟同音假借字不同。假借只同音，不同形义；同形字只同形，音义不同。这几种复杂的关系，给阅读古书会带来一定的困难，训诂学家有责任把它们解释清楚。

二十九、形训

形训是本着字义存乎字形，就字形求索字义的一种训释方法。例如许慎《说文解字》，大都依形立训，从分析字形的结构来训释字义，所以训诂学家视《说文解字》为一部“形书”。形训是一种最古老最传统的训释方法，是文字学研究的主要手段，而在训诂学发展到一定水平时，训诂学家大量运用声训、义训，很少用到形训。高邮二王在训诂实践中，只有六七处用到形训，那是为了说明字的本义，才去分析字形结构。

《北海相景君铭》弟九行：“鸮枭不鸣。”鸮与鸱同。枭字上从鸟，《隶释》、《隶辨》从俗作梟，误也。《说文》：“枭，不孝鸟也。日至捕枭磔之。从鸟在木上。”俗省作梟。（俗书凫字作凫，岛字作岛，误与此同。）传写《说文》者因误为梟，后人不知，又改其注为“从鸟头在木上”，以牵合已误之篆文，谬矣。俗书梟字，其上半鸟形已具，但无足耳，何云“鸟头在木上”乎？《说文》枭字在木部，《玉篇》以枭是鸟名，遂改入鸟部。是《玉篇》枭字亦从鸟也，而今本《玉篇》亦误为梟。（《广韵》以下并同。）张参《五经文字》说此字云：“从鸟在木上，隶省。”据此，则《说文》枭字本从鸟，而注内本无“头”字，明矣。今经传中枭字皆从俗作梟，唯此碑作枭，中间四点分明，与《说文》“从鸟在木上”之解相合，足证《五经文字》之不谬，而《隶释》、《隶辨》复误作梟，若非此碑至今尚在，谁能正其失乎？（阳湖孙氏渊如云："县首于木上谓之枭首，故枭字从鸟头在木上。"念孙案："梟首"字本作県，从到首，今借"梟鸟"字为之，非其本字也。日至捕梟，磔之木上，故其字从鸟在木上，非谓县其首于木上也，何得云"鸟头在木上"乎？孙又谓："'从鸟在木上'则是巢字，非枭字。"案，《说文》："鸟在木上曰巢，在穴曰窠。"此释其义，非释其字也。若释其字，则下从木而上象巢形，故《说文》云："巢，从木，象形。"谓象鸟巢在木上之形，非谓从鸟在木上也。且巢为象形之字，故云"从木象形"，枭为会意之字，故云"从鸟在木上"，岂得谓"从鸟在木上"即是巢字乎？）（《读书杂志·汉隶拾遗·北海相景君铭》）

按：王念孙通过辨析《说文》枭字的形体及其说解，证之以南朝梁顾野王《玉篇》、唐张参《五经文字》的归部和解释，得出正确的结论："则《说文》梟字本从鸟，而注内本无'头'字，明矣。"此《北海相景君铭》作梟，"中间四点分明"，更是不可磨灭的有力证据。王念孙同门段玉裁《说文注》云："今各本云'从鸟头在木上'，而改篆作枭，非也。此传不入鸟部而入木部者，重磔之于木也。"（见《说文解字注》卷六上）段王所得结论完全相同。

《周礼·秋官·叙官》："硩蔟氏。"注曰："郑司农云：硩，读为擿。元谓硩古字，从石折声。"段氏《周礼汉读考》曰："从石折声，折当作析，传写之误。析声適声同在古音十六部，（谓入声之陌麦昔锡四部。）

折声在十五部。(谓入声之月曷末黠辖薛六部。)硩为擿之古字,则知必析声也。释文:'硩,它历反,李轨又思亦反。'此从析作晳之本。又云:'徐丈列反,沈敕辙反。'此从折作硩之本。陆氏以前,写本不一,作音者各异,陆氏未能决择耳。《说文》曰:'硩,上擿山岩空青、珊瑚堕之。从石,折声。《周礼》有硩蔟氏。'许以擿训硩,取其同音,篆文必作晳,析声。今本作硩,折声,亦是差缪。"家大人曰:段说非也。《释文》、贾疏及《五经文字》、唐石经,皆作硩,不作晳;又《说文》、《玉篇》、《广韵》、《集韵》,皆有硩无晳,今欲改硩为晳,不知何据。且许、郑并云:"从石折声。"则当作硩明矣。硩音它历反,而其字以折为声,故徐邈音丈列反,沈重音敕辙反,唯李轨本误作晳,故音思亦反。《玉篇》、《广韵》硩字,并他历、丑列二切;《文选·吴都赋》:"硩陊山谷。"李善音敕列切,而皆无思亦之音,则从徐邈而不从李轨也。贾疏曰:"郑谓硩古字从石折声者,以石投掷毁之,故古字从石,以折为声。"然则硩蔟氏掌覆夭鸟之巢,(郑注:"覆犹毁也。")义取毁折而非取分析,当从折声,不当从析声也。《说文》,"硩,上擿山岩空青、珊瑚堕之。"亦是毁折之义,非分析之义。(案,《说文》言堕之,《吴都赋》言"硩陊山谷",陊与堕同。硩蔟氏掌覆夭鸟之巢,亦谓堕其巢也。然则硩从折声,兼有下堕之义,故《广雅》曰:"隤、折,下也。"若改折声为析声,则又与下堕之义不合矣。)硩,或通作折。《管子·地数篇》曰:"上有丹沙者,下有黄金;上有慈石者,下有铜金;上有陵石者，下有铅锡赤铜；上有赭者，下有铁。君谨封而祭之，然则与折取之远矣。”折取之者，谓擿取黄金铅锡铜铁也。《墨子·耕柱篇》曰：“昔者夏后开使蜚廉折金于山，以铸鼎于昆吾。”折金者，擿金也，犹《说文》言“上擿山岩空青、珊瑚”也。折即晢之借字，则晢之从折而非从析益明矣。段必欲改晢为晳而以为从析声者，徒以晢为古擿字，古音析与擿同部，而折与擿不同部耳。今案，《檀弓》“吉事欲其折折尔”，郑读折折为提提，提与擿古同声。（《史记·刺客传》“引其匕首以擿秦王”，《燕策》擿作提。）晢之读为擿，犹折折之读为提提也。（段注《说文》媞字云：“折者提之讹。”此不明于古声之转也。提与折右畔全不相似，若非声相近，则提字无缘误为折。）折与擿声相转，蔑与帞声亦相转，古音折蔑二字在月部，擿帞二字在锡部，晢从折声而读为擿，犹“鞹鞃浅幭”之幭，从蔑声而读为帞也。段氏不明于古声之转，遂臆造一析声之晳字，以合擿字之音；其注《说文》，则径改晢为晳，改折声为析声，殆非所谓遵循旧文而不穿凿者矣。（《经义述闻》卷九“晢蔟氏”条）

按：王念孙辨析《说文》晢字字形及其说解，据《周礼》郑注、贾疏、陆德明《释文》、张参《五经文字》、唐石经皆作晢而不作晳，又《说文》、《玉篇》、《广韵》、《集韵》皆有晢而无晳，更证之以《吴都赋》书证以及《管子》、《墨子》晢通折的用例，以此确证晢从折而不从析，驳正段玉裁《周礼汉读考》及《说文注》中擅改晢为晳的臆断性错误；更以晢与擿声相转，揭出段氏致误之由为不明古声之转。

《广雅·释诂》："饕餮，贪也。"〔疏证〕《说文》："饕，贪也。"《多方》云："有夏之民叨懫。"叨与饕同。《说文》："餮，贪也。"引文十八年《左传》"谓之饕餮"。今本餮作飻。贾逵、服虔、杜预注并云："贪财为饕，贪食为飻。"案，传云："贪于饮食，冒于货贿，侵欲崇侈，不可盈厌，聚敛积实，不知纪极，天下之民，谓之饕飻。"是贪财贪食总谓之饕飻。饕飻一声之转，不得分贪财为饕、贪食为飻也。《吕氏春秋·先识篇》云："周鼎著饕飻，有首无声，食人未咽，害及其身。"盖饕飻本贪食之名，故其字从食，因谓贪欲无厌者为饕飻也。(《广雅疏证》卷二上)

按：王念孙据《说文》"凡某之属皆从某"之例，饕飻二字皆从食，本贪食之名，用来比喻贪欲无厌者(见《左传》文公十八年)，又用之为恶兽名(见《吕氏春秋·先识篇》)，又用之为蛮夷名(见《吕氏春秋·恃君篇》、《神异经·西南荒经》)，其义一脉相承。饕飻为双声连语，不宜上下分训，贾逵、服虔、杜预注并误。

三十、形近字辨析

有些汉字，它们的音和义都不同，但是由于它们的书写形式相近似，在古书中也往往容易混淆，产生差错。富有校雠经验的高邮二王，对这种情况深为注意，详加辨析。这种通俗性的辨析工作,对读者是很有益处的。

> 《博雅音》卷一:"劵,去愿。"〔王念孙校〕案,"劵极"之劵,字从力,音"巨眷反"。"契券"之券,字从刀,音"去愿反"。《广雅》训劵为极,而曹宪音"去愿",则是误以为"契券"字矣。

按:王念孙从形、音、义三方面,简明扼要地对劵券二字作了辨析,又纠正了曹宪注音之误。按,大徐本《说文》力部:"劵,劳也。从力,卷省声。臣铉等曰:今俗作倦,义同。渠卷切。"又刀部:"券,契也。从刀,类声。券别之书,以刀判契其旁,故曰契券。去愿切。"劵,今作倦,音 juàn,疲乏,懈怠;形容词。券,音 quàn,票证,凭据;名词。劵券形似,读音又非常接近,极易混淆。中华书局影印大徐本《说文解字》(1963 年第 1 版)第 92 页下栏"劵"字下说解,其中两个"劵"字都误作"券"。讲究形体结构的《说文》书,其影印本讹误尚且如此,其他古书劵误作券,就更不待言。

> 《汉书·叙传》:"《王命论》:夫饿馑流隶,饥寒道路,思有短褐之褻,儋石之畜。"师古曰:"褻,谓亲身之衣也,音先列反。"念孙案:褻与䙝不同字。䙝,亲身衣也,从衣埶声,读若漏泄之泄。(先列反。)褻,重衣也,字本作褺,从衣執声,读若重叠之叠。(大篋反。)其執字或在衣中作褻,转写小异耳,与䙝衣之䙝字从埶者不同。此言短褐之褻,谓饥寒之人思得短褐以为重衣,非谓亲身之䙝衣也。《汉纪》及《文选》

并作“短褐之袭”，李善曰：“《说文》曰：袭，重衣也。《字林》曰：袭，大篋反。”（旧本反讹作也，据宋祁引萧该音义改。）此即褺之借字也。何以明之？《说文》：“褺，重衣也，从衣執声。”《一切经音义》十五：“𧝓，（与褺同。）徒侠反。”引《通俗文》曰：“重衣曰𧝓。”宋祁引萧该音义曰：“《字林》曰：𧝓，重衣也，（旧本“重衣”作“衷衣”，乃后人误以为亵衣而改之。今据《说文》、《玉篇》、《广韵》订正。）大篋反。”（旧本大讹作丈，据《文选》注引改。）正与李善所引同，则袭为褺之借字明矣。《说文》以袭为左衽袍，以褺为重衣，今经史中重衣之字皆作袭而褺字遂废，唯此一处作𧝓，（与褺同。）乃古字之仅存者。而师古云：“𧝓，谓亲身衣也，先列反。”是直不辨亵𧝓之为两字矣。《广韵》亵在十七薛，袭在二十六缉，褺在三十帖。褺与袭声相近，故《汉纪》、《文选》皆作袭，若亵与袭，则声远而不可通矣。（《读书杂志·汉书十五》）

按：王念孙从形、音、义三方面辨析了亵与𧝓的不同：

亵，xiè，亲身之衣，即内衣，从衣埶声，读若漏泄之泄，先列切。

𧝓，字本作褺，dié，重衣，即衣上加衣，从衣執声，读若重叠之叠，大篋切。古书中常以假借字袭代替𧝓。

而《汉语大词典》、《汉语大字典》这两部大型语文辞书，在处置这两个形近字时，都出现了差错。《汉语大词典》第 9 卷第 125 页：

> 〔褻〕[xiè《广韵》私列切，入薛，心。]亦作“䙝”。②亲近；亲狎。《礼记·缁衣》：“子曰：‘小人溺于水，君子溺于口，大人溺于民，皆在其所䙝也。’”郑玄注：“言人不溺于所敬者。”(下略)

又第 127 页：

> 〔䙝′〕同“褻”。

按，《汉语大词典》以为褻䙝通用，并举《礼记·缁衣》为例证，实误。褻䙝二字形音义有别，王念孙已有辨析，可为定论。书证《礼记·缁衣》“皆在其所褻也”，据郑玄注：“言人不溺于所敬者。”如此说，那就是溺于不敬者，不敬，即亲狎，这正是褻字的义训。《缁衣》原本作褻，今作䙝者，讹字也。叶圣陶编《十三经索引》(重订本，中华书局 1983 年版)第 593 页第 1 栏第 9 条“皆在其所褻也”，即作褻，不作䙝，可证。十三经中无䙝字，若是有者必误字。大词典以讹字为书证，就必然得出错误的结论。这是《汉语大词典》以清代江西书局刻本《十三经注疏》(中华书局 1980 年以此为底本出版影印本)为依据而出现的差错，可谓以讹传讹。

《十三经注疏》中华书局 1980 年版影印本，影印前，“改正文字讹脱及剪贴错误三百余处”(见《影印说明》)，然而讹字实多，改不胜改。例如，《礼记·内则》：“䙝衣衾不见里。”(第

1462 页中栏)《礼记・缁衣》:“皆在其所褻也。”(第 1649 页下栏)《论语・乡党》:“褻裘长,短右袂。”阮元校勘记:“‘褻裘长,短右袂’:《说文》引‘褻裘长’作‘绁衣长’。”(第 2497 页上栏)以上所有褻字,均为䙝字之讹。

孙希旦《礼记集解》点校本(中华书局 1989 年版)也误用褻字。例如,《礼记・檀弓下》:“季康子之母死,陈褻衣”,“褻衣何为存于斯?”(第 270 页)按,两个褻字,均为䙝字之误。而集解注文中连用六个䙝字,皆不误。又《内则》:“褻衣衾不见里。”(第 734 页)按,褻当作䙝。集解注文中作䙝,不误。又《缁衣》:“皆在其所褻也。”(第 1328 页)按,褻为䙝之讹字。集解注文中也误作褻。

《汉语大字典》第 5 卷第 3109 页:

〔䙝〕同褺。《龙龛手鉴・衣部》:“䙝,音牒,重衣也,”按:《说文・衣部》作“褺”。

按,此以《龙龛手鉴》讹字立目,该词条不宜成立。检《龙龛手鉴》衣部:“褻,正,私列反,哀衣也。”哀当作衷 ,字之误也。褻当作䙝,才与说解“衷衣”相符。又:“䙝,正,音牒,重衣也。”䙝当作褺,或作褻,才与“重衣”之解释相合。《龙龛手鉴》所收列的是大量的俗字、别字、讹字、变体字,这对于考释敦煌卷子、佛书抄本、俗文学手写本、民间社会文书、明清市井文学写刻本,都大有裨益,功不可没;然而其中的讹字就不能视作通假字,更不宜在辞书中立目,以免滋生混乱。

《汉语大字典》第 5 卷第 3109 页:

〔褺〕diē① 重衣。《汉书·叙传》:"夫饿馑流隶,饥寒道路,思有短褐之亵,儋石之畜。"王念孙杂志:"此言短褐之亵,谓饥寒之人,思得短褐以为重衣。"

按,书证中的两个亵字,均为亵字之讹,这既与书证原书不相符,也与词条词目不相应,当改正。又同页:

〔亵〕xiè④ 亲近;宠幸。《论语·乡党》:"见冕者与瞽者,虽亵,必以貌。"何晏集解引周生烈曰:"亵,谓数相见也。"(下略)⑧ 熟习。《论语·乡党》:"见冕者与瞽者,虽亵,必以貌。"

按,一个词条中的两个义项,竟然所用书证为相同的书篇文字,这既违背了现代词典学编纂法的一般规则,同时也反映出该词条在义项分合处理上的严重失误。

《广雅·释言》:"抻,抵也。"〔疏证〕王逸注《九歌》云:"抻,击也。"《尧典》云:"予击石抻石。"抻,各本讹作柎,今订正。抵,各本讹作抵。案,《说文》:"抵,挤也,从手氐声。"《玉篇》音"多礼切"。《说文》:"抵,侧击也,从手氏声。"《玉篇》音"之是切",引《秦策》"抵掌而言"。《说文》又云:"抧,开也,从手只声,读若抵掌之抵。"《晋书音义》引《字林》云:"抵,侧击也,之尔反。"《广雅》卷三云:"抻,击也。"此云:"抻,抵也。"曹宪音纸,则其字当从氏,今据以订正。《史记·滑稽传》:"抵掌谈话。"集解亦引《秦策》"抵掌而言"。《太元·翕》:"上九,撑其角,维用抵族。"范望注云:"抵,击也。"释文云:"抵,音纸。"《汉书·杜周传赞》:"业因势而抵陒。"服虔注云:"抵,音纸。"颜师古注云:"抵,击也。"《朱博传》:"奋髯抵几。"颜师古注云:"抵,击也,音纸。"《扬雄传》:"《解嘲》:界泾阳,抵穰侯而代之。"苏林注云:"抵,音纸。"《文选》注引《说文》:"抵,侧击也。"《后汉书·隗嚣传》:"人人抵掌。"李贤注引《说文》:"抵,侧击也。"又引《赵策》"苏秦与李兑抵掌而谈"。张衡《东京赋》:"抵璧于谷。"李善注引《说文》:"抵,侧击也。"左思《蜀都赋》:"扼腕抵掌。"刘逵注亦引《秦策》"抵掌而言"。抵掌,犹言拊掌,故《广雅》云:"拊,抵也。"抵与抵声义各别。《汉冀州从事张表碑》:"抵拂顽讻。"字从氏,不从氐,是其证也。而今本《战国策》、《史记》、《汉书》、《后汉书》、《太元》、《文选》,皆讹作抵,世人多见抵,少见抵,遂莫有能正其失者矣。(《广雅疏证》卷五下,《广雅疏证补正》卷五下)

按:抵与抵二字,形音义各别,王念孙引述《说文》、《玉篇》、晋唐旧注,并证之以汉碑,辨析甚精,泰山不移。抵与抵二字形体相似,仅为有无一点之差,极易混淆,不仅今本《战国策》、《史记》、《汉书》、《后汉书》、《太玄》、《文选》等书抵误作抵,就是传世的大徐本《说文解字》(中华书局1963年版影印)第253页下栏"抧"字下"读若抵掌之抵",两个抵字也误作抵。一些词典、字书,例如《康熙字典》卯集中第13页、旧版《辞海》

第566页、旧版《辞源》第619页、新版《辞海》(1979年版)第1563页、《辞源》修订本第2册第1245页、《四角号码新词典》1962年版第373页、陈玄编《汉字异义异读举例》(商务印书馆1964年版)第14页、甘肃师范大学中文系编《汉语成语词典》第142页,"抵掌"字皆误作抵,必须订正。

更有甚者,《辞源》修订本、《汉语大字典》为"抵"字立第二音项音zhǐ,《汉语大词典》立音zhǐ的字头〔抵²〕,都是把"抵"字的音义赋予了误字"抵"。

《辞源》修订本第2册第1245页:

〔抵〕1. dǐ　都礼切,上,荠韵,端。

(义项㊀至㊈例略)

2. zhǐ　《集韵》掌氏切,上,纸韵。

㊉击。本作"扺"。见"抵$_2$陒"、"抵$_2$掌"等。

〔抵$_2$陒〕乘人之危而攻击之。《汉书》六十《杜周传赞》:"(杜)业因势而抵陒,称朱博,毁师丹,爱憎之议可不畏哉!"《注》引服虔曰:"抵音纸。陒音羲。谓罪败而复抨弹之。"

〔抵$_2$掌〕击掌。《战国策·秦一》:"(苏秦)见说赵王于华屋之下,抵掌而谈,赵王大悦。"也作"扺掌"。参见"扺掌"。

又第1224页:

〔扺掌〕击掌。《战国策·秦一》:"(苏秦)见说赵王于华屋之下,扺掌而谈,赵王大悦。"宋鲍彪注:

"《集韵》:抵,侧击也。"《后汉书》十三《隗嚣传》王遵与牛邯书:"而王之将吏,群居穴处之徒,人人抵掌,欲为不善之计。"也作"抵掌"。见"抵掌。"

按,不厌其烦,同时引述了《辞源》修订本四条相关条目。其中〔抵$_2$ 陒〕、〔抵$_2$ 掌〕二条,王念孙已明言"抵"字是"抵"字之讹,《辞源》修订本以误字立目,这就是不能成立的虚假条目。〔抵〕字条第 2 音项 zhǐ,以〔抵$_2$ 陒〕、〔抵$_2$ 掌〕为例证,这二条例证本身是误字,那第 2 音项也必是误音,这就是不能成立的虚假音项。《辞源》修订本将〔抵$_2$ 掌〕与〔抵掌〕作为相关条目,互为参见,这二条不仅词目读音相同,而且释义相同,所用书证也相同。编纂者不以"抵"字为讹字,而当作是"抵"字的版本异文,并收词立目,因而一误再误,终成硬伤。不过,认真比较这二条相关条目,这也正好从反面证实,"抵"不音 zhǐ,而是"抵"(音 zhǐ)的讹字。

《汉语大字典》第 3 卷第 1855—1856 页:

〔抵〕(一) dǐ《广韵》都礼切,上荠端。脂部。(例略)

(二) zhǐ《集韵》掌氏切,上纸章。脂部。

① 同"抵"。侧击;拍。《集韵·纸韵》:"抵,《说文》:'侧击也。'或作抵。"《战国策·秦策一》:"于是乃摩燕乌集阙,见说赵王于华屋之下,抵掌而谈。"鲍彪注:"抵,侧击也。"《汉书·朱博传》:"博奋髯抵几。"颜师古注:"抵,音纸,击也。"(下略)

② 通"擿"。掷。清朱骏声《说文通训定声》解

部:"抵,假借为擿。"《文选·张衡〈东京赋〉》:"藏金于山,抵璧于谷。"吕延济注:"藏、抵皆轻弃不用。"(下略)

又第1841页:

〔抵〕《说文》:"抵,侧击也。从手,氏声。"段玉裁注:"按:'抵'字今多讹作'抵',其音、义皆殊。"

(一) zhǐ《广韵》诸氏切,上纸章。支部。

① 侧击;拍。《说文·手部》:"抵,侧击也。"《广雅·释诂二》:"抵,拊也。"《战国策·赵策一》:"(李兑与苏秦)抵掌而谈。"《后汉书·刘玄传》:"(韩夫人)起,抵破书案。"李贤注:"抵,击也。"(下略)

② 击打。汉扬雄《解嘲》:"范雎,魏之亡命也,折胁拉髂,免于徽索,翕肩蹈背,扶服入橐,抵穰侯而代之,当也。"

③ 投掷。汉张衡《东京赋》:"藏金于山,抵璧于谷。"《后汉书·黄琼传》:"所谓抵金玉于沙砾,碎圭璧于泥涂。"李贤注:"抵,投也。"(下略)

按,"抵"字所谓的第二音项 zhǐ 的书证中,《战国策·秦策一》"抵掌而谈"、《汉书·朱博传》"奋髯抵几"、张衡《东京赋》"抵璧于谷",王念孙已明言"抵"字皆是"抵"字之讹,而以这些误字"抵"(误音 zhǐ)为支撑的所谓第二音项,就只能是不能成立的虚假音项。而"抵"字所谓第二音项的两个义项的释义、所用书证,竟然与"抵"字条释义相同,书证亦同,例如《战国策》"抵掌而谈"、《东京赋》"抵璧于谷"，在"抵"字条内就成了"抵掌而谈"、"抵璧于谷"，大字典编写者把"抵"当成了"抵"的异体字，甚至同一个书证（如《东京赋》"抵璧于谷"）竟用在两个不同的字头下，从而一误再误，错上加错。顺便指出，大字典第1856页〔抵〕"（二）zhǐ《集韵》掌氏切，上纸章。脂部。""脂部"当作"支部"。又第1841页〔抵〕①下所引"《广雅·释诂二》：'抵，拊也。'"当作"《广雅·释言》：'拊，抵也。'"

《汉语大字典》〔抵〕（二）zhǐ："② 通'擿'。掷。清朱骏声《说文通训定声》解部：'抵，假借为擿。'"按，"解部"当作"履部"。朱氏云："抵，假借为擿。"这是不知"抵"为"抵"之讹字而得出的错误结论。今节录《说文通训定声》抵、抵二字说解，例证则从略：

> 解部：〔抵〕侧击也，从手，氏声。与从氐之"抵"字别。假借为擿，又为疷，又为楷，又为邸，为底。
>
> 履部：〔抵〕挤也，从手，氐声。与侧击之"抵"声义俱别。假借为牴，又为诋，又为柢，又为底，又为邸，又为楷，又为擿。（下略）

按，朱氏书中，抵字除假借为"疷"字外，其余的假借例都与"抵"字相同。朱骏声尽管主观上也想区别二字，但是在具体立说和引例中，却是抵、抵二字混淆不清，正是割不断，理还乱，治丝而棼。这是朱氏从《经籍籑诂》一书中引取例证时，照搬照抄的结果。《经籍籑诂》就把"抵"误为"抵"的书证，全编排在"抵"字下，不作辨析考释，以讹传讹。不过，《经籍籑诂》这样做，倒也比较真实地记录了当时古书中"抵"误为"抵"的具体版本实况，这是始料未及的。朱氏在抵、扺二字上立说和引例之误，即源于轻信《经籍籑诂》，沿袭其误而不察，是再次以讹传讹。大字典又以朱氏之说为证，那已是第三次以讹传讹了。

《汉语大词典》第 6 卷第 475 页：

> 〔抵²〕[zhǐ《集韵》掌氏切，上纸，章。]① 侧击；击。汉扬雄《法言·重黎》："或闻蒯通抵韩信不能下……曰：巇可抵乎？"汪荣宝义疏："谓不以直言正谏，而纡迴其辞以触发之，正侧击之谓。"《后汉书·刘玄传》："起，抵破书案。"李贤注："抵，击也。"一本作"扺"。（下略）② 弃掷；投掷。汉黄世英《移疾疏》："所谓抵金玉于沙砾，碎圭璧于泥涂，四方闻之，莫不愤叹。"（下略）

又第 477 页：

> 〔抵$_2$陒〕乘人之危而抨击之。《汉书·杜周传赞》："业因势而抵陒，称朱博，毁师丹，爱憎之议，可不畏哉！"颜师古注引服虔曰："抵音纸。"王先谦补注："陒，'垝'之或体。《说文》：'垝，毁垣也。'谓因人之毁而击之。"

又第 478 页：

> 〔抵$_2$掌〕① 击掌。指人在谈话中的高兴神情。

也因指快谈。《战国策·秦策一》:"〔苏秦〕见说赵王于华屋之下,抵掌而谈。"《史记·滑稽列传》:"〔优孟〕即为孙叔敖衣冠,抵掌谈话。"裴骃集解引张载曰:"谈说之容则也。"(下略)

又第479页:

〔抵$_2$璧〕掷璧。谓不以财宝为重。晋葛洪《抱朴子·安贫》:"上智不贵难得之财,故唐虞捐金而抵璧。"(下略)

又第391页:

〔扺〕[zhǐ《广韵》诸氏切,上纸,章。]① 击;拍。《后汉书·刘玄传》:"〔韩夫人〕起,扺破书案。"李贤注:"扺,击也。" ② 投掷。汉张衡《东京赋》:"藏金于山,扺璧于谷。"《后汉书·黄琼传》:"所谓扺金玉于沙砾,碎珪璧于泥涂。"李贤注:"扺,投也,音纸。"(下略)

按,大词典〔抵^2〕字及其所带复词条目的书证中,《战国策·秦策一》"抵掌而谈"、《史记·滑稽列传》"抵掌谈话"、《汉书·杜周传赞》"业因势而抵陒"、张衡《东京赋》"抵璧于谷",王念孙已明言这些"抵"字皆原本为"扺",字之误也。以这些误字书证为依据而建立起来的〔抵^2〕字及其所带复词条目,实际都是不能成立的虚假条目。再比较〔抵^2〕与〔扺〕两词条,它们各有两个义项,相对应的义项释义相同,而且每一相对应的义项内都用了同一个书证,这难道是偶然的巧合吗?究其实,这是大词典编写者将误字“抵”(音 zhǐ),误认为是“扺”字的版本异文,甚或认为是“扺”字的异体字,从而一误再误,就误立了虚假条目〔抵²〕及其所带复词条目。建议大词典在修订时,宜尽删虚假条目〔抵²〕及其所带复词条目。误字“抵”(音 zhǐ)改为正字“扺”后,所有书证材料可充实到〔扺〕及其所带复词条目中。《现代汉语词典》1996 年版第 1618 页:“〔扺掌〕zhǐ zhǎng”〈书〉击掌(表示高兴):～而谈。[注意]‘扺’不作‘抵’,也不念 dǐ。”《现代汉语规范字典》(语文出版社 1998 年版)第 676 页:“〔扺〕zhǐ[动]〈文〉侧击;拍:～掌而谈。[提示]‘扺’和‘抵’(dǐ)形、音、义都不同。”这两部语文工具书提示读者注意“扺”与“抵”的区别,与王念孙对此二字的辨析是完全一致的。

高邮王氏还辨析了不少形近字,例如摯—摰(见《广雅疏证》卷一下“解也”条,又“引也”条),趀—趚(见《广雅疏证》卷二下“猝也”条),奞—狊(见《广雅疏证》卷五上“顾也”条),晢—晳(见《广雅疏证》卷八上“白也”条),鲰—鮿(见《读书杂志·史记六》“鲰千石”条),偱—循(见《读书杂志·汉书五》“偱”字条,又《管子一》、《淮南内篇一》“循误为偱”条),寓—寓(见《读书杂志·汉书十五》“外寓”条),飧—餐(见《读书杂志·荀子一》“不道”条),祇—祗(见《汉隶拾遗·博陵太守孔彪碑》),沬—沫(见《经义述闻》卷十四“瓦不成沬”条),等等。高邮王氏对形近字的辨析,至今对于阅读古书、整理古籍、编纂语文工具书、提倡写规范字,仍然有着积极的现实借鉴意义。

三十一、同形字

同形字，是同一个汉字记录了不同的单音节词，例如快乐的乐（lè），又是音乐的乐（yuè），乐就是同形字。这也就是王引之所说的"字虽同而音义则异"的现象（见《经义述闻》卷十九"迂求枉反"条），如果不加以区别，就会造成音义上的误解。

造成同形字的原因有多种，一是字义的变化，特别是引申义的中断，一字就记录了音义不同的两个词；二是在为两个不同的词造字时，却无意中用了相同的字形；三是在文字发展过程中，特别是从隶书演变为楷书时，一些原本不同的字演变成相同的形体。

1. 字义引申中断而造成同形字

> 《读墨子杂志序》："《说文》：'但，裼也。'今经典皆以袒代但，袒行而但废矣。唯《耕柱篇》：'羊牛犓豢，雍（与饔同。今本雍讹作维。）人但割而和之。'其字尚作但。"（《读书杂志》第七种卷首）

按：但字常义训为徒，为空，属虚词；而《墨子·耕柱》中保留了唯一的袒的古字但，如以常义训释，则误矣。《汉语大字典》、《汉语大词典》都将但字作同形字处理，分立不同的音项或字头，区以别之，甚确。同形字但何以记录了虚词但与袒的古字但，限于序言体例，王念孙未作进一步论述。段玉裁《说文注》有说：

《说文》人部:"但,裼也。"段玉裁注:今之经典,凡但裼字皆改为袒裼矣。衣部又曰:羸者但也,裎者但也。《释训》、毛传皆曰:"袒裼,肉袒也。"肉袒者,肉外见无衣也,引申为徒也。凡曰但、曰徒、曰唐,皆一声之转,空也。今人但谓为语辞,而鲜知其本义,因以袒为其本义之字,古今字之不同类如此。

按,段玉裁认为袒之古字但,引申为语辞但,然而今经典皆以袒代但,袒行而但废,就不容易看出但字字义引申的联系了。换言之,由于袒字代但,但字的字义引申就被迫中断。故朱骏声《说文通训定声》乾部云:"但[假借]又发声之词。《说文》锴本:'一曰徒。'《声类》:'但,徒也。'《汉书·高帝纪》注:'但,空也。'《陈胜传》注:'但者,急言之则音如弟矣。'按与用徒、弟、特等字皆同。"朱骏声已不明了袒之古字但引申为语辞但,只得以假借说之。其实,袒之古字但,义谓裸体,亦即肉袒无衣,而引申为徒手,空身,又引申为语辞但,义即徒也,空也。由于以袒代但,则但字字义引申中断,虚词但与袒之古字但就成了同形字。

2. 为两个不同的词造字时用了相同的字形

《庄子·山木篇》:"庄子舍于故人之家,故人喜,命竖子杀雁而亨之。"释文:"亨,普彭反,煮也。"念孙案:亨,读为享。享之,谓享庄子。故人喜庄子之来,故杀雁而享之。享与飨通。《吕氏春秋·必已篇》作"令竖子为杀雁飨之",是其证也。古书享字作亨,烹字亦作亨,故释文误读为烹,而今本遂改亨为

烹矣。(原文作亨,故释文音普彭反。若作烹,则无须音释。)(《读书杂志·馀编上·庄子》)

按:享的古字作亨,烹的古字亦作亨,亨记录了两个不同的词,亨即为同形字。

《汉书·司马相如传》:"陵三嵕之危,下碛历之坻。"师古曰:"碛历,沙石之貌也。坻,水中高处也,音迟。"念孙案:师古说坻与碛历之义皆非也。坻谓山阪也。《说文》曰:"秦谓陵阪曰阺。"字或作坻。《玉篇》:"坻,直饥切,水中可居曰坻。又音底,《埤苍》云:坂也。"是陵阪之坻音底,与水中之坻音迟者不同。张衡《南都赋》曰:"坂坻巀嶭而成甗。"是也。(《文选·西京赋》:"右有陇坻之隘。"李善注引应劭《汉书注》曰:"天水有大坂曰陇坻。")张揖曰:"碛历,不平也。"(见《文选》注。案,碛历叠韵字,谓山阪不平碛历然也。师古以碛与沙石同类,辄云:"碛历,沙石之貌。"望文生义,失其本指矣。)故曰"下碛历之坻"。坻为山阪,故言下,若水中之坻则不得言下矣。"陵三嵕之危,下碛历之坻",皆言山而不言水;下文"越壑厉水",乃始言涉水耳。坻读如底,与下文水、豸、氏、豕为韵,非与危为韵。危字古音鱼戈反,(说见《史记》"刘氏危"下。)亦不与坻为韵也。(《读书杂志·汉书十》)

按:坻是同形字,陵阪之坻音底,水中之坻音迟,二者不宜混淆。世人多见音迟之坻(chí),少见音底之坻(dǐ),颜师古以常见音义训之,酿成谬误。今天津市宝坻区,坻音 dǐ,不音 chí。

> 《淮南子·览冥训》:"蛇鳝著泥百仞之中,熊罴匍匐邱山磛岩,虎豹袭穴而不敢咆,猿狖颠蹷而失木枝,又况直蛇鳝之类乎!"念孙案:下言"又况直蛇鳝之类",则上文"著泥百仞之中"者,非谓蛇鳝也。且蛇鳝在浅水之中,亦不得言百仞。蛇当作蚖。蚖与鼋同。(《史记·太史公自序》:"鼋鳝与处。"索隐本作"蚖鳝",即鼋鼍字也。《书大传》:"河魭江鳝。"亦与鼋鼍同。)鳝与鼍同。(《说文》:"鳝,鱼也,皮可以为鼓。"《夏小正传》:"剥鳝,以为鼓也。"《吕氏春秋·古乐篇》:"鳝乃偃寝,以其尾鼓其腹。")言蚖鳝(徒河反。)且伏于深渊而不敢出,况蛇鳝(音善。)之类乎?今本蚖作蛇者,涉上下文蛇鳝而误。(《读书杂志·淮南内篇六》)

按:王念孙区别"蚖鳝"之鳝(徒何反)为鼍之异体字,"蛇鳝"之鳝(音善)为鳝之异体字,一个鳝字记录了音义不同的两个词。并以此校正了"著泥百仞之中"者非谓蛇鳝,而是鼋鼍,从而正确解释了文义。

顺便提及,中华书局点校本《淮南鸿烈集解》1989 年版第 202 页第 2 行,引述王念孙《读书杂志·淮南内篇》这条考释训诂时,其中一段标点为:"《史记·太史公自序》'鼋鳝与处',《索隐》:'本作蚖鳝,即鼋鼍字也。'"按,标点误。查中华书局

1975年印《史记》第10册第3309页《太史公自序》:“鼋鱓与处。”索隐:“蚖鱓、元鼍二音。”可见王念孙并未引述索隐原文,而是王念孙本人的叙述语。因此,标点当作:“《史记·太史公自序》‘鼋鱓与处’,《索隐》本作‘蚖鱓’,即鼋鼍字也。”

又上引中华书局标点本《史记·太史公自序》:“鼋鱓与处。”索隐:“蚖鱓、元鼍二音。”标点亦误。标点者以为“蚖鱓”和“元鼍”二音,都是为正文中“鼋鱓”字注音,故用顿号,将顿号前后二者视为并列关系。其实这是误解。如此标点,注音字“蚖鱓”与被注音字“鼋鱓”,其中鱓字相同,这岂能谓之注音?索隐的注音,就是为原来索隐单行本正文的注音,与集解本、正义本原无涉,与三家注合刻本也不完全一致。这里的“蚖鱓”,是索隐单行本正文中字,因需注音才被摘引出来,“元鼍二音”就是为其作的注音,因此标点当作:“蚖鱓,元鼍二音。”即将原来的顿号改作逗号,这就是说“蚖鱓”二字读“元鼍二音”。

3. 不相同的字演变为相同的字

《墨子·非儒下》:“曩与女为苟生,今与女为苟义。”毕云:“苟,苟且。”念孙案:毕说非也。苟,读为“亟其乘屋”之亟,亟,急也。《说文》:“苟,自急敕也,从羊省,从勹口。勹口,犹慎言也。”(旧本误作“从包省,从口。口,犹慎言也”,今依段注改。)与苟且之苟从草者不同。“曩与女为苟生,今与女为苟义”者,曩谓在陈蔡时也,今谓哀公赐食时也。(具见上文。)苟,急也,言曩时则以生为急,今时则以义为急也。若以苟为苟且之苟,则苟义二字义不可通矣。《文选

·石崇〈王昭君辞〉》注引此，亦误以为苟且之苟。案，茍字不见经典，唯《尔雅》“亟，速也”释文曰：“亟，字又作茍，同居力反。”此释文中仅见之字，而通志堂本乃改茍为急，谬矣，卢氏抱经已正之。释文而外，则唯《墨子》书有之，亦古文之仅存者，良可贵也。(《读书杂志·墨子三》)

按：苟且之苟从草，亟的异体字茍从羊省，在《说文》中是从属于两个不同部首的字，古文、篆文都不同，形体相差部分比较明显。后来经过字体演变，从羊省的茍(jì)上部成了羊角状的丷，苟且之苟(gǒu)的草头成艹，再后来都成了艹(参见《新旧字形对照表》)。这样苟(gǒu)与茍(jì)就成了同形字。王念孙训茍为亟，证之以《说文》、《尔雅》释文，其说可信。今补一例，《玉篇》茍部：“茍，居力切，急也，自急敕也。亦作亟。”(北京中国书店 1983 年影印本《宋本玉篇》第 508 页)亦可佐证。

《广雅·释诂》：“銛，断也。”〔疏证〕銛亦刽也，语有缓急耳。《说文》：“鍩，断也，从金昏声。”隶省作銛。《玉篇》、《广韵》并音古活切。又《说文》：“銛，臿属也，从金舌声。”《玉篇》音思廉切，《广韵》音息廉、他玷二切。《广雅》銛训为断，当音古活反，曹宪音他点、息廉二反，误也。(《广雅疏证》卷一上)

按：训为断的鍩(guō)，隶省作銛，便与作为农具名的銛(xiān)字形相同，这样銛就成了同形字。世人多见銛(xiān)

而少见铦(guō),曹宪亦以常见音义释之,注音就出了差错。

同形字,也可以说是记录两个不同的单音节词的两个形体相同的字,这和同音假借字不同。假借只同音,不同形义;而同形字只同形,音义不同。

三十二、异体字

异体字是语言中一个单音节词却可以用几个不同形体的字来记录,这几个不同形体的字,它们的读音和意义完全相同,在任何情况下都可以互相替换。异体字众多,是汉字繁难的原因之一,这就需要加以整理,使之规范化。碰到古书中的异体字,特别是那些生僻的、容易引起误解的异体字,训诂学家就必须认真辨析,解说清楚。

《广雅·释草》:"葠、地精,人蔘也。"〔疏证〕各本俱作"地精,人葠也",《御览》引《广雅》作"葠、地精,人蔘也"。盖葠即蔘字,后人病其重复而删改之耳。案,古人诂训之体,不嫌重复。如崇高字或作嵩,而《尔雅》云:"嵩、崇,高也。"笃厚字《说文》作竺,而《尔雅》云:"笃、竺,厚也。"《字林》以䁖为古嗟字,而《尔雅》云:"䁖,嗟也。"孙炎以遹为古述字,而《尔雅》云:"遹,述也。"若斯之类,皆所以广异体也。"鹿肠,元蔘也。""葠、地精,人蔘也。""苦心,沙蔘也。"三蔘字正同一例,不得独改此条蔘字为葠。今据《御览》订正。《说文》葠作蓡。(《广雅疏证》卷十上)

按：王引之揭示《尔雅》有用异体字作释之体，并以此为例校补本条句首脱落的葠字，又校改句末已误作葠的蔘字。葠，《说文》作蓡，都是蔘的异体字，今则作参。《第一批异体字整理表》："参[葠蓡]"以参字为规范字，方括号内的葠蓡二字是被淘汰的异体字。

《汉书·贾谊传》："病非徒瘇也，又苦跖盭。"师古曰："跖，古蹠字也，音之石反。足下曰蹠，今所呼脚掌是也。盭，古戾字，言足蹠反戾，不可行也。"考异曰："案，《说文》无跖字，小颜读为蹠，恐亦臆说，当是蹐字之讹。《说文》：'蹐，胫肉。一曰曲胫。读若逵。'蹐盭谓足胫反戾，不便行动。"念孙案：《说文》："跖，足下也。"作蹠者借字，(《说文》："楚人谓跳跃曰蹠。")作跖者别体耳。或从石声，或从庶声，或从炙声，一也。(石与炙声相近，石与庶声亦相近，故盗跖或作盗蹠；庶与炙声亦相近，故《小雅·楚茨篇》"或燔或炙"与"为豆孔庶"为韵。)《后汉书·郅恽传》注引《史记》曰："申包胥昼夜驰驱，足腫蹠盭。"是古有蹠盭之语，即此传之跖盭，师古读跖为蹠，非臆说也。脚掌反戾故曰跖盭，《贾子·大都篇》亦作跖盭。钱以跖为蹐字之讹，非也。《说文》以蹐为曲胫，《广雅》曰："盭，曲也。"是蹐盭皆有曲义，上既言蹐，则下不得复言盭。《史记》、《汉书》之字固有不见于《说文》者，必别指一字以当之，则凿矣。(《读书杂志·汉书九》)

按：钱大昕以《说文》无⿰足彖字，即以为是跰字之讹。王念孙反对钱说，同意颜注，“作⿰足彖者别体耳”。别体字即异体字。并且提出，《史》《汉》之字固有不见于《说文》者，必别指一字以当之则凿矣。王念孙的这一观点，对训诂学的理论建设和实践工作都有积极的指导意义。

《墨子·三辩》：“农夫春耕夏耘，秋敛冬藏，息于聆缶之乐。”毕云：“聆当为瓴。”又云：“《太平御览》引作‘吟谣’，是也。缶是䍃字之坏。”念孙案：今本《墨子》作“聆缶”者，聆乃⿰瓦令字之讹。⿰瓦令即瓴字也，但移瓦于左，移令于右耳。《北堂书钞·乐部七》、（缶下。）钞本《太平御览·乐部三》及二十二，（缶下。）引《墨子》并作“吟缶”，吟亦⿰瓦令之讹。盖《墨子》书瓴字本作⿰瓦令，故今本讹作聆，诸类书讹作吟，而缶字则皆不讹也。其刻本《御览》作“吟谣”者，后人不知吟为⿰瓦令之讹，遂改吟缶为吟谣耳。上文云诸侯息于钟鼓，士大夫息于竽瑟，此云农夫息于⿰瓦令缶。钟鼓、竽瑟、⿰瓦令缶，皆乐器也。（《淮南·精神篇》：“叩盆拊瓴，相和而歌。”盆即缶也。）若吟谣，则非乐器，不得言吟谣之乐矣。（《读书杂志·墨子一》）

按：王念孙以聆为⿰瓦令字之讹，⿰瓦令即瓴之异体字，左右偏旁互易耳。孙诒让《墨子间诂》，即引王说为证。

《淮南子·俶真训》：“吟德怀和。”高注曰：“吟咏其德，含怀其和气。”念孙案：吟，非吟咏之吟，乃含字也。《原道篇》:"含德之所致也。"高彼注曰:"含,怀也。"此云"含德怀和",《本经篇》云"含德怀道",含怀一声之转,其义一也。含字从口今声,移口于旁,字体小异耳。若训为吟咏之吟,则与怀和不类矣。《汉书·礼乐志》:"灵安留,吟青黄。"服虔曰:"吟,音含。"是含字古或作吟也。(《读书杂志·淮南内篇二》)

按:王念孙以吟字为含之异体字,虽出人意表,却合乎义理。从字形结构上看,吟之与含,是上下结构变换成了左右结构,这合乎汉字往往变换各成分位置而成为异体字的规律。从字词搭配看,"含德"一语,王念孙已举出《淮南子》同书二例,今再补三例。《尚书·盘庚上》:"惟汝含德,不惕予一人。"《老子》:"含德之厚,比于赤子。"南朝梁萧统《〈陶渊明集〉序》:"含德之至,莫逾于道。"本例"吟德怀和",吟德即含德,与怀和正相应,合乎文义。王念孙更举出《汉书》中"吟音含"之例,则吟为含之异体字已有先例。

《管子·海王》:"吾欲藉于台雉何如。"引之曰:台为宫室之名,雉乃筑墙之度,(定十二年《公羊传》曰:"五板而堵,五堵而雉。"《坊记》郑注曰:"雉,度名也,高一丈长三丈为雉。")台雉二字,意义不伦,遍考诸书,无以台雉并称者。《国蓄篇》曰:"夫以室庑藉谓之毁成。"《轻重甲篇》曰:"寡人欲藉于室屋。"以此例之,台下之字,亦当为宫室之名。雉,盖䠶之讹也。䠶与射同,(见《说文》。)即榭字之假借。(《楚语》:

"榭不过讲军实。"刘逵《吴都赋》注引作射。《郙敦铭》:"王格于宣射。"即宣十六年《春秋》之"成周宣榭"也。)古字偏旁,或左右互易,(如犹或作猷,獨或作獸,鹁或作驛,虺或作虮,鄰或作隣之类,是也。)则䠶字亦可作䠶,形与雉相似,因讹为雉矣。《乘马数》、《事语》、《地数》、《轻重甲》诸篇,言台榭者屡矣,则此亦当然。《尔雅》曰:"阇谓之台,有木者谓之榭。"(《读书杂志·管子十》)

按:王引之以射之异体字䠶,左右偏旁互易则又作䠶,因与雉相似而讹作雉,以此校释台雉当作台射;射为榭之借字,台射即台榭。

《广雅·释亲》:"肊、臆、膺,匈也。"[疏证]肊、臆一字也。《说文》:"肊,匈骨也。"或作臆。臆与臆同。(《广雅疏证》卷六下)

按:《说文》肉部:"肊,胸骨也,从肉乙声。臆,肊或从意。"肊与臆互为异体字。古代典籍中一般多用臆字,直至晚近才见用肊字,例如《清史稿·儒林传·戚学标》:"其部居错杂分合,类出肊见。"鲁迅《坟·人之历史》:"其说逞肊,无实可征。"今《简化字总表》中,億字简化为亿,憶字简化为忆,为何臆字不简化为肊呢?建议将臆字简化为肊,其理由是,一有古代字书、辞书为依据,二有正史及鲁迅文章为用例,三有同样以意为声旁的億、憶字简化的类例,应该是可行的。

三十三、古今字

古今字有广义、狭义之分。广义的古今字，是指一个单音节词可以用不同的汉字来记录，由于通行时间有先后，在前者就是后者的古字，在后者就是前者的今字。广义的古今字又可分为三种情况：一是用古字另加偏旁或改动部件等办法产生今字，今字或与古字音义全同，例如："云即古雲字也"，"侌，古陰字也"，"古书多作队，今则坠行而队废矣"；今字或仅取代古字的某一意义，例如："陈，古阵字"，"今文赴作讣"，"北，古背字也"，"县，此本古之悬字耳，后人转为州县字，乃更加心以别之，非当借音"。二是指先后通行的假借字，例如："蚤，古以为早晚字"，"后，古後字"，"仄，古侧字"，"澹，古赡字"。三是指先后通行的异体字，例如："媿，古愧字"，"侮，古侮字"，"犇，古奔字"，"褎，古袖字"。传统训诂学的目的在于注释古书字义，而不在于说明文字演变历史，也不在于说明词义和字义的交叉现象，因此其所说古今字，范围很广，包括上述三种情况，是广义的古今字。

狭义的古今字，是现代语言文字学的概念，一般是指广义古今字中的第一种情况，也就是用古字另加偏旁或改动部件等办法而生成今字，今字或与古字音义全同，又称为累增字，意谓在古字上增加上偏旁，当然也使表意更加明显；今字或仅取代古字的某一意义，又称为区别字，意谓在意义和用法上与并存的古字有所区别。这样就把广义古今字中的实为通假字、异体字就排除在外。

高邮二王在训诂实践中，他们所说的古今字，与同时代学者段玉裁、郝懿行等所说一致，都是指传统训诂学意义上的古今字，其中有的实为异体字，或为通假字，也就是广义上的古今字。例如：

> "搖，古摇字。"(《读书杂志·管子一》"槍竿"条)
>
> "景祐本范作笵，此古字之仅存者。"(同上《汉书六》"范"字条)
>
> "敀，今迫字也。"(同上《淮南十九》"攻"字条)
>
> "廾，今拱字也。"(同上《荀子一》"端拜"条)

按，上四例是先后通行的异体字。再如：

> "古多以醳为释字。又《田儋传》'乃释齐'，索隐本亦作醳，注曰：'古释字。'"(《读书杂志·史记五》"释"字条)
>
> "捷，古插字也。"(同上《管子四》"插衽"条)
>
> "適，古敌字。"(同上《管子七》"从于適"条)
>
> "亓，古其字。"(同上《墨子四》"亦远"条)

按，上四例是先后通行的假借字。

如果排除以上所举的两种情况，高邮二王对于狭义古今字的认识和训释，还是能正确地把握的。

> 《管子·宙合》："是以古之士，有意而未可阳也，故愁其治言，含愁而藏之也。"尹注曰："有意济世，时乱方殷，未可明论，故曰：理代之言，阴愁而藏之。"

(治世作理代,此避太宗、高宗讳。)念孙案:注言"阴愁而藏之",则正文含字当是侌字之误。侌,古阴字也。愁与揫同,《乡饮酒义》:"秋之为言愁也。"郑注曰:"愁读为揫。揫,敛也。"阴与阳正相反,故曰:"有意而未可阳也,故揫其治言,阴揫而藏之也。"谓阴敛其治世之言而藏之也。下文"沈抑以辟罚,静默以侔免",正申"阴揫而藏之"之义。(《读书杂志·管子二》)

按:王念孙校正含字当作侌,侌阴古今字,音义皆同,阴是累增字。顺便指出,黎翔凤《管子校注》中华书局 2004 年版上册第 219 页,这几句原文标点作:"是以古之士有意而未可阳也,故愁其治,言含愁而藏之也。"其中"言"字属下为句,误。尹知章注云"理代之言",即王念孙考释所云"治世之言",则"治言"不宜割裂,"言"字当属上为句。

《汉书·王尊传》:"靖言庸违。"师古曰:"违,僻也。"宋祁曰:"浙本作'庸韦',注云:'韦,违也。'"念孙案:浙本是也。《说文》:"韦,相背也。"是古违背字本作韦,古文《尚书·酒诰》:"薄韦农父。"(见《群经音辨》。)马注:"韦,违行也。"(见释文。)是其证。后人依今本《尚书》改韦为违,故又改注文耳。(《读书杂志·汉书十二》)

按:王念孙以韦违古今字之义以证浙本为是。韦违古今字,今字违取代了古字韦的本义相背义,与借为皮革义的古字韦并存,古今字有所区别,又称区别字。

《汉书·高纪》:"沛公、项羽追北。"服虔曰:"师败曰北。"韦昭曰:"古背字也,背去而走也。"师古曰:"北,幽阴之处,故谓退败奔走者为北。《老子》曰'万物向阳而负阴';许慎《说文解字》云'北,乖也';《史记·乐书》曰'纣为朝歌北鄙之音','朝歌者不时,北者败也,鄙者陋也'。是知北则训乖,训败,无劳借音。韦昭之徒并为妄矣。"念孙案:《说文》:"北,乖也,从二人相背。"《广雅》曰:"背,北也。"(北音背。)则北为古背字明矣。《管子·君臣篇》曰:"为人君者,倍道弃法而好行私,谓之乱。为人臣者,变故易常而巧官以谄上,谓之腾。乱至则虐,腾至则北。"北,谓背其君也。(尹知章注以北为败北,非是。)《齐策》曰:"食人炊骨,士无反北之心。"反北,即反背也。北取乖背之义,故败走亦谓之北。桓九年《左传》:"以战而北。"释文:"北,嵇康音胸背。"《吴语》:"吴师大北。"韦昭曰:"军败奔走曰北。北,古之背字。"是败北之北,古读为背,取背而去之之义。(《甘誓》正义云:"奔北,谓背陈走也。")《说文》训北为乖,正与此义相合。而师古乃云:"北,幽阴之处,故谓退败奔走者为北。"其失也甾矣。(《后汉书·臧宫传》注:"人好阳而恶阴,北方幽阴之地,故军败者皆谓之北。"此亦袭师古之谬说。唯《荀子·议兵篇》注:"北者,乖背之名,故以败走为北。"尚能遵用古训,不为颜说所惑。)师古不读北为背者,特以北为入声,背为

> 去声,不可合而一之耳。不知背北古同声,故北为古背字,而背邶二字并从北声,败北之北,亦取乖背之义,故嵇康、韦昭相承读为背。《乐书》训北为败,安知其不读为背乎?《大雅·行苇》之“黄耇者台背”,与翼、福为韵;《桑柔》之“职凉善背”,与极、克、力为韵;《瞻卬》之“谮始竟背”,与忒、极、慝、识、织为韵。背字皆读入声,此背北同声之明证也。胶柱之见,亦可以废然而反矣。(《读书杂志·汉书一》)

按:北背古今字,今字背取代了古字北的本义乖背义、引申义脊背义,与仍保留引申义北方义、败北义的古字北并存,古今字在字义上有区别,又称区别字。古今字一般读音相同,只是在意义上的分化不同而已。而北的败北义,也是直接由其本义乖背义引申而来,今字背取代了古字北的本义,则北背古同声。

古今字北、背字义分化图示:

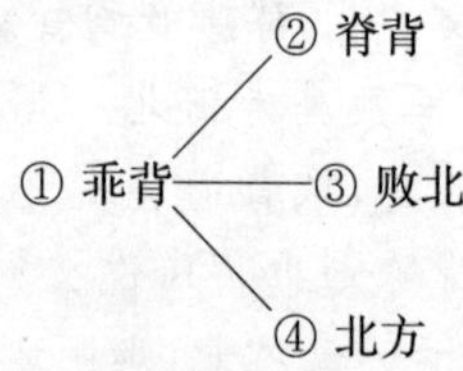

按,图中本义①并列引申出直接引申义②③④。古字北表引申义③败北义、引申义④北方义;而今字背表本义①乖背义、引申义②脊背义。颜师古以为败北义从北方义间接引申而来,不知这两个引申义都是各自从本义乖背义直接引申而来,以至造成谬误。

第六节　综合比较以义证义(上)

段玉裁《广雅疏证序》云:“圣人之制字,有义而后有音,有音而后有形;学者之考字,因形以得其音,因音以得其义。”这就是说,造字之始,必先有字义;而考字之终,为求得字义。字义既是制字的出发点,又是考字的归宿点。在字的形、音、义三者之中,字义是文字的内容,它起着决定性的主导作用,字义的演变发展带动着字音、字形的相应变化。

传统训诂学所说的字义,在古代汉语单音节词占多数时,实际上就是指单音节词的词义。词义有着它自身的内在规律。词义类聚群分,同条共贯,自成体系。词义与词义之间,总是相互联系,相互依存,相互制约,相互影响。一词多义,是从一个词的本义或基本意义出发,主要通过引申产生出不同的意义,这些不同的意义彼此之间有着有机的联系,它们有着共同点。一些不同的多义词,它们的某些义项之间彼此同义,这就形成了同义词。同义现象,使一个意义可以从相对应的两个或更多个同义词中选用最合适的词,这是语言词汇丰富的表现,也使语言表达多样化成为可能。一些不同的多义词,如果它们相对应的某些义项之间彼此意义相反或相对,这就形成了反义词。反义词是反义现象存在于相对应的两个词上。而由于汉语的民族性特点,反义现象还能同时存在于同一个词上,这就是反训词,即一词兼具正反二义的现象。多义、同义、反义、反训等语言现象,反映出词义演变的多样性和复杂性,使词义之间产生了纵横交错的各种联系,而这又都是在词义的运动中形成的。一个时代有一个时代的语言特点,这是汉语史研究的对象之一，然而反过来，通过汉语史的视角，可以探求词义产生的年代及其确切的含义。有时候，由于历史语言资料的缺乏或记载失误，还得取有关实物与语言资料进行互相释证，以求得词义的确解。

训诂学家运用词义本身的内在规律，通过词义与词义之间的各种关系，以及多义词、同义词等众多义项之间的纵横交织的联系，综合排比，归纳演绎，梳理源流，比较同异，以此探求和考释词义，这就是综合比较以义证义的训释方法。

三十四、多义词辨析

一词多义，这是词汇中的普遍现象，也是语言发展中的必然规律。因此辨析多义词，是训诂学研究中的一项重要内容。所谓一词多义，就是指一个词有本义、引申义、比喻义、假借义；但是到了一定的上下文里，这个多义词只能具有一个特定的意义。段玉裁云：

> 凡字有本义焉，有引申、假借之余义焉，守其本义而弃其余义者，其失也固；习其余义而忘其本义者，其失也蔽。（段玉裁《经韵楼集》卷一《济盈不濡轨传曰由辀以下曰轨》）

王念孙亦云：

> 故事理之相近者，既有本义，即有借义，说经者不以本义废借义，不以借义乱本义，斯两得矣。（《经

义述闻》卷二十一“嚚瘖不可使言，聋聩不可使听”条）

《荀子·儒效》：“君子言有坛宇，行有防表。”杨注曰：“言有坛宇，谓有所尊高也。”念孙案：坛，堂基也。（《独断》曰：“坛，谓筑土起堂。”）宇，屋边也。“言有坛宇”，犹曰言有界域，即下文所谓“道不过三代，法不二后王”，非有所尊高也。（《读书杂志·荀子二》）

按：杨倞以坛宇原指祭祀的坛场，是虔诚恭敬、肃穆有礼的场所，给人以尊敬、崇高之感，故云：“言有坛宇，谓有所尊高也。”然而不合本句文义。坛宇与防表，在句中为对文。坛宇，坛指堂基，宇指屋边，坛宇连文，引申义指界限；防表，防指堤防，表指标识，防表连文，引申义指标准。“言有坛宇，行有防表”，意谓言有界限，行有标准。这里的坛宇和防表，都是用的引申义。

《楚辞·离骚》：“高余冠之岌岌兮，长余佩之陆离。”王注曰：“陆离，犹参差，众貌也。”念孙案：陆离有二义：一为参差貌，一为长貌。下文云：“纷总总其离合兮，班陆离其上下。”司马相如《大人赋》云：“攒罗列聚丛以茏茸兮，衍曼流烂痑以陆离。”皆参差之貌也。此云：“高余冠之岌岌兮，长余佩之陆离。”岌岌为高貌，则陆离为长貌，非谓参差也。《九章》云：“带长铗之陆离兮，冠切云之崔嵬。”义与此同。

(《读书杂志·馀编下·楚辞》)

按：陆离有二义：一为参差貌，一为长貌。这样的词，从词性上看都属形容词，它们在句子结构中所起的语法作用亦相同，因此想从词性和语法结构上去辨别它们，似不可能，只有另辟蹊径。第一，这可以从陆离这一形容词跟被形容的事物的联系来辨析。一般说来，被形容的是声光、花草、山丘、房屋等集合物，陆离为参差貌；被形容的是长剑、长铗等单一物，陆离为长貌。第二，还可以从陆离这一形容词在词语搭配上来辨析。凡是跟那些表示错综、散乱、重叠等意义的字词搭配时，陆离为参差貌，因为错综、散乱、重叠等意义，正是参差这一意义的具象化引申；凡是跟那些表示长义的字词搭配时，陆离为长貌。王念孙尽管未言具体的辨析，而从他训释"长余佩之陆离"、"带长铗之陆离"二句，陆离为长貌，则亦可心知其意矣。

《汉书·食货志》："世之有饥穰，天之行也，禹汤被之矣。"李奇曰："天之行气，不能常孰也。或曰：行，道也。"念孙案：或说是也。世犹岁也。《史记·货殖传》曰："六岁穰，六岁旱，十二岁一大饥。"是岁之有饥穰，乃天之道也。(《剥》彖传曰："君子尚消息盈虚，天行也。"天行即天道。说见《经义述闻》"乾行也"下。)《曲礼》："去国三世。"释文："卢、王云：世，岁也，万物以岁为世。"《晏子春秋·杂篇》曰："以世之不足也，免粟之食饱。"谓岁之不足也。《史记·淮南王传》曰："万世之后，吾宁能北面臣事竖子乎？"谓万岁之后也。(《楚策》曰:"寡人万岁千秋之后。")《荀子·非相篇》:"千世之传。"《韩诗外传》世作岁。是世与岁同义,故《汉纪·孝文纪》作:"岁有饥饿,天之常行。"(《读书杂志·汉书四》)

按:世字是个多义词,《汉语大字典》就收列了19个义项,《汉语大词典》收列17个义项,各自去其虚词义、通假义、姓氏义三个义项,仍然分别还有16个、14个义项,正不可谓不多也。王念孙以本例世字与饥穰搭配成句,并举出世字的五句用例,参之故训,训世为岁,"世犹岁也","世与岁同义"。这在王念孙那个时代,可以说已完成了训释字义的任务。然而从今天的要求来说,王念孙训世为岁,还是不彻底的。此无他,因为训释字岁字也是一个多义词。用多义词作训释字,是传统训诂学的圆融,然而却也是它的粗疏、含浑。现代训诂学则要求训释精细、明确。王念孙举出的世字五个用例,其中的四个例证,世训岁,岁与年同义,即年岁之义;而其中《晏子春秋·杂篇下》一例:"以世之不足也,免粟之食饱。"世训岁,岁与年同义,当为年成义。王念孙却把这两种意义合在一起,未作进一步分析。《汉语大字典》第一卷第14页:"〔世〕⑧年;岁。"《汉语大词典》第1卷第493页:"〔世〕⑦岁;年。"从所举书证看,也都是把年岁义与年成义合在一起,未作进一步分析,显得这一义项过于宽泛,也使整个词条的义项分合宽严不整。

世训岁,岁与年同义,岁与年都有一个相同的引申义,即年成,年景。谓岁为年成,年景,例如,《礼记·曲礼下》:"岁凶,年谷不登。"正文中,以年谷训释岁字。《左传》哀公十六年："国人望君如望岁焉。"杜预注："岁，年谷也。"《汉书·薛广德传》："以岁恶民流……罢。"颜师古注："岁恶，年谷不熟也。"《孟子·梁惠王上》："非我也，岁也。"朱熹集注："岁，谓岁之丰凶也。"岁之丰凶，即指年成。贾谊《论积贮疏》："失时不雨，民且狼顾，岁恶不入，请卖爵子。"王力主编《古代汉语》第三册第893页注："岁恶，年成坏。"新注甚确。在有些句子中，既有岁字，又有年字，年字为年岁义，而岁字为年成义，很富有启发性。例如，刘向《说苑·君道》："宋人闻之，夙兴夜寐，早朝晏退，吊死问疾，戮力宇内，三年岁丰。"三年岁丰，谓三年年成丰收。《汉书·卜式传》："往年西河岁恶，率齐人入粟。"岁恶谓年成不好。桓宽《盐铁论·力耕》："丰年岁登，则储积以备乏绝。"谓丰收年分年成收获好。因此，"世之有饥穰，天之行也"，世训岁，岁引申指年成。

王力主编《古代汉语》校订重排本第三册第893页，贾谊《论积贮疏》："世之有饥穰，天之行也，禹汤被之矣。"注："穰(ráng)，丰收。行，道。被，遭受。指禹曾遭九年水灾，汤曾遭七年旱灾。"新注对世字未作注释，则是以世字常见义待之，容易引起误解。世当训岁，引申指年成。饥穰为一偏义复词，不当作为饥和穰二词分训。偏义复词饥穰，词义在饥(荒年)不在穰(丰收)，穰字只是连类而及而起陪衬作用，故下句紧接着说："禹汤被之矣。"被训遭受、蒙受义，正是指禹曾遭受九年水灾、汤曾遭受七年旱灾而言，此处何有丰收乎？贾谊文中说："失时不雨，民且狼顾，岁恶不入，请卖爵子"；又说："兵旱相乘，天下大屈"，这正是对饥荒年景的形象化描写。故王念孙考释世字时所引例证《汉纪·孝文纪》正作："岁有饥饿，天之常行。"称引异文世作岁，岁指年成；偏义复词饥穰在异文中换作同义复词饥饿，可证饥穰义同饥饿。

三十五、同义词辨析

在现代词汇学中，同义词指的是两个或两个以上具有相同意义的词，但是，同义词之间总是在其他意义、风格特征、感情色彩或用法上存在着细微的差别。同义词可以分为绝对同义词和相对同义词两种。绝对同义词，亦称等义词，这种绝对同义的等义词几乎是没有的，因为这违反了语言的经济原则。相对同义词，亦称近义词，就是我们通常所说的同义词，这种相对同义词在意义方面存在不同程度的重叠，但是在某些场合并不能互相替换。同义词的意义既有主要相同的一面，又有细微的差别，同义词的主要功能是表现同一事物或现象的不同侧面、不同色彩和不同变异。同义词的区别表现在五个方面：同义词具有不同的内涵意义，或不同的用法，同义词属于不同的文体，或不同的时代，或不同的方言。这也就为辨析同义词留下了足够的空间。古代汉语同义词特别多，传统训诂学就大量利用同义词进行训释，这跟古代汉语单音节词占多数，汉语历史悠久，方言众多，词义的不断演变发展，都是分不开的。

我国传统语言学向来重视同义词的辨析工作。训诂学家往往注意同义词的"同中有异"，比较它们的通别。在有意识地把几个同义词进行对比、辨析而放在一起时，即在"对文"中着重几个同义词的异别，叫作"对文有别"或"析言有别"。几个同义词分散单独使用，不着重于它们之间的异别，即在"散文"中几个词相通，叫作"散文则通"，或"统言无别"、"浑言无别"。王念孙在训诂实践中，经常用"对文则异，散文则通"来辨析同义词的通别，例如——

> 《广雅·释诂》："㧑、磋，磨也。"〔疏证〕磋者，《卫风·淇奥篇》："如切如磋，如琢如磨。"《尔雅》云："骨谓之切，象谓之磋，玉谓之琢，石谓之磨。"郑注《学记》云："摩，相切磋也。"盖切、磋、磨三字，对文则异，散文则通矣。（《广雅疏证》卷三上）

按：切、磋、琢、磨为一组同义词，它们相同的意义是磨治加工器物，由于所施对象不同，它们就有了区别，但是这也只是在它们一起同时出现时，才会去注意这种区别。例如，《尔雅·释器》："金谓之镂，木谓之刻，骨谓之切，象谓之磋，玉谓之琢，石谓之磨。"郭璞注："六者皆治器之名。"然而在古书的实际运用情况中，当这些同义词分散使用时，并不讲究这些区别。例如，镂，《荀子·劝学》："锲而不舍，金石可镂。"《汉书·司马相如传上》："乘镂象，六玉虬。"颜师古注引张揖曰："镂象，象路也，以象牙疏镂其车辂。"《文选·左思〈吴都赋〉》："雕栾镂楶，青琐丹楹。"吕延济注："栾，拱也；楶，斗也。皆雕镂其上。"可见，不仅"金谓之镂"，石、象、木亦可谓之镂。刻，《史记·秦始皇本纪》："金石刻尽始皇帝所为也。"《汉书·董仲舒传》："臣闻良玉不琢，资质润美，不待刻琢。"可见，不仅"木谓之刻"，金、石、玉亦可谓之刻。切，《周礼·天官·大宰》"五曰百工，饬化八材"郑玄注引郑司农云："珠曰切，象曰磋。"《列子·汤问》："其剑长尺有咫，练钢赤刀，用之切玉如切泥焉。"可见，不仅"骨谓之切"，玉、石亦可谓之切。磋，《诗·卫风·淇奥》："有匪君子，如切如磋，如琢如磨。"朱熹集传："治骨角者，既切以刀斧，而复磋以铝锡。治玉石者，既琢以槌凿，而复磨以沙石。”三国魏阮侃《答嵇康诗》之一：“良玉须切磋，玙璠就其形。”可见，不仅“象谓之磋”，骨、玉亦可谓之磋。琢，《文选·张衡〈南都赋〉》：“琢雕狎猎，金银琳琅。”刘良注：“言雕琢金银琳琅以为器。”刘禹锡《上仆射李相公启》：“夫沟中之木与牺象同体，追琢不至，坐成枯薪。”上引朱熹集传云：“治玉石者，既琢以槌凿，而复磨以沙石。”可见，不仅“玉谓之琢”，金、木、象、石亦可谓之琢。磨，《荀子·大略》：“人之于文学也，犹玉之于琢磨也。”《吴越春秋·勾践阴谋外传》：“一夜天生神木……巧工施校，制以规绳，雕治圆转，刻削磨砻。”可见，不仅“石谓之磨”，玉、木亦可谓之磨。这就是所谓“散文则通”、“统言无别”或“浑言无别”。

> 《广雅·释亲》：“股，胫也。”〔疏证〕《释名》云：“胫，茎也，直而长似物茎也。”《说文》：“胫，胻也。”“股，髀也。”凡对文则膝以上为股，膝以下为胫。《小雅·采菽》笺云：“胫本曰股。”是也。散文则通谓之胫，《说文》云：“彳，象人胫三属相连。”是也；或通谓之股，经言“股肱”是也。（《广雅疏证》卷六下）

按：“对文则异，散文则通”，在词义的关系上往往相当于特指与泛指的关系。王念孙辨析股与胫这一对同义词，也是用特指别其异，用泛指证其通。今补充用例以申述之。股指大腿，胫指小腿，这是常义。当这一对同义词一起出现时，有所比较，特指就更明确。例如，《庄子·在宥》：“昔者黄帝始以仁义撄人之心，尧舜于是乎股无胈，胫无毛，以养天下。”刘向

《说苑·君道》:"胫大于股者,难以步;指大于臂者,难以把。"然而当它们分散使用时,就不再专指细分,而都泛指腿。例如胫,《庄子·骈拇》:"是故凫胫虽短,续之则忧;鹤胫虽长,断之则悲。"胫泛指腿。孔融《论盛孝章书》:"珠玉无胫而自至者,以人好之也,况贤者之有足乎。"珠玉无胫与贤者有足相对为文,则胫泛指腿,其义自显。再如股,《尚书·说命下》:"股肱惟人,良人惟圣。"孔传:"手足具乃成人,有良臣乃成圣。"股与肱连文,肱指臂,则股泛指腿。《史记·酷吏列传》:"〔郅都〕至则族灭瞯氏首恶,馀皆股栗。"裴骃集解引徐广曰:"髀脚战摇也。"晋人徐广以"髀脚"释股,"战摇"释栗。髀即大腿;(《说文》:"股,髀也。")脚,按照古义是指胫,即小腿,不是足。如此,股栗之股不是专指大腿,当是泛指腿。《汉语大词典》第6卷第1185页:"〔股栗〕亦作'股慄'。大腿发抖。形容恐惧之甚。"即引此《史记·酷吏列传》例为第一个书证,则释义与徐广注不合,是将泛指义误为专指义,其说不确。

《荀子·非十二子》:"甚僻违而无类。"杨注曰:"谓乖僻违戾而不知善类也。"念孙案:杨说非也。僻违,皆邪也。(说见《修身篇》。)类者,法也。言邪僻而无法也。《方言》:"类,法也。(《广雅》同。)齐曰类。"《楚辞·九章》:"吾将以为类兮。"王注与《方言》同。《大元·毅》:"次七,觥羊之毅,鸣不类。测曰:觥羊之毅,言不法也。"是古谓法为类。《儒效篇》:"其言有类,其行有礼。"谓言有法也。(杨注:"类,善也。谓比类于善。"失之。)《王制篇》:"饰动以礼义,听断以类。"谓听断以法也。(杨注:"所听断之事,皆得其善类。"

失之。)《富国篇》:“诛赏而不类。”谓诛赏不法也。(杨注:“不以其类。”失之。)类之言律也。律,亦法也,故《乐记》“律小大之称”,《史记·乐书》律作类。《王制篇》曰:“其有法者以法行,无法者以类举。”盖法与类,对文则异,散文则通矣。(《读书杂志·荀子二》)

按:类者,法也。类之言律也,类律一声之转,律亦法也。类与法,对文则异,散文则通。法指国家根本大法,如刑法、法令;而类,亦即律,指援引刑法、法令而定的条例。例如,《汉书·刑法志》:“汉兴,高祖初入关,约法三章……三章之法不足以御奸,于是相国萧何捃摭秦法,取其宜于时者,作律九章。”这“作律九章”是在“约法三章”的基础上进行具体扩充和完善的律令,这是同义词法与律“对文则异”的例子。以后,法律连文同义,更结合成同义复词,也就不可能再出现“对文则异”的例子。同义词类与法“对文则异”例,亦仅见一例,即王念孙上引《荀子·王制》例。至汉时,已不见训作法律义的类字,作为法式、法则义的类字较多见。因此,类与法同义,更多的情况是“散文则通”。类与法同义,在法律、法式、法则、相似等义项上都同义,因此王念孙《广雅疏证》卷一上“类,法也”条云:“相似谓之类,亦谓之肖;法谓之肖,亦谓之类。”

按,上引例说明,某些同义词在相对为文使用时,必须注意它们之间的异别,即“同中求异”;但在一般情况下,当他们分散单独使用时,意义相通,则注意“存异求同”。这正如王念孙所云:“训虽不同,理实相贯,学者不以辞害义可也。”(见《广雅疏证》卷四上“奸宄窃益也”条)

三十六、反训词辨析

反训词,就是一词具有正反两方面的意义,这是一种比较特殊的训释现象,同时也是汉语词汇发展史中饶有趣味的一个问题。晋人郭璞最早注意到这种训释现象,他在《方言注》中云:"苦而为快者,犹以臭为香,乱为治,徂为存,此训义之反覆用之是也。"(见《方言》卷二"逞、苦、了,快也"条注)在《尔雅注》中云:"肆既为故,又为今,今亦为故,故亦为今,此义相反而兼通者。"(见《尔雅·释诂》"肆、故,今也"条注)又云:"以徂为存,犹以乱为治,以曩为向,以故为今,此皆诂训义有反覆旁通,美恶不嫌同名。"(见《尔雅·释诂》"徂、在,存也"条注)郭璞虽然对此作了初步解说,但是显得比较笼统简单。唐人孔颖达在五经正义中,多次运用辨析反训词这一训释方法。例如,《尚书·盘庚中》:"若乘舟,汝弗济,臭厥载。"孔疏:"臭是气之别名,古者香气秽气皆名为臭。《易》云'其臭如兰',谓香气为臭也。《晋语》云惠公改葬申生,臭彻于外,谓秽气为臭也。下文复述此意云:'无起秽以自臭。'则此臭为秽气也。"《诗·卫风·伯兮》:"愿言思伯,甘心首疾。"毛传:"甘,厌也。"孔疏:"凡人饮食,口甘遂至于厌足,故云'甘,厌也'。"然而孔颖达并未从理论上作进一步说明。王念孙全盘接受郭璞反训之说,并在具体训释中多所阐发。

《广雅·释诂》:"敛、乞、丐、贷、禀,与也。"〔疏证〕敛者,卷一云:"敛,欲也。"敛为欲而又为与,乞、丐为求而又为与,贷为借而又为与,禀为受而又为

与,义有相反而实相因者,皆此类也。(《广雅疏证》卷三下)

按：上例是施受反训。一个词在古代本表达施受两方面的概念,由此可以作出正反二训。《广雅·释诂》云:"祈、乞、丐,求也。""假、贷,借也。""乞、丐、贷,与也。"借贷这种行为,涉及当事人双方,缺一不成,从借出一方来说是"与",从借入一方来说是"求",所以说"义有相反而实相因"。这就比郭璞所言"训义之反覆用之"说前进了一大步,并初步揭示了义有相反而实相因之生成原因。

《广雅·释诂》:"郁、悠,思也。"〔疏证〕凡一字两训而反覆旁通者,若乱之为治,故之为今,扰之为安,臭之为香,不可悉数。《尔雅》云:"郁陶、繇,喜也。"又云:"繇,忧也。"则繇字即有忧喜二义。郁陶亦犹是也。是故喜意未畅谓之郁陶,《檀弓》正义引何氏隐义云:"郁陶,怀喜未畅意。"是也。忧思愤盈亦谓之郁陶,《孟子》、《楚辞》、《史记》所云是也。暑气蕴隆亦谓之郁陶,挚虞《思游赋》云:"戚溽暑之陶郁兮,余安能乎留斯?"夏侯湛《大暑赋》云:"何太阳之赫曦,乃郁陶以兴热。"是也。事虽不同,而同为郁积之义,故命名亦同。(《广雅疏证》卷二下)

按：上例是引申反训。郁陶的本义是"积蕴热中",是一个中性词,而后来的引申义才分化出正反两种意义。引申以后,怀喜未畅亦为"积蕴热中",例已见上;忧思愤盈亦为"积蕴热中”，例如，《孟子·万章上》：“象曰：‘郁陶思君尔。’”《楚辞·九辩》：“岂不郁陶思君兮，君之门以九重。”王逸注：“愤念蓄积，盈胸臆也。”《史记·五帝本纪》：“象鄂不怿，曰：‘我思舜正郁陶。’”是也。从本义的原点出发，背道而驰的两个引申义，使一词兼有正反二义。暑气蕴隆亦为“积蕴热中”，故亦谓之郁陶，此义直接从郁陶本义引申而来，为中性义项。

> 《广雅·释诂》：“偭，偝也。”〔疏证〕偭者，《楚辞·离骚》：“偭规矩而改错。”《汉书·贾谊传》：“偭蟂獭以隐处兮。”王逸、应劭注并云：“偭，背也。”（《广雅疏证》卷二下）

按：上例是内含反训。一个词在古时本就包含着相反相成的含义，由此可作正反二训。黄季刚先生说：“凡人之心理循环不一，而语义亦流转不居，故当造字时，已多有相反为义者。”[①]朝向的向，借用向，亦作乡，后作嚮。《说文》：“向，北出牖也。”北出，即背对着。《广韵》去声漾韵：“向，对也。”即面对着。偭训向，正对的是方向，背对的亦是方向，故偭训向，又训背。《说文》：“偭，乡也。”段玉裁注：“乡，今人所用之向字也。偭训乡，亦训背，此穷则变，变则通之理，如废置、徂存、苦快之例。（引例略）许言乡不言背者，述其本义也。古通作面。”

> 《广雅·释诂》：“偭，偝也。”〔疏证〕《汉书·项籍

① 黄侃述、黄焯编《文字声韵训诂笔记》，训诂笔记卷上“相反为义”条，上海古籍出版社1983年版第229页。

传》："马童面之。"颜师古注云："面谓背之，不面向也。面缚亦谓反背而缚之。杜元凯以为但见其面，非也。"面与偭通。（《广雅疏证》卷二下）

按：上例是假借反训。面的引申义为面向，向着。例如，《周礼·夏官·撢人》："使万民和悦而正王面。"郑玄注："面，犹乡也。使民之心晓而正乡王。"《尚书·召诰》："面稽天若，今时既坠厥命。"孔颖达疏："郑云'面尤回向也'，则面为向义。"《战国策·秦策五》："皆西面而望。"高诱注："面，向也。"《孟子·梁惠王下》："东面而征西夷怨。"赵岐注："面者，向也。"面的词义本不训背，假借为偭则训背。面为面向，又为背向，义正相反。又如扰，《说文》："扰，烦也。"扰与柔同音，假借为柔，故《广雅·释诂》云："扰，柔也。"（详见《广雅疏证》卷四下）扰训烦，又训柔，义正相反。

《广雅·释诂》："窕、窾，宽也。"〔疏证〕窕窾者，窾或作㧟。昭二十一年《左传》："钟小者不窕，大者不㧟。窕则不咸，㧟则不容。"杜预注云："窕，细不满也。㧟，横大不入也。不咸，不充满人心也。不容，心不堪容也。"窕与窾义正相反，而此俱训为宽者，窕为不满之宽，窾为横大之宽。《大戴礼·王言篇》云："布诸天下而不窕，内诸寻常之室而不塞。"《管子·宙合篇》云："其处大也不窕，其入小也不塞。"《墨子·尚贤篇》云："大用之天下则不窕，小用之则不困。"《荀子·赋篇》云："充盈大宇而不窕，入郤穴而不逼。"《吕氏春秋·适音篇》云："音太巨则志荡，以

> 荡听巨，则耳不容，不容则横塞，横塞则振；太小则志嫌，以嫌听小，则耳不充，不充则不詹，不詹则窕。”高诱注云：“窕，不满密也。”是窕为不满之宽也。《庄子·逍遥游篇》：“瓠落无所容。”梁简文帝注云：“瓠落，犹廓落也。”瓠瓠声相近，是瓠为横大之宽也。（《广雅疏证》卷三上）

按：上例是同类反训。窕为不满，窕与瓠义正相反，而同表宽度，故窕又训为宽。这就像长与短义正相反，而同表长度；深与浅义正相反，而同表深度一样。一词正反两训，正反词义所属范畴则同类。

三十七、二义同条

在《尔雅》、《广雅》书中，有时一条训释兼含二义（或三义）。这种二义同条的训释现象，即一串被训释字用同一个训释字，实则这一串被训释字中包含着二组不同的意义，因而训释字是一个多义词，或者是个异词同形字。二义同条这种现象，陆佃《尔雅新义》叫“一名两读”；邵晋涵《尔雅正义》叫“因字同而连之”；郝懿行《尔雅义疏》叫“一字兼包二义”，又称为“义异而同训”、“一字皆兼数义”；王引之《经义述闻》卷二十六《尔雅述闻》叫“二义不嫌同条”；严元照《尔雅匡名》叫“一训兼两义”；陈玉澍《尔雅释例》叫“训同义异例”；刘师培《中国文学教科书》叫“一字数义之例”，等等。各家名称众说纷纭，唯有王引之称为“二义不嫌同条”，才抓住了这一训释现象的本质特征，那就是《尔雅》、《广雅》的辞书训诂中同一词条兼有二义。发现这一现象，可以使我们对《尔雅》、《广雅》的训释避免许多误解，不至混淆不清。高邮王氏在《尔雅述闻》、《广雅疏证》中，对二义同条一一加以辨析，指出异同，使词义训释更加深入细致。王引之云：

古人训诂之指，本于声音，六书之用，广于假借，故二义不嫌同条也。如下文："台朕赉畀卜阳，予也"，台朕阳为予我之予，赉畀卜为赐予之予。"治肆古，故也"，治古为久故之故，肆为语词之故。"载谟食诈，伪也"，载谟食为作为之为，诈为诈伪之伪。"艾历覛胥，相也"，艾为辅相之相，历覛为相视之相，胥为相保相受之相。"际接翜，捷也"，际接为交接之接，翜为捷疾之捷。义则有条而不紊，声则殊涂而同归，此《尔雅》所以为训诂之会通也。魏张稚让作《广雅》，犹循此例。自唐以来，遂莫有能知其义者矣。(《经义述闻》卷二十六"林烝天帝皇王后辟公侯君也"条)

二义同条例，根据训释字的不同，可以分为两大类。(一)一字多义例。训释字是个多义词，其中有二个义项分别与被训释字相对应，这又可细分为二小类：1. 词性不同。同条中的二义，分属语法上不同的词类，然而仍有词义上的联系。2. 词性相同，意义不同。尽管意义不同，但二义仍有词义上的联系。(二)异词同形例。训释字是个异词同形字，同条的二义没有词义上的联系。

《广雅·释诂》:"罢、券、烦、倦、贤、犒、勚、屑、祕、往,劳也。"〔疏证〕罢、券、烦、倦诸字为劳苦之劳,犒为慰劳之劳。《周官·大行人》:"三问三劳。"郑注云:"劳,谓苦倦之也。"僖二十六年《左传》:"公使展喜犒师。"服虔注云:"以师枯槁故馈之饮食,劳苦谓之劳也。"是慰劳之劳即取劳苦之义也。(《广雅疏证》卷一下)

《广雅·释诂》:"憝、凶、訧、咎、憋、譆、惰、羸、嫉、毒、憎、侩、孱、厉,恶也。"〔疏证〕此条恶字有二义,一为美恶之恶,一为爱恶之恶。昭七年《左传》:"鲁卫恶之。"杜预注云:"受其凶恶。"《尔雅》:"居居究究,恶也。"郭璞注云:"皆相憎恶。"是美恶之恶与爱恶之恶义本相通也。(《广雅疏证》卷三下)

按:以上为一词多义例中的词性不同例。劳苦之劳为形容词,慰劳之劳为动词,训释字劳是个多义词。美恶之恶为形容词,爱恶之恶为动词,训释字恶是个多义词。

《广雅·释言》:"靡、离,丽也。"〔疏证〕靡为靡丽之丽,离为附丽之丽。《说文》:"丽尔,犹靡丽也。"司马相如《上林赋》云:"所以娱耳目乐心意者,丽靡烂漫于前,靡曼美色于后。"《离》彖传云:"离,丽也。"象传云:"明两作离。"《曲礼》:"离坐离立。"郑注云:"离,两也。"桓二年《公羊传》:"离不言会。"何休注云:"二国会曰离。"皆谓丽也。离与丽古同声而通用。《士冠礼》注云:"古文俪为离。"《月令》注云:

“离，读如俪偶之俪。”俪与丽同。(《广雅疏证》卷五上)

《广雅·释诂》：“喘、喙、呬、忥、欶、欥、歇、奄、𪅳，息也。”〔疏证〕此条息字有二义，喘、喙、呬、欶、欥、歇为喘息之息，忥、奄、𪅳为休息之息。(《广雅疏证》卷二上)

按：以上为一词多义例中的词性相同而意义不同例。靡丽、附丽都是形容词，而意义有别。这里的附丽，意谓两相附则成双，有对称之美，义同偶丽，而不是义训为附着、依附的动词附丽。王念孙在疏证中没有提到动词附丽，只是引用古注云：“离，读如俪偶之俪。”“离，两也。”俪与丽同，俪偶即偶丽，谓对偶也。对偶可观，引申为靡丽义。

喘息、休息都是内动词，而意义有别。《说文》：“息，喘也。”段玉裁注：“口部曰：‘喘，疾息也。’喘为息之疾者，析言之；此云息者喘也，浑言之。人之气急曰喘，舒曰息，引伸为休息之称。”喘息、休息都是从息的动词义呼吸引申而来。

《广雅·释诂》：“移、贸、恤、施、夷、讫、狄、假、变、夺，𢿱也。”〔疏证〕此条易字有二义，移、贸诸字为变易之易，夷、讫为平易之易。(《广雅疏证》卷三下)

《广雅·释诂》：“貌、奕、裕、心、形，容也。”〔疏证〕貌、奕、形为容貌之容，裕为宽容之容。”(《广雅疏证》卷四下)

按：以上为异词同形例。其训释字是个异词同形字，同条的二义之间并没有词义上的联系。变易之易为动词，平易之易为形容词，词义之间互不相涉。容貌之容为名词，宽容之容为形容词，词义之间无任何联系。

《尔雅》、《广雅》还有三义同条例，高邮王氏在《尔雅述闻》、《广雅疏证》中有所发现，在训释中有的明言训释字有三义，有的虽未明言训释字有三义，但在举证引例时，条分缕析，三义井然。今试举三例。

> 《尔雅·释诂》："伦、勑、愉、庸，劳也。"家大人曰：劳有三义，一为劳苦之劳，一为功劳之劳，一为劳来之劳。伦、勚、邛、勤、愉、庸、瘽为劳苦之劳，而伦、庸又为功劳之劳，勑为劳来之劳。（《经义述闻》卷二十六"伦勑愉庸劳也"条）

按：劳苦之劳为形容词，功劳之劳为名词，劳来之劳为动词。训释字劳是个多义词，功劳义、劳来义，都是劳字本义劳苦义的直接引申义。

> 《尔雅·释诂》："劳、来强、事、谓，勤也。"家大人曰：勤有三义，一为勤劳之勤，一为相劝勉之勤，一为相劳苦之勤。劳、来亦有三义，一为勤劳之勤，一为相劝勉之勤，一为相劳苦之勤。强、事、谓，皆勤劳之勤也。（《经义述闻》卷二十六"劳来强事谓勤也"条）

按：勤劳之勤为形容词，义即勤苦、辛勤；相劝勉之勤、相劳苦之勤都是动词，也都是由勤字本义勤劳义直接引申而来。

《广雅·释诂》："元、良、倖、傀、䠷、跃、坚，长也。"〔疏证〕元、良为长幼之长，倖、傀为消长之长，䠷、跃、坚为长短之长。（《广雅疏证》卷四下）

按：长短之长为形容词，是长字的本义；消长之长为动词，长幼之长为形容词，都是从本义长短之长间接引申而来。

《尔雅》、《广雅》的二义同条、三义同条例的训释现象，从词条本身形式上看没有任何标志，这全凭训诂学家辨析词条中的训释字（一般为多义词或异词同形字）有若干个义项，如果一串被训释字中各字的义项叠加集合起来后，有着与训释字相对应的相同的义项，而且能够举出古书中的用例，这样就可以认定为若干义同条。我们不妨依此方法推阐，试举出《广雅》中的四义同条例。

《广雅·释诂》："㸚、烂、𤎩、胹、饪、饎、秸、酋、羞、砺、𥡴，熟也。"正兴谨按：本条熟字有四义，其一，㸚、烂、𤎩、胹、饪、饎、羞、砺为熟食之熟；其二，饪（稔）、秸、酋（秋）为成熟之熟；其三，酋为化熟之熟；其四，酋、𥡴为精熟之熟。

其一，熟食之熟义。㸚，《说文》："㸚，烂也。""烂，熟也。"《方言》："胹、饪、亨、烂、糦，熟也。自关而西秦晋之郊曰胹，徐扬之间曰饪，嵩岳以南陈颍之间曰亨,自河以北赵魏之间火熟曰烂,气熟曰糦。熟,其通语也。”亨与鬺通。胹,《说文》:“胹,烂也。”《左传》宣公二年:“宰夫胹熊蹯不熟。”正义引《字书》云:“过熟曰胹。”饪,《说文》:“饪,大熟也。”《士昏礼》:“皆饪。”郑玄注:“饪,熟也。”饎,《尔雅·释训》释文引《字林》云:“饎,熟食也。”《士虞礼》:“饎炊在东壁。”郑玄注:“炊黍稷曰饎。”羞,《方言》:“羞,熟也。”郭璞注:“熟食为羞。”《聘礼》:“燕与羞,俶献无常数。”郑玄注:“羞谓禽羞,雁鹜之属,成熟煎和也。”砺,《方言》:“厉,熟也。”厉之言烈也,《楚辞·招魂》:“露鸡臛蠵,厉而不爽些。”王逸注:“厉,烈也;爽,败也,楚人名羹败曰爽。言乃复烹露栖之肥鸡,臛蠵龟之肉,则其味清烈不败也。”《诗·大雅·生民》:“取羝以軷,载燔载烈。”毛传:“贯之加于火曰烈。”郑玄笺:“烈之言烂也,取羝羊之体以祭神,又燔烈其肉为尸羞焉。”烈与厉古同声而通用,《大雅·思齐》:“烈假不瑕。”毛传作烈,郑笺作厉。砺与厉通。

其二,成熟之熟义。任,《说文》:“稔,谷熟也。”《国语·吴语》:“吴王夫差既杀申胥,不稔于岁,乃起师北征。”韦昭注:“稔,熟也。”任与稔通。秸,《玉篇》:“秸,禾大熟也。”《方言》:“自河以北赵魏之间,谷熟曰酷。”秸与酷通。酋,《说文》:“秋,谷熟也。”《月令》:“麦秋至。”《太平御览》引蔡邕章句云:“百谷各以其初生为春,熟为秋,故麦以孟夏为秋。”酋与秋声近而义同,故扬雄《太玄·玄文》云:“酋,西方也,秋也,物皆成象而就也。”

其三，化熟之熟义。酋，《说文》："酋，绎酒也。"段玉裁注："绎酒，谓日久之酒。"《方言》："自河以北赵魏之间，久熟曰酋。"《月令》："乃命大酋。"郑玄注："酒熟曰酋。大酋者，酒官之长也。"《吕氏春秋·仲冬纪》："乃命大酋秫稻必齐，曲糵必时。"高诱注："大酋，主酒官也。醞酿米曲，使之化熟，故谓之酋。"

其四，精熟之熟义。酋，《国语·郑语》："毒之酋腊者，其杀也滋速。"韦昭注："精熟曰酋。"《释名·释饮食》："酒，酉也，酿之米曲酉泽，久而味美也。"毕沅曰："酉泽，酋绎也。"粟，《篇海类编·食货类·米部》："粟，细米也。"

按，王念孙《广雅疏证》对于本条熟字未明言有四义。笔者就疏证原有资料，再补充了一些用例，进行重新编辑，分为四义，读者自可对照参看。

《广雅·释诂》："轸、域、矩、隒、厓、厉，方也。"正兴谨按：本条方字有四义，其一，轸、矩为方形之方；其二，轸（畛）、域为界域之方；其三，矩为法度之方；其四，隒、厓、厉为旁边之方。

其一，方形之方义。轸，王念孙疏证引《考工记·辀人》云："轸之方也，以象地也。"《楚辞·九章》："轸石崴嵬。"王逸注云："轸，方也。"矩，王念孙未释，今补用例。《玉篇》："矩，圆曰规，方曰矩。"《吕氏春秋·序意》："爰有大圜在上，大矩在下。"高诱注："矩，方，地也。"《汉书·扬雄传上》："带钩矩而佩衡兮。”颜师古注引应劭曰:“矩,方也。”

其二,界域之方义。轸,借作畛。《庄子·齐物论》:“大道未始有封,言未始有常,为是而有畛也。”成玄英疏:“畛,界畔也。”《文选·张衡〈东京赋〉》:“殿未出乎城阙,旆已反乎郊畛。”李善注:“宋衷《太玄经》注曰:畛,界也。”域,《孟子·公孙丑下》:“域民不以封疆之界,固国不以山谿之险。”朱熹集注:“域,界限也。”《汉书·礼乐志》:“驱一世之民,济之仁寿之域。”颜师古注:“域,界也。”畛域连文同义,亦谓界域。《庄子·秋水》:“泛泛乎其若四方之无穷,其无所畛域。”成玄英疏:“譬东西南北,旷远无穷,量若虚空,岂有畛界限域也?”方训区域,引申之为界域。《尉缭子·分塞令》:“中军、左右前后军,皆有地分,方之以行垣,而无通其交往。”谓以行垣为之界域。蔡邕《宗庙迭毁议》:“臣下懦弱,莫能执夏侯之直,故遂衍溢,无有方限。”方限即界限。故《广雅》曰:“轸(畛)、域,方也。”

其三,法度之方义。方谓法度,《诗·大雅·皇矣》:“万邦之方,下民之王。”毛传:“方,则也。”《礼记·儒行》:“儒有合志同方。”孔颖达疏:“方,犹法也。”《文选·王巾〈头陀寺碑文〉》:“穿凿异端者,以违方为得一。”李善注引杜预《左氏传》注曰:“方,法也。”矩,《尔雅·释诂》:“矩,常也。”郭璞注:“谓常法耳。”邢昺疏:“矩者,度方有常也。”《礼记·大学》:“是以君子有絜矩之道也。”郑玄注:“矩,法也。”朱熹章句:“矩,所以为方也。”《汉书·叙传下》:“疆土逾矩。”颜师古注："矩，法制也。"

其四，旁边之方义。王念孙疏证云：隒、厓、厉皆在旁之名，故训为方，方犹旁也。论证甚详，文烦不录。

按，王念孙在疏证中，依次对被训释字轸、域、隒、厓、厉等字作解释，并已涉及到训释字方字的方形、界域、旁边三个义项。王念孙未释矩字，而矩字在本条中含有方形、法度两个义项。通过对矩字的补释，"矩，方也"，又增加了法度这一义项，这样本条就成为四义同条。

《广雅·释诂》："元、良、餑、䭒、䟫、𧿍、坚，长也。"〔疏证〕元、良为长幼之长，餑、䭒为消长之长，䟫、𧿍、坚为长短之长。《尔雅》："元、良，首也。"首亦长也。《乾》文言云："元者，善之长也。"《司马法·天子之义篇》云："周曰元戎，先良也。"《齐语》云："四里为连，连为之长；十连为乡，乡有良人。"是良与长同义。妇称夫曰良人，义亦同也。（《广雅疏证》卷四下）

按，王念孙在训释中已揭示出本条的三个义项，又引入《尔雅·释诂》"元、良，首也"条，并引了相关用例。念孙云："首亦长也。"《广雅·释诂》云："元、首、主、上、令、长，君也。"可证。念孙所引《齐语》例，以证良与长同义，此实为长官、首长义。长，谓长官、首长，《礼记·学记》："然后能为长。"郑玄注："长，达官之长。"《大戴礼记·文王官人》："官则任长。"王聘珍解诂:“长,长官也。”元、良既为长幼之长,又为长官之长。元,《尚书·益稷》:“股肱喜哉,元首起哉,百工熙哉!”孔传:“元首,君也。”《左传》僖公二十七年:“作三军,谋元帅。”孔颖达疏:“元,长也,谓将帅之长。”良,疏证已有用例,今作补充,《仪礼·士昏礼》:“媵衽良席在东。”郑玄注:“妇人称夫曰良。”《乐府诗集·清商曲辞·读曲歌之三十》:“白帽郎,是侬良,不知乌帽郎是谁。”这就为本条揭出了第四个义项,本条也就成为四义同条了。

当然,“元、良,长也”这一训释中,蕴含着比较丰富的义项,例如率先、精善义,如果引述相关用例,就可以排列出本条训释字长字的第五义项,词条也就成为五义同条了。说穿了,只要掌握了众多被训释字和训释字的词义义项分合的规律,也就破解了二义同条甚或多义同条的秘密。

三十八、名字解诂

古人有名有字,名与字义多相因,即其义相同、相类、相对,据此可以考释字义。东汉许慎在《说文》训释中已开其先例,例如《说文》石部:“碫,厉石也,从石段声。《春秋传》曰:郑公孙碫,字子石。”又㫃部:“施,旗貌,从㫃也声。齐栾施字子旗,知施者旗也。”又目部:“眅,多白眼也,从目反声。《春秋传》曰:郑游眅,字子明。”高邮王氏由此得到启发,在训诂实践中,往往引述古人名字以助训释;王引之更是系统地考证古人名字,写成《春秋名字解诂》上下二卷,共计二百九十条,使训释方法更多样化。《春秋名字解诂叙》云:“名字者,自昔相承之诂言也。《白虎通》曰:‘闻名即知其字,闻字即知其名。’

盖名之与字，义相比附，故叔重《说文》屡引古人名字，发明古训，莫著于此。触类而引申之，学者之事也。”（《经义述闻》卷二十三）可见，利用古人名字求证字义，是一种比较直截明了的训释方法。

> 《礼记·檀弓下》：“美哉轮焉，美哉奂焉。”郑注曰：“奂，言众多。”正义引王肃曰：“奂，言其文章之貌也。”释文：“奂，本亦作焕。”引之谨案：王说为长。奂，古焕字。《广韵》：“奂，文彩明貌。”《玉篇》：“焕，明也。亦作奂。”《大雅·卷阿篇》：“伴奂尔游矣。”毛传曰：“伴奂，广大有文章也。”《论语·泰伯篇》：“焕乎其有文章。”何注曰：“焕，明也。”“美哉奂焉”者，室有文彩奂然明也。《大戴礼·四代篇》：“奂然而与民壹始。”即焕然也。《汉冀州刺史王纯碑》：“奂矣王君。”即焕矣也。《后汉书·张奂传》，奂字然明；《吴志·孙奂传》，奂字季明；《南史·王奂传》，奂字道明。皆用古焕字为名而字曰明，明者，焕之正训也。（《经义述闻》卷十四“美哉奂焉”条）

按：上例为古人名与字意义相同例。王引之举出汉魏六朝时三人皆名奂而字曰明，奂为古焕字，正合《论语》何晏集解、《玉篇》火部“焕，明也”之故训，并以此纠正《檀弓》郑玄注之误。

> 郑公子偃字子游（成六年《左传》注），驷偃字子

游（昭十六年传注），晋荀偃字伯游（襄十三年传），籍偃字游（《晋语》注），吴言偃字子游（《仲尼弟子传》），颜成偃字子游（《庄子·齐物论篇》）。〔解诂〕偃读为㫃。《说文》："㫃，旌旗之游，㫃蹇之貌，读若偃。古人名偃字子游。"案，㫃本字也，偃借字也，古人名字多假借，必读本字而其义始明。（《春秋名字解诂下》）

按：上例为古人名与字意义相同例。偃是㫃的借字，㫃就是旌旗之游，指古代旌旗上的飘带。古人名偃字游，名与字意义相同。刘声木《苌楚斋三笔》卷二"名偃字游举例"条云："古人凡名'偃'者，字必有'游'字，证之诸书，无不皆然。例如……不烦旁证博引，已有五人矣。"[①]刘声木发现古人名偃字游，证之诸书，无不皆然；然而也只是知其然而不知其所以然，举出五人为例，也未超过王引之举例范围。名偃字游，南北朝时仍有沿袭其例者。例如，《宋书·后妃传·孝武文穆王皇后》："后父偃，字子游，晋丞相导玄孙，尚书嘏之子也。"《梁书·柳恽传》："少子偃，字彦游。"《魏书·高肇传》："琨弟偃，字仲游。"皆其例也。

鲁曾参字子舆（《仲尼弟子传》）。〔解诂〕参读为骖。《秦风·小戎篇》笺云："骖，两騑也。"桓三年《左传》正义云："初驾马者，以二马夹辕而已。又驾一马，与两服为参，故谓之骖。又驾一马，乃谓之驷。

① 《苌楚斋随笔续笔三笔四笔五笔》，中华书局1998年版第512页。

故《说文》云:'骖,驾三马也。''驷,一乘也。'总举一乘则谓之驷,指其騑马则谓之骖。《诗》称'两骖如舞',二马皆称骖;《礼记》称'説骖而赙之',一马亦称骖,是本其初,参遂以为名也。"名参字子舆者,驾马所以引车也。(《春秋名字解诂下》)

按:上例为古人名与字意义相类例。由马及车,或由车及马,都是连类而及。曾子名参字子舆,参读为骖,由骖马而连及车舆,驾马所以引车也。曾参之参,以前一直读为 shēn,如王力主编《古代汉语》1962 年版上册第一分册第 162 页注云:"曾子,名参(shēn),字子舆,孔子的弟子。"王引之从名字解诂方面考释,参读为骖,则曾参之参当读 cān。

《广雅·释兽》:"於鯱、虎也。"〔疏证〕《说文》:"虎,山兽之君,从虍,虎足象人足,象形。"《方言》:"虎,江淮南楚之间或谓之於鯱。"郭璞注云:"於音乌。今江南山夷呼虎为鯱,音狗窦。"鯱,或作菟。宣四年《左传》云:"楚人谓虎於菟。"释文:"菟音徒。"案,於鯱,虎文貌。《说文》:"𤘅,黄牛虎文,读若涂。"鯱、𤘅声义并同。虎有文谓之於鯱,故牛有虎文谓之𤘅。《春秋传》楚鬥穀於菟字子文,是其证也。《说文》又云:"虍,虎文也。"於鯱与虍,声近而义同,单言之则为虍,重言之则为於鯱耳。(《广雅疏证》卷十下)

按:上例为古人名与字意义相类例。於菟,虎文貌。虎纹是虎最显著的外貌特征，因此借以为虎的别名。古人名於菟而字曰子文，犹言虎有文也，名与字意义正相因。

楚公子黑肱字子晳（襄二十七年《左传》），郑公孙黑字子晳（二十九年《左传》），狄黑字晳（《仲尼弟子传》），卫公子黑背字析（昭二十年《左传》。杜注："析朱鉏，黑背孙。"《元和姓纂》曰："卫穆公生公析黑臀，其孙成子朱鉏以王父字为氏。"案，析与晳通。）〔解诂〕《说文》："晳，人色白也。"晳与黑相对为文。

曾箴字晳，奚容箴字子晳（并《仲尼弟子传》。曾箴，今本作曾蒧，误。《说文》、《玉篇》、《广韵》俱无蒧字，惟《集韵》有此字，音多忝切，盖据误本《史记》也。案，《说文》曰："古人名黬字晳。"黬与箴同音，则当作箴。）〔解诂〕箴读为黬。（《玉篇》："黬，之林切，又音缄。"）《说文》："黬，虽晳而黑也。古人名黬字晳。"曾箴之箴，《论语·先进篇》作點。《说文》："點，小黑也。"黬与點古同声而通用。（《春秋名字解诂上》）

《广雅·释器》："晳，白也。"〔疏证〕《说文》："晳，人色白也。"《鄘风·君子偕老篇》："扬且之晳也。"毛传云："晳，白晳也。"郑公孙黑字子晳，楚公子黑肱字子晳，孔子弟子狄黑字晳，曾點字晳，皆取相反之意也。（《广雅疏证》卷八上）

按：上引例为古人名与字意义相反例。

第七节　综合比较以义证义(下)

三十九、古义对证

古义对证，就是核证文献语言，寻求古训例证。依据文献语言，古训是式，旁征博引，细致深入地训释字义，是一条重要的训释方法。高邮王氏博极群书，精通雅诂，熟练地掌握了文献语言，有着丰富的语感，又凭着编纂辞书的经验，因此往往发前人所未发，而能精确地阐明词语的意义和用法。

> 《汉书·蒯通传》："臣愿披心腹，堕肝胆，效愚忠。"师古曰："堕，毁也。"念孙案：堕者，输也，谓输肝胆以相告也。昭四年《左传》："属有宗祧之事于武城，寡君将堕币焉。"服虔曰："堕，输也。"言将输受宋之币于宗庙，是古谓输为堕也。《史记·淮阴侯传》作"披腹心，输肝胆"，尤其明证矣。又《邹阳传》："披心腹，见情素，堕肝胆。"义与此同，师古亦误训为毁。(《读书杂志·汉书九》"堕肝胆"条)

按：前人对"堕肝胆"一语，均未有确解。《汉书·蒯通传》、《邹阳传》，颜师古注并云："堕，毁也，音火规反。"作为隳的通假字。王念孙以颜注为误，另作新说云："堕者，输也，谓输肝胆以相告也。"输肝胆，犹言把肝胆交出来给对方看，比喻真诚的心意，与成语"肝胆相照"同义。王念孙据《左传》昭公四年陆德明释文、孔颖达正义并引服虔注"堕，输也"为说，更引《史记·淮阴侯列传》"臣愿披腹心，输肝胆，效愚计"之异文（同为蒯通说韩信语）为证。王说言之成理，持之有故，当可信从。

王力主编《古代汉语》1963年版上册第一分册第849页，邹阳《狱中上梁王书》："披腹心，见情素，堕肝胆。"课本注释不采王念孙说，却在颜师古注的基础上加以发挥，注释为"堕肝胆，就是肝胆涂地的意思"，实不妥切。"肝胆涂地"又是什么意思呢？《史记·淮阴侯列传》："今楚汉分争，使天下无罪之人肝胆涂地，父子暴骸骨于中野，不可胜数。"《古代汉语》课本1963年版第678页注："肝胆涂地，等于说到处是惨死的尸体。"1981年修订本第716页注："肝胆涂地，喻惨死。"拿"肝胆涂地"来解释"堕肝胆"，根本不合邹阳《狱中上梁王书》的上下文文义。（"堕肝胆"不同于"肝胆涂地"，"堕"与"涂"在此也并非假借。）

> 《左传》文公七年："训卒利兵，秣马蓐食，潜师夜起。"杜注曰："蓐食，早食于寝蓐也。"《汉书·韩信传》："亭长妻晨炊蓐食。"张晏曰："未起而床蓐中食。"引之谨案：训卒利兵秣马，非寝之时矣；亭长妻晨炊，则固已起矣。而云"早食于寝蓐"，云"未起而床蓐中食"，义无取也。《方言》曰："蓐，厚也。"食之丰厚于常，因谓之蓐食。"训卒利兵，秣马蓐食"者，《商子·兵守篇》曰："壮男之军，使盛食厉兵，陈而待敌；壮女之军，使盛食负垒，陈而待令。"是其类也。两军相攻，或竟日未已，故必厚食乃不饥。亭长之妻，欲至食时不具食以绝韩信，故亦必厚食乃不饥也。成十六年传："蓐食申祷。"襄二十六年传："秣马蓐食。"并与此

同。(《经义述闻》卷十七“秣马蓐食”条)

《广雅·释诂》:“蓐,厚也。”〔疏证〕《方言》:“蓐,厚也。”《说文》:“蓐,陈草复生也。”又云:“缛,繁采饰也。”张衡《西京赋》云:“采饰纤缛。”缛与蓐同义。(《广雅疏证》卷三下)

按:据《说文》,蓐的本义是“陈草复生”,引申出繁义、厚义,是极自然的事,故《方言》、《广雅》、《玉篇》并云:“蓐,厚也。”高邮王氏据《方言》、《说文》故训,再证之以《商君书·兵守》文句,求证“蓐食”为厚食、饱食,驳正了杜预、张晏旧注之误,甚是。

王力主编《古代汉语》1963年版上册第一分册第659页,《史记·淮阴侯列传》“晨炊蓐食”注:“在床上就把饭吃了(依张晏说)。蓐,同缛。”以蓐为缛之异体字,指床褥。1981年修订本第三册第697页注:“在床上就把饭吃了(依张晏说)。蓐,通缛。这是极言吃饭时间之少。”以蓐为缛之假借字,指床褥。晨炊蓐食,新注说“这是极言吃饭时间之少”,这说法十分新奇,却令人莫名其妙。1999年校订重排本第三册第703页注:“在床上就把饭吃了(依张晏说)。蓐,通‘褥’。这是极言吃饭时间之早。”《古代汉语》三种版本,注释修订了两次,然而注为“在床上就把饭吃了(依张晏说)”,却一直未变。或辩云:“旧时都把‘蓐食’解为‘食于床蓐’,基本上是可取的。”又说:“并非真的就在床上吃饭。”这样说,是不是前后自相矛盾呢?既然“并非真的就在床上吃饭”,那末,怎么可以说“解为‘食于床蓐’,基本上是可取的”呢?或辩云:“张晏以‘未起而床蓐中食之’来说明是就字面意义加以训释,无原则错误。”紧接着又说:“对《史记》原文及张晏的注解,都不可太拘泥于字面意义,否则就会以文害义。”这样说,是不是前后自相矛盾呢？既然“张晏……就字面意义加以训释，无原则错误”，那末，为什么对张晏的注释就“不可太拘泥于字面意义，否则就会以文害义”呢？既然“对《史记》原文……不可太拘泥于字面意义，否则就会以文害义”，那末，为什么张晏对《史记》原文“就字面意义加以训释”，却是“无原则错误呢”呢？如果不能解决这几处前后自相矛盾，就只能说明张晏旧注是错误的。为错误的旧注辩护，也必然不能自圆其说。或辩云：“细玩《史记》文义，‘晨炊蓐食’是甚言吃饭之早，主要强调时间。只不过借用具体的事物来对抽象意义进行形象性的描绘罢了。”我们认为，要说“晨炊蓐食”有着时间“早”的意义，那只是从“晨”字来的，与“蓐食”无涉。就“蓐”字来说，无论是字义假借、转注、引申，还是比喻、描绘，我们就都玩不出“早”义来。王引之驳张晏说：“亭长妻晨炊，则固已起矣，而云‘未起而床蓐中食’，义无取也。《方言》曰：‘蓐，厚也。’食之丰厚于常，因谓之蓐食。”辩者却批评王引之说：“这实际上是以人之起居次序来硬套生动而丰富的语言表达，恐不足取。”张晏只不过是“就字面意义加以训释”，注为“未起而床蓐中食”，是否可谓“生动而丰富的语言表达”，姑且勿论。人之起居次序，则是生活中的常理。张晏旧注既不合生活起居次序，就悖于情理，当不足取。王引之释“蓐食”为厚食，这既合乎情理，又有古训为依据。《说文》卷一下蓐部：“蓐，陈草复生也。”徐锴注：“陈根更生繁缛也。”又卷十三上糸部：“缛，繁采饰也。”段玉裁注：“繁本训马髦饰，引申之为繁多。”蓐、缛同义，繁多的意思。《方言》卷十二：“蓐，厚也。”此为繁缛的引申义。“蓐食”即厚食、多食，则无可置疑。

《广雅·释器》：“袢，襦也。”〔疏证〕班固《窦车骑北征颂》云：“劳不御舆，寒不施袢。”袢，通作泽。《释名》云："汗衣，近身受汗垢之衣也。《诗》谓之泽，受汗泽也。或曰鄙袒，或曰羞袒，作之用六尺，裁足覆胸背，言羞鄙于袒而衣此耳。"《秦风·无衣篇》："与子同袍"，"与子同泽"。郑笺云："泽，亵衣，近汗垢。"（《广雅疏证》卷七下）

按：王念孙据《释名》、《毛诗》郑笺，正确地解释了袢为汗衣的含义，同时也解释了泽字。泽，《风俗通·山泽》云："水草交厝名之为泽。"即沼泽，水草淤泥所聚之处，引申作污浊讲。汗衣，受汗泽，故谓之泽，字又作袢。由此，我们可以推阐，屈原赋中，"芳与泽其杂糅兮"一句凡三见，《离骚》王逸注云："泽，质之润也。"不确，泽当训污垢。王夫之《楚辞通释》云："泽，垢腻也。"可证。《九章·惜往日》云："或忠信而死节兮，或訑谩而不疑。弗省察而按实兮，听谗人之虚辞。芳与泽其杂糅兮，孰申旦而别之？"忠信与欺谩刚好相反，故必须按实考察；芳与泽刚好相反，故必须郑重辨别。"芳泽杂糅"，泽就不能解释为有光泽或润泽，当训为污浊义。

王力主编《古代汉语》1981 年版修订本第二册第 556 页，《离骚》："芳与泽其杂糅兮，唯昭质其犹未悔。"注："芳，指香草。泽，有光泽，指玉佩有光泽。糅(róu)，杂。"课本新注承王逸旧注而误。郭沫若先生《屈原赋今译》云："泽字旧未得其解。今案《毛诗·秦风》：'子曰无衣，与子同泽。'郑注：'泽，亵衣也，近污垢。'即此泽字之义。"[1]其说可从，泽宜训为污浊义。观《离骚》原文："制芰荷以为衣兮，集芙蓉以为裳。不吾

① 郭沫若《屈原赋今译》，作家出版社 1957 年版第 99 页。

知其亦已兮，苟余情其信芳。高余冠之岌岌兮，长余佩之陆离。芳与泽其杂糅兮，唯昭质其犹未亏。忽反顾以游目兮，将往观乎四方。佩缤而繁饰兮，芳菲菲其弥章。”共节引十二句，各四句为一小节，并以此换韵。注意，这里每一小节中各有一个“芳”字。三个“芳”字，前后呼应，层层递进。芳，就是指“制芰荷以为衣兮，集芙蓉以为裳”，盖义取“出污泥而不染”，借喻诗人自己高尚的道德品质，即诗中所言之“昭质”；不言而喻，泽就是指污泥，借喻当时楚国恶浊的政治环境。《离骚》这两句，王夫之通释：“清浊杂处，昭质自全。”郭沫若今译：“芳香和污垢纵使会被人混淆呀，只我这清白的精神是丝毫无恙。”①通释和今译，皆得原文之意。

四十、倒用古注

倒用古注，跟古义对证一样，也是核证文献语言，寻求古训例证。一般人寻求古训例证，总是着眼于古注的被训释字。这也是十分自然的事，因为一些字书、韵书和诂训资料汇编，也总是以被训释字为顺序编排，甚或编成索引，以利查找。而高邮王氏父子寻求古训例证时，不仅注意到古注的被训释字，也注意到其中的训释字，并根据训诂实践的需要，将古注的前后项颠倒过来，为训释字义服务，这就是倒用古注。古书中需要解释的字，跟古注中的训释字相同，而古注的被训释字又恰恰适合本书字义训释的需求，这就可以倒用古注。倒用古注，是将古注的前后项即被训释字和训释字倒转过来，其被训释

① 郭沫若《屈原赋今译》，作家出版社 1957 年版第 98 页。

字甲转为训释字，其训释字乙转为被训释字，就是将“甲，乙也”，转为“乙，甲也”，以此来训释字义的一种训诂方法。王引之云：“凡同义之字，皆可互训。”(《经义述闻》卷三十一《通说上》“易”字条)“甲，乙也”，“乙、甲也”，这正是互训的模式，互训就是使同义之字互相为训，甲可训为乙，则乙亦可训为甲。倒用古注，也可以说就是采用互训形式的古义对证。传统训诂学大量地以同义字为释，这就为倒用古注提供了丰富的资料。古注倒用，被训释字与训释字的同义关系不变，这对训释字义有着很大的说服力，高邮王氏父子运用“倒用古注”这一训诂方法，扩展了寻求古训例证的范围，使训释方法和手段多样化，这在方法论上对后人的启迪更大。

《汉书·孙宝传》：“文(侯文)曰：‘我与稚季幸同土壤，素无睚眦，顾受将命，分当相直。’”师古曰：“言自顾念受郡将之命，分当相值遇也。分音扶问反，直读曰值。”念孙案：师古以顾为顾念，直为值遇，皆非也。顾犹特也。(凡《汉书》中顾字在句首者，如《张耳陈馀传》：“顾其势初定”，“顾为王实不反”；《韩信传》：“顾王策安决”，“顾诸君弗察耳”，“顾恐臣计未足用”，皆当训为特。师古皆训为念，非也。他篇放此。)直，绳也。言我与稚季本无宿怨，特受郡将之命，分当相绳耳。《说卦传》曰：“巽为绳直。”(《大雅·抑》笺云：“内有绳直，则外有廉隅。”)《淮南·缪称篇》曰：“行险者不得履绳，出林者不得直道。”高注曰：“绳，亦直也。”绳训为直，故直亦训为绳。《月令》曰：“先定准直，农乃不惑。”准直，即准绳也。直为准绳之绳，又为相绳之绳。《后汉书·循吏传》：“绳正部郡，风威大行。”李贤注曰：“绳，直也。”《百官公卿表》曰：“丞相司直，掌佐丞相举不法。”(《大戴礼·卫将军文子篇》曰：“蘧伯玉直己而不直人。”《淮南·主术篇》曰：“尧置敢谏之鼓，舜立诽谤之木，汤有司直之人。”)(《读书杂志·汉书十二》“分当相直”条)

按：王念孙之前未有直接训直为绳者。念孙据汉高诱注：“绳，直也。”倒用古注，绳训为直，故直亦训为绳：“直，绳也。”这正适合《汉书》“分当相直”中直字的解释。直训绳，直为准绳之绳，为名词，意谓准则，制度；又为相绳之绳，也即绳之以法之绳，为动词，意谓约束，制裁。分当相直，分，指职分；相，副词，在此不表互相，而表一方对另一方的有所施为。全句的意思是，我的职分当对此加以约束或制裁。

引之谨案：《说文》：“讨，治也。”襄五年《左传》：“楚人讨陈叛故。”杜注亦曰：“讨，治也。”讨可训为治，治亦可训为讨。桓元年：“春，王。”《谷梁传》曰：“桓无王，其曰王何也？谨始也。其曰无王何也？桓弟弑兄，臣弑君，天子不能定，诸侯不能救，百姓不能去，以为无王之道，遂可以至焉尔。元年有王，所以治桓也。”谓称王以讨桓之罪也。宣四年：“公伐莒，取向。”传曰：“伐犹可，取向甚矣。莒人辞不受治也。伐莒，义兵也；取向，非也，乘义而为利也。”谓鲁人讨莒，莒人辞不受讨也。古者多谓讨为治。哀六年《左传》：

"晋伐鲜虞,治范氏之乱也。"谓讨范氏之乱也。二十三年传:"齐人取我英邱,君命瑶,非敢耀武也,治英邱也,以辞伐罪足矣。"谓讨齐人取英邱之罪也。(《经义述闻》卷二十五"所以治桓也、莒人辞不受治也"条)

按:王引之之前未有直接训治为讨者。引之据东汉许慎《说文》:"讨,治也。"倒用古注,讨可训为治,治亦可训为讨:"治,讨也。"这正适合《春秋谷梁传》、《左传》四例中治字的解释。治训讨,治为声讨之讨,谓舆论之谴责也,《谷梁传》桓公元年"所以治桓也",是也。治又为讨伐之讨,谓出兵征讨也。《谷梁传》宣公四年"莒人辞不受治也",上文已言"公伐莒",则治为讨伐,明矣。《左传》哀公六年"晋伐鲜虞,治范氏之乱也",言伐又言治,则治为讨伐明矣。又二十三年传,晋君命荀瑶出兵,"治英邱也","以辞伐罪足矣",谓讨伐齐人夺取英邱之罪也。

引之谨案:持训为执,常训也。又训为守,为保。《越语》:"夫国家之事,有持盈,有定倾。"《吕氏春秋·慎大篇》:"胜非其难者也,持之其难者也。"韦、高注并云:"持,守也。"《周语》:"膺保明德。"韦注云:"保,持也。"保可训为持,持亦可训为保。昭十九年《左传》:"楚不在诸侯矣,其仅自完也以持其世而已。"谓保守其世也。《孟子·公孙丑篇》:"持其志,无暴其气。"谓保守其志也。故保养谓之持养,《荀子·劝学篇》:"除其害者以持养之。"《荣辱篇》:"今以夫先王之道,仁义之统,以相群居,以相持养。"杨注云:"持养,保养也。"《议兵篇》:"高爵丰禄以持养之。"(杨注云:"持此以养之。"非是。)

《墨子·天志篇》:“内有以食饥息劳,持养其万民。”《吕氏春秋·长见篇》:“申侯伯善持养吾意。”是也。保禄谓之持禄,《管子·明法篇》:“小臣持禄养交,不以官为事。”《晏子春秋·问篇》:“仕者持禄,游者养交。”《荀子·臣道篇》:“偷合苟容以持禄养交。”是也。保宠谓之持宠,《荀子·仲尼篇》:“持宠处位,终身不厌。”是也。保寿谓之持寿,《吕氏春秋·至忠篇》:“将以忠于君王之身,而持千岁之寿也。”是也。(高注云:“持犹得也。”失之。)(《经义述闻》卷三十一《通说上》“持”字条)

按:高邮王氏之前未有直接训持为保者。王引之据三国吴韦昭注:“保,持也。”倒用古注,保可训为持,持亦可训为保:“持,保也。”这就为古史子书中的持世、持志、持养、持盈、持禄、持宠、持寿等词语作出了确诂。持训保,持为保持之保,如持世、持志、持盈、持禄是也。持又为保养之保,如持养、持寿是也。故王念孙训持为养(见《读书杂志·荀子五》“持养”条,又《馀编上·吕氏春秋》“侍老”条),《说文》:“保,养也。”义正相同也。《汉语大词典》第 6 卷第 547 页〔持〕字头下复词条目,失收〔持志〕、〔持寿〕、〔持宠〕条,修订时宜补入。

四十一、词义相因引申

《尔雅》、《广雅》的一些词条,往往是一组被训释字共用一个训释字来解释。被训释字最多的词条,《广雅》有“视也”条,49 字;“击也”条,59 字;“大也”条,60 字;“好也”条,更多达 65 字。在这些词条中,被训释字都与训释字为同义关系,自不待言；根据传统训诂学同训必同义的原则，被训释字之间，它们也都是同义关系。古代雅书的这种编排方式，势必促使研究辞书训诂的学者们，注意到这些同条共贯的被训释字之间的音义联系。这样，我国古代对字词的研究，一开始就不限于单个汉字的音和义，而是注意把若干字词的音和义联系起来进行综合比较，求证词义。

高邮王氏在《尔雅述闻》、《广雅疏证》中，常常把同条中的若干被训释字联系在一起，跟训释字作比较研究。例如："凡人忧则气敛，乐则气舒，故乐谓之般，亦谓之凯；大谓之凯，亦谓之般。义相因也。"（见《广雅疏证》卷一上"大也"条）凯、般是该条中的被训释字，大是训释字。再如："党谓之比，亦谓之频；数谓之频，亦谓之比。义相因也。"（见《广雅疏证》卷三下"比也"条）党、频是该条中的被训释字，比是训释字。这样的词义引申现象，高邮王氏说是"义相因也"，因此我们称其为词义相因引申。所谓"义相因也"，就是指词义与词义之间相互联系，相互制约，相互依托，相互影响。

词义相因引申，把两个（或两个以上）词义的各自引申系列，联系起来进行考释研究，这两个（或两个以上）词义的引申系列，它们可能牵涉到表示引申义的若干个词，然而各引申系列总是相互对应，系列的长度也相等。词义相因引申，词义自身的运动演变规律可循，而词音也总是或明或暗、直接间接地在其中起着相因的作用。这也可以说，同义词之间的音义互动，促进了词义相因引申。

塗与覆义相近，故塗谓之镘，亦谓之塓；覆谓之幎，亦谓之幔。幔幎语之转耳。

幎者,《说文》:"冖,覆也。""幎,幔也。"《周官·幎人》郑注云:"以巾覆物曰幎。"《乡饮酒礼记》:"尊绤幎。"郑注云:"幎,覆尊巾也。"幔者,《说文》:"幔,幕也。"《释名》云:"幔,漫也,漫漫相连缀之言也。"司马相如《长门赋》云:"张罗绮之幔帷兮。"《尔雅》:"镘谓之杇。"李巡注云:"塗工之作具也。"襄三十一年《左传》:"圬人以时塓馆宫室。"杜预注云:"塓,塗也。"(《广雅疏证》卷二下"覆也"条)

按:塗与覆词义相近,常常用两对有着相同音转关系的同义词,即镘和塓、幔和幎来表示。反过来也可以说,两对有着相同音转关系的同义词,即镘和塓、幔和幎,常常可以用来表达塗与覆相近的词义。幔、幎是该词条中的被训释字,覆是训释字;而塗及其镘、塓,则是在考释时引入作对应比较的另一个引申系列的词和词义。用图示法来表示:

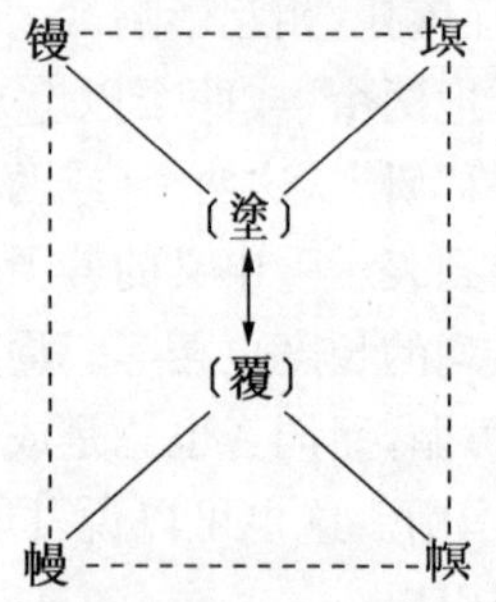

(图中〔 〕表示词义,↔表示词义相近,——实线表示词义与词的关系。……虚线表示语音关系,竖虚线表示音同,横虚线表示音转。)

镘幔 màn《广韵》莫半切,去换明,元部。

塓幎 mì《广韵》莫狄切，入锡明，锡部。

镘与塓，幔与幎，上古音同属明母为双声，韵部元锡通转。用词义相因引申这种训释方法来解释有关字词，同时也理清了被训释字之间的音义联系，还顺带解释被引入作比较的另一引申系列中的有关字词，这对加深理解若干个被训释字的词义及其音义互动变化，使之有条理可循，是有着积极意义的。

塗与覆义亦相近，故覆谓之幔，亦谓之幎，亦谓之幏；塗谓之墁，亦谓之塓，亦谓之㙬也。

《说文》："㙬，涂也。读若陇。"《众经音义》卷八音莫董反，引《通俗文》云："泥塗谓之㙬㵌。"襄三十一年《左传》："圬人以时塓馆宫室。"杜注云："塓，塗也。"塓与幎同。张载《魏都赋》注引《左传》作幎，云："幎，墁也。"（《广雅疏证》卷七上"塗也"条）

幏者，《说文》："冡，覆也。"《鄘风·君子偕老篇》："蒙彼绉絺。"毛传云："蒙，覆也。"幏冡蒙并通。今俗语犹谓覆物为蒙。《方言》："幏，巾也，陈颍之间，大巾谓之幏。"郭璞注云："巾，主覆者，故名幏也。"《书大传》："下刑墨幏。"郑注云："幏，巾也。"《说文》："幏，盖衣也。"皆覆之义也。（《广雅疏证》卷二下"覆也"条）

按：这是上一例的扩展，两个引申系列各自都向前推进了一站。塗与覆词义相近，这里用两组有着相同音转关系的同义词，即墁塓㙬、幔幎幏来分别表示两个引申系列中相互对应的部分。塳、塓是该条中的被训释字，涂是训释字。而覆及其幔、幎、幪，则是在考释时引入的作对应比较的另一个引申系列的词和词义，在上条中已有引述，这里又增引了幪字的考释。用图示法来表示(图例同上图)：

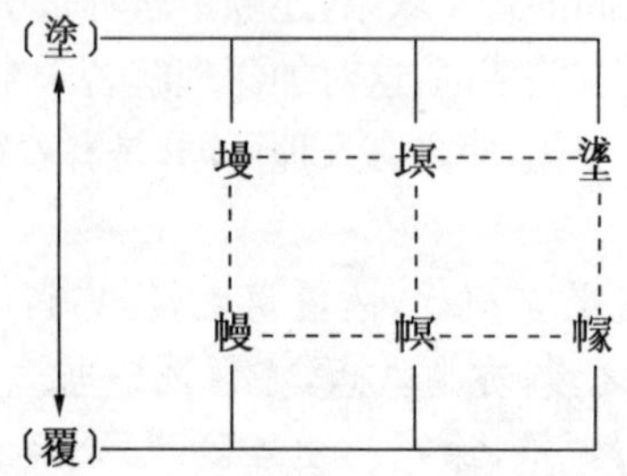

墁幔 màn《广韵》莫半切，去换明，元部。

塓幎 mì《广韵》莫狄切，入锡明，锡部。

塳 méng《众经音义》莫董反，上董明，东部。

幪 méng《广韵》莫红切，平东明，东部。

塳与塓，幪与幎，上古音同属明母为双声，韵部东锡旁对转。塳与墁，幪与幔，上古音同属明母为双声，韵部东元通转。

这里，塗与覆词义相近，用两组有着相同音转关系的同义词来表达，虽然牵涉到六个字或词，但是从音义关系来看，是两个有着音转关系的语音表两个相近的词义。

> 有与大义相近，故有谓之庬，亦谓之方，亦谓之荒，亦谓之幠，亦谓之虞；大谓之庬，亦谓之方，亦谓之荒，亦谓之幠，亦谓之吴。吴虞古同声。(《广雅疏证》卷一上“有也”条)

按：有义，《尔雅·释诂》："厖，有也。"《诗·召南·鹊巢》："维鹊有巢，维鸠方之。"毛传："方，有也。"《鲁颂·闷宫》："奄有龟蒙，遂荒大东。"毛传："荒，有也。"《大雅·云汉》："昊天上帝，则不我虞。"王念孙《广雅疏证》云："虞，犹抚有也。则不我虞，犹言亦莫我有也。"《尔雅·释诂》："幠，有也。"

大义，《方言》卷一："厖，大也。"《说文》："厖，石大也。"《国语·晋语一》："今晋国之方，偏侯也。"韦昭注："方，大也。"《诗·大雅·公刘》："度其夕阳，邠居允荒。"毛传："荒，大也。"《方言》卷一："幠，大也，东齐海岱之间或曰幠。"《方言》卷十三："吴，大也。"

有与大词义相近，因此有一些引申义可以用相同的字词来表达；有时这两个词义的引申义各用了不同的两个字来表达，但这两个字音同义通。这些字词之间，横向之间大多数有着语音上的音转联系。今图示如下（图例同上图）：

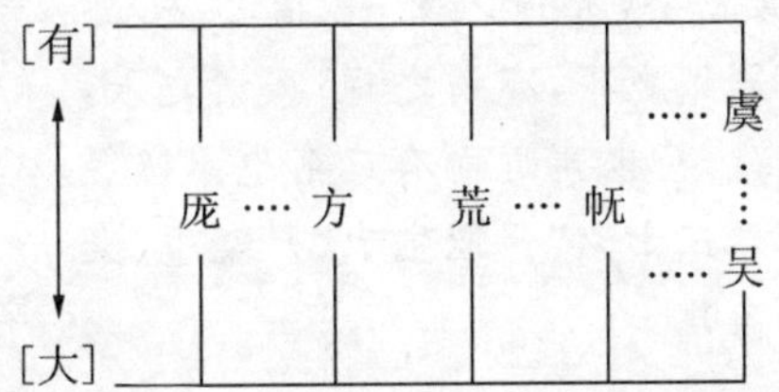

厖 páng《广韵》薄江切，平江並，东部。

方 fāng《广韵》府良切，平阳非，阳部。

荒 huāng《广韵》呼光切，平唐晓，阳部。

幠 hū《广韵》荒乌切，平模晓，鱼部。

虞 yú《广韵》遇俱切，平虞疑，鱼部。

吴 wú《广韵》五乎切，平模疑，鱼部。

厖与方，上古音並帮为旁纽，韵部东阳旁转。荒与帪，上古音同属晓母为双声，韵部阳鱼对转。吴与虞，上古音同为疑母鱼部，即王念孙所云“吴虞古同声”。帪与吴虞，上古音晓疑为旁纽，同属鱼部为叠韵。荒与吴虞，上古音晓疑为旁纽，韵部阳鱼对转。以上都是音转关系。方与荒为同义字，上古音同属阳部为叠韵，然声母帮晓远隔，无声转关系。然而，《尔雅·释草》：“华，荂也。”晋郭璞注：“今江东呼华为荂。”释文：“荂，音敷。”（华 huā《广韵》呼瓜切，平麻晓，鱼部。荂 fū《广韵》芳无切，平虞敷，鱼部。）今皖南、浙西山区土著方言读花为敷，（花 huā《广韵》呼瓜切，平麻晓，鱼部。敷 fū《广韵》芳无切，平虞敷，鱼部。）牙音晓母转读为唇音滂母，这与同义字荒方叠韵，上古声母分属牙音晓母和唇音帮母，是否有着什么联系呢，这有待进一步研究。

主谓之宰，亦谓之宷；官谓之宰，亦谓之宷；冢谓之宰，亦谓之埰；事谓之采，亦谓之綷。皆以声近而有二名也。（《经义述闻》卷二十六“尸职主也、尸宷也、宷寮官也”条）

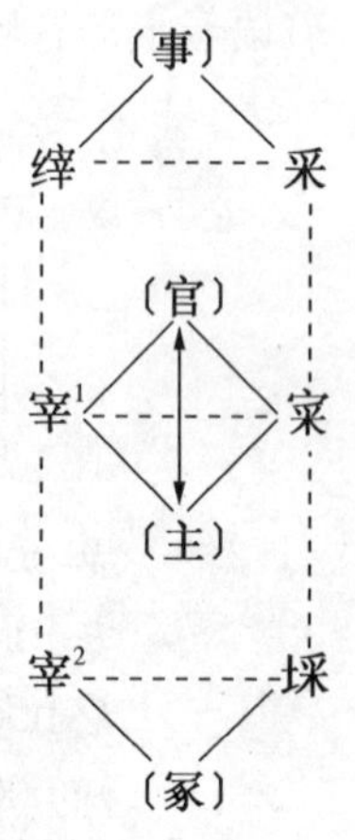

按：这里涉及到主、官、冢、事四个词义，可以图示如下（图例同上）：

主、官、冢、事四个词义，都用有着相同音转关系的同义词，即宰[1] 和宷、宰[2] 和埰、綷和采来表示。主与官词义相因（详见王引之训释），而冢、事词义与主和官词义并无关涉,冢与事之间也无意义上的联系。官和主义相因,同谓之宰,又谓之冢,是因为宰与冢音近义同。又牵涉到冢和事两个词义,尽管在词义上没有任何联系,但是这两个词义,却也用同样的有着相同音转关系的两个语音来表示,“皆以声近而有二名也”。运用词义相因引申这一训释方法,使一组同义词的音义关系条理化,将特定的字词放在音义网络中加以定位,就能更好地理解词义。

四十二、注意词汇史

语言是随着历史发展的,训诂必须掌握语言的历史情况,才可能有正确的解释。训释古代词语,要懂得词和词义的历史演变情况,就必须注意词汇史。在传统训诂学盛行的时代,尽管还没有词汇史这一术语,也没有这方面的理论和学说,但是训诂学家们在考释词义时,他们却往往能在实事求是的要求下,从朴素的历史主义观点出发,明辨语言史料的真伪,考证字词产生的年代,说明同一概念由于时代不同而用不同的词来表示,研究词和词义在使用过程中的不断演变和发展,为我们留下了众多的探求汉语词汇史的资料。这些有用的资料,往往散见于古书注疏、读书札记、类书杂著、学人别集之中,如果加以发掘整理,汇编成册,将对建设具有中国特色的汉语词汇史这一分支学科起到重要的促进作用。高邮王氏父子博极群书,熟悉语料,他们在训释一些字词时,往往采用今天称之为探求汉语词汇史的训释方法,以达到正确解释词义。

《广雅·释诂》:“黔首、氓,民也。”〔疏证〕黔首者,

《说文》:“秦谓民为黔首,谓黑色也。周谓之黎民。”《史记·秦始皇帝纪》:“更名民曰黔首。”案,《祭义》云:“明命鬼神以为黔首则。”郑注:“黔首,谓民也。”《魏策》云:“抚社稷,安黔首。”《吕氏春秋·大乐篇》云:“和远近,说黔首。”《韩非子·忠孝篇》云:“古者黔首悗密惷愚。”诸书皆在六国未灭之前,盖旧有此称,而至秦遂以为定名,非始皇创为之也。《尧典》云:“黎民于变时雍。”则黎民之称,又不自周始矣。(《广雅疏证》卷四上)

按:王念孙据四部先秦古籍,证实秦朝之前即已有“黔首”之称,至秦始皇时官方以为定名;同时说明在周朝时,“黎民”、“黔首”都用来称呼民众、百姓,并不是只言“黎民”而不言“黔首。王念孙的考释,就全面修正了《说文》不确切的说法。至于以《尧典》推断“黎民”之称不自周始,孤证难信,聊备一说而已。

《广雅·释草》:“王延、藷䓘,署预也。”〔疏证〕寇宗奭《衍义》云:“薯蓣上一字犯宋英宗讳,下一字曰蓣,唐代宗名豫,故改下一字为药,今人遂呼为山药。”此谓药字改于唐,山字改于宋也。案,韩愈《送文畅师北游》诗云:“山药煮可掘。”则唐时已呼山药。别国异言,古今殊语,不必皆为避讳也。(《广雅疏证》卷十上)

按:王引之举出唐人韩愈诗中“山药”一名,则寇宗奭《本草衍义》云薯蓣改山药,上一字薯因宋英宗名曙而改,即不攻自破矣。唐韦应物《郡斋赠王卿》诗云:“山药寒始华。”唐马戴《过野叟居》诗云:“呼儿采山药。”亦可佐证。再说,薯蓣又名山药，跟唐代宗名豫也无关。晋大书法家王羲之有草书《山药帖》，见《宣和书谱·草书三·王羲之》。薯蓣别名山药，晋已有之，与唐宋皇帝名讳何涉乎？

《广雅·释草》："花，华也。"〔疏证〕《玉篇》云："花，今为华、荂字。"顾炎武《唐韵正》云："考花字，自南北朝以上不见于书。《隋书·礼仪志》，梁武帝引孔氏《尚书》'山龙华虫'传曰：'华者，花也。'今传无此语，而朱子固已疑此传为非汉人之作矣。晋以下书中间用花字，或是后人改易，惟《后魏书·李谐传》载其《述身赋》曰：'树先春而动色，草迎岁而发花。'又曰：'肆雕章之腴旨，咀文苑之英华。'花字与华并用。而五经、《楚辞》、诸子、先秦两汉之书，皆古本相传，凡华字未有改为花者。又考太武帝始光二年三月，初造新字千余，颁之远近以为楷式，如花字之比，得非造于魏晋以下之新字乎！"引之案：《广雅》释花为华，《字诂》又云："䔢，古花字。"则魏时已行此字，不始于后魏矣。又《艺文类聚》载晋枣据《游览诗》云："矫足登云阁，相伴步九华。徙倚凭高山，仰攀桂树柯。延首观神州，迴精眄曲阿。芳林挺修干，一岁再三花。"则华花并用，西晋初人已然，又不始于后魏李谐之《述身赋》也。华字古音在虞部，西汉以后亦有转入戈部者，司马相如《上林赋》以华、沙为韵，东方朔《诫子诗》以华、和、多为韵，皆是其证，故后出之花字，以化为声，化字古音正在戈部也。又戈部字古无四声之别，故平声之花而谐去声之化，字虽俗体，古意犹存，殆非齐梁以后之

所能为矣。(《广雅疏证》卷十上)

按：王引之在顾炎武《唐韵正》对花字考证的基础上，又向前推进了一步。因三国魏人张揖《广雅》、《字诂》均有花字，认定花字在三国魏时已通行；并引西晋人枣据《游览诗》中“相伴步九华”、“一岁再三花”句，已花华并用，早于南北朝北魏人李谐《述身赋》之用例。《说文》：“华，荣也。”段玉裁注：“俗作花，其字起于北朝。”《辞源》修订本第 4 册第 2622 页：“〔花〕㊀花朵。其字起于北朝，前此书中花字，出于后人所改。”《汉语大词典》第 9 卷第 285 页〔花〕字条第①义项书证，引《魏书·李谐传》中《述身赋》为最早用例，而未引晋枣据《游览诗》。上三例均为沿袭顾炎武之说，将花字所起时代定晚了。《辞源》修订本释义最为武断，也更无理，说前于北朝书中花字出于后人所改，请问：《广雅》、《字诂》书中的花字，能是原为华字而后人所改吗?

四十三、验证实物

高邮王氏擅长于名物训诂，他们重视文献记载，更重实闻亲见，不尚空谈，不信妄言，长于认真观察，细读深究。他们验证古器物，纠正《考工记》郑注之误；根据平时留心观察所得，对古书中所记草木虫鱼鸟兽之名，认真训释，或校正昔人所言之误，或补充古书记载不足。刘岳云《食旧德斋杂著》卷一《答潘伯琴书》云：“闻王氏作《广雅疏证》，花草竹木鸟兽虫鱼皆购列于所居，视其初生与其长大，以校对昔人所言形状。”其实，《广雅》一书所列草木虫鱼鸟兽畜之名，多达千数，高邮王氏既无必要也不可能皆购列于所居，刘岳云所言只是强调高邮王氏作《广雅疏证》,重视实证,常验证实物,能做到信而有征。

《周礼·考工记·凫氏》:"钟县谓之旋,旋虫谓之干。"注曰:"旋属钟柄,所以县之也。郑司农云:旋以虫为饰。元谓今时旋,有蹲熊、盘龙、辟邪。"引之谨案:此以旋与干为一物也,若然,则记文但言"钟县谓之旋,旋谓之干"可矣,何于次句又加"虫"字乎?窃谓钟县谓之旋者,县钟之环也,环形旋转,故谓之旋。旋环古同声,环之为旋,犹还之为旋也。旋虫谓之干者,衔旋之纽铸为兽形,(兽亦称虫,《月令》:"其虫毛。"谓兽也。《儒行》:"鸷虫攫搏。"郑注:"鸷虫,猛鸟猛兽也。")居甬与旋之间而司管辖,故谓之干,干之为言犹管也。(《楚辞·天问》:"干维焉系。"干,一作筦。筦与管同。《后汉书·窦宪传》注曰:"干,古管字。")余尝见刘尚书家所藏《周纪侯钟》,甬之中央近下者,附半环焉,为牛首形,而以正圜之环贯之。始悟正圜之环,所以县钟,即所谓钟县谓之旋也。半环为牛首形者,乃钟之纽,所谓旋虫谓之干也。而旋之所居,正当甬之中央近下者,则下文所谓"参分其甬长,二在上,一在下,以设其旋"也。干为衔旋而设,言设其旋,则干之所在可知矣。干所以衔旋而非所以县,干为虫形而旋则否,不得以旋为干也。程氏《通艺录》以旋虫为旋螺,遍考古钟纽,无作螺形者。《孟子·尽心篇》"以追蠡",赵注训追为钟纽,蠡为欲绝之貌,亦未尝以蠡为螺,殆失之矣。(《经义述闻》卷九"钟县谓之旋旋虫谓之干"条,附《周纪侯钟图》)

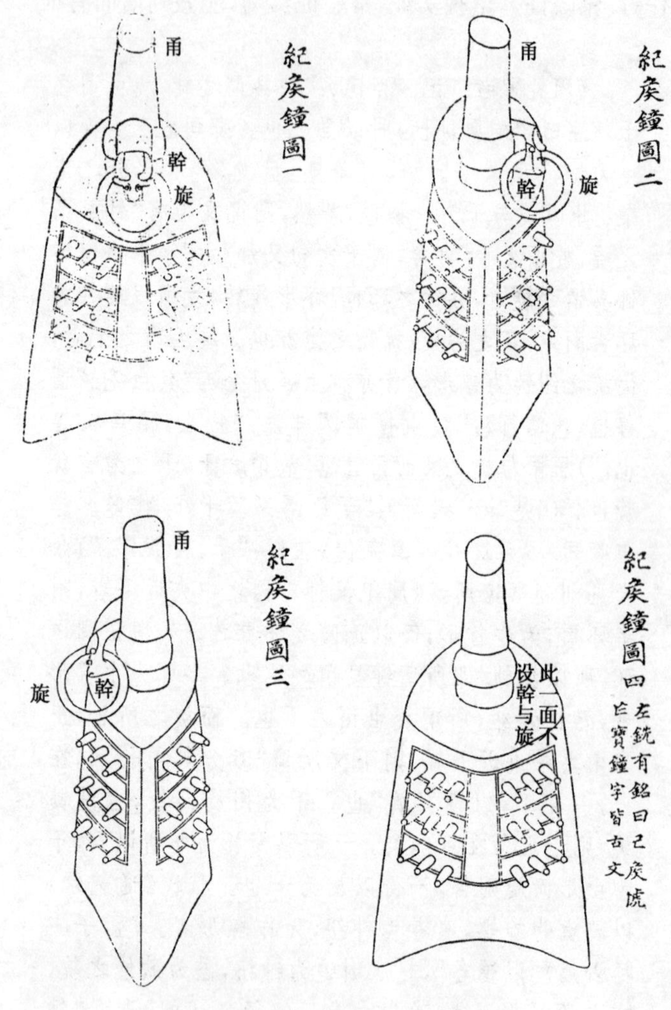
甬
幹
旋
紀侯鐘圖一
甬
幹
旋
紀侯鐘圖二
甬
幹
旋
紀侯鐘圖三
此一面不设幹与旋
紀侯鐘圖四
左銑有銘曰己侯虓乍寶鐘字皆古文

周纪侯钟图

按：王引之验证青铜器《周纪侯钟》，从而纠正了一千五百多年前《考工记》郑注之误，又校正了父执程瑶田《通艺录》之疏漏之处，此无他，验证实物之功也。将地下出土文物与古书记载结合起来加以研究，称为二重证据法，在八十多年前王国维将它作为新的研究方法提出。然而新的研究方法的提出，在此之前一定有一个渐次发展的形成过程。金石学起于北宋嘉祐时刘敞、欧阳修，至南宋朱熹著《诗集传》，即屡引钟鼎铭文印证《诗经》成语；至清人训诂运用出土文物为证逐渐普遍，本例即为典型用例之一。

《广雅·释草》："匏，瓠也。"〔疏证〕《说文》云："匏，瓠也，从夸包声，取其可包藏物也。"《邶风·匏有苦叶篇》传云："匏谓之瓠，瓠叶苦，不可食也。"陆玑疏云："匏叶少时可为羹，又可淹煮，极美，故《诗》曰：'幡幡瓠叶，采之亨之。'今河南及扬州人恒食之。八月中坚强不可食，故云苦叶。"据此则瓠叶先甘而后苦也。今案，瓠自有甘苦二种，瓠甘者叶亦甘，瓠苦者叶亦苦，甘者可食，苦者不可食。《邶风》云："匏有苦叶。"《鲁语》云："苦匏不材于人，共济而已。"韦注云："材，读若裁也。不裁于人，言不可食也。共济而已，佩匏可以渡水也。"《神农本草》云："苦瓠味苦寒，主大水面目四肢浮肿，下水，令人吐。"陶注云："瓠苦者如胆，不可食。"此皆瓠之苦者也。《小雅·南有嘉鱼篇》："南有樛木，甘瓠累之。"《瓠叶篇》："幡幡瓠叶，采之亨之。"传云："幡幡，瓠叶貌，庶人之菜也。"笺云："亨，孰也，孰瓠叶者以为饮酒之菹也。"

《新序·刺奢篇》云:“日晏进粝餐之食,瓜瓠之羹。”此皆瓠之甘者也。闻北方农人云:瓠之甘者,次年或变为苦,欲辨之者,于弱蔓初生时,嚼其茎叶以验之,苦即拔去。然则瓠之苦叶者少时已然,陆氏之说失之矣。(《广雅疏证》卷十上)

按:王引之据古书记载,认为瓠自有甘苦二种;又据北方农人所言,瓠品种会有变异,然而这种变异,瓠之苦叶初生时已然,未有如三国吴人陆玑《毛诗草木虫鱼鸟兽疏》中所述瓠叶先甘而后苦者。作为封建社会中的一个士子,青年王引之能向富有种植经验的农民请教,并将农人之言载入小学书的训释之中,在那个时代,应该说这是一个正道直行的读书人难能可贵的表现,在当时,在今天,都有着重要的进步意义。

《广雅·释虫》:“蜙蝑,蜙蝑也。”〔疏证〕声之转也,蜙与蚣同。《尔雅》:“蜤螽,蚣蝑。”郭璞注云:“蚣,蜙也,俗呼蝽蝑。”《方言》:“春黍谓之蜙蝑。”注云:“又名蚣蜙,江东呼虴蛨。”《豳风·七月篇》:“五月斯螽动股。”传云:“斯螽,蚣蝑也。”《周南·螽斯篇》正义引义疏云:“幽州人谓之春箕。春箕,即春黍,蝗类也,长而青,长角长股,股鸣者也。或谓似蝗而小,班黑,其股似玳瑁文,五月中以两股相切作声,闻数十步。”《考工记·梓人》:“以股鸣者。”郑注云:“蚣蝑,动股属。”今扬州人谓色青者为青抹札,班黑者为土抹札。土抹札,盖即《尔雅》之“土螽,蠰谿也”,郭璞注土螽云:“似蝗而小。”正与《诗》义疏相合

矣。(《广雅疏证》卷十下)

按：王引之将古书记载与验证实物结合起来，补充了文献之不足。《方言》注之虴蛨(zhé mò)，即今谓之蚱蜢(zhà měng)，语有变转耳；引之所记之抹札(mā zha)，即今言之蚂蚱(mà zha)。《现代汉语词典》1996 年版第 845 页："〔蚂蚱〕〈方〉蝗虫。"释义似嫌以偏概全。蚂蚱，在某些方言区即指蝗虫，而在另一些方言区即指蚱蜢，也有些方言区泛指蝗虫和蚱蜢。王引之所记扬州人所言青蚂蚱、土蚂蚱，即指蚱蜢，至今犹然。

《广雅·释虫》："孑孓，蜎也。"〔疏证〕《尔雅》："蜎，蠉。"郭璞注云："井中小蛣蟩，赤虫。《广雅》云一名孑孓。"《说文》："肙，小虫也。"肙与蜎同。《庄子·秋水篇》："还虷蟹与科斗。"释文云："虷，井中赤虫也，一名蜎。"《淮南·说林训》："孑孓为蚊。"高诱注云："孑孓，结蟩，水上到跂虫。"《众经音义》卷三引《通俗文》云："蜎化为蚊。"案到蚑虫，今止水中多生之，其形首大而尾锐，行则掉尾至首，左右回环，止则尾浮水面，首反在下，故谓之到跂虫。《尔雅翼》云："俗名钉到虫。"即到跂之义，钉到之言颠到也，今扬州人谓之翻跟头虫。将为蚊则尾端生四足，蜕于水面而蚊出焉。《考工记·庐人》："刺兵欲无蜎。"郑注云："蜎，掉也，谓若井中虫蜎之蜎。"蜎虫屈曲摇掉而行，故举以相况与。蜎之言冤曲也，蠉之言回旋也，蛣蟩之言诘屈也，皆象其状。孑孓，犹蛣蟩耳。(《广

雅疏证》卷十下）

按：王引之对蚊子幼虫孑孓的生长形态及其蜕变情况观察细致，记载详实，超越前人，并对孑孓及其别名的由来，作出了合乎科学的解释。

第八节　高邮王氏发明新训范例

高邮王氏博极群书，精熟典籍，他们在前人著述的基础上，潜心钻研训诂理论，不断探索新的训诂方法。他们运用以声音通训诂的研究原则，解决了经传和古史子书中的许多疑难问题。他们尊重实际的语言材料，对古代文献有着强烈的语感，善于联系，善于比较，善于鉴别，将形、音、义三者结合起来进行综合研究，正如段玉裁《广雅疏证序》中所说："怀祖氏能以三者互求，以六者互求，尤能以古音得经义，盖天下一人而已矣！"高邮王氏集历代前辈学者训诂方法之大成，并能融会贯通，不断加以改善和革新；在具体训诂实践中，对自己所运用的方法从理论上进行总结、完善和提升。由于方法对头，运用自如，并具体问题作具体分析，调动了一切积极因素，他们的训诂实践便能解决问题和少有差错，特别是在词义训释上不断有所创新，发明新训。我们在上文高邮王氏训诂学训释方法分类述评中，所举一些训诂实例中的词义训释，就是高邮王氏发前人所未发的发明新训。例如：

《庄子·知北游》"臣有守也"，念孙案："守即道字也。"按：以守为道字的同音通用字。（见本章第

一节之二“就古音以求古义”例）

《尚书·洪范》“聪作谋”，引之谨案：“谋与敏同。谋敏声相近，故字相通。”按：以谋为敏之声近通假字。（见第三节之十五“排比句”例）

《左传》昭公七年“官职不则”，引之谨案：“则犹等也。”按：则、等同义相训。（见第三节之十五“排比句”例）

《诗·王风·中谷有蓷》“暵其湿兮”，引之云：“湿当读为㬤。㬤，亦且干也。㬤与湿声近故通。”按：以湿为㬤之声近通假字。（见第三节之十七“变文”例）

《汉书·陆贾传》“何遽不若汉”，念孙案：“遽亦何也。连言‘何遽’者，古人自有复语耳。”按：以“何遽”为复音疑问词。（见第四节之二十二“虚词”例）

《淮南子·俶真训》“吟德怀和”，念孙案：“吟乃含字也。”按：以吟为含字的异体字。（见第五节之三十三“异体字”例）

上举六例的词义训释，是高邮王氏的发明新训中的一小部分。高邮王氏所发明的新训，可谓前无古人，后有来者，这就是说，既发前人所未发，而又得到同时代人和后辈学者的肯定和引用。为了展示高邮王氏在发明新训方面的实际成果和卓越贡献，我们再选取一些实例加以述评。

《诗·邶风·终风》：“终风且暴，顾我则笑。”家大人曰：《终风篇》“终风且暴”，《毛诗》曰：“终日风为终风。"《韩诗》曰:"终风,西风也。"此皆缘词生训,非经文本义。终犹既也,言既风且暴也。(《尔雅》曰:"南风谓之凯风,东风谓之谷风,北风谓之凉风,西风谓之泰风,焚轮谓之颓,迴风为飘。"以上六句,通释诗词而不及终风。又曰:"日出而风为暴,风而雨土为霾,阴而风为曀。"以上三句,专释此诗之文而亦不及终风,然则终为语词明矣。)《燕燕》曰:"终温且惠,淑慎其身。"《北门》曰:"终窭且贫,莫知我艰。"《小雅·伐木》曰:"神之听之,终和且平。"(《商颂·那》曰:"既和且平。")《甫田》曰:"禾易长亩,终善且有。"《正月》曰:"终其永怀,又窘阴雨。"终字皆当训为既。(《王风·葛藟篇》:"终远兄弟。"言既远兄弟也。《郑风·扬之水篇》:"终鲜兄弟。"言既鲜兄弟也。《鄘风·定之方中篇》:"终然允臧。"言既而允臧也。《列女传》:"楚昭越姬曰:'昔吾先君庄王淫乐,三年不听政事,终而能改,卒霸天下。'"言既而能改也。)既、终语之转,既已之既转为终,犹既尽之既转为终耳,解者皆失之。(《经义述闻》卷五"终风且暴"条)

按:《经传释词》卷九云:"〔终〕家大人曰:终,词之既也。僖二十四年《左传》注曰:'终,犹已也。'已止之已曰终,因而已然之已亦曰终,故曰词之既也。……终与既同义,故或上言'终'而下言'且',或上言'终'而下言'又'。说者皆以终为终竟之终,而经文上下相因之指,遂不可寻矣。"将《经传释词》与《经义述闻》中对终字的解释结合起来进行考察,有助于对训释增进理解。终训已（见《左传》僖公二十四年“妇怨无终”杜预注），既亦训已（见《书·尧典》“九族既睦”孔安国传、《诗·周南·汝坟》“既见君子”毛传），则终、既同训亦同义。终与既同义，在《诗经》中，一些句子上言“终”而下言“且”，或上言“终”而下言“又”（例句均见上引文），成为固定的句子格式，即“终……且……”，“终……又……”；同时，一些句子上言“既”而下言“且”（例如《小雅·常棣》“既安且宁”，《六月》“既佶且闲”，《巧言》“既微且尰”，《大田》“既庭且硕”，《大雅·卷阿》“既庶且多”、“既闲且驰”，《烝民》“既明且哲”，《商颂·那》“既和且平”），或上言“既”而下言“又”（例如《豳风·破斧》“既破我斧，又缺我斨”、“既破我斧，又缺我锜”、“既破我斧，又缺我銶”），也成为固定的句子格式，即“既……且……”，“既……又……”。这些固定格式的句子结构、语法意义完全相同，处在句子中相同位置而互相对应的终、既二字，它们词性一致，都是副词，意义亦相同，终即既也。其中富有启发性的是《小雅·伐木》“终和且平”，《商颂·那》作“既和且平”，更可证终即既也。《毛诗》“终风且暴”句，自毛传将终风解释为“终日风”以来，在一千八百多年的漫长时间内，几乎无人提出异议，直至王念孙发明新训，求得正解，才廓清了《诗经》解释上的这一迷雾。王念孙弟子阮元数十年后忆及此事，仍是称赞不已。阮元云：“经传中实字易训，虚词难释，……虽以毛、郑之精，犹多误解，何况其余？高邮王氏乔梓，贯通经训，兼及词气。昔聆其‘终风’诸说，每为解颐。”（阮元《经传释词序》）

《汉语大词典》第 9 卷第 794 页：

〔终风〕《诗·邶风·终风》：“终风且暴，顾我则笑。”毛传：“终日风为终风。”《韩诗》以终风为西风。后多以指大风、暴风。唐李邕《楚州淮阴县婆罗树碑》：“同云冒山，终风振壑。”宋黄庭坚《庚寅乙未犹泊大雷口》诗：“广原嗥终风，发怒土囊口。”明何景明《忧旱赋》：“既淫瘴之蔽天兮，忽终风之扬尘。”

按，第792页“〔终〕⑤既。《诗·邶风·北门》：‘终窭且贫，莫知我艰。’”〔终风〕条释义与字头〔终〕释义自相矛盾。“终风”不成词，本不宜立目。在此将“终风”作为诗文典故立目，就必须指出这是由于长期误解“终”字字义而致此。因此，这里有必要引述《经义述闻》对“终风且暴”的解释，或加上编者按语，才不至于误导读者。

《左传》隐公六年：“《商书》曰：‘恶之易也，如火之燎于原，不可乡迩，其犹可扑灭。’”杜解“恶之易”曰：“言恶易长。”家大人曰：杜读易为难易之易，而以长字增成其义，殆失之迂矣。案易者，延也，谓恶之蔓延也。《大雅·皇矣篇》：“施于孙子。”郑笺曰：“施，犹易也，延也。”《尔雅》：“弛，易也。”郭注曰：“相延易。”《盘庚》曰：“无俾易种于兹新邑。”谓延种于新邑也。《秦策》曰：“没利于前而易患于后。”谓延患于后也。《鲁语》曰：“譬之如疾，余恐易焉。”（韦注：“疾，疫厉也。”）谓祸之相延，亦如疫厉之相延也。上文曰：“长恶不悛，从自及也，虽欲救之，其将能乎？”恶之延易，祸及于身而不可救，正如火之燎原而不可扑灭，故引《商书》以明之。恶之延易，亦如草之滋蔓而不可除，故又引周任之言曰："为国家者，见恶，如农夫之务去草焉，芟夷蕴崇之，绝其本根，勿使能殖。"亦是除恶务尽毋使滋蔓之意也。《东观汉记》载杜林疏曰："见恶，如农夫之务去草焉，芟夷蕴崇之，绝其本根，勿使能殖，畏其易也。"正取延易之义。(《经义述闻》卷十七"恶之易也"条)

按：王念孙云："易者，延也，谓恶之蔓延也。"直接训易为延，此可谓发前人所未发。《诗·大雅·皇矣》郑笺云："施，犹易也，延也。"用易、延二字来叠训施字，则易、延亦同义。《尔雅》"弛，易也"郭注云："相延易。"延、易亦连文同义。这就是王念孙训易为延的字义根据。我们还可以补充一例以佐证："易，移也"(《庄子·田子方》"草食之兽不疾易薮"成玄英疏)，"移，延也"(《广韵·支韵》)，在此递训中，易、移、延三字同义(马瑞辰云："延、移、易皆一声之转。"见《毛诗传笺通释》书中《周南·葛覃》"施于中谷"句释)。王念孙又举出数例，说明易训延，为延易、蔓延义，推而广之，以成确诂。

《荀子·致士》："凡节奏欲陵，而生民欲宽；节奏陵而文，生民宽而安。"杨注曰："节奏，谓礼之节奏。陵，峻也，侵陵亦严峻之义。言人君自守礼之节奏，则欲严峻不弛慢；养民，则欲宽容不迫切也。"又解"节奏陵而文"云："节奏虽峻，亦有文饰，不至于刻急。"念孙案：杨说陵字之义及"节奏陵而文"，皆非是。"节奏欲陵而生民欲宽"者，陵谓严密也，故与宽相反。《富国篇》曰："其于货财取与计数也，宽饶简

> 易;其于礼义节奏也,陵谨尽察。”“陵谨”与“宽饶”亦相反。“节奏陵谨”,即此所云“节奏欲陵”也。(杨训陵为侵陵,误与此注同。)“节奏陵而文,生民宽而安”者,而,犹则也。(《孟子·公孙丑篇》:“可以仕则仕,可以止则止,可以久则久,可以速则速。”《万章篇》作“可以速而速,可以久而久,可以处而处,可以仕而仕”。)言节奏陵则文,生民宽则安也。节奏密则成文章,《乐记》曰:“节奏合以成文。”是也。陵字或作凌,《管子·中匡篇》曰:“有司宽而不凌。”(《读书杂志·荀子五》“节奏欲陵”条)

按:上引《荀子·致士》文中,陵与宽为对文反义。宽的反义是严,因此陵训严。由于严是一个多义词,在此当是严密、严紧义。在《荀子·富国》中,陵与宽也对文反义。在《管子·中匡》中,凌与宽为句中对文反义。王念孙训陵为严密,与宽词性一致,为形容词;而杨倞注训释陵字为侵陵,则为动词,与宽为形容词的词性不一致,不合句意。王念孙纠正杨倞误注,立论确切。《汉语大词典》第11卷第1006页:

> 〔陵谨〕小心谨慎。《荀子·富国》:“其于货财取与计数也,宽饶简易,其于礼义节奏也,陵谨尽察,是荣国已。”王先谦集解引卢文弨曰:“案《尔雅·释言》:‘凌,慄也。’郭云:‘凌懅战慄。’《释文》云:‘案郭意当作陵。’然则陵、谨义相近。”

按,上引词条释义不确。王先谦集解引卢文弨据《尔雅·释言》"凌，慄也"为解，一开始就误解了该词条中陵字字义。陵当按王念孙说训为"严密"，而不是"小心"义。陵谨，犹严谨也。

《国语·周语中》："服物昭庸，采饰显明，文章比象，周旋序顺。"韦注曰："序，次也，各以次比顺于礼也。"引之谨案："周旋序顺"者，序亦顺也。《尔雅》曰："顺，叙也。"《大戴礼·保傅篇》曰："言语不序。"《周语上篇》曰："时序其德。"《楚语》曰："奔走承序。"序，皆谓顺也。……比象、序顺，皆顺也。文章之有次，犹周旋之有序也。韦注皆失之。(《经义述闻》卷二十"服物昭庸……周旋序顺"条)

《墨子·非攻下》："天不序其德。"念孙案：序，顺也，言天不顺纣之德。《非乐篇》引汤之官刑曰："上帝不顺。"是也。《尔雅》曰："顺，叙也。"叙与序同。《法言·问神篇》曰："事得其序之谓训。"训与顺同。《周语》曰："周旋序顺。"序亦顺也。(说见《经义述闻》。)《逸周书序》曰："文王告武王以序德之行。"(《读书杂志·墨子二》"序"字条)

按：高邮王氏父子之前，未有人训序为顺者。据《尔雅·释诂》："顺，叙也。"高邮二王倒用古注，训叙为顺。序与叙，字异而义同，则序亦顺也。高邮二王又举出《大戴礼·保傅》、《国语·周语上》、《楚语》、《墨子·非攻下》、《法言·问神》、《逸周书序》等实例，以证成其说。

家大人曰：终、周二字可以互训，而字书、韵书皆无之。案《月令》："数将几终。"郑注曰："言日月星辰运行于此月，皆周匝于故处也。"襄九年《左传》："十二年矣，是谓一终，一星终也。"杜注曰："岁星十二岁而一周天。"《淮南·俶真篇》："智终天地。"谓智周天地也。（《系辞传》曰："知周乎万物而道济天下。"）昭二十年《左传》："吾将死之以周事子。"注曰："周犹终竟也。"《管子·弟子职篇》曰："周则有始。"言终则又始也。（《蛊》、《恒》二彖传并云："终则有始。"有皆读为又。）终周一声之转，故《大戴记·盛德篇》"终而复始"，《后汉书·光武纪》注引终作周；《史记·高祖纪赞》"终而复始"，《汉纪》作周。（《经义述闻》卷三十一《通说上》"终、周"条）

按：王念孙云："终、周二字可以互训。"他从三个方面进行证明：

第一，从义训上说，周训终，《左传》昭公二十年："吾将死之以周事子。"杜预注："周犹终竟也。"竟亦终义，终竟连文同义，此犹言"周，终也"。因此，《文选·潘岳〈杨仲武诔〉》："执玩周复，想见其人。"吕延济注："周，终也。"王念孙倒用古注，周训为终，则终亦可训周："终，周也。"并举《礼记·月令》、《左传》襄公九年例中"终"字，郑玄、杜预分别以"周匝"、"周天"为释，这为王念孙直接训终为周提供了义训依据。

第二，从语音上说，"终周一声之转"。

终，《广韵》平声东韵"职戎切"，上古音属章母东部；

周，《广韵》平声尤韵“职流切”，上古音属章母幽部。

终周二字上古音同属章母为双声，韵部幽东旁对转而相通，故云“终周一声之转”，音近义同。

第三，从校读上说，终、周异文同义。王念孙举出二组称引异文，“终而复始”均引作“周而复始”，终、周异文同义。

由上三点，确证“终、周二字可以互训”，同时使新训“终，周也”亦得以成立。

《战国策·韩策一》：“秦攻陉，韩使人驰南阳之地。秦已驰，又攻陉，韩因割南阳之地。秦受地，又攻陉。陈轸谓秦王曰：‘国形不便故驰，交不亲故割。今割矣而交不亲，驰矣而兵不止，臣恐山东之无以驰割事王者矣。’”鲍解“驰南阳之地”曰：“驰，反走示服也。”解“秦已驰”曰：“驰，进也。韩避之，而秦进也。”念孙案：鲍说甚谬。驰读为移。移，易也。谓以南阳之地易秦地也。下文曰：“国形不便故驰。”谓两国之地形不便，故交相易也。《竹书纪年》梁惠成王十一年：“及郑驰地，我取枳道与郑鹿。”驰地，谓易地也。驰，字或作施，而皆读为移。（《管子·国蓄篇》：“今君铸钱立币，民庶之通施也。”《轻重甲篇》施作移。《荀子·儒效篇》：“充虚之相施易也。”《汉书·卫绾传》：“剑，人之所施易。”施字并读为移。）下文曰：“公战胜楚，遂与公乘楚，易三川而归。”《史记·

韩世家》易作施。(正义以施为张设,非是。说见《史记》。)《田完世家》曰:“请与韩地,而王以施三川。”施并与移同。字又作弛。《韩子·内储说篇》曰:“应侯谓秦王曰:‘上党之安乐,其处甚剧,臣恐弛之而不听,奈何?’王曰:‘必弛易之矣。’”弛亦与移同。(《集韵》:“弛,余支切,改易也。”)(《读书杂志·战国策三》“驰南阳之地”条)

按:鲍彪训驰为反走,为进,都是从《说文》“驰,大驱也”的本义引申而来,但在此均与句意不合,故王念孙斥之为“鲍说甚谬”。王念孙云:“驰读为移。移,易也。”“驰地,谓易地也。”则驰为移之假借字。从语音上说:

驰,《广韵》平声支韵“直离切”,上古音属定母歌部;

移,《广韵》平声支韵“弋支切”,上古音属余母歌部。

驰移二字上古音同属歌部为叠韵,声母为定余准旁纽而相通,例得通假。

驰,字或作施,又作弛,而皆读为移。驰施弛字异而义同,皆为移之假借字。施训移(《诗·周南·葛覃》“施于中谷”毛传),弛训易(《尔雅·释诂》),均有成训;而驰训移,则为王念孙所首次揭示。

《史记·苏秦列传》:“臣闻饥人所以饥而不食乌

喙者，为其愈充腹而与饿死同患也。"索隐曰："刘氏以愈犹暂，非也。案谓饥人食乌头，则愈益充腹，少时毒发而毙，亦与饥死同患也。"念孙案：小司马以"愈充腹"为"愈益充腹"，亦非也。《燕策》作"偷充腹"，则愈即偷字也。郑注《表记》曰："偷，苟且也。"言饥人食乌头，虽苟且充腹，而与饿者同归于死也。《齐世家》："桓公欲无与鲁地而杀曹沫，管仲曰：'夫劫许之而倍信杀之，愈一小快耳，而弃信于诸侯。'""愈一小快"，即偷一小快也。《淮南王传》："王亦偷欲休。"《汉书》偷作愈。《韩子·难一》："偷取多兽。"《淮南·人间篇》偷作愈。是偷与愈通也。偷薄字《说文》本作愉，从心俞声。(《唐风·山有枢篇》："他人是愉。"郑笺："愉读为偷。"《周官·大司徒》："则民不愉。"桓七年《公羊传》注："则民不愉。"《坊记》注："不愉于死亡。"释文并音偷。《大戴礼·文王官人篇》："欲色呕然以偷。"《逸周书》偷作愉。《荀子·王霸篇》："百姓贵之如帝，亲之如父母，为之出死断亡而不愉。"《汉繁阳令杨君碑》："不愉禄求趋。"并与偷同。)其心字或在旁，或在下，转写小异耳。《盐铁论·非鞅篇》："犹食毒肉，愉饱而罹其咎也。"彼言"愉饱"，此言"愈充腹"，其义一也。愉愈偷字异而义同。(《读书杂志·史记四》"愈充腹"条)

按：王念孙云："愈即偷字也。"以愈为偷之通假字。从语音上说：

> 愈,《广韵》上声麌韵"以主切",上古音属余母侯部;偷,《广韵》平声侯韵"托侯切",上古音属透母侯部。

愈偷二字上古音韵部同属侯部为叠韵,声母透余准旁纽而相通,例得通假。

王念孙又举出:《战国策·燕策》"偷充腹",《史记·苏秦传》偷作愈;《韩子·难一》"偷取多兽",《淮南子·人间训》偷作愈;《史记·淮南王传》"偷欲休",《汉书·淮南王传》偷作愈。三组称引异文,均为偷作愈,则偷、愈异文同义,愈即偷字也。愉与愈同,偷薄字《说文》本作愉,从心俞声,故云:"愉愈偷字异而义同"。在古注中,"愉读为偷"(郑玄注)、"愉音偷"(陆德明释文),不乏其例;而直接以愈为偷之通假字,则是王念孙之发明新训。

> 《荀子·修身》:"辟违而不悫。"杨注曰:"乖僻违背,不能端悫诚信。辟读为僻。"念孙案:杨分僻违为二义,非也。僻、违,皆邪也。《周语》:"动匮百姓,以逞其违。"《晋语》:"若有违质,教将不入。"韦注并曰:"违,邪也。"《尧典》:"静言庸违。"《史记·五帝纪》作"共工善言其用僻",是僻即违也。上文曰:"不由礼,则夷固辟违,庸众而野。"《不苟篇》曰:"倨傲僻违以骄溢人。"《非十二子篇》曰:"甚僻违而无类。"昭二十年《左传》曰:"动作辟违,从欲厌私。"义并与此同。《成相篇》曰:"邪枉辟回失道途。"辟回,即僻违。(《小雅·鼓钟篇》"其德不回",毛传曰:"回,邪

也。"《大雅·大明篇》"厥德不回",毛传曰:"回,违也。"《尧典》"静言庸违",文十八年《左传》作"靖谮庸回",杜注曰:"回,邪也。"昭二十六年《左传》"君无违德",《论衡·变虚篇》作"回德"。)(《读书杂志·荀子一》"辟违"条)

按:王念孙将"僻违"(辟违)作为一个骈词来对待。骈词是个双音节的词素意义相同的并列合成词,其中两个同义的词素表示同一概念,不能分为不同的二义。杨倞分训僻(辟)为乖僻,违为违背,不合《荀子》句意。《尧典》"靖言庸违",《史记·五帝纪》作"共工善言其用僻"。王念孙曾云:"史公述《尚书》,每以训诂之字代之。"(见《读书杂志·史记二》"遂觐东后"条)这就是以训诂字僻来代违,是僻即违也。又《汉书·王尊传》"靖言庸违",颜师古注云:"违,僻也。"则僻、违同义。《荀子·修身》:"辟违不悫。"则僻违与悫为反义。《说文》心部:"悫,谨也。"《广韵》入声觉韵:"悫,善也,愿也,诚也。"则僻违当为邪曲不正之义。"违,邪也。"见《国语》韦昭注。"僻,邪也。"见《吕氏春秋·论人》"乐之以验其僻"高诱注、《玉篇》人部。"辟,邪也。"见《吕氏春秋·处方》"少不悍辟"高诱注、《左传》宣公九年"民之多辟"杜预注。骈词"僻违",其异形词为"辟违"、"辟回",又倒言为"回辟",皆为邪义。王念孙首次揭示骈词"僻违"的词义为邪,从而纠正了杨注之误。

然而一些《荀子》新注本及大型语文辞书中,对"僻违"、"辟违"的解释仍然沿袭旧注而误。例如:

《荀子·修身》:"由礼则雅,不由礼则夷固僻违庸众而野。”方孝博注：“僻就是乖僻，违就是违傲。”①

又《不苟》：“小人能则倨傲僻违以骄溢人。”方孝博注：“僻谓乖僻，违谓违傲。”②

又《非十二子》：“甚僻违而无类。”方孝博注：“僻是乖僻，违是违戾。”③

又《成相》：“邪枉辟回失道途。”方孝博注：“辟回即僻违，详《非十二子》篇注释〔十八〕。”④

按，方孝博新注分“僻违”为二义，非也。上四条注释，均承杨倞旧注而误。

《荀子·修身》：“辟违而不悫。”章诗同注：“辟，同‘僻’，邪；违，背理。”⑤

又《成相》：“邪枉辟回失道途。”章诗同注：“辟回，邪僻乖违。辟，同‘僻’；回，违。”⑥

按，上二条注释中，释“僻”为邪、邪僻，是正确的；而释“违”为背理、乖违，则误。骈词“僻违”中的词素“僻”与“违”，同训邪，不能分训为二义。“违”亦训邪，非违背义。僻违，犹

---

① 《荀子选》，方孝博选注，人民文学出版社1985年版第10页。
② 同上第16页。
③ 同上第29页。
④ 同上第123页。
⑤ 《荀子简注》，章诗同注，上海人民出版社1974年版第12页。
⑥ 同上第281页。

邪僻也。

〔僻违〕乖邪，违反常理。《荀子·修身》："由礼则雅，不由礼则夷固僻违，庸众而野。"①

〔辟讳〕偏邪乖谬。《荀子·修身》："辟违而不悫，程役而不录。"②

〔僻讳〕乖僻不合。《荀子·修身》："由礼则雅，不由礼则夷固僻违，庸众而野。"（下略）③

按，上三条释义，均分"僻违"为二义，非也，此皆承杨倞旧注而误。僻、违，皆训邪。僻违，犹邪僻也。

〔辟违〕邪僻背理。《左传·昭公二十年》："其适遇淫君，外内颇邪，上下怨疾，动作辟违，从欲厌私。"《荀子·修身》："劳苦之事则偷儒转脱，饶乐之事则佞兑而不曲，辟违而不悫，程役而不录，横行天下，虽达四方，人莫不弃。"亦指行邪僻背理之事。《史记·五帝本纪》："十二牧行而九州莫敢辟违；唯禹立功为大，披九山，通九泽，决九河，定九州，各以其职来贡，不失厥宜。"④

〔僻违〕邪僻背理。《荀子·不苟》："小人能则倨

---

① 《辞源》修订本第1册第262页。

② 同上第4册第3039页。

③ 《汉语大词典》第1卷第1709页。

④ 《汉语大词典》第11卷第489页。

> 傲僻违以骄溢人，不能则妒嫉怨诽以倾覆人。”一作“辟违”、“辟回”。《左传·昭公二十年》：“动作辟违，从欲厌私。”《荀子·成相》：“邪枉辟回失道途。”①
>
> 〔僻违〕邪僻，违反常理。《荀子·不苟》：“小人能则倨傲僻违以骄溢人。”②

按，“僻违”为骈词，即同义并列式复合词，两个词素同义，表示同一概念，不宜分训为二义。这里的词素“违”与“僻”一样，皆是邪义，非违背义。释为“邪僻”，已得“僻违”词义。上三条释义中的“背理”、“违反常理”之语，均因误解词素“违”而误加，实为蛇足，理当删去。僻违，犹邪僻也。

> 《史记·扁鹊仓公列传》：“终日，扁鹊仰天叹曰。”念孙案：此终日，非谓“终一日”也。终日，犹良久也。言中庶子与扁鹊语良久，扁鹊乃仰天而叹也。《吕氏春秋·贵卒篇》曰：“所为贵镞矢者，(今本镞讹作鏃，辩见《淮南·兵略篇》。)为其应声而至；终日而至，则与无至同。”言良久乃至，则与不至同也。(高注：“终一日乃至。”失之。)《素问·脉要精微论》曰：“言而微，终日乃复言者，此夺气也。”亦谓良久乃复言也。良久谓之终日，犹常久谓之终古矣。(郑注《考工记》曰：“齐人之言终古，犹言常也。”)(《读书杂志·史记五》“终日”条)

---

① 《辞海》，上海辞书出版社 1999 年版音序缩印本第 1282 页。

② 《古代汉语词典》，商务印书馆 2000 年版第 1158 页。

按:"终日"为习见常用的词语,即指整天,在注疏中一般都毋需解释。《易·乾》:"君子终日乾乾,夕惕若厉。"孔颖达疏在串讲句意时,以"终竟此日"对应解释"终日"。《书·多方》:"〔夏桀〕乃大淫昏,不克终日劝于帝王之迪。"孔颖达疏在串讲句意时,以"终竟一日"对应解释"终日"。《论语·为政》:"吾与回言终日,不违,不愚。"又《卫灵公》:"群居终日,言不及义。"邢昺疏在串讲句意时,皆以"终竟一日"对应解释"终日"。(《论语·为政》刘宝楠正义云:"终日者,竟日也。")终日,解释为"终竟此日"、"终竟一日"、"竟日",即指整天,这样的解释是正确的。在古人的概念中,整天时间,跟一天中的任何一段时间相比较,它都是相对的长久,因此,"终日"就有了"时间长久"的引申义。例《荀子·劝学》:"吾尝终日而思矣,不如须臾之所学也。"(《大戴礼记·劝学》同。)这里的"终日",即指整天。同时,句中"终日"与"须臾"相对为文,"须臾"言时间之短暂,则"终日"言时间之长久。从修辞上来说,"终日"就有了时间长久之义,这是语言上的夸张,似不可再拘泥于字面的意义。今本《老子》第二十三章:"希言自然,故飘风不终朝,骤雨不终日。"河上公注:"飘风,疾风也;骤雨,暴雨也。言疾风不能长,暴雨不能久也。"王弼注:"言暴疾美兴不长也。"就以"久"、"长"对释"终日"。王念孙所举《吕氏春秋·贵卒》例句,其中"应声而至"与"终日而至",也是相对为文,"应声而至"是指射出的箭速度快,到达时间短促;则"终日而至"是指射出的箭速度慢,到达时间长久。而射出的箭事实上绝不可能在空中飞行"终日",这是起码的常识,如高诱注释为"终一日乃至",就完全违反常理。这里只能是用"终日"的修辞义,言时间长久。所举另外二例,亦作如是解释。王念孙云:"终日,犹良久也。"这是发前人所未发。而高诱注释"终日"为"终一日",则是墨守成训而鲜会通,其失也固。

《辞源》修订本第 3 册第 2416 页:

> 〔终日〕㊀整天。《诗·齐风·猗嗟》:"终日射侯,不出正兮。"《论语·卫灵公》:"群居终日,言不及义。"㊁一天。《书·多方》:"(夏桀)乃大昏淫,不克终日劝于帝王之迪。"《疏》:"言不能一日行天道也。"

按,上述义项㊁释义误,并使释义与书证之间义例不符。这是由于编纂者对孔颖达疏断章取义而致误。孔疏云:"〔夏桀〕不能终竟一日勉于天之道,言不能一日行天道也。"孔氏在串讲句意时,以"终竟一日"对应解释"终日",这"终日"仍为"整天"义,而非"一天"义,释义实误。书证《书·多方》例当合并到义项㊀中。这里当按王念孙的考释训诂,重新设立义项㊁,即"㊁犹良久"。书证即可用现成的王念孙所举三例。《汉语大词典》第 9 卷第 793 页〔终日〕条,吸收了王念孙的训诂研究成果,设立二义项:① 整天。② 良久。这就做到了义项分合合理,释义正确,书证与释义之间义例相符。

王念孙对"终日"这一"字面普通而义别"的语词作出新解,对其词义演变发展进行研究,扩展了传统训诂学对习见常用的口语词语的训释范围,为以后的俗语词研究作出了示范,这在训诂研究对象方面和方法论上对后人的启迪更大。

> 《荀子·儒效》:"乡也胥靡之人,俄而治天下之

大器举在此，岂不贫而富矣哉！”杨注曰：“胥靡，刑徒人也。胥，相；靡，繫也。谓锁相联相系。”引之曰：此胥靡，非谓刑徒人也。胥靡者，空无所有之谓，故荀子以况贫。胥之言疏也，（司马彪注《庄子·应帝王篇》曰：“胥，疏也。”宣十四年《左传》“车及于蒲胥之市”，《吕氏春秋·行论篇》作“蒲疏”。《史记·苏秦传》“东有淮颍煮枣无胥”，《魏策》作“无疏”。）疏，空也；靡，无也。胥靡，犹言胥无，《春秋》齐有宾胥无，盖取此义也。《汉书·扬雄传》《解难》曰：“胥靡为宰，寂寞为尸。”胥靡与寂寞，相对为文，是胥靡为空无所有之意。（张晏曰：“胥，相也；靡，无也。言相师以无为作宰者也。”案张训靡为无，是也；其训胥为相，则失之。）（《读书杂志·荀子二》“胥靡”条）

按：胥靡训为刑徒，或刑罚名，为常训；但施之于《荀子·儒效》，却不合句意。王引之另辟蹊径，以胥靡为并列复合词。胥，疏也；靡，无也。胥靡，犹言空疏无物。故荀子以之况贫，可谓词义贴切。“胥，疏也。”“靡，无也。”均有成训。“胥，疏也。”王引之举出《庄子·应帝王》陆德明释文引司马彪注，还举出胥、疏异文同义二例；“靡，无也。”《尔雅·释言》、《玉篇》非部、《广韵》上声纸韵，均有明训。因此，释胥靡为空无一物，有着古训根据。“胥靡者，空无所有之谓。”在王引之之前，从未有人如此明确说过。自此之后，凡解释《荀子》者以及新编语文工具书，均引述王引之之说，遂成定训。

《荀子·臣道》：“事圣君者，有听从，无谏争；事

> 中君者，有谏争，无谄谀；事暴君者，有补削，无挢拂。”杨注曰：“补，谓弥缝其阙；削，谓除去其恶。言不敢显谏，暗匡救之也。”引之曰：杨分补与削为二义，非也。听从、谏争、谄谀、补削、挢拂，皆两字同义。补削，谓弥缝其阙也。削者，缝也。《韩子·难篇》曰：“管仲善制割，宾胥无善削缝，隰朋善纯缘，衣成，君举而服之。”制割、削缝、纯缘，亦两字同义。(旧注以削为剪削，误与杨注同。)《吕氏春秋·行论篇》曰：“庄王方削袂。”《燕策》曰：“身自削甲札，妻自组甲絣。”盖古者谓缝为削，而后世小学书皆无此训，失其传久矣。(《读书杂志·荀子五》“补削”条)

按：王引之据语境求语义，在《荀子·臣道》一组排比句中，听从、谏争、谄谀、补削、挢拂，均上下二字同义，削与补同义，补即缝补义，削即缝纫义。在《韩非子·难二》一组排比句中，制割、削缝、纯缘，亦均上下二字同义，削与缝同义。王引之还举出《吕氏春秋·行论》、《战国策·燕策一》中削作缝义讲的二例。削有缝义，今补举一例，《仪礼·丧服》：“凡衰，外削幅；裳，内削幅。”郑玄注：“削，犹杀也。”贾公彦疏：“云‘衰外削幅’者，谓缝之边幅向外；‘裳内削幅’者，亦谓缝之边幅向内。”贾疏虽未直接训削为缝，但在疏通句意时，已经透露出削是特指缝纫边幅的一种方法。王引之虽然未引此例为证，但是他从贾疏受到启发，则是可以想见的。

杨树达《长沙方言续考》“削”字条云：

> 长沙谓缝衣如峭之平声，云补补峭峭，久疑不知

当作何字。近读《荀子·臣道篇》云:“事暴君者有补削,无矫拂。”王引之云:“削者,缝也。……”树达按:王氏发明削有缝义,石破天惊,精当无比。余因悟补峭当作补削字,盖古音读削如峭。《山海经·西山经》云:“太华之山削成而四方。”注云:“削成,今山形上大下小,峭峻也。”《释名·释兵》云:“刀,其室曰削。削,陗也,其形陗杀裹刀体也。”今长沙言削如峭,削之古音也。①

王引之云:“盖古者谓缝为削。”杨树达则联系现代汉语湘方言云:“长沙谓缝衣如峭之平声”,“补峭当作补削字,盖古音读削如峭”。其说甚确。这一“补削”字,后世一般写作“缲”(𫄨、幧),音 qiāo。《现代汉语词典》1996 年版第 1020 页:

〔缲〕(幧)qiāo 缝纫方法,做衣服边儿或带子时把布边儿往里头卷进去,然后藏着针脚缝:缲边儿。

《汉语大字典》第 5 卷第 3452 页收〔𫄨〕字,又第 3459 页收〔缲〕字;《汉语大词典》第 9 卷第 1032 页收〔缲〕(𫄨)字。两部大型语文工具书,〔缲〕字注音 qiāo,释义与《现代汉语词典》基本相同。在现代汉语吴方言中,正像“敲”(qiāo)声转读作“考”平声(kāo)一样,“缲”(qiāo)亦声转读作“拷”平声(kāo),字即写作“拷”。《汉语大词典》第 6 卷第 554 页:

① 《积微居小学金石论丛》增订本,中华书局 1983 年版第 189 页。

〔拷边〕方言。指用包缝机将织物裁剪过的边缘部分缝纫起来,不使松散。

《吴方言词典》(吴连生等编,汉语大词典出版社 1995 年版)第 330 页:

〔拷〕④拷边。《新民晚报》1984.6.2:"他很快拷好,把裤片给我。"

〔拷边〕锁边。《新民晚报》1984.6.2:"休息天,想把一条早已裁好的裤片缝制一下。吃过午饭,先出门去拷边。"

现代汉语方言中的"缲"、"拷",可谓古代谓缝为"削"之遗语耳。王引之将《荀子·臣道》"补削"、《韩非子·难二》"削缝"之削训释为缝,驳正旧注,陵越汉唐,发明新训,实发前人所未发,同时,也为后人考释方俗语"缲"、"拷"字之语源导夫先路。

第四章　高邮王氏校勘学

古代书面语言流传至今，经过多次传抄或刻写，总是难免出现鲁鱼亥豕，会产生这样那样的错误。如果读到的文字是错误的，那显然就不能领会作者的原意，甚至会发生误解。为了能正确地解释古代书面语言，就必须对古书进行精确详审的校勘，使之接近或合乎原稿本真面目。训诂是为了理解古代语言，校勘的立足点也在于理解古代语言。在这一意义上，校勘和训诂二者的终极目的完全一致，它们总是紧密地联系在一起，二者交相为用，相得益彰。王念孙把校勘作为训诂的一种手段，寓训释于校勘之中。训诂学家的校勘，首先是从语言入手，运用文字、音韵、词义知识，依据古代书面语言的内在联系，发现问题，订正讹误，求得确解。如有旧本对勘，则进一步证成其说；即使无旧本对勘，求之语言规律，其说也能成立。这样，既校正了文字，同时也解释了语言。

第一节　清代校勘学概况

中华民族传统文化源远流长，校勘和校勘学的历史悠久，自有简册缣帛形态的书籍以来，在传抄刻写的流布过程中，也就产生了校勘。《吕氏春秋·察传篇》记载了“晋师三豕涉河”（“三豕”为“己亥”字之误）的典故，晋葛洪《抱朴子·遐览篇》云：“书三写，鱼成鲁，虚成虎。”因而“鲁鱼亥豕”后来成为专门指书籍中出现错别字的一个成语，其实质是反映了校勘产生历史之早，同时也说明校勘工作对阅读古书的重要作用。

随着文化事业的发展，古书传抄刻写越来越盛行，自雕版印刷术发明以后，印书售书渐次发展成为一种产业，而校勘古书也成为一种专门学问。历代学者认真从事校勘工作，取得了卓越成就，留下了许多精编精校的善本，积累了丰富的校勘经验，总结了不少实用的校勘通例，使校勘工作条理化、系统化，推动了古典校勘学的理论建设。

清代校勘学，倪其心先生《校勘学大纲》（北京大学出版社2004年版）第二章第十节《清代校勘学的形成》已作了全面分析介绍，今据其主要论点，稍作补充，转述如下。

清代是我国古典校勘学的全盛时期，校勘成就卓著，校勘名家辈出，校勘理论逐渐向近代化演变发展。由于元明时期理学泛滥，学风颓靡，束书不观，游谈无根，学术空疏，加上刻书事业发达，书商粗制滥造，更使妄改乱删风气漫衍，因此屡受后人指斥。明末清初，一些有识之士起来批判空疏的理学，倡导务实的经学。顾炎武提出了“经学即理学”的主张。全祖望《顾炎武神道表》云：“〔顾炎武〕晚益笃志六经，谓古今安得别有所谓理学者？经学即理学也。自有舍经以言理学者，而邪说以起，不知舍经学，则其所谓理学者，禅学也。”因而顾炎武要求认真研究经学，提出“读九经从考文始，考文自知音始，以致诸子百家之书，亦莫不然”（《答李子德书》），指出宋明理学臆改妄改古书的一个重要原因是不懂古音，不懂汉字形音义的内部结构，从而造成文字紊乱，古籍失真，经义混淆。所以他自己研究古音，并运用古音规律考订校正经书古籍，取得重大成就，成为清代古音学大师，考据宗师，也使校勘在实践上更为精确，在理论上日趋发展，开始一个新的阶段。回顾两汉以来校勘的发展，有三个重大突破的阶段。一是汉末郑玄注经取得重大成就，在处理古今文及各家异同上表现出杰出的见识，其重要原因之一就在于他认识到汉字形音的矛盾结构。他说：“其始书之也，仓卒无其字，或以音类比方，假借为之，趣于近之而已。受之者非一邦之人，人用其乡，同音异字，同字异言，于兹遂生矣。”（引见《释文条例》）二是隋唐间陆德明《经典释文》，从音训出发，汇集异文，同时取得了经典校勘的重大成就，其重要原因就是自觉地继承郑玄的传统，专门研究汉字形音矛盾造成的各种异文。由于语音的变化，字体的定型，尤其是宋以后理学的发展，对于义理及训诂日益重视，而对于古音和字形的研究却渐趋疏忽，不懂古音和古音通假，而以今音读异体字，改通假字，造成古书混乱现象迭起，因此，顾炎武提出“考文自知音始”，具有重大意义，成为郑玄、陆德明之后又一位推进校勘发展的重要代表人物。而他明确把“知音”作为“考文”即校勘的先决条件，正标志着自觉地从理论上总结出校勘的科学依据。从此，校勘便在文字、音韵、训诂的全面理论依据下迅速发展，校勘学形成的条件已渐具备。

清代康雍乾时期，出现了史称的康乾盛世，这时中国统一的多民族国家在政治上得到了确立和巩固，形成了政治上近百年相对稳定的大一统局面；社会经济方面，无论是农业、手工业和商业都有长足的发展。政治上的统一稳定，经济上的繁荣发展，为学术文化的兴盛创造了适宜的环境，提供了必要的物质基础和条件。康雍乾历朝统治者都比较重视和提倡封建学术文化，稽古右文，崇儒重道，大力倡导和编印各种图书典籍，特别是编纂大型图书《古今图书集成》、《四库全书》，极大地促进了有清一代学术文化的发展。同时统治者又实行文化高压政策，大兴文字狱，大量删改甚或销毁所谓违碍书籍，使众多知识分子对本朝的现实社会政治问题，以及牵扯到清统治民族满族的有关历史问题，一概唯恐避之不及。这样就形成了一个厚古薄今、脱离现实、整理国故、钻研古书的学派——乾嘉学派。乾嘉学派亦称为"乾嘉朴学"，实质是对古代文史哲学的史料考证，所以思想史上称之为"考证学派"或"考据学派"。清代考证学的重大成就之一，就是形成了校勘学。近代学者皮锡瑞说："国朝经师有功于后学者，有三事"，"一曰辑佚书"；"一曰精校勘"；"一曰通小学"(《经学历史》十)。梁启超指出："清儒之有功史学者，更一端焉，则校勘也。古书传习愈稀者，其传抄踵刻，讹谬愈甚，驯至不可读，而其书以废，清儒则博征善本以校雠之，校勘遂成一专门之学。"(《清代学术概论》十六)

乾嘉学派的形成，导致了清代校勘学的形成。由于我国校勘工作历史悠久，历代学者通过校勘实践，取得了丰硕的校勘成果，同时积累了丰富的校勘经验，并在古典校勘学理论方面进行了总结，这也促进了清代校勘学的形成。

历代学者积累的校书经验涉及校书很多方面。有的强调校书者应具备较好的知识素养，南北朝学者颜之推说："校定书籍，亦何容易……观天下书未遍，不得妄下雌黄。"有的指出校书应持的态度，宋周必大说："校书之法：实事是正，多闻阙疑。"有的阐述了校勘学理论，宋郑樵的《校雠略》是我国校勘学史上第一部校勘理论专著，该书对宋以前古典校勘学理论进行了总结，在不少方面有所发展。他提出，校书不仅在于是正文字，还要考其内容得失，这就扩大了校勘学的含义。有的介绍校书方法，其中有关于如何选底本、如何识误、如何表达校勘意见等诸多方面。隋末唐初的颜师古认为，校书应取古本为校本，其著述《匡谬正俗》就是据古本勘俗本之误的大成。汉末郑玄强调，遇有误字，不可在书上改易，应在注中说明"某当为某"。托名宋岳珂《相台书塾刊正九经三传沿革例》"注文"条中指出，可以以疏文校注文，以注文校正文，以正文校注文，这在校法方面又拓宽了范围。

历代学者还为清儒留下了很多精校精注本，这些成果有的可供清儒校书时作依据，有的则可直接利用。其突出者有：汉郑玄校理的《三礼》，唐颜师古校注的《汉书》，陆德明编校的《经典释文》等；宋彭叔夏校的《文苑英华》，鲍彪校的《战国策》，欧阳修编校的诸史，刘敞兄弟父子三人校的《汉书》等；元胡三省校的《资治通鉴》，吴师道校的《战国策》，托名宋岳珂校的九经三传等。这些精编精校本都成为清人校书的样板。

校勘工作离不开书籍资料，清代就有着历代无法比拟的丰富的公私藏书。上面谈到的历代学者留下的关于校勘经验和方法方面的材料，以及校勘成果和理论专著，都是校勘工作极好的参考资料。清代官方通过大规模的编书、刻书、征书、献书活动，使一些原本难得一见的珍本秘籍显现于世，先秦古籍、汉唐旧注都大量印行，一些字书、韵书以及众多类书，作为工具之学广为流布，宋刻元刻善本书得到妥善保管和利用。这些都为清代学者提供了质量可靠的本子。还有清后期在敦煌石窟中发现的卷子旧籍，从日本等携归的域外汉籍孤本，都是富有校勘和研究价值的珍稀资料。清代校书盛行，也产生了很多精校精注本。我们在第二章第一节"清代训诂学概况"中已有叙述，这里就不再重复。清代刻书盛行，公私藏书事业发达，清季有古书达十二万多种，足见清人校书所用资料之丰富。前人留下的校勘经验和理论专著，历代累积的丰富的图书资料，这些都为清代校勘学的形成提供了有利条件。

清代版本学、目录学、辑佚学、辨伪学、图书分类学的繁盛，也直接促进了校勘学的兴盛和发展。清代文字学、音韵学、训诂学，是它们在中国历史上发展的全盛时期，这些学问也正是校书者的必备学养。刘向、刘歆、郑众、郑玄，皆为小学名家，陆德明、颜师古都长于字学，他们校书成绩突出，与有深厚的小学根柢是密不可分的。乾嘉学派的戴、钱、段、王，在文字学、音韵学、训诂学领域纵横驰骋，攻坚破滞，都取得了历史性的重大突破，他们的典范著作，为当代学者及其后辈提高小学学养以及从此入手校书，都提供了上好的范例。文字、音韵、训诂、版本、目录、辑佚等专门学科的发展，众多乾嘉学者都精通小学，熟悉文献，具有多方面的知识学养，取得了科学的理论依据。乾嘉学者往往喜作"窄而深"的学术研究，因此专书校勘的深入而广泛，许多学者从校勘入手研究古代典籍，取得了丰富的校勘实践经验。清代校勘家，较过去任何时期都要多。自清初顾炎武提倡校勘，戴震、段玉裁继起，于是校勘之风渐开，至乾嘉已达鼎盛；王念孙父子专于校经，钱大昕兄弟长于校史；卢文弨和顾广圻博涉多通，校书不主一家；王鸣盛、阮元、陈鳣、俞樾等人校书专精；孙诒让、章太炎作为他们的后殿，遂集清校勘学术之大成。因此，继顾炎武之后，清代涌现了一大批优秀的学者和出色的著作，提出了许多卓越的校勘学理论观点，归纳了许多切实的校勘通例，并且出现了不同的流派，显示出继承发展古代优良的校勘传统的不同方面。这是清代校勘学形成的特点和标志。

清代学者的校勘成果，一方面体现在大量精校的专书之中，一方面体现在诸书题识及读书札记之中。清代学者一般都能综合运用对校、本校、他校、理校诸法，善于把文字、音韵、训诂、版本、目录、辑佚等学科的研究成果用于校勘。但是由于各自学术特点的不同，所继承的古典校勘学传统不同，在校勘上又表现出不同的侧重点。从校勘学的发展看，清代校勘学大致可分为两派：一派强调对校，多列异同；一派强调理校，善定是非。强调对校的一派，以卢文弨、顾广圻为代表，他们虽然都有小学根柢，但尤以版本、目录学识为长；他们注重版本依据，异文比较，强调保持原貌，主张说明异文正误而不作更改。这派基本上继承彭叔夏《文苑英华辨证》、托名岳珂《刊刻九经三传沿革例》的古典校勘学传统。强调理校的一派，以戴震、段玉裁、王念孙、王引之、俞樾等为代表，他们都有深厚的小学根柢，并以此名家，博极群书，熟悉诸书体例及致误的规律；他们广泛搜集包括版本异文在内的各种异文材料，根据本书义理，运用文字、音韵、训诂、版本、目录及有关历史文化知识，分析考证各种异文，定其是非，明确主张订正刊误，敢于改正误字。这派基本上继承郑玄《三礼注》、陆德明《经典释文》的古典校勘学传统并有所发展。以卢、顾为代表的一派，继承了宋人古典校勘学的传统，被称之为对校派，人们亦称他们的校勘为校雠学家的校勘；以戴、段、二王为代表的一派，继承了汉唐人古典校勘学的传统，被称之为理校派，人们亦称他们的校勘为小学家的校勘或考据学家的校勘。这两派对校勘学的理论都作出了贡献，比较而言，对校派更多贡献于说明版本根据的重要原则，理校派则在总结校勘方法和归纳校勘通例方面，有着突出的贡献。

卢文弨、顾广圻是对校派的代表，他们都是终生从事校勘，留下许多专书校勘之作和许多考订古书的札记文章。他们总结自己的校勘经验，最重要的一条是尽力搜集古本、旧本、善本，强调可靠的接近原版的版本为校勘依据。卢文弨云：

> 大凡昔人援引古书，不尽皆如本文。故校正群籍，自当先从本书相传旧本为定。况未有雕本以前，一书而所传各异者，殆不可遍举。今或但据注书家所引之文，便以为是，疑未可也。（《与丁小雅进士论校证〈方言〉书》）
>
> 书之所以贵旧本者，非谓其概无一讹也。近世本有经校雠者，颇贤于旧本。然专辄妄改者，亦复不少。即如《九经》小字本，吾见南宋本已不如北宋本，明之锡山秦氏本又不如南宋本，今之翻秦本者更不及焉。以斯知旧本之可贵也。（《书吴葵里所藏宋本〈白虎通〉后》）

顾广圻云：

> 通而论之，宋椠之误，由乎未尝校改，故误之迹往往可寻也。而赵刻之误，则由乎凡遇其不解者，必校改之，于是而并宋椠之所不误者，方且因此以至于误，其宋椠之所误，又仅苟且迁就，仍归于误，而徒使可寻之迹泯焉，岂不惜哉！（《韩非子识误序》）
>
> 夫毛氏仍万历监刻而已，此其所以不能善也。古馀先生以宋本易之，而精校焉，熟雠焉，此其所以善也。（《合刻〈仪礼注疏〉跋》）

黄丕烈云：

> 校勘群籍，始知书旧一日，则往往佳处犹在，不致为庸妄人删润，归于文从字顺，故旧刻为佳也。（《士礼居藏书题跋记续》卷上《武林旧事六卷跋》）

这就指出，古本、旧本、善本虽然也不免有误，但比较后来刻本的错误毕竟少些，尤其因为它们未经校改，所以有了错误也容易发现，并且可以考查其致误之由。从这一观点出发，他们提出了以版本对校为主的校勘方法和处理异文的基本原则。卢文弨云：

> 宋本自胜近世所行本，然亦多错误。今取他书互证之，其灼然断在不疑者，则就改本文，而注其他所讹者于下，使后来者有所考。若疑者，两通者，则

但注其下而已。(《新校〈说苑〉序》)

顾广圻云：

广圻由宋本而知近本之谬，兼由勘宋本而即知宋本亦不能无谬。意欲准古今通借以指归文字，参累代声韵以区别句逗。经史互载者，考其异；专集尚存者，证其同。而又旁综四部，杂涉九流。援引者沿流而溯源，已佚者借彼以订此，未必非此学之功臣也。(《校残宋尤袤椠〈文选〉跋》)

谓顾子之于书，犹必不校校之也。……去误于校者而存不校之误，于是日思之，遂以与天下后世乐思者共思之。……思其孰为不校之误，孰为误于校也。(《思适寓斋图自记》)

焦循云：

校雠者，六经传注，各有师授。传写有讹，义蕴乃晦。鸠集众本，互相纠核。其弊也，不求其端，任情删易，往往考者之误，失其本真。宜主一本，列其殊文，俾阅者参考之也。(《雕菰楼集》卷八《辨学》)

他们认为校勘方法应以版本对校为主，而以参校其他有关资料为辅。由于注重古本、旧本，因而一般不改本文，但注存他本异文。倘使确属非改不可的误字，则仍注存误字，以便他人参考，更免误改而不便复原。同时也可看到，他们最反对的是妄改和臆改。卢文弨云：

> 凡传古人书，当一仍其旧，慎勿以私见改作。如《蔡中郎集》有宋天圣元年欧静所辑本，虽未必尽合于隋唐之旧，然在今日已为最古，后日重刻，便可悉依旧式。或有当补者，可别附于后；当刊者，可著其说于篇下，斯得之矣。（《钟山札记·蔡中郎集》）

顾广圻云：

> 南宋时，建阳各坊刻书最多。惟每刻一书，必倩雇不知谁何之人，任意增删换易，标立新奇名目，冀以衒卖，而古书多失其真。（《重刻〈古今说海〉序》）
>
> 盖以校书之弊有二：一则性庸识暗，强预此事，本未窥述作大意，道听而途说，下笔不休，徒劳芜累；一则才高意广，易言此事，凡遇所未通，必更张以从我，时时有失，遂成疮疻。二者殊途，至于诬古人、惑来者，同归而已矣。（《礼记考异跋》）

因而他也深刻体会彭叔夏所说“三折肱为良医，知书不可以意轻改”，甚至以为“书籍之讹，实由于校，据其所知，改所不知”（《书〈文苑英华辨证〉后》）。显然，这派强调古本、旧本而不迷信古本、旧本的观点，反对臆断妄改，无疑是正确的。注存异文，也是妥善的处理方法。但是，为了谨慎以至于“不校校之”，则不免拘于消极的教训，流于保守，有碍于校勘学理论的提高和校勘实践的深入。

戴震、段玉裁、王念孙、王引之及俞樾是理校派的代表，他们都是考据学的代表学者。他们在文字、音韵、训诂等学科上都有较高成就。校勘业绩是他们以考证的原则和方法用于校书的结果。由于校勘的实质是对古籍文字的订正刊误，因此他们自觉地运用文字、音韵、训诂及历史文化知识，对古籍文字正误进行分析考证，并由此考查其致误之由，归纳通例，从而在校勘学理论上取得突出成绩。在校勘的根本原则上，他们和卢、顾一派是一致的，都要求存真复原。但是在校勘的依据和异文的处理上，持有对立性的分歧。他们考证经籍古书的出发点是读经明道。戴震云：

> 经之至者，道也。所以明道者，其词也。所以成词者，字也。由字以通其词，由词以通其道。（《与是仲明论学书》）

正是为了读经明道，所以要注释校勘表达道理的字词。而由于字有古形、古音、古义，因此要用文字学、音韵学、训诂学的知识来考订文字正误，以确定意义。陈奂云："段先生曰：'余之治《说文》也，以字考经，以经考字，大指本徽郡戴氏。'"（陈奂《王石臞先生遗文编次序》）王引之云："吾用小学校经。"（见龚自珍《王文简公墓表铭》）明确概括出他们校勘的理论依据。因此，他们必然不以版本可靠与否为依据，而是以异文为考订对象。戴震云：

> 搜考异文，以为订经之助，又广揽汉儒笺注之存者，以为综考诂训之助。（《古经解钩沉序》）

段玉裁云：

> 东原师（戴震）尝搜考异文以为订经之助，令其族子时甫及仆从事于此。（《答顾千里书》）

王筠云：

> 偶读《史记》，取《汉书》校之，中多异文。或《史记》传讹，或《汉书》传讹；或《汉书》改《史记》而是，亦有改之而非者。（《〈史记校〉自叙》）

他们重视的是异文，而非各种版本。因为异文是考订的对象、校勘的材料依据。具体地说，他们重视的是这一版本上的异文，而不管这一异文出于什么版本。其搜集范围也不限于本书各种版本的异文，而是广及本书以外所有载述本书的各种异文。这正如汪辟疆先生所说：

> 高邮王氏之学，卓绝千古，嘉道之间颇有传其订正群书，皆先检古本类书，及马总《意林》、《群书治要》诸书所引用经子原文，如遇异文，条记座右，然后详稽音诂，力求贯通，再证以宋以前类书群籍引用异文，定为某宜作某，每下一义，确不可易。①

① 《工具书之类别及其解题》，载《汪辟疆文集》，上海古籍出版社 1988 年版第 56 页。

因此理校派的学者们明确主张定字改字。段玉裁指出：

> 唐之经本存者尚多，故课士于定本外，许用习本。习本流传至宋，授受不同。合之者以所守之经注，冠诸单行之疏，而未必为孔颖达、贾公彦所守之经注也。其字其说乃或龃龉不谋，浅者乃或改一就一。陆氏所守之本又非孔、贾所守之本，其龉龃亦犹是也。自有十三经合刊注疏音释，学者能识其源流同异，抑鲜矣。有求宋本以为正者，时代相距稍远而较善，此事势之常。顾自唐以来，积误之甚者，宋本亦多沿旧，无以胜今本。况校经如毛居正、岳珂、张淳之徒，学识未至，醇疵错出，胸中未有真古本、汉本，而徒沾沾于宋本，抑末也。(《十三经注疏释文校勘记序》)
>
> 凡校书者，欲定其一是，明贤圣之义理于天下万世，非如今之俗子夸博赡，夸能考核也。故有所谓宋版者，亦不过校书之一助，是则取之，不是则却之，宋版岂必是耶？故刊古书者，其学识无憾，则折衷为定本以行于世，如东原师《大戴礼》、《水经注》是也。(《答顾千里书》)

他们既以订正为目标，就要求具体分析异文，判断是非。所以段玉裁进一步提出：

> 顾读书有本子之是非，有作书者之是非。本子

之是非，可雠校而定之；作书者之是非，则未易定也。(《与胡孝廉世琦书》)

宋人以疏合经注者，以此之疏合彼之经注本，故经注与孔疏不合。必知孔疏，而后知孔所执之经注本；必知皇疏，而后知皇所执之经注本。必知寻味经注之义理脉络，而后可以知孔之经注是，皇之经注非也。故曰：必先定底本之是非，而后可定义理之是非。(《“周人卒哭而致事”经注考》)

他认为，应把版本校勘和注疏者学识两者区别开来。校勘解决异文正误问题，学识决定注疏是非问题。对于宋人合刊的《十三经注疏》，则先把注所据经本和疏所据经本辨析出来，然后根据经义分别判断其是非。由此可见，他们与卢、顾一派的显著分歧是，不据版本而据义理，不重版本而重异文，不尚异文数量而尚异文质量，因此方法上不仅重视对校，而且更要求分析、推理和考证，判断上更要求明确是非而敢于改字。基于这样的理念，所以这派从顾炎武开始就强调校勘者的学识。

戴震校勘郦道元《水经注》，是全面反映了理校派的校勘学思想和方法论的范例。戴氏弟子段玉裁云：

然东原氏之功细大宜辨。据古本，搜群籍，审地望，寻文理，一字之夺必补之，一字之羡必删之，一字之误必更之，东原氏之能事也，然而其功细。自唐宋浅学，迻书不知其义例，误认“过某”、“逕某”之文无区别，任意互讹，大抵注讹经者十八，经讹注者十之一二。东原氏得其例有三：一曰独举、复举之不同。

> 经文甚简，首举水名，下不再出。注文繁，一水内必详其注入之小水以间厕其间，是以主水之名屡举不厌，虽注入小水有所携带者相间，亦屡举小水之名，经文断无是也。一曰“过”、“逕”之不同也。经必曰“过某”，注则必曰“逕某”，所以别于经。一曰“某县”及“某县故城”之不同也。注所谓“某县故城”者，即经之“某县”也。经时之县，注时多为故城，经无言“故城”者也。执此三例，沛乎莫御，厘之有如振槁，承学读至白首不解者，豁然开朗，王伯厚、顾景范、胡朏明、阎百诗称引之误，今皆可正，此则东原氏功之大者也。（《与梁耀北书论戴赵二家水经注》）

戴震对《水经注》的整理，不仅校正错误，并总结出条例。序中云：“审其义例，按之地望，兼以各本参差，是书所由致谬之故，昭然可举而正之。”（《〈水经〉郦道元注序》）大体可以概括他校勘的理论和方法论。“审其义例”，即段氏所云“寻文理”，就是分析归纳《水经注》的内容体系和写作体例，也就是校经据经义，校其他古书则据该书内容和体例。“按之地望”，即段氏所云“审地望”，就是考证《水经注》所注河流水道的实际地理位置，也就是名物训诂的考证。“各本参差”，即段氏所云“据古本，搜群籍”，就是搜集分析异文。然后具体分析致误之由，从而得出正确的论断。因此，戴校《水经注》是理校派校勘理论和方法论的一个典范。

段顾之争，是理校派和对校派两派代表人物之间的学术争鸣，是清代学术史和校勘学史上的著名论争。他们的论争都是一字二字的正误之争。如《礼记·曲礼》“二名不偏讳”的

“偏”，正字是“偏”还是“徧”；《礼记·礼器》“先王之立礼也，有本有文”中“有文”二字是否衍文；《礼记·王制》“虞庠在国之四郊”，“四”字是否“西”字之误；等等。这场论争的结果是使段玉裁进一步阐发他的校勘理论，即关于“底本之是非”和“义理之是非”的理论，提出了“以孔还孔”、“以贾还贾”的著名论点，促进校勘理论的发展。

前面已经说过，对校派和理校派，在校勘的根本原则上是一致的，都要求复原存真，只是在校勘依据和异文处理上有着对立性的分歧。因此，对段顾之争，我们也只是把它作为一场学术争鸣来看待，尽管争论十分激烈，难免语言偏激，也不听双方友人陈鳣居中协调相劝，但是这毕竟是学人之间的一场学术争论，双方仍不失学者之风度。其实，卢、顾与戴、段、二王之间，原本友谊深厚，切磋学问，往还密切。《清史稿·卢文弨传》云：“文弨孝谨笃厚，潜心汉学，与戴震、段玉裁友善。”卢氏在京为官时，从戴氏游，颇得裨益，故其治学精神与皖派相同，亦以训诂为主。卢卒后，段玉裁为撰墓志铭。王念孙校毕《大戴礼记》，即录副送卢审阅，主动征求意见，卢又提出己见，王氏虚心接受。顾广圻与高邮王氏之间，相互赞赏对方学识，尊重有加，互赠书本，交流信息，传为美谈。顾氏曾将所校《晏子春秋》元刻影钞本赠予王氏，王念孙《读晏子春秋杂志序》中云：“涧蘋以此书赠予，时予年八十矣，以得观为幸。”王念孙校完《荀子》一书，又得顾氏手录《荀子》吕、钱二本异同，王氏即以顾氏所录而前此未见者为补遗一编，刻入《读书杂志》。王念孙成《读淮南内篇杂志》，又曾求顾广圻录宋本与道藏本不同之字以示，并据以补校。《读书杂志·淮南内篇补·顾校淮南子各条》卷首王引之序云：

> 岁在庚辰，元和顾涧薲文学寓书于顾南雅学士，索家大人《读书杂志》，乃先诒以《淮南杂志》一种，而求其详识宋本与道藏本不同之字及平日校订是书之讹为家刻所无者，补刻以遗后学。数月书来，果录宋本佳处以示，又示以所订诸条，其心之细，识之精，实为近今所罕有，非熟于古书之体例而能以类推者，不能平允如是。家大人既以数年之力校成《淮南杂志》，而又得文学所校以补而缀之，盖至是搜剔靡遗矣。今年将补刻所校，爰扬榷之，以为读书者法。（《读书杂志·淮南内篇补》）

这里也表明高邮王氏父子对于版本对校的重视。顾广圻是精熟版本、擅长对校的专家，高邮王氏对他推崇之至，与段玉裁的态度恰成鲜明对照。

对于如何表达校勘成果，两派观点有所不同，争论较为激烈。段玉裁曾提出"当改则改"论，他认为，校书如遇有误，不论是宋版古书，还是经传典籍，皆可在书上是正，误迹保留与否，无须多虑。顾广圻则不同意此论，反对段氏做法。顾提出了颇有影响的"不校校之"论，其《礼记考异跋》就进一步阐述说："书必以不校校之。毋改易其本来，不校之谓也；能知其是非得失之所以然，校之之谓也。"顾认为，书有误处，可用校勘记表示所校的意见，绝不可在原书上改正，并指出，经书更是如此。卢文弨提出了"相形而不相掩"论，他认为，识迹与校勘结果皆应明显表露。高邮王氏著《广雅疏证》，《广雅》原文有误字，即径直在正文条目中改正，而在疏证中详细说明。例如卷一下“弱也”条中，“媆”字原误作“羡”，王念孙即直接改正为“媆”字，而疏证云：

> 媆者，曹宪音女寸、而兖二反，即今嫩字也。各本皆作羡，盖因下文羡字而误。考《玉篇》、《广韵》，媆与嫩同，弱也。又《玉篇》，媆音如甭、奴困二切，与曹宪音同。今据以订正。

这样的说明，与顾广圻所要求的校勘记实无二致。《广雅》为训诂书，正文条目中证据确凿的误字，似宜直接改正为是。这样，作为一部古代辞书，才真正适宜于人们查检使用。当然，像段玉裁《说文注》，有时一味强调理校，过于自信，在缺乏强有力的必要证据的前提下，在原书上改易，弊端不少，实不足取，所以受到非议。王引之《与王畹馨中丞书》之二云：

> 段大令《说文注》力辨“麎”字之误，始则删之，继则改其篆而移其次，又欲并《尔雅》而改之，其所据者，曹宪音而已。窃谓《尔雅》、《说文》皆不误，而《广雅》则误；《广雅》原文本不误，而曹宪所据之本则误，据误本而为之音，是以与《尔雅》、《说文》不合也。大令当据《尔雅》、《说文》以正《广雅》传写之误，不当据《广雅》传写之误以改《尔雅》、《说文》。(《王文简公文集》卷四)

段氏《说文注》中轻改之例较多，晚清朱一新《无邪堂答问》卷四云：“惟勇于删改，是段注之大失。”顾广圻主张不改原书，这种办法虽用者较多，优点不少，但需要改进之处亦有之。“不校校之”虽误迹保留使人思，附有校记帮助思；但对于误处有人不识，便不去思，同时也不会再去检阅校勘记，以致在一定程度上失去校勘意义。为帮助校读者识误和据其检阅校记，阮元提出“圈识误者”论，他在《校刊宋本十三经注疏书后》云：“刻书者最患以臆见改古书，今重刻宋板，凡有明知宋板之误字，亦不使轻改，但加圈于误字之旁，而别据校勘记，择其说附载于每卷之末，俾后之学者不疑于古籍之不可据，慎之至也。”阮氏之法能兼采诸家之长，克服顾法之短，故为多数学者所接受。张之洞《书目答问》卷一“经部·正经正注”之《十三经注疏》书目下云：“阮本最于学者有益，凡有关校勘处旁有一圈，依圈检之，精妙全在于此。”后来的学者亦沿用此法，并有所改进和创新。中华书局 1959 年版《史记》点校本《点校后记》说：“但有些地方明明有脱误或者有衍文，而张文虎未加改动，只在《札记》中说明疑脱某字，疑衍某字，或某字疑某字之讹。现在我们为便利读者起见，认为应删的就把它删了，可是并不删去原字，只给加上个圆括弧，用小一号字排；认为应增的就给增上了，增上的字加上个方括弧，以便识别。”这样，既直接在原书上改动了必须校改的文字，又便于读者识别。后来有些古籍点校本，在需要校改处加上注码，文后按注码顺序附校勘记，如同今天文中注码和文后注释一样。以上两种处理异文的方法，实与阮刻《十三经注疏校勘记》之法一脉相承。以此亦可说明阮元之法较为实用。原为校勘两派争执不下的异文处理方法，至阮元时终于趋向一致，得到了比较圆满的解决。

清代校勘学兴盛发达，超越了以前各代，其理论更臻完善，方法更加科学，经验更为丰富，成果更是显著。有清一代，校勘名家辈出,校勘名作争辉,在中国校勘学史上写下了浓墨重彩的一页。

第二节　王念孙的校勘通例

晚清国学大师孙诒让在《札迻序》中说到校书的流别时,曾云:

> 综论厥善,大氐以旧刊精校为据依,而究其微恉,通其大例,精研博考,不参成见。其是正文字讹舛,或求之于本书,或旁证之它籍,及援引之类书,而以声类通转为之錧键,故能发疑正读,奄若合符。及其蔽也,则或穿穴形声,捃摭新异,冯肊改易,以是为非。乾嘉大师,唯王氏父子郅为精博,凡举一谊,皆塙凿不刊。

这段话,是孙氏概括地总结了清代校勘学家的成就以及自己从事校勘的亲身体会而提出的。孙氏平生服膺高邮王氏父子。王念孙的以声音通训诂,王引之的以小学校经,明确概括地道出了他们训诂校勘的纲领性的理论根据。在此,孙氏则着重指出他们在校勘工作中所掌握的窍门,便是"以声类通转为之錧键"。这就说明,清代的校勘学家包括高邮王氏父子在内,都将文字学、音韵学、训诂学以及其他学科的研究成果,自觉地运用到校勘实践中去了。

王念孙是有清一代著名的训诂学家,同时又是著名的校勘学家。我们只要看《广雅疏证》、《读书杂志》、《经义述闻》中所取得的校勘成绩，就已十分令人叹服。王氏《广雅疏证》，除精审的诠释训诂外，还做了缜密的校勘工作。其中校正讹字五百七十八，脱者四百九十一(《自序》作“凡字之讹五百八十，脱者四百九十”，今据《殷礼在斯堂丛书》本《广雅疏证补正》校订)，衍者三十九；先后错乱者一百二十三；正文误入音内者十九；音内字误入正文者五十七。随条校正，并且摆出了充足的理由和根据。这样，《广雅》一书才得以恢复近真的面貌。王念孙《读书杂志·读淮南杂志序》一文，分析他所订正的《淮南子》及其高诱注共计九百多处文字致误的原因，条分缕析，剖析入微，并梳理总结为六十四条通例。这些通例，都是从具体的事例和对象中抽取出来的，是校后归纳的说明，而不是校前所假定的依据，因此具有充分的说服力和现实的可行性。我们说《读淮南杂志序》是校勘学史上的一篇纲领性的重要文献，这绝非溢美之词。

王念孙《读淮南杂志序》云：

> 是书自北宋已有讹脱，故《尔雅疏》、《埤雅》、《集韵》、《太平御览》诸书所引，已多与今本同误者，而南宋以后无论已。余未得见宋本，所见诸本中，唯道藏本为优，明刘绩本次之，其余各本皆出二本之下。兹以藏本为主，参以群书所引，凡所订正共九百余条，推其致误之由，则传写讹脱者半，冯意妄改者亦半也。

王念孙分析推断各种致误的原因，以无心的传写讹脱者和有意的凭臆妄改者为两大总类，统摄各类具体错误，归纳出各类

通例,计有:

1. 有因字不习见而误者。若《原道篇》:“先者逾下,则后者蹍之。”蹍,女展反,故高注云:“蹍,履也,音展,非展也。”而各本乃误为“蹷”矣。

2. 有因假借之字而误者。《览冥篇》:“蚖鱓著泥百仞之中。”“蚖鱓”与“鼋鼍”同,各本“蚖鱓”误为“蛇鱓”,则与下文“蛇鱓”相乱矣。

3. 有因古字而误者。《时则篇》:“孟秋之月,其兵戉。”戉,古钺字也。而各本乃误为“戈”矣。

4. 有因隶书而误者。《时则篇》:“具栚曲筥筐。”高注:“栚,持也,三辅谓之栚。”案,“栚”读若朕,架蚕薄之木也。隶书“栚”字或作“栣”,而各本遂误为“扑”矣。

5. 有因草书而误者。《齐俗篇》:“柱不可以摘齿,筳不可以持屋。”高注:“筳,小簪也。”案,“筳”读若廷,言小簪可以摘齿,而不可以持屋也。“筳”与“筐”草书相似,而各本遂误为“筐”矣。

6. 有因俗书而误者。《原道篇》:“欲宍之心亡于中,则饥虎可尾。”“宍”,俗肉字也。藏本“宍”误作“寅”,而各本又误作“害”矣。

7. 有两字误为一字者。《说林篇》:“狂者伤人,莫之怨也;婴儿詈老,莫之疾也;贼心亡也。”贼,害也。亡,无也。言狂者与婴儿皆无害人之心也。各本“亡也”之“也”误为“山”,又与“亡”字合而为“峦”矣。

8. 有误字与本字并存者。《主术篇》:"鸱夜撮蚤,察分秋豪。""蚤"或误为"蚉",又转写而为"蚊",而各本遂误作"撮蚤蚊"矣。

9. 有校书者旁记之字而阑入正文者。《兵略篇》:"明于奇赅、阴阳、刑德、五行、望气、候星、龟策、机祥。""赅"读若该,奇赅者,奇秘之要,非常之术也。校书者不晓"奇赅"之义,而欲改为"奇正",故记"正"字于"赅"字之旁,而各本遂误为"奇正赅"矣。

10. 有衍至数字者。《俶真篇》:"孟门终隆之山,不能禁也;湍濑旋渊之深,不能留也。"各本"不能禁也"下衍"唯体道能不败"六字,则上下文皆隔绝矣。

11. 有脱数字至十数字者。《原道篇》:"此俗世庸民之所公见也,而贤知者弗能避,有所屏蔽也。"高注云:"以谕利欲,故曰'有所屏蔽'也。"各本正文脱"有所屏蔽"四字,则注文不可通矣。

12. 有误而兼脱者。《原道篇》:"轻车良马,劲策利锻。"高注:"策,箠也。锻,箠末之箴也。锻读焫烛之焫。"锻,竹劣反;焫,如劣反。藏本"锻"误作"锻",注文误作"策,箠也,未之感也。锻读炳烛之炳",则义不可通矣。

13. 有正文误入注者。《主术篇》:"故善建者不拔,言建之无形也。"此引《老子》而释其义也。各本"言建之无形也"六字,皆误作注文矣。

14. 有注文误入正文者。《道应篇》:"田鸠往见楚王,楚王甚说之,予以节,使于秦。至,因见惠王而说之。"高解"予以节"云:"予之将军之节。"各本此六字误入正文"因见"之下,"惠王"之上,则文不成义矣。

15. 有错简者。《天文篇》:"阳气胜,则日修而夜短;阴气胜,则日短而夜修。其加卯酉,则阴阳分,日夜平矣。"各本"其加卯酉"三句,错简在下文"帝张四维,运之以斗"一节之下,则既与上文隔绝,又与下文不相比附矣。

16. 有因误而致误者。《俶真篇》:"昧昧楙楙,皆欲离其童蒙之心,而觉视于天地之间。""楙"读若懋,高注云:"楙楙,欲所知之貌也。""昧昧"、"楙楙",一声之转。各本"楙楙"误作"晽晽",字书所无也。而杨氏《古音馀》乃于侵韵收入"晽"字,引《淮南子》"昧昧晽晽"矣。

17. 有不审文义而妄改者。《原道篇》:"乘雷车,六云蜺。"谓以云蜺为六马也。后人不晓"六"字之义,遂改"六云蜺"为"入云蜺"矣。

18. 有因字不习见而妄改者。《齐俗篇》:"故伊尹之兴土功也,修胫者使之跖铧。""铧"读若华,臿也;跖,蹋也。故高注云:"长胫以蹋插者,使入深也。"后人不识"铧"字,而改"铧"为"钁",不知"钁"为大锄,锄以手挥,不以足蹋也。

19. 有不识假借之字而妄改者。《道应篇》:"跖之徒问跖曰:'盗亦有道乎?'跖曰:'奚适其有道也。'""适"读曰"啻",言奚啻有道而已哉,乃圣勇义仁智五者皆备也。后人不知"适"与"啻"同,而误读为“适齐”、“适楚”之“适”，遂改“有道”为“无道”矣。

20. 有不审文义而妄加者。《览冥篇》：“夫燧取火于日，方诸取露于月。”夫燧，阳燧也。故高注曰：“‘夫’读‘大夫’之‘夫’。”后人乃误以‘夫’为语词，而于“燧”上加“阳”字矣。

21. 有不识假借之字而妄加者。《本经篇》：“异贵贱，差贤不，经诽誉，行赏罚。”“贤不”即“贤否”也。后人不知“不”为“否”之借字，遂于“不”下加“肖”字矣。

22. 有妄加字而失其句读者。《泰族篇》：“赵政不增其德而累其高，故灭；知伯不行仁义而务广地，故亡。(句。)《国语》曰云云。”后人误以“故亡国”绝句，遂于“国”上加“其”字矣。

23. 有妄加数字至二十余字者。《天文篇》：“天有九野、五星、八风、五官、五府。”此先举其纲，而下文乃陈其目。后人于“八风”下加“二十八宿”四字，又于注内列入二十八宿之名，而不知皆下文所无也。

24. 有不审文义而妄删者。《道应篇》：“敖幼而好游，至长不渝解。”“渝解”，犹懈怠也。后人不知其义，遂以“至长不渝”绝句，而删去“解”字矣。

25. 有不识假借之字而妄删者。《人间篇》：“此何遽不能为福乎？”“能”读曰“乃”，言何遽不乃为福也。后人不知“能”与“乃”同，遂删去“能”字矣。

26. 有不识假借之字而颠倒其文者。《人间篇》：“国危不而安，患结不而解，何谓贵智？”“而”读曰“能”，言危不能安，患不能解，则无为贵智也。后人不知“而”与“能”同,遂改为“国危而不安,患结而不解”矣。

27. 有失其句读而妄移注文者。《说山篇》:“无言而神者载无也,有言则伤其神。(句。)之神者,鼻之所以息,耳之所以听。”高解“有言则伤其神”云:“道贱有言而多反有言,故曰‘伤其神’。”据此,则当以“则伤其神”绝句。其“之神者”三字,乃起下之词。“之”,此也。言此神者,鼻之所以息,耳之所以听也。后人误以“则伤其神之神者”为句,而移注文于“之神者”下,则上下文皆不可读矣。

28. 有既误而又妄改者。《氾论篇》:“使人之相去也,若玉之与石,葵之与苋,则论人易矣。”玉与石,葵与苋,皆不相似,故易辨也。俗书“葵”字作“𦳣”,“美”字作“羙”,“𦳣”之上半与“羙”相似,因误而为“美”。后人又改为“美之与恶”,则不知为何物矣。

29. 有因误字而误改者。《道应篇》:“孔子亦可谓知化矣。”“知化”谓知事理之变化也。“化”误为“礼”,而后人遂改为“禮”矣。

30. 有既误而又妄加者。《俶真篇》:“云台之高,堕者折脊碎脑,而蚊虻适足以翾。”翾,许缘反,小飞也。“翾”误为“翺”。后人遂于“翺”下加“翔”字,不知蚊虻之飞,可谓之翾,不可谓之翺翔也。

31. 有既误而又妄删者。《主术篇》:“尧、舜、禹、汤、文、武,皆坦然南面而王天下焉。”藏本作“王皆坦然天下而南面焉”,颠倒不成文理。刘本又删去“王”字,则误之又误矣。

32. 有既脱而又妄加者。《主术篇》:“是故十围之木,持千钧之屋;五寸之键,而制开阖。”藏本脱“而”字,刘绩不能补正,又于“制开阖”下加“之门”二字矣。

33. 有既脱而又妄删者。《天文篇》:“天地之偏气,怒者为风;天地之合气,和者为雨。”藏本上句脱“地”字,刘本又删去下句“天”字,则是以风属天,雨属地,其失甚矣。

34. 有既衍而又妄加者。《氾论篇》:“履天子之籍,造刘氏之冠。”“冠”上误衍“貌”字,后人遂于“籍”上加“图”字,以与“貌冠”相对。而不知“图籍”不可以言“履”也。

35. 有既衍而又妄删者。《主术篇》:“主道员者,运转而无端,化育如神,虚无因循,常后而不先也;臣道方者,论是而处当,为事先倡,守职分明,以立成功也。”藏本“臣道方者”作“臣道员者运转而无方者”(以上十字,藏本原文),其“员者运转而无”六字,乃涉上文而衍。刘绩又读“臣道员者”为句,“运转而无方”为句,而于“方”下删“者”字,则误之又误矣。

36. 有既误而又改注文者。《原道篇》:“夫苹,树根于水。”高注:“苹,大萍也。”正文“苹”字误作“萍”,后人遂改注文之“苹,大萍”为“萍,大苹”,以从已误之正文矣。

37. 有既误而又增注文者。《俶真篇》:“辩解连环,辞润玉石。”高注:“润,泽也。”正文“辞”字涉注文而误为“泽”，后人又于注文“润，泽也”上加一“泽”字，以从已误之正文矣。

38. 有既误而又移注文者。《地形篇》曰：“天地之间，九州八柱。”下文曰：“八纮之外，乃有八极。”高注：“八极，八方之极也。”正文“八柱”误为“八极”，而后人遂移“八极”之注于前，以从已误之正文矣。

39. 有既改而又改注文者。《原道篇》：“干越生葛絺。”高注：“干，吴也。”刘本改“干越”为“于越”，并改高注，而不知“于”之不可训为“吴”也。

40. 有既改而复增注文者。《道应篇》：“吾与汗漫期于九垓之上。”高注：“九垓，九天也。”后人改“之上”为“之外”，又于注文“九天”下加“之外”二字矣。

41. 有既改而复删注文者。《时则篇》：“迎岁于西郊。”高注：“迎岁，迎秋也。”后人依《月令》改“迎岁”为“迎秋”，又删去注文矣。

42. 有既脱且误而又妄增者。《人间篇》：“故黄帝亡其元珠，使离朱攫剟索之。”“攫”，搏也；“剟”与“掇”同，拾也。故高注云：“攫剟，善于搏拾物。”藏本正文脱“攫”字，注文作“剟搏善拾于物”，脱误不成文理。刘绩不达，乃于正文“剟”上加“捷”字，斯为谬矣。

43. 有既误且改而又改注文者。《俶真篇》：“萑扈炫煌。”高注：“‘萑’读曰‘唯’。‘扈’读曰‘户’。”藏本“萑”误作“藋”，“扈”误作“蒕”，注文误作：“蒕，读曰扈。”刘绩不能厘正，又改“藋”为“萑”，并改高注，而不知“萑”之不可读为“唯”也。

44. 有既误且衍而又妄加注释者。《兵略篇》："发如猋风，疾如骇电。""骇"下衍"龙"字，"电"字又误作"当"，后人遂读"疾如骇龙"为句，而以"当"字属下读，且于"骇龙"下妄加注释矣。

45. 有因字误而失其韵者。《原道篇》："中能得之，则外能牧之。""牧"与"得"为韵，高注："牧，养也。"各本"牧"误作"收"，注文又误作"不养也"，则既失其义，而又失其韵矣。

46. 有因字脱而失其韵者。《原道篇》："故矢不若缴，缴不若网，网不若无形之像。""网"与"像"为韵。各本"缴不若"下脱去四字，则既失其义，而又失其韵矣。

47. 有因字倒而失其韵者。《原道篇》："游微雾，鹜忽怳。""怳"与"往"、"景"、"上"为韵。各本作"怳忽"，则失其韵矣。

48. 有因句倒而失其韵者。《修务篇》："契生于卵，启生于石。""石"与"射"为韵，各本"启生于石"在"契生于卵"之上，则失其韵矣。

49. 有句倒而又移注文者。《本经篇》："直道夷险，接径历远。""远"与"垣"、"连"、"山"、"患"为韵，高注云："道之厄者，正直之。夷，平也。接，疾也。径，行也。"传写者以"直道"二句上下互易，则失其韵。而后人又互易注文以从之。《文选》谢惠连《秋怀诗》注引《淮南》亦如此，则唐时本已误矣。

50. 有错简而失其韵者。《说山篇》："山有猛兽，林木为之不斩；园有螫虫，藜藿为之不采。故国有贤臣，折冲千里。”此言国有贤臣，则敌国不敢加兵，亦如山之有猛兽，园之有螫虫也。各本“故国有贤臣”二句，错简在下文“形劳则神乱”之下，与此相隔甚远，而脉络遂不可寻。且“里”与“采”为韵，错简在后，则失其韵矣。

51. 有改字而失其韵者。《原道篇》：“四时为马，阴阳为驺。”高注：“驺，御也。”“驺”与“俱”、“区”、“骤”为韵。后人依《文子》改“驺”为“御”，则失其韵矣。

52. 有改字以合韵而实非韵者。《道应篇》：“摄女知，正女度，神将来舍，德将为若美，而道将为女居，惷乎若新生之犊，而无求其故。”此以“度”、“舍”、“居”、“故”为韵。后人不知“舍”字之入韵，而改“德将为”三字为“德将来附”，以与“度”为韵，则下文“若美”二字，文不成义矣。且古音“度”在御部，“附”在侯部，“附”与“度”非韵也。

53. 有改字以合韵而反失其韵者。《说林篇》：“无乡之社，易为肉黍；无国之稷，易为求福。”“社”、“黍”为韵，“稷”、“福”为韵。后人不识古音，乃改“肉黍”为“黍肉”，以与“福”为韵，而不知“福”字古读若“偪”，不与“肉”为韵也。

54. 有改字而失其韵，又改注文者。《精神篇》：“五味乱口，使口厉爽。”高注：“厉爽，病伤滋味也。”此是训“厉”为“病”，训“爽”为“伤”。“爽”字古读若“霜”，与“明”、“聪”、“扬”为韵。后人不知，而改“厉爽”为“爽伤”，又改注文之“厉爽”为“爽病”，甚矣其谬也。

55. 有改字而失其韵，又删注文者。《要略》曰：“一群生之短修，同九夷之风采。”高注：“风，俗也。采，事也。”“采”与“理”、“始”为韵。后人改“风采”为“风气”，并删去注文，则既失其义，而又失其韵矣。

56. 有加字而失其韵者。《泰族篇》：“至治宽裕，故下不贼；至中复素，故民无匿。”“贼”，害也，言政宽则不为民害也。“匿”读为“慝”，谓民无奸慝也。“匿”与“贼”为韵。后人于“贼”上加“相”字，“匿”下加“情”字，则既失其义，而又失其韵矣。

57. 有句读误而又加字以失其韵者。《要略》曰：“精神者，所以原本人之所由生，而晓寤其形骸九窍，取象于天。（句。）合同其血气，（句。）与雷霆风雨；（句。）比类其喜怒，（句。）与昼宵寒暑。（句。）”“与”者，如也，言血气之相从，如雷霆风雨；喜怒之相反，如昼宵寒暑也。“暑”与“雨”、“怒”为韵。后人不知“与”之训为“如”，而读“与雷霆风雨比类”为句，遂于“与昼宵寒暑”下加“并明”二字以对之，则既失其句，而又失其韵矣。

58. 有既误且脱而失其韵者。《泰族篇》：“神农之初作琴也，以归神杜淫，反其天心；及其衰也，流而不反，淫而好色，至于亡国。”“淫”、“心”为韵，“色”、“国”为韵。各本作“神农之初作琴也，以归神；及其淫也，反其天心”，错谬不成文理，又脱去“及其衰也”以下十六字，则既失其义，而又失其韵矣。

59. 有既误且倒而失其韵者。《泰族篇》：“天地所包，阴阳所呕，雨露所濡，以生万殊。翡翠玳瑁，瑶碧玉珠，文彩明朗，润泽若濡。摩而不玩，久而不渝。”“呕”、“濡”、“殊”、“珠”、“濡”、“渝”为韵。藏本“雨露所濡，以生万殊”误作“雨露所以濡生万物”，“瑶碧玉珠”又误在“翡翠玳瑁”之上，则既失其句，而又失其韵矣。

60. 有既误且改而失其韵者。《览冥篇》：“田无立禾，路无莼莎，金积折廉，璧袭无蠃。”“蠃”，璧文也，与“禾”、“莎”为韵。“莼莎”误为“莎莼”，后人又改“蠃”为“理”，则失其韵矣。

61. 有既误而又加字以失其韵者。《说林篇》：“予溺者金玉，不若寻常之纆。”“纆”读若墨，索也。“纆”与“佩”、“富”为韵。“纆”误为“缠”，后人又于“缠”下加“索”字，则既失其义，而又失其韵矣。

62. 有既脱而又加字以失其韵者。《说山篇》：“詹公之钓，得千岁之鲤。”“鲤”与“止”、“喜”为韵。“千岁之鲤”上脱“得”字，则文不成义。后人不解其故，而于“千岁之鲤”下加“不能避”三字，则失其韵矣。

其后，王念孙总结说：

以上六十四事，略举其端以见例，其余则遽数之不能终也。其有讹谬太甚必须详说者，具见于本条下，兹不更录，以省繁文；若人所易晓者，则略而不论。嗟乎！学者读古人书，而不能正其传写之误，又取不误之文而妄改之，岂非古书之大不幸乎？

总结中又提到了后序一开头就说过的传写之误和妄改之误，如此首尾呼应，以示强调，再次提醒读者注意。

总上六十四事，概括了古籍中字句的形误、衍文、脱文、倒文、错简、失韵等各类错误，归纳了字句致误的许多类型。当然，这些归类过于具体，不免稍为繁细，有些可以合并。而从《读淮南杂志》全文来看，也会发现有些条目的校改，并未归纳在这六十二类之中。例如，关于字误例，我们从王念孙的校改条目中，还可以归纳出几例。兹仿照后序中的分类，补述如下：

1. 有因声之误而字误者。《说山篇》："使养由其射之，始调弓矫矢，未发而猿拥柱号矣。"案，"拥柱"当为"拥树"，声之误也。

2. 有因写者脱其半而误者。《兵略篇》："故将以民为体，而民以将为心。心诚则支体亲刃，心疑则支体挠北。"案，"刃"当为"䵒"，写者脱其半耳。䵒或作䵒，今亦作暱。亲䵒，即亲暱也。

3. 有因不识武后改字而误者。《道应篇》："惠子为惠王为国法，已成而示诸先生，先生皆善之。"案，《吕氏春秋·淫辞篇》"先生"皆作"民人"。《集韵》、《类篇》民字古作"兂"；人字，唐武后作"𤯔"。疑兂误为先，𤯔误为生也。

4. 有因偏旁类化而误者。《道应篇》："臣有所以供儋缠采薪者。"案，"供"当为"共"，此因儋字而误加人旁也。

以上四例，并非为人所易晓者，王氏举例归类时也许因为类例太少遂略而不计乎！由此可知，这六十四类，仅是《淮南子》一书中字句致误之由的主要方面，并非全部。再者，所分析推断的致误之由，在《读书杂志》其他校读过的古书中也存在，在《经义述闻》涉及到的经传中也有。这样，这六十四类就具有了校勘学的普遍意义，标志着校勘学的发展，已从一般的理论原则和方法深入到具体的通则条例的探索，对后人富有启迪作用。

王念孙举例归类共计六十二类，而他自己肯定地说："以上六十四事，略举其端以见例。"于是后人称引时，莫衷一是。详引类例者，实得六十二，讳言六十四；泛称类例者，明言六十四，不知六十二。其实，王念孙所言六十四事，就包括了"传写讹脱者"和"凭意妄改者"两大总类，既是总类就无须再举具体误例，因误例散见于其下六十二类之中。"六十四"，这在汉语里是个代表奇妙变化的数字，它使稍有古代文化常识的人自然地联想到《周易》六十四卦。《周易》有六十四卦，"乾坤其《易》之门"（《系辞上》韩康伯注语），由乾坤二卦贯通其余六十二卦。准此，王念孙以《淮南子》致误之由六十四事中的"传写讹脱者"和"凭意妄改者"两大总类，统摄其余具体的六十二类，不亦宜乎！

第三节　王引之的校勘通例

王引之云："吾以小学校经。"（见龚自珍《王文简公墓表铭》)这就明确而概括地道出了高邮王氏校勘学的理论根据。王引之全面继承并发展了乃父王念孙的校勘学理论及其方法原则,他的《经义述闻》与其父《读书杂志》,都是校勘学的煌煌巨著。在王念孙归纳校勘通例的启发和推动下,王引之在《经义述闻·通说下》,更进一步归纳校读经籍时存在的共同问题,探讨其中有关校勘的理论原则和通则条例等的内在规律。《通说下》共总结了十二条。前六条主要从小学角度进行探讨,总结解经的致误之由。以小学解经与以小学校经,它们的切入点一样,都以文字学、音韵学、训诂学知识为锐利武器;同时,它们的归宿点也一样,目的都是为了正确理解经籍语言。因此,通晓解经的致误之由,有助于了解经籍字句的致误之由,有助于校经。后六条直接总结经籍字句致误的各种原因,则多属校勘学的理论探索。其说如下:

1. 经文假借

许氏《说文》论六书假借曰:"本无其字,依声托事,令长是也。"盖无本字而后假借他字,此谓造作文字之始也。至于经典古字,声近而通,则有不限于无字之假借者。往往本字见存,而古本则不用本字,而用同声之字。学者改本字读之,则怡然理顺;依借字解之,则以文害辞。是以汉世经师作注,有"读为"之例,有"当作"之条,皆由声同声近者,以意逆之而得其本字,所谓好学深思,心知其意也。然亦有改之不尽者,迄今考之文义,参之古音,犹得更而正之,以求一心之安,而补前人之阙。如借光为广,而解者误以为光明之光。(说见《易》"光亨",《书》"光被四表",

《国语》“少光王室”、“光远宣朗”。）若是者，由借字之古音，以考同音之本字，惟求合于经文，不敢株守旧说。他如借子为慈，（说见《书》“天迪从子保”，《礼记》“孝弟睦友子爱”。）借惠为慧，借俭为险，（说见《大戴礼》“惠而不俭”。）虽前人所未及，犹复表而出之，以俟为朴学治古文者采择焉。

2. 语词误解以实义

经典之文，字各有义；而字之为语词者，则无义之可言，但以足句耳。语词而以实义解之，则扞格难通。余曩作《经传释词》十卷，已详著之矣，兹复约略言之，其有前此编次所未及者，亦补载焉。如“与”，以也。《论语·阳货篇》：“鄙夫可与事君也与哉？”言不可以事君也。而解者云：“不可与之事君。”则失之矣。“以”，及也。《复》上六曰：“用行师，终有大败，以其国君，凶。”言及其国君也。而解者训“以”为“用”，云“用之于国，则反乎君道”，则失之矣。善学者不以语词为实义，则依文作解，较然易明，何至展转迁就而卒非立言之意乎！

3. 经义不同不可强为之说

讲论六艺，稽合同异，名儒之盛事也；述先圣之元意，整百家之不齐，经师之隆轨也。然不齐之说，亦有终不可齐者。作者既所闻异辞，学者亦弟两存其说，必欲牵就而泯其参差，反致溷殽而失其本指，所谓离之则两美，合之则两伤也。如《书序》以武庚、管叔、蔡叔为三监，《逸周书·作雒篇》以武庚、管叔、霍叔为三监，此不可强合者也。而解者欲合为一，则去武庚，而以管叔、蔡叔、霍叔当之矣。（辨见《尚书上》。）《小雅·皇皇者华》，《左传》谓有“五善”，《鲁语》谓有“六德”，此不可强合者也。而解者欲合为一，则云：“兼此五者，虽有中和，当自谓无所及，成于六德矣。”（辨见《毛诗中》。）以两不相侔之说，而欲比而同之，宜其说之阢陧而不安矣。

4. 经传平列二字上下同义

古人训诂，不避重复，往往有平列二字上下同义者，解者分为二义，反失其指。如《泰》象传：“后以裁成天地之道，辅相天地之宜。”解者训裁为节，或以为坤富称财。不知裁之言载也，成也，裁与成同义而曰“裁成”，犹辅与相同义而曰“辅相”也。《随》象传：“君子以向晦入宴息。”解者以为退入宴寝而休息。不知宴之言安，安与息同义也。（以上二条辨见《周易下》。）《甘誓》：“威侮五行。”解者训威为虐，不知威乃威之讹，威乃蔑之借。蔑侮，皆轻慢也。（辨见《尚书上》。）

5. 经文数句平列上下不当歧异

经文数句平列，义多相类。如其类以解之，则较若画一，否则上下参差而失其本指矣。如《洪范》“聪作谋”，与“恭作肃”、“从作义”、“明作哲”、“睿作圣”并列，则“谋”当读为“敏”。解者以为“下进其谋”，则文义不伦矣。（辨见《尚书上》。）《天官·宰夫》“掌百官左之征令，辨其八职”，“一曰正”、“二曰师”，与“三曰司”、“四曰旅”并列，则当为群吏之待征令者。解者以正为六官之长，师为六官之贰，则文义不伦矣。

(辨见《周礼上》。)

6. 经文上下两义不可合解

经文上下两义者,分之则各得其所,合之则扞格难通。如《屯》六二"匪寇,昏媾",谓昏媾也。"女子贞不字,十年乃字",谓妊娠也。而解者误以"女子贞不字"承"昏媾"言之,则云"许嫁笄而字"矣。(辨见《周易上》。)《考工记·凫氏》"钟县谓之旋",县钟之环也。"旋虫谓之干",衔旋之钮也。而解者误合为一,则云"旋属钟柄,所以县之","以虫为饰"矣。(辨见《周礼下》。)

其有平列二字,字各为义而误合之者。《大雅·棫朴篇》:"芃芃棫朴。"棫,白桵也;朴,枣也。而解者误合为一,则以朴为棫之丛生者矣。(辨见《毛诗中》。)《抑篇》:"洒扫庭内。"庭,中庭也;内,堂室也。而解者误合为一,则云"洒扫室庭之内"矣。(辨见《毛诗上》"子有廷内"。)《士虞礼》"幎用絺布",谓或用絺,或用布;絺以葛为之,布以麻为之也。而解者误合为一,则云"絺布,葛属"矣。(辨见《仪礼》。)《周语》"川无舟梁",谓无舟又无梁也。而解者误合为一,则云"舟梁,以舟为梁"矣。(辨见《国语上》。)凡此皆宜分而合者也,说经者各如其本指,则明辨皙矣。

按,以上六条都是归纳解经致误之由,均属于文字、音韵、训诂和辞章的范围。一为同音假借,二为虚词,三为异说,四为连文同义,五为同类排比句,六为句义和词义的辨析。除异说外，其余五类，我们在第三章“高邮王氏训诂学训释方法分类述评”中的相关部分已有专门论述，读者可参阅。我们认为，解经的过程，始终伴随着校经的过程。汉世经师作注，有“当作”之例，有“字之误也”之说，就是校经。王念孙总结古书字句致误之由，基本的原因有两大总类，一为无心的传写讹脱之误，一为有意的凭臆妄改之误。而注家解经时，“不能正其传写之误，又取不误之文而妄改之”（见王念孙《读淮南杂志序》），就必然导致错误，而这也正是古书字句致误的重要原因。“不能正其传写之误”，在训释上是以讹传讹，在校勘上是失校；“取不误之文而妄改之”，在训释上是误解经文而误改，在校勘上是误校。由此看来，这不仅是解经问题，而且也是校经问题。因此，以上六条对于校勘实践中分析推断字句致误之由，有着重要的指导意义。

7. 衍文

经之衍文，有至唐开成石经始衍者。《洪范》“于其无好”下衍“德”字，《天官·叙官·腊人》衍“府二人史二人”六字之属，是也。有自唐初作疏时已衍者。《汤誓》“舍我穑事而割正”下衍“夏”字，《文王世子》“诸父守贵室”，“贵室”上衍“贵宫”二字之属，是也。亦有自汉儒作注时已衍者。如《大诰》：“厥考翼其肯曰：予有后，弗弃基。”“翼”，衍字也。郑注训翼为敬，则已衍翼字矣。《天官·玉府》：“凡王之献金玉兵器良货贿之物，受而藏之。”“王之”二字，衍字也。郑注谓“王献诸侯”，则已衍“王之”二字矣。又有旁记之字误入正文者。《墨子·备城门篇》：“令吏民皆智之。"智,古知字也。后人旁记"知"字而写者并存之,遂作"吏民皆智知之。"《史记·历书》:"端蒙者,年名也。"端蒙,旃蒙也。后人旁记"旃"字而写者并存之,遂作"端旃蒙者,年名也"。

8. **形讹**

经典之字往往形近而讹,仍之则义不可通,改之则怡然理顺。

如夫与矢相似而误为矢。(见《春官·乐师》注。)"雷雍"与"盧维"相似而误为"盧维"。(见《夏官·职方氏》注。盖"雷"误为"庿",又误为"盧"。)

民字下半与比相似而误为比。

及与服字右畔相似而误为服。

叛与知左畔相似而误为知。

觯字古文与觚相似而误为觚。(《考工记·梓人》疏引郑《驳五经异义》。)四字古文与三相似而误为三。(《觐礼》注。)

笑字隶书与先相似而误为先。宣与寡字隶书相似而误为寡。

人字篆文与九相似而误为九。

辟与辞字或体相似而误为辞。

靳字草书与靷相似而误为靷。

寻文究理,皆各有其本字,不通篆隶之体,不可得而更正也。

9. **上下相因而误**

家大人曰:经典之字,多有因上下文而误写偏旁者。如《尧典》"在璇机玉衡","机"字本从"木",因

"璇"字而从"玉"作"玑"。(辨见段氏《古文尚书撰异》。)《大雅·緜篇》"自土徂漆","徂"字本从"彳",因"漆"字而从"水"作"沮"。此本有偏旁而误易之者也。《盘庚》"乌呼","乌"字因"呼"字而误加"口"。《魏风·伐檀》"河水清且涟猗","猗"字因"涟"字而误加"水"。此本无偏旁而误加之者也。

10. 上文因下而省

古人之文,有下文因上而省者,亦有上文因下而省者。《小雅·天保篇》:"禴祠烝尝,于公先王。"公者,先公也。(郑笺。)因下"先王"而省"先"字。《孟子·滕文公篇》:"夏后氏五十而贡,殷人七十而助,周人百亩而彻。""五十"、"七十"者,"五十亩"、"七十亩"也,因下"百亩"而省"亩"字。

11. 增字解经

经典之文,自有本训。得其本训,则文义适相符合,不烦言而已解。失其本训而强为之说,则阢陧不安,乃于文句之间,增字以足之,多方迁就而后得申其说。此强经以就我,而究非经之本义也。如《蹇》六二:"王臣蹇蹇,匪躬之故。"故,事也。言王臣不避艰难者,皆国家之事,而非其身之事也。而解者曰:"尽忠于君,匪以私身之故,而不往济君。"(正义。)则于"躬"上增"以"字、"私"字,"故"下增"不往济君"字矣。《尧典》:"汤汤洪水方割。"方,旁也,遍也。言洪水遍害下民也。而解者曰:"大水方方为害。"(某氏传。)则于"方"下增"方"字矣。隐六年《左传》:"恶之易也,如火之燎于原。"谓恶之延也。而解者曰:"言恶易长。”(杜注。)则于“易”下增“长”字矣。此皆不得其正解而增字以迁就之。治经者苟三复文义而心有未安,虽舍旧说以求之,可也。

12. **后人改注疏释文**

经典讹误之文,有注疏释文已误者,亦有注疏释文未误,而后人据已误之正文改之者。学者但见已改之本,以为注疏释文所据之经已与今本同,而不知其未尝同也。如《易·系辞传》:“莫善乎蓍龟。”唐石经“善”误为“大”,而诸本因之,后人又改正义之“善”为“大”矣。(说见《周易下》。)《小雅·十月之交篇》:“山冢卒崩。”唐石经误依释文“卒”作“崒”,而诸本因之,后人又改笺及正义之“卒”为“崒”矣。(说见《毛诗中》。)僖三十三年《左传》:“郑之有原圃,犹秦之有具圃也。”唐石经下“圃”字误作“囿”,而诸本因之,后人又据以改注及正义矣。(说见《左传上》。)凡此者,皆改不误之注疏释文以从已误之经文,其原本几不可复识矣。然参差不齐之迹,终不可泯。善学者循其文义,证以他书,则可知经文虽误,而注疏释文尚不误,且据注疏释文之不误,以正经文之误,可也。

按,以上六条,都是解经时会遇到的问题,同时也都属于跟校经有关的问题。七为衍文,八为形讹,九为上下相因而误,即文字因上下字偏旁类化而误。以上三条,都属于一般性的校勘通例。十为上文因下而省,即省文例中的探下省,这在第三章第三节之第十九项“省文”例中已有论述。如欲正确解释经文,在不改动正文的前提下,解释时就只能用校勘的方式方法补足省文，才能得到正解。十一为增字解经，十二为后人改注疏释文。这最后二条是辨析经传正文与注疏释文之间的异同。增字解经，尽管没有改动正文，而在解释时，注家妄增文字以足之，多方迁就而曲解，究非经之本义。如欲正确解释经文，也只能用校勘的方式方法删去注家在解释中所增之字，才能求得正解。后人改注疏释文，是属王念孙所云"凭意妄改之误"，属于校勘范围。

试比较王引之的十二条与王念孙的六十四类。关于字误例，王念孙总结了"有因古字而误者"、"有因隶书而误者"、"有因草书而误者"、"有因俗书而误者"等若干类；而王引之归纳为"形讹"一条，在大量"形近而讹"的举例中，又分为一般性的字形"相似而误"、"古文相似而误"、"隶书相似而误"、"篆文相似而误"、"或体相似而误"、"草书相似而误"等类型，包括了王念孙所分析的若干类。关于衍文例，王念孙总结了衍文例五类及妄加例十一类，合起来有十六类；而王引之归纳为"衍文"一条，其中又分为四种类型。"又有旁记之字误入正文者"这一类型，与王念孙六十四类中的第九类"有校书者旁记之字而阑入正文者"直接相对应；其他三种类型而是按发生时间分为"有至唐开成石经始衍者"、"有自唐初作疏时已衍者"、"亦有自汉儒作注时已衍者"，这就包括了王念孙分析的其余十五类。由此可见，王引之的归纳比王念孙的分类具有更普遍的概括性和理论性，已从致误的具体原因提高到小学理论和古典校勘学理论上予以分析和归纳。不过，当时的小学和校勘学还仍然是经学的附庸，高邮二王总结通例也总是包括解经和校经两个方面，实际上以解经为主，校经为辅。即使他们把校释古书扩大到古史子集部书，基本情况未变，仍然是解释和校勘相辅相成,并非是单纯的校勘,所以人们称为之校读。虽然高邮二王概括的校勘通例还不够全面完善,但却从此开始了归纳各类通例的总结性探讨,有力地促进了古典校勘学理论体系的形成和发展,这就确定了高邮王氏父子在清代校勘学以至在中国校勘学史上的重要地位。

第四节　王引之的三勇改和三不改原则

龚自珍《工部尚书高邮王文简公墓表铭》详述了王引之关于校勘的名言:

吾之学于百家未暇治,独治经。吾治经,于大道不敢承,独好小学。夫三代之语言与今之语言,如燕赵之相语也。吾治小学,吾为之舌人焉。其大归曰:用小学说经,用小学校经而已矣。

吾用小学校经,有所改,有所不改。周以降,书体六七变,写官主之,写官误,吾则勇改。孟蜀以降,椠工主之,椠工误,吾则勇改。唐宋明之士,或不知声音文字而改经,以不误为误,是妄改也,吾则勇改其所改。若夫周之没,汉之初,经师无竹帛,异字博矣,吾不能择一以定,吾不改。假借之法,由来旧矣,其本字十八可求,什二不可求,必求本字以改假借字,则考文之圣之任也,吾不改。写官椠工误矣,吾疑之且思而得之矣,但群书无佐证,吾惧来者之滋口矣,吾又不改。

按，改字不改字，哪些字当改，哪些字不当改，这是校勘的最后决断，也是校勘的成果，它体现出一个校勘学家在校勘理论、校勘方法以及相关知识方面的综合学养，直接反映出校勘的水平和质量。

古书校勘，说到底是古书字句的正误问题，最后的判断必须要有可靠的版本为根据。因此在学养上，从事校勘就必须具备三个方面的有关学科的基本理论及其知识。一是关于文献古籍的理论及其知识，主要是文献学、版本学和目录学，这是从事校勘必备的基础知识。在此指导下，才能充分了解所校古书的版本源流，去搜集各种版本及其相关资料，比较众本优劣，选择最好的本子为底本，以有价值的本子为参校本，这样才能取得事半功倍的效果。二是关于语言文字的形、音、义的理论及其知识，主要是文字学、音韵学和训诂学，这是从事校勘的必备条件。校勘的目的是为了求真复原，以便更好更准确地理解古书语言，这就要求必须掌握文献语言的基本规律。而校勘中的有些问题，仅靠版本对校并不能发现原本的各类错误，只有综合运用文字学、音韵学和训诂学的理论和知识，才有可能发现并挖掘出深藏不露的谬误。要之，分析推断古书致误之由，实施校勘的切入点，主要依靠语言文字学方面的理论和知识。三是关于所校古书的专业理论及其知识。一般地说，应该由各学科专家校勘各自所属学科的古书，譬如由中医学专家校勘中医药古籍，由古农学史专家校勘古农书，由历史地理学家校勘古地理书，由史学家校勘相关史籍，等等。在自己所熟悉的知识领域里从事校勘，就容易发现问题，破解难题，取得良好的校勘成果。反之，若是在自己所不熟悉的知识领域里从事校勘，那就很可能会出现隔靴搔痒、盲人摸象的情况，甚至闹出不应有的笑话来。其实，古人早已注意及此。《汉书·艺文志》云："至成帝时，以书颇散亡，使谒者陈农求遗书于天下。诏光禄大夫刘向校经传诸子诗赋，步兵校尉任宏校兵书，太史令尹咸校数术，侍医李柱国校方技。"颜师古注："数术，占卜之书。方技，医药之书。"由各科专家校勘所属本科古籍，已成为我国校勘学史上的一种优良传统。就目前我国古籍校勘事业来说，我们应该提倡和鼓励专业校勘工作者必须进入所校具体古籍的知识领域，各科专家校勘本科古籍必须懂得古籍文献学和语言文字学的理论及其知识，互相学习，取长补短，不断提高校勘质量，共同推进校勘事业的发展。

北齐颜之推《颜氏家训·勉学篇》云："校定书籍，亦何容易！自扬雄、刘向方称此职耳。观天下书未遍，不得妄下雌黄。或彼以为非，此以为是，或本同末异，或两文皆欠，不可偏信一隅也。"顾炎武《日知录》卷十八"勘书"条云："凡勘书必用能读书之人。……苟如近世之人，据臆改之，则文益晦，义益舛，而传之后日，虽有善读者，亦茫然无可寻求矣。然则今之坊刻，不择其人而委之雠勘，岂不为大害乎？"王念孙《读淮南杂志序》云："嗟乎！学者读古人书，而不能正其传写之误，又取不误之文而妄改之，岂非古书之大不幸乎？"上述学者的名言警句，意在强调从事校勘必须好学深思，博闻强识，谨慎从事，要求校勘必须合乎科学，必须按规律办事。

我们论述了从事校勘必须具有三个方面的有关学科的基本理论及其知识，再来讨论王引之关于校勘的名言，就比较容易理解了。

王引之云："用小学说经，用小学校经。"这说明校经是伴随着说经而进行的，实际上是说经为主，校经为辅，校经为说经服务。这也正好反映了,清代的校勘学是为当时的经学服务的,校勘学和小学一样都是经学的附庸。

所谓"用小学校经",这高度概括地道出了高邮王氏校勘学的理论根据,也是有清一代理校派的理论根据,就是用文字学、音韵学和训诂学的基本理论及其知识校勘经籍古书。理校派的学者,大多业有专攻,精熟小学,他们的校勘,人们称之为小学家的校勘或考据学家的校勘,就是首先从语言入手,运用文字、音韵、训诂知识,依据古代文献语言的内在规律,发现问题,订正讹误,求得正解。如有旧本对勘,则进一步证成其说;即使无旧本对勘,求之语言规律,其说也能成立。这就是"用小学校经"的命意所在。

至于"周以降,书体六七变",这是指自周代以来,汉字形体多次演变,甲骨文、金文、籀文、秦篆、隶书、楷书,还有草书、俗体,等等,字体形式不一样,容易混淆,发生讹误。"写官",指汉代以来负责抄写书籍的官吏。《汉书·艺文志》云:"〔孝武〕建藏书之策,置写书之官。""椠工",指唐五代以来的刻板工匠。由于写官抄写而误,椠工刻版而误,唐宋元明之士妄改经文而误,王引之根据文字、音韵、训诂的理论和知识以及古书的版刻刊印知识,都勇于改正形近而讹的误字,这就是"三勇改"。

然而也有不改的。一是周末汉初,经师授经,口口相传,师承各异,当时异体字众多,并没有规范用字,不能择一以定,则不改。二是假借字,特别是那些造字假借,这些词从来就没有为它们造过专用的字,而是借已有的音同或音近的字来表示,无法确定其本字,则不改。三是写官椠工之误,尽管王引之疑之且思而得之,但群书无佐证,则不改。这就是"三不改”。这“三不改”，说明王引之从事校勘的谨慎，符合校勘存真的要求。

王引之的“用小学校经”以及“三勇改”和“三不改”的原则，这是他的经验之谈，实质上概括了校勘考证所必须依据的主要理论。这不仅适用于校经，也同样适用于校勘古史子集部书；这不仅适用于校勘先秦两汉经典，也同样适用于校勘魏晋直至晚清的古籍。“三勇改”和“三不改”的原则，是要注重调查研究，要重证据。凡证据确凿而当改者则果断地勇改，这“三勇改”即写官之误、椠工之误、校者之误，他都改；尚不能决断者则不改，这“三不改”即不能定者、不可求者、无佐证者，他都不改。不改不等于不校，只是不改动正文，而在校记中提出自己意见，供读者参考，留待后人去研究校定。这样的区别对待，为校勘学树立了良好的范例，也成为后人从事校勘的不二法门。

第五章　高邮王氏校勘学校勘方法分类述评

校勘的主要任务是正误字、删衍文、补脱文(包括纠误删、补缺字)、乙倒文、理错简等,以求恢复古书原貌。要完成这些任务,需要用一定的方法。方法就是规律的运用。中国古典校勘学的方法论,总是与古书致误之由的实际情况相结合,表现在校勘过程的实际应用中。校勘方法是多种多样的,前人所用的方法不完全相同,对不同的古书以及不同的谬误,所用的方法也不尽相同。《孙子·谋攻篇》云:“知彼知己者,百战不殆。”虽然孙子本意说的是打仗,但也适用于校勘。只有全面了解古书致误之由,充分利用自己所掌握的有关校勘资料,才有可能选择比较切实可行的校勘方法,以求校正谬误。司马谈曾云:“有法无法,因时为业;有度无度,因物与合。”张守节正义云:“因时之物,成法为业;因其万物之形,成度与合也。”(见《史记·太史公自序》)司马氏阐发的是道家道法自然之理，但其精神实质是讲要因时因物制宜，不能拘于常法。他的意思是说，方法是有的，但没有固定之法。方法取决于事物本身及其所处时代的特点，换言之，只有在具体问题具体分析中，才能有所针对性地提出方法，而离开了具体情况，也就无从谈起。用此道理施之于校勘，校勘方法取决于所校勘的古书及其所处时代的特点，目的是为了存真复原。

校勘古书就必须搜集证据，并对其正误是非作出必要的鉴别和判断，以存真复原。因此，从理论上讲，校勘的一般方法，就是搜集所校古书的各种版本及其有关资料，包括古本今本，写本刻本，残本选本，白文本注释本，改编本辑录本等等，以及该书采用的前人文献资料，后人引用该书的文献资料，与该书作者同时代人所著书中的相关资料等等；然后选取其中有利用价值者，比较异同，列出异文，分析原因，归纳类型，说明理由，举出证据，作出正误是非的鉴别和判断。从方法论来说，校勘的一般方法，其实质就是详细地占有资料，比较异同，分析论证，作出正确的鉴别和判断。

高邮二王虽属理校派，但是他们非常重视版本对校，他们搜集古书各种版本及其相关资料，可谓不遗余力，多多益善。王引之《经传释词序》云："自九经三传及周秦西汉之书，凡助语之文，遍为搜讨，分字编次，以为《经传释词》十卷，凡百六十字，前人所未及者补之，误解者正之，其易晓者则略而不论。"校勘古书必须详细地占有资料。王念孙著《广雅疏证》，刊成后，又陆续补正五百余则，从文中所引，可知其参校过的《广雅》版本有：影宋本、曹宪音释本、皇甫录本、毕效钦本、吴琯本、胡文焕本、郎奎金本、段玉裁校本，等等，晚年又参考过钱大昭注本，补正中有直接引用钱大昭校正二例。校释时所引用书籍，据周法高主编《〈广雅疏证〉引书索引》一书统计，已达二百三十余种，如果加上漏计的、转引的，特别是未计入的碑帖类、同时代人的最新研究成果等，总数当有三百种上下。王念孙校读《荀子》，在卢文弨校宋吕夏卿本、刘台拱补卢校的基础上，又得陈奂所抄录钱佃本、龚自珍所提供的龚士卨本，以及元明诸本互相参订，成《读荀子杂志》八卷；书付梓后，又得顾广圻所手录吕夏卿、钱佃二本异同，其中有王念孙前此未见者，乃以此编成《读荀子杂志补遗》一卷。王念孙在序中感慨地说："择善而从，诚不可以已也。"当时王念孙已八十七岁高龄，正是生命不止，校书不已。

校勘必须吃透两头，一是全面了解古书致误之由，一是广搜众本及其相关资料，这才是校勘的根本大法。其他多种多样的具体的校勘方法，可以说都是由此派生而出。高邮王氏的校勘，之所以比同时代人高出一筹，就因为他们紧紧把握住了这两个基本点。高邮王氏分析判断古书致误之由，不仅比别人全面，还能发别人所未发，对后来者识别古书之误能起到发凡起例的作用，这在本书第四章"高邮王氏校勘学"中，已有论述。同时，他们详细地占有资料，在校勘时就左右逢源，得心应手，注重证据，一切以材料说话；即使缺乏直接证据，也要设法找到间接证据，比较分析，仔细推敲，充分说理，反复论证，以求得正解。钱熙祚《经传释词跋》云：

> 高邮王文简公承其家学，所著《经义述闻》，博考群书，辨析经旨，审定句读、讹字、羡文、脱简，往往以经证经，涣然冰释，精确处殆非魏晋以来儒者所及。

对高邮王氏校勘学作出了恰如其分的高度评价。正由于高邮王氏具备这些优势，有些讹误，别人发现不了的，他们能够发现；别人校改不了的，他们能够校改；别人改错了的，他们能够纠正。

第一节　古典校勘学的校勘方法(上)

校勘就是为了纠正古书在流传写刻过程中产生的各种错误。纠正错误，首先要能够发现错误，并分析判断错误，特别是找出产生这些错误的原因，然后才能像良医那样因病施治，对症下药，实事求是、有的放矢地运用各种方法去校正错误。我们在第四章中说过，分析判断古书致误之由，归纳其中规律性的现象，总结出各类校勘通例，这是高邮王氏校勘学的重要组成部分；而高邮二王据致误之由所运用的具体校勘方法，它们与校勘通例往往是互相直接对应的，二者相辅相成而对接，是校勘学理论与实践活动相互结合的具体体现。

一、订误字

汉字自殷周以来，经过了多次演变，甲骨文、金文、籀文、秦篆、隶书、楷书，体式不一，容易混淆；又为了便于抄写快捷而产生俗字、简体、草书，异体滋生，识读繁难，便造成了各种字形致误的类型。王引之《经义述闻·通说下》“形讹”条云：“经典之字，往往形近而讹，仍之则义不可通，改之则怡然理顺。"

1. 字形相似而误

> 《逸周书·文政篇》:"位长以遵之。"念孙案:"位长"本作"伍长",下文"什长以行之","什长"与"伍长",文正相对。《大聚篇》曰:"五户为伍,以首为长;十夫为什,以年为长。"此之谓也。今本"伍长"作"位长",则文义不明,盖以"伍"、"位"字形相似而误。《玉海》六十七引此正作"伍长"。(《读书杂志·逸周书二》"位长"条)

按:这一条从文义入手,认定"位长"为"伍长"之讹,"位"当作"伍",字形相似而误。以同书《大聚篇》中"伍长"、"什长"命名之由作为内证,又以《玉海》引文为旁证,校改正确。

> 《战国策·齐策一》:"靖郭君将城薛,齐人有请见者,靖郭君见之。客曰:'君不闻海大鱼乎?(今本脱"海"字,兹据《太平御览·鳞介部》所引,及《鸿烈·人间篇》、《新序·杂事篇》补。)网不能止,钩不能牵,荡而失水,则蝼蚁得意焉。今夫齐,亦君之水也。君长有齐,奚以薛为?夫齐,虽隆薛之城到于天,犹之无益也。'"吴曰:"'夫齐',《新序》作'无齐',是。盖'夫'、'无'音讹,又因上'夫齐'字混。"念孙案:吴说非也。"夫齐"当为"失齐",字之误也。此以大鱼之失水,喻靖郭君之失齐,上文曰:"荡而失水,则蝼蚁得意。"是其证也。《韩子·说林篇》及《鸿烈·人

间篇》并作“失齐”。(《读书杂志·战国策一》“夫齐”条)

按:吴师道发现原文错误,但校改错了,王念孙予以纠正。“夫”当为“失”,字形相似而误。这是从文义、字形考察得出的结论,再辅以寄生材料(即他书引文)二例,其说有理,可信。

《淮南子·说林训》:“使但吹竽,使氐厌窍,虽中节而不可听。”高注曰:“但,古不知吹人。但读燕言鉏同也。”念孙案:高读与燕言鉏同,则其字当从“且”,不当从“旦”。《说文》:“伹,拙也。从人且声。”《玉篇》“七间”、“祥间”二切,引《广雅》云:“伹,钝也。”(今本《广雅》“伹”误作“但”,辩见《广雅疏证》。)《广韵》:“伹,拙人也。”意与高注“不知吹人”相近。又高注“读燕言鉏同”,与《说文》“从人且声”及《玉篇》“七间”、“祥间”二音并相近。若然,则“但”为“伹”之误也。“使氐厌窍”,“氐”当为“工”,隶书工字或作𠃑,氐字或作互,二形相似,故“工”误为“氐”。(《读书杂志·淮南内篇十七》“但”字条)

按:王念孙从高诱注“但读燕言鉏同也”之注音入手,认定“但”当作“伹”,字形相似而误;并证之以《说文》、《玉篇》、《广雅》、《广韵》等字书韵书的注音释义,其说确不可易。然而《字汇补》以误本《淮南子》立说,为文中错别字“但”注音释义。《字汇补》人部〔补音义〕:

> 但，又於店切，音燕，古不知吹人。《淮南子》：“使但吹竽，使氐厌窍，虽中节而不可听。”

把高诱注“但读燕言鉏同也”句拦腰截断为“读燕”，于是有了“燕”（於店切）音，大误。《康熙字典》（子集中）人部云：

> 但，又音燕，古不知吹人。《淮南子·说林训》：“使但吹竽，使氐厌窍，虽中节而不可听。”注：“但音燕。”

基本照抄《字汇补》，其误亦同。王引之《字典考证》云：

> 谨案，《淮南子》注“但读燕言鉏同也”，谓读如燕人之言“鉏”，非读为“燕”也。上“音燕”之“燕”改“鉏”，下“音燕”改“读鉏”。

王引之对释文的校改是正确的，但是他却忘记了，在这里应将作为词目的错别字“但”校正为“伹”。后来，以《康熙字典》为模式而编写的一些语文字典、辞书，编写者和审订者或许不知高邮王氏父子在《读书杂志》、《字典考证》中的校正，仍为错别字“但”立目或设项，以讹传讹。例如，清阮元主编《经籍籑诂》卷四十〔但〕、清朱骏声《说文通训定声》乾部〔但〕、《辞源》子集人部〔但〕、《中华大字典》子集人部〔但〕、《汉语大字典》第1卷第133页〔但〕（三）、《汉语大词典》第1卷第1239页〔但[4]〕，等等，均为错别字“但”立目或设项，并以误本《淮南子·说林训》

为书证，却未能吸收或根本不知高邮王氏父子《读书杂志》、《字典考证》中有关的校勘成果，而照搬照抄《字汇补》和《康熙字典》，照录原文，不加覆按，尤而效之，其过大矣。

高邮王氏在校勘字形相似而误的校例时，发现一些带有规律性的字误现象，例如：

凡从鱼之字或讹从角。（《读书杂志·史记六》“姜姓解亡”条）

凡书传中从喿从参之字多相乱。（同上《墨子三》“蚤絭”条）

凡经传中从豕（丑玉切）从象之字多相乱。（同上《墨子五》“溕弋”条）

沆坑亢三字，诸书中或讹作沉，或讹作沈，或讹作坑，或讹作元，久仍其误而莫之察也。（《广雅疏证》卷九下“吭，池也”条）

这些误字通例，对于后人校正形讹，大有裨益。

2. 古字相似而误

《战国策·赵策一》：“夫用百万之众攻战，逾年历岁，未见一城也。今不用兵而得城七十，何故不为？”念孙案：见当为㝵。㝵，古得字，形与见相近，因讹为见。（说见《经义述闻》《周语》“见神”下。）下句曰：“今不用兵而得城七十。”即其证也。《史记·赵世家》正作“未得一城”。（《读书杂志·战国策二》“未见一城”条）

按：用兵攻战就是为了攻城略地，说“未见一城”，实无谓也。王念孙从文义入手，认定“见”当为“得”。得之古字㝵，与今字见形近而讹。“未得一城”与下文“今不用兵而得城七十”，正是从正反两方面来说明问题，语义连贯；再以《史记·赵世家》引文为证，校改确不可易。

> 《淮南子·时则训》：“其兵戈。”念孙案：戈当为戉，字之误也。《说文》：“戉，大斧也。从戈𠄌声。（𠄌音厥。）《司马法》曰：‘夏执玄戉，殷执白戚，周左仗黄戉，右把白髦。’”徐锴曰：“今作钺。”（《说文》：“钺，车銮声也。从金戉声。《诗》曰：‘銮声钺钺。’”今《诗》作哕。）《艺文类聚》、《太平御览》引此并作“其兵钺”，是其证也。四时之兵，春用矛，夏用戟，季夏用剑，秋用戉，冬用铩，五者皆不同类。戈与戟同类，夏用戟，则秋不用戈矣。庄二十五年《谷梁传》：“天子救日，陈五兵。”徐邈曰：“矛在东，戟在南，钺在西，楯在北，弓矢在中央。”彼言“钺在西”，正与此秋用戉同义。又案，《说文》引《司马法》作戉，今经传皆作钺，未必非后人所改。此戉字若不误为戈，则后人亦必改为钺矣。（《史记·周本纪》“斩以元钺”，《太平御览·皇亲部一》引作“元戈”，戈亦戉之误。）（《读书杂志·淮南内篇五》“其兵戈”条）

按：戉是钺的古字，戉与戈字形相似而误为戈，类书二例引此并作钺，是其确证。古时五季五方用兵不同类：春，其位东方，兵用矛；夏，南方，用戟；季夏，中央，用剑；秋，西方，用钺；冬，北方，用铩。秋季包括夏历七、八、九三个月，王念孙校正“其兵戈”当为“其兵戉”，是对《时则训》文中整个秋季而言。近人刘文典《淮南鸿烈集解·时则训》，于孟秋之月之“其兵戈”处引王念孙说作校释，甚是；而于仲秋之月、季秋之月之“其兵戈”处不着一字，似乎后二处“戈”字未误，此宁非通人百密难免一疏乎？

> 《韩非子·说林上》：“韩宣王谓樛留曰：‘吾欲两用公仲、公叔，其可乎？’对曰：‘不可。王两用之，其多力者树其党，寡力者借外权，群臣有内树党以骄主，有外为交以削地，则王之国危矣。’”念孙案：“削地”当为“列地”。列，古裂字。（《艮》九三曰：“艮其限，列其夤。”《大戴礼·曾子天圆篇》曰：“割列禳瘗。”《管子·五辅篇》曰：“博带梨，大袂列。”《荀子·哀公篇》曰：“两骖列，两服入厩。”）裂，分也。言借外权以分地也。《韩策》作“或外为交以裂其地”，是其明证矣。列字本作剫，形与削相似，因误为削。《说文》：“列，分解也。从刀肖声。”“裂，缯余也。从衣列声。”今九经中分列之字多作裂，未必非后人所改。此列字若不误为削，则后人亦必改为裂矣。（《读书杂志·馀编上·韩子》“削地”条）

按：列为裂之古字，因与削字形近而误为削。《战国策·韩策一》引文作“裂其地”，是其明证。

以上三例皆因不识古字而误改。俞樾《古书疑义举例》卷七第七十五“不识古字而误改例”云：“学者少见多怪，遇有古字而不能识，以形似之字改之，往往失其本真矣。”即指此也。

3. 籀文相似而误

> 《左传》成公十六年：“楚之良，在其中军王族而已。请分良以击其左右，而三军萃于王卒，必大败之。”襄二十六年传：“吾乃四萃于其王族，必大败之。”正义曰：“《楚语》云：‘三萃以攻其王族，必大败之。’韦昭云：‘时晋有四军，言三集者，中军先入，而上、下及新军乃三集以攻之。’韦昭见彼为‘三’字，故说之使通耳。盖二文不同，必有一误。”引之谨案：“三军萃于王卒”，“三萃以攻其王族”，“三”皆当为“亖”。《说文》曰：“亖，籀文四。”郑注《觐礼》曰：“古书作三四，或皆积画，字相似，由此误也。”晋之四军，合而攻楚之中军，故曰“四军萃于王卒”，又曰“四萃于其王族”，不得言三也。学者多见三，少见亖，故亖字误书作三。幸有襄二十六年“四萃”之文，足以证之耳。（《经义述闻》卷十八“三军萃于王卒”条）

按：《左传》成公十六年“三军萃于王卒”，《国语·楚语上》“三萃以攻其王族”，三国吴韦昭、晋杜预注均未发现“三”字有误。《左传》襄公二十六年作“四萃于其王族”，正义云：“盖二文不同，必有一误。”孔颖达明知有误，却校改不了。直至一千多年以后，才有王引之校正其误。亖为四之籀文，与三字形相似而误为三。“三军”当作“四军”，指晋国上、中、下、新四军。“三萃”亦当作“四萃”。《左传》襄公二十六年，声子追叙成公十六年晋楚鄢陵之战云：

> 鄢陵之役，楚晨压晋军而陈，晋将遁矣。苗贲皇曰："楚师之良在其中军王族而已，若塞井夷灶，成陈以当之，栾、范易行以诱之，中行、二郤必克二穆。吾乃四萃于其王族，必大败之。"晋人从之，楚师大败。

记载较详，其中云"吾乃四萃于其王族"，足证三字当为四字之误。

> 《庄子·山木篇》："舜之将死，真泠禹曰：'女戒之哉！'"释文曰："真，司马本作直。泠，音零。司马云：泠，晓也，谓以直道晓语禹也。泠，或为命，又作令。命，犹教也。"引之曰：直当为卤。卤，籀文乃字，隶书作迺。卤，形似直，（《绎山碑》"乃今皇帝"，乃字作将，形似直字。）故讹作直，又讹作真。命与令古字通，（《周官·司仪》"则令为坛三成"，《觐礼》注引此，令作命。僖九年《左传》"令不及鲁"，令，本又作命。《庄子·田子方篇》"先君之令"，令，本或作命。《周官·大卜》注"以命龟也"，命，亦作令。）作命、作令者是也。卤令禹者，乃命禹也。（《读书杂志·馀编上·庄子》"真泠禹曰"条）

按：卤为乃之籀文，因与直字形相似而讹作直，又讹作真；泠为令字之讹。"真泠禹曰"当作"乃令禹曰"，校改后则文从字顺。

《晏子春秋·内篇杂下》:“名山既多矣,松柏既茂矣,望之相相然,尽目力不知厌。”念孙案:“相相”二字,于义无取。相当为⿰木自,(音忽。)《说文》:“⿰木自,高貌。从木自(音忽。)声。”故山高貌亦谓之⿰木自。⿰木自与相字相似,世人多见相,少见⿰木自,故⿰木自误为相。此言“望之相相然”,下言“登彼相相之上”,则相为⿰木自之误明矣。(《读书杂志·晏子春秋二》“相相然”条)

按:《说文》曰部“曶”字下:“自,籀文曶。”则⿰木自为⿰木曶之籀文,因与相字相似而误为相。《说文》:“⿰木曶,高貌。从木曶声。”徐灏注笺:“⿰木曶,谓木忽然而高。”后泛指高貌。《汉语大字典》第2卷第1236页收有“⿰木曶”字而无诗文用例,《汉语大词典》第4卷木部因找不到诗文用例而未收“⿰木曶(⿰木自)”字,今有《晏子春秋》文及王念孙考释,正可提供大型语文辞书采用。

4. 篆文相似而误

《礼记·乐记》:“故乐者,天地之命,中和之纪。”郑注曰:“命,教也。”《史记·乐书》作“天地之齐”,《荀子·乐论篇》作“天下之大齐”。家大人曰:作齐者是也。齐,同也。(《楚辞·九歌》注曰:“齐,同也。”襄二十二年《左传》及《楚语》注并同。)上文曰:“乐者为同,礼者为异。”又曰:“天高地下,万物散殊,而礼制行矣。流而不息,合同而化,而乐兴焉。”是乐为天地之同也。《荀子》作“天下之大齐”,亦谓天下之大同也。郑注“中和之纪”曰:“纪,总要之名也。”

"天地之齐，中和之纪"，纪与齐，皆是统同之义，故上文又曰"乐统同"也。命字篆文作命，齐字篆文作齐，（见《汗简》。）二形相似，故齐讹为命矣。（《经义述闻》卷十五"天地之命"条）

按：篆文命与齐二形相似，故齐字讹为命。以《荀子》、《史记》二书引文为证，足证今本《礼记》作"天地之命"之非。

《战国策·秦策二》："秦王爱公孙衍，与之间有所立，因自谓之曰：'寡人且相子。'"引之曰："间有所立"四字，文不成义。立，当为言；间，私也。谓与之私有所言也。（《后汉书·邓禹传》注曰："间，私也。"《史记·信陵君传》曰："侯生乃屏人间语。"是也。鲍以间为暇隙，非是。）故下文即云："因自谓之曰：'寡人且相子。'"篆文言字作言，隶作言，因讹而为立。（《大戴礼·曾子立事篇》："君子未问则不言。"《荀子·大略篇》言讹作立。）《韩子·外储说右篇》正作"间有所言"。（《读书杂志·战国策一》"间有所立"条）

按：这一条从文义、字形考察，立当作言，篆文言字与立字形近而讹作立。再证之以《韩非子·外储说右篇》引文，校改确切。

《管子·山权数》："万乘之国，不可以无万金之蓄饰；千乘之国，不可以无千金之蓄饰；百乘之国，不可以无百金之蓄饰。"引之曰：饰字义不可通，饰当作馀。馀、饰二字，篆文右畔相似，故馀误为饰。"蓄馀"者，蓄所馀也，万金、千金、百金，所馀之数也。《轻重甲篇》曰："蓄馀藏羡而不息。"(《读书杂志·管子十一》"蓄饰"条)

按："蓄饰"不词，配搭不当。饰当作馀，馀与饰篆文相似而误为饰。《轻重甲篇》云："蓄馀藏羡而不息。"蓄馀，犹言积蓄所馀，义同"积馀"。(《说文》："蓄，积也。")《轻重甲篇》有二句同云："积馀藏羡跱蓄之家。"《揆度篇》云："积馀臧羡以备赏。"亦可为证。引之所校，文从字顺，当可信从。

5. 隶书相似而误

《逸周书·武称篇》："美男破老，美女破舌。"卢(卢文弨)曰："今《战国秦策》引此，'破舌'作'破少'，唯高诱所注本与此同。"念孙案："美女破舌"，于义亦不可通。舌当为后。"美男破老，美女破后"，犹《左传》言"内宠并后，外宠二政"也。(见闵二年传，政非政事之政，当读为正，谓正卿也。说见《经义述闻》。)隶书后字或作石，与舌相似而误。(《东魏敬史君碑》"女石称制"，即后字。)段氏若膺《说文注》曰："舌后字有互讹者，如《左传》'舌庸'讹'后庸'，《周书》'美女破后'讹'破舌'，是也。"(《读书杂志·逸周书一》"美女破舌"条)

按：隶书转换为楷体时，传抄中往往把隶书误写为楷体的形似别字，后讹作舌，即其例也。文中所引段玉裁《说文注》，见三上舌部“舌”字注。

《管子·形势》：“上无事，则民自试，抱蜀不言，而庙堂既脩。”尹知章注曰：“蜀，祠器也。君人者，但抱祠器，以身率道，虽复静然不言，庙堂之政既以脩理矣。”朱（朱东光）曰：“蜀乃器字之误书耳。”念孙案：朱以蜀为器之误，是也。后《形势解》作蜀，亦误。脩当为循，亦字之误也。（隶书循脩二字，传写往往讹溷。《系辞传》：“损，德之脩也。”释文：“脩，马本作循。”《庄子·大宗师篇》：“以德为循。”释文：“循，本亦作脩。”《晋语》：“矇瞍脩声。”《王制》正义引作“循声”。《史记·商君传》：“汤武不循古而王。”索隐曰：“《商君书》作‘脩古’。”《荀子·议兵篇》：“循上之法。”《吕氏春秋·尽数篇》：“射而不中，反循于招，何益于中？”《韩子·五蠹篇》：“圣人不期循古。”《赵策》：“循礼无邪。”今本循字并讹作脩。《汉北海相景君碑阴》：“故脩行都昌台邱暹。”《金石录》曰：“案《后汉书·百官志》注，河南尹官属有循行一百三十人，而《晋书·职官志》，州县吏皆有循行。今此碑阴，载故吏都昌台邱暹而下十九人，皆作脩行。他汉及晋碑数有之，亦与此碑阴所书同，岂循脩字画相近，遂致讹谬邪？”《隶续》曰：“循脩二字，隶法只争一画，书碑者好奇，所以从省借用。”）事试为韵，循言为韵。循，顺也，（《说文》：“循，顺行也。”郑注《尚书中候》曰：“循，顺也。”）从也。言人君抱器不言，而庙堂之中已顺从也。《形势解》云：“人主立其度量，陈其分职，明其法式，以莅其民，而不以言先之，则民循正。所谓抱蜀者，祠器也。故曰：抱蜀不言，而庙堂既循。”（今本循字亦误作脩，今据上文“则民循正”改。）是其证矣。（《读书杂志·管子一》“循误为脩”条）

按：隶书循脩二字相似，传写往往混淆，而更多的是循误为脩，在《读书杂志》中有多处提及。在本条中，王念孙还举出《管子》书中另十二处循误为脩例证，加以辨正。再如同书《史记六》“下脩近世之失、脩其故俗、后世脩序”条计三例，《汉书五》“脩”字条计六例，《晏子春秋一》“脩哀”条，《荀子二》“下脩”条，《荀子五》“脩上之法”条，又“脩道而不贰”条，《荀子八》“臣谨脩”条，皆其例也。又有《淮南内篇一》“循误为脩”条，连举《淮南子》书中十例。《经义述闻》卷十四“谨脩其法、反本脩古、脩乎军旅”条，举《礼记》书中三例。循误为脩，古书中其例夥矣！为此，有人误以为循脩二字古时通用，对此王念孙驳斥云：

隶书循脩二字相似，写者多乱之，然皆形之误，非声之通也。或者不察，遂谓循脩二字古通，误矣。韵书循在谆部，脩在尤部，尤与谆可通用乎？（见《汉隶拾遗·史晨飨孔庙后碑》）

《淮南子·兵略训》：“疾如锥矢，合如雷电，解如风雨。”高注曰：“锥，金镞箭羽之矢也。”引之曰：锥当为镞，注内“箭羽”当为“翦羽”，皆字之误也。《尔雅》：“金镞翦羽谓之镞。”（《说文》同。《方言》曰：

"箭,江淮之间谓之鍭。"《大雅·行苇篇》曰:"四鍭既钧。"《周官·司弓矢》曰:"杀矢、鍭矢,用诸近射田猎。"《考工记·矢人》曰:"鍭矢参分,一在前,二在后。"隐元年《谷梁传》曰:"聘弓鍭矢不出竟埸。"鍭字亦作猴。《士丧礼记》曰:"猴矢一乘,骨镞短卫。")是其明证矣。下文云"疾如镞矢",镞亦鍭之误。(侯字隶书作矦,隹字隶书作隺,二形相似。族字隶书或作疾,形与矦亦相似。故鍭矢之字非误为锥,即误为镞。《齐策》:"疾如锥矢,战如雷电,解如风雨。"文与此同,则锥矢亦是鍭矢之误。高注以锥矢为小矢,非也。《史记·苏秦传》又误作"锋矢",索隐引《吕氏春秋·贵卒篇》:"所为贵锥矢者,为其应声而至。"今本《吕氏春秋》误作"镞矢"。《庄子·天下篇》:"镞矢之疾。"镞亦鍭之误。郭象音族,非也。《鹖冠子·世兵篇》:"发如镞矢。"镞,本或作鍭,亦当以作鍭者为是。)(《读书杂志·淮南内篇十五》"锥矢"条)

《汉书·衡山王刘赐传》:"作辆车锻矢。"(锻,俗作锻。)《汉书考证》曰:"《史记》作'镞矢',是也。本书《胶东王传》亦作'镞矢'。"念孙案:矢必有镞,无庸更言"镞矢"。《胶东王传》作"兵车镞矢",师古曰:"镞矢,大镞之矢。"加大字以释之,其失也迂矣。此作"锻矢"亦无义。镞与锻,皆当为鍭,字形相近而误也。(说见《淮南·兵略篇》。)《尔雅》说矢云:"金镞翦羽谓之鍭。"《大雅·行苇篇》云:"四鍭既钧。"《周官·司弓矢》云:"杀矢、鍭矢,用诸近射田猎。"《考工记·矢人》云:"鍭矢参分,一在前,二在后。"(《士丧

礼记》作“𤞞矢”。)(《读书杂志·汉书九》“锻矢、鏃矢”条)

按:由于隶书形状相似,“鍭矢”讹作“锥矢”、“鏃矢”,又讹作“锋矢”、“锻矢”,高邮王氏父子为之一一校正。然而《汉语大词典》、《汉语大字典》、《辞源》修订本等几部大型语文辞书,利用误本古书文句为书证,又不吸收王氏父子校勘成果,竟设立了一些虚假条目和虚假义项。例如《汉语大词典》第11卷第1302页〔锋矢〕条、又第1331页〔锥矢〕条、又第1387页〔鏃矢〕条,《辞源》修订本第4册第3205页〔锻矢〕条,均以讹字立目,又以误本为书证,皆为虚假条目。《辞源》修订本第4册第3210页“〔鏃〕㊁指箭轻锐。”《汉语大词典》第11卷第1387页“〔鏃〕②轻捷锋利。”《汉语大字典》第6卷第4251页“〔鏃〕(一)㊀②轻捷锐利。”均以“鏃矢”为证,“鏃矢”实为“鍭矢”之讹,则上述三辞书的这一义项皆为虚假义项。

高邮王氏在校勘隶书相似而误的校例时,发现一些带有规律性的字误现象,例如:

凡从谷从去之字,隶书往往相乱。(《读书杂志·战国策三》“衣焦不申头尘不去”条)

凡隶书厷字或作右,形与各相似,故从厷从各之字,传写往往相乱。(同上《史记六》“段宏”条)

凡隶书从言从音之字多相似,故倍讹作信。(同上《战国策一》“信反、轻信”条)

凡从侯从隹之字,隶书往往讹溷。(同上《墨子三》“惟舌”条)

> 凡隶书从力之字，或讹作刀，故功讹作切，勮或作劇，劫讹作刦；从巠之字或书作平，因讹而为至，故痉讹作痓，轻讹作轾。（同上《战国策一》“到秦”条）
>
> 隶书士字或作土，出字或作𡳿，二形相似，故书传中出字多讹作士。（《经义述闻》卷十二“称以上士”条）

高邮王氏总结了众多隶书误字通例，这对于后人校正形讹，大有裨益。

6. 草书相似而误

> 《大戴礼记·保傅篇》：“帝入西学，上贤而贵德，则圣智在位而功不匮矣。”家大人曰：匮，本作遗。遗，弃也。尚贤贵德，则圣智在位而有功者不见弃，故曰功不遗。若云功不匮，则非尚贤贵德之谓矣。草书遗字作遗，形与匮相似，因讹为匮。（《祭义》：“老穷不遗。”释文：“遗，一本作匮。”《广雅》：“遗，加也。”今本遗讹作匮。）钞本《北堂书钞·礼仪部四》、《通典·礼十三》，及《玉海·学校类》，引此并作遗，（陈禹谟本又改遗为匮。）《贾子》、《汉书》同。（《经义述闻》卷十一“功不匮”条）

按：这一条从文义、字形入手考察，认定匮当为遗，遗字草书与匮字相似而讹作匮，并举误字类例二则为证；又举出称引异文五例为证，校改确不可易。

《淮南子·说林训》:“遽契其舟桅。”高注曰:“桅,船弦板。(弦,与舷同。)桅,读如《左传》襄王出居郑地氾之氾也。”念孙案:桅与氾,声不相近;遍考书传,亦无谓船舷板为桅者。桅当为梳,梳与氾同声,故读从之。梳字本作舧,《广雅》曰:“舧谓之舷。”谓船两边也。《集韵》、《类篇》并云:“舧,或作梳。”梳字草书作桅,因讹为桅矣。杨慎《古音馀》于陷韵收入桅字,引《淮南子》“遽契其舟桅”,音氾,则为俗本所惑也。(《读书杂志·淮南内篇十七》“舟桅”条)

按:这一条从今本古注的注音释义存在矛盾入手,认定桅当作梳,梳字草书与桅相似而讹作桅,再证之以字书韵书《广雅》、《集韵》、《类篇》,若合符契。

《吕氏春秋·疑似篇》:“梁北有黎邱部,有奇鬼焉,善效人之子姪昆弟之状。”(旧本善讹作喜,《文选·思元赋》注引此作善,今据改。)《太平御览·神鬼部三》引此“子姪”作“子姓姪”,《文选·思元赋》注引作“子姪”。引之曰:古者唯女子谓昆弟之子为姪,男子则否。“子姪”,本作“子姓”,姓与姪草书相似,故姓讹为姪。《汉书·田蚡传》“跪起如子姓”,(师古曰:“姓,生也。言同子礼,若已所生。”)《史记》讹作“子姪”,是其证也。《御览》作“子姓姪”者,后人据误本《吕氏春秋》旁记姪字,而传写者因误合之;《文选》注作“子姪”,则后人据误本改之耳。古者谓子孙曰姓,(《周南·麟之趾》曰“振振公子”,“振振公姓”。昭四年《左传》曰:“问其姓,对曰:余子长矣。”杜注曰:“问其姓,问有子否。”三十二年传曰:“三后之姓,于今为庶。”《汉书·儒林传》曰:“丁姓字子孙。”《广雅》曰:“姓,子也。”是姓为子孙之通称。字亦通作生,《商颂·殷武》曰:“以保我后生。”郑笺曰:“以此全守我子孙。”)或曰子姓。《特牲馈食礼》曰:“子姓兄弟如主人之服。”郑注曰:“所祭者之子孙言子姓者,子之所生。”《曲礼》曰:“纳女于天子曰备百姓。”郑注曰:“姓之言生也,天子皇后以下百二十人,广子姓也。”《玉藻》曰:“缟冠元武,子姓之冠也。”注曰:“谓父有丧服,子为之不纯吉也。”《丧大记》曰:“卿大夫父兄子姓立于东方。”注曰:“子姓,谓众子孙也,姓之言生也。”《楚语》曰:“帅其子姓,从其时享。”(韦注曰:“姓,同姓也。”非是。下文曰“比尔兄弟亲戚”,乃始言同姓耳。)《越语》曰:“凡我父兄昆弟及国子姓。”(韦注曰:“国子姓,言在众子同姓之列者。”亦非是。)《列子·说符篇》曰:“秦穆公谓伯乐曰:‘子之年长矣,子姓有可使求马者乎?’伯乐对曰:‘臣之子皆下才也。’”《韩子·八经篇》曰:“乱之所生者六也:主母、后姬、子姓、弟兄、大臣、显贤。”《史记·外戚世家》曰:“既欢合矣,或不能成子姓。”(《读书杂志·馀编上·吕氏春秋》“子姪”条)

按:这一条从比较异文入手,再比较异文“子姪”与“子姓”词义之异同,认定“子姪”当作“子姓”。姓与姪草书相似,故姓字讹作姪。再证之以《史》、《汉》异文,并进一步辨析“子姓”词义。经过反复论证,令人确信无疑。而《汉语大词典》第4卷第170页〔子姪〕条,仍以误本《吕氏春秋·疑似》“喜效人之子姪昆弟之状”为书证,当是失察。《辞源》修订本第2册第774页:

〔子姪〕子与侄。《吕氏春秋·疑似》:“喜效人之子姪昆弟之状。”《史记》一〇七《魏其武安侯传》:“魏其(窦婴)已为大将军,后方盛。(田)蚡为诸郎,未贵,往来侍酒魏其,跪起如子姪。”

上引词条二例书证之“子姪”,均为“子姓”之讹,则该词条为义例不符,不能成立,应当删除。

7. 俗书相似而误

《诗·大雅·云汉篇》:“倬彼云汉。”钞本《北堂书钞·天部二》引《韩诗》作“對彼云汉”,又引注曰:“宣王遭仰天也。”(遭下脱一字。陈禹谟本改为:“《诗》云:‘倬彼云汉,昭回于天。’”则是《毛诗》而非《韩诗》矣。)家大人曰:對,当为菿。(卓、到二音。)菿倬古字通。《小雅·甫田篇》:“倬彼甫田。”释文:“倬,《韩诗》作菿,云:菿,卓也。”是《毛诗》倬字,《韩诗》皆作菿,则對为菿字之讹无疑。俗书對字或作對,(见《汉孔庙置守庙百石孔龢碑》及《干禄字书》。)菿字或作剼,(菿之为剼,犹荆之为剕。)二形相似,世人多见對,少见菿,故菿讹为對矣。(《经义述闻》卷七“对彼云汉”条)

《广雅·释诂》:“扰,刺也。”〔疏证〕扰者,《说文》:“扰,深击也。”《列子·黄帝篇》云:“攩拯挨扰。”《燕策》云:“臣左手把其袖,而右手揕抗其胸。”《史记·荆轲传》作“右手揕其胸”,集解云:“徐广曰:揕,一作抗。”索隐云:“揕,谓以剑刺其胸也。抗,拒也,其义非。”案,抗乃扰字之讹。《集韵》、《类篇》揕扰并音“陟甚切”,故揕字或作扰。俗书从冘之字作冗,从亢之字作亢,二形相似,故扰字讹而为抗。《燕策》作“揕抗其胸”,抗亦扰字之讹,且亦是一本作揕,一本作抗,而后人误合之耳。姚宏校本云:“一无抗字。”是其证矣。(《广雅疏证》卷一上)

按:上二例皆因不识俗字而误,传抄中往往将俗字误抄成楷体的形似别字。

《淮南子·要略训》:“禹之时,天下大水,禹身执虆垂以为民先。”庄云:“《太平御览》(皇王部七,礼仪部三十四,器物部九、部十,皆引此。)‘虆垂’作‘畚插’为是,此误也。”念孙案:垂字误,而虆字不误。虆,谓盛土笼也。垂,当为臿。臿,今之锹也。《大雅·緜》传云:“捄,虆也。”笺云:“筑墙者捊聚壤土,盛之以虆,而投诸版中。”虆字或作蔂。《说山篇》:“蔂成城”,高注云:“蔂,土笼也。”《韩子·五蠹篇》:“禹之王天下也,身执耒臿以为民先。”此即《淮南》所本。耒与虆声相近,“耒臿”即“虆臿”也。《孟子·滕文公篇》:“盖归反虆梩而掩之。”赵注云:“虆梩,笼臿之属，可以取土者也。”彼言“虆梩”，亦即此所谓“虆臿”也。(《广雅》：“梩，臿也。”)《管子·山国轨篇》：“梩笼虆箕”，虆亦与虆同。《太平御览》引此，虆作畚，所见本异耳，不得据彼以改此也。垂者，臿之误，非插之误。俗书臿字或作臿，(见《广韵》。)垂字或作垂，(见《汉富春丞张君碑》。)二形相似，故臿误为垂矣。(《读书杂志·淮南内篇二十一》“虆垂”条)

按：“虆垂”不词，王念孙校改垂当为臿，臿与垂俗书二形相似，故臿讹作垂；证之以源头书《韩非子·五蠹篇》，信而有征。而《辞源》修订本第4册第2745页〔虆垂〕条、《汉语大词典》第9卷第634页〔虆'〕条，仍引误本《淮南子》(按资料卡片标明即诸子集成本)误字“虆垂”为词目和书证，以讹传讹，其过大矣。

8. 避讳字相似而误

《史记·仲尼弟子列传》：“邽巽，字子敛。”索隐本邽作邦，云：“《家语》巽作選，字子敛。文翁图作‘国选’，盖亦由避讳改之。刘氏作‘邽巽’，邽音圭，所见各异也。”引之曰：作邦者是也。古本若非邦字，何以避讳作国？《广韵》：“邦，国也。又姓，出何氏《姓苑》。”而邽字下不云是姓，然则古无邽姓，不得作邽明矣。至唐初始误为邽，故刘伯庄音圭，而《通典·礼十三》、《唐书·礼乐志》及《宋仓颉碑阴》，并仍其误。索隐谓《家语》巽作選，而不云邦作邽，则《家语》亦作邦可知。今本《家语》作邽者，后人以误

本《史记》改之也。(《读书杂志·史记四》"邽巽"条)

按:《孔子家语》作"邦"而文翁《文庙图》作"国"者,盖避汉高祖讳而改也。古本《史记》作邦字,因与邽字形相似而误为邽。王引之考证古无邽姓,邽当作邦。而《汉语大字典》第6卷第3766页云:"〔邽〕④姓。春秋时有邽巽。"《汉语大词典》第10卷第609页云:"〔邽〕④姓。孔子弟子有邽巽。"均以误本《史记》立说,酿成谬误。

《广雅·释诂》:"桓,忧也。"〔疏证〕桓,各本讹作栢。桓字,影宋本避讳作桓,后遂讹而为栢。《方言》:"桓,忧也。"(《广雅疏证》卷一上)

按:宋代避宋钦宗赵桓讳,宋本桓字缺末笔作桓,与栢字形相似而后遂讹为栢,王念孙据《方言》卷一:"桓,忧也。"作了校正。

《广雅·释地》:"坚,土也。"〔疏证〕《说文》:"坚,刚土也。"《九章算术·商功章》云:"穿地四,为壤五,为坚三。"堅,旧本作堅,音堅。案,作堅者,曹宪避隋文帝讳而缺其下画。《释草篇》穊字作穊,正与此同。其音内坚字,则后人所加也。(《广雅疏证》卷九下)

《广雅·释草》:"穊,穄也。"〔疏证〕穊,旧本作穊,此曹宪避隋文帝讳而缺其末画也。(《广雅疏证》卷十上)

按：隋曹宪为避隋文帝杨坚讳，而对坚字以及从坚之字，都缺其末笔，高邮王氏父子则据避讳常识加以校正。

9. 武后改字相似而误

> 《管子·七臣七主》："故记称之曰：愚忠谗贼。"念孙案："愚忠"，本作"愚臣"，即承上文"愚臣"而言，故尹注亦作"愚臣"。此作"愚忠"者，唐武后改臣为恧，因脱其上画而为忠矣。（《读书杂志·管子九》"愚忠"条）

按：《集韵·平真》："臣，唐武后作恧。"因恧与忠字形相似，脱其上画则讹为忠矣。而《管子·七臣七主》末段叙述了七臣，张文虎校本称此为"六过一是"，饰臣、侵臣、谄臣、愚臣、奸臣、乱臣为"六过"，法臣为"一是"。则"愚臣谗贼"正是承上文"愚臣"而言，而尹注亦作"愚臣"，如此，正文上下呼应，正文与尹注亦互相呼应，则文义贯通。王念孙所校，持之有故，言之成理。而《辞源》修订本第2册第1151页〔愚忠〕条、《汉语大词典》第7卷第619页〔愚忠〕条，都以《管子·七臣七主》误字"愚忠"为书证，当属失察。

> 《战国策·宋策》："齐攻宋，宋使臧子索救于荆。荆王大说，许救甚劝。臧子曰：'宋小而齐大。夫救于小宋而恶于大齐，此王之所忧也；而荆王说甚，必以坚我。我坚而齐弊，荆之利也。'"念孙案："王之所忧"，王当作人。今作王者，《战国策》人字或作𡈼，因讹而为王。下章墨子曰："吾欲藉子杀王。"王亦𡈼之

> 讹也。(吴曰:“一本‘杀王’作‘杀𤯔’,云:人𤯔并‘而邻反’。《集韵》云:‘人,唐武后字作𤯔。’”)《韩子·说林篇》作“夫救小宋而恶于大齐,此人之所以忧也”,是其证。下文“齐王果攻拔宋五城,而荆王不至”,两王字亦当作人。《韩子》作“齐人拔五城于宋而荆救不至”,是其证。(《读书杂志·战国策三》“王之所忧、齐王、荆王”条)

按:《集韵·平真》:“人,《说文》:‘天地之性最贵者也。’唐武后作𤯔。”因𤯔与生字形相似,脱其上画则讹为生,又讹为王。据《韩非子·说林上》记载同一件事之异文,则《宋策》之“王之所忧”、“齐王果攻拔宋五城,而荆王不至”,其中三个王字皆当作人。念孙所校甚确。今再补一例,《战国策·宋策》:“公输般曰:‘吾义固不杀王。’”《墨子·公输般》作:“公输般曰:‘吾义固不杀人。’”王为人字之讹,亦可为证。

> 《淮南子·道应训》:“惠子为惠王为国法,已成而示诸先生,先生皆善之。”《太平御览·治道部五》引此同。念孙案:“先生”二字,于义无取。《吕氏春秋·淫辞篇》“先生”皆作“民人”。《集韵》、《类篇》民字古作𠈌,人字唐武后作𤯔。疑𠈌误为先,𤯔误为生也。(《宋策》:“吾欲藉子杀人。”今本人作王,亦𤯔之误。)(《读书杂志·淮南内篇十二》“先生”条)

按:这一条从源头书《吕氏春秋·淫辞》异文作“民人”入手,又证之以字书韵书,校正可信。俞樾认为仍当作“先生”为是,《诸子平议》卷三十一云:"若是'民人',则惠子岂能一一示之?"民人,指人民,百姓,给他们中的一些人看,并非全国的人一一示之,俞氏不明此理,强词为说,似嫌专辄。

10. 生僻字少见而误

《墨子·非攻下》:"禹既已克有三苗,(句。)焉磨为山川,别物上下。"(焉字下属为句。焉,犹于是也,乃也。下文:"汤焉敢奉率其众","武王焉袭汤之绪",义并与此同。说见《释词》。)念孙案:磨字义不可通,磨当为磿。磿,与历通。(《周官·遂师》注曰:"磿者,適历。"適音滴。《中山经》"历石之山",郭注:"或作磿。"《史记·高祖功臣侯表》"磿简侯程黑",《汉表》作历。《春申君传》"濮磿之北",《新序·善谋篇》作历。《乐毅传》"故鼎反乎磿室",《燕策》作历。)历之言离也。《大戴记·五帝德篇》曰:"历离日月星辰。"是历与离同义。《淮南·精神篇》曰:"别为阴阳,离为八极。"然则"磿为山川",亦谓离为山川也。离与磿,皆分别之义,故曰"磿为山川,别物上下"。又《天志中篇》:"磨为日月星辰以昭道之。"磨亦当为磿。"磿为日月星辰",犹《大戴》言"历离日月星辰"也。世人多见磨,少见磿,故书传中磿字多讹作磨。(《史记》及《山海经》注磿字,今本皆讹作磨。又《逸周书·世俘篇》"伐磿",《楚策》"远自弃于磿山之中",今本亦讹作磨。)《颜氏家训·勉学篇》曰:"太山羊肃,读《世本》'容成造磿',以磿为碓磨之磨。"则以磿为磨,自古已然矣。(《读书杂志·墨子二》"磨"字

条）

按：生僻字磿与常见字磨形似，世人多见磨而少见磿，传写中磿字往往讹作磨。

《淮南子·要略训》："使人知遗物反己，审仁义之间，通同异之理，观至德之统，知变化之纪，说符元妙之中，通迴造化之母也。"念孙案：通迴二字义不相属，迴当为迵，（音洞。）字之误也。迵亦通也。"通迵造化之母"，谓通乎造化之原也。《吕氏春秋·贵同篇》："禹通三江五湖，决伊阙，迵沟陆。"《上德篇》："德迵乎天地。"高注并云："迵，通也。"（今本迵字皆误作迴，辩见《吕氏春秋》。）《史记·仓公传》："臣意诊其脉，曰迵风。"集解曰："迵，音洞，言洞彻入四肢也。"迵、洞同音，故迵或作洞。《俶真篇》"通洞条达"，即通迵也。世人多见迴，少见迵，故迵误为迴。下文"使人通迵周备"，其字正作迵。（道藏本、刘本如是，他本皆误作迴，而庄本从之，谬矣。）（《读书杂志·淮南内篇二十一》"通迴"条）

按：生僻字迵与常见字迴形似，世人多见迴而少见迵，传写中迵字往往讹作迴。

《荀子·天论》："珠玉不睹乎外，则王公不以为宝。"念孙案："不睹乎外"四字，文义不明，睹当为睹。《说文》："睹，旦明也。从日者声。"《玉篇》"丁古切"。

暏之言著也。上言“日月不高,则光辉不赫;水火不积,则辉润不博”,则此言珠玉暏乎外,亦谓其光采之著乎外,故上文云“在物者莫明于珠玉”也。世人多见睹,少见暏,故暏误为睹。《夏小正传》“盖阳气且暏也”,今本“且暏”作“旦睹”,误与此同。(《读书杂志·荀子五》“不睹乎外”条)

按:生僻字暏与常见字睹形似,世人多见睹而少见暏,传写中暏字往往误为睹。章诗同《荀子简注·天论》“珠玉不睹乎外”注云:“睹当作‘暏’,显耀。”[①]吸收了王念孙校勘成果,校注正确。方孝博《荀子选·天论》“珠玉不睹于外”[②],作“睹”字而无说,当是失校。

11. 偏旁类化而误

这就是王念孙所云:“经典之字,多有因上下文而误写偏旁者。”其中又分为“本有偏旁而误易之者”、“本无偏旁而误加之者”。王引之称其为“上下相因而误”(见《经义述闻·通说下》“上下相因而误”条)。

(1) 本有偏旁而误改

《诗·大雅·緜》:“民之初生,自土沮漆。”毛传曰:“自,用;土,居也。沮,水;漆,水也。”胡氏朏明《禹贡锥指》:“遍考群书,邠地有漆无沮。”引之谨案:土,当从《齐诗》读为杜,古字假借耳。杜,水名,在汉

---

① 上海人民出版社 1974 年版第 183 页。

② 人民文学出版社 1985 年版第 81 页。

> 右扶风杜阳县南，南入渭，今属麟游、武功二县。漆水在右扶风漆县西，北入泾，今属邠州。沮当为徂。徂，往也。“自土徂漆”，犹下文言“自西徂东”，言公刘去邰适邠，自杜水往至于漆水也。徂与沮相似，又因漆字而误作水旁耳。邠地有漆无沮，故下章之“率西水浒”，专指漆水而言。(《经义述闻》卷六“自土沮漆”条)

按：王引之审察文义，确定“沮”当为“徂”，训往；并指出其致误之由：“徂”与“沮”相似，又因“漆”字而误作水旁耳。也即是偏旁类化致误中“本有偏旁而误易之者”。王氏校改，符合校勘学中改误字的学术规范。而裴学海著《评高邮王氏四种》(载《河北大学学报》1962 年第 3 期)，认为王氏以“沮”为“徂”之误字，是“自乱其同声符通假之例”。裴云：“学海按：沮为徂之借字。”此借字说源于朱骏声。朱氏《说文通训定声》豫部：“沮〔假借〕又为徂。《诗·緜》：‘自土沮漆。’王氏引之谓自杜往漆也。邠地无沮水，胡氏渭说甚详。”朱氏认定“沮”借为“徂”，却引王氏“徂”误作“沮”的校勘结论为证据，这样的论证本身就存在着矛盾。训诂学的正字借字有时代性，看一个字在一个文句中是不是借字，决定于它是不是合乎当时最通行的用法。在《诗经》时代，若说“沮”为“徂”之借字，试想除此“自土沮漆”一例外，还有别的例证吗？朱氏裴氏抓住孤证，把偶而写错了形旁(意符)的形声字别字，硬说成是“同声符通假”，这不合乎当时最通行的用法，其借字说就不能成立。王引之不认为“沮”是“徂”的借字，而是因偏旁类化致误而写的别字，这样的认识及其校改就比较符合客观实际。

> 《广雅·释诂》："突，好也。"〔疏证〕突，当作妖，今作突者，盖因下文窈字而误。考《玉篇》，突为窔之俗体，诸书亦无训为好者。《众经音义》卷一引《三仓》云："妖，妍也。"《楚辞·九歌》："灵偃蹇兮姣服。"姣，一作妖。《神女赋》云："近之既妖，远之有望。"皆谓美好也。妖字不须音释，故曹宪无音，若突字，则当有音，以是知突为妖之讹也。（《广雅疏证》卷一下"好也"条）

按：王念孙从字形和曹宪《博雅音》注音原则两方面考察，认定突当作妖，其说可信。《汉语大字典》第 4 卷第 2724 页云："〔突〕(一)yào⑤好。《广雅·释诂一》：'突，好也。'"只是照抄《广雅》词条，并未细读《疏证》内容，以《广雅》误字立项，实为失校。

> 《广雅·释诂》："翭，本也。"〔疏证〕翭，曹宪音侯，各本翭作赎，因上购字而误。音内侯字又讹作候。《集韵》、《类篇》："赎，下遘切。"引《广雅》："赎，本也。"则宋时《广雅》本已然。考《玉篇》云："赎，龙贝，出南海。"《广韵》云："赎䝼，贪财之貌。"皆不训为本。《方言》："翭，本也。"郭璞音侯，云："今以鸟羽本为翭。"《说文》："翭，羽本也。"《玉篇》、《广韵》并音侯。《九章算术·粟米章》："买羽二千一百翭。"刘徽注云："翭，羽本也。"数羽称其本，犹数草木称其根株，今据以订正。（《广雅疏证》卷三下"本也"条）

按：以上三例“本有偏旁而误易之者”，是受上下文中某字之偏旁影响而被类化，改从某字之偏旁而致误。

（2）本无偏旁而误加

《易·需》象传：“需于沙，衍在中也。”荀爽注曰：“体乾处和，美德优衍，在中而不进也。”虞翻注曰：“衍，流也。”孔颖达正义曰：“衍谓宽衍，去难虽近，犹未逼于难，而宽衍在其中也。”家大人曰：诸家说衍字之义，均有未安。或读“需于沙衍”为句，引《穆天子传》“南绝沙衍”为证，与爻辞不合，尤非。今案，衍当作行，今作衍者，因与沙字相连而误加氵耳。（《淮南·泰族篇》：“不下庙堂而行四海。”今本行讹作衍。）“行在中也”，即承上文“不犯难行也”而言。初九不犯难行，是以无咎；九二行而在中，是以终吉。九二居下卦之中，故曰“行在中”。《震》象传曰：“震往来厉，危行也，其事在中，大无丧也。”上言“行”，下言“在中”，正与此“行在中”同义。《师》象传曰：“长子帅师，以中行也。”《泰》象传曰：“以祉元吉，中以行愿也。”《临》象传曰：“大君之宜，行中之谓也。”《未济》象传曰：“九二贞吉，中以行正也。”义与此并相近。（《经义述闻》卷二“衍在中也”条）

《汉书·扬雄传上》：“列宿乃施于上荣兮，日月才经于柍桭。”服虔曰：“柍，中央也。桭，屋相也。”师古曰：“柍，音鞅。”（今本鞅讹作央。考《玉篇》、《广韵》、《集韵》、《类篇》，柍字俱无央音。宋祁引萧该音义:“柍,於两反。”李善《文选》注同,今据以订正。)念孙案:柍当作央,今作柍者,因桭字而误加木旁耳。桭与宸同,《说文》:“宸,屋宇也。”(即服注所谓“屋相”,郑注《士丧礼》曰:“宇,相也。”)即今人所谓屋檐。央桭,谓半檐也。日月才经于半檐,极言台之高也。“央桭”与“上荣”相对为文,则央字不当作柍。服虔训为中央,则所见本亦必作央也。萧该音义曰:“柍,於两反。”则所见本已讹作柍矣。《西京赋》曰:“消氛埃于中宸,集重阳之清澄。”彼言“中宸”,犹此言“央桭”,则央之不当作柍益明矣。《魏都赋》:“旅楹闲列,晖鉴柍桭。”张载曰:“柍,中央也。”则其字亦必作央,今本作柍,亦是传写之误。《说文》:“柍,柍梅也。於京切。”《玉篇》“於两切”,此即《尔雅》所谓“时,英梅”者也,与“央桭”之义无涉。《集韵》:“柍,屋中央也。”则为误本《汉书》所惑矣。(《读书杂志·汉书十三》“柍桭”条)

按:王念孙以“央桭”与“上荣”对文,央、上均为方位词,则央字不当作柍;服虔、张载注并云:“柍,中央也。”则柍当作央。《西京赋》作“中宸”,义同“央桭”,又增一旁证。《辞源》修订本第2册第1550页、《汉语大词典》第4卷第913页,都收列〔柍桭〕条,并认为柍是“央”之通假字,这是不明偏旁类化致误之由,而采取的折衷调和之说;然而都能接着引述王念孙之说,仍不失解释谨慎之意。而《汉语大字典》第2卷第1183页云:“〔柍〕(一)yǎng②屋宇中央。”引《集韵》和《甘泉赋》服虔注为证,而这二例正是王念孙已指出的“为误本《汉书》所惑”

的例证。

> 《广雅·释训》:“夭夭、申申,容也。”〔疏证〕《论语·述而篇》:“子之燕居,申申如也,夭夭如也。”马融注云:“申申、夭夭,和舒之貌。”……夭夭,各本作妖妖,因与嫚嫚、媉媉连文而误,今订正。(《广雅疏证》卷六上)

按:王念孙揭出“夭夭、申申,容也”的始见书证《论语·述而篇》例,这是叙述孔子燕居时体貌,若作“妖妖”,则失其义而大不敬矣。《汉书·叙传下》:“万石温温,幼寤圣君,宜尔子孙,夭夭伸伸。”颜师古注云:“《论语》称孔子‘燕居,伸伸如也,夭夭如也’,谓和舒之貌。此言万石子孙既多,又皆和睦,故引以为辞也。”亦可为证。刘宝楠《论语正义·述而篇》云:“《广雅·释训》:‘妖妖申申,容也。’妖与夭同。”受误本《广雅》之惑,不识“妖妖”为“夭夭”之偏旁类化而误,却误以为异体字矣。

以上三例“本无偏旁而误加之者”,是受上下文中某字之偏旁影响而被类化,加上跟某字相同之偏旁而致误。

12. 涉上下文而误

因受到上文或下文中某个字的影响,而在字形或字义上又有所牵连,在抄刻时无意间将别的字也写成了某个字,以致造成讹误。

> 《逸周书·武纪篇》:“得之而无逆,失之而无咎,唯敬。”念孙案:“无咎”,当为“有咎”。敬则无逆,不敬则有咎,故曰:“得之而无逆,失之而有咎,唯敬。”

今本"有"作"无"者，涉上文"无逆"而误。(《读书杂志·逸周书四》"无咎"条)

按：王念孙据全句文义，校改"无咎"为"有咎"，意谓敬则顺遂无逆，不敬则咎由自取；并指出其致误之由：今本"有"作"无"者，涉上文"无逆"而误。这样的校改，尽管缺乏直接的版本根据，却仍然遵循了校勘学中改误字的学术规范。裴学海著《评高邮王氏四种》(载《河北大学学报》1962 年第 3 期)，不同意王念孙的校改，另作考释云：

学海按：无读为幠，《尔雅》："幠，有也。"幠，音武，(《尔雅·释言》释文："幠，亡甫反。")与无音近，故借无为幠。(借无为幠，犹借武为无也。《礼记·礼器》"诏侑武方"郑注："武当为无，声之误也"。)

按，裴氏所言"无读为幠"，出自《荀子》杨倞注。《荀子·礼论》："无帾丝歶缕翣，其貌以象菲帷帱尉也。"杨倞注："无读为幠。幠，覆也，所以覆尸者也。"幠是个多义字，在此只训作"覆"，而不训作"有"。尽管裴氏在这里紧接着引了"《尔雅》：'幠，有也。'"这一古训，但是裴氏并没有举出也不可能举出"无读为幠"而此"幠"字又训作"有"的实证。我们设想一下，古人著书立说，要用"有"这一意义，却不用常用字"有"，而偏偏用"幠，有也"之"幠"字，进而又"借无为幠"，最终用"无"字来表达"有"这一意义。如果是这样，试想古人著文时也玩起脑筋急转弯了吗？裴氏为了反对王念孙校改"无咎"为"有咎"，就认定"无"字不误，不烦改字，而是通过文字假借，转引

《尔雅》古训，硬是将“无”字训释出“有”义来。这样的训释，正是“无”中生“有”，是滥用通假、辗转相训的必然结果。

《战国策·西周策》：“秦攻魏将犀武军于伊阙，进兵而攻周。”念孙案：上“攻”字当作“败”。今作“攻”者，因下“攻”字而误也。秦既败魏军，乃进兵而攻周。若但言攻魏军，则胜败未可知，不得遽进兵而攻周也。《史记·周本纪》：“秦破韩魏，扑师武。”集解引此策曰：“秦败魏将犀武于伊阙。”是其证。高注：“秦攻魏将犀武军于伊阙，秦遂进攻周。”上“攻”字亦当作“败”。下文“犀武败于伊阙”，注曰：“秦将白起败魏将犀武于伊阙，遂进攻周。”是其证。（《读书杂志·战国策一》“攻魏将犀武军”条）

按：王念孙通过分析全句文义，校改“秦攻魏将犀武军于伊阙”之“攻”字当作“败”；并指出其致误之由：今作“攻”者，因下“攻”字而误也。又举出《史记·周本纪》集解、《战国策·西周策》“犀武败于伊阙”章高诱注的二则引用异文均作“败”字为旁证，增强了说服力。我们还可以补充一例，《史记·魏世家》：“〔昭王〕三年，佐韩攻秦，秦将白起败我军伊阙二十四万。”亦作“败”字，可为旁证。

《史记·秦始皇本纪》：“去就有序，变化有时。”念孙案：“变化有时”，当从宋本作“变化应时”。今作“有时”者，涉上句“有”字而误也。《老子传赞》曰：“虚无因应，变化于无为。”《自序》曰：“与时迁移，应物变化。”即此所谓“变化应时”也；下文曰：“秦离战国而王天下，其道不易，其政不改。”谓其不能“变化应时”也。故此言“君子为国，察盛衰之理，审权势之宜，去就有序，变化应时”，谓去彼就此，随时变化也。若云“变化有时”，则词不达意矣。《群书治要》引《史记》，正作“变化应时”。《贾子·过秦篇》作“因时”，宋淳祐本作“应时”，与《群书治要》合。是古本《贾子》、《史记》皆作“应”也。(《读书杂志·史记一》“变化有时”条)

按：王念孙分析文义，今本作“变化有时”，则词不达意，当从宋本作“变化应时”；并指出其致误之由：今作“有时”者，涉上句“有”字而误也。王念孙校改“有时”当作“应时”，有《史记》宋本的版本根据，又有源头书贾谊《贾子·过秦篇》的异文、类书《群书治要》的称引异文为旁证，其说持之有故，言之成理。

13. 一字误分为二字

《战国策·秦策三》：“范雎至秦，王庭迎，谓范雎曰：‘寡人宜以身受令久矣。今者义渠之事急，寡人日自请太后。今义渠之事已，寡人乃得以身受命。’”念孙案：既云“今义渠之事已”，则上文“义渠之事急”二句，乃追叙之事，不得言“今者”。《史记·范雎传》作“会义渠之事急”，是也。言适会义渠之事急，故寡人不得以身受命耳。“今者”二字，即一“會”字之讹。(《读书杂志·战国策一》“今者”条)

《汉书·五行志下之上》:"昭帝元凤元年九月，燕有黄鼠衔其尾舞王宫端门中，往视之，鼠舞如故。王使夫人以酒脯祠，鼠舞不休，夜死。"念孙案:"夫人"二字有误。夫人在宫中，不当使至端门祠鼠。上文记此事云:"王使吏以酒脯祠鼠。"吏字是也。(《读书杂志·汉书五》"夫人"条)

《文选·左思〈吴都赋〉》:"若此者，与夫唱和之隆响，动钟鼓之铿耾。"念孙案:"与夫唱和之隆响"二句，句法参差，而文义不协。"與夫"二字，乃一"轝"字之误。举，亦动也。"举唱和之隆响，动钟鼓之铿耾"，句法正相对。(《读书杂志·馀编下·文选》"与夫唱和之隆响"条)

按:"會"字误分为"今者"二字，"吏"字误分为"夫人"二字，"轝"字误分为"與夫"二字。上三例表明，由于汉字形体中的上下结构字，往往是由两个可以独立的字形拼合而成，而古代行文格式是直行书写，因而很可能将上下结构的一个字误写为形讹的两个字。

14. 二字误合为一字

《汉书·景武昭宣元成功臣表》:"龙侯摎广德。"又《南粤传》"封摎乐子广德为桼侯"，晋灼曰:"桼，古龙字。"(各本桼讹作龚。《说文》、《玉篇》、《广韵》、《集韵》皆无龚字，今据《史》传索隐引改。)《史》表作"龙亢"，索隐曰:"晋灼云:'龙，阙。'《左传》'齐侯围龙'，龙，鲁邑。萧该云:'广德所封止是龙，有亢者误也。’”《南越传》亦作“龙亢”，索隐曰：“龙亢属谯国。”念孙案：此当以《史》表作“龙亢侯”，《汉》表作“龙侯”者，传写脱“亢”字耳。《南粤传》作“桒侯”者，“龙亢”二字合讹为一字，而“亢”又讹为“木”耳。桒乃房室之疏，非古龙字，晋灼以表作“龙侯”，故强为之说；（《集韵》：“龙，古作桒。”即沿晋灼之误。）而萧该遂以有“亢”字者为非。《地理志》龙亢属沛郡，（龙亢故城在今凤阳府怀远县西。）后汉属沛国，晋改属谯郡。《史》表、《史》传皆以龙亢为广德封邑，必确有所据，不得以《汉书》之讹脱，而谓龙下本无亢字也。小司马云“龙亢属谯国”，本不误，而其注《史》表又为萧该所惑，且附会以鲁之龙邑，则其谬滋甚矣。（《读书杂志·汉书三》“龙侯、桒侯”条）

《淮南子·说林训》：“狂者伤人，莫之怨也；婴儿詈老，莫之疾也；贼心㠩。”高注曰：“贼，害。”陈氏观楼曰：㠩字当为“亡也”二字之讹。亡，无也。言狂者与婴儿皆无贼害之心，故人莫之怨也。《意林》引此作“无心也”，盖脱贼字。（《读书杂志·淮南内篇十七》“贼心㠩”条）

《广雅·释诂》：“敳、拊，击也。”〔疏证〕敳者，《玉篇》音“口大切”，伐也，击也。《广韵》同。《众经音义》卷五引《三仓》云：“尅、敳，相击也。”拊者，《尧典》：“予击石拊石。”传云：“拊，亦击也。”《士丧礼》云：“妇人拊心。”吴琯本无“敳、拊”二字，有“尌”字；各本有拊字，无敳字。盖各本则脱去敳字，吴本则“敳、拊”二字合讹为一“尌”字也。今订正。（《广雅

疏证》卷三上）

《博雅音》卷八："湩，竹用，又栋。"王念孙校：各本"竹用"二字合讹为"筩"字。考诸书湩字皆无筩音，又考《史记》索隐引《字林》："湩，竹用反。"又《广韵》、《众经音义》及《列子·力命篇》释文、《汉书·匈奴传》注、《后汉书·独行传》注、《文选·孙楚〈为石仲容与孙皓书〉》注，湩字并音"竹用反"，今据以订正。

按：上四例表明，由于汉字形体中的上下结构字，往往是由两个可以独立的字形拼合而成，而古代行文是直行书写，因而很可能将连文的两个字误合为一个形似的上下结构的字。

15. 字脱其半而误

《战国策·宋策》："宋康王射天笞地，斩社稷而焚灭之，骂国老谏曰。"鲍改"谏曰"为"谏臣"。（见吴校本。）念孙案：曰与臣，形声俱不相近，若本是臣字，无缘误为曰。考《太平御览·人事部》引此作"骂国老谏者"，《贾子·春秋篇》、《新序·杂事篇》并作"骂国老之谏者"，则旧本曰字，乃者字脱去上半耳。且谏者即指国老而言，盖群臣莫敢谏，唯国老尚有谏者，而康王骂之也。鲍不达而以意改之，斯为妄矣。（《读书杂志·战国策三》"骂国老谏曰"条）

《广雅·释草》："粢、黍、稻，其采谓之禾。"〔疏证〕《说文》云："采，禾成秀也。从禾爪声。俗作穗，从禾惠声。""禾，嘉谷也，二月始生，八月而孰，得时之中和，故谓之禾。禾，木也，木王而生，金王而死。从木，从𠌶省。𠌶，象其穗。”《管子·小问篇》：“苗，始其少也，眴眴乎何其孺子也！至其壮也，庄庄乎何其士也！至其成也，由由乎兹免，何其君子也！天下得之则安，不得则危，故命之曰禾。”《淮南·缪称训》：“夫子见禾之三变也。”高诱注云：“三变，始于粟，生于苗，成于穗也。”则禾乃苗、穗之总名，穗特禾之秀也。遍考经传，言禾者皆谷名，无以禾为穗者，此禾字疑当作秀，脱去乃字而为禾耳。秀为穗之通称，而云“粱、黍、稻，其穗谓之秀”，犹菁为华之通称，而下文云“韭、韰、荞，其华谓之菁”也。然《太平御览》、《艺文类聚》引《广雅》并作禾，则其误久矣。（《广雅疏证》卷十上）

《淮南子·兵略训》：“故将以民为体，而民以将为心，心诚则支体亲刃，心疑则支体挠北。”念孙案：“亲刃”二字，义不可通。刘本作“亲力”，义亦不可通。刃当为刅，写者脱其半耳。《说文》：“䵑，黏也。”引隐元年《左传》“不义不䵑”，或作刅，今《左传》作暱。亲刅，即亲暱也。支体亲暱，谓从心也；支体挠北，谓不从心也。亲暱之暱，古音在职部，故与北为韵。《小雅·菀柳篇》“无自暱焉”，与息、极为韵，是其证。（《读书杂志·淮南内篇十五》“亲刃”条）

《汉书·地理志上》：“严道，有木官。”念孙案：木当为橘，写者脱其右半耳。左思《蜀都赋》“户有橘柚之园”，刘逵注引《地理志》曰：“蜀郡严道有橘官。”下文巴郡朐忍、鱼复二县并云“有橘官”。（《读书杂

志·汉书七》"木官"条）

《大戴礼记·诰志篇》："政不率天，下不由人。"家大人曰：下本作亦，字形脱落而为下矣。《史记·历书》曰："正不率天，亦不由人。"（俗本亦作又，以意改之也，今从单行索隐本。）索隐曰："此文出《大戴礼》。"是其证也。杨本不知下之为亦而删之，非是。（《经义述闻》卷十二"下不由人"条）

按：上五例分别为上下结构字或脱去其上部，或脱去其下部；左右结构字或脱去其左边，或脱去其右边；文字部件或有所脱落。而这些坏脱一半后的残留部分仍然成字，传抄者则照抄坏脱残字，或再抄以俗书简体，更误为他字。

16. **语音致误**

《国语·周语下》："唯有嘉功，以命姓受祀，迄于天下。"韦注曰："受祀，谓封国受命，祀社稷山川也。祀，或为氏。"家大人曰：作氏者是也。上文曰："皇天嘉之，祚以天下，赐姓曰姒，氏曰有夏。"（即此所云："命姓受氏，迄于天下。"）又曰："祚四岳国，命以侯伯，赐姓曰姜，氏曰有吕。"下文曰："亡其氏姓。"又曰："命姓受氏，而附之以令名。"皆其明证也。（隐八年《左传》曰："天子建德，因生以赐姓，胙之土而命之氏。"襄二十四年传曰："保姓受氏，以守宗祊。"）氏与祀声相近，又因上下文有祀字，故氏误作祀耳。韦注谓受命而祀社稷山川，则曲为之说也。（《经义述闻》卷二十"命姓受祀"条）

《淮南子·天文训》："至于渊虞，是谓高春。"念孙案："渊虞"当作"渊隅"，(注同。)隅、虞声相乱，又涉下文"虞渊"而误也。桓五年《公羊传》疏、旧本《北堂书钞》及《艺文类聚》、《初学记》、《太平御览》引此并作"渊隅"。(陈禹谟改为"虞渊"，大谬。)《楚辞·天问》补注引此亦作"渊隅"，则南宋本尚不误。(《读书杂志·淮南内篇三》"渊虞"条)

《史记·鲁周公世家》："不干所问，不犯所知。"念孙案：知当为咨，声之误也。所问所咨，皆承上文而言。《周语》正作"所咨"。(《读书杂志·史记三》"所知"条)

《汉书·地理志上》："武陵郡，临沅。莽曰监原。"念孙案："监原"，当依《水经·沅水》注作"监沅"，声之误也。凡县名上一字称"临"者，王莽多改为"监"，而下一字不改。(《读书杂志·汉书六》"监原"条)

《墨子·非攻上》："今至大为不义攻国，则弗之而非。"毕云："一本无而字是。"念孙案：之当为知，俗音知、之相乱，故知误为之。上文"皆知而非之"，正与"弗知非"相对，且上下文皆作"弗知非"，则之为知之误明矣。(《读书杂志·墨子二》"弗之而非"条)

按：语音致误的原因是汉字形音义的矛盾，即同音而异形异义；语音致误的表现是写成同音的别字，致使语义谬误，甚或文义不通。校勘学的同音致误，跟训诂学的同音通假，有时往往很难分清，但是二者毕竟还是有区别的。训诂必须破借字而读以本字，而校勘不能用本字校改借字，关键是同音之字是否能成为其假借字，决定于它是否合于当时最通行的用法。上五例，王念孙所校改的五个同音误字，都不成为其假借字，因为当时没有这样的用法；相反，王念孙于各条都举出异文或通例，证明使用正字为最通行的用法，这就说明校改确凿不移。

17. **文义致误**

《逸周书·谥法篇》："仁义所在曰王。"孔注曰："民往归之。"卢曰："在，《史记》正义作往，非。"念孙案：往字是也。后人不解"仁义所往"之语，故改往为在。予谓《广雅》："归，往也。""迋，归也。"（迋与往同。）"仁义所往"，犹言天下归仁耳。古者王、往同声而互训，（庄三年《谷梁传》："其曰王者，民之所归往也。"《吕氏春秋·下贤篇》："王也者，天下之往也。"《汉书·刑法志》："归而往之，是为王矣。"《大雅·板篇》："及尔出王。"毛传："王，往也。"《吕氏春秋·顺说篇》："桓公则难与往也。"高注："往，王也。"是王与往声同义同而字亦相通。）故曰："仁义所往曰王。"若云"仁义所在"，则非古人同声互训之旨。天下皆以仁义归之，则天下皆往归之矣，故孔曰："民往归之。"若云"仁义所在"，则又与孔注不合。（《读书杂志·逸周书三》"仁义所在"条）

《荀子·天论》："夫日月之有蚀，风雨之不时，怪星之党见。"杨注曰："党见，频见也，言如朋党之多。"念孙案：杨说甚迂，且训党为频，于古无据。惠氏定字《九经古义》曰:"党见,犹所见也。"训党为所,虽据《公羊》注,然"怪星之所见",殊为不词。余谓:党,古傥字。傥者,或然之词。"怪星之党见",与"日月之有蚀,风雨之不时"对文,谓怪星之或见也。《庄子·缮性篇》:"物之傥来寄也。"释文:"傥,崔本作党。"《史记·淮阴侯传》:"恐其党不就。"《汉书·伍被传》:"党可以徼幸。"党,并与傥同。《韩诗外传》作"怪星之昼见",昼字恐是后人所改。《群书治要》引此,正作"怪星之傥见"。(《读书杂志·荀子五》"怪星之党见"条)

《淮南子·诠言训》:"有智而无术,虽钻之不通;有百技而无一道,虽得之弗能守。"念孙案:通本作达,此后人以意改之也。术达为韵,道守为韵,改达为通,则失其韵矣。据高注云:"无术不能达。"则正文作达甚明。(《读书杂志·淮南内篇十四》"不通"条)

《淮南子·泰族训》:"原蚕一岁再收,非不利也,然而王法禁之者,为其残桑也。"念孙案:收本作登,此后人以意改之也。《尔雅》曰:"登,成也。"《天文篇》曰"蚕登"、"蚕不登",是也。《尔雅翼》引此作收,则所见本已误。《齐民要术》、《本草图经》及《太平御览·资产部五》、《木部四》引此并作登,《太平御览·木部》又引注云:"登,成也。"是其证。(《读书杂志·淮南内篇二十》"再收"条)

《大戴礼记·保傅篇》:"齐桓公得管仲,九合诸侯,一匡天下,再为义王。"卢释"再为义王"句曰:"阳谷与召陵也。”家大人曰：卢以阳谷、召陵释再字之义，所谓曲说者也。再当为爯。（爯字俗书作再，因讹而为再。）爯，古稱字。王当为主，皆字之误也。“称为义主”者，天下皆称桓公为义主也。《汉书·董仲舒传》曰：“行高而恩厚，知明而意美，爱民而好士，可谓谊主矣。”谊与义同。下文曰：“失管仲，任竖刀、狄牙，身死不葬而为天下笑。”始则天下称之，终则天下笑之，笑与称正相反也。《贾子·胎教篇》作“称为义主”，是其明证矣。（《经义述闻》卷十一“再为义王”条）

按：由于不明文义而擅作更改，是古书文字致误中最普遍的现象。对文义的理解错误，或因不识古字，或因不知古音，或因不明诂训，或因不懂典故，或因望文生义，原因多种多样。文义致误的通例，较之字形、字音致误的通例较为宽泛，其具体致误之由往往不限于此一端，还同时有着形似、音近等等原因。上五例，王念孙从文义入手，同时又从文字形音义等各方面综合考察，更举出他书异文、古注旁证等为依据，使对文义致误的误字进行校正，犹如铁板钉钉。

18. 据他书误改而误

《逸周书·时训篇》：“大暑之日，腐草化为萤。”引之曰：萤本作蛙，后人习闻《月令》之“腐草为萤”，故改蛙为萤耳。蛙即蠲之借字。《说文》：“蠲，马蠲也。”引《明堂月令》曰：“腐草为蠲。”蛙从圭声，圭蠲古同声，故《小雅·天保》“吉蠲惟饎”之蠲，（释文：

“蠲，古元反，旧音圭。”）郑注《周官·蜡氏》、《士虞礼记》并引作圭。“腐草为蠲”之蠲作蛙，亦犹是也。唐段公路《北户录》引《周书》正作“腐草为蛙”，（公路误解为蛙黾之蛙，盖不知为蠲之借字。）是其明证。乃《艺文类聚·岁时部上》、《太平御览·时序部七》并引作萤，盖本作蛙字，后人以《月令》改之也。（《吕氏春秋·季夏篇》：“腐草化为蚈。”高注：“蚈，马蚿也。”蚈读如蹊径之蹊，声与圭亦相近，即蠲之或体也。而今本《吕氏春秋》作“腐草化为萤蚈”，萤字亦后人所加，卢氏抱经已辩之。）独有公路所引，尚足见《周书》之旧，亦考古者之幸矣 。（《读书杂志·逸周书三》“腐草化为萤”条）

《晏子春秋·内篇杂上》：“譬之犹秋蓬也，孤其根而美枝叶，秋风一至，根且拔矣。”案《群书治要》作“孤其根荄，密其枝叶，春气至，偾以揭也。”偾，仆也；揭，蹶也。（《大雅·荡篇》：“颠沛之揭。”）秋蓬末大而本小，故春气至，则根烂而仆于地。《类聚》、《御览》并作“孤其根本，密其枝叶”。今本云云，亦后人以《说苑》窜改。《说苑》作“恶于根本而美于枝叶，秋风一起，根且拔矣。”程氏易畴《通艺录》曰：“蓬之根孤而枝叶甚繁，既枯则近根处易折，折则浮置于地，大风举之，乃戾于天，故言飞蓬也。《说苑》言拔，盖考之不审矣。曹植诗云：‘吁嗟此转蓬，居世何独然。’又云：‘愿为中林草，秋随野火燔。糜灭岂不痛，愿与根荄连。’可见蓬转而飞，不得与根荄连，是折而非拔也。司马彪诗云：‘秋蓬独何辜，飘飖随风转。

长飙一飞薄，吹我之四远。搔首望故株，邈然无由返。'若蓬遇风而拔，则故株随枝而逝，安得云'搔首望故株'邪？"念孙案：程说甚核。又案，《晏子》作"孤其根荄，密其枝叶"，密与孤正相对；《说苑》作"恶于根本，美于枝叶"，美与恶亦相对。今本《晏子》作"孤其根而美枝叶"，美与孤不相对，两用《晏子》、《说苑》之文，斯两失之矣。（《读书杂志·晏子春秋二》"孤其根以下三句"条）

《墨子·耕柱》："昔者夏后开使蜚廉折金于山川，而陶铸之于昆吾。"毕据《文选注》（《七命》。）改折为采。念孙案：毕改非也。折金者，擿金也。（擿音剔。《汉书·赵广汉传》："其发奸擿伏如神。"师古曰："擿，谓动发之也。"）《管子·地数篇》曰："上有丹沙者，下有黄金；上有慈石者，下有铜金；上有陵石者，下有铅锡，有铜；上有赭者，下有铁。君谨封而祭之，然则与折取之远矣。"彼言"折取之"，此言"折金"，其义一也。《说文》曰："硩，上擿山岩空青、珊瑚堕之。从石，折声。"硩与折亦声近而义同。《后汉书·崔骃传》注、《艺文类聚·杂器物部》、《初学记·鳞介部》、《太平御览·珍宝部九》、《路史·疏仡纪》、《广川书跋》、《玉海·器用部》，引此并作"折金"。《文选注》作"采金"者，后人不晓折字之义而妄改之，非李善原文也。（《读书杂志·墨子四》"折金"条）

《淮南子·诠言训》："金石有声，弗叩弗鸣。管箫有音，弗吹弗声。"刘本依《文子》改"弗声"为"无声"，而诸本皆从之。（庄本同。）念孙案：刘改非也。

《白虎通义》曰:“声者,鸣也。”言管箫有音,弗吹弗鸣也。《兵略篇》曰:“弹琴瑟,声钟竽。”亦谓鸣钟竽也。刘误以声为声音之声,故依《文子》改之耳。“金石有声”,“管箫有音”,音亦声也。(此谓声音之声。)“弗叩弗鸣”,“弗吹弗声”,声亦鸣也。(与声音之声异义。)若云“弗吹无声”,则与上文不类矣。(《读书杂志·淮南内篇十四》“弗吹弗声”条)

《文选·班固〈西都赋〉》:“图皇基于亿载,度宏规而大起。”李善曰:“《小雅》曰:‘羌,发声也。’度与羌古字通。度,或为庆也。”念孙案:度与羌声不相近,绝无通用之理。盖李善本度字本作庆,今本作度者,后人据五臣本及《班固传》改之耳。善注原文当云:“《小雅》曰:‘羌,发声也。’庆与羌古字通。(《汉书·扬雄传》:“《反离骚》曰:‘懿神龙之渊潜兮,庆俟云而将举。’”宋祁校本云:“萧该音义曰:‘庆,音羌。’今《汉书》亦有作羌字者。”又:“庆夭悴而丧荣。”张晏曰:“庆,辞也。”师古曰:“庆,亦与羌同。”又《甘泉赋》:“厥高庆而不可虡强度。”《叙传》《幽通赋》:“庆未得其云已。”师古并云:“庆,发语辞,读与羌同。”)庆或为度。”(慶字草书作废,与度相似,故庆误为度。《史记·建元以来侯者年表》“平津侯公孙庆”,《汉》表庆作度。《说文》:“郊有大庆也。”今本庆讹作度。)今本作“度与羌古字通。度或为羌”者,后人既改正文作度,复改注文以就之,而不知度与羌之不可通也。又案,善本作庆是也。庆,语词。“宏规”与“大起”相对为文,言肇造都邑,先宏规之而后大起之也。

(《读书杂志·馀编下·文选》“度宏规而大起”条)

按：上五例皆据他书以改本文而致误，其具体原因多种多样，或因不识古字，或因不明文义，或因不知古音，或因不辨词性，或因不明虚词，等等。高邮王氏父子在校释时，都能具体问题作具体分析，说明据他书误改而违反原著本意，找出原文正确的证据，以求复原存真。

19. 不烦改字

古书中有些字原本不误，而由于校读者对字义把握不准，或不明通假，或不通训诂，便将原本不误的字作为误字而改掉。高邮王氏发现这种情况，就将被误改的字再恢复原貌。简单地说，就是将改错了的再改正回来。

> 《逸周书·柔武篇》：“以信为动，以成为心。”卢曰：“‘以成’，赵疑是‘以诚’。”念孙案：诚，古通作成，不烦改字。(《大戴记·文王官人篇》“非诚质者也”，《周书》诚作成。《小戴记·经解篇》“衡诚县”，注：“诚，或作成。”《墨子·贵义篇》“子之言则成善矣”，成即诚字。)(《读书杂志·逸周书一》“成”字条)

按：“成”是“诚”之假借字，不是传写之讹。赵曦明、卢文弨以借字为误而径改作本字，则未达假借之旨。

> 《墨子·非攻下》：“偏具此物而致从事焉。”毕云：“偏当为徧。”念孙案：古多以偏为徧，不烦改字。(《非儒篇》“远施周偏”，《公孟篇》“今子偏从人而说

之”，皆是徧之借字，而毕皆径改为徧，则未达假借之旨也。《益》象传：“莫益之，徧辞也。”孟喜曰：“徧，周匝也。”本或作偏者，借字耳，而王弼遂读为偏颇之偏，惠氏定宇已辩之。《檀弓》：“二名不偏讳。夫子之母名徵在，言在不称徵，言徵不称在。”偏亦徧之借字。故《曲礼》注云：“谓二名不一一讳也。”而《释文》偏字无音，则亦误读为偏颇字矣，毛居正《六经正误》已辩之。又《大戴记·劝学篇》“偏与之而无私”，《魏策》“偏事三晋之吏”，《汉书·礼乐志》“海内偏知上德”，皆以偏为徧。又《汉书·郊祀志》“其游以方徧诸侯”，《张良传》“天下不足以徧封”，《张汤传》“徧见贵人”，《史记》并作偏。若诸子书中以偏为徧者，则不可枚举。《汉三公山碑》：“兴云膚寸，偏雨四海。”亦以偏为徧。然而徧之为偏，非传写之讹也。）（《读书杂志·墨子二》“偏”字条）

按：“偏”是“徧”之假借字，不是传写之讹。毕沅不善于以声音通训诂，不明假借之例，竟以借字为误而径改为本字，则以不误为误，全失校勘之旨。《汉语大词典》第1卷第1571页：“〔偏讳〕名字有两个字的，偏举其中的一个字，也要避讳，称‘偏讳’。”并以《曲礼》“二名不偏讳”为证。此亦不知“偏”是“徧”（遍）之借字，实误。

《管子·形势》：“邪气入内，正色乃衰。”念孙案：入，当依宋本、朱本作袭。后《解》及《文选·长门赋》注、《七发》注，引此并作袭。袭，即入也。（《晋语》韦注、《淮南·览冥篇》高注、《庄子·大宗师篇》司马彪注、《吴都赋》刘逵注，并云："袭，入也。"）无庸改袭为入。孙氏渊如说同。（《读书杂志·管子一》"邪气入内"条）

按：据王念孙考证，入字本作袭，这有版本根据，即宋本、朱东光本作袭；又有本书内证，即《形势篇》的姊妹篇《形势解篇》亦作袭；还有寄生材料为旁证，即《文选》注两处引此并作袭。袭与入，字形不相似，不可能为传写之误，这是后人依意改之。而从训诂上说，袭训入，其义相同，则无烦改字矣。

《荀子·议兵》："拱挹指麾。"卢依《富国篇》改挹为揖。念孙案：揖与挹通，不烦改字。（《宥坐篇》"挹而损之"，《淮南·道应篇》挹作揖。《晏子·谏篇》"晏子下车挹之"，挹即揖字。）诸本皆作挹。（《读书杂志·荀子五》"拱挹"条）

按：《荀子·议兵》："汤武之诛桀纣也，拱挹指麾，而强暴之国莫不趋使。"同书《富国》："拱揖指挥，而强暴之国莫不趋使，譬之是犹乌获与焦侥搏也。"卢文弨校比二篇异文，因而改挹为揖。王念孙不同意卢说，指出挹与揖通，不烦改字。挹揖《广韵》入声缉韵"伊入切"，上古音属影母缉部，二字同音，例得通假。王念孙并举出挹揖互通的二个用例。更为重要的是，传世的《荀子》诸本，其《议兵篇》均作"拱挹"，王念孙尊重版本根据，不以本字改借字。

订误字是校勘中最普通最常用的基本功，然而也是最能显示出校勘学家识见和功力之所在。造成误字的原因纷繁复杂，每一处误字的致误原因都是具体的，而且往往并非单一的，而是错综的，形音义各方面原因多重交错而成。高邮二王博极群书，精于小学，能敏锐地发现误字，并找出其致误之由，然后对症下药，利用相应的校勘方法，一一校正误字。

第二节 古典校勘学的校勘方法（中）

二、删衍文

删衍文，就是在校勘时删除后人添加于古书原文中的文字。王引之《经义述闻·通说下》"衍文"条云："经之衍文，有至唐开成石经始衍者，有自唐初作疏时已衍者，亦有自汉儒作注时已衍者。"把产生衍文的时代上推至汉代，不可不谓时代久远矣。不过，先秦古书每经一次传抄，就有可能出现差错，也会产生衍文，因此产生衍文的时代，当上推至先秦。造成衍文的原因大致有二，一是无意多抄了原文中没有的文字，一是有意增添了原文中没有的文字。找出了衍文的致误之由，便运用相应的校勘方法去删除衍文。

1. 不明文义而衍

《晏子春秋·内篇谏上》："景公将观于淄上，与晏子闲立。"念孙案：将字后人所加。"与晏子闲立"，即谓立于淄上也，则上句本无将字明矣。《群书治要》及《太平御览·人事部六十九》，皆无将字。

(《读书杂志·晏子春秋一》"将观于淄上"条)

《战国策·韩策一》:"大成午从赵来,谓申不害于韩曰:'子以韩重我于赵,请以赵重子于韩。'"念孙案:"大成午从赵来",来字后人所加也。"大成午从赵谓申不害于韩",作一句读,谓大成午在赵,申不害在韩,而大成午寄言于申不害,非谓从赵来韩而与言也。后人不晓文义,故于"从赵"下加来字耳。《韩子·内储说篇》正作"大成午从赵谓申不害于韩"。(《读书杂志·战国策三》"大成午从赵来谓申不害于韩"条)

《文选·司马迁〈报任少卿书〉》:"然仆观其为人,自守奇士。"念孙案:"自守奇士",本作"自奇士"。言仆与李陵俱居门下,素非相善,然观其为人,自是奇士。"奇士"二字,统事亲孝以下七事而言,若加一守字,则失其义矣。(今本作"自守其士"者,后人加守字以成四字句耳。下文"躬流涕",躬下加自字;"拘羑里"、"具五刑",拘、具下并加于字;"鄙没世",鄙下加陋字;"祇取辱",祇下加足字,皆此类也。张铣曰:"自守奇节之士。"则五臣本已有守字。)《司马迁传》无守字。(《读书杂志·馀编下·文选》"自守奇士"条)

按:上三例皆是不明文义而衍,王念孙通过辨析文义,指出衍文,并举出异文为证,具有极强的说服力。

2. 不明训诂而衍

《战国策·西周策》:"秦欲攻周,周最谓秦王曰:

‘为王之国计者，不攻周。攻周，实不足以利国，而声畏天下。天下以声畏秦，必东合于齐。兵弊于周，而合天下于齐，则秦孤而不王矣。是天下欲罢秦，故劝王攻周。秦与天下俱罢，则令不横行于周矣。’”念孙案：“秦与天下俱罢”，俱字后人所加也。“秦与天下罢”者，与犹为也，谓秦为天下所罢也。此言天下欲以攻周罢秦，秦攻周则为天下所罢，非谓秦与天下俱罢也。古或谓“为”为“与”。《秦策》曰：“吴王夫差栖越于会稽，胜齐于艾陵，遂与勾践禽，死于干隧。”言为勾践所禽也。《韩子·外储说左篇》曰：“名与多与之，其实少。”言名为多与之而其实少也。“为”谓之“与”，“与”亦谓之“为”。《齐策》曰：“张仪以梁为齐战于承匡。”言以梁与齐战也。《孟子·公孙丑篇》曰：“得之为有财，古之人皆用之。”言得之与有财也。《史记·淳于髡传》曰：“岂寡人不足为言邪?”言不足与言也。是为、与二字声相转而义亦相通也。后人未达与字之义，而以为秦与天下俱罢，故加入俱字。不知秦攻周，而天下未攻秦，不得言俱罢也。《史记·周本纪》无俱字。（鲍云：“天下合齐而与秦战，战则必罢。”此不得其解而为之辞。）（《读书杂志·战国策一》“秦与天下俱罢”条）

《管子·大匡》：“耕者农农用力。”念孙案：此文内多一农字，后人所加也。“耕者农用力”，此农字非谓农夫。《广雅》曰：“农，勉也。”言耕者勉用力也。下文云：“耕者用力不农”，亦谓用力不勉也。《吕刑》曰：“稷降播种，农殖嘉谷。”言勉殖嘉谷也。襄十三年《左传》曰:“君子上能而让其下,小人农力以事其上。”言勉力以事其上也。(农力,犹努力,语之转耳。)后人不知农训为勉,而误以为农夫之农,故又加一农字。不知耕者即是农夫,无烦更言农也。(上文云:“士处靖,敬老与贵,交不失礼,行此三者为上举,得二为次,得一为下。”下文云:“工贾应于父兄,事长养老,承事敬,行此三者为上举,得二为次,得一为下。”此云:“耕者农用力,应于父兄,事贤多,行此三者为上举,得二为次,得一为下。”耕者二字,上与士对,下与工贾对,是耕者即农夫。而“农用力”之农,自训为勉,非谓农夫也。)(《读书杂志·管子三》“耕者农农用力”条)

《淮南子·览冥训》:“夫阳燧取火于日,方诸取露于月。”念孙案:“夫阳燧”,本作“夫燧”,今本有阳字者,后人所加也。彼盖误以夫为语词,又以《天文篇》“阳燧见日则然而为火,方诸见月则津而为水”,故加入阳字。不知夫燧即阳燧也,夫燧与方诸相对为文。《周官·司烜氏》:“掌以夫遂取明火于日。”(遂与燧同。)郑注曰:“夫遂,阳遂也。”下文云:“夫燧之取火,慈石之引铁。”并以夫燧二字连文,故高注云:“夫读大夫之夫。”则夫非语词明矣。(《读书杂志·淮南内篇六》“夫阳燧”条)

按:上三例都是由于不明训诂,误解字义词义而造成衍文。作为训诂大家的王念孙,从字词训释入手,作出确诂,指出衍文,并举出异文为证,以求复原存真。

3. 不明假借而衍

《史记·范雎蔡泽列传》:“吾闻先生相李兑,曰‘百日之内持国秉政’,有之乎?”念孙案:政字后人所加,索隐本出“持国秉”三字而释之曰:“案《左传》云:‘国子寔执齐秉。’(见哀十七年传,今本秉作柄。)服虔曰:‘秉,权柄也。’”据此则秉下无政字。“持国秉”,即持国柄也。《绛侯世家》:“许负相條侯曰:‘君后三岁而侯,侯八岁为将相,持国秉。’”是其明证矣。(《说文》柄或作棅,书传通作秉。《齐语》“治国家不失其柄”,《管子·小匡篇》作秉。《史记·天官书》:“二十八舍主十二州,斗秉兼之。”《周官·鼓人》注:“铙如铃,无舌有秉。”并读与柄同。)后人不知秉为柄之借字,故妄加政字。《太平御览·方术部》引此作“持国秉政”,亦后人依《史记》加之;《人事部》引此正作“持国柄”。(《读书杂志·史记四》“持国秉政”条)

《淮南子·本经训》:“异贵贱,差贤不肖,经诽誉,行赏罚。”念孙案:“差贤不”下本无肖字。不与否同。贵贱、贤不、诽誉、赏罚,皆相对为文,后人不知不为否之借字,故又加肖字耳。(《读书杂志·淮南内篇八》“贤不肖”条)

《庄子·让王篇》:“今周见殷之乱而遽为政,上谋而下行货,阻兵而保威。”念孙案:“上谋而下行货”,下字后人所加也。上与尚同。“上谋而行货,阻兵而保威”,句法正相对,后人误读上为上下之上,故加下字耳。《吕氏春秋·诚廉篇》正作“上谋而行货,

阻兵而保威”。(《读书杂志·馀编上·庄子》“上谋而下行货”条)

按：上三例都是将假借字如字而强为之解以造成衍文，王念孙因声求义，破其假借之字而读以本字，则涣然冰释，衍文的致误之由也就随之显现。

4. 不明句读而衍

《战国策·赵策三》：“秦攻赵于长平，大破之，引军而归，因使人索六城于赵而讲。赵王与楼缓计之曰：‘与秦城何如？不与何如？’”念孙案：此以“与秦城”为句，“何如不与”为句，“不与”下本无“何如”二字。《齐策》：“田侯召大臣而谋曰：‘救赵，孰与勿救？’”犹此言“与秦城何如不与”也。(《广雅》：“与，如也。”孰与，犹何如也。故邹忌对曰：“不如勿救。”)后人误读“与秦城何如”为句，因于“不与”下加“何如”二字，而不知其谬也。《太平御览·人事部》引此作“与秦地，何如勿与”。(《读书杂志·战国策二》“与秦城何如不与何如”条)

《汉书·酷吏传》：“以刀笔吏稍迁至御史，事张汤，汤素称以为廉武，(句。)帝使督盗贼。”念孙案：帝字后人所加。此言张汤素称尹齐之廉武，使之督盗贼，(上文《王温舒传》曰：“事张汤，迁为御史，督盗贼。”下文《杨仆传》曰：“河南守举为御史，使督盗贼关东。”)非谓武帝使督盗贼也。《史记》“使督”上无帝字，是其明证矣。后人误以廉字绝句，而以武字属下读,因妄加帝字耳。下文曰:“上以为能,拜为中尉。”方指武帝言之。(《读书杂志·汉书十四》“汤素称以为廉武帝使督盗贼”条)

《淮南子·览冥训》:“以治日月之行律,(今本此下有高注云:“律,度也。”)治阴阳之气,节四时之度。”陈氏观楼曰:“律下本无治字,‘律阴阳之气’,与上下相对为文。读者误以律字上属为句,则‘阴阳之气’四字文不成义,故又加治字耳。高注‘律,度也’三字,本在‘律阴阳之气’下,传写误在律字之下,‘阴阳’之上,隔断上下文义,遂致读者之惑。”念孙案:《文子·精诚篇》作“调日月之行,治阴阳之气”,此用《淮南》而改其文也。后人不知律字之下属为句,故依《文子》加治字耳。(《读书杂志·淮南内篇六》“律治阴阳之气”条)

按:上三例都是由于不明句读,点不断,理还乱,以致造成衍文,王念孙正确辨析句读,并举出异文为证,删除衍文。

5. 不明通例而衍

《大戴礼记·礼三本篇》:“大路车之素袜也。”家大人曰:车字后人所加。“大路”即车名,再加车字则赘矣。经传皆言“大路”,无言“大路车”者,《荀子》及《史记·礼书》皆无车字。(《经义述闻》卷十一“大路车”条)

《战国策·魏策四》:“长平之役,平都君说魏王曰:‘王胡不为从?’魏王曰:‘秦许吾以垣雍。’平都君曰:‘臣以垣雍为空割也。’魏王曰:‘何谓也?’平都君曰:‘秦赵久相持于长平之下而无决。天下合于秦,则无赵;合于赵,则无秦。秦恐王之变也,故以垣雍饵王也。秦战胜赵,王敢责垣雍之割乎?王曰不敢。秦战不胜赵,王能令韩出垣雍之割乎?王曰不能。臣故曰垣雍空割也。’魏王曰:‘善。’”念孙案:“王曰不敢”、“王曰不能”,两王字皆后人所加也。“曰不敢”、“曰不能”,皆平都君之语,与上文自为问答,是以“秦战不胜赵”上、“臣故曰”上,皆无曰字。而魏王答平都君之语,则必加“魏王曰”三字以别之也。后人误以“不敢”、“不能”为魏王答语,故于曰上加王字耳。《论语》:“怀其宝而迷其邦,可谓仁乎?曰不可。好从事而亟失时,可谓知乎?曰不可。”皆阳货自为问答之语,是以“好从事”及“日月逝矣”之上皆无曰字。而孔子答阳货之语则加“孔子曰”三字以别之,正与此同也。(《读书杂志·战国策三》“王曰不敢、王曰不能”条)

《淮南子·人间训》:“越王勾践一决狱不辜,援龙渊而切其股,血流至足,以自罚也,而战武士必其死。”《太平御览·疾病部四》、《刑法部五》引此“战武士必其死”,并作“战士毕死”。念孙案:陈氏观楼曰:“‘战武士必其死’,士字其字,皆后人所加。《淮南》一书,皆谓士为武,战武,即战士也,故《御览》引作‘战士毕死’。毕必古字通。”(《读书杂志·淮南内篇十八》“战武士必其死”条)

按：古人著书，行文用字，遣词造句，往往有其通例，并贯穿全书。掌握了这些通例，就可以执简驭繁，对于校释古书，功用很大。上三例都是违反了古书字例、词例、文例，才造成衍文。高邮王氏善于总结古书通例，以此校正衍误。德清俞樾继承并发展高邮王氏这一传统，从他们著作中抽出条例，综合顾、阎、钱、段等各家之长，加以补充，著成《古书疑义举例》，共七卷八十八例，对校释古书大有裨益。

6. 涉上下文而衍

《周易·系辞传下》："作结绳而为网罟，以佃以渔。"家大人曰：作字涉上文"作八卦"而衍。"结绳而为网罟"，文义已明，加一作字则赘矣。下文"斫木为耜，揉木为耒"，若云"作斫木"、"作揉木"，其可乎？结绳而治，亦不云"作结绳"也。正义述经文有作字，及他书引此或有作字者，皆后人依已衍之经文加之也。案，正义论重卦之人云："伏牺结绳而为网罟。"是孔所见本无作字。又虞注云："结绳为罟。"何注桓四年《公羊传》云："《易》曰：结绳网以田鱼。"《说文》云："网，庖牺所结绳以田以渔也。"《潜夫论·五德志篇》云："伏羲作八卦，结绳为网以渔。"《风俗通义·皇霸篇》云："《易》称伏羲氏始作八卦，以通神明之德，以类万物之情；结绳为网罟，以佃以渔。"是王、许、何、应、虞诸人所见本皆无作字。又《乾凿度》引孔子曰："伏羲氏始作八卦，结绳而为网罟，以畋以渔。"亦无作字。又刘逵《吴都赋》注、《北堂书钞·帝王部十七》、《艺文类聚·帝王部一》、《初学记·武部》、《太平御览·皇王部三》、《资产部十三、十四》（所引《御览》乃影宋钞本，非刻本也，后皆放此。）《一切经音义》十二，引此亦皆无作字。自唐石经始衍作字，而各本皆沿其误。（《经义述闻》卷二"作结绳"条）

《淮南子·地形训》："鸟鱼皆生于阴，阴属于阳。"念孙案：下阴字蒙上而衍。此谓鸟鱼皆属于阳，非谓阴属于阳也。《大戴礼》、《家语》并作"鸟鱼皆生于阴而属于阳"。卢辩曰："生于阴者，谓卵生也；属于阳者，谓飞游于虚也。"则无下阴字明矣。《文选·辩命论》注、《太平御览·羽族部一》引《淮南》，皆无下阴字。（《读书杂志·淮南内篇四》"阴属于阳"条）

《战国策·魏策四》："唐且谓魏王曰：'老臣请出西说秦，令兵先臣出可乎？'"念孙案：请下不当有出字，此涉下文出字而误衍耳。《史记·魏世家》、《新序·杂事篇》俱无出字，《艺文类聚·人部》、《太平御览·人事部》引策文亦无。（《读书杂志·战国策三》"请出西说秦"条）

《管子·枢言》："众人之用其心也，爱者，憎之始也；德者，怨之本也。唯贤者不然。"念孙案：此六句皆涉下文而衍。下文云："众人之用其心也，爱者，憎之始也；德者，怨之本也。其事亲也，妻子具则孝衰矣；其事君也，有好业，家室富足，则行衰矣；爵禄满，则忠衰矣。唯贤者不然。"此则重出而脱其太半矣。又下文尹氏有注而此无注，若果有此六句，则尹氏何

以注于后而不注于前？然则尹氏所见本无此六句明矣。(《读书杂志·管子二》“衍文六句”条)

《战国策·楚策四》:“所道攻燕,非齐则魏,魏、齐新怨楚,楚君虽欲攻燕,将道何哉?”鲍改“楚君”为“楚军”。念孙案:君字因上下文而误衍耳,鲍改非也。“将道何哉”,当作“将何道哉”。道,从也。言楚欲攻燕,兵何从出也。(《读书杂志·战国策二》“楚君虽欲攻燕将道何哉”条)

按:上五例都是因上文、下文或上下文中类似的文字、词语或句子被误抄入本句本段,而造成衍文。高邮王氏则以本文义理、各类旁证、他书异文为证,校删衍文。王氏所举旁证有的条目竟多达七则,所引他书异文有的竟多达九例,令人信服,为之赞叹。

7. 涉注文而衍

《荀子·仲尼》:“财利至则言善而不及也,必将尽辞让之义,然后受。”元刻无言字。念孙案:无言字者是也。据杨注云:“善而不及,而,如也。”则善上无言字明矣。注又云:“言己之善寡如不合当此财利也。”此言字乃申明正文之词,非正文所有也。宋本有言字,即涉注文而衍。(《读书杂志·荀子二》“财利至则言善而不及也”条)

《淮南子·修务训》:“禹沐浴霪雨,栉扶风。”念孙案:沐下本无浴字,此涉高注“沐浴”而误衍也。“沐霪雨,栉扶风”,相对为文,多一浴字,则句法参差矣。(刘本又于栉上加梳字,以对沐浴,尤非。)《艺文类聚·帝王部一》、《太平御览·皇王部七》、《文选·谢朓〈和王著作八公山诗〉》注,引此皆无浴字。《庄子·天下篇》"禹沐甚雨,栉疾风",此即《淮南》所本。(《读书杂志·淮南内篇十九》"沐浴霪雨"条)

《文选·王延寿〈鲁灵光殿赋〉》:"承明堂于少阳,昭列显于奎之分野。"念孙案:"昭列显于奎之分野",句法甚累,既言昭而又言显,亦为重沓。盖正文本作"昭列于奎之分野",后人以李善注云:"其光昭列,显于奎之分野。"因于正文内加显字,不知注内显字乃承上昭列而申言之,非正文所有也。不审文义而据注妄增,各本相沿不改,其亦弗思之甚矣。(《读书杂志·馀编下·文选》"昭列显于奎之分野"条)

按:上三例都是不审文义,不明句法,据注文而妄增。高邮王氏则详审文义,辨析句法,比较异文,将据注而妄增的衍文,一一加以勘正。

8. 误合二本而衍

《战国策·赵策一》:"夫董阏安于,简主之才臣也。"念孙案:阏与安,一字也。定十三年《左传》及《晋语》、《吕氏春秋·爱士篇》、《史记·赵世家》、《汉书·古今人表》,并作董安于;《韩子·十过篇》及《鸿烈·道应篇》,并作董阏于,是阏于即安于也。安与焉古同声而通用,阏于之为安于,犹阏逢之为焉逢也。(《尔雅》:"大岁在甲曰阏逢。"释文:"阏,乌割反。”又於虔反。《史记·历书》作“焉逢”。)今作“董阏安于”者,一本作阏,一本作安,而后人误合之耳。(《读书杂志·战国策二》“董阏安于”条)

《史记·淮南衡山列传》:“诸使道从长安来。”念孙案:道即从也,《汉书》作“诸使者道长安来”,颜师古曰:“道,从也。”郑注《礼器》曰:“道,犹由也,从也。”《鼌错传》:“道军所来。”集解引薛瓒曰:“道,由也。”《大荒西经》:“风道北来。”郭璞曰:“道犹从也。”引《韩子·十过篇》曰:“元鹤二八道南方来。”是道与从同义。今本《史记》作“道从长安来”者,一本作道,一本作从,而后人误合之耳。索隐引姚丞云:“道或作从。”是其明证矣。(《汉书·西南夷传》“道西北牂柯江”,《汉纪》道作从。)(《读书杂志·史记六》“道从长安来”条)

《管子·小匡》:“是故卒伍政定于里,军旅政定于郊。”《通典》作“卒伍定于里,军政定于郊”;(政当为旅。)《齐语》作“卒伍整于里,军旅整于郊”。念孙案:政即正字也,正与定古字亦通。(《尧典》“以闰月定四时”,《史记·五帝纪》定作正。《齐语》“正卒伍”,《汉书·刑法志》正作定。)今政定并出者,一本作政,一本作定,而后人误合之也。《齐语》作整,整与正、定,声亦相近。(《读书杂志·管子四》“政定”条)

按:传抄时将两个不同版本的异文误合在一起而造成衍文,王念孙从考察文义和比较异文入手,各还其不同版本的本来面貌。

9. 旁记字误入正文而衍

《战国策·赵策二》:“是以外宾客游谈之士,无敢尽忠于前者。”鲍注曰:“外,疏之也。”姚曰:“钱、刘去宾字。”念孙案:“外宾客游谈之士”,句法颇累,钱、刘去宾字是也。外客,谓外来之客。鲍云“疏之”,非是。《史记·苏秦传》作“宾客游士”,此作“外客游谈之士”,文本不同。今本作“外宾客游谈之士”者,后人据《史记》旁记宾字,因误入正文耳。杨倞注《荀子·臣道篇》引此有宾字,则所见本已误。《文选·蜀都赋》注、《上吴王书》注引此并无宾字,今据以订正。(《读书杂志·战国策二》“外宾客”条)

《史记·司马相如列传》:“相如乃与驰归,家居徒四壁立。”念孙案:驰归下脱“成都”二字,当从宋本补。《文选·左思〈咏史诗〉》注引此亦有“成都”二字,《汉书》同。“家居徒四壁立”,本作“居徒四壁立”。居,即家也。(家居二字,古声义并相近,故《说文》曰:“家,居也。”《周官·典命》注曰:“国家,国之所居。”)索隐引孔文祥云:“家空无资储,但有四壁而已。”家字正释居字,故《汉书》作“家徒四壁立”。宋本及各本皆作“家居徒四壁立”,则文不成义,此后人依《汉书》旁记家字,而写者因误入正文也。汲古阁单行索隐本本作“居徒四壁立”,后补入家字,而字形长短不一,补刻之迹显然。《文选·咏史诗》注引作“居徒四壁立”,《六帖》二十二曰:“司马相如居徒四

壁。”则无家字明矣。(《读书杂志·史记六》“相如乃与驰归家居徒四壁立”条)

《荀子·劝学》:“安特将学杂识志顺诗书而已耳。”引之曰:此文本作“安特将学杂志顺诗书而已耳”,志即古识字也。今本并出“识志”二字者,校书者旁记识字,而写者因误入正文耳。“学杂志”,“顺诗书”,皆三字为句,多一识字,则重复而累于词矣。杨注本作“杂志,谓杂记之书,百家之说”,今本作“杂识志,谓杂志记之书,百家之说”,皆后人据已误之正文加之。下注云:“直学杂说顺诗书而已。”文义甚明,足正后人窜改之谬。(《读书杂志·荀子一》“识志”条)

按:王引之据本句文义及杨倞注文,认定“学杂识志”之识字为旁记字误入正文而衍者。王先谦《荀子集解》引录王引之之说,并加案语云:“‘学杂识志’,王说是。安犹案也,特犹直也。此云‘安特将学杂志顺诗书’,犹《解蔽篇》云‘案直将治怪说玩奇辞’也。”章诗同《荀子简注》①云:“杂识志,杂家的书。”方孝博《荀子选》②注:“学杂识,谓仅记诵百家杂说之书。志顺诗书,谓其志仅在顺诗书之文。”袭用清儒郝懿行的错误解释。两本新注都不知“识”字为衍文而强为之解,酿成谬误。

上三例皆为旁记字误入正文而衍。古时读者遇有疑误,在疑误处旁记一字,后人不明就里,误抄入正文中,造成衍文。这衍文,正是原来的旁记字。

---

① 上海人民出版社 1974 年版第 7 页。

② 人民文学出版社 1985 年版第 6 页。

10. 注文误入正文而衍

《逸周书·文政篇》:“七间不通径,八家不开刑,九大禁不令路径。”孔注曰:“刑,法也。不令,不宣令也。”念孙案:“大禁不令”下,不当有“路径”二字。“路径”当为“径路”,乃注文,非正文也。“径,路”,是释径字;“刑,法也”,是释刑字;“不令,不宣令也”,是释“不令”二字。(《读书杂志·逸周书二》“路径”条)

《吕氏春秋·召类篇》:“以龙致雨,以形逐景,祸福之所自来,众人以为命,焉不知其所由。”念孙案:“焉不知其所由”,本作“焉知其所”,其“不知其所由”五字,乃是高注,非正文也。今本作“焉不知其所由”者,正文脱去“知其所”三字,而注内“不知其所由”五字又误入正文耳。此以雨、景、所为韵,(景字古音在养部,养部之音多与语部相通,故景与雨、所为韵。)若所下有由字,则失其韵矣。前《应同篇》曰:“故以龙致雨,以形逐景,师之所处,必生棘楚,祸福之所自来,众人以为命,安知其所?”高注云:“凡人以为天命,不知其所由也。”是其明证矣。(《读书杂志·馀编上·吕氏春秋》“焉不知其所由”条)

《淮南子·人间训》:“非其事者勿仞也,非其名者勿就也,无故有显名者勿处也,无功而富贵者勿居也。”引之曰:“无故有显名者勿处也”,义与上句无别,当即是上句之注,而今本误入正文也。下文云:“夫就人之名者废,仞人之事者败,无功而大利者后将为害。”皆承上文言之,而此句独不在内,则非正文

明矣。(《读书杂志·淮南内篇十八》"无故有显名者勿处也"条)

按:注文误入正文而衍,正文就会文重意复,甚或文不成义。高邮王氏详审文义,比勘异文,终将混入正文的注文复归原位。

11. 正文误入注文而衍

《淮南子·说林训》:"行者思于道,而居者梦于床;慈母吟于巷,適子怀于荆。"今本注曰:"精相往来也。"念孙案:巷当为燕,字之误也。道与床相对,燕与荆相对。今本燕作巷,则非其指矣。"精相往来也"五字,乃是正文,非注文。《吕氏春秋·精通篇》:"身在乎秦,所亲爱在于齐,死而志气不安,精或往来也。"高彼注曰:"《淮南记》曰:'慈母在于燕,適子念于荆,言精相往来也。'"《太平御览·人事部十九》:"《淮南子》曰:'適子怀于燕,慈母吟于荆,精相往来也。'"词虽小异,而字皆作燕,且"精相往来"句皆与上二句连引。(《读书杂志·淮南内篇十七》"吟于巷、精相往来也"条)

《淮南子·主术训》:"故善建者不拔。"今本此下有注云:"言建之无形也。"念孙案:此六字乃正文,非注文也。"故善建者不拔"者,引《老子》语也;"言建之无形也"者,释其义也。《精神篇》曰:"故曰'其出弥远者,其知弥少',以言夫精神之不可使外淫也。"亦是引《老子》而释之。后人误以此六字为注

文，故改入注耳。《文子》正作“故善建者不拔，言建之无形也”。（《读书杂志·淮南内篇九》“言建之无形也”条）

《广雅·释诂》：“捈，引也。”〔疏证〕捈者，《说文》：“捈，卧引也。”《法言·问神篇》：“捈中心之所欲。”宋咸注云：“捈，引也。”各本捈字误入曹宪音内。《集韵》引《广雅》：“捈，引也。”今据以订正。（《广雅疏证》卷一下）

按：正文误入注文而衍，就会出现与正文不相对应的注文，并使正文有所缺失。高邮王氏通过详审文义，分析古注，比勘异文，终将混入注文的正文复归原位。

12. 词义牵连而衍

《逸周书·武称篇》：“既胜人，（案，自此以下皆四字为句，此句内疑脱一字。）举旗以号令，命吏禁略，无取侵暴。”念孙案：取字文义不明，取当为敢，字之误也。“无敢侵暴”即所谓禁掠也，若《粊誓》之言“无敢寇攘”矣。引之曰：“举旗以号”下疑衍令字。号即令也，下句又有命字，则令为赘文矣。且此以号、暴为韵，下文以亏、化为韵，若号下有令字，则失其韵矣。（《读书杂志·逸周书一》“举旗以号令、无取侵暴”条）

《逸周书·官人篇》：“醉之酒以观其恭，从（与纵同。）之色以观其常。”念孙案：酒色二字后人所加也。“醉之以观其恭”，文义已明，无庸更加酒字。若

"纵之以观其常",则非止一事,但言色则偏而不具矣。且喜之、怒之、醉之、纵之、远之、昵之六者相对为文,则原无酒色二字可知。《群书治要》作"醉之以观其失,纵之以观其常",《大戴记》作"醉之以观其不失,纵之以观其常",皆无酒色二字。(《读书杂志·逸周书三》"醉之酒、从之色"条)

《墨子·非乐上》:"食饮不美,面目颜色不足视也;衣服不美,身体从容丑羸不足观也。"念孙案:"丑羸"二字,后人所加也。《楚辞·九章》注曰:"从容,举动也。"(古谓举动为从容,说见《广雅疏证·释训》。)"身体从容不足观",谓衣服不美,则身体之一举一动皆无足观也。后人乃加入"丑羸"二字。夫衣服不美,何至羸其身体?且"身体从容不足观",与"面目颜色不足视"对文,加"丑羸"二字,则与上文不对矣。钞本《北堂书钞·衣冠部三》引此作"身体从容不足观",无"丑羸"二字。(陈禹谟本删去。)《太平御览·服章部十》、《饮食部七》所引并同。(《读书杂志·墨子三》"丑羸"条)

按:词义牵连而误衍者,盖古书未有笺注,学者守其师说家法,口相传授,遂以词义相关之字作解释而误入正文。其校正方法与上"误合二本而衍"、"旁记字误入正文而衍"之校正基本相同。

13. 据他书妄加而衍

《墨子·七患》:"一谷不收谓之馑,二谷不收谓之旱，三谷不收谓之凶，四谷不收谓之餽，（毕云："餽与馈同，言须馈饷。"念孙案：须馈饷不得谓之餽，毕说非也。邵氏二云曰："餽与匮通。郑注《月令》曰：'匮，乏也。'"案，邵说是。）五谷不收谓之饥。"毕于此下增"五谷不孰谓之大侵"，云："八字旧脱，据《艺文类聚》增。"念孙案：既言"五谷不收谓之饥"，则不得又言"五谷不孰谓之大侵"。《艺文类聚·百谷部》引《墨子》"五谷不孰谓之大侵"者，乃涉上文引《谷梁传》"五谷不升谓之大侵"而衍，故《太平御览·时序部二十》、《百谷部一》引《墨子》皆无此八字。《墨子》所记，本与《谷梁传》不同，不可强合也。下文"饥则尽无禄"，毕依《类聚》于饥下增"大侵"二字，亦《御览》所无。（《读书杂志·墨子一》"五谷不孰谓之大侵"条）

《淮南子·泰族训》："故《易》之失也卦，《书》之失也敷，《乐》之失也淫，《诗》之失也辟，《礼》之失也责，《春秋》之失也刺。"念孙案：此六句非《淮南》原文，乃后人取《诠言篇》文附入而加以增改者也。（《诠言篇》曰："《诗》之失辟，《乐》之失刺，《礼》之失责。"此文"《诗》之失也辟，《礼》之失也责"，全用《诠言篇》文；而改"《乐》之失刺"为"《春秋》之失也刺"，又加"《易》之失也卦，《书》之失也敷"二句，以合六艺之数。）下文云："故《易》之失鬼，《乐》之失淫，《诗》之失愚，《书》之失拘，《礼》之失忮，《春秋》之失訾。"与此六句相距不过数行，而或前后重出，或彼此参差。其不可信一也。下文"《易》之失鬼"六句，高氏皆有注，而此独无注，若原文有此六句，不应注于后而不注于前。其不可信二也。《太平御览·学部二》所引,有下"《易》之失鬼"六句,而无此六句。其不可信三也。(《读书杂志·淮南内篇二十》"故易之失也卦六句"条)

《史记·秦始皇本纪》:"更为书赐公子扶苏、蒙恬,数以罪,其赐死。"念孙案:"赐死"上本无其字,后人据《李斯传》加之耳。不知彼言"其赐死",乃赵高所为始皇书语,此言"赐死",乃史公记事之文,不当有其字也。《太平御览·皇王部》引此无其字。(《读书杂志·史记一》"其赐死"条)

按:由于不明原书文义,遂据他书妄增而造成衍文。凡据他书妄增的衍文,与原书的文义内容、行文用字、遣词造句等方面,终究存在着不协调处。高邮王氏则详审文义及字词用例,比勘各类异文及旁证材料,指出是据何书而妄增,剔除衍文而使原书复归本真。

14. 误字与正字并列而衍

《韩非子·十过》:"听楚之虚言,而轻诬强秦之实祸,则危国之本也。"引之曰:此言韩王听虚言而轻实祸,则轻下不得有诬字,诬即轻之讹。《韩策》及《史记·韩世家》俱无诬字,是其证也。今作"轻诬强秦之实祸"者,一本作轻,一本作诬,而后人误合之耳。凡从巠从巫之字,传写往往讹溷,说见《经义述闻·大戴礼》"喜之而观其不诬"下。(《读书杂志·馀编上·韩子》"轻诬强秦之实祸"条)

《史记·陈涉世家》:"又间令吴广之次近所旁丛祠中。"索隐本无近字。念孙案:近即所字之误而衍者也。次所,谓戍卒止次之所也,其旁有丛祠,故曰"次所旁丛祠",加一近字,则文不成义矣。《汉书》亦无近字。(《读书杂志·史记三》"次近所旁"条)

《淮南子·道应训》:"豐水之深千仞,而不受尘垢,投金鐵鍼焉则形见于外。"念孙案:"金鐵"下不当有鍼字,鍼即鐵之误也。(鐵或省作鉞,形与鍼相近。)今作"金鐵鍼"者,一本作鐵,一本作鍼,而后人误合之耳。《文选·沈约〈贻京邑游好〉诗》注、《太平御览·珍宝部十二》引此皆无鍼字。《文子·上礼篇》作"金鐵在中,形见于外"。(《群书治要》所引如是。今本《文子》"金鐵"作"金石",乃后人所改。)(《读书杂志·淮南内篇十二》"金鐵鍼"条)

按:上三例均为误字与正字并列而衍,这是由于一本为误字,一本为正字,而后人误合之耳;或者在误字旁记下正字,被抄写者合在一起。其校正方法与上"误合二本而衍"之校正基本相同。这衍文,也正是原本应删改的误字。

第三节　古典校勘学的校勘方法(下)

三、补脱文

补脱文,就是在校勘时补上原书本来就有的缺字漏句。

造成缺字漏句的具体原因多种多样，但从大的方面来说，不外乎下列三种：一种是作为文字书籍的载体金石、简策、缉帛和纸张等，由于年代久远而磨损、脱落、断烂、缺失，造成脱简、缺页、脱字等；一种是人们在抄写、刻板时的无意脱漏，造成缺字、漏句、跳行等；一种是人们有意识的删脱，由于抄写者或辑校者的主观理解错误，删去了原书中的一些字句。找出了脱文的致误之由，便运用相应的校勘方法去补脱文，纠误删。

1. 补脱简

所谓脱简，是指战国秦汉的简帛书籍在流传过程中缺失了一简两简或一帛两帛，犹如后世刻本的缺页一样，缺失了一页两页。简的长度，各代自有定制，据《仪礼·聘礼》"百名以上书于策"唐贾公彦疏引汉郑玄《论语序》云："《易》、《诗》、《书》、《礼》、《乐》、《春秋》策皆长二尺四寸(原文作"尺二寸"，据阮元校勘记校改)；《孝经》谦半之；《论语》八寸策者，三分居一，又谦焉。"大致说来，长策一般可写三十六字左右，中策十八字左右，短策十二字左右。脱去一简，就意味着脱文十多字或三十多字。而缺页一页，按宋监本郭注《尔雅》每面八行、行十六字计，就多达二百五十六字。脱简包括缺页，一般从对校便可发现，同时亦可补缺。如果无本可以对校，则从文义未完以及残剩的语句中发现疑误，但是无从补缺。高邮二王则依靠搜集来的原书的各种寄生材料(即他书的引用之文)，经过多项比勘，据以补正。

《逸周书·文传篇》："《夏箴》曰：'小人无兼年之食，遇天饥，妻子非其有也。大夫无兼年之食，遇天饥，臣妾舆马非其有也。'"念孙案：此下有"国无兼年之食，遇天饥，百姓非其有也”十五字，而今本脱之。上文云：“天有四殃，水旱饥荒，其至无时，非务积聚，何以备之？”是专指有国者而言，故此引《夏箴》以明家国一理之意。若无此十五字，则但言家而不及国，与上文不合矣。据孔注云：“古者国家三年必有一年之储。”此正释“国无兼年之食”以下十五字。若无此十五字，则又与注不合矣。《墨子·七患篇》引《周书》曰：“国无三年之食者，国非其国也；家无三年之食者，子非其子也。”即是约举此篇之文。若无此十五字，则又与《墨子》不合矣。《群书治要》及《太平御览·时序部二十》、《文部四》，《玉海》三十一所引皆有此十五字。（《读书杂志·逸周书一》“脱文十五”条）

《管子·国蓄》：“先王以守财物，以御民事，而平天下也。”念孙案：《通典·食货八》引此，“平天下也”下有“是以命之曰衡，衡者，使物一高一下，不得有调也”十九字；又引尹注云：“若五谷与万物平，则人无其利，故设上中下之币而行轻重之术，使一高一下，乃可权制利门，悉归于上。”今本正文、注文皆脱去。（《读书杂志·管子十》“脱文十九”条）

《墨子·天志上》：“然则天亦何欲何恶？天欲义而恶不义。然则率天下之百姓以从事于义，则我乃为天之所欲也。然则我何欲何恶？我欲福禄而恶祸祟。若我不为天之所欲，而为天之所不欲，（旧本脱“若我”以下十五字，今据中篇补。）然则我率天下之百姓以从事于祸祟中也。”（《读书杂志·墨子三》“脱

文十五”条）

按：上三例脱简，都无版本可供对校，高邮王氏或据他书引用异文，或据本书篇章异文，加以补正。

2. 补抄脱

人们在抄写和刻板时，无意间脱漏一二字句，都属抄脱现象。比较常见的有以下几类。

(1) 重文抄脱

《逸周书·周月篇》：“凡四时成岁，有春夏秋冬。”念孙案：岁下更有岁字，而今本脱之。《太平御览·时序部二》引此，正作“岁有春夏秋冬”。（《读书杂志·逸周书三》“有春夏秋冬”条）

《墨子·鲁问》：“公输子削竹木以为鹊，成而飞之，三日不下。”念孙案：此当作“削竹木以为鹊，鹊成而飞之”，今本少一鹊字，则文不足义。《太平御览·工艺部九》所引，已与今本同。《初学记·果木部》、《白帖》九十五，并多一鹊字。（《读书杂志·墨子四》“脱文一”条）

《淮南子·修务训》：“楚人有烹猴而召其邻人，以为狗羹也而甘之。后闻其猴也，据地而吐之，尽写其食。”念孙案：“邻人”下当更有“邻人”二字，今本脱去，则文义不明。《北堂书钞·酒食部三》，《初学记·器物部》，《太平御览·饮食部十九》、《兽部二十二》，引此并叠“邻人”二字。“尽写其食”，亦当依《初学记》、《太平御览》引作“尽写其所食”。（《读书杂

志·淮南内篇十九》"以为狗羹、尽写其食"条)

按：上三例都是上句末尾与下句顶头的字词相同为重文，因不慎抄脱其中一字词而致误。

(2) 义似抄脱

《荀子·君道》："欲得善驭速致远者。"(宋吕、钱本并如是。)元刻世德堂本速上有及字。卢从宋本，云："俗间本有及字。"念孙案：有及字者是也。"及速"与"致远"对文。行速则难及，道远则难致，故唯善驭者乃能及速致远，非谓其致远之速也，则不得以"速致远"连读。"善驭及速致远"，与"善射射远中微"对文，若无及字，则与上文不对。一证也。《王霸篇》云："欲得善射射远中微，则莫若羿、蜂门矣；欲得善驭及速致远，则莫若王良、造父矣。"与此文同一例。二证也。《淮南·主术篇》云："夫载重而马羸，虽造父不能以致远；车轻而马良，虽中工可使追速。"追速致远，即及速致远。三证也。《群书治要》有及字。四证也。(《读书杂志·荀子四》"速致远"条)

按：这一句宋本抄脱"及速"之"及"字，在文义上似是而非。卢文弨从宋本，以"速致远"连读，是犯了主观理解上的错误。王念孙从多个方面，用多种方法加以勘正。一是版本对校，"元刻世德堂本速上有及字"，"有及字者是也"。二是按文例校，在本句内，"'及速'与'致远'对文"；在上下文中，"'善驭及速致远'与'善射射远中微'对文"，若无及字则不对矣。三是本校，以同书《王霸篇》篇章异文为本证。四是他校，以《淮南子·主术训》引用异文为旁证，又以类书《群书治要》的寄生材料为旁证。这一条校释汇集了对校、本校、他校、文例、旁证等多种校勘方法和手段，并能融会贯通。对此，周祖谟先生评云："王念孙校此文最精，各种方法全用了。""由此可悟校书之法。"[①]而章诗同《荀子简注》[②]云："'速'字衍。"不知"及速"之"及"字为脱文而当补，反以"速"字为衍文而误删，误上加误，甚矣其过也。

> 《淮南子·修务训》："及至圉人扰之，良御教之，掩以衡轭，连以辔衔，则虽历险堑，弗敢辞。"念孙案：险与堑不同义，诸书亦无以险堑连文者。《太平御览·工艺部三》、《兽部八》引此，并作"历险超堑"，是也。超，越也。（《读书杂志·淮南内篇十九》"历险堑"条）
>
> 《汉书·朱云传》："臣愿赐尚方斩马剑，断佞臣一人以厉其余。"念孙案："佞臣一人"下原有"头"字，而今本脱之。《后汉书·杨赐传》注，《初学记·人部中》，《白帖》十三、九十二，《太平御览·兵部七十三》、《人事部六十八、九十三》引此，并作"断佞臣一人头"，《汉纪》、《通鉴》同。（《读书杂志·汉书十一》"佞臣一人"条）

---

① 《校勘古书的方法》，载周祖谟《文字音韵训诂论集》，北京大学出版社2000年版第247—248页。

② 上海人民出版社1974年版第133页。

按：上三例都是由于词义相近相似，或该字似乎有无均可，抄写者在似是而非的理解中抄漏了字，造成脱文。

(3) 烦复抄脱

《墨子·尚贤下》："今天下之士君子，皆欲富贵而恶贫贱，然女何为而得富贵而辟贫贱哉？曰：莫若为王公大人骨肉之亲、无故富贵、面目美好者。(自"莫若"以下二十字为一句。旧本脱"故富贵面目美好者"八字，据上下文补。)王公大人骨肉之亲、无故富贵、面目美好者，此非可学而能者也。"(《读书杂志·墨子一》"脱文八"条)

《淮南子·氾论训》："故马免人于难者，其死也葬之；牛其死也，葬以大车为荐。"念孙案：《艺文类聚·兽部上》，《太平御览·礼仪部三十四》、《兽部八》引此，并作"故马免人于难者，其死也葬之，以帷为衾；牛有德于人者，其死也葬之，以大车之箱为荐"。今本"葬之"下脱去"以帷为衾"四字，"牛"下脱去"有德于人者"五字，"葬"下脱去"之"字，"大车"下脱去"之箱"二字，当补入。(《读书杂志·淮南内篇十三》"故马免人于难者六句内脱文"条)

《淮南子·兵略训》："故同利相死，同情相成，同欲相助。"念孙案："同欲相助"，当作"同欲相趋，(趋，七句反，向也。)同恶相助"。今本上句脱"相趋"二字，下句脱"同恶"二字。"同欲"、"同恶"，相对为文。且利、死为韵，情、诚为韵，欲、趋为韵，恶、助为韵。欲与助，则非韵矣。(古韵欲、趋属候部，恶、助属御部,故欲与助非韵。)《史记·吴王濞传》:“同恶相助,同好相留,同情相成,同欲相趋,同利相死。”是其证。(《文子·自然篇》作“同行者相助”,此以意改耳。《吕氏春秋·察微篇》亦云“同恶固相助”。)(《读书杂志·淮南内篇十五》“同欲相助”条)

按:上三例都是由于文句相似、词语烦复而造成抄脱。

(4) 窜行抄脱

《墨子·公孟》:“且有二生于此,善筮,一行为人筮者,一处而不出者。行为人筮者,(旧脱“一处”以下十一字,今据上下文义补。)与处而不出者,其精孰多?”念孙案:精当为糈,字之误也。言两人皆善筮,而一行一处,其得米孰多也。(《读书杂志·墨子四》“脱文十一”条)

按:此因两“行为人筮者”相乱,故抄写者窜行误脱耳。

《战国策·齐策六》:“齐王建入朝于秦,雍门司马前曰:‘所为立王者,为社稷邪?为王邪?’(今本“为王”下有“立王”二字,因与上下文相涉而衍,今删。)王曰:‘为社稷。’司马曰:‘为社稷立王,王何以去社稷而入秦?’齐王还车而返。”念孙案:“雍门司马前”,本作“雍门司马横戟当马前”,今脱去“横戟当马”四字。《北堂书钞·武功部·戟类》下,出“横戟当马”四字,下引“《战国策》曰:‘齐王建入朝于秦,雍马司马横戟当马前。'"《太平御览·兵部·戟类》所引亦如此。司马横戟当马前而谏，故齐王还车而返，事相因而文亦相承也。(《读书杂志·战国策一》"雍门司马前"条)

按：此因一句中两"马"字相乱，故抄写者跳字而误脱耳。

《淮南子·人间训》："鲁君闻阳虎失，大怒，问所出之门，使有司拘之，以为伤者受大赏，而不伤者被重罪。"念孙案："以为"二字与下文义不相属。《太平御览》引此作"以为伤者战斗者也，不伤者为纵之者，伤者受厚赏，不伤者受重罪"，是也。今本无"伤者战斗"以下十三字，此因两"伤者"相乱，故写者误脱之耳。(《读书杂志·淮南内篇十八》"以为下脱文"条)

按：上三例都是由于文中前后有相同的字词或句子，而抄写者不留神看走了眼，遂跳字、窜行，造成误脱。

高邮王氏补抄脱，有少量的校例依靠版本异文、篇章异文来补正；而大量的抄脱校例，是依靠他书的引用异文和类书的寄生材料来补正。

3. 纠误删

纠误删，就是在校勘中纠正前人删脱的错误。删脱是脱文中有意识造成的错误，由于抄写者或辑校者的主观理解错误，删去了原书中的一些不该删去的字句。纠误删是校勘中的否定之否定，就是要找回被错误删去的字句，以恢复原书的本真。造成误删的具体原因很多，而从常见的情况来说，大致有下列几种。

(1) 不明文义而误删

《逸周书·殷祝篇》:“汤退再拜,从诸侯之位。”念孙案:此文本作“汤取天子之玺置之天子之坐左,退而再拜,从诸侯之位”。上言置玺于天子之坐左,故下言退从诸侯之位。今本脱去“取天子之玺置之天子之坐左”十二字,仅存“汤退”二字,(“退”下又脱“而”字。)则叙事不明。又案,蔡邕《独断》曰:“玺者,印也,古者尊卑共之。《月令》曰:‘固封玺。’《春秋左氏传》曰:‘鲁襄公在楚,季武子使公冶问玺书,追而与之。’此诸侯大夫印称玺者也。卫宏曰:‘秦以来,天子独以印称玺。’”然则自周以前,玺为上下通称,故特别言之曰“天子之玺”,而今本无此文,则后人不知古义而删之也。钞本《北堂书钞·仪饰部一·玺》下,出“置天子坐”四字,注引“《周书》曰:‘汤取天子之玺置之天子之坐左,退而再拜,从诸侯之位。’”《艺文类聚·帝王部二》、《人部五》,《太平御览·皇王部八》、《人事部六十四》所引,并与《书钞》同。(《读书杂志·逸周书四》“汤退再拜”条)

《淮南子·人间训》:“城中力已尽,粮食匮乏,大夫病。”念孙案:“粮食匮乏”,《太平御览》引此无乏字,是也。今本乏字,盖高注之误入正文者耳。(高注《主术》、《要略》二篇并云:“匮,乏也。”此处脱去注文,乏字又误入正文耳。)力尽粮匮,士大夫病,尽、匮、病,相对为文,则匮下不当有乏字。《韩子》、《赵策》皆无乏字，是其证。“大夫病”，《御览》引作“武夫病”。案，此本作“武大夫病”。《淮南》一书，通谓士为武。《韩子》作“士大夫羸”，《赵策》作“士大夫病”，此作“武大夫病”，一也。下文：“中行穆伯攻鼓，餽闻伦曰：‘请无罢武大夫，而鼓可得也。”是其明证矣。《御览》作“武夫病”者，不解“武大夫”之语而删去大字也。今本作“大夫病”者，亦不解“武大夫”之语而删去武字也。士大夫皆病而但言大夫，则偏而不举矣。（《读书杂志·淮南内篇十八》“粮食匮乏大夫病”条）

《汉书·王贡两龚鲍传》：“尧舜在上，下有巢由，今明主方隆唐虞之德，小臣欲守箕山之节也。”念孙案：“小臣”上原有“亦犹”二字，言小臣之慕巢由，亦犹明主之慕唐虞也。后人不解其义而删去“亦犹”二字，谬矣。《通鉴》无“亦犹”二字，则所见《汉书》本已然。《文选·荐谯元彦表》注、《逸民传论》注、《太平御览·逸民部一》，引此皆有“亦犹”二字，《汉纪》同。（《读书杂志·汉书十二》“小臣欲守箕山之节”条）

按：上三例由于不理解某些词语在句中的用法和意义，也就不明文义，因而删去了这些词语，造成误删。

(2) 不明训诂而误删

《战国策·秦策四》：“魏为逢泽之遇，乘夏车，称夏王，朝为天子，天下皆从。”念孙案：为，与于同。（为于二字，古同声而通用。《聘礼记》：“贿，在聘于贿。”郑注曰:“于读曰为。”庄二十二年《左传》:“并于正卿。”释文曰:“于,本或作为。”《晋语》:“称为前世。”韦注曰:“言见称誉于前世。”是为即于也。僖二十年《谷梁传》:“谓之新宫,则近为祢宫。”亦谓近于祢宫也。《史记·孟尝君传》:“君不如令弊邑深合於秦。”《西周策》於作为。於与于同。)谓魏惠王朝于天子而天下皆从也。《秦策》又曰:“梁君驱十二诸侯以朝天子于孟津。”《齐策》曰:“魏王从十二诸侯朝天子。”皆其证也。鲍读朝为“朝夕”之朝,而于朝上增“一”字,谓魏王一朝为天子而天下皆从,其失甚矣。吴读朝为“朝聘”之朝,是也;而云“‘为’字疑衍”,则未知于为之通用也。(《读书杂志·战国策一》“朝为天子”条)

《淮南子·道应训》:“得其精而忘其粗,在内而忘其外。”念孙案:“在”下本有“其”字,后人以意删之也。《尔雅》曰:“在,察也。”察其内即得其精也,忘其外即忘其粗也。后人不知“在”之训为“察”,故删去“其”字耳。《郤正传》注引此,正作“在其内而忘其外”,《列子》同。《白帖》引作“见其内而忘其外”,虽改“在”为“见”,而“其”字尚存。(《读书杂志·淮南内篇十二》“在内”条)

《汉书·夏侯胜传》:“昌邑王数出,胜当乘舆前谏。”宋祁曰:“舆字下疑有车字。”念孙案:宋说是也。后人以乘舆即是车,故删去车字,不知此乘舆谓天子也,乘舆车即天子车。(蔡邕《独断》曰:“律曰:‘敢盗乘舆服御物。’谓天子所服食者也。天子至尊,不敢渫渎言之,故托之于乘舆。")《百官表》曰:"奉车都尉掌御乘舆车。"《周勃传》曰:"滕公召乘舆车载少帝出。"《武五子传》曰:"驺奉乘舆车。"《薛广德传》曰:"当乘舆车免冠顿首。"《儒林传》曰:"剑刃乡乘舆车。"皆其证矣。《通鉴·汉纪十六》无车字,则所见《汉书》本已误。《后汉书·儒林传》注引此正作"乘舆车"。(《读书杂志·汉书十二》"乘舆"条)

按:上三例都是由于不明词语训诂而误删此词语,或误删与之搭配的字词,因而造成脱文。

(3) 不明假借而误删

《墨子·杂守》:"候无过五十,寇至,随葉去。"毕改"葉"为"弃"。引之曰:毕改非也。此当作"寇至葉,(葉与堞同。上文"树渠无傅葉五寸",亦以葉为堞。)随去之",言候无过五十人,及寇至堞时,即去之也。《号令篇》曰:"遣卒候者,无过五十人,客至堞,去之。"是其证。今本"去"下脱"之"字,又升"随"字于"葉"字上,则义不可通。(《读书杂志·墨子六》"寇至随葉去"条)

《战国策·齐策五》:"卫鞅谋于秦王曰:'夫魏氏,其功大而令行于天下,有十二诸侯而朝天子,其与必众。'"念孙案:"有十二诸侯","有"下当有"从"字。有,读为又。(《战国策》通以有为又,《史记》、《汉书》及诸子并同。)上文云:"又从十二诸侯朝天子。"是也。下文亦云:"今大王之所从十二诸侯。"今

本无从字者,后人误读有为"有无"之有,则与从字义不相属,因删去从字耳。(《读书杂志·战国策一》"有十二诸侯"条)

《淮南子·人间训》:"此何遽不为福乎?"念孙案:"何遽不为福",本作"何遽不能为福"。能,与乃同。(乃、能古字通,说见《汉书·谷永传》"能或灭之"下。)言何遽不乃为福也。下文曰:"此何遽不能为祸乎?"即其证。此及下文两"何遽不为福",《艺文类聚·礼部》、《太平御览·礼仪部》,并引作"何遽不乃为福"。又"何遽不能为祸",亦引作"何遽不乃为祸"。(《读书杂志·淮南内篇十八》"何遽不为福"条)

按:上三例都是不明假借而误删假借字,或删脱与假借字相关的字词,造成脱文。

(4) 嫌文重复而误删

《逸周书·大聚篇》:"相土地之宜,水土之便。"赵曰:"'土地之宜',土字疑衍,以下句言'水土之便'故也。"念孙案:赵说非也,古人之文不嫌于复。"土地之宜"与"水土之便"对文,删去一字则句法参差矣。且注文有"土宜"二字,则正文本作"土地之宜"甚明。(《读书杂志·逸周书二》"土地之宜"条)

《史记·周本纪》:"周公奉成王命,伐诛武庚管叔,放蔡叔。"念孙案:史公原文本作"伐诛武庚,杀管叔,放蔡叔",今本无杀字者,后人以杀与诛意义相复而删之也。不知"诛武庚"、"杀管叔"、"放蔡叔"相对为文,古人之文不嫌于复也。(《卫将军骠骑传》:“杀折兰王,斩卢胡王,诛全甲。”亦以杀、斩、诛并用。)《艺文类聚·帝王部》、《太平御览·皇王部》引此并作“诛武庚,杀管叔,放蔡叔”。又《鲁世家》曰:“遂诛管叔,杀武庚,放蔡叔。”《管蔡世家》、《宋世家》并曰:“诛武庚,杀管叔,放蔡叔。”皆其明证矣。(《读书杂志·史记一》“诛武庚管叔”条)

《广雅·释言》:“莫,漠也。漠,怕也。”〔疏证〕并见卷四“怕、蓼,静也”下。怕,通作泊。今本怕上无漠字。《文选·张华〈励志诗〉》及卢谌《时兴诗》注,并引“《广雅》:‘漠,泊也。’”今据以补正。

又案,今本无漠字者,后人以此漠字为重出而删之也。下文“毓,长也。毓,稚也”;“曩,久也。曩,乡也”;“陶,喜也。陶,忧也”;“泞,清也。泞,泥也”,皆删去后一字,正与此同。不知《广雅》属辞之例皆本于《尔雅》。《尔雅·释言》之文,每因一字而引伸其义,有因上一字而连及之者,若“爽,差也。爽,忒也”;“基,经也。基,设也”之类是也。有因下一字而连及之者,若“流,覃也。覃,延也”;“速,征也。征,召也”之类是也。《广雅·释言》亦用此二例,若上文“羌,乃也。羌,卿也”;“奋,讯也。奋,振也”之类,皆因上一字而连及之者也。若“厕,间也。间,非也”;“况,兹也。兹,今也”;及此条“莫,漠也。漠,怕也”之类,皆因下一字而连及之者也。凡如此者,或义同而类及,或义异而别训,属辞比事,各有要归。若改其文云:“羌,乃也,卿也。”“莫,漠也,怕也。”则是传

注解经之体，非《尔雅·释言》之例矣。后放此。（《广雅疏证》卷五上）

按：上三例都是嫌文字重出或文义重复，而删改其中的相关字词，造成误删。

(5) 据他书而误删

《荀子·劝学》："蓬生麻中，不扶而直。"念孙案：此下有"白沙在涅，与之俱黑"二句，而今本脱之。《大戴记》亦脱此二句。今本《荀子》无此二句，疑后人依《大戴》删之也。杨不释此二句，则所见本已同今本。此言善恶无常，唯人所习，故"白沙在涅"与"蓬生麻中"义正相反；且黑与直为韵。若无此二句，则既失其义而又失其韵矣。《洪范》正义云："《荀卿书》云：'蓬生麻中，不扶自直；白沙在涅，与之俱黑。'"褚少孙《续三王世家》云："传曰'蓬生麻中，不扶自直；白沙在泥，（今本泥下有中字，涉上文而衍。）与之皆黑'者，土地教化使之然也。"索隐曰："'蓬生麻中'以下并见《荀卿子》。"案，上文引"传曰'青采出于蓝'"云云，下文引"传曰'兰根与白芷'"云云，皆见《荀子》，则此所引"传"亦《荀子》也。然则汉唐人所见《荀子》，皆有此二句，不得以《大戴》无此二句而删之也。又案《群书治要》："《曾子·制言篇》云：'故蓬生麻中，不扶乃直；（《燕礼》注："乃，犹而也。"）白沙在泥，与之皆黑。'"（《大戴》同。）考《荀子》书多与《曾子》同者，此四句亦本于《曾子》，断无截去二句之理。

(《读书杂志·荀子一》“蓬生麻中不扶而直”条)

《史记·孔子世家》:“三人行,必得我师。”念孙案:“三人行”,本作“我三人行”,今本无我字者,后人依俗本《论语》删之也。(何晏注、皇侃义疏、《经典释文》、唐石经、邢昺疏,皆有我字。说见《石经考文提要》。)集解引何注“言我三人行”,则《史记》原文亦有我字,当补入。(《读书杂志·史记三》“三人行”条)

《汉书·五行志中之上》:“《左氏传》晋献公时童谣曰:‘丙之晨,龙尾伏辰。’”景祐本丙下有子字。念孙案:景祐本是也,“丙子之晨”正与“丙子旦”之文相应;且此谣皆以四字为句也,若但云“丙之晨”,何以知其必为丙子乎?此志所论《左传》事,文皆本于刘歆,盖歆所见传文丙下有子字,故所引如是。自贾、服以下诸本皆脱子字,故释文、正义不言他本有子字。而《晋语》亦作“丙之晨”,韦注:“丙,丙子也。”则《晋语》亦脱子字矣。若今本《汉书》无子字,则后人依《左传》删之耳。《律历志》引传作“丙子之辰”,正与此志同,足征景祐本之不谬。《律历志》亦本于刘歆也。(《读书杂志·汉书五》“丙之晨”条)

按:据他书而误删者,所据他书本身即误,以误删正而造成误删。高邮王氏则利用异文资料,详加比勘,正本清源,恢复本真。

(6) 据误本而误删

《大戴礼记·曾子立事篇》:“君子既学之,患其不博也；既博之，患其不习也；既习之，患其无知也；既知之，患其不能行也；既能行之，贵其能让也。”家大人曰：“贵其能让也”，本作“患其不能以让也”。篇内五“患其”，文义相承，此句不当独异。患与贵上半相似，因讹而为贵，后人不得其解，因删去不字以字耳。（卢注言“以己能而竞于人”，则正文有以字甚明。）卢注本作“患其以己能而竞于人”，今本作“贵不以己能而竞于人”，亦是后人据已误之正文改之。《群书治要》引《曾子》，正作“患其不能以让也”。《说苑·说丛篇》：“既能行之，患其不能以让也。”即用《曾子》之文。今依阮氏芸台《曾子注释》订正。（《经义述闻》卷十一“贵其能让也”条）

《荀子·劝学》：“目不能两视而明，耳不能两听而聪。”卢删两“能”字，云：“两‘不’字下，宋本俱有‘能’字，元刻无。”念孙案：元刻无两“能”字者，以上下句皆六字，此二句独七字，故删两“能”字以归画一。不知古人之文，不若是之拘也，若无两“能”字，则文不足意矣。《大戴记》亦有两“能”字。（《读书杂志·荀子一》“两能字”条）

《史记·十二诸侯年表》：“齐简公四年，田常杀简公，立其弟为平公。”念孙案：“弟”下本有“骜”字。骜，平公名也。索隐本出“弟骜”二字，注曰：“五高反，平公也。”《齐世家》、《田完世家》并云：“立简公弟骜。”则有“骜”字明矣。今本脱去“骜”字，而移索隐于下文“齐平公骜元年”之下，又改其文曰：“骜音五高反。”而删去“平公也”三字，其失甚矣。（《读书杂

志·史记二》"立其弟"条）

按：信误本而删，造成脱误，这与上述据他书而误删者同一类型。

(7) 因误而误删

《逸周书·作雒篇》："大县城，方王城三之一；小县立城，方王城九之一。"卢曰："立字疑衍。《前编》'大县'下亦作'立城'。"念孙案：《玉海》十五引此，"大县"、"小县"下皆作"立城"，正与《通鉴前编》同。且上文"城方千七百二十丈"，城上原有立字，（辩见上。）与此文同一例，则是今本"大县"下脱立字，非"小县"下衍立字。（《读书杂志·逸周书二》"立城"条）

《淮南子·人间训》："或直于辞而不害于事者，或亏于耳以忤于心而合于实者。"刘本删去不字。念孙案："不害"，当为"不周"。隶书害作{周害}，与周相似而误。（《道应篇》"周鼎著倕而使龁其指"，《文子·精诚篇》周误作害。宣六年《公羊传》"灵公有周狗，谓之獒"，《尔雅·释畜》注误作害。）《楚辞·离骚》："虽不周于今之人兮。"王注曰："周，合也。"《氾论篇》曰："苟周于事，不必循旧。"谓合于事也。此言"不周于事"，亦谓不合于事也。此言"直于辞而不周于事"，下言"亏于耳、忤于心而合于实"，合亦周也。下文高阳魋命匠人为室之言，所谓"直于辞"也，室成而终败，所谓"不周于事"也。若云"不害于事"，则与此

意相反矣。刘绩不知害为周之误，故删去不字耳。(《读书杂志·淮南内篇十八》“不害于事”条)

《汉书·五行志中之下》：“宣帝地节四年，十月，大司马霍禹宗族谋反，诛，霍皇后废。”念孙案：“十月”当为“七月”。《宣纪》、《百官表》及《汉纪》、《通鉴》载诛霍禹事皆在七月，《太平御览·咎徵部五》引此志亦作“七月”。其“霍皇后废”上原有“八月”二字，后人以八月不当在十月后，故删此二字，而不知“十月”为“七月”之讹也。《宣纪》及《汉纪》、《通鉴》载废霍后事皆在八月，《太平御览》引此志亦云“八月，霍皇后废”。(《读书杂志·汉书五》“十月、霍皇后废”条)

按：上诸例或为既脱而误删，或为既误而误删，或为误解注文文义而误删正文，都属因误而误删。

高邮王氏纠误删，有少量的校例依靠版本异文、篇章异文和全书通例来校正；而大量的纠误删校例，是依靠他书的引用异文和类书的寄生材料来校正。

4. 补空围

俞樾《古书疑义举例》卷五云：“校书遇有缺字，不敢臆补，乃作□以识之，亦阙疑之意也。”补空围就是补缺字，文中一个空围即表示缺一个字。补空围的校勘方法与补抄脱相同。

(1) 补空围

《逸周书·柔武篇》：“靡適(与敵同。)无□。”念孙案：阙文当是“下”字。“靡適无下”者，“无”犹

"不"也。(见薛综《东京赋》注,余详《释词》。)此承上"以德为本"云云而言,言如此则靡敌不下也。"下"与"序"、"苦"、"鼓"、"武"、"下"为韵。《允文篇》"靡適不下",亦与"语"、"武"、"所"、"户"、"宇"、"辅"、"土"为韵,以是明之。(《读书杂志·逸周书一》"靡适无□"条)

《逸周书·大戒篇》:"□□以昭,其乃得人。"念孙案:阙文是"贞信"二字。此承上文"无转其信"而言,信不转,故曰"贞信"。"以"与"已"同。上之贞信已昭,则下莫不为上用,故曰"贞信已昭,其乃得人"也。孔注曰:"贞信如此,得其用也。"是其证。(《读书杂志·逸周书二》"□□以昭"条)

《汉隶拾遗·李翕析里桥郙阁铭》:"第十八行:'□□救倾兮,全育□遗。'"念孙案:"救倾"上似是"扶跋"二字,其右边皆隐隐可辨。《说文》:"跋,蹎跋也。"故云"扶跋救倾"。"遗"上是"孑"字,碑文作"孑",惟左边残缺耳。

按:补空围,就像是给校勘学家出了一道填空题。对此,校勘学家必须去抓住一切有用的信息,如详审上下文义、文句押韵、古注释义,以及辨识碑刻拓片、书影中残字形迹等等,加以综合比勘,以求返本还原。

(2) 删去本无缺文而误加的空围

《逸周书·本典篇》:"能求士□者智也,与民利者仁也。"念孙案:"能求士者智也,与民利者仁也",

句法上下相同，则上句不当有阙文。下文"士有九等，皆得其宜"，正所谓"能求士者智也"，其无阙文明矣。《玉海》六十七引此无阙文。(《读书杂志·逸周书三》"能求士□者智也"条)

《逸周书·官人篇》："问则不对，佯为不穷，□貌而有余。"引之曰：自"貌而有余"以上五句，皆四字为句，貌上本无阙文。而读为如。"貌如有余"，正承"佯为不穷"而言，《大戴记》作"色示有余"，则本无阙文明矣。(《读书杂志·逸周书三》"□貌而有余"条)

《逸周书·官人篇》："有知而言弗发，有施而□弗德。"念孙案：此文本作"有知(与智同。)而弗发，有施而弗德。"发读曰伐。(上文"发其所能"、"发名以事亲"，《大戴记》作伐。《管子·四时篇》："求有功发劳力者而举之。")高注《淮南·修务篇》曰："伐，自矜大其善也。""有知而弗伐，有施而弗德"，皆五字为句，上句本无言字，下句亦无阙文。后人于"弗发"上加言字，(后人不知发与伐同，而误以为发言之发，故加言字。)则上句多一字矣。校书者不知言字为后人所加，而以为下句少一字，遂于下句内作空围以对言字，此误之又误也。《大戴记》正作"有知而不伐，有施而不置"。(置与德同。《系辞传》："劳而不伐，有功而不德。"释文："德，郑、陆、蜀才作置。郑云：置当为德。"《荀子·哀公篇》："言忠信而心不德，仁义在身而色不伐。"《大戴记·哀公问五义篇》德作置。)(《读书杂志·逸周书三》"言弗发、□弗德"条)

按：本无缺字而传写误加空围，造成阅读和理解上的障碍，高邮王氏则详审上下文义，论证原本无缺字，找出致误之由，并引他书引用异文为证，删去空围。

四、乙倒文

乙倒文，就是在校勘中将被颠倒了的字句再乙转回来，以求返本复原。造成倒文的具体原因多种多样，但从大的方面来说，一是抄写中粗心大意，不审文义，无意中颠倒了字句；一是由于理解错误，强为之解，颠倒字句以就己，造成误倒。高邮王氏乙倒文，最常用的校勘方法是辨析上下文义和比勘异文资料。

1. 不审文义而倒

(1) 句内倒文

《墨子·鲁问》："翟虑耕而食天下之人矣。"（旧本"而食"二字在"天下"之下，今据下文乙正。）（《读书杂志·墨子四》"倒文四"条）

按：旧本作"翟虑耕天下而食之人矣"，"天下"与"而食"为倒文。下文云："翟虑织而衣天下之人矣。"这与"翟虑耕而食天下之人矣"相对为文，句法一律。下文又云："故翟以为，虽不耕而食饥，不织而衣寒，功贤于耕而食之、织而衣之者也。""而食"二字皆紧随"耕"字之后，亦可为证。

《战国策·燕策一》:“臣闻古之君人,有以千金求千里马者。”念孙案:“君人”,当依《新序·杂事篇》作“人君”。《艺文类聚·居处部》、《太平御览·资产部》及《文选·论盛孝章书》注,引此并作“人君”。(《读书杂志·战国策三》“君人”条)

《淮南子·天文训》:“天去地五亿万里。”念孙案:《开元占经·天占篇》引此作“亿五万里”,《太平御览·地部一》引《诗含神雾》亦云“天地相去亿五万里”,然则“亿五”二字,今本误倒也。(《读书杂志·淮南内篇三》“五亿万里”条)

《史记·秦始皇本纪》:“收天下兵,聚之咸阳,销以为钟鐻,金人十二,重各千石,置廷宫中。”念孙案:此当作“置宫廷中”,今本廷字误在宫字之上,则文不成义。《文选·过秦论》注、《太平御览·皇王部》引此并作“置宫廷中”。《通鉴·秦纪二》同。庭廷古字通。(《读书杂志·史记一》“置廷宫中”条)

按:上四例,或有他书引用异文为证,或据本书上下文例,或据上下文义,或倒一字,或倒二字,但都为句中字词倒文,一般可从上下文辨析出来。

(2) 跨句倒文

《淮南子·主术训》:“所谓亡国,非无君也,无法也;变法者,非无法也,有法者而不用,与无法等。”念孙案:“有法者而不用”,“者”字当在上文“所谓亡国”下,与“变法者”相对为文,今误入此句内,则文不成

义。(《读书杂志·淮南内篇九》"所谓亡国、有法者"条)

《汉书·张安世传》:"尝有所荐,其人来谢,安世大恨,以为举贤达能,岂有私谢邪? 绝弗复为通。"宋祁曰:"南本、浙本并云:'岂有私邪? 谢绝弗复为通。'"念孙案:南本、浙本是也。"岂有私邪",谓荐贤本无私也;"谢绝弗复为通",谓谢绝其人,不复与相见也。后人以上文云"其人来谢",遂移"谢"字于"私"字之下,而以"岂有私谢"连读,失之矣。据师古注云:"有欲谢者,皆不通也。一曰:告此人而绝之,更不与相见也。"(告字正释谢字。师古注《高纪》及《周勃》、《车千秋》、《赵广汉传》,并云:"谢,告也。")则师古所见本,正作"谢绝弗复为通",明矣。今本"谢"字移入上句内,则与注不合。(《读书杂志·汉书十一》"岂有私谢邪绝弗复为通"条)

《文选·司马迁〈报任少卿书〉》:"若望仆不相师而用流俗人之言。"(今李善本如此。)念孙案:此本作"若望仆不相师用,而流俗人之言"。故苏林曰:"而,犹如也。言视少卿之言,如流俗人之言,而不相师用也。"六臣本注云:"'而用',善本作'用而'。"是其证也。若如今本作"不相师而用流俗人之言",则"而"字不得训为"如"矣。又案张铣曰:"而,如也。言少卿书若怨望我不相师用,以少卿劝戒之辞如流俗人所言。"据此则五臣本亦作"不相师用而流俗人之言",明矣。今本"用而"作"而用",则后人以意改之也。六臣本注引李善本作"用而",而今本亦作"而

> 用”，则又后人据已误之五臣本改之也。《汉书·司马迁传》亦作“用而”，足以互证矣。此篇原文多经后人增改，当依《汉书》参校。（《读书杂志·馀编下·文选》“若望仆不相师而用流俗人之言”条）

按：王念孙据《文选》李善本引苏林注、五臣本张铣注、六臣本注，考定《文选》各本原作“若望仆不相师用，而流俗人之言”，与《汉书·司马迁传》亦作“用而”为互证。今本上句之末字“用”与下句之首字“而”互倒而误。胡克家《文选考异》云：“《报任少卿书》：‘若望仆不相师，而用流俗人之言。’袁本、茶陵本云：‘而用’，善作‘用而’。案：二本所见是也。‘用’句绝，‘而’下属，《汉书》有明文，然则善自与彼同，而非有误。尤所校改，以五臣乱善，失之甚矣。”所校结论与王氏相同。不过，按王氏所言，据张铣注，五臣本原亦作“用而”，并未割裂“师用”一词。“师用”为一词，意谓尊奉而用。《韩非子·显学》：“夫求圣通之士者，为民知之不足师用。”《汉书·董仲舒传》：“文王顺天理物，师用贤圣，是以闳夭、大颠、散宜生等亦聚于朝廷。”可证。王力主编《古代汉语》（校订重排本）第三册第 908 页作“若望仆不相师，而用流俗人之言”，依误本《文选》为据，割裂了“师用”一词，当是失校。

按，以上三例都是跨句倒文，其中后二例是上句之末字与下句之首字互倒，这些比句内倒文误例更为复杂。王念孙则详审文义，对照文例，比勘异文，利用古注释义，一一加以校正。

2. 不明训诂而倒

> 《管子·幼官》：“察数而知治，审器而识胜，明谋

而适胜。”念孙案：“适胜”，当为“胜适”。适即敵字也。《兵法篇》云：“察数而知治，审器而识胜，明理而胜敵。”是其证。今作“適胜”者，涉上句“识胜”而误。(《读书杂志·管子二》“適胜”条)

按：不明训诂，不知“適”为“敵”之假借字，又涉上句“识胜”，于是“胜適”误倒为“適胜”。王念孙据同书篇章异文为证，加以校正。

《墨子·尚贤中》：“若处官者爵高而禄厚，故爱其色而使之焉。”念孙案：“若”与“故”义不相属。“若处官者”，当为“处若官者”。若官，此官也。(若与此同义，说见上文。)言以处此官者爵高而禄厚，故特用其所爱也。下文曰：“虽日夜相接以治若官。”是其证。(《读书杂志·墨子一》“若处官者”条)

按：不明训诂，不知“若”训“此”，为指示代词，而误以“若”为假设连词，于是“处若官者”误倒为“若处官者”。王念孙则以辨析上下文义、词义训诂和文例等进行校正。

《荀子·议兵》：“然而国晏然不畏外而明内者，无它故焉，明道而分钧之，时使而诚爱之，下之和上也如影响。”杨注曰：“内当为固，《史记》作‘晏然不畏外而固’也。”念孙案：此当依《史记》作“不畏外而固”，今本“而”下有“明”字者，涉下文“明道”而衍。“明道而分钧之”，“分钧”，《史记》、《韩诗外传》并作

"均分",(均与钧通。)亦当依《史记》、《外传》乙转。(《读书杂志·荀子五》"明道而分钧之"条)

按：不明训诂，不知"钧"通"均"，"钧分"即"均分"，于是误倒为"分钧"矣。王念孙据他书引用异文为证，加以乙转。

3. 不明句读而倒

《管子·重令》："若此则民毋为自用，民毋为自用则战不胜，战不胜而守不固，守不固则敌国制之矣。"念孙案："则战不胜"以下，当作"则战不胜而守不固，战不胜而守不固，则敌国制之矣"。此文之两"民毋为自用"，两"战不胜而守不固"，义皆上下相承，今则下三句颠倒而失其指矣。《七法篇》曰："国贫而用不足，则兵弱而士不厉；兵弱而士不厉，则战不胜而守不固；战不胜而守不固，则国不安矣。"文义正与此同。(《读书杂志·管子三》"则战不胜以下三句"条)

《史记·张仪列传》："中国无事，秦得烧掇焚抒(今本此下载索隐曰："掇音都活反，谓焚烧而侵掠也。焚抒，音烦乌，谓烦蹂而牵掣也。《战国策》云'秦且烧焫获君之国'，是说其事也。")君之国。(此三字上属为句。)有事，(索隐曰："谓山东诸国共伐秦。")秦将轻使重币事君之国。"念孙案："中国无事"与"有事"相对为文，"秦得烧掇焚抒君之国"与"秦将轻使重币事君之国"相对为文。索隐"掇音都活反"云云，本在"君之国"下；下注云"谓山东诸国共伐秦”，乃专释“有事”二字。今本以“掇音都活反”云云列入“烧掇焚扜”之下、“君之国”之上，而以“秦得烧掇焚扜”为句，“君之国有事”为句，其失甚矣。单行本亦误。（下文“此公孙衍所谓邪”，索隐曰：“谓上文犀首云：‘有事，秦将轻使重币事君之国。’故云‘衍之所谓’。”今本“有事”上有“君之国”三字，亦后人所加。单行本同。）（《读书杂志·史记四》“秦得烧掇焚扜君之国”条）

按：由于不明句读，致使成段注文颠倒位置。

《汉书·韩信传》：“愿君留意臣之计，必不为二子所禽矣。”念孙案：“必不为二子所禽矣”，本作“不，必为二子所禽矣”。不，与否同。言若不用臣之计，则必为二子所禽也。《史记》作“否，必为二子所禽矣”，是其证。后人不知“不”字自为一句，而以“不必”二字连读，遂不得其解，而改“不必”为“必不”，以为陈馀用李左车之计，则必不为二子所禽。不知上文明言“两将之头，可致戏下”，岂特不为所禽而已乎？弗思甚矣。（《通典·兵十三》作“不然，必为所禽矣”。《通鉴·汉纪二》作“否则必为二子所禽矣”。）（《读书杂志·汉书八》“必不为二子所禽矣”条）

按：上三例，均为后人不明句读，点不断，理还乱，致使文字、词语或文句颠倒了位置，并失去原意。王念孙则详审文义，比勘异文，理顺句读，使之返本还原。

4. 不合文法而倒

> 《管子·枢言》："无善事而有善治者，自古及今，未尝之有。"引之曰："未尝之有"，当作"未之尝有"。《五辅篇》："古之圣主所以取明名广誉，厚功大业，显于天下，不忘于后世，非得人者，未之尝闻。"文义与此同。(《读书杂志·管子二》"未尝之有"条)
>
> 《史记·周本纪》："比三代，莫敢发之。"念孙案："莫敢发之"，本作"莫之敢发"，浅学人改之耳。(僖三年《左传》"未之绝也"，今本作"未绝之也"，亦浅人所改。)《郑语》作"莫之发也"。《文选·幽通赋》注、《运命论》注，引《史记》并作"莫之敢发"，《列女传·孽嬖传》同。(《论衡·异虚篇》作"皆莫之发"。)(《读书杂志·史记一》"莫敢发之"条)

按：在先秦两汉时，用"未"、"莫"否定词的否定句中，代词作宾语一般放在动词之前；如果动词还有修饰成分，这修饰成分与动词紧密结合，都一并放在代词宾语之后。上二例，"未尝之有"，"莫敢发之"，都是不合文法而倒。高邮王氏父子虽未明言倒文不合文法，而王念孙已将其斥之为"浅学人改之耳"。王氏父子征引类例和异文资料为证，据以校正，合乎文法观念，可谓心知其意。而裴学海著《评高邮王氏四种》(载《河北大学学报》1962 年第 3 期)，认为高邮王氏所作的校改，是"对于语言缺乏历史观点"，裴氏云：

学海按：王氏此说是静止看问题。“莫之发也”（“莫之敢发”与“莫之发也”句式同。）与“莫敢发之”是否定句的两种句式。前一种是代词“之”字作宾语在动词前。后一种是代词“之”字作宾语在动词后。前一种较普通，后一种虽不如前一种普通，然而在《诗经》和《论语》里也有些句子。（例略）以上所述的两种句式，在古人本是随便使用。（例略）《文选》注所引作“莫之敢发”，不可信为《史记》原文。

按，裴氏叙述否定句中代词宾语“之”字前置或后置的两种句式，说“前一种较普通，后一种……也有些句子”，这符合实情。又说“两种句式，在古人本是随便使用”，就不对了。其实，前一种句式是当时最正常的结构，也是最通行的用法，而后一种句式，尽管“也有些句子”，但毕竟很少。古人使用的当然是当时通行的前一种句式，怎么会是“两种句式，随便使用”呢？对于古书中存在的少量的后一种句式，在没有任何证据证明其误的情况下，我们不能随便怀疑它；但是如果有确凿的证据证明其为误倒，我们就不能用“语言是发展变化的”作借口而辩护。校勘是用证据来说话。王念孙举《文选》注称引异文二例，以证《史记》原作“莫之敢发”，其说可信。我们不能因为《文选》注有些引文确有节引和改字现象，也就怀疑起这里的二例称引异文。因为这二例称引异文在这一句式表达上既无改字，也未节引，只是与今本《史记·周本纪》文句在词序排列上不同。既是异文，就可用来互校。更何况王念孙还举出《国语·郑语》作“莫之发也”，汉刘向《列女传·孽嬖传》作“莫之敢发”，汉王充《论衡·异虚篇》作“皆莫之发”，代词“之”字作宾语都在动词前,都是使用前一种句式,就是有力的证据。而裴氏却不提《列女传》、《论衡》二书也使用前一种句式,难道刘向、王充著书时使用了前一种句式也是"对于语言缺乏历史观点"吗?

《战国策·楚策四》:"所道攻燕,非齐则魏,魏齐新怨楚,楚君虽欲攻燕,将道何哉?"鲍改"楚君"为"楚军"。念孙案:"君"字因上下文而误衍耳,鲍改非也。"将道何哉",当作"将何道哉"。道,从也。(见《礼器》注。)言楚欲攻燕,兵何从出也。置"道"字于"何"字之上,则文不成义矣。(《读书杂志·战国策二》"楚君虽欲攻燕将道何哉"条)

按:在上古汉语里,疑问句里的疑问代词作宾语,必须放在动词(或介词)的前面。本例中"将道何哉",是不合文法而误倒。王念孙训"道"为"从",为介词,疑问代词"何"作介词宾语,当放在介词前,今本误倒则文不成义。王氏所校,正合乎文法观念。

《汉书·苏武传》:"武骂律曰:'女为人臣子,不顾恩义,畔主背亲,为降虏于蛮夷,何以女为见?'"师古曰:"言何用见女为也。"念孙案:"见"字当本在"女"字上。"何以见女为",犹《论语》言"何以文为"、"何以伐为"耳。若云"何以女为见",则文不成义矣。《汉纪·孝昭纪》作"何用见女为兄弟乎","为"下加"兄弟"二字,遂失其指,然据此,知《汉书》本作"何以见女为"

也。(《读书杂志·汉书十》"何以女为见"条)

按:"何以……为",是古汉语中表示反问的一种固定格式。这种句子,实际上是动词"为"的疑问代词宾语"何"放在作状语的介词结构"以……"前面了。"何……为"等于"做什么",由于状语"以……"排在动词前,动词"为"就必然排在句子末尾了。在这一类反问句中,由于动词"为"处在句末,而疑问句语调渐升,句末稍扬,这样,"为"字就似乎具有了疑问语气,因此长期以来被误认为疑问语气词,其实这是一种错觉。在这类反问句中实际起疑问作用的是疑问代词"何",而不是动词"为"。本例"何以女为见",是不合文法的误倒。王念孙举出类例,加以校正。王氏所校,正合乎文法观念。

5. 不明协韵而倒

《庄子·秋水》:"无南无北,奭然四解,沦于不测;无东无西,始于元冥,反于大通。"念孙案:"无东无西"当作"无西无东",北、测为韵,东、通为韵。(《读书杂志·馀编上·庄子》"无东无西"条)

《庄子·庚桑楚》:"能抱一乎? 能勿失乎? 能无卜筮而知吉凶乎? 能止乎? 能已乎? 能舍诸人而求诸己乎?"念孙案:"吉凶",当为"凶吉"。一、失、吉为韵,止、已、己为韵。《管子·心术篇》:"能专乎? 能一乎? 能毋卜筮而知凶吉乎?"是其证。(《内业篇》"凶吉"亦误为"吉凶",唯《心术篇》不误。)(《读书杂志·馀编上·庄子》"吉凶"条)

《荀子·解蔽》:"诗曰:'凤皇秋秋,其翼若干,其声若箫；有凤有皇，乐帝之心。'"念孙案："有凤有皇"，本作"有皇有凤"。秋、箫为韵，凤、心为韵。《说文》鳳从凡声，古音在侵部，故与心为韵。凤从凡声而与心为韵，犹风从凡声而与心为韵也。（凤字古文作朋，又作鹏，而古音蒸、侵相近，则朋鹏二字亦可与心为韵。《秦风·小戎篇》以膺、弓、縢、兴、音为韵；《大雅·大明篇》以林、兴、心为韵；《生民篇》以登、升、歆、今为韵；《鲁颂·闷宫篇》以乘、縢、弓、绶、增、膺、惩、承为韵，皆其例也。）后人不知古音而改为"有凤有皇"，则失其韵矣。王伯厚《诗考》引此已误。《艺文类聚·祥瑞部》，《太平御览·人事部》、《羽族部》引此，并作"有皇有凤"。（先言皇而后言凤者，变文协韵耳，古书中若此者甚多，后人不达，每以妄改而失其韵。若《卫风·竹竿篇》"远兄弟父母"，与右为韵，而今本作"远父母兄弟"；《大雅·皇矣篇》"同尔弟兄"，与王、方为韵，而今本作"同尔兄弟"；《庄子·秋水篇》"无西无东"，与通为韵，而今本作"无东无西"；《逸周书·周祝篇》"恶姑柔刚"，与明、阳、长为韵，而今本作"刚柔"；《管子·内业篇》"能无卜筮而知凶吉乎"，与一为韵，而今本作"吉凶"；《淮南·原道篇》"与万物终始"，与右为韵，而今本作"始终"；《文选·鹏鸟赋》"或趋西东"，与同为韵，而今本作"东西"；《答客难》"外有廪仓"，与享为韵，而今本作"仓廪"，皆其类也。）（《读书杂志·荀子七》"有凤有皇"条）

按：本例先言皇而后言凤，纯为变文协韵耳。人们习惯于先言凤而后言皇，出于习惯势力，今本作“有凤有皇”，则失其韵矣，此为后人不明协韵而倒。王念孙则辨析逸诗押韵，比勘异文资料，征引倒文协韵类例，加以乙正。而方孝博《荀子选》[1]、章诗同《荀子简注》[2]从旧本作“有凤有凰”，当属失校。

按，上三例均为不明协韵而误倒，以致失韵，只需恢复押韵，也就乙正了原文。

6. 互易

互易，是指古书有上下两句平列，或上下两词组并列，而传写互换其字者。

《管子·形势解》：“使人有礼，遇人有理。”念孙案：《群书治要》上作“理”，下作“礼”，是也。“使人有理”，谓使之必以道也；“遇人有礼”，谓待之必以礼也。《贾子·阶级篇》曰：“遇之有礼，故群臣自喜。”是也。今本理、礼二字互易，则非其指矣。（《读书杂志·管子十》“使人有礼遇人有理”条）

《荀子·非相》：“分别以喻之，譬称以明之。”念孙案：“分别”当在下句，“譬称”当在上句。譬称所以晓人，故曰“譬称以喻之”；分别所以明理，故曰“分别以明之”。今本“譬称”与“分别”互易。《韩诗外传》及《说苑·善说篇》引此，并作“譬称以喻之，分别以明之”。（《读书杂志·荀子二》“分别、譬称”条）

① 人民文学出版社 1985 年版第 86 页。

② 上海人民出版社 1974 年版第 229 页。

按：王念孙辨析文义，比勘异文，乙转互易。从词语搭配来说，“譬称以喻之”，即是“譬喻”；“分别以明之”，即是“分明”，义同“辨明”。此亦可补充为证。方孝博《荀子选》[①]、《汉语大词典》第 11 卷第 457 页〔譬称〕条书证引《荀子·非相》，皆从旧本作“分别以喻之，譬称以明之”，当为失校。

《荀子·法行》：“内人之疏而外人之亲，不亦远乎？身不善而怨人，不亦反乎？”念孙案：“远”当为“反”，“反”当为“远”。内人亲而外人疏，今疏内而亲外，是反也，故曰“不亦反乎”。身不善而怨人，是舍近而求远也，故曰“不亦远乎”。下文曰：“失之己而反诸人，岂不亦迂哉？”迂即远也，是其证。今本“反”与“远”互误，则非其旨矣。《韩诗外传》正作“内疏而外亲，不亦反乎？身不善而怨他人，不亦远乎”。杨说皆失之。（《读书杂志·荀子八》“远、反”条）

按：互易一般总是发生在上下相对为文的两个平列句子中，或两个平列的词组中，王念孙都是通过辨析文义、比勘异文，加以乙正。

7. 因字误而倒

《墨子·天志中》：“故夫爱人利人，顺天之意，得天之赏者，既可得留而已。”毕云：“据下云‘既可谓而

---

① 人民文学出版社 1985 年版第 21 页。

知也’，此句未详。”念孙案：“既可得留而已”，当作“既可得而智已”。智即知也。(《墨子》书知字多作智，见于《经说》、《耕柱》二篇者，不可枚举；其他书作智者，皆见《管子·法法篇》。)言“顺天之意，得天之赏者，既可得而知已”。(《尚贤篇》曰：“既可得而知已。”)旧本作“既可得留而已”者，“智”误为“留”，又误在“而”字上耳。下文云：“故夫憎人贼人，反天之意，得天之罚者，既可谓而知也。”亦当作“既可得而知也”，此因“得”与“谓”草书相似而误。“既可得而知”五字，前后相证，则两处之误字不辩而自明。(下篇亦云“既可得而知也”。)(《读书杂志·墨子三》“既可得留而已、既可谓而知也”条)

《淮南子·泰族训》：“天地所包，阴阳所呕，雨露所以濡生万物，瑶碧玉珠，翡翠玳瑁，文彩明朗，润泽若濡，摩而不玩，久而不渝。”念孙案：“雨露所以濡生万物”，本作“雨露所濡，以生万殊”；“瑶碧玉珠”，本在“翡翠玳瑁”之下。道藏本“濡以”二字误倒，“万殊”误作“万物”，“翡翠玳瑁”又误在“瑶碧玉珠”之下。案：“雨露所濡”为句，“以生万殊”为句，如藏本则失其句矣。且此段以呕、濡、殊、珠、濡、渝为韵，如藏本则失其韵矣。刘本作“雨露所濡，生万物”，又脱去“以”字；《汉魏丛书》本乃于“生万物”上妄加“化”字，而庄本从之，斯为谬矣。《太平御览·工艺部九》引此，正作“雨露所濡，以生万殊，翡翠玳瑁，瑶碧玉珠”。(《读书杂志·淮南内篇二十》“雨露所以濡生万物瑶碧玉珠翡翠玳瑁”条)

《史记·高祖功臣侯者年表》:"棘蒲刚侯陈武，以将军前元年率将二千五百人起薛。"念孙案:"率将二千五百人"，当依《汉表》作"将卒二千五百人"。上文"阳夏侯陈豨，以特将将卒五百人"，即其证。今本"将卒"二字互倒，"卒"字又误作"率"。隶书率字或作䢦，形与卒相似，因误矣。(《投壶》"卒投"，《大戴礼》卒误作率；《齐语》"十月为卒"，《管子·小匡篇》误作率。)(《读书杂志·史记二》"率将"条)

按：上三例均因字误而又误倒，王念孙或辨析文义，或比勘异文，或征引类例，据以校正。

8. 因衍文而倒

《大戴礼记·曾子大孝》:"加之如此谓礼终矣。"家大人曰：此本作"如此之谓礼终矣"，今本"加"字，即"如"字之误而衍者，"之"字又倒在"如此"上，则文不成义。《祭义》作"此之谓礼终"，是其证。(《经义述闻》卷十一"加之如此"条)

《晏子春秋·内篇问下》:"吾闻之，莫三人而迷，今吾以鲁一国迷虑之，不免于乱，何也?"念孙案：既言迷，不当更言乱，此"迷"字盖涉上迷字而衍。"鲁"字当在"不免于乱"上。"今吾以一国虑之，鲁不免于乱"者，以犹与也，言吾与一国虑之，而鲁犹不免于乱也。《韩子·内储说》作"今寡人与一国虑之，鲁不免于乱"，是其证。今本"迷"字重出，"鲁"字又误在"一国"上，则文不成义。(《读书杂志·晏子春秋一》"今

吾以鲁一国迷虑之不免于乱”条）

《墨子·大取》：“爱众众也，（毕云：“此与下‘寡也’，旧俱作‘世’，以意改。”）与爱寡也相若，兼爱之有相若，爱尚世与爱后世，一若今之世人也。”引之曰：“爱众众也”，下“众”字衍，当作“爱众也，与爱寡也相若”；“今之世人”，当作“今世之人”，“今世”与“尚世”、（尚与上同。）“后世”相对为文也。（《读书杂志·墨子四》“爱众众也”条）

按：上三例均因衍文而又误倒，高邮王氏或辨析上下文义，或按全书通例，或比较异文资料，或按上下文例，据以校正。

9. 因脱文而倒

《大戴礼记·帝系》：“颛顼娶于滕氏，滕氏奔之子，谓之女禄。”家大人曰：当作“颛顼娶于滕奔氏，滕奔氏之子，谓之女禄”，今本上“滕奔氏”脱“奔”字，下“滕奔氏”，“奔”字又倒在“氏”字下，今订正。（《经义述闻》卷十二“滕氏、滕氏奔”条）

《战国策·宋策》：“见祥而不为，祥反为祸。”念孙案：“见祥而不为”，当作“见祥而为不可”。“为不可”谓为不善也。（《吕氏春秋·制乐篇》曰：“见祥而为不善，则福不至。”义与此同。）可与祸为韵。今本“为不”二字误倒，又脱去“可”字。《贾子》、《新序》并作“故见祥而为不可，祥反为祸”。（《读书杂志·战国策三》“见祥而不为”条）

《淮南子·人间训》:"夫走者,人之所以为疾也;步者,人之所以为迟也。今反乃以人之所为迟者反为疾。"念孙案:此当作"今乃反以人之所以为迟者为疾",上文曰"此众人所以为死也而乃反以得活",即其证。今本"乃反"二字误倒,又脱一"以"字,衍一"反"字。(《读书杂志·淮南内篇十八》)"今反乃以人之所为迟者反为疾"条)

按:上三例均因脱文而又误倒,王念孙或辨析文义,或比勘异文,或征引类例,据以校正。

五、理错简

错简就是指雕板刻印前以竹简或木简串联编成的简书,其简片前后次序发生错乱的现象。一般地说,错简仅限于秦汉以前的简书,致误之由极其简单,就是编联简片的绳索年久朽断,使简片散乱。孔子读《易》,韦编三绝。这是赞美孔子认真读《易》,勤加翻检,以致编联简书的皮绳三次断裂的故事。而从另一个方面来说,简书的编绳断裂以至于简片散乱的事时有发生。散乱后成堆的简片经重新编定,往往未必能全部正确地恢复原来次序,夹杂其中的错简也随之下传。历经后世传抄,板刻成书,错简已不具有一片或数片竹简的形式,而成为相当于一片或数片竹简上的文字成段地出现在书页中。错简的成段文字,在古书中出现的地方是衍文,而在它原先脱落的位置则是脱文。原本意义上的理错简,就是指将放错位置的一片或数片竹简,重新放回到它原先脱落的位置上。在雕板刻印书的时代，仍然沿用理错简这一说法，就是指要将古书中一段放错位置的文字(在此处是衍文)，放回到它原先被脱落的位置上(在彼处是脱文)。要确定古书中此处的一段文字是衍文，而又正好是彼处的脱文，这样的重新排列与组合，比起那单纯的补脱简、单纯的删衍文，其难度将不知要增加多少。高邮王氏父子凭他们扎实的学术功底和丰富的实践经验，在古书校勘中，成功地校正了很多错简误例。

> 《墨子·兼爱中》："是故诸侯相爱，则不野战；家主相爱，则不相篡；人与人相爱，则不相贼；君臣相爱，则惠忠；父子相爱，则慈孝；兄弟相爱，则和调；天下之人皆相爱，强不执弱，众不劫寡，富不侮贫，(自'君臣相爱'以下至此，凡四十字，旧本误入下文'今天下之士'之下，今移置于此。)贵不敖贱，诈不欺愚。凡天下祸篡怨恨，可使毋起者，以相爱生也，是以仁者誉之。然而今天下之士(自"贵不敖贱"以下至此，凡三十八字，旧本误入上文"君臣相爱"之上，今移置于此。"凡天下祸篡怨恨，可使毋起者，以相爱生也，是以仁者誉之"，旧本脱去"以相爱生也是"六字，案上文云"凡天下祸篡怨恨，其所以起者，以不相爱生也，是以仁者非之"，今据补。)君子曰：("然而今天下之士君子曰"为一句。旧本"君子曰"作"子墨子曰"，此因与下文"子墨子言曰"相涉而误。下文云"然而今天下之士君子曰"，今据改。)然，乃若兼则善矣。虽然，天下之难物于故也。"(《读书杂志·墨子六》"错简六条"之三)

按：本例中有错简一，脱文六字，误文二字。自“君臣相爱”至“富不侮贫”计四十字，自“贵不敖贱”至“天下之士”计三十八字，因错简而上下颠倒。其中脱文六字，按上文同样句式校补；误文二字，按下文同样句式校改。那末校正错简又据何为证呢？王念孙虽未曾明言，但读者仍可体会到，是详审上下文义，知其为错简。因“君臣相爱”、“父子相爱”、“兄弟相爱”、“天下之人皆相爱”等句，与上文“诸侯相爱”、“家主相爱”二句，文同一例，文义相接，把四十字这一段移置于此，正好文义贯通。又因“贵不敖贱，诈不欺愚”二句，与已移置为上文的“强不执弱，众不劫寡，富不侮贫”等三句，文同一例，文义相接，把三十八字这一段移置于此，也正好文义贯通。同时，《兼爱中》上文中有一大段云：

> 是故诸侯不相爱，则必野战；家主不相爱，则必相篡；人与人不相爱，则必相贼；君臣不相爱，则不惠忠；父子不相爱，则不慈孝；兄弟不相爱，则不和调；天下之人皆不相爱，强必执弱，众必劫寡，（按，四字旧脱，从孙诒让校补。）富必侮贫，贵必敖贱，诈必欺愚。凡天下祸篡怨恨，其所以起者，以不相爱生也，是以仁者非之。

按，以上一大段言不兼爱之害，与校正错简后的一大段言兼爱之利，正好相对为文，这就为校正错简找到了最有说服力的证据，是为本证。

《左传》僖公二十五年："赵衰为原大夫，狐溱为温大夫。卫人平莒于我，十二月，盟于洮，修卫文公之好，且及莒平也。晋侯问原守于寺人勃鞮，对曰：'昔赵衰以壶飧从径，馁而弗食，故使处原。'"引之谨案："晋侯"以下二十八字，当在"卫人平莒于我"之前，其曰"故使处原"，正说"赵衰为原大夫"之由也，错简在下耳。(《经义述闻》卷十七"错简二十八字"条)

按：本例通过详审上下文义，校正错简。

此篇(按，指《战国策·秦策二·楚绝齐齐举兵伐楚篇》)记齐伐楚，楚王使陈轸西讲于秦之事，末云："计听知覆逆者，唯王可也。计者，事之本也；听者，存亡之机也。计失而听过，能有国者寡也。故曰：计有一二者难悖，听无失本末者难惑。"念孙案：自"计听"以下五十一字，与上文绝不相属，此是著书者之辞，当在上篇(按，指《秦策二·齐助楚攻秦篇》)"计失于陈轸，过听于张仪"之下。上篇言楚所以几亡者，由于计之失，听之过，故此即继之曰："计听知覆逆者，唯王可也。"唯与虽同，王读如王天下之王。言人主计听能知覆逆者，虽王天下可也。下文云："计失而听过，能有国者寡也。"亦承上篇而言。此篇所记陈轸之言，《史记·张仪传》有之，而独无"计听"以下五十一字，则此五十一字明是上篇之错简也。(《读书杂志·战国策一》"计听知覆逆者以下五十一

字"条)

按:此为隔篇错简之例。详审上下文义,"计听"以下五十一字,与上文陈轸之言绝不相属,而《史记·张仪传》记此陈轸之言,并无"计听"以下五十一字,确知其非陈轸之言;王念孙由此断定此五十一字为著书者议论之辞,与上篇篇末议论之辞文义正密合相接,知其当为上篇之脱简,本篇之错简。

《淮南子·天文训》:"其加卯酉,则阴阳分,日夜平矣。"引之曰:此三句不与上文相承,寻绎文义,当在前"日短而夜修"之下,云"其加卯酉"者,(王弼注《老子》曰:"加,当也。")承"夏日至"、"冬日至"言之,彼言冬夏至,此言春秋分也。言"阴阳分,日夜平"者,承阳胜阴胜、日夜修短言之,言至春秋分则阴阳无偏胜,日夜无修短也。写者错乱在此,今更定其文如左:

夏日至则阴乘阳,是以万物就而死;冬日至则阳乘阴,是以万物仰而生。昼者阳之分,夜者阴之分,是以阳气胜则日修而夜短,阴气胜则日短而夜修。其加卯酉,则阴阳分,日夜平矣。

(《读书杂志·淮南内篇三》"其加卯酉三句"条)

按:王引之详审文义,"其加卯酉"三句,与上文讲述律历的句群文义并不相承,而与前讲述"朝昼昏夜"的句群文义相接,则当移置于"日短而夜修"之下,由此断定为错简。

《汉书·百官公卿表》:“〔地节三年〕七月壬辰,大司马禹下狱要斩。”念孙案:此十二字当在四年下。“七月”二字与上文相复,则其为四年之七月可知。《宣纪》、《外戚表》、《五行志》及《汉纪》、《通鉴》载诛霍禹事皆在四年。(《读书杂志·汉书三》“错简十二字”条)

按:王念孙据《汉书》另三篇记载为本证,他书两例记载为旁证,所载诛霍禹事皆在地节四年,确证表中错了一格。

上诸错简例,其致误之由便是错简,表现在古书刻本中便是一段或一节文字的次序错乱颠倒,高邮王氏父子校正错简的主要依据是辨析疏通文义,其次是依据本书或他书的有关文字佐证。

第四节　对校法

我们在本章引言中说过,校勘必须吃透两头,一是全面了解古书致误之由,一是广搜众本及其相关资料,这才是校勘的根本大法。其他多种多样的具体的校勘方法,可以说都是由此两方面派生而出。本章前三节,就是专讲高邮王氏校勘学据致误之由而用的校勘方法,分为订误字、删衍文、补脱文、乙倒文、理错简等五类。上述校勘五法,正也是对古典校勘学校勘方法的传统分类。

现代校勘学校勘方法的分类,校勘学界一般都采用陈垣《校勘学释例》卷六《校法四例》中所提出的四种校勘方法:

一为对校法。即以同书之祖本或别本对读，遇不同之处，则注于其旁。刘向《别录》所谓"一人持本，一人读书，若怨家相对者"，即此法也。此法最简便，最稳当，纯属机械法。其主旨在校异同，不校是非，故其短处在不负责任，虽祖本或别本有讹，亦照式录之；而其长处则在不参己见，得此校本，可知祖本或别本之本来面目。故凡校一书，必须先用对校法，然后再用其他校法。有非对校决不知其误者，以其文义表面上无误可疑也。（例略）有知其误，非对校无以知为何误者。（例略）

二为本校法。本校法者，以本书前后互证，而抉摘其异同，则知其中之缪误。吴缜之《新唐书纠缪》，汪辉祖之《元史本证》，即用此法。此法与未得祖本或别本以前，最宜用之。予于《元典章》，曾以纲目校目录，以目录校书，以书校表，以正集校新集，得其节目讹误者若干条。至于字句之间，则循览上下文义，近而数叶，远而数卷，属词比事，抵忤自见，不必尽据异本也。

三为他校法。他校法者，以他书校本书。凡其书有采自前人者，可以前人之书校之，有为后人所引用者，可以后人之书校之，其史料有为同时之书所并载者，可以同时之书校之。此等校法，范围较广，用力较劳，而有时非此不能证明其讹误。丁国钧之《晋书校文》，岑刻之《旧唐书校勘记》，皆此法也。

四为理校法。段玉裁曰："校书之难，非照本改字不讹不漏之难，定其是非之难。"所谓理校法也。

遇无古本可据，或数本互异，而无所适从之时，则须用此法。此法须通识为之，否则卤莽灭裂，以不误为误，而纠纷愈甚矣。故最高妙者此法，最危险者亦此法。昔钱竹汀先生读《后汉书·郭太传》，太至南州过袁奉高一段，疑其词句不伦，举出四证，后得闽嘉靖本，乃知此七十四字为章怀注引谢承书之文，诸本皆儳入正文，惟闽本独不失其旧。今《廿二史考异》中所谓"某当作某"者，后得古本证之，往往良是，始服先生之精思为不可及。经学中之王、段，亦庶几焉。若《元典章》之理校法，只敢用之于最显然易见之错误而已，非有确证，不敢借口理校而凭臆见也。①

显然，陈氏校勘四法，实则是现代校勘学据校勘资料而相应采用的校勘方法，也就是校勘的一般方法在掌握校勘资料不同条件下的具体运用。对校法是从本书不同版本资料中找证据，本校法是从本书资料中找证据，他校法是从有关本书的他书资料中找证据，理校法则是脱离本书资料和他书中有关本书的资料而进入有关疑难的某一专门知识领域中找证据。校勘的正误是非，一切都要用证据说话。只有找出证据，才能校正讹误。下面，我们对高邮王氏校勘学按由校勘资料而定的校勘方法，即对校法、本校法、他校法、理校法作分类述评。

① 陈垣《校勘学释例》，上海书店出版社 1997 年版第 118—122 页。

六、核版本

核版本，是具体运用对校法的通俗说法，就是用同书不同版本进行对校，这是校勘方法中最基本的一种方法。有些误例，从文字表象看，文通字顺，看不出讹误，只有通过版本对校，才能发现讹误，然后依据善本校正。因此，凡校一书，必须先用对校法，然后才用其他校法。高邮二王虽属理校学派，但是他们非常重视版本对校，严格按此校勘程序办事。

核版本，首先就要广泛搜集同书的不同版本。如果没有不同的版本，也就无从对校了。对校法，实则是比较异同。在这些本子中选择一个错误相对较少的本子作为底本，然后用其他本子校勘。王念孙《广雅疏证叙》云："《广雅》诸刻本以明毕效钦本为最善，凡诸本皆误而毕本未误者，不在补正之列。"即以毕效钦本为底本，而以诸本为参校本。据书中记载，用以参校的《广雅》版本有：曹宪音释本、影宋本、皇甫录本、吴琯本、胡文焕本、郎奎金本、段玉裁校本等；晚年作《广雅疏证补正》时，曾参考过钱大昭注本，因补正中有直接引用钱大昭校正二例。王念孙校读《荀子》，在卢文弨校宋吕夏卿本、刘台拱补卢校的基础上，又得陈奂所抄录宋钱佃本、龚自珍提供的宋龚士禼《荀子句解》本、元刻本、明世德堂本、清谢氏刻本、郝懿行《荀子补注》本等互相参校，成《读荀子杂志》八卷；书付梓后，又得顾广圻手录宋吕夏卿、钱佃二本异同，"乃知吕本有刻本、影钞本之不同，钱本亦有二本；不但钱与吕字句多有不同，即同是吕本，同是钱本，而亦不能尽同。择善而从，诚不可以已也。"(《读荀子杂志补遗叙》)并据以补校，又成《荀子补遗》

一卷。王念孙《读淮南杂志叙》云："余未得见宋本，所见诸本中唯道藏本为优，明刘绩本次之，其余各本皆出二本之下。"校勘《淮南子》即以道藏本为底本，以明刘绩本、朱东光本、茅一桂本、清庄伯鸿本、汉魏丛书本等为参校本。王念孙未见《淮南子》宋本，《读淮南内篇杂志》二十二卷成书后，又曾求顾广圻详识宋本与道藏本不同之字及其平日校订是书之讹录以见示，并据以补校，成《淮南内篇补》一卷，其内容包括《顾校淮南子各条》、《淮南子宋本未误者各条》、《淮南子宋本之异者各条》三部分。对此，王引之赞扬顾广圻"所订诸条，其心之细，识之精，实为近今所罕有，非熟于古书之体例而能以类推者，不能平允如是"。又说："家大人既以数年之力，校成《淮南杂志》，而又得文学所校以补而缀之，盖至是搜剔靡遗矣。"(《补刊顾涧蘋校淮南子序》)由以上事例可见，高邮王氏凡校一书，必先广求众本，对于未见的善本，则设法请友人抄录见示，他们十分重视版本对校，择善而从。

高邮二王校勘古书，在《广雅疏证》的校记中留下了较多的关于版本对校的记录，这是因为在二王之前，尚未有人对《广雅》一书做过全面而系统的校勘整理工作。而在《读书杂志》、《经义述闻》的校记中，关于版本对校的记录则相对较少，这是因为二王所校的经传、古史子等书，其经传古今已有众多校本，无庸详说，即古史子书，也大多已由前人或时贤校勘过。例如《史记》一书，在王念孙校前，已有时贤钱大昕《史记考异》、梁玉绳《史记志疑》问世；《管子》一书，唐尹知章、明刘绩、朱东光、赵用贤等，都有校刻本传世，时贤孙星衍、洪颐煊也先校勘过；《墨子》一书，前人未及校勘整理，在王念孙校前，时贤卢文弨、孙星衍、毕沅都下功夫校理过；《晏子春秋》一书，已由时贤孙星衍、卢文弨、顾广圻等先后校勘过，王念孙“唯旧校所未及及所校尚有未确者，复加考正”(《读晏子春秋杂志叙》)。高邮王氏校勘古书，版本对校的记录，与前人时贤所得大同小异，而凡所同者，一从刊削，这样，正式公布的校记中关于版本对校的记录自然就少了。如果有，那就是一为对前人时贤对校的检漏，即“旧校所未及者”；二为纠正前人时贤对校中的判断失误或去取不当，即“所校尚有未确者”。下面我们对上述三种情况分别举例说明。

1. 择善而从

择善而从，就是对于核版本所得的各种异文，加以比较和鉴别，而选择其中最古而又最近理的一种，作为校改的证据。对校学派重视版本根据，他们的校勘方法以对校为主，故注重古本、旧本。一般说来，古本、旧本要比后出的本子讹误少一些，因为传抄翻刻愈多，那末讹误也愈多。但是不能以为古本、旧本就一定是正确的，不能迷信古本、旧本。理校学派也重视版本根据，他们搜集各种版本上的异文，作为考订的对象，校勘的资料证据。具体地说，他们重视的是版本上的异文，而不管这一异文所出的版本是否最古。他们既以订正为目标，就要求具体分析异文，判断是非，择善而从。高邮王氏《广雅疏证》中的版本对校，正是这一校勘理念的体现。

《广雅·释诂》：“祓，除也。”〔疏证〕祓者，《说文》：“祓，除恶祭也。”《周官·女巫》：“掌岁时祓除衅浴。”《大雅·生民篇》：“以弗无子。”郑笺云：“弗之言祓也，祓除其无子之疾而得福也。”《檀弓》云：“巫先拂柩。”祓与拂、弗亦通。祓，毕本、吴本讹作祓，胡文

焕本又讹作拔，惟影宋本、皇甫本不讹。（《广雅疏证》卷三下）

《广雅·释水》："舣，舟也。"〔疏证〕舣，与上艖字同。《玉篇》："舣，艁也。"《广韵》云："小船也。"舣，曹宪音叉。影宋本、皇甫本舣字讹作舟、叉二字，双行并列；毕、吴诸本叉字复讹作又。今据曹宪音订正。《集韵》引《广雅》："舣，舟也。"又其一证矣。（《广雅疏证》卷九下）

《博雅音》卷三："掕，落登，又陵。"王念孙校：此言掕音落登反，又音陵也。影宋本以下又字讹作义，郎本遂改为義，谬甚。今订正。

《博雅音》卷一："𣪊，奴候，《春秋》之𣪊乌菟。"王念孙校：乌与於同。各本乌讹作鸟，又脱去菟字。今依段氏若膺校本补正。

按：以上四例，其第一例据影宋本、皇甫录本作"袚"，与所引书证相符，以此校正毕效钦本、吴琯本作'栊'、胡文焕本作"拔"之讹字。其第二例以曹宪音作"舣，舟也"，与《玉篇》、《广韵》"舣"字解释相符，与《集韵》引《广雅》同，以此校正影宋本、皇甫录本"舣"字分作"舟、叉"二字，毕效钦本，吴琯本等诸本"叉"字并改作"又"字之讹误。其第三例以曹宪音释本作"又陵"为是，校正影宋本、皇甫录本、吴琯本、胡文焕本等"又"字作"义"，郎奎金本进而改"义"为"義"之讹误。其第四例，各本皆讹作"《春秋》之𣪊鸟"，唯段玉裁本校作"《春秋》之𣪊乌菟"。显而易见，这是据《春秋左传》宣公四年："楚人谓乳𣪊，谓虎於菟，故命之曰鬥𣪊於菟。"而作的补正。段校正确，王氏即以段氏校本为据，将各本“乌”讹作“鸟”字，又脱去“菟”字，作了补正。由以上四例可见，高邮王氏在《广雅》版本对校中，不论是古本旧本，还是今人校本，只要它说得对，就依它为证据，真正做到了实事求是，择善而从。

2. 对校捡漏

高邮王氏校勘经传、古史子书，大多已由前人或时贤校勘过，而他们遵循校勘程序，仍然从对校做起。高邮王氏尊重前人或时贤的校勘成果，但并不一味盲从。这是一则由于古书篇幅浩繁，版本纷纭，校勘难以周遍；二则由于各人所用底本不同，参校本亦有同有异，难免会漏略掉一些版本异文。这两种情况，都有可能导致对校中出现疏漏。高邮王氏在校勘古书时，发现前人或时贤在版本对校中的疏漏，则加以补正。

《管子·形势》：“蛟龙得水而神可立也，虎豹得幽而威可载也。”念孙案：“得幽”，当依明仿宋本及朱东光本作“托幽”，此涉上句“得”字而误，后《形势解》正作“托幽”。（《读书杂志·管子一》“得幽”条）

按：王念孙以明仿宋本及朱东光本为版本根据，校改“得幽”为“托幽”，并指出他本致误之由，更引《形势》之姊妹篇《形势解》之异文为本证。《管子·形势解》云：“虎豹，兽之猛者也，居深林广泽之中，则人畏其威而载之……故曰：虎豹托幽而威可载也。”所引正作“托幽”，而“居深林广泽之中”句，正是对“托幽”的解释。王氏之校正，确不可易。

《荀子·修身》：“君子之求利也略，其远思也

早。"卢补校云:"'远思',疑当是'远患'。"念孙案:宋钱佃本作"远害"。(《读书杂志·荀子一》"远思"条)

按:卢文弨据影钞宋本吕夏卿本为底本,以"远思"为非,并从文义、字形两方面考虑,疑当是"远患"。卢文弨不愧为校勘大家,他的猜测有一定的道理,显露了他的学识和睿智,然而毕竟缺乏必要的版本根据,只能是一种合理的假设。王念孙校:"宋钱佃本作'远害'。"这就有了很强说服力的版本根据,而且"害"与"利"在文中正对文反义。嗣后,顾广圻手录吕、钱二本异同见示,云:"吕本作'远害',与钱本同。"顾氏手录为宋吕夏卿本刻本,原作"远害",与宋钱佃本同,则卢氏所校为影钞宋本吕夏卿本所误也。

《淮南子·氾论训》:"必有独闻之耳,独见之明,然后能擅道而行矣。"念孙案:刘本"耳"作"聪",是也。《文子·上义篇》正作"独闻之聪"。(《读书杂志·淮南内篇十三》"独闻之耳"条)

按:王念孙改"耳"为"聪",既有明刘绩本之版本根据,又有《文子·上义篇》之异文为证,其校正有据。刘文典《淮南鸿烈集解》云:"按王说是也。《群书治要》引,'耳'作'聪',文虽小异,'耳'之为坏字益明矣。"此言"聪"字坏脱其右半而讹为"耳"字。文中"独闻之聪"与"独见之明"相对为文,"聪"、"明"同为形容词,如作"耳"为名词,则与"明"不对矣。

《史记·五帝本纪》:"动静之物,小大之神。"念孙案:"小大",当从宋本作"大小"。(此吴氏荷屋所藏单刻集解宋本也,其缺者则以兼刻索隐本补之,是以二本各存其半,此之所有,即彼之所无,然皆系宋椠,故可宝也。)写者误倒耳。正义先释"大",后释"小",则本作"大小"明矣。《群书治要》引此正作"大小",《大戴礼》同。(《读书杂志·史记一》"小大"条)

按:王念孙校改"小大"为"大小",有宋本为强有力的版本根据,同时又举出三例证作为旁证。后张文虎校订的金陵局本亦定为"大小"。

以上四例,都是王念孙在旧校基础上的对校捡漏,凸现他心之细,识之精,也更显出王校的难能可贵。

3. 纠正旧校失误

校勘者在版本对校过程中,尽管所用的众多版本大体各家都有,但是由于各人主观认识的不同,各家所得校勘结论就不会完全一致,有时也可能会出现差错。对于前人时贤在版本对校中出现的判断失误或去取不当,王念孙则加以纠正。

《荀子·王霸》:"暗君者,必将急逐乐而缓治国。"(宋吕本如是。)钱本及元刻、世德堂本"急"并作"荒"。卢从吕本。念孙案:《逸周书·谥法篇》曰:"好乐怠政曰荒。"《管子·戒篇》曰:"从乐而不反谓之荒。"故曰"荒逐乐"。宋监本作"急逐乐"者,据上文改之也。吕本多从监本。钱本及元刻则兼从建本,其作"荒逐乐",盖亦从建本也。《群书治要》正引

作“荒作乐”。(《读书杂志·荀子四》“急逐乐”条)

按：卢文弨从宋吕夏卿本作“急逐乐而缓治国”，并且同篇上文已有二处亦作“急逐乐而缓治国”句，似可作为本证。然而，王念孙通过版本对校，宋钱佃本、元刻本、明世德堂本“急”并作“荒”。据《逸周书·谥法篇》、《管子·戒篇》对“荒”字的解释，似作“荒逐乐”于义为长。而唐魏徵《群书治要》引作“荒作乐”，可见唐初《荀子》此句本亦作“荒”而不作“急”。宋监本作“急逐乐”，是据同篇上文改之，吕本从之。从版本源流上讲，作“荒逐乐”者，自唐初以来，传承有序，更为近真。

《战国策·东周》：“温人之周，周不内，客即对曰：‘主人也。’”姚宏校本曰：“一本：‘周不内，问曰：“客邪？”对曰：“主人也。”’《韩非子》文与一本同。(见《说林篇》。)”念孙案：一本是也。俗书“邪”字作“耶”，“卽”字作“即”，二形相近，故“邪”讹为“即”；又脱去“问曰”二字耳。“问曰：‘客邪？’”与“对曰：‘主人也。’”相对为文。若无“问曰”二字，则“对”字之义不可通。(《读书杂志·战国策一》“客即对曰”条)

按：南宋姚宏校《战国策》，底本用北宋曾巩本，而在此则校记中客观地记录了不题校人之“一本”异文，并云：“《韩非子》文与一本同。”王念孙校此，即以“一本”为是，并从文义、字形入手，分析异文，指出姚宏本正文致误之由。还用夹注说明，“《韩非子》文与一本同”者，即《说林篇》。今本《韩非子·说林上》云：

温人之周，周不纳客。（顾广圻曰："句绝。"）问之曰："客耶？"对曰："主人也。"（顾广圻曰："《周策》无'问之曰客'四字，'耶'作'即'，非。姚校一本同此者是。"）

顾校《说林篇》与王校《东周策》，所得结论相同，都以姚校不题校人之"一本"与《韩非子·说林篇》文相同者为是，由此亦可证王校之确切。

《史记·老子韩非列传》："姓李氏，名耳，字伯阳，谥曰聃。"念孙案：史公原文本作"名耳，字聃，姓李氏"，今本"姓李氏"在"名耳"之上，"字聃"作"字伯阳，谥曰聃"，此后人取神仙家书改窜之耳。案索隐本出"名耳，字聘，姓李氏"七字，注云："案许慎云：'聃，耳曼也。'故名耳，字聃。有本字伯阳，非正也。老子号伯阳父，此传不称也。"据此，则唐时本已有作"字伯阳"者，而小司马引《说文》以正之，取古人名字相配之义，而不从俗本，其识卓矣。又案《经典释文序录》曰："老子者，姓李，名耳，字伯阳，《史记》云字聃。"《文选·征西官属送于陟阳侯诗》注引《史记》曰："老子字聃。"《游天台山赋》注及《后汉书·桓帝纪》注，并引《史记》曰："老子名耳，字聃，姓李氏。"则陆及二李所见本，并与小司马本同。而今本云云，为后人所改窜明矣。又案《文选·反招隐诗》注引《史记》曰："老子名耳，字聃。"又引《列仙传》曰："李耳，字伯阳。"然则"字伯阳"乃《列仙传》文，非《史记》文也。若史公以老子为周之伯阳父，则不当列于管仲之后矣。(《读书杂志·史记四》"姓李氏名耳字伯阳谥曰聃"条)

按：王念孙据明季毛氏单刻索隐本作"名耳，字聃，姓李氏"，为版本根据，以证今本作"字伯阳"之讹。唐司马贞索隐引《说文》"聃，耳曼也"，以证"名耳，字聃"，合乎古人名字相配之义，从而否定唐时已讹作"字伯阳"之俗本。王念孙还举出陆德明《释文序录》、李善《文选》注、李贤《后汉书》注引《史记》作"字聃"，以证陆及二李所见本并与司马贞索隐本同，是为旁证。王念孙又追根究底，找出今本致误之由，所谓"字伯阳"者，为后人取神仙家书《列仙传》文改窜之，实非《史记》文也。

《汉书·高纪》："上问医曰：'疾可治不?'医曰：'可治。'"念孙案：景祐本作："上问医。(句。)曰：'疾可治。'(句。)"无"不医曰可治"五字，是也。"上问医"者，问疾之可治否也；"曰疾可治"者，医言可治也。《史记》作："高祖问医。医曰：'病可治。'"是其证。后人误以"上问医曰"连读，则下文义不可通，故增此五字耳。宋祁亦曰："旧本及越本，并无'不医曰可治'五字。"(《读书杂志·汉书一》)"疾可治不医曰可治"条)

按：王念孙以北宋景祐本为版本根据，删去今本衍文"不医曰可治"五字。指出今本致误之由，是由于后人不明句读，误以“上问医曰”四字连读，则下文义不可通，故增此五字。引北宋宋祁曰：“旧本及越本，并无‘不医曰可治’五字。”并引《史记·高祖本纪》异文，作为旁证。今中华书局《汉书》校点本，即据王校断句并删去衍文(见《汉书》，中华书局1983年印，第1册卷一下第78—79页)。

以上四例，王念孙在古书的版本对校中，对前人时贤旧校中的判断失误或去取不当，提出自己的不同看法，并加以纠正。

第五节　本校法

本校法是以本书校本书的校勘方法，即以本书为资料来校正本书中的讹误。汉刘向《别录》云：“一人读书，校其上下，得谬误，为校。”(《文选·魏都赋》李善注转引《风俗通》引)通读一本书的上下(包括书名、目录、篇题、正文、自序等)，发现其中讹误而校正，这正是后来所说的本校法。本校法实则是分析和考证，它的先决条件是对本书进行全面而深入的了解和研究。一本书是一个整体，在各个组成部分之间，在语言形式和思想内容方面，它们总是相互联系，相互制约，相互类聚，相互呼应。在没有本书不同的版本和他书有关本书的资料可供比较的情况下，在本书范围内找出有关资料进行比较，例如上下文互校，不同篇章互校，正文与篇题互校，正文与自序互校，循求本书特有通例，根据上下文义，相同相近的句式，相同的词语，进行分析和考证，依据本书中的证据来校勘本书中的讹误。

七、审文义

一篇或一段有组织的文章，它的每一字、词、句、段，都服务于全书总体的思想内容，总是与上下文有着紧密联系，前后相互呼应，而不是孤立的。在没有本书不同的版本和他书有关本书的资料可供比较的情况下，根据本书的总体思想，对本书中同类内容的前后不一致现象，上下文义互相乖违情况，章节结构矛盾、脱节欠缺或者节外生枝等等疑难问题，进行逻辑类推分析，以合乎本书总体思想内容的字、词、句、段考订校正不合的字、词、句、段。这就是通过审文义，观察上下文之间的前后呼应，并确定句读，以校正那些不合文义的各种讹误。

1. 观前后呼应

《逸周书·芮良夫》："商纣不道夏桀之虐，肆我有家。"念孙案："不道"，本作"弗改"，此后人不晓文义而改之也。桀以虐失天下，是纣之所闻也，而其虐仍与桀同，故曰"弗改夏桀之虐"。下文云："尔闻尔知，弗改厥度。"正与此"弗改"相应。（见下"脱文十二"一条内。）《大戴记·少间篇》曰："纣不率先王之明德，乃上祖夏桀行以为民虐。"即此所谓"弗改夏桀之虐"也。若云"商纣不道"，则与"夏桀之虐"四字了不相涉矣。《群书治要》正作"商纣弗改夏桀之虐"。"肆我有家"，亦当从《治要》作"肆我有周有家"。肆，故也。有家，有国家也。（《般庚》曰："乱越我家。"《金縢》曰："昔公勤劳王家。"《周颂·桓》曰："克定厥

家。”）言唯商纣弗改夏桀之虐，故我有周得有此国家也。（《读书杂志·逸周书四》“不道、肆我有家”条）

按：上文云“商纣弗改夏桀之虐”，下文云“尔闻尔知，弗改厥度”，两“弗改”在篇中正前后呼应。若作“商纣不道”，则与“夏桀之虐”联系不起来，“夏桀之虐”四字就成了多余的衍文。“商纣弗改夏桀之虐，肆我有周有家。”这是一个因果复句，若“弗改”误作“不道”，则破坏了两个分句前因后果的关系。从上下文义的前后呼应来看，“不道”当作“弗改”，又得《群书治要》寄生材料为旁证，就更有说服力。

《荀子·大略》：“仁非其里而虚之，非礼也；义非其门而由之，非义也。”杨注曰：“虚读为居，声之误也。”念孙案：虚当为處，字之误也。下文云：“君子处仁以义。”是其证。（陈说同。又引《论语》“里仁为美”、“择不处仁”。）又案，杨云：“仁非其里，义非其门，皆谓有仁义而无礼也。”卢云：“‘非义也’，亦当为‘非礼也’。”案，杨、卢之说皆非也。“非礼也”，当作“非仁也”。（刘说同。）“非义也”，义字不误。此文云：“仁非其里而处之，非仁也；义非其门而由之，非义也。”下文云：“君子处仁以义，然后仁也；行义以礼，然后义也。”前后正相呼应，以是明之。（《读书杂志·荀子八》“虚之、非礼也、非义也”条）

按：此以上下文义是否前后呼应为根据，改正文中讹字。

《汉书·王嘉传》:“事下将军中朝者,光禄大夫孔光、左将军公孙禄、右将军王安、光禄勋马宫、光禄大夫龚胜劾嘉迷国罔上不道,请与廷尉杂治,胜独以为嘉坐荐相等罪微薄,(今本脱“罪”字,依《汉纪》补。)以应迷国罔上不道,恐不可以示天下。”念孙案:“劾嘉”之上,不当有“光禄大夫龚胜”六字;下文“胜独以为”上,当有“光禄大夫龚”五字。此谓诸臣皆劾嘉迷国罔上,而光禄大夫龚胜独以为不然,故师古曰:“孔光以下众共劾嘉,而胜独为异议也。”若“劾嘉”上有“光禄大夫龚胜”六字,则与“胜独以为”之语相反。校书者不知此六字之为衍文,反删去下文之“光禄大夫龚”五字,斯为颠倒矣。《汉纪·孝哀纪》云:“事下将军中朝者,皆劾嘉迷国罔上不道,光禄大夫龚胜独以为嘉坐荐相等,罪微薄,应以迷国罔上不道,不可以示天下。”足证今本之误。又《龚胜传》云:“左将军公孙禄、司隶鲍宣、光禄大夫孔光等十四人,皆以为嘉应迷国不道法,胜独曰:‘嘉举相等,过微薄。’”尤足与此传互相证明。(《读书杂志·汉书十三》“光禄大夫龚胜、胜独以为”条)

按:众臣皆劾王嘉迷国罔上,而龚胜独为异议,则劾嘉之众臣名单中不当有龚胜之名;若有之,则上下文义自相矛盾矣。故王念孙认定“劾嘉”之上“光禄大夫龚胜”六字为衍文,并证之以记载同一内容的同书《龚胜传》,可为本证;又《汉纪·哀帝纪》,可为旁证。

以上三例,都是审上下文义,观前后呼应,通过分析和考证,校正书中讹误。

2. 据对文校勘

对文亦称对言、相对为文。古文相同句式中,特别是上下对偶句中,相对为文之字(词),其义往往相同、相对或相类,这是受上下文中句与句之间的制约关系而决定的。上下相对为文的两个句子,句式相同,句子的语法结构也相同,因此两句中处在相同位置上互相对应的字(词)往往词性相同,而在意义上也有联系,或同义、或反义,或意义范畴相类。根据对文关系的这种特点,我们就能校正其中文义不协的字(词)。

《荀子·成相》:"上能尊主爱下民。"念孙案:"爱下民",当作"下爱民",与"上能尊主"对文。《不苟》、《臣道》二篇并云:"上则能尊君,下则能爱民。"是其证。(《读书杂志·荀子八》"爱下民"条)

按:"上能尊主下爱民",为句中对文,若"下爱民"倒作"爱下民",则与上文"上能尊主"不对矣。又引同书另外两篇的文义和句式均相同的对文例句为证,所改确切。

《史记·燕召公世家》:"燕北迫蛮貉,内措齐晋。"念孙案:"北"当为"外",字之误也。隶书外字或作外,(见《汉司隶校尉鲁峻碑》。)形与北相近,因误为北。"外迫"、"内措",相对为文。蛮貉,故言外;齐晋为中国诸侯,故言内。若云"北迫",则与下句不对矣。又索隐曰:"措,交杂也。又作错。刘氏云:争陌反。"(各本"争陌反",讹作"争错也",今据索隐单行本订正。)案,刘音是也。措者,迫也。字本作笮,(《说文》:"笮,迫也。"《小雅·雨无正》笺曰:"甚急笮且危。")或作筰,(《周官·典同》:"侈声筰。"郑注曰:"声迫筰"。)又作迮。(《文选·叹逝赋》注引《声类》曰:"迮,迫也。"《释名》曰:"笮,迮也,编竹相连迫迮也。")《史记》、《汉书》通作措。《汉书·梁孝王传》:"李太后与争门措指。"(《史记》同。)晋灼曰:"措置字,借以为笮耳。"师古曰:"谓为门扇所笮。"《王莽传》:"迫措青徐盗贼。"师古曰:"措,读与笮同。"皆其证也。"外迫蛮貉,内措齐晋",措亦迫也,小司马读为交错之错,失之。《风俗通义·皇霸篇》曰:"燕外迫蛮貊,内笮齐晋。"即用《史记》之文。(《读书杂志·史记三》"北迫、内措"条)

按:"燕外迫蛮貉,内措齐晋",上下句相对为文,若云"北迫",则与下句"内措"不对矣。"外"误为"北",隶书字形相似而误,其有类例。又引《风俗通义》称引异文亦作"外迫",证成其说。

《汉书·淮南衡山济北传》:"一尺布,尚可缝;一斗粟,尚可舂。兄弟二人,不相容。"臣瓒曰:"一尺布可缝而共衣,一斗粟可舂而共食,况以天下之广而不相容也。"念孙案:正文注文之"不相容",皆本作"不能相容"。此歌上四句皆三字,下二句皆四字,且"不能"与"尚可"对文,则"能"字断不可少。今本正文注文皆无"能"字者,正文脱"能"字,而后人并删注文也。《太平御览·布帛部七》引此无"能"字,则所见本已误。《世说新语·方正篇》注及《艺文类聚·布帛部》,引此皆有"能"字,《史记》同。(高诱《鸿烈解叙》亦同。)又《史记》集解引瓒注亦有"能"字。(《读书杂志·汉书九》"不相容"条)

按:作为歌谣,押韵和整齐,是其固有特点。此歌上四句皆三字,下二句皆四字,且"不能"与"尚可"对文。若无"能"字,则句法参差,并与上文"尚可"不对矣。而先于《汉书》记载同一内容的《史记》有"能"字,《世说新语》注及《艺文类聚》引此皆有"能"字,又《史记》集解引臣瓒注亦有"能"字,皆可作旁证,则念孙所校为是。

以上三例,都是审上下文义,据对文校勘,通过分析和考证,校正其中讹误。

3. 明字词古义

古书中的字词多古义,而流传既久,讹误滋多,若据误字强为之解,动辄抵忤。审上下文义,必须明了其中的字词古义,以此校正误字,求得确解。

《管子·法法》:"号令必著明,赏罚必信密。"念孙案:"密",本作"必",后人罕闻"信必"之语,故以意改之。不知"信必"者,信赏必罚也。《八观篇》曰:"赏庆信必,则有功者劝。"《九守篇》曰:"刑赏信必于耳目之所见。"《版法解》曰:"无遗善,无隐奸,则刑赏信必。"皆其证。(《读书杂志·管子三》"信密"条)

按:“信密”不词,“密”当为“必”,字之误也。信必,犹言诚实不欺,必定做到。法家主张“信赏必罚”(《韩非子·外储说右上》),“信赏以尽能,必罚以禁邪”(《韩非子·外储说左下》),谓“有功必赏,有罪必诛”(《管子·七法》),做到赏罚严明。故《管子·法法》云:“号令必著明,赏罚必信必。”这是说,令行禁止,信赏必罚,是公开、公平、公正之事,并非秘密,无须保密,若云“信密”,则词不达意矣。《管子·九守》云:“用赏者贵诚,用刑者贵必。”(《六韬·赏罚篇》、《鬼谷子·符言篇》“诚”皆作“信”。)诚亦信也,诚(信)与必对文,可证作“信必”为是。王念孙连引《管子》书中作“信必”三例,是强有力的内证。

《荀子·仲尼》:“文王诛四,武王诛二,周公卒业,至于成王,则安以无诛矣。”念孙案:“安”下本无“以”字,此后人不知“安”为语词而误以为安定之安,故妄加“以”字耳。《大略篇》:“至成康则案无诛已。”(“案”亦语词。)“案”下无“以”字,是其明证。(《读书杂志·荀子二》“安以无诛”条)

按:此例为后人不知“安”字为语词而于其下妄增“以”字,造成衍文。王念孙据“安”字为语词删去衍文“以”字,并引同书《大略篇》篇章异文为证,则持之有故,言之成理。

《汉书·朱买臣传》:“其故人素轻买臣者入视之。”景祐本“入”下有“内”字。念孙案:景祐本是也,今本无“内”字者,后人不晓古义而删之耳。“入内”,即上文所云“入室中”也。古者谓室为内,故谓入室为入内。《武纪》云:“甘泉宫内中产芝。”(师古曰:“内中,谓后庭之室也。”)《淮南传》云:“闭大子使与妃同内。”《鼂错传》云:“家有一堂二内。”皆是也。(其他书谓室为内者甚众,具见《经义述闻》“子有廷内”下。)《太平御览·职官部五十七》引此正作“入内视之”。室谓之内,故卧室谓之卧内。《卢绾》及《楚元王传》并云:“出入卧内。”《周仁传》云:“入卧内。”《霍光传》云:“皆拜卧内床下。”《金日磾传》云:“直趋卧内,欲入。”《史丹传》云:“直入卧内。”皆是也。而师古注《霍光传》云:“天子所卧床前。”注《金日磾传》云:“天子卧处。”皆未晓“卧内”二字之义。(《读书杂志·汉书十一》“入视之、卧内”条)

按:此例为后人不晓“内”字古义而妄删之,王念孙据“内”字古义及上下文义而补足脱文,并引《艺文类聚》寄生材料为旁证,更引同书中谓室为内、卧室为卧内的大量用例为证,具有充足的说服力。

以上三例,都是通过明了字词古义而疏通上下文义,以此校正书中讹误。

4. 解句读难点

正确断句,是正确理解文义的基础。由于古书文句深奥或文字有误,就会给断句带来困难。如何解决古书中句读难点,先师洪诚先生说:“先易后难,分析上下文义解决难点。点句遇到难通的地方,先把能点断的地方点断,读完全篇,再解决难点。理解了全文的意义,有些难点自然迎刃而解。因为局部的问题和整体的意义相联系,前后进行比较就可以明确。

一句与一章一篇相联系，一篇与全书中其他的篇章也有联系。本句难懂，读完一篇就易懂；抽读全书中某一篇发生疑难，如果从头读来不一定会发生疑难。当然要细心阅读，才能贯通全文。”[①]这虽然是从训诂的角度来说断句，但也同样适用于对句读的校正。在没有本书不同的版本和他书有关本书的资料可供比勘的情况下，在本章、本篇直至本书全书范围内找出有关资料进行比较，据此既校正书中的文字讹误，同时也解决句读难点。

《管子·明法》：“比周以相为匿，是忘主死交以进其誉。”尹读“比周以相为匿是”为句，注云：“比周者，凡有公是之事皆匿而不行也。”其说甚谬。此当读“比周以相为匿”为句，“匿”亦与“慝”同。“比周以相为慝”，犹言朋比为奸也。“是”下当有“故”字，后《明法解》作“比周以相为慝，是故忘主死佼以进其誉”，是其明证也。又案，“忘主死交”，《韩子·有度篇》“死”作“外”，是也，故《明法解》云：“群臣皆忘主而趋私交。”“外”、“死”字相近，故“外”讹作“死”。尹注云：“为交友致死。”非也。刘以“死”为“私”之误，亦非也。（《读书杂志·管子一》“比周以相为匿是忘主死交以进其誉”条）

按：王念孙从《管子·明法篇》的姊妹篇《明法解》中，找到相同的句子为篇章异文，两相比较，句中“匿”作“慝”，是奸

① 洪诚《训诂学》第二章第六节，江苏古籍出版社 1984 年版第 60 页。

慝义而非藏匿义;“交”作“佼”,“佼”为“交”之通假字;“是”下有“故”字,“是故”为连词,犹因此,所以,“是”当下属为句。这样,既补足了脱文,也解决了句读难点。

《晏子春秋·内篇谏上》:“公曰:‘若是,孤之罪也。’”念孙案:“若”当为“善”。“公曰‘善’”者,善晏子之言也。“是孤之罪也”,别为一句,不与上连读。《外篇上》记景公命去礼晏子谏之事,略与此同,彼文亦作“公曰‘善’”也。今本“善”作“若”,则既失其句,而又失其义矣。“善”、“若”字相似,又涉上文“若欲无礼”而误。(《谏下篇》“善其衣服节俭”,《杂下篇》“以善为师”,今本“善”字并误作“若”。)(《读书杂志·晏子春秋一》“若是孤之罪也”条)

按:王念孙举出《晏子春秋·内篇谏上》“景公饮酒酣愿诸大夫无为礼晏子谏第二章”的姊妹章,即《外篇上》“景公饮酒命晏子去礼晏子谏第一章”,两章大旨相同,仅辞有详略耳。《外篇上》第一章作“公曰‘善’”,以此校正《内篇谏上》第二章中之“若”当为“善”,同时也校正了句读。

《荀子·非相》:“志好之,行安之,乐言之,故言君子必辩。”杨读“故言”为一句而释之曰:“所以好言说,以此三者也。”念孙案:杨说非也,“故君子必辩”为一句,“故”下本无“言”字,此言君子志好之,行安之,乐言之,是以必辩也。上文云:“故君子之于言也,志好之,行安之,乐言之,故君子必辩。”是其证。

今本作“故言君子必辩”，“言”字乃涉上文而衍。杨断“故言”为一句以结上文，则“君子必辩”四字竟成赘语矣。（《读书杂志·荀子二》“故言君子必辩”条）

按：此例以本篇上下文互校，删去衍文而校正句读。

以上三例，都是以本书资料为证，既据以校正讹误，同时也解决了句读难点。

八、校上下

刘向《别录》云：“一人读书，校其上下，得谬误，为校。”（《文选·魏都赋》李善注转引《风俗通》引）这里的“上下”，从广义上来说，即是指全书的各个组成部分，包括书名、目录、篇题、正文、自序等。因此，所谓“校其上下”，就是在本书范围内找出有关资料进行比较，例如同一篇章的上下文互校，不同篇章的异文互校，正文与篇题互校，正文与自序互校，全书中相同的句式互校，相同的词语互校等，并对此进行分析和考证，依靠本书中的证据来校勘本书中的讹误。

1. 同篇章上下文互校

《墨子·尚贤中》：“故（一本作“胡”。）不察尚贤为政之本也？”卢云：“当云‘尚贤之为政本’。”念孙案：卢说非也。下文曰：“胡不察尚贤为政之本也？且以尚贤为政之本者，亦岂独子墨子之言哉？”与此文同一例，则不得倒“之”字于“为政”上矣。“故”与“胡”同，故下文又曰：“故不察尚贤为政之本也？”（今本脱“为”字。)《管子·侈靡篇》:“公将有行,故不送公?”亦以“故”为“胡”。(《读书杂志·墨子一》“故、尚贤为政之本”条)

按:《尚贤中》同篇下文有两处也作“胡不察尚贤为政之本也”,其中一句作“胡”,一句作“故”,“故”与“胡”通,文同一例。王念孙据此驳正卢文弨之误校。

《晏子春秋·内篇问上》:“行己不顺,治事不公,不敢以莅众。”念孙案:“行己”,本作“身行”,(“行”读去声。)此后人习闻“行己”之语,而罕见“身行”之文,故改之耳。不知“身”即“己”也,(《玉篇》:“己,身也。”)下文“身行顺,治事公”,正承此文言之。未见全文而辄以意改,粗心人大抵皆然。《群书治要》正作“身行不顺”。(《读书杂志·晏子春秋一》“行己”条)

按:此例为同章上下文以正反两方面述说同一事件,则同一事件称说当同,据以校正误字;再佐以类书寄生材料为旁证,增加了说服力。

《荀子·王霸》:“内不修正其所以有,然常欲人之有。”又下文:“不好修政其所以有,(今本“修”误作“循”,据上文改。“政”与“正”同。)啖啖然常欲人之有。(今本脱“然”字,据上文补。)”念孙案:下文言“啖啖然”,则上文“然”上亦当有“啖啖”二字,而今本脱之。引之曰：啖啖，犹欲欲也。《说文》："欲，欲得也。读若贪。"欲与啖声近而字通，故曰"啖啖然常欲人之有"。杨云："啖啖，并吞之貌。"则误读为啖食之啖矣。(《读书杂志·荀子四》"然常欲人之有、啖啖然"条)

《荀子·王霸》："内不修正其所以有。"千里按："内"字疑不当有，涉上"内则不惮诈其民"而衍也，下文"不好修(旧本误"循"，见《杂志》第四。)正其所以有"，无"内"字，是其证矣。又按，"不"下疑亦同下文当有"好"字，盖上衍下脱。(《读书杂志·荀子补遗·元和顾氏涧蘋校本》)

按：王念孙据同篇下文，校补上文脱文"啖啖"二字；并据上文，校正下文误字"循"当作"修"，校补脱文"然"字。顾千里据同篇下文，校删上文衍文"内"字，校补脱文"好"字。此例中，既有同篇上文据下文校改，又有下文据上文校改，是同篇上下文互校的典型例子。

以上三例，都是同篇章上下文互校，据以校正讹误。

2. 不同篇章异文互校

《管子·轻重乙》："故树木之胜霜露者，不受令于天。"念孙案："露"当为"雪"。木胜霜雪，则经冬而不凋，故曰"不受令于天"。今本"雪"作"露"，则非其旨矣。《侈靡篇》云："树木之胜霜雪者，不听于天。"是其证。(《读书杂志·管子十二》"霜露"条)

按：此例以不同篇章之异文为据，校改误字“露”当为“雪”，所言甚是。今人黎翔凤《管子校注》云：“翔凤案：《诗》：‘白露为霜。’幼苗败于霜露者众，其害比雪尤大，不必改字。”[①]按《管子》书《轻重乙》和《侈靡》二篇所言主语均为树木，并非指草本植物或五谷类之幼苗，黎翔凤为驳王念孙，遂调换主语，生拉硬扯，甚无谓也。

> 《荀子·王霸》：“桀纣即序于有天下之势，索为匹夫而不可得也。”念孙案：“序”字义不可通，“序”当为“厚”，字之误也。（隶书“厚”、“序”相似，传写易讹，说见《墨子·非攻篇》。）言桀纣有天下之势虽厚，曾不得以匹夫终其身也。《仲尼篇》曰：“桀纣厚于有天下之势，而不得以匹夫老。”《强国篇》曰：“厚于有天下之势，索为匹夫不可得也，桀纣是也。”皆其证。杨云：“即序于有天下之势，谓就王者之次序为天子。”此望文生义而曲为之说。（《读书杂志·荀子四》“序于有天下之势”条）

按：本例以同书另二篇之篇章异文为据，校改讹字“序”当为“厚”字，且有《墨子·非攻篇》等大量类例，理据充分。杨倞旧注以讹字为释，则曲解原义。

> 《淮南子·修务训》：“夫纯钧、鱼肠之始下型，击则不能断，刺则不能入。”高注曰：“纯钧，利剑名。”念

① 黎翔凤《管子校注》，中华书局2004年版下册第1453页。

孙案："钓"，皆当为"钧"，字之误也。《览冥篇》曰："区冶生而淳钧之剑成。"《齐俗篇》曰："淳均之剑不可爱也，而区冶之巧可贵也。"皆其证。道藏本、刘本皆误作"钓"。朱本改"钓"为"钧"，是也。茅本又改为"钩"，而庄本从之，且并《览冥篇》亦改为"钩"，斯为谬矣。旧本《北堂书钞·武功部·剑》下三引此文皆作"纯钧"。(陈禹谟改其一为"纯钩"，而删其二。)《越绝外传记宝剑篇》曰："一曰湛卢，二曰纯钧。"《广雅》曰："醇钧，剑也。"其字亦皆作"钧"。且《齐俗篇》作"淳均"，若是"钩"字，不得与"均"通矣。左思《吴都赋》："吴钩越棘，纯钧湛卢。"上句言"吴钩"，下句言"纯钧"，若作"纯钩"，则"钩"字重出矣。(《读书杂志·淮南内篇十九》"纯钓"条)

按：王念孙以同书另二篇之剑名"淳钧"、"淳均"为据，校正剑名"纯钓"之"钓"当为"钧"，字之误也。又以他书所载剑名"纯钧"、"醇钧"为旁证。"淳钧"、"淳均"、"醇钧"，都是"纯钧"的同义异形词。王念孙还指出，庄伯鸿本《淮南子·修务训》"纯钧"、《览冥训》"淳钧"，其中"钩(鉤)"字，也都是"钧"字之误。而《汉语大词典》第5卷第1408页：

〔淳均〕见"淳鉤"。

又第1410页：

〔淳钧〕见"淳鉤"。

〔淳鉤〕亦称“淳均”、“淳钧”。古剑名。(例略)

又第9卷第754页:

〔纯钧〕亦称“纯鉤”、“纯钩”。古宝剑名。(例略)

〔纯钩〕见“纯钧”。

〔纯鉤〕见“纯钧”。

大词典编写者不知高邮王氏已作校正,竟将误字“纯钩”、“纯鉤”、“淳鉤”作为“纯钧”的异名,设立虚假条目,造成硬伤。

以上三例,都是同书不同篇章之异文互校,据以校正讹误。

3. 正文与篇题互校

《逸周书·大开篇》:“兆墓九开,开厥后人。”念孙案:“兆墓”二字,义不可通,当是“兆基”之误。“九开”当为“大开”,“九”、“大”字相似,(《周官·大司乐》“九磬之舞”,郑注:“‘九磬’读当为‘大韶’,字之误也。《管子·四时篇》“大暑乃至”,今本“大”字亦误作“九”。)又涉前《九开篇》而误也。“大开”二字,即指本篇篇名而言。“兆基大开,开厥后人”者,兆,始也。(《尔雅》:“肇,始也。”通作“兆”。哀元年《左传》:“能布其德而兆其谋。”杜注:“兆,始也。”)言始基此大开之谋,以开后人也。《后序》云:“文启谋乎后嗣,以修身敬戒,作《大开》、《小开》二篇。”是其证。

(《读书杂志·逸周书一》"兆墓"条)

按：篇题又称题目，是全篇的有机组成部分。特别是作者自拟篇题，更对全篇内容起到画龙点睛的作用。本例即以正文与篇题互校，据以校正文中讹误。

《墨子·天志中》："故子墨子之有天之意也。"念孙案："天之意"本作"天之"，"天之"即"天志"，本篇之名也。("子墨子之有天之"，已见上文。古"志"字通作"之"，说见《号令篇》"常司上之"下。)后人不达，又见上下文皆云"顺天之意"、"反天之意"，故于"天之"下加"意"字耳。下篇曰："非独子墨子以天之志为法也。"又曰："当天之志而不可不察也，天之志者，义之经也。"三"志"字亦后人所加，"之"即"志"字也。(《读书杂志·墨子三》"天之意、天之志"条)

按：此例以正文与篇题互校，正文"天之"即篇题"天志"，则《天志中》之"天之意"、《天志下》之"天之志"，其"意"、"志"字均为衍文。

《晏子春秋·内篇谏上》："寡人欲少赋敛以祠灵山。"卢氏抱经《群书拾补》曰："'祠'，《御览》八百七十九作'招'。案《周礼·男巫》'旁招以茅'，招四方之所望祭者。他卷亦或作'祠'作'祀'。"念孙案：作"招"者，误字也。《御览》固多误字，不必附会以《周官》之"旁招"。且"祠"是祭名，而"招"非祭名，可言

"祠灵山"、"祠河伯",不可言"招灵山"、"招河伯"也。(《周官·男巫》:"掌望祀望衍,旁招以茅。""望"是祭名,而"招"非祭名,故可言"望于山川",不可言"招于山川"。)案下文晏子曰:"祠此无益也。"公曰:"吾欲祠河伯。"其字皆作"祠";又此章标题云:"景公欲祠灵山河伯。"其字亦作"祠",则此文之本作"祠灵山"明矣。《御览·咎徵部》虽作"招灵山",而下文之"祠此无益"及"祠河伯",仍作"祠",则"招"为"祠"之误明矣。《初学记·天部下》、《御览·时序部二十》,并引作"祀灵山","祀"、"祠"古字通,则仍是"祠"字。《艺文类聚·山部》、《灾异部》及《御览·天部十一》,并引作"祠灵山",《说苑》同。(《读书杂志·晏子春秋一》"祠灵山"条)

按:此条以正文与本章标题互校,纠正卢文弨据误本《御览》误改正文。此章标题全称为"景公欲祠灵山河伯以祷雨晏子谏",其中"祠灵山河伯"与正文之"祠灵山"、"祠河伯",其字皆作"祠";又引诸多类书之寄生材料及他书引文为旁证,具有充足的说服力。

以上三例,均为正文与篇题互校,据以校正书中讹误。

4. **正文与自序互校**

《史记·货殖列传》:"无息幣。"索隐本"幣"作"獘"。念孙案:《太史公自序》:"维币之行,以通农桑。"索隐本亦作"獘",注曰:"獘音币帛之币。"是《史记》"币"字通作"獘"也,今本皆改"獘"为"币",并删去其音矣。古字多以“弊”为“币”。《管子·四时篇》:“谨祷弊梗。”《盐铁论·错币篇》:“故教与俗改,弊与世易。”《太元·元掜》:“古者宝龟而货贝,后世君子易之以金弊。”字并与“币”同。《庄子·则阳篇》:“搏币而扶翼。”释文作“弊”。《秦策》:“必卑辞重币以事秦。”《赵策》:“受其币而厚遇之。”姚本并作“弊”。《赵策》:“启关通币。”《史记·虞卿传》作“弊”。(宋本、游本、王本皆如是。)《史记·司马相如传》:“发巴蜀士民各五百人以奉币帛。”《汉书》作“弊”。(《读书杂志·史记六》“弊”字条)

按:作者自序是一书的有机组成部分之一,某篇正文与自序互校,实际上这与不同篇章之异文互校无异。此例即以《史记·货殖列传》与《太史公自序》互校,字均作“弊”,说明今本作“币”字即以本字改换了原本的假借字。

《史记·太史公自序》:“墨者亦尚尧舜道,言其德行曰:粝粱之食,藜藿之羹。”《汉书·司马迁传》同。念孙案:服虔曰:“粝,粗米也。”贾逵注《晋语》曰:“粱,食之精者。”是粝粗而粱精,不得以“粝粱”连文,粱当为粢,字之误也。(粢、粱字形相近,传写往往讹溷。)《尔雅》曰:“粢,稷。”桓二年《左传》曰:“粢食不凿。”粢与粝皆食之粗者,《李斯传》曰:“尧之有天下也,粢粝之食,藜藿之羹。”《韩子·五蠹篇》曰:“尧之王天下也,粝粢之食,藜藿之羹。”《淮南·精神篇》曰:“珍怪奇味,人之所美也,而尧粝粢之饭,藜藿

之羹。”皆其证也。(《读书杂志·史记六》“粝粱”条)

按：此系《史记·太史公自序》与正文《李斯传》互校，又引诸子书有关资料为旁证，据以校正《自序》中误字。

> 《汉书·叙传》：“孝景莅政，诸侯方命。”孟康曰：“《尚书》云：‘方命圮族。’”念孙案：正文、注文之“方命”，皆本作“放命”。今文《尚书》作“放命”，本字也；古文《尚书》作“方命”，借字也。(释文：“马云：‘方，放也。’”正义曰：“郑、王以‘方’为‘放’，谓放弃教命。”是马、郑、王皆读“方”为“放”也。)《汉书》皆用今文，孟注所引亦是今文，故皆作“放命”。后人见古文而不见今文，故皆改为“方命”耳。《文选·五等论》：“放命者七臣。”李善曰：“班固《汉书述》曰：‘孝景莅政，诸侯放命。’韦昭曰：‘放命，不承天子之制。’”(今本李注“放命”作“方命”、“韦昭曰放命”作“韦昭曰方放命”，皆与正文不合，明是后人所改。)《太平御览·皇王部十三》引此亦作“放命”，则所见皆是未改之本，今据以订正。《傅喜传》：“同心背畔，放命圮族。”《朱博传》：“今晏放命圮族。”其字皆作“放”。桓九年《谷梁传》亦云：“则是放命也。”(今本“放”讹作“故”，据范注及唐石经改。)(《读书杂志·汉书十五》“方命”条)

按：此例以《汉书·叙传》与同书《傅喜传》、《朱博传》互校，又以他书引文及类书寄生材料等为旁证，据以校正《叙传》

误字。

以上三例，均为自序与同书不同篇章互校，据以校正书中讹误。

5. 据相同词语校勘

> 《史记·孙子吴起列传》："吴起为人，节廉而自喜名也。"念孙案："名"字后人所加。"自喜"，犹自好也。《孟尝君传赞》："好客自喜。"《田叔传》："为人刻廉自喜。"《郑当时传》："以任侠自喜。"皆其证。加一"名"字，则非其指矣。《太平御览·皇亲部》引此无"名"字。（《读书杂志·史记四》"自喜名"条）

按：此例以《吴起传》与《史记》另三传相校，凡述说传主做人处世的态度，均言"自喜"，犹自好，即自爱、自重义。《吴起传》却作"自喜名"，则其义成为"自己爱好自己的名声"了，改变了原意，可见"名"字为衍文。《汉语大词典》第 8 卷第 1327 页：

> 〔自喜〕亦作"自熹"、"自憙"。① 自乐；自我欣赏。（例略）② 自己爱好。《史记·孙子吴起列传》："吴起为人节廉而自喜名也。"（下略）

按，王念孙云："自喜，犹自好也。"这个"自好"，不是指自己爱好，而是自爱、自重义。因此，这词条的第②义项释义不确，当改为"自爱；自重"。书证引《史记·吴起传》后，当补引王念孙考释语。

《汉书·陈平传》:“樊哙,帝之故人,又吕后女弟吕须夫。”念孙案:“弟”上本无“女”字,后人以意加之也。“女弟”而但曰“弟”者,省文耳。景祐本及《史记》皆无“女”字。《樊哙传》云:“哙以吕后弟吕须为妇。”《五行志》云:“赵皇后弟昭仪。”《高五王传》云:“纪太后取其弟纪氏女为王后。”“弟”上皆无“女”字。(《读书杂志·汉书八》“女弟”条)

按:《汉书·陈平传》与同书另三篇相校,凡文句中已表明她为女性身分,如“为妇”、“昭仪”、“纪氏女为王后”等,则原来称她为“某之女弟”者可省称为“某之弟”。《陈平传》中已明言樊哙为吕须夫,则吕须为妇,文中“吕后女弟吕须”,“女弟”亦当省称为“弟”。

《文选·祢衡〈鹦鹉赋〉》:“何今日之两绝,若胡越之异区。”念孙案:王粲《赠蔡子笃诗》:“风流云散,一别如雨。”李善注引此赋曰:“何今日之雨绝。”又引陈琳《檄吴将校》曰:“雨绝于天。”江淹《杂体诗》:“雨绝无还云。”李注亦引此赋。据此,则李善本本作“雨绝”明矣。吕向注曰:“何今日两相隔绝,各在一方?”然则今本作“两绝”者,后人据五臣本改之耳。(《读书杂志·馀编下·文选》“何今日之两绝”条)

按:《文选·祢衡〈鹦鹉赋〉》与同书卷三一之江淹《杂体

诗·效潘岳〈悼亡〉》、卷四四之陈琳《檄吴将校部曲文》相校，比喻一方与另一方隔绝、断绝称“雨绝”，是“雨绝于天”、“雨绝于云”等的省称，意谓雨从天空云层中落下，雨就跟天空和云层隔绝、断绝了。《鹦鹉赋》之“两绝”，当亦作“雨绝”。《文选》李善注两处引此赋都作“雨绝”，可证。清代学者除王念孙对此考释外，胡克家《文选考异》卷三、胡绍煐《文选笺证》卷十六亦曾作了校正，结论相同。而瞿蜕园选注《汉魏六朝赋选》[1]，毕万忱、何沛雄、罗忼烈选注《中国历代赋选·魏晋南北朝卷》[2]，田兆民主编《历代名赋译释》[3]，其《鹦鹉赋》正文皆仍据五臣本及误本李善本作“两绝”而以讹传讹。

以上三例，皆为同书前后相同词语互校，据以校正讹误。

6. 据相同句式校勘

> 《荀子·荣辱》：“恈恈然唯利饮食之见。”引之曰：“饮食”上本无“利”字。“唯饮食之见”，言狗彘唯见有饮食也。下文“恈恈然唯利之见”，与此文同一例。今本作“利饮食之见”，“利”字即涉下文“利”字而衍。（《读书杂志·荀子一》“唯利饮食之见”条）

按：“唯＋名词宾语＋之（是）＋动词谓语”，是一种固定格式，这是为了强调宾语而作的宾语前置的特殊句式。“唯饮食之见”与“唯利之见”，句式相同。如作“唯利饮食之见”，则“利

① 上海古籍出版社1979年版第57页。

② 江苏教育出版社1994年版第3页。

③ 黑龙江人民出版社1995年版第538页。

饮食”是一动宾短语，不是名词，也不能作这一格式中的前置宾语，“利”字正是涉下文而衍。

> 《战国策·赵策三》：“秦攻赵于长平，大破之，引军而归，因使人索六城于赵而讲。赵王与楼缓计之曰：‘与秦城何如？不与何如？’”念孙案：此以“与秦城”为句，“何如不与”为句，“不与”下本无“何如”二字。《齐策》：“田侯召大臣而谋曰：‘救赵孰与勿救？’”犹此言“与秦城何如不与”也。（《广雅》：“与，如也。”“孰与”犹“何如”也，故邹忌对曰：“不如勿救。”）后人误读“与秦城何如”为句，因于“不与”下加“何如”二字，而不知其谬也。《太平御览·人事部》引此作“与秦地，何如勿与”。（《读书杂志·战国策二》“与秦城何如不与何如”条）

按：此例因二章文句句式相同，都是选择问句，据以校删衍文。试比较，《齐策一》田侯曰：“救赵孰与勿救？”邹忌对曰：“不如勿救。”而《赵策三》赵王曰：“与秦城何如不与？”楼缓对曰：“不如予之。”则原文“不与”下“何如”二字实为衍文。

> 《史记·律书》：“清明风居东南维，主风吹万物而西之轸。”念孙案：“轸”上当有“至于”二字，“主风吹万物而西之”为句，“至于轸”为句。上文云：“东壁居不周风东，主辟生气而东之，至于营室。”（自此以下，皆有“至于”二字。）是其证。（《读书杂志·史记二》“主风吹万物而西之轸”条）

按：此例因上下文句句式相同，各句中皆有"至于"二字，据以校补脱文。

以上三例，皆为同书前后有文句句式相同，据以校正书中讹误。

九、明通例

先师洪诚先生说："解释古汉语，要注意那部书用词造句的通例，就不会被字面组织形式所蒙蔽，按照句子结构的本质，如实地表达出来；否则，原文照抄，校对无误，有时竟会出现使人难于避免的误解。"又说："掌握文例，可以执简驭繁，对于校释古书，功用很大。"[①]古人著书，行文用字，遣词造句，每每自有其通例，贯穿全篇或全书。利用一书（或一篇）之通例进行校勘，确是本校法中行之有效的一种校勘方法。

1. 明文例

《墨子·尚同中》："即此语也，古者国君诸侯之闻见善与不善也，皆驰驱以告天子。"念孙案：即，与则同。（说见《释词》。）语，犹言也。"则此语"三字文义，直贯至"以告天子"而止，则"语"下不当有"也"字。凡《墨子》书用"则此语"三字者，"语"下皆无"也"字。此盖后人不晓文义而妄加之。（《读书杂

① 《训诂杂议》，刊《中国语文》1979 年第 5 期；又载《洪诚文集·雒诵庐文集》，江苏古籍出版社 2000 年版第 177 页。

志·墨子一》"也"字条)

按:用《墨子》书中"则此语"下无"也"字之全书文例,校《尚同中》"即此语也",则"也"字为衍文。

《战国策·秦策三》:"天下之士合从相聚于赵,而欲攻秦。秦相应侯曰:'王勿忧也,请令废之。'"念孙案:"令"当为"今",字之误也。今犹即也,言请即废之也。(《史记·汲黯传》索隐曰:"今,犹即今也。"上文曰:"臣今见王独立于庙朝矣。"《魏策》曰:"楼公将入矣,臣今从。"《燕策》曰:"马今至矣。"今字并与即同义。)又《齐策》:"齐举兵伐梁,梁王大恐,张仪曰:'王勿患,请令罢齐兵。'""令"亦当为"今",言请即罢齐兵也。(《史记·张仪传》亦讹作"令"。凡《战国策》、《史记》"今"、"令"二字多互讹,不可枚举。)又《赵策》:"知过说知伯曰:'二主色动而意变,必背君,不如令杀之。'""令"亦当为"今",言不如即杀之也。又《韩策》:"穰侯谓田苓曰:'公无见王矣,臣请令发兵救韩。'""令"亦当为"今",言请即发兵救韩也。《史记·韩世家》作"今",是其证。凡言"请今"者,皆谓"请即"也。《赵策》:"秦王谓谅毅曰:'赵豹、平原君数欺弄寡人,赵能杀此二人则可,若不能杀,请今率诸侯受命邯郸城下。'"《史记·项羽纪》:"韩信、彭越皆报曰:'请今进兵。'"皆其证也。(《读书杂志·战国策一》"请令废之、请令罢齐兵"条)

按：在《战国策》、《史记》书中，凡言“请今”者，皆谓“请即”也。王念孙举出《赵策》、《史记·项羽纪》、《韩世家》等作“请今”为证，以此文例校正《秦策三》、《齐策二》、《韩策三》、《史记·张仪传》等作“请令”之误。

以上二例，都是按全书文例，据以校正书中讹误。

《逸周书·周祝篇》：“故忌而不得是生事，故欲而不得是生诈。”孔注曰：“生事，谓变也。”念孙案：此文本作：“故忌而不得是生故，(句。)欲而不得是生诈。”注本作：“生故，谓生变也。”“忌而不得是生故”者，“故”谓变故也，言忌人而不得逞则变故从此而生，故注云：“生故，谓生变也。”(今本注文“变”上脱“生”字。)后人误以“故欲而不得”连读，遂于上句加“事”字，并改注文之“生故”为“生事”矣，不知“生故”与“生诈”对文，而下句内本无“故”字也。此篇之文皆以一“故”字统领下文，未有连用两“故”字者。且“故”与“诈”为韵，(诈，古音“庄助反”，说见《唐韵正》。)若增入“事”字，而以“故”字属下读，则既失其句而又失其韵矣。(《读书杂志·逸周书四》“生事”条)

按：此例据《周祝篇》全篇文例，既删去了上句中衍文“事”字，使误属下句之“故”字恢复上属为句，改正了句读，又连带校正了孔晁注文。

《汉书·西域传》：“东与匈奴，西北与康居，西与大宛，南与城郭诸国相接。"念孙案："相"字后人所加，此传凡言某国与某国接者，"接"上皆无"相"字，则此亦当然。《汉纪·孝武纪》、《通典·边防八》并作"南与城郭诸国接"，无"相"字。(《读书杂志·汉书十五》"相接"条)

按：此例据《西域传》全篇文例，"相接"之"相"字当为衍文，并举出《汉纪》称引异文、《通典》寄生材料为旁证，言之有据。

以上二例，都是按全篇文例，据以校正篇中讹误。

2. 明字例

《墨子·小取》："辟也者，举也物而以明之也。"毕云："'举也'之'也'疑衍。"念孙案："也"非衍字，"也"与"他"同。举他物以明此物谓之譬，故曰："辟也者，举他物而以明之也。"《墨子》书通以"也"为"他"，说见《备城门篇》。又下文云："此与彼同类，世有彼而不自非也，墨者有此而非之，无故也焉。"引之曰："无故也焉"，当作"无也故焉"。"也故"，即"他故"。下文云："此与彼同类，(今本脱'类'字。)世有彼而不自非也，墨者有此而非之，(今本'非'上衍'罪'字。)无也故焉。(藏本如是，今本讹作'无故焉也'。)"文正与此同。今本"也故"二字倒转，则义不可通。(《读书杂志·墨子四》"举也物而以明之也、无也故焉"条)

按：王念孙据"《墨子》书通以'也'为'他'"之全书字例，纠正了毕沅以"举也"之"也"为衍文之误校。王引之据此，又校正"无故也焉"当作"无也故焉"，并引同篇下文之异文为证。

> 《荀子·天论》："若夫心意修，德行厚，知虑明。"念孙案："心意"当为"志意"，字之误也。《荀子》书皆言"志意修"，无言"心意修"者。《修身篇》曰："志意修则骄富贵。"《富国篇》曰："修志意，正身行。"皆其证。又《荣辱篇》曰："志意致修，德行致厚，智虑致明。"《正论篇》曰："志意修，德行厚，知虑明。"皆与此文同一例，此尤其明证也。（《读书杂志·荀子五》"心意"条）

按：王念孙据"《荀子》书皆言'志意修'，无言'心意修'者"之全书字例，校改"心意"为"志意"，并举出其他四篇中用相同语词"志意"为证。此外，《荀子》书中还有用语词"志意"者，今一并补出。《非相篇》曰："从者将论志意、比类文学邪？"《王霸篇》曰："仲尼无置锥之地，诚义乎志意，加义乎身行，著之言语，济之日，不隐乎天下，名垂乎后世。"《正论篇》曰："桀纣者，其知虑至险也，其至意至暗也，其行之为至乱也。"杨倞注："至意当为志意。"王引之曰："知虑、志意、行为相对为文，则'行'下不当有'之'字。"（见《读书杂志·荀子六》）《赋篇》曰："血气之精也，志意之荣也。"以上四例，亦可为《荀子》全书字例之证。而用语词"心意"者尚有一例，即《性恶篇》曰："使夫资朴之于美，心意之于善，若夫可以见之明不离目，可以听之聪不离耳。"对此，古今校读《荀子》者均未措意，若据《荀子》

全书字例，安知此“心意”非“志意”之讹乎？

> 《史记·货殖列传》：“贾椎髻之民。”念孙案：“椎髻”，索隐本作“魋结”，注曰：“上音椎，下音髻。”今改“魋结”为“椎髻”而删去其音，斯为妄矣。《陆贾传》“尉他魋结箕踞”，《朝鲜传》“魋结蛮夷服”，《西南夷传》“魋结耕田”，索隐并曰：“上直追反，下音计。”正与此同。《汉书·陆贾传》、《货殖传》并作“魋结”，《李陵传》、《西南夷传》、《朝鲜传》并作“椎结”。《史记》、《汉书》皆无“髻”字。（《方言》：“覆结谓之帻巾。”《楚辞·招魂》：“激楚之结，独秀先些。”字并作“结”。《说文》无“髻”字。）（《读书杂志·史记六》“椎髻”条）

按：王念孙据“《史记》、《汉书》皆无‘髻’字”这二书字例，校正“髻”当作“结”。并举出《史记》索隐本异文为版本根据，《史记》三传与《汉书》四传均作“结”而不作“髻”为证。又在夹注中指出“《说文》无‘髻’字”，更可证成书于《说文》前之《史》《汉》皆无“髻”字之可信。

以上三例，都是按全书字例，据以校正书中讹字。

第六节　他校法

他校法是依据他书中有关本书的资料来校正本书中的讹误。他校法实则是比较、鉴别和考证，它的先决条件是搜集和掌握他书中有关本书的资料。不论是本书引用源头书或前出书的资料，或者是后出书引用本书的资料，或者是同时代书中跟本书相同的资料，或者后世编集的类书、辞书中以及他书古注中引用本书的资料，或者本书古注中的有关资料，甚或是实物，包括出土文物等，这些资料，对于本书来说都是外在的、间接的。对这些外在的、间接的资料，必须进行比较和鉴别，以确定他们的校勘价值。凡是直接地完全无误地引用原文，可以作为一种校勘依据；而那些化用原文或节引原文，在校勘价值上就已经大打折扣，只可作为旁证或仅供参考而已。

十、校他书

他校法是用他书校本书的校勘方法。这里所说的他书，范围极其广泛，凡有内容相同或相近的同类书籍，本书有引用他书的，或者他书有引用本书的，或者他书与本书同时记述一事的，这些都是可以用来校勘本书的他书。他书之所以能成为校勘本书的资料，其关键是他书与本书之间有着相同或相近的内容。在中国古代典籍中，由于文化学术的继承和传布，有不少的整部书籍或单篇作品，它们往往是前后传承而内容相同或相近，这就形成了极为丰富的可供互相比较、鉴别和考证的校勘资料。

1. 校以源头书或前出书

《吕氏春秋·为欲》："晋文公伐原，与士期七日。七日而原不下，命去之。谋士言曰：'原将下矣。'师吏请待之。"念孙案：原之将下，谋士无由知之。"谋士"当为"谍出"，字形相似而误。（"谍"旁"世"字，唐人避讳作"𠀬",遂与"谋"相似而误。《汉书·艺文志》"《太岁谍日晷》二十九卷",今本"谍"误作"谋"。《史记·夏本纪》"称以出",《大戴礼·五帝德篇》讹作"称以上士"。《墨子·号令篇》:"若赎出亲戚、所知罪人者,以令许之。"又云:"出候无过十里。""出"字并讹作"士"。《荀子·大略篇》"君子听律习容而后士","士"亦"出"之讹。)僖二十五年《左传》及《晋语》正作"谍出",盖谍者入城探知其情,出而告晋侯也。(《读书杂志·馀编上·吕氏春秋》"谋士"条)

按:记载晋文公伐原事,其源头书为《左传》和《国语》。《左传》僖公二十五年云:"冬,晋侯围原,命三日之粮。原不降,命去之。谍出曰:'原将降矣。'军吏曰:'请待之。'"《国语·晋语四》云:"文公伐原,令以三日之粮。三日而原不降,公令疏军而去之。谍出曰:'原不过一二日矣。'军吏以告。"二书并作"谍出",王念孙据以校正《吕氏春秋·为欲》作"谋士"之讹。

《淮南子·兵略训》:"进不求名,退不避罪,唯民是保,利合于主,国之实也,上将之道也。"念孙案:"实"当为"宝",字之误也。《孙子·地形篇》:"故进不求名,退不避罪,唯民是保,而利合于主,国之宝也。"此即《淮南》所本。今作"国之实",则义不可通矣,且"宝"与"保"、"道"为韵,若作"实",则失其韵矣。(上下文皆用韵。)(《读书杂志·淮南内篇十五》"国之实"条)

按：此例为《淮南子·兵略训》引用兵书《孙子·地形篇》文，即据被引用文献之原文，校正《淮南子》误字。

《大戴礼记·文王官人》："静而寡類，肚而安人。"（宋本及元明本皆如是。"肚"当改为"壮"，"壮"即"庄"之假借字。雅雨堂本遂改为"庄"，非也。）卢读"静而寡類"为句，注云："不好狎也。"家大人曰：经文本作"静忠而宽，皃壮而安"。"静"与"情"，"壮"与"庄"，古字通。"皃"与"貌"同。谓其情忠而宽，其貌庄而安也。《逸周书》作"情忠而宽，貌庄而安"，是其明证矣。"宽"、"寡"，"皃"、"類"，"壮"、"肚"，皆字形相近而误。（《汉祝长严诉碑》"皃"作"皃"，《外黄令高彪碑》"類"作"類"，二形相似，故"皃"讹作"類"。《汉书·刑法志》"夫人宵天地之皃"，《列子·杨朱篇》"皃"讹作"類"。《大戴礼·劝学篇》"不饰无貌"，《家语·致思篇》作"不饬无類"，王肃注："類，宜为皃。"）又脱一"忠"字，衍一"人"字，遂讹作"静而寡類，肚而安人"。卢以"寡類"为"不好狎"，则曲为之说也。又案上文曰："诚静必有可信之色。"又下文"饰貌者不情"，《逸周书》"情"作"静"。《表记》"文而静"，郑注曰："静，或为情。"是"情"、"静"古字通。《檀弓》"卫有大史曰柳庄"，《汉书·古今人表》作"柳壮"。《庄子·天下篇》"不可与庄语"，释文曰："庄，一本作壮。"是"庄"、"壮"古字通。《说文》"皃"，或作"皃"，籀文作"貌"。《汉书·刑法志》"夫人宵天地之

> 貇”，颜师古曰：“貇，古貌字。”《荀子·礼论篇》“貌”字皆作“貇”。今九经内不见有“貇”字，而“情”字亦无作“静”者，未必非后人所改也。《大戴礼》之“静忠而宽，貇壮而安”，若非讹作“静而寡類，赽而安人”，则后人必改“静”为“情”、改“貇”为“貌”矣。（《经义述闻》卷十三“静而寡類赽而安人”条）

按：《大戴礼记·文王官人》本于《逸周书·官人解》。《逸周书·官人解》云：“六曰：言行不类，终始相悖，外内不合，虽有假节见行，曰非成质者也。言忠行夷，争靡及私，施弗求及，情忠而宽，貌庄而安，曰有仁者也。”《大戴礼记·文王官人》云：“六曰：言行不类，终始相悖，阴阳克易，外内不合，虽有隐节见行，曰非诚质者也。其言甚忠，其行甚平，其志无私，施不在多，静而寡类，赽而安人，曰有仁心者也。”两相比较，文义相同，语句也大体相同。据《逸周书》，则《大戴礼记》“静而寡类，赽而安人”，当作“静忠而宽，貇壮而安”，其中“静”通“情”，“貇”同“貌”，“壮”通“庄”。“情忠而宽”，谓内情直而温也；“貌庄而安”，谓外貌敬而和也。上下二句，相对为文。今本“宽”讹作“寡”，“貇”讹作“类”，“壮”讹作“赽”，又脱“忠”字，衍“人”字，遂文不成义。王念孙据源头书，校正了《大戴礼记》讹脱衍文。

以上三例，均为校以源头书或前出书，从而纠正本书之讹误。

2. 校以后出书

> 《周易·系辞传》：“莫大乎蓍龟。”《九经古义》

曰:"释文'大'作'善',云:'本亦作大。'案何休注《公羊》(定八年)、《汉书·艺文志》皆引作'善',《仪礼》疏同(《士冠礼》),释文是也。"家大人曰:"本亦作大"者,涉上文五"莫大"而误,自唐石经始定从"大"字而各本皆从之。《白虎通义·蓍龟篇》、《家语·礼运篇》注,引此皆作"善"。魏徵《群书治要》、《后汉书·方术传》注、《文选·广绝交论》注、钞本《北堂书钞·艺文部一》(明陈禹谟本又改"善"为"大")、《白帖》三十一,引此亦作"善"。又《北堂书钞·艺文部三》引旧注云:"唯蓍龟最为妙善。"(陈本删。)宋本《周易正义》亦作"善"。(见校勘记。)今本作"大"者,后人依唐石经改之。(《曲礼》正义引《易》作"大",亦后人所改。)(《经义述闻》卷二"莫大乎蓍龟"条)

按:此例据《汉书·艺文志》、《白虎通义·蓍龟篇》引《系辞传》作"莫善乎蓍龟",以此校正今本《周易》"善"作"大"之讹误,并说明致误之由。还举出唐前或唐时的古注、类书中的寄生材料八例以及宋本《周易正义》皆作"善",更增强了具体的说服力。

《庄子·让王》:"今周见殷之乱而遽为政,上谋而下行货,阻兵而保威。"念孙案:"上谋而下行货","下"字后人所加也。"上"与"尚"同,"上谋而行货,阻兵而保威",句法正相对。后人误读"上"为上下之"上",故加"下"字耳。《吕氏春秋·诚廉篇》正作"上谋而行货,阻兵而保威"。(《读书杂志·馀编上·庄

子》"上谋而下行货"条）

按:《庄子·让王》与《吕氏春秋·诚廉》中都记载了伯夷、叔齐饿死于首阳山之事,王念孙即据后出书《吕氏春秋·诚廉》为证,校删《庄子·让王》中的衍文。

《荀子·不苟》:"君子易知而难狎,易惧而难胁,交亲而不比,言辩而不辞。"《韩诗外传》"易知"作"易和","不辞"作"不乱"。念孙案:《外传》是也。和与狎义相近,惧与胁义相近,故曰"易和而难狎,易惧而难胁",今本"和"作"知",则于义远矣。"不辞"二字,文不成义,亦当依《外传》作"不乱"。杨云:"不至于骋辞。"加"骋"字以释之,其失也迂矣。"和"、"知","乱"、"辞",皆形近而误。(《读书杂志·荀子一》"易知、不辞"条)

按:《韩诗外传》卷二第十八章袭用《荀子·不苟》这一小节,文句大多相同,偶有小异耳。王念孙即据后出书《韩诗外传》卷二第十八章称引异文为证,校正《荀子·不苟》中的讹字。

以上三例,均为校以后出书的称引异文,从而纠正本书之讹误。

3. 校以前后所出书

《淮南子·俶真训》:"浇淳散朴,杂道以伪,俭德以行,而巧故萌生。"高注曰:"杂,粗。"念孙案:"杂",

当为“离”，字之误也。“俭”，读为“险”。（“险”、“俭”古字通，说见《经义述闻·大戴礼》“惠而不俭”下。）《庄子·缮性篇》：“德又下衰，澆淳散朴，离道以善，险德以行。”（郭象注：“有善而道不全，行立而德不夷。”）此正《淮南》所本。《文子》作“离道以为伪，险德以为行”，又本於《淮南》，然则原文作“离道”明矣。高注训“杂”为“粗”，则所见本已误作“杂”。又案“伪”，古为字，（说见《史记·淮南衡山传》“为伪”下。）为，亦行也。《齐俗篇》：“矜伪以惑世，伉行以违众。”矜伪，犹伉行耳。（上文曰：“夫趋舍行伪者，为精求于外也。”《荀子·儒效篇》曰：“其衣冠行伪已同于世俗矣。”行伪即行为。）“离道以伪，险德以行”，言所为非大道，所行非至德也，与诈伪之伪不同，下句“巧故萌生”，始言诈伪耳。《文子》改作“以为伪”，“以为行”，失之。（《读书杂志·淮南内篇二》“杂道以伪”条）

按：王念孙认为《淮南子·俶真训》这一节文，本于《庄子·缮性篇》，而《文子·上礼篇》又本于《淮南子》，因此即以源头书《庄子》与后出书《文子》校《淮南子》。既然《庄子·缮性篇》与《文子·上礼篇》均作“离道”，则《淮南子·俶真训》“杂道以伪”句，“杂”亦当作“离”，字之误也。

《史记·商君列传》：“孝公既用卫鞅，鞅欲变法，恐天下议己。卫鞅曰：‘疑行无名，疑事无功。’”念孙案：“鞅欲变法”，“鞅”字因上文而衍。此言孝公欲从鞅之言而变法，恐天下议己，非谓鞅恐天下议己也。孝公恐天下议己，故鞅有"疑事无功"之谏。若谓鞅恐天下议己，则与下文相反矣。《商子·更法篇》："孝公曰：'今吾欲变法以治，更礼以教百姓，恐天下之议我也。'公孙鞅曰：'疑行无成，疑事无功，君亟定变法之虑，殆无顾天下之议之也。'"是其明证矣。《新序·善谋篇》同。(《读书杂志·史记四》"鞅欲变法"条)

按：《史记·商君列传》这一节文本于《商子·更法篇》，而后于《史记》的《新序·善谋篇》同于《商子》。《商子·更法篇》："孝公曰：'今吾欲变法以治……恐天下之议我也。'"《新序·善谋篇》："君曰：'今吾欲更法以教民，吾恐天下之议我也。'"这是说秦孝公听取商鞅之言欲变法，恐天下议己，而不是说商鞅恐天下议己。今本《史记·商君列传》作"鞅欲变法，恐天下议己"，将"恐天下议己"之主语秦孝公换作了商鞅，不合史实；校以源头书《商子·更法篇》与后出书《新序·善谋篇》，则"鞅"字涉上文而衍。删去"鞅欲变法"句之衍文"鞅"字，《商君列传》这一节文中，"孝公"一词作为主语直贯以下三句，即"既用卫鞅，欲变法，恐天下议己"的主语都是秦孝公，而不是商鞅，这就还原了《史记》记事的本真。

《汉书·地理志下》："陇西郡氐道，《禹贡》养水所出，(齐曰："'养'当作'漾'，前文引《禹贡》'嶓冢道漾'，即其证也。"念孙案：《说文》"漾"，古文作"瀁"。今《志》作"养"者，"瀁"之假借字也。《续汉书·郡国志》亦作“养”。《淮南·地形篇》作“洋”，高注云：“‘洋’或作‘养’。”是古书多以“养”为“瀁”。）至武都为汉。”念孙案：“至”上脱“东”字。《禹贡》：“嶓冢道漾，东流为汉。”即《班志》所本。《说文》：“漾，水出陇西豲道，（今本“豲”讹作“柏”，据《水经注》引改。“豲道”，非漾水所出，当依《汉志》作“氐道”，《水经注》已辩之。）东至武都为汉。”《水经》云：“漾水出陇西氐道县嶓冢山，东至武都沮县为汉水。”皆本《班志》。（《读书杂志·汉书七》“至武都”条）

按：《尚书·禹贡》为《汉书·地理志》所本，汉许慎《说文》与汉桑钦《水经》又皆本《汉书·地理志》。王念孙据源头书《尚书·禹贡》作“东流为汉”，后出书《说文》作“东至武都为汉”、《水经》作“东至武都沮县为汉水”，都有标明水道流向的“东”字，以此校正《汉书·地理志》“至武都为汉”句，“至”上脱“东”字。

以上三例，都是据源头书与后出书校本书，上溯下推，明其源流，找出源头书——本书——后出书之间的共同点，以校正本书中的讹误，证据确凿，具有充足的说服力。

4. 校以同时代的同类书

《大戴礼记·投壶》：“诸胜者之弟子为不胜者酌。”孔从《仪礼经传通解》，于“诸”上增“请”字。家大人曰：《通解》误也。宋本作“诸胜者之弟子”云云，“诸”即“请”之讹。《小戴》作“请行觞”，是其证。当改“诸”为“请”，不当于“诸”上增“请”字。经文皆言“胜者”，不言“诸胜者”，《小戴》亦如是，即《乡射》、《大射》亦无“诸胜者”之文。若云“请诸胜者之弟子”，则“诸”为冗字矣，《礼》经文无此例。（《经义述闻》卷十三“诸胜者”条）

按：《小戴记》（即《礼记》）与《大戴记》为同时代的同类礼书，两者有着诸多相同的可比性。两书都有《投壶篇》，内容相同，文字亦大同小异。王念孙即以《小戴记》校《大戴记》，校正“诸”当作“请”，字之误也。

《左传》僖公三十一年：“取济西田，分曹地也。使臧文仲往，宿于重馆。重馆人告曰：‘晋新得诸侯，必亲其共。不速行，将无及也。’”家大人曰：“必亲其共”，“共”字义不可晓，当是“先”字之误。（“先”字隶书作“先”，形与“共”字相似。）言诸侯之使来分曹地，晋必亲其先至者而多与之地，若后至则无及于事，故下文曰：“不速行，将无及也。”《鲁语》载重馆人之言曰：“诸侯莫不望分而欲亲晋，皆将争先；晋不以固班，亦必亲先者。”是其明证矣。“先”字不烦音释，故杜无注，陆亦无音；若是“共”字，则不得无音释也。唐石经始误作“共”。（《经义述闻》卷十七“必亲其共”条）

按：《左传》与《国语》同为先秦时代的史书，号称《春秋》内外传，两书有着诸多相同的可比性。《国语·鲁语上》与《左传》僖公三十一年同记晋分曹地，鲁使臧文仲往，宿于重馆，重馆人言云云。王念孙即以《鲁语上》为证，校正《左传》僖公三十一年文中讹字。

《汉书·邹阳传》："权不足以自守，劲不足以扞寇。"念孙案："劲"当为"埶"，字之误也。（俗书"埶"字作"孰"，"勁"字作"劲"，二形相似。）权轻则不足以守国，势弱则不足以扞寇。势与权正相对，若作劲，则与权不相对矣。师古云："权谋劲力不能扞守。"加"谋"、"力"二字以曲通其义，而不知"劲"为"埶"之讹也。《汉纪·孝景纪》作"势不足以扞寇"，以是明之。（《读书杂志·汉书九》"劲不足以扞寇"条）

按：《汉纪》与《汉书》为同时代的同类史书，两书有着诸多相同的可比性。《汉纪·孝景纪》与《汉书·邹阳传》都记载了公孙玃说梁王事。王念孙即以《汉纪·孝景纪》为证，校正《汉书·邹阳传》之讹字。

以上三例，均为校以同时代的同类书，找出两书之间的共同点，以校正本书的讹误。

5. 不同书中内容相同的篇章互校

《逸周书·官人篇》："观诚考言，视声观色，观隐揆德。"念孙案："考言"当作"考志"。下文自"方与之言，以观其志"以下，皆"考志"之事，非"考言"之事；又曰"弱志者也"、"志治者也"，则当作"考志"明矣。今作"言"者，盖因篇内多"言"字而误。《大戴礼记·文王官人篇》正作"考志"。（下文"此之谓考言"同。）

(《读书杂志·逸周书三》"考言"条)

《大戴礼记·文王官人》:"曰治志者也。"家大人曰:"治志",本作"志治"。上文"烦乱之而志不治",正与"志治"相反。"志治"者,其志不乱也。(《巽》象传:"利武人之贞志治也。")若作"治志",则于义疏矣。《逸周书》正作"志治者也"。(《经义述闻》卷十三"治志"条)

按:《逸周书》有《官人篇》,《大戴礼记》有《文王官人篇》,这二篇不仅内容相同,而且篇名亦同。王念孙即以这二篇彼此互校,择善而从,据以校正这二篇中的各自讹误。

《墨子·所染》:"晋文染于舅犯高偃。"毕云:"高偃,未详。《吕氏春秋》'高'作'郤',疑当为'郤',晋有郤氏。"念孙案:"高"当为"亭","亭"即城郭之"郭",形与"高"相近,因讹为"高"。(《贾子·过秦篇》:"据亿丈之亭。"今本"亭"讹作"高"。)《墨子》多古字,后人不识,故传写多误耳。《左传》晋大夫卜偃,《晋语》作"郭偃",(韦注曰:"郭偃,晋大夫卜偃也。")《商子·更法篇》、《韩子·南面篇》并与《晋语》同。《吕氏春秋》作"郤偃","郤"即"郭"之讹,非郤氏之郤也。《太平御览·治道部一》引《吕氏春秋》正作"郭偃"。(《读书杂志·墨子一》"高偃"条)

按:《墨子》有《所染篇》,《吕氏春秋》有《当染篇》,这二篇篇题小异,而内容大致相同,王念孙即据《当染篇》校《所染篇》。《吕氏春秋·当染篇》今本作“郃偃”，据《太平御览·治道部一》所引作“郭偃”，证明宋初人所见本作“郭偃”，这就有了《吕氏春秋》北宋初年本的版本根据。同时，《国语·晋语一》、《晋语三》、《晋语四》，《商君书·更法篇》，《韩非子·南面篇》等都作“郭偃”，这就有了更多的旁证。据此，足以证明《墨子·所染篇》“高偃”之“高”，当作“𩫏”，即古“郭”字。

《大戴礼记·王言》：“上敬老则下益孝，上顺齿则下益悌，上乐施则下益谅，上亲贤则下择友，上好德则下不隐，上恶贪则下耻争，上强果则下廉耻，民皆有别，则贞则正，亦不劳矣。此谓七教。”戴先生校本删去“则贞”二字，改“正”为“政”，而以“则政亦不劳矣”作一句读。海康陈氏观楼曰：“案‘贞正’与‘强果’相应，犹上文‘耻争’之于‘恶贪’也，‘则贞则正’四字当不误。观前后文法，上两段末句，一曰‘明王奚为其劳’，一曰‘明王焉取其费’；此段之末曰‘七者布诸天下’云云，后段之末曰‘修此三者则四海之内’云云，皆两两相对，此处忽插‘亦不劳矣’四字，则语意不伦，盖因上文‘不劳’而误衍也。戴删‘则贞’二字，又改‘正’为‘政’，以‘则政’属下句读，皆非。”家大人曰：“此谓七教”，总承上七事而言，则此上不当有“民皆有别则贞则正亦不劳矣”十二字。陈以“亦不劳矣”为衍文，是也。“民皆有别则贞则正”，本作“民皆有别则贞正”，乃是“上强果则下廉耻”之注文，误入正文耳。（此篇卢注全脱，唯此七字误入正文，是以至今尚存，而“正”上又衍一“则”字。）《家语》作

"上敬老则下益孝，上尊齿则下益悌，上乐施则下益宽，上亲贤则下择友，上好德则下不隐，上恶贪则下耻争，上廉让则下耻节。("节"字有误。)此之谓七教。"无"民皆有别"以下十二字，是其证。(《经义述闻》卷十一"民皆有别则贞则正亦不劳矣"条)

按：《孔子家语·王言篇》，从内容到篇题，全部相同于《大戴礼记·王言篇》文，王念孙即以《家语》校《大戴记》。《家语》无"民皆有别"以下十二字，可见《大戴记》有此十二字当为衍文。其中"亦不劳矣"四字，陈昌齐已言涉上文"不劳"而误衍，但他却不知"民皆有别则贞则正"八字亦为衍文。王念孙分析、考证"民皆有别则贞正"乃上文"上强果则下廉耻"之注文，误入正文而衍("正"字上又衍一"则"字)。王念孙以内容相同的《家语·王言篇》校《大戴记·王言篇》，虽说属他校法的校他书，操作时却犹如对校法的核版本，这就较容易找出致误之由；而戴震、陈昌齐未能从此入手，只是用本校法在文义、文法上分析求证，针对本例具体情况，所用的校勘方法就不对头，校勘也就不可避免地出现了差错。

以上四例，均为校以他书中内容相同而篇题亦同的篇章，比较二篇异文，校正本书中的讹误。其实，不同书中即使篇题不同而只要内容相同的篇章，也可用来互校。例如，高邮王氏父子据《管子·小匡》校《国语·齐语》，在《经义述闻》卷二十，《齐语》共八条校勘记，其中七条即引《小匡篇》为证；高邮王氏父子又据《国语·齐语》校《管子·小匡》，在《读书杂志·管子四》，《小匡篇》校勘记中就有二十一条引《齐语》为证。再如，《逸周书·时训篇》、《吕氏春秋·十二月纪》、《大戴礼记·夏小正》、《礼记・月令》、《淮南子・时则训》等，内容一脉相承，都是按十二月次第记载时令、节气、物候的重要史料，这些篇章之间的异文，都是可资利用的校勘资料。《读书杂志》、《经义述闻》中就载有这些篇章的很多校勘实例，读者可自参阅。

6. 校以古类书

古类书是校勘家取资的仓库。校以古类书可以发现古书今日通行本中的讹误。因为古人编纂类书时所见到的写本或刻本，由于时代较早，就跟古书的原来面目比较接近，大可根据它们所引用的文字即古书的寄生材料，进行校勘。类书中如唐代欧阳询《艺文类聚》、虞世南《北堂书钞》、魏徵《群书治要》、徐坚《初学记》、白居易《白帖》，宋代李昉等《太平御览》、王应麟《玉海》等等，都是古书寄存的仓库，其中古书的寄生材料，都是可资利用的校勘资料。清代乾嘉学者，特别是高邮二王，充分利用这些寄生材料，在校勘实践中取得了很大成绩。

> 《庄子・秋水》："井鼃不可以语于海者，拘于虚也。"引之曰："鼃"本作"鱼"，后人改之也。《太平御览・时序部七》、《鳞介部七》、《虫豸部一》引此并云："井鱼不可以语于海。"则旧本作"鱼"可知。且释文于此句不出"鼃"字，直至下文"坎井之鼃"始云："鼃，本又作蛙，户蜗反。"引司马注云："鼃，水虫，形似虾蟆。"则此句作"鱼"不作"鼃"明矣。若作"鼃"，则"户蜗"之音、"水虫"之注，当先见于此，不应至下文始见也。再以二证明之。《鸿烈・原道篇》："夫井鱼不可与语大，拘于隘也。"梁张绾文："井鱼之不识巨海，夏虫之不见冬冰。"(《水经・赣水》注云："聊记奇闻以

广井鱼之听。”)皆用《庄子》之文，则《庄子》之作“井鱼”益明矣。《井》九三：“井谷射鲋。”郑注曰：“所生鱼无大鱼，但多鲋鱼耳。”(见刘逵《吴都赋》注。)《困学纪闻》(卷十。)引《御览》所载《庄子》曰：“用意如井鱼者，吾为钩缴以投之。”《吕氏春秋·谕大篇》曰：“井中之无大鱼也。”此皆“井鱼”之证。后人以此篇有“坎井之鼃”之语，而《荀子》亦云：“坎井之鼃不可与语东海之乐。”(见《正论篇》。)遂改“井鱼”为“井鼃”，不知井自有“鱼”，无烦改作“鼃”也。自有此改，世遂动称“井鼃”、“夏虫”，不复知有“井鱼”之喻矣。(《读书杂志·馀编上·庄子》“井蛙”条)

按：《庄子·秋水》：“井蛙不可以语于海者，拘于虚也；夏虫不可以语于冰者，笃于时也。”王引之据《太平御览》三处所引，寄生材料均作“井鱼”，可证“蛙”本作“鱼”，而为后人所改。此为一证。陆德明释文此句不出“蛙”字，却在同篇下文“坎井之蛙”彼处才出“蛙”字注音释义，可证此句本作“鱼”而不作“蛙”。此为二证。《淮南子·原道训》：“夫井鱼不可与语大，拘于隘也；夏虫不可以与语寒，笃于时也。”本于《庄子·秋水》，称引异文则作“井鱼”。此为三证。《艺文类聚》卷七六引南朝梁张绾《龙楼寺碑》：“盖闻井鱼之不识巨海，夏虫之不见冬冰，故知局于泥甃者，未测沧溟之浩汗，笃于一时者，宁信寒暑之推移？”亦本于《庄子·秋水》，寄生材料则作“井鱼”。此为四证。此外，又引《周易·井卦》、《吕氏春秋·谕大》、《困学纪闻》引《御览》所载《庄子》文，皆可证“井鱼”之说。此为五证。王引之又找出致误之由，因《庄子·秋水》、《荀子·正论》

均有“坎井之蛙”之语，后人遂改“鱼”为“蛙”矣。王引之从类书《太平御览》寄生材料入手以校《庄子·秋水》，中又暗引类书《艺文类聚》(即明引梁张绾文)为证，并结合本句古注(即陆氏释文)、后出书《淮南子》等称引异文为多重证据，校改理由充分，其说可信。

> 《淮南子·氾论训》：“楚人有乘船而遇大风者，波至而自投于水。”念孙案：“波至而”下当有“恐”字，下文“惑于恐死而反忘生也”，即承此句言之。《群书治要》、《意林》、《艺文类聚·舟车部》、《白帖》六十三、《太平御览·地部三十六》、《舟部二》，引此皆作“波至而恐”。(《读书杂志·淮南内篇十三》“波至而自投于水”条)

按：“波至而自投于水”，从字面上看犹文从字顺，也看不出有脱文，而多种唐宋类书有六则寄生材料却均作“波至而恐，自投于水”；又此句下文紧接着云：“非不贪生而畏死也，惑于恐死而反忘生也。”说明“自投于水”的原因是“惑于恐”，审察文义，上下文宜互相呼应，则上文当亦有“恐”字。王念孙据以上二条理由，在“波至而”下补上脱文“恐”字，确不可易。

> 《大戴礼记·王言》：“然后诛其君，致其征，吊其民。”家大人曰：“征”字已见上文，此不当复言“致其征”。“致其征”当为“改其政”，与“诛其君”、“吊其民”文同一例。“政”、“征”声相近，又涉上下文“征”字而误，“改”、“致”亦字之误也。钞本《北堂书钞·

武功部二》、(陈禹谟本又改为“致其征”。)《艺文类聚·武部》、《太平御览·兵部三十四》引此并作“改其政”。《家语》同。(《经义述闻》卷十一“致其征”条)

按:王念孙据唐宋类书三则寄生材料为证,“致其征”当作“改其政”,又举出《孔子家语·王言篇》称引异文为证。并说明“改”误作“致”为字形相似而误,“政”误作“征”为声近而误,又涉上下文“征”字而误,找出其致误之由,从而校正讹字。

按,以上三例,均为据古类书中有关本书的寄生材料,以校正本书中的讹误。

取证古类书校勘古书,也并非是一件轻而易举之事,首先必须熟悉古类书的源流异同及其引用资料,其次从中选取可供校勘的寄生材料,跟被校勘的古书进行互相比较,鉴别优劣,择善而从。若非淹博群书、目光敏锐者,就无从充分掌握并熟练运用类书中丰富的资料。高邮王氏取证古类书以校勘古书,特别是在没有别的版本可供对校,在本书与其他古书中也找不到可供比勘的有关资料时,发现古类书中的寄生材料可以用作比较、鉴别、考证的证据或线索,这就是十分宝贵的校勘资料,类书对校勘的实用价值可谓大矣。即使已经有了别的校勘证据,古类书中的寄生材料仍可为之增加旁证,校勘证据从来就是多多益善。

然而,高邮王氏取证类书校勘古书,却受到了晚清以来一些学者不恰当的议论和批评。

清末朱一新《无邪堂答问》卷二云:

> 王文肃、文简之治经亦然，其精审无匹，视卢召弓辈亦远胜之。顾往往据类书以改本书，则通人之蔽。若《北堂书钞》、《太平御览》之类，世无善本，又其书初非为经训而作，事出众手，其来历已不可恃，而以改数千年诸儒龂龂考定之本，不亦傎乎？然王氏犹必据有数证而后敢改，不失慎重之意。若徒求异前人，单文孤证，务为穿凿，则经学之蠹矣。

朱一新虽然也肯定、赞扬高邮王氏父子治经"精审无匹"，但他又认为高邮王氏"据类书以改本书，则通人之蔽"，可见朱一新实际上是反对用类书来校勘古书的。（朱一新以"王文肃、文简"称高邮王氏父子，其实"文肃"是王念孙父亲王安国之谥号，这当是朱一新之笔误。）

近人姚永概《慎宜轩文集》卷二《书〈经义述闻〉、〈读书杂志〉后》云：

> 古书讹脱至不可读，好古者搜采他本或类书、注语之引及者，雠校而增订之，于是书诚有功矣。若其书本自可通，虽他书所引间有异同，安知误不在彼，能定其孰为是非哉？王氏信本书之文，不及其信《太平御览》、《初学记》、《白帖》、《孔帖》、《北堂书钞》之深，斯乃好异之弊。……古人属辞，意偶而辞不必偶，往往有一字而偶二三字者。王氏每以句法参差不齐为疑，据类书以改古本。不知类书多唐以后人作，其时排偶之文务尚工整，故其援引随手更乙，使

> 之比和。况古人引书，但取大义，文句之多寡，字体之同异，绝不计焉。从王氏之说，是反以今律古，失之远矣。

姚永概表面上并不反对据类书校勘古书，甚至还有所赞扬。但是，却又毫无根据地断言高邮王氏信本书之文不及信唐宋类书，并讥之为“好异之弊”，可见姚永概实质上也是反对用类书来校勘古书的。姚又云：“王氏每以句法参差不齐为疑，据类书以改古本”，“从王氏之说，是反以今律古，失之远矣”。其理由是“古人属辞，意偶而辞不必偶，往往有一字而偶二三字者”。其实，这是姚永概对排偶之文的片面性理解。众所周知，排偶之文，大多数是意偶而辞偶，上下文句字数相等；当然，也有意偶而辞不必偶的，上下文句字数不等的。具体情况当具体对待，不能偏执一端。王念孙早于姚永概就已察觉这一问题，例如，《国语·楚语下》：“闻一善若惊，得一士若赏。”王念孙并不为此上下句对文且字数相等而惑，其校释云：“‘闻一善’，本作‘闻一善言’。今本无‘言’字者，盖后人以上句多一字，故删之以对下句耳。不知古人之文，不必字字相对。且‘善言’入于耳，故曰‘闻’。删去‘言’字，则文义不明。”并引三则他书古注的寄生材料为证(详见《经义述闻》卷二十一“闻一善”条)。王念孙通过众多校勘实例，从理论上总结为“古人之文，不必字字相对”，并用来指导校勘实践，那末姚永概对高邮王氏的指责就成了捕风捉影之语。

近人刘文典《三馀札记》卷一云：

> 清代诸师校勘古籍，多好取证类书，高邮王氏尤

> 甚。然类书引文，实不可尽恃，往往有数书所引文句相同，犹未可据以订正者，盖最初一书有误，后代诸书亦随之而误也。如宋之《太平御览》，实以前代《修文御览》、《艺文类聚》、《文思博要》诸书，参详条次，修纂而成。其引用书名，特因前代类书之旧，非宋初尚有其书，陈振孙言之详矣。若《四民月令》一书，唐人避太宗讳，改"民"为"人"，《御览》亦竟仍而不改。书名如此，引文可知。故虽隋、唐、宋诸类书引文并同者，亦未可尽恃，讲校勘者不可不察也。

取证唐宋类书校勘古籍，又不能盲从类书，这个道理是正确的。刘文典批评"清代诸师校勘古籍，多好取证类书，高邮王氏尤甚"云云，却未免过甚其辞。高邮王氏在具体校勘实践中，并非一味尽恃类书。王念孙曾明确指出："类书相沿之误，不可从。"（见《读书杂志·逸周书三》"古黄"条）《淮南子·时则训》："孟秋之月，西宫御女白色，衣白采，撞白钟。"念孙案："'白钟'之'白'，因上文而衍。春鼓琴瑟，夏吹竽笙，秋撞钟，冬击磬石。'钟'上不宜有'白'字。而《北堂书钞·岁时部二》、《艺文类聚·岁时部上》、《太平御览·时序部九》引此皆有'白'字，则其误久矣。"（《读书杂志·淮南内篇五》"白钟"条）王念孙具体指出唐宋类书相沿之误，不可盲从。刘文典所言"类书引文，实不可尽恃"，这一观点无疑是正确的，而高邮王氏早已言之，并付之于校勘实践。刘文典《淮南鸿烈集解》卷一，即《原道训》集解中，全部引述高邮王氏《读书杂志·淮南内篇一》中的校记和训释计四十一条，其中取证类书校勘者即有十四条，刘文典引述时全文照录，也未有异议；而且刘文典自己所作校语，即“文典谨按”之中，引唐宋类书《艺文类聚》、《北堂书钞》、《群书治要》、《意林》、《太平御览》等书中的寄生材料为证者，即有二十八条，比高邮王氏所引多出了一倍。这就可以说，刘文典在具体的校勘实践中，正好用事实反驳了他自己《三馀札记》中指责高邮王氏的不实之词。

近人柳诒徵在《中国文化史》第三编第十章，谈到“考证学派”时云：

> 高邮王氏校订群书，最称精善。然其法，大抵先取宋人所辑类书，如《太平御览》、《册府元龟》、《玉海》等书，比其异同，即据为己意。先立一说，而后引类书以证之。

柳诒徵虽然肯定高邮王氏校勘“最称精善”，然而却笔锋一转，试图从校勘的方法论上贬抑高邮王氏校勘学，其说当然不能成立。第一，说高邮王氏校勘，“然其法，大抵先取宋人所辑类书……比其异同，即据为己意”，实为以偏概全之词。众所周知，高邮王氏校勘方法，有对校法、本校法、他校法、理校法等，而取证类书校勘古书，只是高邮王氏校勘学他校法之校他书中的一种方法。柳氏所云，无疑抹煞了高邮王氏校勘方法的多样性。第二，高邮王氏取证类书校勘古书，并非只是“比其异同，即据为己意”，因为校勘一事并非如柳诒徵所云那么简单容易，而是在比其异同的基础上，加以鉴别考证，择善而从。从具体校勘实例看，高邮王氏并非一味信从类书，而是有所别择，有所取舍。只要通读高邮王氏四种，自能作出公允评论。第三，说王氏校勘“先立一说，而后引类书以证之”，这是柳诒徵对高邮王氏校勘的误解。从《读书杂志》、《经义述闻》中的有关取证类书的校勘记来看，确是先述校勘结论（即所谓“先立一说”），再述致误之由（柳氏却忽略而不提），“而后引类书以证之”。然而，这是校勘记的一种写作方法。在校勘记中，究竟是先述结论，还是后述结论，甚或是不作结论，其写作方法本无定式。当然，一切结论均产生于调查研究的末尾，而不是在它的先头，高邮王氏校勘也不例外。高邮王氏校勘实践的具体方法步骤，首先是发现古书疑误，接着搜求各种证据，包括古类书中的寄生材料，加以比较、鉴别和考证，同时找出致误之由，最后才得出校勘结论。高邮王氏在校勘记中先述校勘结论，是为了便利读者理解和掌握，并不反映校勘实践的具体方法步骤的顺序，而柳诒徵恰恰将此二者混为一谈。第四，高邮王氏取证类书校勘古书，不仅取证宋人类书，而更多地取证唐人类书，如《艺文类聚》、《北堂书钞》、《群书治要》、《初学记》、《白帖》等等。柳诒徵却说高邮王氏“其法大抵先取宋人所辑类书”云云，而不提取证唐人类书，未能客观地反映高邮王氏取证唐宋类书的实际情况。第五，柳诒徵说高邮王氏校勘，“然其法，大抵先取宋人所辑类书，如《太平御览》、《册府元龟》、《玉海》等书”。我们从《读书杂志》、《经义述闻》二书中，是可以看到取证于《太平御览》、《玉海》以及别的唐宋类书的许多校勘实例，但是恰恰就没有取证于《册府元龟》的校勘实例。高邮王氏原书俱在，读者可自覆按。综上所述，柳诒徵对高邮王氏校勘方法的批评不符合客观事实，因此也就不能成立。

高邮王氏取证类书校勘古籍，对类书中的寄生材料都做了一番必要的比较、鉴别和考证的工作，力争做到纠误存真，择善而从。今举校勘实例于下。

《逸周书·王会篇》:"文马赤鬣缟身,目若黄金,名古黄之乘。"卢曰:"'古黄',《说文》作'吉皇',《海内北经》注引作'吉黄'。此从旧本作'古黄',与《初学记》所引亦合。"念孙案:作"吉黄"者是也。王本作"吉黄",与《说文》、《山海经》注合。《山海经图赞》亦作"吉黄"。《文选·东京赋》注引《瑞应图》云:"腾黄,神马,一名吉光。"光、黄古同声,"吉光"即"吉黄"也。《海内北经》作"吉量",下字虽不同,而上字亦作"吉",则作"吉黄"者是也。《艺文类聚·祥瑞部下》、《初学记·兽部》引此并作"古黄",乃类书相沿之误,不可从。(《读书杂志·逸周书三》"古黄"条)

按:卢文弨之校勘,从形式上看,既有版本根据(从古本),又有类书《初学记》所引为旁证,似乎可以成立。而王念孙校正为"吉黄",有着版本根据(据王本),并有五例旁证材料,更指出卢校据以为证的《初学记》所引实误。这样,不仅纠正了卢校之误,从而校正了《逸周书》之讹字,更指出类书《艺文类聚》、《初学记》引文相沿之误。王念孙云:"类书相沿之误,不可从。"这是有感而发,实为深知此中三昧之言。

《墨子·贵义》:"且帝以甲乙杀青龙于东方,以丙丁杀赤龙于南方,以庚辛杀白龙于西方,以壬癸杀黑龙于北方。"毕于此下增"以戊己杀黄龙于中方",云:"此句旧脱,据《太平御览》增。"(《鳞介部一》。)念

> 孙案：毕增非也。原文本无此句，今刻本《御览》有之者，后人不知古义而妄加之也。古人谓东西南北为四方者，以其在四旁也。若中央为四方之中，则不得言“中方”，一谬也。行者之所向，有东有西，有南有北，而中不与焉，二谬也。钞本《御览》及《容斋续笔》所引皆无此句。（《读书杂志·墨子四》“以戊己杀黄龙于中方”条）

按：毕沅据明刻本《御览》增补“以戊己杀黄龙于中方”一句。王念孙则据方字古义，表示方位和方向者，“中方”连言不词，此句显系后人不知古义而妄加；并据宋钞本《御览·鳞介部一》及宋洪迈《容斋续笔》卷四《日者》所引皆无此句，以证《墨子》原本无此句不误。其后，孙诒让《墨子间诂》、张纯一《墨子集解》、吴毓江《墨子校注》、王焕镳《墨子校释》等书皆以王说为是，而以毕校为非。王念孙对《御览》的版本进行比较、鉴别和考证，指出宋钞本无“中方”句为是，而明刻本有此句为误。王氏对同一类书的不同版本加以精深辨析，从而做到去伪存真，择善而从。

> 《左传》宣公四年：“及食大夫鼋，召子公而弗与也。”家大人曰：“鼋”下当有“羹”字，谓为鼋羹以食大夫也。下文“染指于鼎，尝之而出”，所尝者羹也，则上文原有“羹”字可知。自唐石经脱“羹”字，而各本遂沿其误。《太平御览·人事部十一·指篇》、《饮食部十九·羹篇》、《鳞介部四·鼋篇》引此皆无“羹”字。案《御览》载此事于《羹篇》，则所引当有“羹”字，

今本无者，后人以俗本《左传》删之，因并删《指篇》、《鼋篇》两“羹”字耳。钞本《北堂书钞·酒食部三·羹篇》出“鼋羹”二字，注引《左传》“食大夫鼋羹”。（陈禹谟本删注文“羹”字，而正文“鼋羹”二字尚存。）《初学记·服食部·羹篇》引同。《白帖十六·羹篇》出“鼋羹”二字，注所引亦同。（今本注内无“羹”字，亦后人所删。）高注《吕氏春秋·季夏篇》及《淮南·时则篇》并云“鼋可为羹”，引《左传》“郑灵公不与公子宋鼋羹”，（《吕氏春秋·谕大篇》注引同。）则传文原有“羹”字甚明。《史记·郑世家》叙此事亦云：“及入见灵公，进鼋羹。”又云：“灵公召之，独弗与羹。”《韩子·难四》云：“食鼋之羹，郑君怒而不诛。”《易林·蒙之萃》云：“鼋羹芬香，染指弗尝。”“鼋羹”之文，皆本于《左传》。（《经义述闻》卷十八“食大夫鼋”条）

按：类书中的寄生材料有正有误，必须加以比较、鉴别和考证，才能纠误存真。《太平御览》三则引文，虽与今本《左传》合，但均脱“羹”字，实误。而钞本《北堂书钞》、《初学记》、《白帖》三则引文均作“鼋羹”，还有《吕氏春秋》、《淮南子》三则古注中的寄生材料，《史记》、《韩非子》、《易林》三书称引异文，均作“鼋羹”或“鼋之羹”，皆本于《左传》。这样，既校补了《左传》正文所脱“羹”字，同时也纠正了《御览》三则引文之误。

以上三例，说明高邮王氏取证类书校勘古籍，并非一味信从类书，而是对类书中的寄生材料有所别择，有所取舍，能做到纠误存真，择善而从。那末，朱一新、姚文概、刘文典、柳诒徵等对高邮王氏利用类书校勘古籍的批评和指责，就凸显不合乎事实，未免是偏执一端、过甚其词了。

7. 校以古辞书

古辞书包括字书、韵书和词典，供人们查检文字和语词，主要用来正形、正音和释义，帮助解决训释中遇到的疑难问题。而校勘学家也利用古辞书来校勘古籍，即从语言入手，运用文字、音韵、词义知识，依据古代书面语言的内在联系，发现问题，订正讹误，求得确解。

> 《管子·小问》："止之以力，则往者不反，来者鸷距。"尹注曰："鸷，疑也。距，止也。"念孙案："鸷"当为"蛰"，字之误也。"蛰"、"距"皆止也，言来者止而不前也。《说文》曰："樊，蛰不前也。"（今本"蛰"讹作"鸷"。）"蛰，马重貌也。"《史记·秦本纪》曰："晋君还而马蛰。"《晋世家》曰："惠公马蛰不行。"（今本亦讹作"鸷"。唯《秦本纪》不误。）《太元·元错》曰："进欲行，止欲蛰。"（今本亦讹作"鸷"。）字或作"驻"。《广雅》曰："驻，止也。""距"本作"岠"。《说文》曰："岠，止也。"是"蛰"、"距"皆止也。世人多见"鸷"，少见"蛰"，故"蛰"讹为"鸷"。尹氏不能厘正，而训"鸷"为"疑"，既不合语意，又于古训无征，斯为谬矣。（《读书杂志·管子八》"鸷距"条）

按：尹知章不以"鸷"为讹字，而训为"疑"，既不合文意，又于古训无征。王念孙据《说文》、《广雅》"蛰"（或作"驻"）字义训，校正"鸷"当为"蛰"，字形相似而误。"蛰"、"距"皆训止，言来者止而不前也。"蛰距"连文同义，古人自有复语耳。王念孙又举出“鸷”误作“鹫”的三个类例，就更增加了说服力。

今人黎翔凤云：“‘鹫’为猛禽，‘距’为鸡距，皆从鸟得义。《荀子·仲尼》注：‘距与拒同，敌也。’‘鹫距’谓勇猛抗拒，不必改字。”①按，“往者不反”与“来者鸷距”相对为文，往者指已离开齐国者，来者指前来齐国而尚未至者。既然来者尚未到达齐国统治区内，又何言来者“勇猛抗拒”齐国统治者乎？可见黎氏所言不确。为误字“鹫”作释，只能是郢书燕说。黎氏云：距，“从鸟得义”。《说文》：“距，鸡距也。从足巨声。”距字不从鸟，黎说非。此距字借为歫，《说文》：“歫，止也。”是其义。

《淮南子·原道训》：“不与物散，粹之至也。”高注曰：“散，乱。”又《精神篇》：“精神澹然无极，不与物散而天下自服。”高注曰：“散，杂乱貌。”引之曰：诸书无训“散”为杂乱者，(《说文》：“散，杂肉也。”“杂”乃“离”之误，辩见《说文考正》。)“散”皆当为“殽”。隶书“殽”或作“散”，(见《汉殽阬君神祠碑》。)与“散”相似；“散”或作“散”，(见《李翕析里桥郙阁颂》。)与“殽”亦相似，故“殽”误为“散”。(《太平御览·方术部一》引《原道篇》已误。)《庄子·齐物论篇》：“樊然殽乱。”释文：“殽，郭作散。”《太元·元莹》：“昼夜殽者，其祸福杂。”今本“殽”误作“散”，皆其证也。《说文》：“殽，相杂错也。”《广雅》：“殽，杂也，乱也。”并与高注同义，则“散”为“殽”之误明矣。殽训为杂，义与粹正相反，故曰：“不与物殽，粹之至也。”《文子·道

① 黎翔凤《管子校注》，中华书局 2004 年版中册第 961 页。

原篇》作“不与物杂”，杂亦殺也。《庄子·刻意篇》作“不与物交”，交与殺声义亦相近。《精神篇》又曰：“审乎无瑕而不与物糅。”糅亦殺也。若云“不与物散”，则非其指矣。(《读书杂志·淮南内篇一》“不与物散”条)

按：引之据《说文》、《广雅》“殺”字义训，均与《淮南子》高注同义，以此校正《原道训》、《精神训》并言“不与物散”句及高注中共计四个“散”字，皆当为“殺”，字形相似而误。并举出古书中“殺”误作“散”的两个类例，作为旁证。又举出“不与物殺”句之三例异文，即《文子·道原》“不与物杂”、《庄子·刻意》“不与物交”、《精神训》“不与物糅”，用校读法证明“殺”与“杂”、“交”、“糅”为异文同义(或近义)，若作“散”则非其旨矣。王引之从字义、字形入手，校正“散”当作“殺”，又举出两例讹字类例、三例校读异文为旁证，这就具有坚实的校勘证据。

然而有些新编的大型语文工具书，未能吸收上述王引之的校勘成果，致使有关条目出现了差错。例如：

〔散〕1. ㊀分散，散布。(例略)引申为纷乱。《淮南子·原道》：“不与物散，粹之至也。”注：“散，乱。”(《辞源》修订本第2册第1348页)

〔散〕(二)⑤错杂；杂乱。(例略)《淮南子·精神》：“精神澹然无极，不与物散。”高诱注：“散，杂乱貌。”《太玄·玄莹》：“昼夜散者，其祸福杂。”范望注：“散，犹杂也。”(《汉语大字典》第2卷第1466页)

〔散[2]〕⑤散乱；杂乱。(例略)《淮南子·精神

> 训》:“不与物散,而天下自服。”高诱注:“散,杂乱貌。”(下略)(《汉语大词典》第5卷第472页)

按,上述三条〔散〕字条目中,书证分别引了《淮南子·原道训》、《精神训》“不与物散”句及高诱注、《太玄·玄莹》“昼夜散者”句及范望注,而这三句中的“散”字及其注中“散”字,王引之皆已校正为“殽”字;三部大型语文工具书的编纂者不知“散”当作“殽”,仍引作〔散〕字条目的书证,留下硬伤,实为憾事。

> 《大戴礼记·文王官人》:“其貌直而不伤,其言正而不私。”刘本改“伤”为“侮”,而孔从之。家大人曰:“伤”当为“偒”,(以豉反。)言其貌正直而不慢易也。《说文》:“侮,偒也。”徐锴曰:“偒,慢易字也。”(徐铉本“偒”讹作“伤”。)《一切经音义》卷三引《苍颉篇》曰:“偒,慢也。”《广雅》曰:“傲、侮、慢,偒也。”“偒”与“伤”字形极相似,故知“伤”为“偒”之讹,非“侮”之讹。今经传中“慢偒”字皆作“易”,“轻偒”字亦然,(《说文》:“偒,轻也。”)未必非后人所改也。此“偒”字若不讹为“伤”,则后人亦必改为“易”矣。(《经义述闻》卷十三“不伤”条)

按:王念孙据徐锴《说文系传》、《一切经音义》引《苍颉篇》、《广雅》等“偒”字的字形、字义,“偒”即慢易,与《大戴礼》文义相合,又与“伤(傷)”字形极相似,以此校正“伤”当作“偒”,字形相似而误。一说“伤”当作“侮”,与《大戴礼》文义亦相合,但字形相差较大,则“伤(傷)”非“侮”字之讹。

以上三例,高邮王氏据古辞书有关文字的形、音、义,与被校勘的文字进行比较、鉴别和考证,以此校正误字,求得确解。

8. 校以他书古注

他书古注中保存的古书的寄生材料,跟古类书中保存的古书的寄生材料一样,都是校勘家可资利用的校勘资料。这两种寄生材料,尽管它们所寄生的处所不同,而它们在校勘中所起的作用和效果则完全一样。

> 郑玄《诗谱·郑谱》曰:“初,宣王封母弟友于宗周畿内咸林之地,是为郑桓公。”引之谨案:“咸”当作“或”。“或”者,“棫”之借字也。古音“或”如“棫”,故“棫”通作“或”。“或”与“咸”字形相似,因误作“咸”耳。《史记·郑世家》索隐引《世本》云:“桓公居棫林。”(《经义述闻》卷五“咸林”条)

按:王引之据《史记·郑世家》索隐引《世本》云:“桓公居棫林。”以校正《郑谱》郑桓公封地“咸林”当作“或林”,字形相似而误。“或”为“棫”之借字,“或林”即“棫林”。

> 《吕氏春秋·古乐》:“昔陶唐氏之始,阴多滞伏而湛积,水道壅塞,不行其原。”旧校云:“一作‘阳道壅塞,不行其次’。”孙氏诒穀云:“李善注《文选》傅武仲《舞赋》、张景阳《七命》,俱引作‘阳道壅塞’。”念孙案:作“阳道”者是也,“阳道壅塞”与“阴多滞伏”正相对。后人以高注云:“故有洪水之灾。”遂改“阳道”

为"水道",不知高注自谓"阳道壅塞","故有洪水之灾",非正文内本有"水"字也。"原"当为"序",字之误也。(《庄子·则阳篇》"随序之相理",释文:"序,或作原。")"阳道壅塞",故行不由序。别本作"不行其次",次亦序也。《汉书·司马相如传》注引此,正作"阳道壅塞,不行其序"。(《读书杂志·馀编上·吕氏春秋》"水道壅塞不行其原"条)

按:孙志祖据《文选》李善注两引《吕氏春秋》并作"阳道壅塞",以校正今本作"水道"之误。王念孙则进一步申述这是因为高诱注文作"故有洪水之灾",后人遂误改"阳道"为"水道"。王念孙又据《汉书·司马相如传》注引此作"阳道壅塞,不行其序",再一次证明"水道"当作"阳道",又"不行其原"之"原"当作"序",字形相似而误。

《史记·周本纪》:"子昌立,是为西伯。西伯曰文王。"念孙案:"西伯曰文王",本作"西伯,文王也"。今本既衍"曰"字,又脱"也"字。此是承上句而申明之,故曰:"西伯,文王也。"《五帝纪》曰:"文祖者,尧大祖也。"《项羽纪》曰:"亚父者,范增也。"语意并与此同。若云"西伯曰文王",则非其指矣。《文选·报任少卿书》注引此,正作"西伯,文王也"。(《读书杂志·史记一》"西伯曰文王"条)

按:王念孙据《文选·司马迁〈报任少卿书〉》李善注引此作"西伯,文王也",校正今本《周本纪》"西伯曰文王"句既衍

“曰”字，又脱“也”字。“西伯”为姬昌生时封号，“文王”为其崩后谥号。（下文云：“后十年而崩，谥为文王。”）“西伯，文王也。”这是承上句言“西伯”而加以说明，也可以说是以正文形式出现的作者自作的夹注。若云“西伯曰文王”，则既不符历史事实，也不合称谓制度。王念孙以李善注中的寄生材料为证，说明李善所见本不误，这就等于有了《史记》唐代本的版本根据。

以上三例，高邮王氏据他书古注中有关本书的寄生材料，用来校正本书中的讹误。这也是校勘家们常用的、行之有效的一种校勘方法。但是，他书古注中的引文，亦有正有误，必须进行比较、鉴别和考证，不能盲目信从。王念孙云：“《文选》注所引诸书，凡与本书字异而声义同者，多改从本书以便省览。”（《广雅疏证》卷三下“误也”条）又云：“注内引书，例得从省，不可援以为据也。”（《读书杂志·馀编上·吕氏春秋》“为我死”条）这就是说，他书古注中引用本书文句，如果是化用原文、节引原文，甚或是改动原文者，都不可援以为据，只能作为校勘线索，仅供参考而已。

十一、审古注

王念孙《读史记杂志叙》云：

> 太史公书，东汉以来注者无多，又皆亡逸，今见存者，唯裴骃集解、司马贞索隐、张守节正义而已。……余向好此学，研究集解、索隐、正义三家训释，而参考经史诸子及群书所引，以厘正讹脱。

序中提出以《史记》三家注来厘正《史记》正文中的讹脱,这就是审核本书的古注,据以校正本书正文讹误的一种校勘方法。各种古书的古注,特别是汉唐人注,所根据的都是注书当时传本,是比较早的本子。如果所校各本有歧异之处,一与古注相合,一与古注不合,当然以与古注相合者为是。古人注书,注释中用术语"当为"者,定为字之误、声之误,以此校正讹字,这样古注中也就包含了校勘。发现古书正文有疑误,并与其注释有不相合者,则可以注释为证据或线索,据以校正古书正文的讹误。王引之云:

> 经典讹误之文,有注疏释文已误者,亦有注疏释文未误而后人据已误之正文改之者。学者但见已改之本,以为注疏释文所据之经已与今本同,而不知其未尝同也。(例略)凡此者,皆改不误之注疏释文,以从已误之经文,其原本几不可复识矣。然参差不齐之迹,终不可泯。善学者循其文义,证以他书,则可知经文虽误,而注疏释文尚不误,且据注疏释文之不误,以正经文之误,可也。(《经义述闻》卷三十二《通说下》"后人改注疏释文"条)

王引之所云"据注疏释文之不误,以正经文之误",也就是据本书的古注来校正本书正文的讹误。

> 《逸周书·大戒篇》:"无□其信,虽危不动。"念孙案:阙文是"转"字。转者,移也。上守信而不移,

则下亲其上，虽危而不可动矣，故曰："无转其信，虽危不动。"孔注曰："转，移。"是释正文"转"字也。下文曰："上危而转，下乃不亲。"正与此文相应。(《读书杂志·逸周书二》"无□其信"条)

同上："□□以昭，其乃得人。"念孙案：阙文是"贞信"二字。此承上文"无转其信"而言，信不转，故曰"贞信"。"以"与"已"同。上之贞信已昭，则下莫不为上用，故曰"贞信已昭，其乃得人"也。孔注曰："贞信如此，得其用也。"是其证。(同上"□□以昭"条)

按：《大戒篇》云："无□其信，虽危不动。□□以昭，其乃得人。"孔晁注："转，移。贞信如此，得其用也。"王念孙正是根据孔晁注文，校补上缺文为"转"字，下缺文为"贞信"二字。

孔注为"转"字作释，如果正文中无"转"字，则注中被训释字"转"就成了无根之字，这就不合乎注疏规则。而今本正文无"转"字，缺文恰好为一字。因此，王念孙断定正文缺文当是"转"字，这样，正文与注文正互相合拍。而校补"转"字，不仅使本句"无转其信，虽危不动"文义通顺，并与下文云"上危而转，下乃不亲"，亦正上下互相呼应。孔注释"转"为"移"，于古训有征。《诗·小雅·祈父》："胡转予于恤，靡所止居。"汉郑玄笺："转，移也。"《楚辞·刘向〈九叹·愍命〉》："却骐骥以转运兮，腾驴骡以驰逐。"汉王逸注："转，移也。"可见，"转，移。"在孔晁注文中是一训释字义的句子，而不是"转移"一词。这就证明王念孙的识断正确无误。丁宗洛《逸周书管笺》云："'转移'不见经文，疑误。"(道光十年刻本)丁氏将"转移"二字误认为一词，那就肯定不能发现注文与正文之间的内在联系，只能说注文“疑误”了。上海古籍出版社 1995 年版《逸周书彙校集注》[①]云：“孔晁云：转移贞信如此，得其用也。”不仅将“转移”二字误认为一词，并且与下句“贞信如此”连作一句读，大谬。

孔注以“贞信如此，得其用也”，解释正文“□□以昭，其乃得人”句。注中所言“贞信”二字，并非无根之字，应是从其相对应的正文中来。而今本正文无“贞信”二字，缺文恰好为二字。因此，王念孙断定正文缺文当是“贞信”二字，这样，正文与注文正互相密合。而校补“贞信”二字，不仅使本句“贞信以昭，其乃得人”文义通顺，并且与上文云“无转其信，虽危不动”亦正上下互相呼应。“无转其信”，即信不转，谓守信而坚定不移，亦就是“贞信”。王念孙认真审核而读通孔晁古注，发现注文与正文的内在联系，由此沿波讨源，据古注校正了正文的讹脱。

> 《战国策·齐策三》：“今又劫赵魏，疏中国，封卫之东野。”高注曰：“封，取。”鲍曰：“封，割也。”吴曰：“封，疆之也。”念孙案：高注训为“取”，则“封”为“割”之讹也。上文“然后王可以多割地”，“可以益割于楚”，高注并曰：“割，取也。”是其证。鲍、吴注皆失之。（《读书杂志·战国策一》“封卫之东野”条）

按：王念孙据《齐策二》“然后王可以多割地”，《齐策三》

① 《逸周书彙校集注》，上海古籍出版社 1995 年版上册第 610 页。

“可以益割于楚”，高诱注并云：“割，取也。”以校正此章高诱注：“封，取。”“封”当为“割”，字形相似而误。由此，据校正后的此章高诱注，进而校正此章正文“封卫之东野”句，“封”亦当为“割”字之讹。鲍彪、吴师道注皆以误字“封”作释，皆失之。姚宏云：“别本改作‘刲’，下同。高诱曰：‘刲，取。’”黄丕烈札记云：“今本‘封’误‘刲’。”按，“刲”字和“封”字，都是“割”之字形之误。

《淮南子·原道训》：“此俗世庸民之所公见也，而贤知者弗能避也。”高注曰：“以谕利欲，故曰‘有所屏蔽’也。”念孙案：如高注，则正文“避”字下，当有“有所屏蔽”四字，而今本脱之也。此承上文而言，言先者有难而后者无患，此庸人之所共见也，而贤知者犹不能避，则为争先之见所屏蔽故也，故注云：“故曰‘有所屏蔽’也。”凡注内“故曰云云”，皆指正文而言，以是明之。（《读书杂志·淮南内篇一》“脱四字”条）

按：王念孙从审核古注与分析正文文义入手，发现注文“故曰‘有所屏蔽’也”，在今本正文中无相对应的文句，就成了无根之语，这不合注疏规则；而正文“而贤知者弗能避也”并未说出“弗能避”的原因，则语意未完。因此，由注文与正文的相互联系来考虑，据高诱注，则正文“避”字下当有“有所屏蔽”四字，而今本脱之。在正文中校补“有所屏蔽”四字，则注文中“有所屏蔽”四字，是复述正文，这就成为有根之语；这“有所屏蔽”四字，也正就是上句“而贤知者弗能避”的原因，使正文语意完足。由此，王念孙指出：“凡注内‘故曰云云’，皆指正文而言,以是明之。"这就成为审核本书古注以校正本书正文的一条通例。

以上三例,都是直接根据本书古注,联系正文,加以比较、鉴别和考证,来校正本书的讹误。

十二、引他说

高邮王氏在校勘群经、古史、诸子、总集时,不仅广罗众本,搜集汉唐旧注,以作比较研究;同时抱着开放的心态,关注同时代学者的校勘心得,疑者正之,是者引之,不隐讹,不掠美,实事求是,追求真知。高邮王氏对同时代学者,不论年辈,不论资历,或是师长、同年,或是学生、后辈,例如戴震、钱大昕、卢文弨、陈昌齐、汪中、刘台拱、贾田祖、段玉裁、李惇、孙志祖、庄逵吉、孙星衍、顾广圻、钱大昭、顾子明、郝懿行、洪颐煊、臧庸、王萱龄等等,他们在校勘中的真知灼见,皆被称引吸收,或全文引述,或补充说明,这正反映出高邮王氏虚怀若谷、好学深思的治学精神。

《周易·系辞传下》:"德薄而位尊,知小而谋大,力小而任重。"钱氏《养新录》曰:"两'小'字似觉重叠,当从唐石经作'力少而任重'为正。《后汉书·朱冯虞郑周传赞》注引《易》与石经同,《三国志·王脩传》注引《魏略》'力少任重'。(《汉书·王莽传》:'自知德薄位尊,力少任大。'今本'少'作'小',唯北宋景祐本是'少'字。)"(引之案:明汪文盛本亦作"少"。)家大人曰:钱说是也。"少"与"小"形声皆相似,又涉上句“知小”而误耳。集解本作“力少”，(今本作“力小”，乃后人依俗本改之，而虞注尚未改。)引虞注曰：“五至初体大过本末弱，故力少也。”又《潜夫论·贵忠篇》及《群书治要》、颜师古《汉书·叙传》注，引《易》并作“力少而任重”。(《荀子·儒效篇》：“是犹力之少而任重也。”《淮南·主术篇》：“夫举重鼎者，力少而不能胜也。”)《盐铁论·毁学篇》：“故德薄而位高，力少而任重，鲜不及矣。”(明涂祯本如是，张之象本复改“少”为“小”。)即本《系辞传》文。《晋书·山涛传》亦曰：“德薄位高，力少任重。”(《经义述闻》卷二“力小”条)

按：钱大昕《十驾斋养新录》卷一“力少而任重”条，以唐石经为版本根据，又据他书古注引文两则及北宋本《汉书·王莽传》称引异文为旁证，校正今本《系辞传》“力小而任重”句，“力小”当作“力少”。高邮王氏在肯定钱说的基础上，找出致误之由，又增补了唐李鼎祚《周易集解》作“力少”的版本根据，举出先秦汉晋古书的称引异文五则以及他书古注和类书引文的寄生材料两则为旁证，极大地丰富了证据材料，更增强了说服力。

《史记·天官书》：“前方而后高兑而卑者却。”(兑与锐同。)《汉书·天文志》作“前方而后高者锐，后锐而卑者却”；《晋志》作“前方而高、后锐而卑者却”。武进顾子明曰：“下文云：‘气相遇者，卑胜高，兑胜方。’卑与高对，兑与方对，当依《晋志》作‘前方而高、后兑而卑者却’。今本《史记》‘高’、‘后’二字互易,《汉书》则‘高’上衍‘后’字,‘高’下又衍‘者锐’二字。”(《读书杂志·史记二》“前方而后高兑而卑”条)

按:顾文炳以《史记·天官书》、《汉书·天文志》、《晋书·天文志》三书异文进行比较研究,择善而从,据《晋志》校正《史》、《汉》讹误。顾文炳,字子明,江苏武进(今常州市)人,卢文弨弟子,道光元年举人,博通训诂,精于校勘。曾入王引之河南学政幕。王念孙《读史记杂志》中有五条校勘即引自顾说。

《广雅·释言》:“酌,漱也。”〔疏证〕未详。(《广雅疏证》卷五下)

《广雅·释言》:“酌,漱也。”〔疏证补正〕“酌”改“酳”。注“未详”二字乙,改“各本‘酳’讹作‘酌’”。钱氏晦之云:“‘酌’当为‘酳’。《说文》:‘酳,少少饮也。’《玉篇》:‘酳,余振切。酯,同上。’《广韵》:‘酯,酒漱口也。’案《士虞礼》、《少牢馈食礼》注并云:‘古文酯为酳。’《特牲馈食礼》注云:‘今文酯为酳。’‘酌’皆当为‘酳’。颜师古注《汉书·贾山传》云:‘酯者,少少饮酒,谓食已而荡口也。’”念孙案:《士昏礼》“酳酯主人”,郑注云:“酯,漱也。酯之言演也,安也,漱所以洁口,且演安其所食。”“酯”与“酳”同,此“酳”训为“漱”之明证也。今订正。(《广雅疏证补正》卷五下)

按:王念孙著《广雅疏证》时,对《释言》“酌,漱也”并未了然，注为“未详”，付之阙如。与《疏证》同时成书者，有钱大昭(1744—1813)著《广雅疏义》，当时未见刊行。若干年后，王念孙得见钱著，依钱说校正“酌”当作“酌”；并在钱说基础上，补充《士昏礼》注一则，对《疏证》这一条作了全面补正。又，王念孙于《广雅·释宫》“究，窟也”，《疏证》无注，《补正》云：“补钱氏晦之云：‘究’疑当作‘窕’。《玉篇》：‘窕，五丸切，窕窟也。’”(《补正》卷七上)王念孙取大昭之长，补己之不足，使《广雅疏证》的校勘更臻完善。

以上三例，都是引述同时代学者最新的校勘成果，以校正本书中的讹误。

十三、验实物

高邮王氏擅长于名物训诂，他们重文献记载，更重实物证据，长于认真观察，细读深究。他们验证古器物、古碑刻、古建筑遗制等，以校正古书中的有关讹误，考定精谛，信而有征，确不可易。这一校勘方法，继承了自北宋以来金石学研究重视实证的优良传统，又开启了近代以出土文物与古籍文献互证的二重证据法的先河。

《墨子·耕柱》：“鼎成三足而方。”念孙案：“三足”，本作“四足”，此后人习闻鼎三足之说，而不知古鼎有四足者，遂以意改之也。《艺文类聚》、《广川书跋》、《玉海》引此皆作“四足”，则“三”字必元以后人所改也。《博古图》所载商周鼎四足者甚多，未必皆属无稽。《广川书跋》曰：“秘阁二方鼎，其一受太府之量一稱七斗，又一受量损二斗三升，四足承其下，形方如矩。汉人谓鼎三足，以象三德。又谓禹之鼎三足，以有承也。韦昭以左氏说'莒之二方鼎'，乃谓'其上则方，其下则圆'。方其时，古鼎存者尽废，其在山泽邱陇者未出，故不得其形制。"（引之曰：《左传》"莒之二方鼎"，服虔曰："鼎三足者圆，四足者方。"则汉人说方鼎，固有知其形制者。）引《墨子》"鼎成四足而方"，以为古鼎四足之证。（《读书杂志·墨子四》"三足"条）

按：王念孙据《艺文类聚》、《广川书跋》、《玉海》三书引文，校正《墨子》"鼎成三足而方"，"三足"当作"四足"；又以《博古图》所载商周鼎四足者为旁证。王引之举出《左传》昭公七年"莒之二方鼎"，孔颖达正义引服虔曰："鼎三足则圆，四足则

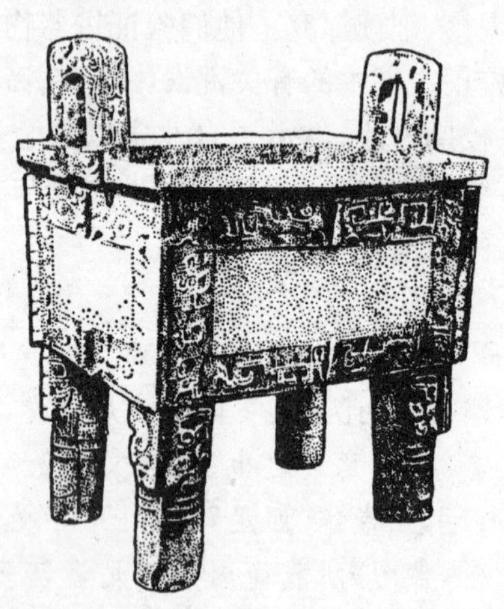

司母戊方鼎

方。”以为方鼎四足之证。当时限于条件，高邮王氏未见方鼎实物，仅见古书绘图，他们结合文献记载，相信四足方鼎之图是真实的。后沈钦韩(1775—1831)著《春秋左传补注》云：“以《宣和博古图》验之，其文王鼎、南宫中鼎，皆四足方鼎，如服说。”后世考古出土的兽面乳钉纹方鼎、司母戊方鼎、禾大方鼎等，为世人展示了方鼎四足的真实形制。今存世最大的司母戊方鼎，四足跱立，现藏中国历史博物馆。

《周礼·考工记·凫氏》：“钟带谓之篆，篆间谓之枚，枚谓之景。”注曰：“带，所以介其名也。介在于鼓钲舞甬衡之间，凡四。郑司农云：‘枚，钟乳也。’元谓今时钟乳，侠鼓与舞，每处有九面三十六。”疏曰：“言四处，则中二，通上下畔为四处也。举汉法一带有九，古法亦当然。钟有两面，面皆三十六也。”引之谨案：“面”当为“而”，字之误也。此承上文“凡四”言之，钟之两面，带凡四处，每带一处而有九钟乳，四九而得三十六，故云“每处有九而三十六”。《博古图》所图周汉古钟，凡百一十四，钟每一面，篆各两处，分列左右，两面凡四处，注所谓“带介在于鼓钲舞甬衡之间，凡四”也。每篆一处，钟乳上中下三列，列三钟乳，三三而九，面有篆两处而得十八，两面四处而得三十六，注所谓“每处有九而三十六”也。程氏《通艺录》所图周公誉钟，及余所见纪侯钟，无不皆然，与郑注正合，其为“而”字无疑。贾氏不能厘正，而云“钟有两面，面皆三十六”，则是七十二矣，无论古钟无此制，且非一钟所能容。又谓“中二，通上下畔为四处”，亦误。四处者，合钟之两面计之，非谓一面有四处也。（《经义述闻》卷九“面三十六”条）

按：王引之据《博古图》和程瑶田《通艺录》所图古钟，及其亲见刘尚书家所藏周纪侯钟，其形制均为每篆一处，钟乳上中下三列，每列有三钟乳，三三而九，面有篆两处而得十八，两面四处而得三十六，以此校正郑注“每处有九面三十六”句，其中“面”当作“而”，字之误也。验之古钟，信而有征，确不可易。

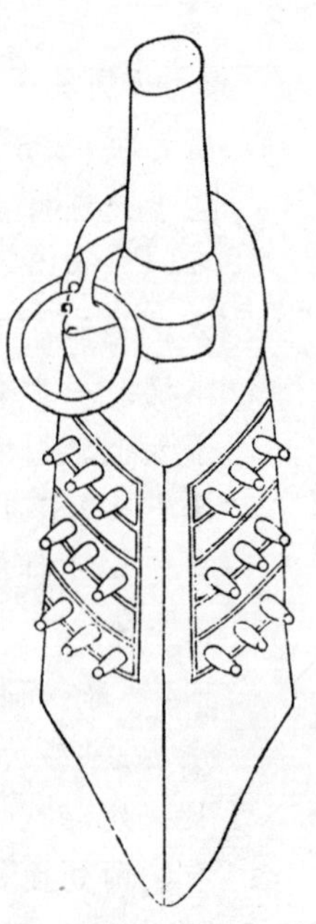

纪侯钟左侧面图

《尔雅·释宫》：“所以止扉谓之阁。”郭注曰：“门辟旁长橛也。《左传》曰：‘高其闬阁。’阁，长杙，即门橛也。”引之谨案：“辟”与“闢”同，（经传多以“辟”为“闢”。）开也。谓门之既开，其旁有长橛以止之，使不摇动。今时城门既开，插木橛于旁以止之，是其遗法也。或于门旁置断木以止扉，今人宫室多有之，谓之门墼，亦有代以石者。阁之言格；格，止也。（见张晏《汉书·梁孝王传）注。）橛以止扉，因谓之阁矣。一名闾，《玉篇》、《广韵》并云：“闾，他但切，阒也，门旁橛所以止扉也。”郭不直云“门旁长橛”，而云“门辟旁长橛”，则阁以止既开之扉，非以固既阖之扉，明甚。

而颜师古《匡谬正俗》乃谓“止扉以牢固扞御寇贼”，则是以为关楗之属矣。关楗以固既阖之扉，阁以止既开之扉，不可比而同之也，良由读郭注未审以致斯误耳。（段氏《说文注》谓：“阁，闭门乃用之。”误与颜同。）徐锴《说文系传》又云：“阁，今云门頬扇所附着也。”亦与止扉之义不合。至《左传》“高其闬阁”，当依杜预作“闬闳”，郭所据本作“阁”，乃当时传写之误。止扉之阁自作阁，闬闳之闳自作闳也，辨见《左传》“高其闬闳”下。胡竹邨主政闻余说而韪之曰：“阁自是止既开之扉，若止既阖之扉，则当在门中，不当在门旁。上云‘橛谓之闑’，闑，门中所竖短木也。郭注‘旁长橛’三字，盖对闑之为中央短橛言之。”（《经义述闻》卷二十七“所以止扉谓之阁”条）

按：王引之释《尔雅》“所以止扉谓之阁”，谓阁以止既开之扉，非以固既合之扉；并谓今时开启城门或宅门，插木橛于旁以止之，名曰门墼，即古之遗法。王引之以其所见本为郭璞注文原貌，至于郭注引《左传》“高其闬阁”，实当以西晋杜预注本作“闬闳”，而郭所引，乃为东晋时误本《左传》所惑。对此，这应在校勘记中加以说明，而不宜直接改动郭注原文。郭璞为了解释“阁”字，并不需要引述“闬闳”，而是引述“闬阁”，然而郭璞不知所据本《左传》传写之误，引用不慎而以讹传讹，并为后世留下了纠纷。《十三经注疏》影印本《尔雅·释宫》：“所以止扉谓之闳。”郭璞注：“门辟旁长橛也。《左传》曰：‘高其闬

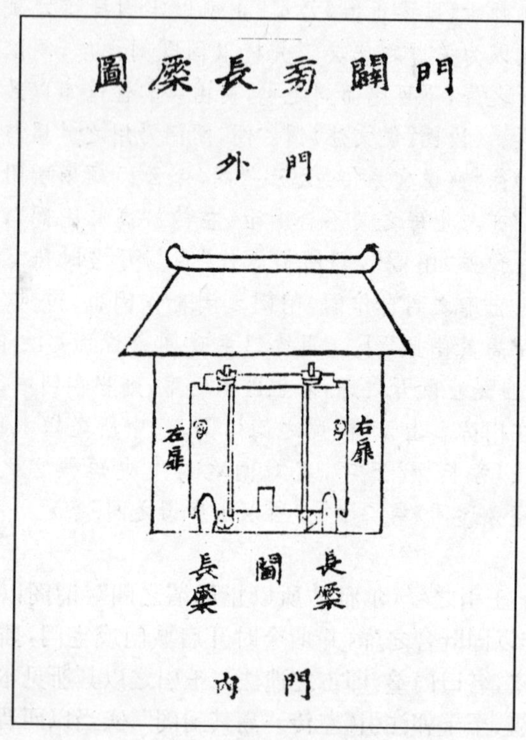

门辟旁长橛图

闳。'闳，长杙，即门橛也。"①宋人为了直接改正郭注引《左传》文，竟将经注中原来的"阁"字，都改为"闳"字，则过犹不及，实误。《十三经注疏校勘记》已有所校正。周祖谟《尔雅校笺》据翻印宋刻本影印，经注文字与《十三经注疏》本同。校笺校正

① 《十三经注疏》(影印本)，中华书局 1980 年版下册第 2598 页。

经文“闳”字云:“案《说文》云:‘阁,所以止扉也。’是‘闳’当作‘阁’。闳为巷门,非止扉者也。”又校正注文两“闳”字云:“‘闳’并当作‘阁’。今《左传》襄公三十二年作‘高其闬闳’,释文云:‘本或作阁’。郭氏所据本与今本不同。”[①]校笺所说为是,与王引之所说相合。王引之据古代以阁止既开之扉遗法,既校正了郭注所引《左传》之误,而又保留郭注本原貌。这种以郭还郭、以杜还杜的校勘方法,符合校勘的存真复原的一般通则。

以上三例,都是验证古器物、古建筑遗制等实物资料,以实证的方法,直接或间接地校正古书中的有关讹误。

第七节　理校法

理校法是利用与本书疑难有关的专门知识来校正本书中的讹误。理校法实则也是分析和考证,它的先决条件,不仅必须对本书进行全面深入的了解和研究,而且还必须对有关本书疑难的某一知识领域有着深厚的功底和学养。理校法,往往是在没有不同的版本以及他书有关本书的资料可供比较,本书又提供不出可资比勘的资料的情况下,只能用推理的方法来校正。这种理校法,主要从文字、音韵、训诂、语法等语言应用知识,从事实、义理、名物、制度等社会历史文化知识方面入手。理校法,就是在没有直接或间接的版本根据的情况下“定其是非”,这确实是一件难事。因此,这就需要校勘者具有广博而深厚的学识,在语言应用知

① 周祖谟《尔雅校笺》,江苏教育出版社 1984 年版第 232、233 页。

识和社会历史文化方面,掌握其一般规律,并且博极群书,精熟典籍,阅读时能好学深思,融会贯通,善于联系,善于比较,善于鉴别,从中总结出一些规律性的通则条例,以便发现并校正古书中存有的讹误。

十四、考古字

俞樾《古书疑义举例》卷七第七十五“不识古字而误改例”云:“学者少见多怪,遇有古字而不能识,以形似之字改之,往往失其本真矣。”高邮王氏根据语言文字应用知识和社会历史文化知识,进行分析和考证,识别误字(即形似之字),考出古字,使古书恢复原来的本真面貌。

> 《墨子·尚贤下》:“昔伊尹为莘氏女师僕。”毕云:“僕,侯也。”(侯,今作媵。)念孙案:“僕”即“侯”之讹。此谓有莘氏以伊尹媵女,非以为僕也。《说文》:“侯,送也。吕不韦曰:‘有侁(莘同。)氏以伊尹侯女。’”今本《吕氏春秋·本味篇》“侯”作“媵”。经传皆作“媵”,而“侯”字罕见,唯《墨子》书有之,而字形与“僕”相似,因讹而为“僕”。《淮南子·时则篇》“具曲栚(音朕。)筥筐”,今本“栚”作“樸”,误与此同。(《读书杂志·墨子一》“僕”字条)

按:王念孙根据古代诸侯嫁女以臣仆陪嫁的制度,确定“僕”当为“侯”,字形相似而误;举《说文》“侯”字的训释和引文为证,并与今本《吕氏春秋·本味篇》相校,“侯”即“媵”之古字;又举出“柍”误作“樸”字的类例为旁证,其说理据充分。毕沅以误字“僕”为正,训为“佚”,这既于古训无征,又不合文义。伊尹为有莘氏媵臣,古书不乏记载,《楚辞·天问》云:“水滨之木,得彼小子,夫何恶之,媵有莘之妇?”王逸注:“小子,谓伊尹。媵,送也。有莘恶伊尹从木中出,因以送女也。”洪兴祖补注:“送女从嫁曰媵。”《史记·殷本纪》云:“伊尹……欲奸汤而无由,乃为有莘氏媵臣,负鼎俎,以滋味说汤,致于王道。”《列女传》云:“汤妃有㜪,贤行聪明,媵从伊尹,自夏适殷。”皆可为证。

《管子·七法》:“不明于则而欲出号令,犹立朝夕于运钧之上,檐竿而欲定其末。”引之曰:“檐”当为“搖”。搖,古摇字。(《考工记·矢人》“夹而摇之”,释文:“摇,本又作搖。”《汉书·天文志》:“附耳搖动。”)言钧运则不能定朝夕,竿摇则不能定其末也。故《心术篇》曰:“摇者不定,趮者不静。”“搖”与“檐”字相似,世人多见“檐”,少见“搖”,故“搖”误为“檐”。(《史记·建元以来王子侯者表》“千钟侯刘摇”,《汉表》作“刘檐”;《文选·上林赋》“消摇乎襄羊”,汪文盛本《汉书·司马相如传》作“消檐”。皆是“搖”字之误。)尹注训“檐”为“举”,非是。(《读书杂志·管子一》“檐竿”条)

《管子·白心》:“夫不能自摇者,夫或搖之。”念孙案:“搖”当为“搖”。搖,古摇字也。(见《七法篇》“檐竿”下。)隶书“搖”字或作“搖”,(《汉书·司马相如传》:“消搖乎襄羊。”)因讹而为“搖”。《淮南·兵

> 略篇》："推其揜揜，挤其揭揭。""揜"亦"搖"字之讹。本书《七法篇》"搖竿而欲定其末"，"搖"字又讹作"擔"。盖世人多见"摇"，少见"搖"，故传写多差也。朱本径改"搖"为"摇"，则非其本字矣。(《读书杂志·管子七》"搖"字条)

按：高邮王氏据《七法》、《白心》文义，确认"檐"(明刻本《管子补注》作"擔")、"搖"，皆当为"搖"，字形相似而误。"搖"，即"摇"之古字。尽管没有直接或间接的版本根据，而王氏能从上下文义及字形相似两方面进行分析考证，并举出字误类例为旁证，则持之有故，言之成理。今人黎翔凤不同意王氏所校，以作"擔竿"为是，云："翔凤案：《说文》：'儋，何也。''儋'今作'擔'。'何'今作'荷'。荷竿于肩，两端动摇不定。'末'指两端。改字谬。"[①]黎氏所释，实从尹注而来，同以"擔"字为是，不识其字之误而以意为之，斯为谬矣。

> 《荀子·王制》："以时顺修，使賓旅安而货财通，治市之事也。"引之曰：宾客之事，非治市者所掌，且与通货财无涉。"賓"当为"賫"，字之误也。《说文》："賫，行贾也。从贝，商省声。"今通用"商"字。《考工记》："通四方之珍异以资之，谓之商旅。"郑注曰："商旅，贩卖之客也。"《月令》曰："易关市，来商旅，纳货贿。"故曰："使賫旅安而货财通，治市之事也。"《王霸篇》："商旅安，货财通。"是其明证矣。(今本"货财

① 黎翔凤《管子校注》，中华书局2004年版上册第109页。

通”误作“货通财”。)今经传以“商”代“賫”,“商”行而“賫”遂废。此“賫”字若不误为“賓”,则后人亦必改为“商”矣。(《读书杂志·荀子三》“宾旅安”条)

按:王引之据上下文义,确认“宾旅”当作“商旅”,“賓”当为“賫”。“賫”,即“商”之古字。商旅,指行商,即流动贩卖的商人。宾旅,即宾客,指客卿、羁旅之人。商旅往来贩卖,使商品流通,这正是治市者所掌管之事;若宾客之事,则非其职掌矣。《王霸篇》作“商旅安,货财通”,提供了本书篇章异文内证。章诗同《荀子简注》①、方孝博《荀子选》②,仍作“宾旅”而无校,皆沿袭旧本而误。

以上三例,均在缺乏直接或间接的版本根据条件下,运用语言文字应用知识及社会历史文化知识,进行分析和考证,识别误字,考出古字,使古书恢复本真原貌。这样的考古字,与古典校勘学中的订误字,特别是其中订正古字、籀文、篆文、隶书及少见的生僻字,从方法论上来说,实质上是相同的。

十五、审古音

审察一个字的古音,以确定它在文句中与其他有关字的语音关系,从而识别误字并加以校正,使古书恢复本真原貌。

---

① 上海人民出版社 1974 年版第 87 页。

② 人民文学出版社 1985 年版第 47 页。

《逸周书·文酌篇》:"发滞以正民。"赵氏敬夫曰:"正,疑当作振。"念孙案:"振"、"正"古不同声,则"正"非"振"之误。"正",疑当作"匡",字形相似而误也。"匡民",谓救民也。《后序》曰:"文王遭大荒,谋救患分灾,作《大匡》。"是也。本书中言"匡"者多矣。《大聚篇》曰:"秋发实蔬,冬发薪蒸,以匡穷困。"即此所谓"发滞以匡民"也。僖二十六年《左传》曰:"弥缝其阙而匡救其灾。"成十八年《传》曰:"匡乏困,救灾患。"杜注:"匡,亦救也。"(《读书杂志·逸周书一》"正民"条)

按:赵曦明疑"正"字当作"振",因振可训救,《说文》:"振,举救也。"这"振"字与文义相合。但是,"振"与"正",字形相差极大,不可能是形之误。那末,会不会是声之误呢?这就涉及到"振"与"正"的语音关系。振,《广韵》去声震韵"章刃切",上古属章母文部;正,《广韵》去声劲韵"之盛切",上古属章母耕部。振正虽同属章母为双声,然而文部与耕部之字,今人读之相近,而上古音则并不相通。因此,"振"与"正"古不同声,不是声之误,这就否定了赵曦明的误校。王念孙则另辟蹊径,校正"正"当作"匡",字形相似而误,匡即救也,这于文义正相密合。

《淮南子·诠言训》:"星列于天而明,故人指之;义列于德而见,故人视之。人之所指,动则有章;人之所视,行则有迹。动有章则词,行有迹则议。"引之曰:"词"当为"诃"。凡隶书"可"字之在旁者,或作"可"。(《汉鲁相史晨飨孔庙后碑》"雅歌吹笙",歌作歌。《冀州从事郭君碑》“凋柯霜荣”，柯作柯。）故“诃”字或作“诃”，形与“词”相似，因误为“词”。诃，谓相讥诃也。动有章则人诃之，行有迹则人议之也。《说林篇》曰：“有为则议，多事固苛。”高注曰：“苏秦为多事之人，故见议见苛也。”苛与“诃”同。议字古读若“俄”，（《小雅·北山篇》“或出入风议”，与为为韵，为读若“讹”。《淮南·俶真篇》“立而不议”，与和为韵。《史记·太史公自序》“王人是议”，与禾为韵。）故此及《说林篇》皆以诃、议为韵，若作词，则失其韵矣。（《读书杂志·淮南内篇十四》“动有章则词”条）

按：王引之从字形和古音两方面进行考察，校正了误字。“词”当为“诃”，隶书字形相似而误。分析比较词、诃与议的古音，确定诃、议为韵（古音同属歌部），作“词”（古音属之部）则不协矣。又引《说林训》议、苛为韵作旁证。引之所校，言之成理，持之有故。

《后汉书·班固传》《两都赋》：“遂绕酆镐，历上兰，六师发冑，（冑，与逐同。）百兽骇殚。”注曰：“骇殚，言惊惧也。”念孙案：李训“骇殚”为“惊惧”，则“殚”字本作“惮”，今作“殚”者，后人据误本《文选》改之也。韦昭注《周语》曰：“惮，惧也。”惧与惊义相通，（《尔雅》：“惊，惧也。”《方言》：“惧，惊也。”）故《楚辞·招魂》：“君王亲发兮惮青兕。”王逸注曰：“惮，惊也。”《淮南·人间篇》曰：“惊惮远飞。"司马相如《上林赋》曰:"惊惮詟伏。""惊惮",即"骇惮"。故《广雅》曰:"骇、惮,惊也。"言六师发逐而百兽皆惊也。又案,《文选》"百兽骇殚","殚"字,李善无注,张铣注曰:"言天子纵六军,逐百兽,骇惊践蹋,十分杀其二三。""骇惊"即"骇惮","践蹋"即下文之"蹂躏",而独不为"殚"字作解,然则李善及五臣本皆作"百兽骇惮",而今本作"殚",亦是后人所改明矣。后人改"惮"为"殚"者,以"惮"音"徒案反",与"兰"字韵不相协故耳。不知"惮"从"单"声,古音"徒丹反",故与"兰"为韵。《庄子·达生篇》"以钩注者惮",释文:"惮,徒丹反。"是其证也。后人不晓古音而妄改为"殚"。殚者,尽也。百兽骇尽,则甚为不词。且此句但言百兽惊骇,下文乃言"蹂躏其十二三",卒乃言"草木无余,禽兽殄夷",若先言百兽已尽,则下文皆成赘语矣。此字盖近代浅学人所改,而各本《后汉书》、《文选》皆相承作"殚",莫能正其失,良可怪也。(《读书杂志·馀编上·后汉书》"百兽骇殚"条)

按:"惮"误作"殚",声之误也。近代浅学人以中古音为准,惮《广韵》去声翰韵"徒案切"(上古属定母元部),兰《广韵》平声寒韵"落干切"(上古属来母元部),殚《广韵》平声寒韵"都寒切"(上古属端母元部),以为"惮"与"兰"字韵不相协,故改"惮"为"殚"耳。其实,"惮"从"单"声,古音"徒丹反",中古亦属平声寒韵,上古属定母元部,正与"兰"字韵相协。《后汉书》李贤注、《文选》五臣本张铣注,分别训释"骇殚"为"惊惧"、"骇惊”，则“殚”字当作“惮”。若作“殚”字，云百兽骇尽，则不合上下文义。王念孙通过审古音和审古注，终于校正了各本《后汉书》和《文选》相承作“殚”字之误。

以上三例，均为审核文字的古音，以确定它在文句中与其他有关文字的语音关系，特别是同韵相押关系，再辅以别的旁证，从而识别误字并加以校正。

十六、辨押韵

古书中有韵文，或有押韵的语句，所用的当然是古韵。发现韵文有互相歧异之处，或有该用韵而失其韵者，则必有讹误，这就需要校勘学者详细分析比较，采用合乎押韵规律及合乎古韵者加以校正。

> 《管子·宙合》：“可浅可深，可沈可浮；可曲可直，可言可默。”引之曰：“可沈可浮”，当从上文作“可浮可沈”。深、沈为韵，直、默为韵。（《读书杂志·管子二》“可沈可浮”条）

按：王引之根据押韵规律，认定此处“可沈可浮”，当从上文作“可浮可沈”，“沈”与上句“深”字押韵。深、沈二字上古同属侵部为韵，直、默二字上古同属职部为韵。王说甚确。而今人黎翔凤云：“文本无韵，何以用韵？王氏未深察，故有此失。”[①]黎氏认为《宙合篇》文本无韵，说其有押韵语句，是王校

① 黎翔凤《管子校注》，中华书局2004年版上册第233页。

"失察"。然而在《宙合篇》第一段校注中,黎氏自己却屡言叶韵,例如注〔一〕云:"翔凤案:'音'与'味'叶。'钩'、'轴'叶,'成'、'节'同在段《韵表》十二部相叶。"注〔三〕云:"翔凤案:'成'、'节'同在段《表》十二部,平、入相叶。"注〔六〕云:"翔凤案:'长'、'明'、'行'叶。"既然存有多处韵脚相叶现象,这只能说明《宙合篇》中有着押韵的语句。黎氏为了指责王引之"失察",便随心所欲地说"文本无韵",这不仅使黎氏校注同篇中前后自相矛盾,而且也与此处事实不合。《宙合篇》上文云:"可浅可深,可浮可沈;可曲可直,可言可默。"深、沈为韵,直、默为韵。同篇中异文为证,具有极强的说服力,足证王说为是,黎说为非。

《荀子·天论》:"大天而思之,孰与物畜而制之?从天而颂之,孰与制天命而用之?望时而待之,孰与应时而使之?因物而多之,孰与骋能而化之?"念孙案:"物畜而制之","制"当为"裁"。思、裁为韵,颂、用为韵,待、使为韵,多、化为韵。思、裁二字,于古音并属之部;制字于古音属祭部,不得与思为韵也。又案,杨注云"使物畜积而我裁制之",此释正文"物畜而裁之"也,正文作"裁之",而注言"裁制之"者,加一"制"字以申明其义耳。今正文作"制之",即因注内"制之"而误。(《读书杂志·荀子五》"物畜而制之"条)

按:王念孙从这一段文字的押韵规律出发,进行分析比较,发现"思"、"制"二字不押韵,其中必有一误。又据杨倞注云"使物畜积而裁制之",正文中"制"当为"裁",是涉注文"制之"而误。而"裁"与"思"字,于古音正同属之部为韵。再说,下文云"孰与制天命而用之",若此云"孰与物畜而制之",则前后句中两用"制"字,亦似嫌重复。章诗同《荀子简注》[①]、罗根泽《先秦散文选注》[②]、方孝博《荀子选》[③],均未能吸收王氏校勘成果,仍作"物畜而制之",沿袭旧本而误。

> 《淮南子·诠言训》:"故不为善,不避丑,遵天之道;不为始,不专己,循天之理;不豫谋,不弃时,与天为期;不求得,不辞福,从天之则。"念孙案:"善"当为"好"。"不为好,不避丑,遵天之道",犹《洪范》言"无有作好,遵王之道"也。今作"不为善"者,后人据《文子·符言篇》改之耳。好、丑、道为韵,始、己、理为韵,谋、时、期为韵,得、福、则为韵。若作"善",则失其韵矣。(《读书杂志·淮南内篇十四》"不为善"条)

按:这一段文字的押韵规律,均为三句一组,句句押韵。而此组三句中,善字上古属元部,丑、道二字上古属幽部,善字与丑、道二字不合韵。据文义,此三句即用《尚书·洪范》"无有作好,遵王之道"之义,则"善"当作"好",好字上古属幽部,正与丑、道二字押韵。今作"不为善"者,后人据误本《文子·符言篇》改之。"善"与"好"字虽同义,在此若作"善",则既失

① 上海人民出版社 1974 年版第 183 页。
② 人民文学出版社 1985 年版第 133 页。
③ 人民文学出版社 1985 年版第 81 页。

其韵,又不合乎押韵规律。

以上三例,均为通过辨析是否合乎押韵规律及合乎古韵者,来校正古书中的讹误。王念孙《读淮南杂志书后》云:"若夫入韵之字,或有讹脱,或经妄改,则其韵遂亡。"接着举出失韵之类例十八类及其众多校勘实例,富有启发性。我们从中不仅可以了解失韵句子不可取,而且可以根据王氏的分析考证,校正古书中的种种讹误。

十七、明通假

古书中存有不少借字、古字、俗字,这本属正常现象,而由于后之校读者对字义把握不准,或不明通假,或不通训诂,便往往将原本不误的字认作误字而改掉。高邮王氏发现古书及其校勘中存有这种误改现象,便运用语言文字学中有关通假字、古今字、正俗字的知识,将被误改的字再恢复原貌。这也就是说,不必用本字改借字,用今字改古字,用正字改俗字。误改古字例,已在"十四、考古字"类例中言之,这里专讲误改通假字例。

> 《逸周书·度训篇》:"扬举力竟。"卢氏抱经曰:"'力竟',疑'力競'之讹。競,盛也,强也。"念孙案:競,古通作竟,不烦改字。《史记篇》"竟进争权",(卢改"竟"为"競"。)《墨子·旗帜篇》"竟士为虎旗",皆以"竟"为"競"。(《读书杂志·逸周书一》"力竟"条)

按:"竟"是"競"的假借字,不是传写之误。競《广韵》去声映韵“渠敬切”，上古属群母阳部；竟《广韵》去声映韵“居庆切”，上古属见母阳部。竟競二字，上古同属阳部为叠韵，声母见群旁纽，例得通假。卢文弨疑借字“竟”为误而欲改作本字“競”，则未达假借之旨，其校实误。王念孙又举出以“竟”为“競”的二则类例，作为旁证。王氏这条校勘记，说明校勘古书不能以本字改借字。

> 《大戴礼记·五帝德》：“陶家事亲。”卢从屠本改“陶家”为“陶渔”。孔改“家”为“稼”，云：“从《御览》引改。”（《皇王部六》。）家大人曰：“家”，即“稼”字也。《大雅·桑柔篇》“好是稼穑”，释文“稼”作“家”，是其证。钞本《御览》引此正作“家”，与各本同。刻本作“稼”，此后人以意改；屠本“陶家”作“陶渔”，此依《家语》改，皆不可从。（《经义述闻》卷十二“陶家”条）

按：“家”是“稼”之通假字，不是传写之误。《说文》云：“稼，从禾，家声。”二字古同声通用，可证。孔广森不明假借之例，竟以借字“家”为误而径改为本字“稼”，则以不误为误，全失校勘之旨，实不可从。卢文弨据屠本改“陶家”为“陶渔”，即依《孔子家语》改之，卢氏实亦不明假借之旨，不知此处“陶家”即陶稼，自可通，不必据后出书而改也。

> 《淮南子·道应训》：“季子治亶父三年。”《群书治要》引此“季子”作“宓（音伏。）子”，《吕氏春秋·具备篇》同。念孙案：诸书无谓宓子贱为“季子”者，“季”当为“孚”，字之误也。“孚”与“宓”声相近，“宓

子”之为“孚子”,犹“宓牺”之为“庖牺”也。(伏牺字,《汉书》皆作“宓”,“庖”字古读若浮,故《吕氏春秋·本味篇》“庖人”作“烰人”。浮宓声相近,故“宓牺”或作“庖牺”。)《齐俗篇》“宾有见人于宓子者”,《太平御览·人事部四十六》引作“孚子”,《群书治要》作“季子”,故知“宓”通作“孚”,“孚”误作“季”也。(《读书杂志·淮南内篇十二》“季子”条)

按:《道应训》“季子”,《吕氏春秋·具备》作“宓子”,《群书治要》引同,这合乎经传所记载宓子贱治亶父事。然而“季”与“宓”字,字形相差极大,不可能是形之误;读音也相差较远,不可能是声之误。“宓”直接误作“季”,似难以找出致误之由。王念孙从《齐俗训》“宓子”,《御览》引作“孚子”,《治要》引作“季子”,对三条异文作比较分析,可知“宓”通作“孚”,(孚《广韵》平声虞韵“芳无切”,上古属滂母幽部;宓音伏,伏《广韵》入声屋韵“房六切”,上古属並母职部。孚宓二字,上古声母滂並旁纽,韵部幽职旁对转,例得通假。)又“孚”与“季”字形相近,故误作“季”。本条校勘,能明晓“孚”为“宓”之通假字,是解决问题的钤键。

《史记·屈原贾生列传》:“含忧虞哀兮。”索隐曰:“《楚词》作‘舒忧娱哀’。”念孙案:“含”当为“舍”,字之误也。(隶书舍或作舍,又作舍,皆与舍字相似。)“舍”,即“舒”字也。《说文》:“舒,从予,舍声。”《小雅·何人斯篇》“亦不遑舍”,与车、盱为韵。《史记·律书》:“舍者,日月所舍。舍者,舒气也。”《左氏春秋》哀六年："齐陈乞弒其君荼。"（释文："荼，音舒。"）《公羊》"荼"作"舍"。《聘礼记》："发气怡焉。"郑注曰："发气，舍息也。"舍息，即舒息。是"舒"与"舍"古同声而通用。王注《楚词》曰："言己自知不遇，聊作词赋，以舒展忧思，乐己悲愁。"是"舒忧娱哀"，义本相承，若云"含忧"，则与"娱哀"异义矣。（《读书杂志·史记五》"含忧"条）

按：《楚辞·九章·怀沙》"舒忧娱哀"，《史记·屈原贾生列传》引作"含忧虞哀"。娱虞同音通假。据文义，"舒忧"与"娱哀"，义本相承，若作"含忧"，则与"娱哀"异义，"含"字显为讹字。舒与含，字形相差极大，不可能是形之误；读音也相差甚远，不可能是声之误。"舒"直接误作"含"，似难以找出致误之由。王念孙据《说文》："舒，从予，舍声。"《史记·律书》："舍者，舒气也。"则舍可训舒，舒与舍古同声而通用。（舍《广韵》上声马韵"书冶切"，上古属书母鱼部；舒《广韵》平声鱼部"伤鱼切"，上古属书母鱼部。二字上古同音，舒通作舍。）又"舍"与"含"字形相似，故误作"舍"。由此可知，"舒"通作"舍"，"舍"误作"含"也。本条校勘，能明晓"舍"为"舒"之通假字，是解决问题的钤键。

以上四例，均为明晓通假字而校正古书中的讹字。前二例与古典校勘学中不以本字改借字的"不烦改字例"相对接，而后二例与古典校勘学中"有因假借之字而误者"、"有不识假借之字而妄改者"（见王念孙《读淮南杂志书后》）相对接，这也体现了校勘与训诂二者交相为用的密切联系。

十八、据逻辑

社会的发展，事物的变化，生活的进程，都有着一定的客观规律性。这一定的客观规律性，就是逻辑。我们根据古书记载是否合乎逻辑，以此发现并校正古书中的讹误。

《逸周书·文传篇》："《夏箴》曰：'小人无兼年之食，遇天饥，妻子非其有也。大夫无兼年之食，遇天饥，臣妾舆马非其有也。'"念孙案：此下有"国无兼年之食，遇天饥，百姓非其有也"十五字，而今本脱之。上文云："天有四殃，水旱饥荒，其至无时，非务积聚，何以备之？"是专指有国者而言，故此引《夏箴》以明家国一理之意。若无此十五字，则但言家而不及国，与上文不合矣。据孔注云："古者国家三年必有一年之储。"此正释"国无兼年之食"以下十五字。若无此十五字，则又与注不合矣。《墨子·七患篇》引《周书》曰："国无三年之食者，国非其国也；家无三年之食者，子非其子也。"即是约举此篇之文。若无此十五字，则又与《墨子》不合矣。《群书治要》及《太平御览·时序部二十》、《文部四》，《玉海》三十一，所引皆有此十五字。(《读书杂志·逸周书一》"脱文十五"条)

按：上文云："天有四殃，水旱饥荒，其至无时，非务积聚，何以备之？"这积谷防饥的道理，是针对有家有国者而言(王念孙云“是专指有国者而言”，不确，应包括有家者)，故此引《夏箴》以明家国一理之意，而原文中但言家而不及国，这就不合逻辑推理，可见原文有脱误。据孔晁注云：“古者国家三年必有一年之储。”注中既言“国家”，这正文中就应该提及有国者，而今本无，这就不合逻辑推理，可见原文有脱误。《墨子·七患篇》引《周书》，即是约举《文传篇》文义，正“国”与“家”相对为文，而原文中但言家而不及国，这就不合逻辑推理，可见原文有脱误。王念孙又据唐宋类书四则寄生材料所引，此下皆有“国无兼年之食，遇大饥，百姓非其有也”十五字，既言家而又言国，这就合乎逻辑推理。这是说，小至小人之家、大夫之家，大至一国，都应该做到积谷防饥事。这条校勘，首先据逻辑推理证明其有脱误，又举出本书古注、《墨子》约举之引文为旁证，最后据唐宋类书的寄生材料补足脱文。

> 《史记·晋世家》：“夫导我以仁义，防我以德惠，此受上赏；辅我以行，卒以成立，此受次赏；矢石之难，汗马之劳，此复受次赏；若以力事我，而无补吾缺者，此受次赏。”念孙案：上既云“此复受次赏”，则此亦当然，若无“复”字，则文义不明。《太平御览·治道部》引此，正作“此复受次赏”。(《读书杂志·史记三》“此受次赏”条)

按：“若以力事我，而无补吾缺者”，其受赏序次排在第四，而受赏序次排在第三的已为“此复受次赏”，根据逻辑推理，则排在第四的亦当为“此复受次赏”。如果排在第四的为“此受次赏”，则跃过排在第三的“此复受次赏”者，而跟排在第二的一样了，这就颠三倒四，失其序次矣。《太平御览》寄生材料正作“此复受次赏”，是有力的旁证。

> 《广雅·释宫》〔疏证〕各本“宫”字皆讹作“室”。案《尔雅》宫、室虽可互训，然以其制言之，则自户牖以内乃谓之室。宫为总名，室为专称，《考工记》云：“室中度以几，宫中度以寻。”是也。名曰《释宫》，则内而奥突，外而门阙，以及寝庙台榭之制，道涂趋走之名，莫不兼该；若名曰《释室》，则不足以目一篇之事。且《广雅》篇名，皆仍《尔雅》之旧，不应此篇独改为《释室》。《太平御览·居处部》云：“《广雅·释宫》曰：‘馆，舍也。’”今据以订正。（《广雅疏证》卷七上）

按：《尔雅·释宫》曰：“宫谓之室，室谓之宫。”宫、室虽可互训，然而二者散文则通，对文则异，按其制分析，则自户牖之内谓之室。宫为总名，室为专称。根据逻辑推理，宫所指对象范围大，其中包含了室；而室所指对象范围小，只是宫的一个组成部分。这即是说，宫是类概念，室是种概念，二者外延不同，宫可以包括室，而室只是宫的组成部分。作为篇名，若名之曰《释室》，则不能涵盖全篇所释之事；名之曰《释宫》，正跟全篇所释之事相符，合乎逻辑。王念孙又据《广雅》篇名皆仍《尔雅》之旧，《尔雅》既作《释宫》，则《广雅》亦当如是。又据《御览》寄生材料正作“《广雅·释宫》”云云，是为旁证。

以上三例，均为根据逻辑而发现古书讹误，并结合其他证据而加以校正。

十九、据事理

古书中有些记载，违反事理，不合常情，即可判断原文有误，当加以校正。

> 《诗·小雅·大东》："东有启明，西有长庚。"毛传曰："日旦出，谓明星为启明；日既入，谓明星为长庚。"正义曰："言旦出者，旦犹明也，明出谓向晨时也。"家大人曰："旦"当为"且"，字之误也，"且出"与"既入"相对为文。日未出而明星先出，故谓之启明，若日出，则明星不见矣。（《经义述闻》卷六"日旦出"条）

按：《说文》："旦，明也。从日见一上。一，地也。"徐锴系传："旦，日出于地也。"所谓"日旦出"，谓太阳升起于地平线上，已为白天，则天空中不可能再见到明星了。故毛传所云"日旦出，谓明星为启明"，不合事理，其说实误。王念孙据黑夜有星而白天无星的道理，认定"旦"当作"且"，字形相似而误。且，将也。日将出而未出，其时还属于黑夜，见于东方之明星为启明；日既入，时已黑夜，见于西方之明星为长庚。"且出"与"既入"，正相对为文。在此，我们还可补出"且"误为"旦"的几则类例。其一，《淮南子·说林训》云："使但吹竽，使氏压窍，虽中节而不可听。"高诱注："但，古不知吹人。但读燕言鉏同也。"王念孙校云："高读与燕言鉏同，则其字当从'且'，不当从'旦'。'但'为'伹'之误也。"（《读书杂志·淮南内篇十七》“但”字条)其二,《汉书·天文志》云:“孝景中元,其三年三月丁酉,彗星夜见西北,色白,长丈,在觜觿,旦去益小,十五日不见。”王念孙校云:“‘旦去’,当为‘且去’。且,将也。言始出长丈,将去则益小,至十五日则不见也。”(《读书杂志·汉书五》“旦去”条)其三,《广雅·释诂》云:“但,钝也。”王念孙疏证:“‘但’,各本作‘但’,音度满反,后人改之也。《说文》:‘但,钝也。从人,且声。’《玉篇》音‘七间’、‘祥间’二切,引《广雅》:‘但,钝也。’是《广雅》本作‘但’,不作‘但’。今订正。”(《广雅疏证》卷三上)以上三例,均可为本条校正“旦”为“且”字的有力旁证。

> 《逸周书·官人篇》:“以其前观其后,以其隐观其显,以其小占其大,此之谓视声。”念孙案:此本作“以其显观其隐”。人之声显而易见,其心气则隐而不可见,故曰“以其显观其隐”,即上文所云“听其声,处其气”也。今本显、隐二字互易,则义不可通。《大戴记》作“以其见占其隐”,见,亦显也。(《读书杂志·逸周书三》“以其隐观其显”条)

按:人们的认知过程,总是由表及里,由浅入深,而不是相反。《官人篇》“以其隐观其显”句,就违反常情,不合事理,故王念孙认为今本显、隐二字互易,则义不可通。《大戴礼记·文王官人篇》内容全同于《逸周书·官人篇》,《大戴礼记》这句作“以其见占其隐”。见,亦显也;占同“觇”,亦观也。字虽异而义同,正可为旁证。

《汉书·地理志下》："高奴有洧水，可𦤎。"师古曰："𦤎，古然火字。"念孙案："可𦤎"，本作"肥可𦤎"。肥者，膏也。此谓水上之肥可然，非谓水可然也，脱去"肥"字，则文不成义。《水经注》引《地理志》曰："高奴县有洧水，肥可𦤎。"又云："水上有肥，可接取用之。《博物志》称酒泉延寿县南山，出泉水大如管，注地为沟，水有肥如肉汁，取著器中，始黄后黑如凝膏，然极明，与膏无异。水肥亦所在有之，非止高奴县洧水也。"（以上《水经注》。）据此则志文原有"肥"字，而师古不为作解，盖所见本已脱之矣。古者谓膏为肥，故此云"肥可𦤎"。而《说文》亦云："膏，肥也。""肪，肥也。""脟，肠间肥也。"段氏《说文注》不得其解，乃谓此三"肥"字皆"脂"字之讹，岂其然乎？（《读书杂志·汉书七》"可𦤎"条）

按：水不可燃烧，水上油脂则可燃烧，这是普通常识。《地理志下》云"高奴有洧水，可𦤎"，显然违背了常识。据此，王念孙认定"可𦤎"上脱去"肥"字，则文不成义；并举出《水经注》引《地理志》文，正作"肥可𦤎"，则志文原有"肥"字，可为明证矣。

以上三例，均为据事理来校正古书中的讹误。

二十、考史实

古代典籍尤其是历史著作中，有些记载不合史实，即可判定原文有误，当分析考证，寻找证据，加以校正。

> 《荀子·君道》:“古有万国,今有数十焉。”念孙案:《富国篇》“数十”作“十数”,是也。当荀子著书时,国之存者已无数十矣。(《读书杂志·荀子四》“数十”条)

按:荀子(约公元前313—前238年),战国后期赵国人。考之史实,当荀子著书时,有燕、赵、韩、魏、齐、楚、秦等战国七雄,还有宋、郲、鲁、卫等弱小侯国,而东周王朝,王室衰微,内部分裂为西周、东周两个小国。此时国之存者已无数十,而仅有十数,原文之“数十”当为“十数”之倒。《富国篇》作“古有万国,今有十数焉”,这同书不同篇章之异文,是有力的内证。章诗同《荀子简注》(上海人民出版社1974年版)第104页,将《富国篇》“古有万国,今有十数焉”,下一句竟改作“今无十数焉”,毫无根据,实为妄改。

> 《战国策·秦策一》:“商君治秦,法令至行,公平无私。孝公行之八年,死,惠王代后莅政。”姚曰:“一本‘八’上有‘十’字。”念孙案:一本是也。《史记·秦本纪》:孝公元年,卫鞅入秦;三年,说孝公变法;五年,为左庶长;十年,为大良造;二十二年,封为商君;二十四年,孝公卒。计自为左庶长至孝公卒时,已有二十年。又《商君传》:“商君相秦十年而孝公卒。”索隐曰:“案《战国策》云:‘孝公行商君法十八年而死。’与此文不同者,盖连其未作相之年说耳。”据此,则策文本作“十八年”明矣。(《读书杂志·战国

策一》“八年”条）

按：今本策文云商鞅变法，“孝公行之八年死”，不合史实，肯定有误。王念孙据《史记·秦本纪》孝公朝大事记，计自商鞅为左庶长至孝公卒时，已有二十年，若作“八年”，则年数相差太多。又举出《史记·商君传》索隐引《战国策》云“孝公行商君法十八年而死”，则策文原本作“十八年”明矣。又按，王念孙云“五年，〔商鞅〕为左庶长”，与《史记》记载有出入，当加辨正。《商君传》云：“以卫鞅为左庶长，卒定变法之令。”未言具体年月。而《秦本纪》云：“三年，卫鞅说孝公变法，孝公善之。卒用鞅法，百姓苦之。居三年，百姓便之。乃拜鞅为左庶长。”据此，商鞅为左庶长当在六年。又《商君传》云：“〔二十四年〕后五月而秦孝公卒。”后五月，即闰五月。计自商鞅为左庶长至秦孝公卒，即孝公六年至二十四年闰五月，取其整数，则正为十八年，这与《商君传》索隐引《战国策》云“孝公行商君法十八年而死”相合。

《史记·秦本纪》：“与魏晋战少梁，虏其将公孙痤。”念孙案：“魏”字，后人所加也。“与晋战少梁”者，晋即魏也。三家分晋，魏得晋之故都，故魏人自称晋国，而韩、赵则否。梁惠王曰：“晋国，天下莫强也。”周霄曰：“晋国亦仕国也。”（周霄，魏人。）《魏策》曰：“魏武侯与诸大夫浮于西河，称曰：‘河山之险，岂不亦信固哉！’王钟侍王，曰：‘此晋国之所以强也。’”是晋即魏也。上文云：“晋城少梁，秦击之。”此云：“与晋战少梁，虏其将公孙痤。”《魏世家》云：“与秦战

> 少梁，虏我将公孙痤。"此尤其明证也。后人不达，又与"晋"上加"魏"字，其失甚矣。(《读书杂志·史记一》"魏晋"条)

按：秦与魏战少梁，虏魏将公孙痤，事在秦献公二十三年，此时晋国已灭亡六年多了。时称魏国曰晋，因韩、赵、魏三家分晋，魏得晋之古都，沿袭旧称，故魏人自称晋国。此本作"与晋战少梁"，晋即魏也。今本作"魏晋"者，后人旁记"魏"字，而写者因误合之耳；又因常人熟于两汉后之"魏晋"之称，故将"魏"字置于"晋"之上，甚矣其误也。

以上三例，均为考证史实以校正古书尤其是史籍中的讹误。

二十一、辨名物

古书中凡涉及名物而致误，又不易作出判断者，当通过分析考证，明辨名物异同，决定是非，校正讹误。

> 《周礼·考工记·辀人》："龟蛇四斿，以象营室也。"注曰："龟蛇为旐。"引之谨案：经文本作"龟旐四斿"，今作"龟蛇"者，涉注文而误也。上文"龙旂"、"鸟旟"、"熊旗"，上一字皆所画之物，下一字皆旗名，此不当有异。若作"龟蛇"，则旗名不著，所谓"四斿"者不知何旗矣。"龟蛇为旐"而称"龟旐"者，犹"熊虎为旗"而称"熊旗"，约举其一耳。上注"交龙为旂"，释"旂"字也；"鸟隼为旟"，释"旟"字也；"熊虎为旗"，

> 释“旗”字也；此注“龟蛇为旐”，释“旐”字也。以注考经，其为“龟旐”明甚。《续汉书·舆服志》载此文正作“龟旐四斿”，《通典·礼二十六》同。（今本《通典》作“龟蛇旐四斿”，甚为不词，“蛇”字明是后人所加。）桓二年《左传》正义、《太平御览·兵部七十二》，引此文亦皆作“龟旐”。唐石经始误为“龟蛇”。《说文》“旐”字注“龟蛇四游”，亦当作“龟旐”，后人依俗本《周礼》改之耳。（他书引《考工记》作“龟蛇”者放此。）（《经义述闻》卷九“龟蛇四斿”条）

按：王引之以注考经，判定“龟蛇四斿”之“龟蛇”当作“龟旐”，不然，注文“龟蛇为旐”之“旐”字即成无根之字，今经文作“龟蛇”，正涉注文而误。据本小节经文文例，“龙旂九斿”、“鸟旟七斿”、“熊旗六斿”，第一字皆旌旗上所画之物，第二字皆旌旗名，则此文“龟蛇四斿”之“蛇”字显然不合文例。又据注文文例，“交龙为旂”释“龙旂”，“鸟隼为旟”释“鸟旟”，“熊虎为旗”释“熊旗”，则“龟蛇为旐”所释当为“龟旐”，今经文作“龟蛇四斿”，“龟蛇”当是“龟旐”之误。王引之又举出《续汉书·舆服志》、《通典·礼二十六》、《左传》桓公二年正义、《太平御览·兵部七十二》引此文皆作“龟旐”，是为旁证。

《辞源》修订本第 4 册第 3619 页：

> 〔龟旐〕画有龟象的旗帜。《后汉书·舆服志》上《车马饰》：“龟旐四斿四仞，齐首，以象营室。”《左传》桓二年疏、《太平御览》七二引《考工记》：“龟旐四斿，以象营室。”今本《周礼·考工记·辀人》误作“龟

蛇”。参阅清王引之《经义述闻》九《龟蛇四斿》。

《汉语大词典》第12卷第1510页：

〔龟旐〕画有龟象的旗帜。《后汉书·舆服志上》：“龟旐四斿，四仞齐首，以象营室。”

按，上述两词条释义同误，是想当然的望文生义。龟旐，是指画有龟、蛇二物图象的旗帜，并非仅画龟象也。《周礼·春官·司常》：“龟蛇为旐……县鄙建旐。”郑玄注：“旗画成物之象……龟蛇象其扞难辟害也。”贾公彦疏：“龟有甲，能扞难；蛇无甲，见人退之，是避害也。”可证。王引之云：“‘龟蛇为旐’而称‘龟旐’者，犹‘熊虎为旗’而称‘熊旗’，约举其一耳。”另外，还有“鸟隼为旟”而称“鸟旟”，亦当为实画二物而约举其一耳。因此，以“龟蛇为旐”释“龟旐”，才是正解，释义当改作“画有龟蛇图象的旗帜”。

《汉语大词典》第12卷第1509页：

〔龟蛇〕①龟和蛇。古人常将此二物绘于旗上，以为能消灾避害。《周礼·春官·司常》：“龟蛇为旐。”郑玄注：“龟蛇象其扞难辟害也。”贾公彦疏：“龟有甲能扞难，蛇无甲，见人避之，是避害也。”按，清王引之以为“龟蛇”当为“龟旐”之误。参见“龟旐”。

按，本义项释文有两处错误。其一，引书格式误。这里所引的郑注贾疏，虽然在意义上是针对经文“龟蛇为旐”而言，但注疏位置却不在经文“龟蛇为旐”之下，而在下文“县鄙建旐”之下，这就使注疏与经文在位置上不相对应，不符合引书格式。(《辞源》修订本第4册第3618页〔龟蛇〕条第㊀义项释文的引书格式，误与此同。)为兼顾注疏的意义和位置两个方面，正确的引书格式，这里所引述的经文当是：“《周礼·春官·司常》：‘龟蛇为旐……县鄙建旐。’”接着再引郑注贾疏。其二，所加按语误。王引之以为“龟蛇”当为“龟旐”之误，是针对今本《考工记·辀人》“龟蛇四斿”之误而言，而不是对《春官·司常》“龟蛇为旐”的校释。释文中的错误按语，应当删去。

> 《大戴礼记·夏小正》：“七月，寒蝉鸣。蝉也者，蜓蚞也。”卢本于“蝉”上增“寒”字，孔本不增。家大人曰：增“寒”字者是。此是释“寒蝉”，非释“蝉”也。《庄子·逍遥游篇》：“蟪蛄不知春秋。”司马彪曰：“蟪蛄，寒蝉也，一名蜓蟧。”蜓蟧，即蜓蚞。是蜓蚞乃寒蝉之异名，若但谓之“蝉”，何以别于上文之“唐蜩”乎？(《经义述闻》卷十一“蝉”字条)

按：寒蝉与蝉，二者概念不同，所指不同。寒蝉是蝉的一种，较一般蝉为小，青赤色。卢本“蝉”上增“寒”字，作“寒蝉也者，蜓蚞也”，正是解释上文“寒蝉鸣”之“寒蝉”，这是古书文中自注例，上下文正互相呼应。若如孔本无“寒”字，这就成为解释“蝉”而不是解释“寒蝉”了，上下文也互不呼应。王念孙又引《庄子·逍遥游篇》司马彪注，谓寒蝉一名蜓蟧。蜓蟧同蜓蚞，语之转耳。蜓蚞是寒蝉之异名，正可证孔本“蝉”上原脱去“寒”字。

《汉语大词典》第8卷第928页：

〔蝭蛥〕即蝭蟧。《大戴礼记·夏小正》："寒蝉鸣蝉也者，蝭蛥也。"孔广森补注："蝭蛥，蝭蟧也。《尔雅》谓之蜺，屈原谓之螿，色青而小，秋风未至时瘖不能鸣。"参见"蝭蟧"。

按，所引书证据孔本，文中第二个"蝉"字上原脱去"寒"字，由此又引发断句错误，则文义不明。据王念孙校正，宜补上脱文"寒"字，重新断句，引文当作："《大戴礼记·夏小正》：'〔七月〕寒蝉鸣。寒蝉也者，蝭蛥也。'"

《广雅·释草》："粢、黍、稻，其采谓之禾。"〔疏证〕《说文》云："采，禾成秀也。从禾，爪声。"俗作"穗"，从惠声。"禾，嘉谷也，二月始生，八月而孰，得时之中和，故谓之禾。禾，木也，木王而生，金王而死。从木从𠂹省，𠂹象其穗。"《管子·小问篇》："苗，始其少也，眴眴乎何其孺子也；至其壮也，庄庄乎何其士也；至其成也，由由乎兹免，何其君子也！天下得之则安，不得则危，故命之曰禾。"《淮南·缪称训》："夫子见禾之三变也。"高诱注云："三变，始于粟，生于苗，成于穗也。"则禾乃苗穗之总名，穗特禾之秀也。遍考经传，言禾者皆谷名，无以禾为穗者。此"禾"字疑当作"秀"，脱去"乃"字而为"禾"耳。秀为穗之通称，而云"粢、黍、稻，其穗谓之秀"，犹菁为华之通称，而下文云"韭、䪥、荞，其华谓之菁"也。然

《太平御览》、《艺文类聚》引《广雅》并作"禾"，则其误久矣。（《广雅疏证》卷十上）

按：王引之据《说文》对"穗"、"禾"的说解，又征引《管子·小问篇》、《淮南子·缪称训》的叙述，说明"穗"与"禾"的不同。穗为禾之秀，《说文》"秀"徐锴系传："秀，禾实也。"禾实即谷穗。而禾为谷名，即谷类作物植株的全称，也即苗、穗之总称。今本《广雅》作"粢、黍、稻，其穗谓之禾"，而穗不能称作禾。此"禾"字误，当作"秀"，因脱去下部"乃"字而误为"禾"耳。"秀"训"禾实"，正谓谷穗也。本条校释，虽无直接或间接的版本根据，但论证严密，校勘得当，言之成理，持之有故。

以上三条，均为通过明辨名物之异同，用准确的名物训诂，来校正古书中的讹误。

二十二、审制度

典章制度是一门专门学问。历代设官分职，郡县建置，多有记载；而礼、乐、舆服等，史书皆有专篇，可资稽考。校勘学家若能充分注意各种制度，悉心搜求，结合古书文句，就往往能发现问题并校正讹误。

《管子·大匡》："同甲十万，车五千乘。"引之曰：下文桓公筑缘陵以封杞，"予车百乘，甲一千"；筑夷仪以封邢，"予车百乘，卒千人"；又曰"大侯车二百乘，卒二千人；小侯车百乘，卒千人"，皆车一乘，甲十人。此文"车五千乘"，则当云"甲五万"，今作"十万"

者，因下文“带甲十万”而误也。下文“天下之国，带甲十万者不鲜矣”，其数多于桓公之甲，故曰：“吾欲发小兵以服大兵，国欲无危，得已乎！”又案下文桓公筑楚邱以封卫，“与车三百乘，甲五千”，“三”乃“五”之误。每车一乘，甲十人，“甲五千”，则车五百乘，不得云“三百”也。《霸形篇》云：“车五百乘，卒五千人，以楚邱封卫。”是其证。（《读书杂志・管子三》“甲十万、车三百乘”条）

按：齐桓公时齐国车甲编制为每车一乘，甲十人，车与甲之比率为一比十，《管子・大匡篇》中屡言“车百乘，甲一千”，“车百乘，卒千人”（二次），“车二百乘，卒二千人”，可证。王引之据此每车一乘、甲十人的车甲编制推算，则原文“同甲十万，车五千乘”，其中“甲十万”当作“甲五万”；原文“与车三百乘，甲五千”，其中“车三百乘”当作“车五百乘”。此因明于车甲编制，故能发现讹误，并搜求旁证，予以校正。

今人黎翔凤云：“下文‘车百乘，甲五千’，并非一比十也。所云‘带甲十万者不鲜’，指与齐同等大国，非有多数大国兵力倍于齐也。王说误。”[①]又云：“车与甲之比率，非固定不可移易者，王氏每好作此无谓之计算，不知包含有辎重工程也。”[②]按，黎氏所云“下文‘车百乘，甲五千’，并非一比十也”，查《管子・大匡篇》，并无黎氏所谓“车百乘，甲五千”之文，就是《管子》全书中亦未见如此二句。《大匡篇》下文有“车三百乘，甲

① 黎翔凤《管子校注》，中华书局2004年版上册第356页。

② 同上书第360页。

五千”之文，这与黎氏所云“并非一比十也”正相符。然而，对此二句，王引之据当时车甲编制已作校正，并引篇章异文《霸形篇》“车五百乘，卒五千人”为证，确不可易。黎氏云“车与甲之比率，非固定不可移易者”，这在以不同的时间、地点和条件为前提来说，其言亦是，有一定的合理性。然而，车甲编制既然作为一种制度，在一个诸侯国或一个地区，在一定时间内应该还是相对稳定的。《管子·大匡篇》中六处提到车甲数字，除二处存有文字讹误有待校正外，其中有四处，其车与甲之比率皆为一比十。而《霸形篇》亦言“车百乘，卒千人”（二次），“车五百乘，卒五千人”，其车与甲之比率亦为一比十。《左传》闵公二年云：“齐侯使公子无亏帅车三百乘、甲士三千人以成曹。”其车与甲之比率亦为一比十。此绝非不同古书、不同篇章之间的偶然相同，而正说明齐桓公时齐国车甲编制比率有着相对的稳定性，是必然的一致。黎翔凤不明此理，以误为正，曲为之说，势必造成《大匡篇》中车甲编制比率自相矛盾，却反诬“王氏每好作此无谓之计算”，黎氏之说甚矣其谬也。

《谷梁传》庄公二十三年，“秋，丹桓宫楹。”传曰：“礼，天子诸侯黝垩，大夫仓，士黈。丹楹，非礼也。”或曰：“《太平御览》卷一百八十七引《谷梁传》作‘天子丹，诸侯黝垩’，传意言鲁僭用天子之礼，故下云‘丹楹，非礼也’。若天子诸侯同黝垩，传何用述此礼？《御览》所引本是。”引之谨案：此说非也。传意以黝垩、仓、黈皆礼之所有，而“丹楹”则礼之所无，故云“非礼”，非谓其僭用天子之礼也。下文“刻桓宫桷”，传曰：“礼，天子之桷，斫之砻之，加密石焉；诸侯之桷，斫之礲之；大夫斫之；士斫本。刻桷，非正也。”亦以“刻桷”非礼之所有，故云“非正”，非谓其僭天子也。（《左氏》、《公羊》皆云“非礼也”。孔颖达曰：“正礼，楹不丹，桷不刻，故云非礼也。”）诸侯之礼，固有与天子同者，若《礼器》“天子诸侯台门”、“天子诸侯之尊废禁”之属是也。唐石经及各本作“天子诸侯黝垩”，皆不误。《御览·居处部十五》引作“天子丹，诸侯黝垩”，“丹”字乃涉上下文“丹楹”而衍。《左传》正义、《北堂书钞·礼部八》、《白帖》六十七，所引并与今本同。又《广雅·释宫》云：“天子诸侯庙黝垩，卿大夫苍，士黈。”即用此传之文，故知今本之非误。（《经义述闻》卷二十五“天子诸侯黝垩”条）

按：据古礼，“丹楹，非礼也”，即不能用朱红色涂饰屋柱。后人不审制度，误认为天子之楹可用丹，而鲁为诸侯，丹楹则谓其僭用天子之礼；又不知礼制规定天子诸侯屋柱同用黝垩，而要硬生区别，遂将原文“天子诸侯黝垩”改作“天子丹，诸侯黝垩”，妄增“丹”字。王引之审核古礼，理解传意以黝垩、苍、黈皆礼之所有，而“丹楹”则礼之所无，故云“非礼也”。并证明诸侯之礼固有与天子同者，今本作“天子诸侯黝垩”，不误。而《御览》引作“天子丹，诸侯黝垩”，实为后人不审制度而妄增“丹”字，又涉上下文中“丹楹”而衍。王引之又举出《左传》庄公二十四年正义、《北堂书钞·礼部八》、《白帖》六十七等引文及《广雅·释宫》引用异文为旁证，以证今本《谷梁传》不误。

《淮南子·原道训》：“昔者夏鲧作三仞之城，诸侯背之。”念孙案：“三仞”，《艺文类聚·居处部三》、《太平御览·居处部二十》并引作“九仞”，是也。《初学记·居处部》引《五经异义》曰：“天子之城高九仞，公侯七仞，伯五仞，子男三仞。”此谓鲧作高城而诸侯背之，则当言“九仞”，不当言“三仞”也。（《读书杂志·淮南内篇一》“三仞”条）

按：据古代礼制，若“鲧作三仞之城”，则鲧已非常低调，不为僭礼，诸侯何以背之？若因作城而诸侯背之，实是因作城高度僭天子礼，则当言“作九仞之城”，不当言“三仞”，原文“三仞”当为“九仞”之误。王念孙并举出《艺文类聚》、《太平御览》引文正作“九仞”，是为旁证。

以上三条，均为通过审核古代制度，以校正古书及其校勘中的讹误。

二十三、明地理

清代著名史学家王鸣盛云：“予撰《十七史商榷》百卷，一切典故无所不考，而其所尤尽心者，地理也。盖人欲考古，必先明地理。地理既明，于古形势情事皆如目睹，然后国运之强弱，政治之得失，民生之利害，人才之贤否，皆可口讲指画，不出户庭而知四海九州之远，立乎今日而知数千百年之久，皆在是矣，此其所以为通儒也。不先明此，而欲寻行数墨以求之，此矮人看场，所见能几何哉？”（王鸣盛《徐文范〈东晋南北朝舆地表〉序》）章太炎《国学概论》一书中，其《治国学之方法》的第三项即是“明地理”。章云：“我们研究国家，所以要研究地理者，原是因为对于地理没有明白的观念，看古书就有许多不能懂。”[①]这就是说，要读懂古书，考证史事，就必须先明地理。只有掌握了丰富的地理知识，校勘学家才可能发现古书中关于地理方面的讹误，并多方考索，予以校正。

> 《晏子春秋·内篇谏下》：“丁公伐曲沃。”念孙案：“曲沃”，本作“曲城”，此后人妄改之也。曲城，一作曲成。《汉书·地理志》东莱郡有曲成县，高帝六年封虫达为曲成侯者也，其故城在今莱州府掖县东北。《史记·齐世家》云：“太公东就国，莱侯来伐，与之争营邱。”又云：“营邱边莱。”然则齐莱接壤，故丁公有伐曲城之事。若春秋之曲沃，即今之绛州闻喜县，东距营邱二千余里，丁公安得有伐曲沃之事乎？《艺文类聚·人部八》引此正作“伐曲城”。（《读书杂志·晏子春秋一》“曲沃”条）

按：西周初期，曲沃属晋国，与齐国远距二千余里，两国并不接壤，齐丁公安得有伐曲沃之事？而齐国之东有东夷莱国，齐莱接壤，莱侯曾与齐国争营邱，而曲城属莱，故齐丁公有伐曲城之事。王念孙从地望上考证，“曲沃”当作“曲城”，其说甚是。《艺文类聚》引文正作“伐曲城”，是为旁证。

> 《战国策·赵策二》：“秦攻赵，则韩军宜阳，楚军武关，魏军河外，齐涉渤海，燕出锐师以佐之。”念孙

---

① 章太炎《国学概论》，中华书局2003年版第17页。

案：齐之救赵，无烦涉渤海。《史记》"渤海"作"清河"，是也。苏秦说齐王曰："齐西有清河。"说赵王曰："赵东有清河。"是清河在齐赵之间。齐赵相救，必涉清河；齐赵相攻，亦必涉清河。张仪说齐王曰："大王不事秦，秦悉赵兵涉清河，指博关。"说赵王曰："今秦告齐，使兴师度清河，军于邯郸之东。"皆是也。今作"渤海"者，因上文有"齐涉渤海"而误。（上文曰："秦攻燕，则赵守常山，楚军武关，齐涉渤海，韩魏出锐师以佐之。"渤海在燕齐之间，故齐之救燕，必涉渤海也。）（《读书杂志·战国策二》"齐涉渤海"条）

按：战国时，齐赵接壤，中间隔清河相望。若齐救赵，进军的捷径为渡清河而西，可直趋赵都邯郸，则无烦北渡渤海。清河，其故道一段即今京杭大运河德州至临清段。今河北省在大运河西有清河县，县因河名；山东省在大运河东有临清市，"临清"者，临近清河也。清河在战国时为齐、赵两国界河，其故道至今成为山东、河北两省界河，虽然往事已越二千余年，其地理大势却仍依然可寻，正令人感慨系之矣。王念孙据地理形势，判定原文"渤海"当作"清河"，其致误之由是涉上文"齐涉渤海"而误。（若秦攻燕，合纵六国中的五国当共救燕，齐燕之间隔渤海，故齐救燕必涉渤海。）而《史记·苏秦列传》说齐救赵，正作"齐涉清河"，是为旁证。

《史记·项羽本纪》："项梁起东阿，西北至定陶，再破秦军。"念孙案："西北至定陶"，《汉书》作"比至定陶"，是也。考《水经·济水篇》，济水自定陶县东北流，至寿张县西，与汶水会，又北过谷城西。谷城故城，即今东阿县治，东阿故城在其西北；而定陶故城，在今定陶县西北。是定陶在东阿之西南，不得言“西北至定陶”也。“比”、“北”字相近，故“比”误为“北”。后人以上文云：“项梁已破东阿下军，数使使趣齐兵，欲与俱西。”因于“北”上加“西”字耳。《文选·王命论》注引《史记》无“西”字。（《读书杂志·史记一》“西北至定陶”条）

按：王念孙据古地理书《水经·济水篇》中济水流经之地，考定秦汉之际“定陶在东阿之西南”，其说甚确。就是时至二千二百多年后的今天，定陶与东阿的地理位置也依然如此。今本《史记》作“项梁起东阿，西北至定陶”，则是犯了方向上的错误。“西北”二字，其中“北”字当作“比”，字形相似而误；“西”字，因牵涉上文“数使使趣齐兵，欲与俱西”，为后人所妄加。《汉书·项籍传》作“比至定陶”，是为明证。《文选·班彪〈王命论〉》注引《史记》作“北至定陶”，则“比”字误作“北”，唐初李善所见本已如此；但是“北”上亦无“西”字，则“西”字实为后人所妄加，是为旁证。今《史记》校点整理本作：“项梁起东阿，西，(北)〔比〕至定陶，再破秦军。”[①]已校正“北”字当为“比”，甚是；却不删去衍文“西”字，实误。若从东阿出发往西，则经聊城、莘县，将西入今河北省南部邯郸地区，就不可能抵达今鲁西南的定陶了。

以上三条，均是在缺乏版本根据的情况下，高邮王氏依靠

① 《史记》，中华书局1975年版第1册第303页。

丰富的地理知识，发现并校正古书中关于地理方面的讹误。

二十四、观搭配

搭配是一种结构关系或组合关系，也就是一个字、词在同一句子或同一古书中跟其他字、词的意义关系。这也是一种相互预期关系或习惯联想的关系，一个字、词在某个语境中的出现导致另一个字、词的出现可能性大。这并非不可捉摸，而是有章可循。高邮二王博极群书，有着敏锐的语感，在校释古书时，尽管没有版本根据，却能通过观察字、词的搭配，直接发现并校正其中的讹误。这从表面看，似乎高邮二王仅凭感性认识就作出了判断，其实并非如此简单。字、词的搭配，正是体现了字、词之间语法关系的相配，词汇意义的相融，语言使用习惯的约定俗成等，这些是字、词搭配的基础和关键因素。高邮二王校释古书，在理性认识上深刻理解字、词的意义后，深入浅出，而以感性认识的直觉，说出"古无以某某二字连文者"或"古书言某某者多矣"，再从意义方面加以分析论证，将观察字、词搭配的感性认识和理性认识结合起来，并使感性认识提高到理性认识的层面，从而准确地校正古书讹误。

> 《管子·轻重甲》："桓公忽然作色。"念孙案："忽然"非"作色"之貌，"忽然"当为"忿然"。隶书"忿"字或作"忿"，形与"忽"相近而误。《晏子春秋·谏篇》曰："公忿然作色。"《庄子·天地篇》曰："为圃者忿然作色。"《齐策》曰："王忿然作色。"皆其证。（《读书杂志·管子十一》"忽然"条）

按：王念孙从语感直觉出发，认为作“忽然作色”，搭配不当，“忽然”非“作色”之貌，“忽”当作“忿”，字形相似而误。“忿然”正是“作色”之貌，“忿然作色”是汉语中长期习用的固定词组，即成语，王念孙并举出三个用例为证。这条校释，虽无直接或间接的版本根据，但是“忿然”与“作色”搭配，已形成为一个固定词组，即成语，就是明证。

今人黎翔凤不同意王念孙所校，认为作“忽然”不误。黎氏云：“《庄子·外物》‘鲋鱼仓然作色’，何独人乎？《高唐赋》‘悠悠忽忽’，注：‘迷貌。’《老子》：‘恍兮忽兮。’‘忽然’谓迷恍不知所谓，王作‘忿然’则为发怒，失之远矣。”[①]按，黎翔凤引《庄子·外物》“鲋鱼仓然作色”，“仓然”当为“忿然”，此当是手民误植，今订正。《庄子·外物》“庄周忿然作色”云云，谓庄子生气地变了脸色，讲了一个寓言故事，其中说到“鲋鱼忿然作色”，这是作者用的拟人化的修辞方法，读者不宜坐实。黎翔凤求证“忽”字有“迷貌”、“恍惚”义，云“忽然”谓迷恍不知所谓，却不提与“忽然”相连的“作色”，这是有意识地回避“忽然”与“作色”是否在结构上可能连文及意义上有联系。黎氏不愿意也不可能举出“忽然作色”的用例，这正反证了王念孙所云“‘忽然’非‘作色’之貌”的正确论断。王念孙校正“忽然”当为“忿然”，“忿然作色”作为一个固定词组，意谓生气地变了脸色，发怒，正可谓得其正解矣，于此何有黎氏所云“失之远”乎？

《荀子·非十二子》：“斂然圣王之文章具焉。”引

① 黎翔凤《管子校注》，中华书局2004年版下册第1413页。

之曰：古无以“敛然”二字连文者，“敛”当为“歙”，字之误也。歙然者，聚集之貌，言圣王之文章，歙然皆聚于此也。《汉书·韩延寿传》曰：“郡中歙然莫不传相敕厉。”《匡衡传》曰：“学士歙然归仁。”字亦作“翕”。《史记·自序》曰：“天下翕然，大安殷富。”义并同也。杨注亦当作“歙然，聚集之貌”，今随正文而误。(《读书杂志·荀子二》“敛然”条)

按：王引之从语感直觉出发，认定古无以“敛然”二字连文者，“敛”当作“歙”，字形相似而误。作“歙然”，聚集之貌，词义合乎全句句义。我们检索一些大型语文辞书和重要古书的词语索引，发现从先秦至南北朝，甚至直至唐五代前，除《荀子》一例外，古书中未见有以“敛然”连文者。而作“歙然”、“翕然”者，《史》、《汉》中就有不少用例。王引之从字、词搭配方面加以观察、考证，校正“敛然”为“歙然”，其说持之有故，言之成理。《汉语大词典》第5册第523页：

〔敛然〕① 聚集貌。《荀子·非十二子》：“敛然圣王之文章具焉。”杨倞注：“敛然，聚集之貌。”

又第6册第1474页：

〔歙然〕①聚集貌。《荀子·非十二子》“敛然圣王之文章具焉”王先谦集解引清王引之曰：“古无以敛然二字连文者，敛当为歙字之误也；歙然者，聚集之貌。”(下略)

按，上述二词条，分开来看，各条都符合大词典的编写体例和引书格式，也无可非议。然而，将二条合起来看，这二条实是隐性的相关条目，既然是相关条目，就应该互相协调，互相照应，可是目前这二条并未完全做到。从〔歙然〕条看，书证中已引《荀子》原文，其中出现“歛然”一词，又引王引之校释语，才出现与词目相应的“歙然”一词，这就使读者自然会意识到本条与〔歛然〕条相关。而从〔歛然〕条看，未涉及“歙然”一词，读者就无从知道其与〔歙然〕条相关。补正的办法是，在〔歛然〕条释文后增补一段文字：“一说‘歛然’当为‘歙然’。见清王念孙《读书杂志·荀子二》‘歛然’引王引之说。参见‘歙然’①。”这样就使相关的二条真正做到互相协调，互相照应。加上“参见”一语，变隐性相关为显性相关，这对于读者能起到提示作用，也便于检索。

> 《汉书·王褒传》：“数从褒等放猎。”师古曰：“放士众大猎也。一曰：游放及田猎。”念孙案：“放猎”当为“斿猎”，字之误也。斿，与“游”同。古书言“游猎”者多矣，未有言“放猎”者。旧本《北堂书钞·设官部八》、（陈禹谟本仍改“游”为“放”。）《艺文部八》，（此卷“游”字未改。）《艺文类聚·杂文部二》，《太平御览·文部三》，引此并作“游猎”。（《读书杂志·汉书十一》“放猎”条）

按：王念孙审视字、词搭配，判定“放猎”不词，“放”当为“斿”，字形相似而误。斿与“游”同。古书无言“放猎”者，而言“游猎”者多矣。游猎，谓出游打猎。例《晏子春秋·谏下》：

“春夏起役且游猎，夺民农事，国家空虚，不可。”《史记·司马相如列传》：“楚亦有平原广泽游猎之地饶乐若此者乎？”扬雄《羽猎赋》：“立君臣之节，崇圣贤之业，未遑苑囿之丽、游猎之靡也。”荀悦《汉纪·景帝纪》：“王好游猎，叔常从。”皆其证。王念孙又举出唐宋类书寄生材料四则引此并作“游猎”，是为旁证。

以上三条，高邮王氏观察字、词搭配，从结构和意义方面进行分析考证，并多方搜求，指出古书无作某某（谓搭配不当），而当作某某（谓搭配得当），以此校正古书中的讹误。

二十五、据推算

古书中记载的一些相关数值，它们之间往往有着内在的联系。或是在相关的数值之间有着同一比率，或是根据已有的数据可以计算出有关的数值。如果古书中记载的数值相互之间发生矛盾，就可知数字有误。在没有直接或间接的版本根据情况下，校勘学家利用数值的互相推算，以校正古书中数字记载的讹误。

> 《周礼·秋官·大司寇》：“秋官大司寇之职，重罪旬有三日坐，期役；其次九日坐，九月役；其次七日坐，七月役；其次五日坐，五月役；其下罪三日坐，三月役。”家大人曰：“旬有三日坐”，“三”当为“二”，因下文“三日坐”而误也。“期役”者，十二月，役以十二月，则坐当以十二日，犹下文“九日坐，九月役”，“七日坐，七月役”，“五日坐，五月役”，“三日坐，三月役”

也。(《经义述闻》卷九“旬有三日坐”条)

按:罪人从下罪起,服役三个月者,坐文石思过悔改三日,而服役期按罪情每递增一个月,即相应增坐文石一日。以此推算,重罪服役十二个月者,则坐当以十二日。据此,王念孙校正“旬有三日坐”,“三”当作“二”,其说甚确。

> 《管子·乘马》:“一马,其甲七,其蔽五;四乘,其甲二十有八,其蔽二十。”念孙案:一马之所用,不得有七甲、五蔽。“一马”当为“一乘”。四乘有二十八甲、二十蔽,则一乘当有七甲、五蔽也。今本“乘”作“马”者,涉上文“四马”而误。(《读书杂志·管子一》“一马”条)

按:四乘有二十八甲、二十蔽,依此推算,一乘当有七甲、五蔽。今本作“一马,其甲七,其蔽五”,则“一马”显系“一乘”之误。据此,王念孙校正“一马”当为“一乘”,其说甚是。

> 《汉书·律历志》:“岁在大棣之东井二十二度,鹑首之六度也。”念孙案:“二十二度”,当为“二十一度”。上文云:“鹑首初,井十六度。”然则鹑首之六度,井之二十一度也。景祐本作“二十度”,亦非。(《读书杂志·汉书四》“二十二度”条)

按:鹑首初,井十六度;鹑首六度,是鹑首初增五度,则井十六度亦相应增五度,当是井二十一度。王念孙据此推算,校正今本之“二十二度”当为“二十一度”。

以上三条,均在缺乏直接或间接的版本根据情况下,高邮王氏据所记数值的内在联系,进行互相推算,以校正古书中数字记载之误。本节“二十二,审制度”中,举《读书杂志·管子三》“甲十万,车三百乘”条为例,高邮王氏据齐桓公时齐国车甲编制每车一乘而甲十人的比率,据此推算出正确数值而校正原文讹误,这一例也是据推算进行理校的极佳例子,读者可自参阅。

二十六、证语史

证语史,即验证汉语史(包括汉字史)。校勘的对象是古书中的文献语言,而语言是随着历史进程不断地在发展演变,因此,从事校勘就必须掌握文字语言的历史发展情况,只有这样,才有可能作出正确的判断。在古典校勘学和传统训诂学盛行的时代,尽管还没有汉语史、汉字史这一类术语,也没有这方面的系统的理论和学说,但是朴实的校勘学家,特别是那些通晓传统小学的校勘学家,他们在校勘古书时,却往往能在实事求是的要求下,明辨校勘对象即文献语言的真伪,考证字词产生的年代,说明同一概念由于时代不同而用不同的字词来表述,研究字词及其字义、词义在使用过程中的不断演变和发展,为我们留下了许多宝贵的探求汉语史、汉字史的资料。高邮王氏博极群书,熟悉语料,他们在校勘古书时,往往采用今天称之为验证汉语史(包括汉字史)的校勘方法,以此校正古书中的讹误。

> 《汉书·高惠高后文功臣表》:“使黄河如带,泰山若厉。”念孙案:“黄”字乃后人所加,欲以“黄河”对“泰山”耳,不知西汉以前无谓河为“黄河”者,且此誓皆以四字为句也。《北堂书钞》、《艺文类聚·封爵部》引此皆有“黄”字,则所见本已误;《汉纪》及《吴志·周瑜传》有“黄”字,亦后人依误本《汉书》加之。《史表》无“黄”字。如淳注《高纪》引《功臣表》誓词云:“使河如带,大山若厉。”此引《汉表》,非引《史表》也,(《史表》作“如厉”,《汉表》作“若厉”。)而亦无“黄”字,则“黄”字为后人所加甚明。(《读书杂志·汉书二》“黄河”条)

按:王念孙从汉语史的角度作出判断,“西汉以前无谓河为‘黄河’者”。此言“黄河”,“‘黄’字乃后人所加,欲以‘黄河’对‘泰山’耳”。此表誓词皆以四字为句,若第一句有“黄”字而成为五字句,则与他句不协矣。早于《汉表》的《史表》,即《史记·高祖功臣侯者年表》云:“使河如带,泰山如厉。”四字为句,并无“黄”字。三国魏人如淳注《汉书·高纪下》“又与功臣剖符作誓”句,引《汉表》即《汉书·高惠高后文功臣表》云:“使河如带,泰山若厉。”亦无“黄”字。上述三点,足证“黄”字为后人所加。

王念孙还说过:“《地理志》亦不谓河为‘黄河’也。”(见《读书杂志·汉书六》“沮水、黄河”条)不仅《汉书·地理志》,即专讲治河引水的《沟洫志》,也不谓河为“黄河”。而且整部《汉书》,除《功臣表》“黄河”之“黄”字为后人所加,《地理志上》常山郡元氏县下“沮水东至堂阳人黄河”之“黄”字实为“章”字之形讹外，从不谓河为“黄河”，而是或单称“河”，或复称“河水”、“大河”。

王力《汉语史稿》下册第四章第五十九节云：“河。——起初是专指黄河。(例略)但是，《禹贡》里已经有所谓‘九河’。后来专有名词后面加上‘河’字，如《晋书·舆服志》：‘横汾河而祠后土’，‘河’已经变了河流的通名。等到别的河流也叫‘河’，有时候为了区别，原来的河只好加上形容词，叫做黄河(《汉书功臣表》：“使黄河如带，泰山若砺”)。”[①]这就是说，原来专指黄河的“河”字，词义扩大，已经变为河流的通名，于是为了有所区别，专称的“河”就改称“黄河”。这样讲是很有说服力的。但是，这里的关键是，什么时候“河”已经变为了河流的通名，不再专指黄河呢？换言之，什么时候出现用“黄河”代替专有名词“河”的呢？在《汉书》、《说文解字》等书中，河流的通名是“水”，不是“河”；而“河”(又称“河水”、“大河”)仍然是专指黄河的专有名词，这与王念孙的判断相合。《汉语史稿》以《汉书功臣表》“使黄河如带，泰山若厉”为“黄河”的始见例，这是以误本《汉书》立说，似有失察之嫌。

《史记·封禅书》：“冬赛祷祠。”念孙案：“赛”，本作“塞”。古无“赛”字，借“塞”为之。(《说文》无“赛”字，新附有之。《急就篇》：“谒裼塞祷鬼神宠。”颜师古曰：“塞，报福也。”《管子·小问篇》：“令衅社塞祷。”《墨子·号令篇》：“寇去事已，塞祷。”《韩子·外储说右篇》：“秦襄王病，百姓为之祷，病愈，杀牛塞

① 王力《汉语史稿》下册，中华书局1980年版第565—566页。

祷。”《汉书·武五子传》亦云：“杀牛塞祷。”《周官·都宗人》注：“祭，谓报塞也。”《汉无极山碑》：“各白羊塞神山。”又见下。)索隐本出“冬塞”二字，注云：“塞音先代反，与赛同。赛，今报神福也。”今本正文、注文俱改为“赛”，又删去“与赛同”三字，其失甚矣。《汉书·郊祀志》亦作“塞”，篇内“赛”字并同。(《读书杂志·史记二》“赛”字条)

按：在酬神报福这一意义上，塞赛为古今字。《说文》无“赛”字。《说文》贝部新附：“赛，报也。从贝，塞省声。先代切。”汉代尚无“赛”字，《史记》“冬赛祷祠”之“赛”字，本当作“塞”，系后人以今字改古字而误。《汉书·郊祀志上》正作“冬塞祷祠”，颜师古注云：“塞谓报其所祈也，音先代反。”是谓旁证。王念孙据汉字史，校正《史记·封禅书》“赛”当作“塞”，持之有故，言之成理，可谓泰山不移。

《博雅音》卷二：“凥也。上古鱼反。凥，案《说文》从尸，几声，今居字，乃箕居字也。古虑反。”王念孙校：“上古鱼反”，各本“反”皆作“切”。案反切之名，自南北朝以上皆谓之反，孙愐《唐韵》则谓之切。唐元度《九经字样序》云：“声韵谨依开元文字，避以反言。”是则变反言切，始自开元。曹宪为隋唐间人，不宜有此。凡《广雅音》中有言某某切者，皆是后人所改，今订正。(《广雅疏证》附《博雅音》卷二)

又卷六：“訚訚。鱼斤反。”王念孙校：各本“反”皆作“切”，此后人所改，说见卷二“凥，古鱼反”下。

后皆放此。(《广雅疏证》附《博雅音》卷六)

按:王念孙对反切之名随时代而变迁的看法,直接继承了顾炎武、戴震的观点。顾炎武《音论下》云:"《礼部韵略》曰:'音韵展转相协谓之反,亦作翻;两字相摩以成声韵谓之切。'其实一也。反切之名,自南北朝以上皆谓之反,孙愐《唐韵》则谓之切,盖当时讳反字。唐玄度《九经字样序》曰:'避以反言,但纽四声,定其音旨。'其卷内之字,'盖'字下云'公害翻',代反以翻;'叐'字下云'平表纽',代反以纽。是则反也、翻也、切也、纽也,一也。然张参《五经文字》并不讳反,则知凡此之类,必起于大历以后矣。"戴震《声韵考》亦据《九经字样序》所言,谓唐季避言反而改曰切。这一观点,从反切之名演变的大趋势方面来说是正确的。"自南北朝以上皆谓之反",就现代保存完整的注音资料来看,这符合客观实情;"变反言切,始自开元",孙愐《唐韵》全书言切而不言反,即是实例。王念孙将这一观点运用到《博雅音》的校勘中,将"古鱼切"校正为"古鱼反","鱼斤切"校正为"鱼斤反",尽管缺乏版本根据,但是据《博雅音》作者曹宪所处时代及其当时反切注音的使用情况,王念孙的校正无疑是正确的,因为这符合汉语史的演变实情。

以上三例,均为根据汉语史来验证具体的字词,以此校正古书中的讹误。

第八节　高邮王氏推理校勘范例

段玉裁《与诸同志论校书之难》一文说:"校书之难,非照本改字不讹不漏之难也，定其是非之难。是非有二：曰底本之是非，曰立说之是非。必先定其底本之是非，而后可断其立说之是非。……何谓底本？著书者之稿本是也。何谓立说？著书者所言之义理是也。”(《经韵楼集》卷十二)段氏这一段议论甚为精辟，他讲的校书法是指推理校勘，即理校法，而不是指照本改字的对校法。对校法主要以搜集并占有本子(或实物，如甲骨金石竹帛等)取胜，凡是掌握了一定的校勘学方法和门径的人，又有古本、善本(或实物)为依据，总能取得相应的成绩。而理校法，往往是在没有可供比勘的异本(或实物)的情况下，只能用推理的方法来校正。这种理校法，主要是从书例、文字、音韵、训诂、事实、义理等方面来入手。使用这种方法，并不象机械的照本改字的对校法那样相对地容易(对校法需广储异本，亦非易事)，而是要在没有对证的情况下“定其是非”，这确是一件难事。这就需要校书者具有广博而深厚的学养，在古人造字和用字方面，掌握其一般规律，并且博览群书，阅读时能好学深思，融会贯通，习惯于联系多方面分析问题，从中抽出一些规律性的条例，以便发现并校正古书中存有的错误。

高邮王氏在校书时，绝大多数使用的是对校法，但是在这一方面并不能显示出他们的高明处。换了同时代别的学者，只要占有同样的资料，相信他们使用对校法也能取得如王氏同样的成果，事实上也正是这样。王氏的高明处，不在于“照本改字不讹不漏”，正是在缺乏对证的情况下，使用理校法，去发现并校正古书中的错误。尽管当时限于条件，缺乏资料来直接证成王氏之说，但是，由于他们推理时逻辑的严密，论证中类例的可靠，王氏的校正充满真知灼见，令人十分信服。随着时间的推移，新的资料（或实物）陆续有所发现，用来与王氏校勘相对照，竟然若合符节！对此，我们不能不惊叹王氏理校之精审。下面试举例说明之。

> 《老子》三十一章：“夫佳兵者不祥之器，物或恶之，故有道者不处。”释文：“佳，善也。河上云：饰也。”念孙案：善、饰二训，皆于义未安。古所谓兵者，皆指五兵而言，故曰“兵者不祥之器”；若自用兵者言之，则但可谓之不祥，而不可谓之“不祥之器”矣。今案“佳”，当作“隹”，字之误也。“隹”，古“唯”字也。唯兵为不祥之器，故有道者不处。上言“夫唯”，下言“故”，文义正相承也。八章云：“夫唯不争，故无尤。”十五章云：“夫唯不可识，故强为之容。”又云：“夫唯不盈，故能蔽不新成。”二十二章云：“夫唯不争，故天下莫能与之争。”皆其证也。古钟鼎文“唯”字作“隹”，石鼓文亦然。又，夏竦《古文四声韵》载《道德经》，“唯”字作“[illegible]”。据此，则今本作“唯”者，皆后人所改。此“隹”字若不误为“佳”，则后人亦必改为“唯”矣。（《读书杂志·馀编上·老子》“夫佳兵者不祥之器”条）

按：王念孙用推理校勘，订正“佳”字当为“隹”字之讹，这是发前人所未发的创见。这段考证，是从义理、文字、书例等三方面论证的。一、文作“佳兵”，不合义理，推断“佳”当为误字；二、“佳”与“隹”形体相似，有致误的可能；三、上言“夫唯”，下言“故”，这是《老子》全书行文通例，而“唯”的古字作“隹”，以此推断这句的“夫佳兵者”，亦当作“夫隹兵者”，即“夫唯兵者”。这是从上述三方面综合考证得出的结论，尽管当时无其他资料可供对证，但考校密察，言之成理，论断是可以成立的。后来发现的《元大德三年陕西宝鸡磻溪宫道德经幢》，正作“夫隹兵者不祥之器”，直接证成了王说。近年出土的马王堆汉墓帛书《老子》甲、乙本，均作“夫兵者不祥之器也”，无“佳”字，可证河上本、王弼本之“佳兵”不通，这也从另一个侧面证成王说。“夫唯”为发语词复用，与单用“夫”、“唯”义同。例《墨子·尚同下》：“夫唯能信身而从事，故利若此。”同篇又作：“唯信身而从事，故利若此。”又例《楚辞·九章·怀沙》：“夫惟党人之鄙固兮，羌不知余之所臧。”《史记·屈原贾生列传》引作：“夫党人之鄙妒兮，羌不知吾所臧。”可证。我们认为，帛书甲、乙本之前，已有误本作“佳兵”者。帛书甲、乙本，“夫唯”作“夫”，仅此一处，恐非偶然漏字。我认为这正是传抄者认定“佳”是误字，但又不知是“隹”字之讹，故有意删之，而又无碍文义。但是，按之《老子》全书行文通例，仍当以作“夫唯”为是。磻溪本作“夫隹”，更为近真，与帛书甲、乙本不是同一系统，当另有所自。

《左传》僖公二十三年：“九月，晋惠公卒，怀公命无从亡人，期期而不至，无赦。”家大人曰：“怀公”下脱“立”字，则与上句不相承。唐石经已然，而各本皆沿其误。凡诸侯即位，必书“某公立”，此不书“立”，亦与全书之例不符。《太平御览·人事部五十九》、《治道部二》，两引此文，皆作“怀公立，命无从亡人”，则宋初本尚有未脱“立”字者。《史记·晋世家》云：

"九月，惠公卒，大子圉立，是为怀公，乃令国中诸从重耳亡者与期，期尽不到者，尽灭其家。"其文皆出于《左传》。《史记》之"大子圉立"，即《左传》之"怀公立"也，则《传》文原有"立"字明矣。(《经义述闻》卷十七"怀公命无从亡人"条)

按：王念孙根据《左传》"凡诸侯即位，必书'某公立'"之通例，以及《太平御览》之寄生材料和《史记》记述同一事件的异文，确定"怀公"下脱"立"字，其说持之有故，言之成理。后来发现的日本金泽文库本《春秋经传集解》有"立"字，可直接证成王说。(日本金泽文库本《春秋经传集解》，为隋唐时旧钞本，其说至1904年始因日本竹添光鸿《左氏会笺》及岛田翰《古文旧书考》才传入中国，乾嘉时人未见。)韩席筹《左传分国集注》、王伯祥《春秋左传读本》、上海人民出版社1977年标点本《春秋左传集解》，均脱"立"字，承旧本而误。

《左传》僖公二十八年："听舆人之谋曰：称舍于墓。"正义曰："此'谋'字或作'诵'，涉下文而误耳。"谓涉下文"舆人之诵曰"而误也。家大人曰："曰"字亦涉下文而衍。郑注《射义》曰："称，犹言也。"舆人之谋言舍于墓也。"称"上不当复有"曰"字。唐石经已误衍。《通典·兵十五》、《太平御览·兵部四十五》，引此皆无"曰"字。(《经义述闻》卷十七"曰称舍于墓"条)

按：王念孙根据字义训诂和寄生材料，确定"曰"字为衍文，当时虽无旧本可资对勘，但其说有理，可信。后来发现的金泽文库本及敦煌初唐写本残卷，均无“曰”字，与王说相符。(金泽文库本，见日本竹添光鸿《左氏会笺》引。敦煌写本残卷，晚清时发现，详见王重民《敦煌古籍叙录·春秋经传集解》。)由于不知“曰”字为衍文，韩席筹《左传分国集注》、王伯祥《春秋左传读本》、朱东润《左传选》、北京大学中文系选编《先秦文学史参考资料》、吉林师范大学中文系编注《先秦文学作品选》、施瑛《左传故事选译》、上海人民出版社 1977 年标点本《春秋左传集解》，均标点作“听舆人之谋曰：‘称舍于墓。’”沿袭旧本而误。

> 《左传》僖公三十三年：“不替孟明。孤之过也，大夫何罪？且吾不以一眚掩大德。”家大人曰：“不替孟明”下有“曰”字，而今本脱之。“不替孟明”四字及“曰”字，皆左氏记事之词。自“孤之过也”以下，方是穆公语。上文穆公“乡师而哭”，既罪己而不罪人矣，于是不废孟明而复用之，且谓之曰：“孤之过也，大夫何罪？”云云。“大夫”二字，专指孟明而言，与上文统言二三子者不同。若如今本作“不替孟明，孤之过也”，则“不替孟明”亦是穆公语；穆公既以“不替孟明”为己过，则孟明不可复用矣，下文何以言“大夫何罪”，又言“不以一眚掩大德”乎？然则“不替孟明，曰”五字，乃记者之词；而“大夫何罪”云云，则穆公自言其所以“不替孟明”之故也。自唐石经始脱“曰”字，而各本遂沿其误。《秦誓》正义引此无“曰”字，亦后人依误本《左传》删之。《文选·西征赋》注云：

“《左氏传》曰：秦伯不废孟明，曰：‘孤之罪也。’”（此引《传》文改“替”为“废”，取其易晓；而“过”字作“罪”，则涉上文“孤之罪也”而误。）《白帖》五十九出“一眚”二字而释之云：“孟明败秦师，秦伯不替，曰：‘吾不以一眚掩大德。’”二书所引文虽小异，而皆有“曰”字，足证今本之误。（《经义述闻》卷十七“不替孟明孤之过也”条）

按：王念孙根据上下文义和古代书面语行文通例，在“孤之过也”前校补“曰”字，当时虽无旧本对勘，但证之古时记言习惯以及后世寄生材料，其说有理，可信。俞樾初不从王念孙说，在《古书疑义举例·叙论并行例》中说：“今按，王氏解‘不替孟明’句，是也；谓今本脱‘曰’字，非也。自唐石经以来，各本皆无‘曰’字，未可以意增加。盖古人自有叙论并行之例，前后皆穆公语，中间着此‘不替孟明’四字，并未间以他人之言，‘孤违蹇叔’与‘孤之罪也’，语出一口，读之自明，原不必加‘曰’字也。”俞樾只因撰写《古书疑义举例》时尚无资料可以直接证明王说，故敢下如此断语。后来得知日本金泽文库所藏隋唐旧钞本《春秋经传集解》，“孤之过也”上确有“曰”字（见竹添光鸿《左氏会笺》），遂改从王说。光绪三十一年（1905 年）十一月，俞氏与日本岛田翰在苏州笔谈云：“旧钞本在僖三十三年《传》加一‘曰’字，足证开成石经之误夺。”（事详俞樾《左氏会笺序》及岛田翰《古文旧书考》所附《访馀录·春在堂笔谈》，俞氏后说即见岛田书）。又，敦煌六朝人写本《春秋经传集解》残卷，“孤之过也”上亦有“曰”字（见王重民《敦煌古籍叙录·春秋经传集解》），足证念孙之校补，确不可易。章秋农

《古书记言标点易误举例》[1]一文，申俞氏前说以驳王说，认为："俞说（笔者按，指《古书疑义举例》之说）是也，其关键在夹入之叙述句下省'曰'字。古书中颇有此例。"其实，俞樾《古书疑义举例·叙论并行例》所举数例，均属勉强，如《左传》昭公三年例，实属误举[2]。章秋农不引俞氏已作修正的后说，而仍因循俞氏已经放弃的前说，那就只能得出错误的结论。由于今本《左传》误夺"曰"字，韩席筹《左传分国集注》（江苏人民出版社）、北京大学中文系文学史教研室选注《先秦文学史参考资料》（中华书局）、中国人民大学语文系选注《历代文选》（中国青年出版社）、上海人民出版社 1977 年版标点本《春秋左传集解》，均将"不替孟明"句置于引号内，当作秦穆公语，酿成谬误。

《左传》宣公二年："赵穿攻灵公于桃园。"释文："赵穿攻，如字，本或作弑。"引之谨案："攻"本作"殺"。"殺"字隶或作"煞"，上半与"攻"相似，又因上文"伏甲将攻之"而误为"攻"耳。赵穿杀灵公，故太史书曰"赵盾弑其君"；若但攻之而已，则杀与否尚未可知，太史何由而书"弑"乎？杜注"宣子未出山而复"曰："闻公杀而还。"（释文："闻公杀，申志反。"盖杀有"如字"及"申志反"二音，故别之曰"申志反"。《左传》释文"杀音申志反"者，凡十三见，并与此同，

① 载《中国语文》1979 年第 3 期。

② 参见拙文《〈左传〉记言省"曰"字三例质疑——与章秋农先生商榷》，载《中国语文》1984 年第 3 期。

今本注及释文俱改“杀”为“弑”，非也。隐四年经：“卫州吁弑其君完。”释文：“弑，音试。凡弑君之类皆放此，可以意求，不重音。”释文已云“弑，不重音”，不应于此又音“申志反”也。)“公杀”，正谓赵穿杀灵公，则杜所据本作“杀”明甚。释文“攻如字”，亦当作“杀如字”，今本作“攻”者，后人以已误之传文改不误之释文也。杀又音试，故别之曰“如字”。隐十一年传：“反谮公于桓公而请弑之。”释文“弑”作“杀”，云：“音试，一音如字。”庄三十二年传注：“不书杀，讳之也。”释文：“杀，音试，一音如字。”僖九年经：“晋里克杀其君之子奚齐。”释文：“杀，如字，又作弑。(今本“作”误为“音”。)传同。《公羊》音试。”二十四年传：“将焚公宫而弑晋侯。”释文“弑”作“杀”，云：“音试，又如字。”三十三年传注：“冀芮欲杀文公。”释文：“杀，音试，或如字。”襄二十一年传注：“终有弑杀之祸。”释文：“杀，申志反，又如字。”二十二年传：“吾与杀吾父。”释文：“杀，如字，一音试。”定四年传：“将弑王。”释文“弑”作“杀”，云：“如字，又申志反。”是其例矣。不直曰“杀，如字”，而云“赵穿杀，如字”者，以别于上文注之“国以杀”、下文注之“闻公杀”皆音“申志反”也。若“攻”字，无“申志反”之音，直云“攻，本或作弑”可矣，何须别之曰“如字”乎？且传言“攻”者多矣，释文皆不作音，何独于此“攻”字而云“如字”乎？其为后人所改明矣。钞本《北堂书钞·政术部十一》，引此正作“赵穿煞灵公于桃园”，煞即杀字也。(陈禹谟本改从今本《左传》作“攻”。)《史记·十二诸侯年表》:“晋灵公十四年,赵穿杀灵公。”《晋世家》:“盾昆弟将军赵穿袭杀灵公于桃园。”亦皆言“杀”,本于《左传》也。唐石经始误为“攻”而诸本从之,遂使文义不明,当据《书钞》、释文以正之。《群书治要》载此传作“攻”,盖后人以今本改之也。魏徵与虞世南、陆德明同时,断无虞、陆作“杀”而魏独误“攻”之理,亦当据《书钞》、释文以正之。《晋语》:“赵穿攻公于桃园。”“攻”字亦后人所改。(《经义述闻》卷十八“攻灵公”条)

按:王引之根据传文上下文义、“杀”字隶或作“煞”而上半与“攻”字相似的文字形体、释文注音的通例、记述“杀灵公”同一史事的《史记》两条引文及类书中的寄生材料,加以综合考察,校定“攻”字本作“杀”。当时,尽管所见各本皆作“攻”,并无旧本可供比勘,但引之所校持之有故,言之成理。后来发现的日本金泽文库所藏中国隋唐旧钞本《春秋经传集解》,“攻”字正作“煞”,煞即杀,可直接证成王引之所校。(金泽文库本《春秋经传集解》,见日本竹添光鸿《左氏会笺》引。)又,《孔子家语·正论篇》引《左传》文,亦作“晋赵穿杀灵公”,此可增一旁证。

《左传》昭公三年:“则使宅人反之。且谚曰:非宅是卜,唯邻是卜。二三子先卜邻矣。违卜不祥。”家大人曰:“且谚曰”本作“曰谚曰”。晏子既使宅人反其故室矣,因谓宅人曰:“谚曰:‘非宅是卜,唯邻是卜。’”云云。上“曰”字仍是记事之词,自“谚曰”以下，方是晏子之语。若作“且谚曰”，则与上文不相承矣。自唐石经上“曰”字误作“且”，而各本皆从之。《初学记·居处部》、《太平御览·州郡部三》，引此并作“曰谚曰”。（《经义述闻》卷十九“且谚也”条）

按：王念孙根据上下文义、古代书面语的行文通例以及寄生材料，校定“且谚曰”当作“曰谚曰”。当时虽无旧本可供比勘，但王说持之有故，言之成理。俞樾《古书疑义举例·叙论并行例》却说：“如昭三年《传》：‘则使宅人反之。且谚曰：非宅是卜，唯邻是卜。二三子先卜邻矣。’按，‘则使宅人反之’，左氏记事之词；‘且谚曰’以下，晏子语也。中间无‘曰’字，即其例矣。”由于当时无旧本比勘，俞氏为牵就己说，竟无视王氏之校语。而日本金泽文库所藏中国隋唐旧钞本《春秋经传集解》，“且”字正作“曰”字（见日本竹添光鸿《左氏会笺》，此书于 1904 年始传入中国，俞樾著《古书疑义举例》书时尚未得见），与《初学记》卷二十四、《太平御览》卷一百五十七所引《左传》同，足证俞说之非，王说之是。章秋农《古书记言标点易误举例》一文说“‘且谚曰’云云，晏子语也，所以申述不受新宅之故，而上省‘曰’字。”正是承袭俞氏旧说而误。韩席筹《左传分国集注》、王伯祥《春秋左传读本》、上海人民出版社 1977 年标点本《春秋左传集解》，均不知“且”字为“曰”字之形讹，以为这句省“曰”字，而将“且谚曰”作为晏子语，置入引号内，承旧本而误。王氏校正《左传》错误，与金泽文库本、敦煌写本残卷暗合者，还可举出若干例，为节省篇幅，不再一一列举。

《战国策·赵策四》:"太后明谓左右:'有复言令长安君为质者,老妇必唾其面。'左师触詟愿见太后。太后盛气而揖之。"吴曰:"触詟,姚云一本无'言'字。《史》亦作'龙'。案《说苑》(《敬慎篇》):'鲁哀公问孔子,夏桀之臣有左师触龙者,谄谀不正。'人名或有同者,此当从'詟'以别之。"念孙案:吴说非也。此策及《赵世家》皆作"左师触龙言愿见太后",今本"龙言"二字误合为"詟"耳。太后闻触龙愿见之言,故盛气以待之。若无"言"字,则文义不明。据姚云,"一本无'言'字",则姚本有"言"字明矣。而今刻姚本亦无"言"字,则后人依鲍本改之也。《汉书·古今人表》正作"左师触龙"。又《荀子·议兵篇》注曰:"《战国策》赵有左师触龙。"《太平御览·人事部》引此策曰:"左师触龙言愿见。"皆其明证矣。又《荀子·臣道篇》曰:"若曹触龙之于纣者,可谓国贼矣。"《史记·高祖功臣侯者表》有临辕夷侯戚触龙;《惠景间侯者表》有山都敬侯王触龙。是古人多以"触龙"为名,未有名"触詟"者。(《读书杂志·战国策二》"触詟"条)

按:这一条从义理、古人名字通例、文字形体和书写格式进行综合考察,认定"触詟"之"詟"字,是"龙言"二字直行书写时误合为一;再辅以《史记·赵世家》异文和多种寄生材料,王说具有充足的说服力。近年出土的马王堆汉墓帛书《战国纵横家书·触龙见赵太后章》,正作"左师触龙言愿见",与王校若合符契。1962 年出版的王力主编《古代汉语》、中国人民大学语文系选注《历代文选》等书，均选录此文，标题并为《触詟说赵太后》，正文和注释中皆作"触詟"，这可以说是出于谨慎，忠于原文，不轻易改字；但是在题注和注释中，也没有明言王念孙（还有卢文弨、黄丕烈等）已有考证，仍沿袭旧本之误。王力主编《古代汉语》1981 年修订本，此文题注中已增补"一九七三年长沙马王堆汉墓出土的帛书《战国策》作'触龙'"一语，但标题、正文和注释仍作"触詟"字，题注中仍说"触詟（Chù Zhé），赵国的左师（官名）"，对"左师触詟愿见太后"句亦未加注说明"詟"字为"龙言"二字误合为一，皆沿袭旧误，当是失检。

> 《管子·白心篇》："满盛之国不可以仕任，满盛之家不可以嫁子，骄倨傲暴之人不可与交。"念孙案："任"即"仕"字之误。今作"仕任"者，一本作"仕"，一本作"任"，而后人误合之也。尹（尹知章）注云："不可任其仕。"则所见本已衍"任"字矣。"交"当为"友"，亦字之误也。（隶书"交"字或作"𠔏"，与"友"相似。）仕、子、友为韵。（友，古读若以，说见《唐韵正》。）（《读书杂志·管子七》"仕任、与交"条）

按：这一条既有衍文，又有误字，王念孙从文字形体、用韵通例两方面作比较，勘正了文字。当时无任何资料可供对勘，只能以理校之。从韵例来看，仕、子、友同属古韵之部为韵，"任"属古韵侵部，作"仕任"则失韵矣；"任"与"仕"形体相似，"任"当为"仕"之误字而衍。"交"属古韵宵部，作"交"则失韵矣，"交"当为"友"字形似而讹。王说是可信的。近年出土的马王堆汉墓帛书《老子》乙本卷前第三种古佚书《称》中作："不士于盛盈之国，不嫁子于盛盈之家，不友□□□易之〔人〕。"作"士"(仕)而不作"仕任"，作"友"而不作"交"，正可以作为王说的有力佐证。

> 《晏子春秋·内篇谏下》："古者之为宫室也，足以便生，不以为奢侈也，故节于身，谓于民。"孙曰："'谓'字疑误。"念孙案："谓"当为"调"，形相似而误也。(《集韵》引《广雅》："识，调也。"今本"调"作"谓"。)调者，和也。言不为奢侈以劳民，故节于身而和于民也。《盐铁论·遵道篇》曰："法令调于民，而器械便于用。"文义与此相似。后《问上篇》曰："举事调乎天，籍敛和乎民。"亦与此"调"字同义。(《读书杂志·晏子一》"谓于民"条)

按：王念孙根据文字、义训两方面进行分析，推断"谓"字为"调"字形似而误。一、若作"谓"字，则文义窒碍不通，故孙星衍已疑"谓"为误字，但不知为何字之误；二、"谓"与"调"，字形相似，有致误之可能，且有类例；三、作"调"字，训作"和"，则文从字顺，意义明畅。王氏所校，当时虽无旧本可供对勘，但其说有理，可谓真知灼见。1972 年出土的山东银雀山汉墓竹简《晏子春秋·内篇谏下》，这句正作"节于身而调于民"[①]，与王校若合符节。而洪颐煊《读书丛录》认为"谓"字不误，云："《尔雅·释诂》：'谓，勤也。'"黄以周《晏子春秋校勘

---

① 见吴九龙释《银雀山汉简释文》，文物出版社 1985 年版第 67 页。

记》、苏舆《晏子春秋校注》说同。张纯一《晏子春秋校注》云："《墨子·辞过篇》：'是故圣王作为宫室，便于生，不以为观乐也……故节于身，诲于民。'诲谓义近。《书·大禹谟》曰：'克勤于邦，克俭于家。'此'节于身'即'俭于家'，'谓于民'即'勤于邦'，盖禹法也。"洪、黄、苏、张校释不从王说，而依误字曲为之解，殊失文义。刘师培《晏子春秋补释》云："'谓'当作'为'。"于省吾《晏子春秋新证》云："王（王念孙）、黄（黄以周）两说并误，'谓'应读作'惠'。"刘氏、于氏校改文字，缺乏过硬的证据，纯属臆说。刘师培《晏子春秋校补》又云："《墨子·辞过篇》云：'故节于身诲于民，是以天下之民可得而治。'此'谓'字亦当作'诲'。"吴则虞《晏子春秋集释》云："作'诲'是。"其实，《墨子·辞过》"故节于身诲于民"句，其中"诲"字亦当为"调"字形似而讹，是涉同篇下文"故作诲妇人治丝麻"、"故圣人作诲男耕稼树艺"二"诲"字而误书①。刘氏、吴氏据误校误，以讹传讹，治丝愈棼。

> 《晏子春秋·内篇问上》："厚藉敛，意使令，无以和民。"孙曰："'意使令'者，任意使人。"念孙案："意"字文义不顺，孙加"任"字以释之，亦近于牵强。"意"疑是"急"字之误。令急则民怨，故曰"无以和民"。（《读书杂志·晏子一》"意使令"条）

按：王念孙根据上下文义与文字形体，怀疑"意"字为"急"字之误，当时虽无旧本可资对勘，其说有理。近年出土银

① 参见拙文《谈王念孙的推理校勘》，载《社会科学战线》1985年第2期。

雀山汉墓竹简《晏子春秋·内篇问上》，这一段文字正作："……厚藉敛，急使令，正无以和民，德无以……"[1]与念孙理校相合。孙星衍不知"意"为误字，增字为释，牵强附会，殊非原意。("无以和民"句，当作"政无以和民"，脱落"政"字。这一段之上下文，皆"政"与"德"对举，可证。竹简本作"正无以和民"，"正"即"政"之同音借字。)念孙校正《晏子春秋》一书误处，与出土竹简本暗合者，还有若干例，在此只选二例，以见一斑。

《淮南子·原道训》："是故鞭噬狗，策蹄马，而欲教之，虽伊尹造父弗能化；欲寅之心亡于中，则饥虎可尾，何况狗马之类乎！"念孙案："欲寅之心"，"寅"当为"宍"，字之误也。"宍"与"肉"同。(《干禄字书》云："宍肉，上俗，下正。"《广韵》亦云："肉，俗作宍。"《墨子·迎敌祠篇》："狗彘豚鸡食其宍。"《太元·元数》："为食为宍。")欲肉者，欲食肉也。诸本及庄(庄逵吉)本皆作"欲害之心"，"害"亦"宍"之误。(害字草书作宍，与宍相似。)《文子·道原篇》亦误作"害"。刘绩注云："古肉字。"则刘本作"宍"可知。而今本亦作"害"，盖世人多见"害"，少见"宍"，故传写皆误也。(《吴越春秋·勾践阴谋外传》："断竹续竹，飞土逐宍。"今本"宍"误作"害"。《论衡·感虚篇》："厨门木象生肉足。"今本《风俗通义》"肉"作"害，""害"亦"宍"之误。(《读书杂志·淮南内篇一》"欲寅之心"

① 见吴九龙释《银雀山汉简释文》，文物出版社 1985 年版第 63 页。

条）

按：这里道藏本所作的“欲寅”，其他各本皆作“欲害”，王念孙一并校改为“欲宍”。念孙从明刘绩本注云“古肉字”一语出发，以此为据，推知刘本原作“宍”字；“宍”字形体与草书“害”字相似，故误写为“害”。并举出古书中“宍”字误写为“害”的二个实例，作为类推的例证，故其说可信。念孙推断刘本“欲害”当为“欲宍”之讹，这是第一步；以校正的刘本为据，以校众本，推知各本作“害”字亦为“宍”字之误，这是第二步；以校正的刘本及众本为据，以校道藏本，推知道藏本“欲寅”亦是“欲宍”之误，这是第三步。正是层层推进，势如破竹，令人涣然冰释；犹似沿波讨源，溯流而上，终得江河之头。王氏校勘《淮南子》时，未得见宋本，而以道藏本为底本。如果仅以作“欲寅”之道藏本与皆作“欲害”之众本，作照本改字的对校，而不以理校之，不作更深一层的研究，那就无法得出正确的结论。后来，顾广圻校得宋本，果作“欲宍”，这就进一步证明王氏理校之精审。王念孙用推理校勘，校正《淮南子》一书误、倒、衍、脱，与顾广圻校得宋本暗合者，竟有三十一例之多！为节省篇幅，在此仅举一例，其余不一一列举，读者可自参阅《读书杂志·淮南内篇杂志补遗》卷中“《淮南子》宋本未误者各条”部分。

高邮王氏运用理校法，其心之细，识之精，力之勤，功之深，实为校勘学史上所罕有，如果不是熟于古书之体例而能以类推者，决不能取得如许令人叹服的成绩。陈垣《校勘学释例·校法四例》说：“四为理校法。段玉裁曰：‘校书之难，非照本改字不讹不漏之难;定其是非之难。'所谓理校法也。遇无古本可据,或数本互异,而无所适从之时,则须用此法。此法须通识为之,否则卤莽灭裂,以不误为误,而纠纷愈甚矣。故最高妙者此法,最危险者亦此法。"[①]这段话,确是校勘学家总结经验的甘苦之谈,深得其中三昧。这种"最高妙"而又"最危险"的理校法,也只有如王念孙、段玉裁等第一流训诂学大师,才能得心应手地纯熟运用,左右逢源,并取得卓越的成就。训诂是为了解释古代语言,校勘的立足点也在于古代语言。在这一意义上,校勘与训诂,从一开始就是紧密地联系在一起的。王念孙把校勘作为训诂学的一种方法和手段,寓训诂于校勘之中,使校勘为解释古代语言服务。这种训诂学家的校勘,即推理校勘,首先是从语言出发,运用文字、音韵、训诂等知识,根据古代书面语言的内在联系,抽取规律,发现问题,订正讹误,求得确解。如果有旧本对勘,则能进一步证成其说;即使无旧本对勘,其说言之成理,持之有故,也能令人信服。这样既校正了文字,同时也解释了语言。这种推理校勘,可以说正是训诂与校勘紧密结合、交互为用的深一层的科学研究。

胡朴安《古书校读法序》说:"有清一代始开治古书之径途,由声音而得训诂,由训诂而辨名物,由名物而明义理。如戴氏东原、段氏玉裁、钱氏竹汀等,皆能于古书之条例有所发明;尤以高邮王氏父子为博大而精审。王氏治古书,大概本前所举十事(笔者按,指通训诂、定句读、征故实、校异同、订羡夺、辨声假、正错误、援旁证、辑佚文、稽篇目之十事),参互

---

① 陈垣《校勘学释例》,上海书店出版社 1997 年版第 121—122 页。

钩稽，以得古书之真。其《读书杂志》、《经义述闻》二书，所包蕴极为丰富，每考订一事，辄能综合同类之证据，以归于义之所安。”[①]胡氏这一段话，概略地总结了有清一代汉学大师治学的原则及其成就，而特别推崇高邮王氏父子；又着重指出他们在“治古书”中所掌握的钤键，便在于综合运用文字、音韵、训诂与校勘的知识，故能发疑正读，畅释积滞。高邮王氏校勘学，不仅在当时“治古书”即古典文献学研究中达到了高超的地步，在我国文化学术史上占有重要地位；就是对今天的古籍整理与古典文献学研究，也仍然具有重要的参考价值和借鉴作用。因此，认真地总结高邮王氏校勘学的思想及其方法论原则，批判地继承这笔宝贵的国学遗产，应当成为我们当前古籍整理研究与古典文献学研究，以至于中国文化学术史研究中的一个重要课题。

① 胡朴安《古书校读法》，江苏古籍出版社 1985 年版序第 2 页。

索引

人名索引

D

J

K

M

N

O

P

Q

R

S

T

W

Z

文献索引

B

C

D

E

F

G

J

K

L

M

N

P

Q

R

S

T

W

X

Y

Z

词语索引

E

F

G

H

J

T

W

X

主要参考书目

（按作者姓氏音序排列）

班固《汉书》，中华书局，1983 年
陈奂《诗毛氏传疏》，中国书店影印，1984 年
陈澧《东塾读书记》，三联书店，1998 年
陈垣《校勘学释例》，上海书店出版社，1997 年
陈祖武、朱彤窗等《乾嘉学术编年》，河北人民出版社，2005 年
程千帆、徐有富《校雠广义·校勘编》，齐鲁书社，1998 年
戴震《戴震集》，上海古籍出版社，1980 年
杜泽逊《文献学概要》，中华书局，2001 年
段玉裁《经韵楼集》，清光绪十年刻本
段玉裁《说文解字注》，上海古籍出版社影印，1981 年
段玉裁《周礼汉读考》，皇清经解本
范晔《后汉书》，中华书局，1982 年
范文澜《文心雕龙注》，人民文学出版社，1962 年
范希曾《书目答问补正》，江苏古籍出版社，2000 年

方东树《汉学商兑》,《汉学师承记(外二种)》合刊本,三联书店,1998年

方光焘《方光焘语言学论文集》,商务印书馆,1997年

方俊吉《高邮王氏父子学之研究》,台湾文史哲出版社,1974年

方向东《孙诒让训诂研究》,中华书局,2007年

高亨《周易大传今注》,齐鲁书社,1998年

高明《帛书老子校注》,中华书局,1996年

高邮县史志领导小组编《高邮县志》,江苏人民出版社,1990年

龚自珍《龚自珍全集》,上海人民出版社,1975年

顾广圻《思适斋书跋》,中华书局,1993年

顾炎武《日知录》,中州古籍出版社影印,1990年

顾炎武《音学五书》,中华书局影印,1982年

管锡华《校勘学》,安徽教育出版社,1991年

郭庆藩《庄子集释》,诸子集成本,中华书局影印,1986年

郭锡良《汉语史论集》,商务印书馆,2005年

郭在贻《训诂丛稿》,上海古籍出版社,1985年

郭在贻《训诂学》,湖南人民出版社,1986年

郝懿行《尔雅义疏》,上海古籍出版社影印,1983年

何九盈《中国古代语言学史》,广东教育出版社,2000年

何仲英《训诂学引论》,商务印书馆,1934年

洪诚《洪诚文集》,江苏古籍出版社,2000年

洪诚《训诂学》,江苏古籍出版社,1984年

洪诚选注《中国历代语言文字学文选》,江苏人民出版社,1982年

洪迈《容斋随笔》,上海古籍出版社,1978 年
洪兴祖《楚辞补注》,中华书局,1983 年
胡安顺《音韵学通论》,中华书局,2003 年
胡继明《〈广雅疏证〉同源词研究》,巴蜀书社,2003 年
胡培翚《仪礼正义》,江苏古籍出版社,1993 年
胡朴安《古书校读法》,江苏古籍出版社,1985 年
胡朴安《中国文字学史》,北京中国书店影印,1983 年
胡朴安《中国训诂学史》,上海书店影印,1984 年
胡奇光《中国小学史》,上海人民出版社,1987 年
胡为和等修、高树敏纂《民国三续高邮州志》,《中国地方志集成·江苏府县志辑》本,江苏古籍出版社影印,1991 年
华星白《训诂释例》,语文出版社,1999 年
黄侃《黄侃论学杂著》,上海古籍出版社,1980 年
黄侃《黄侃手批白文十三经》,台湾理艺出版社影印,1998 年
黄侃笺识、黄焯编次《量守庐群书笺识》,武汉大学出版社,1985 年
黄侃笺识、黄焯编次《说文笺识四种》,上海古籍出版社,1983 年
黄侃述、黄焯编《文字声韵训诂笔记》,上海古籍出版社,1983 年
黄淬伯《唐代关中方言音系》,江苏古籍出版社,1998 年
黄怀信等《逸周书汇校集注》,上海古籍出版社,1995 年
黄景欣《黄景欣语言研究论文集》,江苏教育出版社,1995 年
黄亚平《古籍注释学基础》,甘肃教育出版社,1995 年

吉常宏、王佩增编《中国古代语言学家评传》，山东教育出版社，1992 年

季羡林主编《中国大百科全书·语言文字卷》，中国大百科全书出版社，1988 年

江藩《汉学师承记》，三联书店，1998 年

江藩《国朝宋学渊源记》，《汉学师承记(外二种)》合刊本，三联书店，1998 年

姜聿华《中国传统语言学要籍论述》，书目文献出版社，1992 年

蒋礼鸿《怀任斋文集》，上海古籍出版社，1986 年

蒋礼鸿《蒋礼鸿语言文字学论丛》，浙江古籍出版社，1994 年

蒋绍愚《古代汉语词汇纲要》，北京大学出版社，2005 年

蒋绍愚《汉语词汇语法史论文集》，商务印书馆，2000 年

蒋元卿《校雠学史》，黄山书社，1985 年

黎翔凤《管子校注》，中华书局，2004 年

李斗《扬州画舫录》，中华书局，2001 年

李开《戴震评传》，南京大学出版社，1992 年

李开《戴震语文学研究》，江苏古籍出版社，1998 年

李庆《顾千里研究》，上海古籍出版社，1989 年

李建国《汉语训诂学史》，安徽教育出版社，1986 年

李宗焜编撰《景印解说高邮王氏父子手稿》，台北乐学书局有限公司，2000 年

梁启超《清代学术概论》

梁启超《中国近三百年学术史》，《梁启超论清学史二种》合刊本，复旦大学出版社，1985 年

林尹《训诂学概要》,台湾正中书局,1972 年
林艾园《应用校勘学》,华东师范大学出版社,1997 年
刘向集录《战国策》,上海古籍出版社,1985 年
刘建臻《清代扬州学派经学研究》,江苏人民出版社,2004 年
刘盼遂《段王学五种》,北平来薰阁书店印,1936 年
刘如瑛《诸子笺校商补》,山东教育出版社,1995 年
刘师培《刘申叔遗书》,江苏古籍出版社影印,1997 年
刘文典《淮南鸿烈集解》,中华书局,1989 年
柳诒徵《中国文化史》,中国大百科全书出版社,1988 年
鲁国尧《鲁国尧语言学论文集》,江苏教育出版社,2003 年
鲁国尧《鲁国尧自选集》,河南教育出版社,1994 年
陆宗达《说文解字通论》,北京出版社,1981 年
陆宗达《训诂简论》,北京出版社,1980 年
陆宗达、王宁《训诂方法论》,中国社会科学出版社,1983 年
陆宗达、王宁《训诂与训诂学》,山西教育出版社,1994 年
吕叔湘《中国文法要略》,商务印书馆,1982 年
罗振玉辑《高邮王氏遗书》,江苏古籍出版社影印,2000 年
马瑞辰《毛诗传笺通释》,中华书局,1989 年
闵尔昌《高邮王氏父子年谱》,民国十六年刊本,1927 年
倪其心《校勘学大纲》,北京大学出版社,2004 年
裴学海《评高邮王氏四种》,《河北大学学报》1962 年第 3 期

皮锡瑞《经学历史》,中华书局,1959 年
皮锡瑞《经学通论》,中华书局,1954 年
濮之珍《中国语言学史》,上海古籍出版社,2002 年
浦起龙《史通通释》,上海古籍出版社,1978 年
漆永祥《乾嘉考据学研究》,中国社会科学出版社,1998 年
齐佩瑢《训诂学概论》,中华书局,1984 年
钱穆《中国近三百年学术史》,商务印书馆,1997 年
钱玄《校勘学》,江苏古籍出版社,1988 年
钱绎《方言笺疏》,上海古籍出版社影印,1984 年
钱泳刻《秦邮帖》,北京古籍出版社影印,2000 年
钱大昕《钱大昕全集》,江苏古籍出版社,1998 年
裘锡圭《文字学概要》,商务印书馆,1988 年
任继昉《汉语语源学》,重庆出版社,1993 年
阮元《揅经室集》,中华书局,1993 年
阮元校刻《十三经注疏》,中华书局影印,1980 年
沈兼士《沈兼士学术论文集》,中华书局,1986 年
司马迁《史记》,中华书局,1975 年
宋子然《中国古书校读法》,巴蜀书社,1995 年
苏古编选《江苏古籍序跋与书评》,江苏古籍出版社,2000 年
孙常叙《汉语词汇》,吉林人民出版社,1956 年
孙德谦《古书读法略例》,上海书店影印,1983 年
孙钦善《中国古文献学史》,中华书局,1994 年
孙希旦《礼记集解》,中华书局,1989 年
孙星衍《尚书今古文注疏》,中华书局,2004 年

孙诒让《墨子间诂》,中华书局,2001 年
孙诒让《札迻》,中华书局,1989 年
孙诒让《周礼正义》,中华书局,1987 年
孙雍长《管窥蠡测集》,岳麓书社,1994 年
孙雍长《训诂原理》,语文出版社,1997 年
唐兰《中国文字学》,上海古籍出版社,1979 年
田汉云《中国近代经学史》,三秦出版社,1996 年
汪辟疆《汪辟疆文集》,上海古籍出版社,1988 年
汪荣宝《法言义疏》,中华书局,1987 年
汪耀楠《注释学纲要》,语文出版社,1991 年
王澄主编《扬州历史人物辞典》,江苏古籍出版社,2001 年
王鹤编著《古代诗词咏高邮》,广陵书社,2006 年
王力《汉语史稿》,中华书局,1980 年
王力《汉语音韵学》,中华书局,1981 年
王力《龙虫并雕斋文集》,中华书局,1980—1982 年
王力《同源字典》,商务印书馆,1982 年
王力《中国语言学史》,山西人民出版社,1985 年
王宁《训诂学原理》,中国国际广播出版社,1996 年
王筠《说文释例》,武汉古籍书店影印,1983 年
王夫之《楚辞通释》,上海人民出版社,1975 年
王国维《观堂集林》,中华书局,1984 年
王俊义《清代学术探研录》,中国社会科学出版社,2002 年
王聘珍《大戴礼记解诂》,中华书局,1983 年
王泗原《古语文例释》,上海古籍出版社,1988 年

王先谦《释名疏证补》,上海古籍出版社影印,1984 年

王先谦《荀子集解》,中华书局,1988 年

王先慎《韩非子集解》,中华书局,1998 年

王欣夫《文献学讲义》,上海古籍出版社,1986 年

王云路《词汇训诂论稿》,北京语言文化大学出版社,2002 年

王章涛《王念孙王引之年谱》,广陵书社,2006 年

王重民《敦煌古籍叙录》,中华书局,1979 年

王重民辑《办理四库全书档案》,国立北平图书馆印,1934 年

吴孟复《古书读校法》,安徽教育出版社,1983 年

吴孟复《训诂通论》,安徽教育出版社,1983 年

吴文祺主编《语言文字研究专辑》,上海古籍出版社,上辑 1982 年,下辑 1986 年

吴毓江《墨子校注》,中华书局,1993 年

吴则虞《晏子春秋集释》,中华书局,1982 年

萧统编《文选》,李善注本,中华书局影印,1977 年

萧统编《文选》,六臣注本,中华书局影印,1987 年

徐复《后读书杂志》,上海古籍出版社,1996 年

徐复《訄书详注》,上海古籍出版社,2001 年

徐复《徐复语言文字学丛稿》,江苏古籍出版社,1990 年

徐复《徐复语言文字学论稿》,江苏教育出版社,1995 年

徐复《徐复语言文字学晚稿》,江苏教育出版社,2007 年

徐复、宋文民《说文五百四十部首正解》,江苏古籍出版社,2003 年

徐复主编《广雅诂林》,江苏古籍出版社,1992 年

徐复、季文通主编《江苏旧方志提要》，江苏古籍出版社，1993 年

徐锴《说文解字系传》，中华书局影印，1987 年

徐铉等校定《说文解字》，中华书局影印，1963 年

徐仁甫《广古书疑义举例》，中华书局，1990 年

徐兴海《广雅疏证研究》，江苏古籍出版社，2001 年

徐元诰《国语集解》，中华书局，2002 年

徐志锐《周易大传新注》，齐鲁书社，1986 年

许嘉璐《语言文字学论文集》，商务印书馆，2005 年

许维遹校释《韩诗外传集释》，中华书局，1980 年

杨伯峻《春秋左传注》，中华书局，1993 年

杨宜仓修、夏之蓉等纂《嘉庆高邮志州》，《中国地方志集成·江苏府县志辑》本，江苏古籍出版社影印，1991 年

杨树达《高等国文法》，商务印书馆，1984 年

杨树达《古书句读释例》，中华书局，1954 年

杨树达《汉文文言修辞学》，中华书局，1980 年

杨树达《积微居小学金石论丛》，中华书局，1983 年

杨树达《积微居小学述林》，中华书局，1983 年

叶瑛校注《文史通义校注》，中华书局，1985 年

叶树声、许有才《清代文献学简论》，安徽大学出版社，2004 年

殷孟伦《子云乡人论稿》，齐鲁书社，1985 年

俞敏《经传释词札记》，湖南教育出版社，1987 年

俞樾《群经平议》，中华书局，1959 年

俞樾《诸子平议》，中华书局，1959 年

俞樾等《古书疑义举例五种》，中华书局，1983 年

余嘉锡《余嘉锡文史论集》，岳麓书社，1997 年
曾昭聪《形声字声符示源功能述论》，黄山书社，2002 年
张纯一《墨子集解》，世界书局，1936 年
张岱年《中国哲学史方法论发凡》，中华书局，2003 年
张舜徽《广校雠略》，中华书局，1963 年
张舜徽《清代扬州学记》，上海人民出版社，1962 年
张舜徽《清人文集别录》，中华书局，1980 年
张舜徽《清儒学记》，上海人民出版社，1962 年
张舜徽《中国古代史籍校读法》，上海古籍出版社，1980 年
张舜徽《中国文献学》，中州书画社，1982 年
张永言《训诂学简论》，华中工学院出版社，1985 年
章太炎《国学概论》，中华书局，2003 年
章太炎《章氏丛书》，广陵古籍刻印社刻印，1981 年
赵航《扬州学派概论》，广陵书社，2003 年
赵昌智主编《扬州学派人物评传》，广陵书社，2007 年
赵尔巽等《清史稿》，中华书局，1977 年
赵克勤《古代汉语词汇学》，商务印书馆，1994 年
赵振铎《训诂学纲要》，陕西人民出版社，1987 年
赵振铎《训诂学史略》，中州古籍出版社，1988 年
赵振铎《中国语言学史》，河北教育出版社，2002 年
郑奠、麦梅翘编《古汉语语法学资料汇编》，中华书局，1983 年
支伟成《清代朴学大师列传》，岳麓书社，1986 年
钟泰《庄子发微》，上海古籍出版社，1988 年
周秉钧《尚书易解》，岳麓书社，1984 年

周大璞主编《训诂学初稿》，武汉大学出版社，1987 年

周勋初《当代学术研究思辨》，南京大学出版社，1993 年

周勋初《周勋初文集》，江苏古籍出版社，2000 年

周勋初等《韩非子校注》，江苏人民出版社，1982 年

周祖谟《文字音韵训诂论集》，北京大学出版社，2000 年

周祖谟《问学集》，中华书局，1981 年

周祖谟《周祖谟语言文史论集》，浙江古籍出版社，1988 年

朱熹《诗集传》，中华书局上海编辑所，1962 年

朱承平《故训材料的鉴别与应用》，暨南大学出版社，2002 年

朱骏声《说文通训定声》，武汉古籍书店影印，1983 年

朱谦之《老子校释》，中华书局，1984 年

诸祖耿《战国策集注汇考》，江苏古籍出版社，1985 年

左丘明《国语》，韦昭注，上海古籍出版社，1988 年

后记

1988年10月10日，南京大学中国思想家研究中心与南京大学出版社举行签署出版《中国思想家评传丛书》协议书仪式，我作为兄弟出版社的代表应邀赴会，聆听了《评传丛书》主编、老校长匡亚明先生关于编撰、出版这套大型丛书宏伟规划的讲话，深获教益，深表钦佩，深受鼓舞。三年后，《评传丛书》陆续出版，我就成为其虔诚的读者。面对传主即先贤们在"立德"、"立功"、"立言"诸方面的成就和贡献，内心深处兴起"'高山仰止，景行行止。'虽不能至，然心向往之"的崇敬之情。

2002年秋，我在江苏古籍出版社退休而转为返聘留用。其时，老友、南京大学出版社社长任天石先生来访，告诉我周勋初先生提议要我撰写《王念孙王引之评传》，我说，眼下我正在点校整理《范仲淹全集》，尚未完工，恐怕一时难以承接写作任务。2003年春，素未谋面的长者冯致光先生(南京大学原副校长、中国思想家研究中心主任)来电话，正式约我撰写高邮二王评传，我如实汇报了我的顾虑，虽然读过不少人物评传书籍，但是我自己却从来没有写过评传，恐怕难以胜任。冯先生说：你既然能写出高邮二王的研究论文，也就能写出高邮二王的评传。所谓评传，顾名思义，就是有评有传，传中有评，评中有传，传评结合，做到写传实事求是，述评公允得当。相信你能写好。面对长者的信任和鼓励，我就只好应承了下来。

三十年前读研时，我曾下功夫攻读高邮王氏四种，后供职于江苏古籍出版社，主持编辑出版高邮王氏四种和《高邮王氏遗书》，其间大量地阅读了关于高邮二王的研究资料。多年来积存下摘录的高邮二王研究资料卡片二千余张，读书札记二百多条，编写的资料汇编《高邮王氏父子生平及著述》、《高邮王氏父子学术交游》二种，写作论文初稿《王念孙与训诂学》、《王念孙训诂学思想的来源》、《王念孙训诂学训释方法述评》、《王念孙发明新训范例》、《王念孙的校勘方法》、《王念孙的推理校勘》、《〈高邮王氏遗书〉略述》等七篇，其中有二篇经整理后公开发表，而大多数文稿和札记，只因职事殷繁，无暇理董，一直沉埋在抽屉深处。为写二王评传，翻出这些旧稿短札，觉得作为资料或许还有点用处，起码能省却部分搜求之劳。然而仅靠这些卡片、札记、旧稿是远远不够的，特别是缺乏关于高邮二王所处乾嘉时期社会的政治、经济、文化、学术全貌，王引之的学术业绩，高邮二王研究的最新成果等等资料。于是只能采取笨办法，那就是重新通读二王著述，继续搜求有关资料，认真构思评传章节。经过反复梳理和思考，总体上感到高邮二王在学术方面成就卓著，材料多多；而在生平方面，他们的求学、治学经历，也跟同时代的学者一样，并无传奇之处，他们在仕途上沉浮进退，确有几次可圈可点的壮举，也有过挫折，但这样的史实记载毕竟太少。我感到这二王评传真的难写，不好把握。

2005年4月16日，我去南京师范大学文学院参加省语言学会常务理事会议，下午顺道到随园教授公寓拜谒恩师徐复先生，汇报学业，也说了写作二王评传的困难。徐老说：不要怕难。你要记住，后人服膺高邮，就是服膺于高邮的学术和人格。我说：学生谨受教矣。这年仲夏，周勋初先生惠赠大著《李白评传》，我在致谢时，特意请教写作学者评传的要领，周先生说：撰写学者评传，重点要突出传主的学术贡献。通过写生平和学术业绩，以揭示出传主的思想底蕴和人格魅力。传要文史交融，评要有所褒贬，做到既有深沉的历史思考，又有导向的价值评判。我说：学生谨受教矣。鲁国尧先生提供给我最新的二王学术研究资料，并嘱咐说：高邮二王人品学问，世称楷模，他们不仅是成就卓著的学者，也是刚正不阿的廉吏。王念孙弹劾和珅，王引之平反冤狱，值得大书特书。我说：学生谨受教矣。

在构思和写作过程中，南京大学中国思想家研究中心和南京大学出版社给予了极大的关怀。研究中心副主任周群先生，同我一起商讨章节安排，修订写作提纲。南京大学出版社副总编辑胡豪先生，对书稿的写作体例、行文规范提出了诚恳建议。《评传丛书》常务副主编蒋广学先生，不厌其烦，细心审阅了拙稿的前三章，并提出修改意见。在写作艰难时，南京大学出版社社长左健先生劝慰我说：为保证书稿质量，写作不宜过分着急，交稿期限可适当放宽。以极大的宽容，允许我交稿一拖再拖。完稿后，江苏省语言学会秘书长王华宝先生受《评传丛书》终审小组的委托，逐字逐句审读了书稿；南京大学出版社马蓝婕女士担任复审，副总编辑胡豪先生担任终审。在这各次审读过程中，或调整用例，或改写附注，或勘补罅漏，为书稿质量严格把关，使之能最大程度上符合现行学术规范。在此，对上述诸同志一并致以诚挚的谢忱。

拙稿原计划有“馀论”一章，拟写“高邮王氏若干训诂条目商榷”、“高邮王氏若干校勘条目商榷”、“高邮王氏学对后世的影响”，等等。高邮王氏的训诂、校勘，向以精审见称，但由于受时代和阶级的局限，受当时学术研究总体水平和所掌握古书资料的局限，他们在具体的校释条目中也存在着一些不足和失误。例如，对偏义复词“成败”、“刑赏”、“祸福”、“耳目”、“亲疏”等词义的误解；分析省句例“唯无(毋)……”句式，立说前是而后非，中道易辙，误入歧途；特别是有些校勘条目，在缺乏直接的或间接的版本根据的情况下，高邮王氏的主观推测，其结论往往失之偏颇，引起争议；等等。高邮王氏之后的学者，如俞樾、孙诒让、章太炎、杨树达等，尽管他们平生服膺高邮，但在他们的著述中，也屡对王氏校释提出不同的看法。近人裴学海著《评高邮王氏四种》(载《河北大学学报》1962 年第 3 期)，就指出高邮王氏不少的错误。不过，高邮王氏在训诂、校勘中的一些不足和失误，仅占其全部著述的极少部分，可以说瑕不掩瑜，无损于高邮王氏学的精深博大。最后，考虑拙稿篇幅嫌长，这“馀论”部分就只好割舍了。

拙稿在构思和写作过程中，曾参考了前修时贤的有关论著，他们的研究方法和研究成果，启发我拓宽视野，开阔思路，消解积疑，使得写作顺利完成。在此，谨向前修时贤致以深深的敬意。写作中还得到了众多师友的关心和支持，南京大学海外教育学院前后两任院长许惟贤先生、李开先生，南京大学文学院徐有富先生，江苏省凤凰出版传媒集团副总经理吴小平先生，凤凰出版社(原江苏古籍出版社)社长姜小青先生、副总编辑倪培翔先生、副社长卞惠兴先生,广陵书社(原江苏广陵古籍刻印社)社长曾学文先生、副社长孙叶锋先生,他们或帮助析疑,或提供资料,或惠寄图籍,在此一并致以深切的谢意。

值此拙稿即将出版之际,我深切怀念我读研时的二位导师:洪诚先生(1910.12.6—1980.1.21)、徐复先生(1912.1.8—2006.7.24)。我年方弱冠,即受业于恩师洪诚先生,前后达二十年,先生耳提面命,亲切教导,至今言犹在耳,而恩师已长逝矣。每念及此,星陨山颓,曷胜摧慕。先师遗著《洪诚文集》,已由同门师兄弟合力编就出版,以自慰释。2006 年 7 月下旬,正当拙稿紧张写作之际,惊闻恩师徐复先生逝世噩耗,辍笔摧咽,悲痛不已。先生教导我二十八年,在我撰写的一些论文初稿上都留下了先生批改的手迹。2006 年元月 25 日,即农历新正前,师兄弟们同向先生拜年,先生九秩晋五,谈经论义,一如既往,嘱我发扬光大高邮二王学术精神,做专精研究。当时情景,如在目前,思之泫然。先师生前自订的《徐复语言文字学晚稿》一书,经同门师兄弟一起认真编校,终于赶在先师逝世一周年追思会召开之前顺利出版,稍可宽慰。先师洪诚先生、徐复先生,都是国学大师黄季刚先生的入室弟子,他们的人品学问、道德文章,激励我勤奋学习,专心求知;他们的谆谆教诲,我永远铭记在心;他们的音容笑貌,将永远活在我的心中。心香一瓣,谨以此书献给先师洪诚先生、徐复先生的在天之灵。

薛正兴
岁次戊子春分节

图书在版编目(CIP)数据

王念孙·王引之评传 / 薛正兴著. —南京：南京大学出版社，2008.12

(中国思想家评传丛书/匡亚明主编)

ISBN 978-7-305-04781-7

Ⅰ.王…　Ⅱ.薛…　Ⅲ.①王念孙(1744～1832)-评传 ②王引之(1766～1834)-评传　Ⅳ.K825.4

中国版本图书馆 CIP 数据核字(2008)第 192904 号

中国思想家评传丛书

王念孙 王引之评传

薛正兴　著

南京大学出版社出版发行

社址：南京市汉口路 22 号　邮编：210093

电话：025-83596932　025-83592317　传真：025-83328362

网址：http://press.nju.edu.cn

电子邮箱：nupress1@public1.ptt.js.cn

南京爱德印刷有限公司　印刷

开本 850×1168　1/32　印张 27.5　字数 590 千

2008 年 12 月第 1 版　2008 年 12 月第 1 次印刷

印数 1—3 000

ISBN 978-7-305-04781-7

定价：82.50 元